海纳百川　取则行远

中国海洋大学史

历史卷（下）

主　　编　魏世江

副 主 编　王淑芳　杨洪勋　纪玉洪　王宣民

参编人员　（以姓氏笔画为序）

王宣民　王淑芳　冯文波　纪玉洪

杨洪勋　张　影　呼双双　魏世江

中国海洋大学出版社

·青岛·

图书在版编目（CIP）数据

中国海洋大学史. 历史卷／魏世江主编. —青岛：中国
海洋大学出版社，2024.8
ISBN 978-7-5670-3860-8

Ⅰ.①中… Ⅱ.①魏… Ⅲ.①中国海洋大学 – 校史
Ⅳ.①G649.285.23

中国国家版本馆CIP数据核字（2024）第097181号

ZHONGGUO HAIYANG DAXUE SHI LISHI JUAN

中国海洋大学史 历史卷

出版发行	中国海洋大学出版社
社　　址	青岛市香港东路 23 号　　**邮政编码**　　266071
网　　址	http://pub.ouc.edu.cn
出 版 人	刘文菁
责任编辑	孙宇菲　付绍瑜　王　晓　**电　话**　0532-85902349
电子信箱	cbsebs@ouc.edu.cn
印　　制	青岛海蓝印刷有限责任公司
版　　次	2024年8月第1版
印　　次	2024年8月第1次印刷
成品尺寸	185 mm × 260 mm
印　　张	84.75
字　　数	1580千
印　　数	1 ~ 3300
定　　价	528.00元（全三册）
订购电话	0532-82032573（传真）

发现印装质量问题，请致电 0532-88786655，由印刷厂负责调换。

目　录 | CONTENTS

（2000—2010）

第八篇　建成高水平特色大学

002　第一章　创建高水平特色大学

002　第一节　确立高水平特色大学建设目标

009　第二节　建设高水平特色大学与更名为
　　　　　　中国海洋大学

016　第三节　第八次党代会召开与吴德星任校长

024　第四节　确立新校训与八十周年校庆

027　第五节　于志刚任党委书记与第九次党代会召开

030　第六节　牵头筹建青岛海洋科学与技术国家
　　　　　　实验室

042　第二章　新一轮校内管理体制改革

042　第一节　深化校部机关改革

045　第二节　深化人事分配制度改革

049　第三节　深化校办产业管理改革

051　第四节　推进后勤社会化改革

054　　**第三章　学科与师资队伍建设**

054　　第一节　学科建设与调整

063　　第二节　院系调整及成立新学院

065　　第三节　持续加强师资队伍建设

073　　**第四章　教育创新与人才培养**

073　　第一节　创新人才培养的理念与模式

079　　第二节　本科教育

091　　第三节　研究生教育与继续教育

098　　**第五章　科学研究与科技创新**

098　　第一节　改善科技管理机制

101　　第二节　自然科学研究与科技服务

107　　第三节　人文社科研究与智力服务

109　　第四节　科研综合实力跃升

113　　**第六章　国际合作和教育国际化**

113　　第一节　广泛开展对外交流

121　　第二节　创新中外合作模式

126　　**第七章　崂山校区建设及办学保障**

126　　第一节　崂山校区的建设

130　　第二节　办学条件保障

140　　**第八章　党的建设和校园文化建设**

140　　第一节　党的基层组织和干部队伍建设

147　　第二节　思想理论教育和新闻宣传工作

152　　第三节　学生思想政治工作

159　　第四节　统战和群团工作

164　　第五节　校园文化建设

（2010— ）

第九篇　建设特色显著的世界一流大学

174　　第一章　　创建特色显著的世界一流大学

174　　第一节　　国内一流大学目标的提出与嬗变

178　　第二节　　确立特色显著的世界一流大学战略目标

182　　第三节　　新一轮"985工程"建设绩效突出

196　　第四节　　孙也刚任党委书记　于志刚任校长

210　　第二章　　不断开辟一流大学建设新境界

210　　第一节　　创办三亚海洋研究院

217　　第二节　　鞠传进任党委书记与第十次党代会召开

222　　第三节　　建设西海岸校区

234　　第四节　　统筹实施世界一流大学建设方案

240　　第三章　　开启特色显著的世界一流大学建设新征程

240　　第一节　　田辉任党委书记与"十四五"规划编制

248　　第二节　　首轮"双一流"建设成效显著

262　　第三节　　第十一次党代会召开与加快"双一流"建设

266　　第四节　　张峻峰任校长与本科教育教学审核评估

272　　第四章　　学科与师资队伍建设

273　　第一节　　构建特色显著的一流大学学科体系

286　　第二节　　推进一流师资队伍建设

306　　第五章　　新时代教育创新与人才培养

307　　第一节　　推进一流本科教育

331　　第二节　　高质量发展研究生教育

345　　第三节　　提升继续教育水平

350　　第六章　　科技创新和服务海洋强国建设

350　　第一节　　深化科技体制改革

358　　第二节　　自然科学研究与社会服务

370　第三节　人文社科研究迈上新台阶

380　第四节　科研创新能力不断增强

383　第七章　国际化办学新实践

383　第一节　实施国际化战略

389　第二节　深化"一带一路"等对外交流合作

395　第三节　创新合作办学模式

402　第八章　后勤服务与办学保障

402　第一节　"东方红3"船的建造与利用

409　第二节　改善教学科研基础条件

413　第三节　改善后勤管理与服务

414　第四节　推进校园信息化

418　第五节　加强文献保障和出版、档案工作

426　第六节　校友工作与附属学校建设

434　第九章　党建与文化传承创新

434　第一节　党建和干部队伍建设

446　第二节　理论教育和宣传思想工作

453　第三节　实施文化引领战略

456　第四节　学生思想政治工作

463　第五节　统战和群团工作

471　第六节　发展文艺活动与体育运动

475　结束语

479　附录　学院概况

511　后记

第八篇
建成高水平特色大学
（2000—2010）

世纪之交，中国高校的合并、升格如火如荼，组建一批大型综合性大学成为强势之音。"办什么样的大学，走什么样的发展之路"成为摆在海大人面前的重大课题。学校决策层审时度势，抢抓机遇，率先举起建设高水平特色大学的旗帜，全力促成"四家共建"，顺利进入"985工程"。2002年，学校更名为中国海洋大学。

2005年，吴德星接任校长。2009年，于志刚任党委书记，麦康森当选中国工程院院士。

这一时期，学校不断深化内部管理体制改革，坚持"重特色、求质量，先做强、再做大"的事业发展策略，坚持"强化发展特色、协调发展综合，以特色带动综合、以综合强化特色"的学科发展思路，大力实施人才强校工程，实施"通识为体，专业为用"理念指导下的本科教育运行新体系。教育部本科教学工作水平评估成绩优秀。"985工程"二期建设成绩优异。崂山校区投入使用。学校的教育质量显著提升、科技实力显著增强、空间布局显著优化，圆满完成高水平特色大学的建设任务，昂首踏上建设国际知名、特色显著的研究型大学新征程。

第一章
创建高水平特色大学

世纪之交，我国的高等教育改革如火如荼，形势逼人。"海大如何建设、如何发展"成为当时海大人面临的重大课题。学校首倡创建高水平特色大学，全力促成教育部、山东省人民政府、国家海洋局和青岛市人民政府共同重点建设海大，明确了历史方位，走上了内涵式发展之路，并在激烈的竞争中脱颖而出，跻身国家"985工程"行列，为新世纪初叶快速发展注入了强大动力。建设高水平特色大学，为国家高等教育改革和高校发展贡献了"海大方案"。

第一节　确立高水平特色大学建设目标

一、创建高水平特色大学的时代背景

世纪之交，我国高等教育经历过改革开放初期的恢复与发展后，开始进入大发展时期。党中央一手促规模，一手抓质量[1]，陆续开展高教管理体制改革和布局结构调整工作，并实施"985工程"。

高等院校调整合并自1992年开始谋划，1999年至2000年是高潮期。国家教委在1992

---

[1] 赵俊芳：《中国高等教育改革发展六十年的历程与经验》，载《中国高教研究》2009年第10期。

年工作要点中提出,进一步调整高校布局,重点会同15省市做好调整方案。[①]逐步改变高等学校条块分割、"小而全"的状况,优化高等教育的结构与布局,提高办学效益,争取到2000年或稍长一点时间基本形成以省级政府为主办学与管理的条块结合的新体制。通过这次管理体制调整,62所高校合并成24所,组建了一批新的综合性和多科性大学,极大地增强了这些高校的办学实力,高校布局结构日趋合理。[②]与此同时,建设世界一流大学的号角也在中国大地响起。1998年5月4日,中共中央总书记、国家主席江泽民在庆祝北京大学建校一百周年大会上宣布,为了实现现代化,我国要有若干所具有世界先进水平的一流大学。1999年,"985工程"正式启动。[③]

在这样的背景之下,山东省教委制定了建设一所一流大学的两个备选方案,其中首选方案是合并山东大学和青岛海洋大学、并入山东工业大学和山东医科大学的优势学科,组建新的山东大学。这一方案得到山东省委的同意。

青岛海洋大学对于合并成立新的山东大学也有着较为积极的意愿。1999年9月24日,校长管华诗在学校第七次党代会上作报告时说:"认真贯彻'共建、调整、合作、合并'方针,努力建设一所学科结构合理、特色鲜明、有较高知名度的国内一流综合大学。""坚持面向21世纪教育改革与发展方向,认真贯彻八字方针,深化教育体制改革,重组优化教育资源,积极稳妥地推进与有关兄弟院校的合并、合作或联合办学的计划,努力争取进入山东省建设一所全国一流大学的计划。"[④]

12月15日,山东省副省长邵桂芳率队到国务院汇报关于山东省一流大学建设的方案。国务院副总理李岚清、全国政协副主席宋健、教育部部长陈至立等认为,山东大学与青岛海洋大学合并,属于异地办学,又是强强合并,难度较大,同意了山东省提出的山东大学、山东工业大学与山东医科大学合并的第二方案。李岚清副总理说:

青岛海洋大学要保留发展它的特色,不要因为要借用它的院士把特色丢了(注:指省里认为山大、山工大与山医大合并的第二方案因为没有海大而院士较少的意思),牵扯到海洋大学的事还要和国家海洋局沟通。青岛海洋大学是特色学校,还可以由教育部与山东省、青岛市共建。[⑤]

① 《国家教委1992年工作要点》,教育部网,http://www.moe.gov.cn/jyb_sjzl/moe_164/201002/t20100220_3432.html。
② 《中国教育年鉴》编辑部编:《中国教育年鉴(2001)》,人民教育出版社2001年版,第163页。
③ 刘海峰:《"双一流"建设的继承、创新与推进》,载《高等教育研究》2021年第1期。
④ 管华诗:《抓住机遇 开拓实干 努力开创我校改革与发展的新局面——在中国共产党青岛海洋大学第七次党员代表大会上的报告》,李建平、魏世江、陈篇主编:《管华诗教育文集:高水平特色大学的探索与实践》,中国海洋大学出版社2007年版,第242页。
⑤ 《李岚清副总理关于青岛海洋大学特色学校建设的重要指示》,中国海洋大学档案馆藏,档号:HD-2000-XZ11-12。

如果赶不上国家"985工程"这趟快车，学校有可能失去历史性的发展机遇[①]，必须尽快明确发展方向以因应建设世界一流大学的新趋势。管华诗深入思考李岚清的指示，初步确定学校发展应该落在"特色"二字上。

纵观历史，学校发展与我国海洋事业发展有着密不可分的内在联系，特别是改革开放以来，我国海洋事业与经济社会发展的关系日益紧密。党和国家领导人作出"发展海洋事业，振兴国家经济""进军海洋，造福人民"等指示，党的十六大、十七大提出实施海洋开发、发展海洋产业等重大战略部署。[②]要发展海洋事业，必须首先大力发展海洋教育，特别是培养高层次人才、出高新科技成果的海洋高等教育。从李岚清的指示可见，学校的发展攸关国家海洋事业的整体布局，具有战略性意义。这是一个更适合青岛海大发展的机遇，也是一个充满竞争和挑战、稍纵即逝的机遇。

二、率先提出建设高水平特色大学

青岛海洋大学未能进入山东省建设一所一流大学的计划，在教职员工尤其是教授和中层干部中产生了不小的震动，担忧学校发展前途的情绪萦绕他们心头。"海大向何处去""海大怎么办"成为摆在海大人面前的严峻问题，极大地考验着学校决策层的智慧与能力。2000年1月23日至27日，学校召开党政联席扩大会，又称第二次"崂山会议"，集中研讨学校的发展问题。

在会议上，根据国家高等教育事业高速发展的形势，以及山大已与山工大、山医大合并进入山东省重点建设计划的现实，与会者在认真学习、领会上级一系列文件和李岚清副总理关于青岛海大发展的指示精神的基础上，围绕学校要"办什么样的大学，以及怎样办这样的大学"这一涉及发展定位和发展方式的根本性问题，展开了坦率、深入的讨论。会上，有人提出青岛海大与驻青高校合并以增强综合实力，并取得青岛市的支持，组建"新青岛大学"。也有与会者认为，特色比综合更重要，合校势必稀释特色，对学校发展不利。有人援引美国一所以计算机科学为特色的高校——卡内基梅隆大学把计算机作为特色融入多个专业的发展经验，希望学校能在综合与特色之间找到平衡。经过激烈碰撞、辨析，认识逐渐趋于一致。管华诗校长充分听取了各种看法，经过思考、提炼，正式提出了"走独立发展之路，建设高水平特色大学"的思想。这在中国高等教育大调整、大

① 梁纯生：《管华诗传略》，中国高等教育学会组编：《共和国老一辈教育家传略（第三辑）》，高等教育出版社2017年版，第657页。
② 自然资源部党史学习教育领导小组办公室：《党领导新中国海洋事业发展的历史经验与启示》，载《中国自然资源报》2022年1月5日。

发展的浪潮中，独树一帜。后经学校艰苦努力，促成"四家共建"，在发展的关键时期使青岛海大走上了正确的发展道路。

之后不久，管华诗就为什么要创建高水平特色大学作出阐述：

1. 办特色大学是国家利益的需要

早在1995年10月，江泽民总书记就曾指出："世界上有很多科学家预言，21世纪将是海洋世纪。我们一定要从战略高度认识海洋，增强全民族的海洋观念。"海洋科学在解决一些全球性科学问题中，扮演着越来越重要的角色。……我国海域不仅面积大，而且资源丰富，对于发展海洋渔牧、海洋能源、海洋化工、海上运输等具有十分有利的条件。面对当前人口膨胀、陆地资源日益匮乏、生存环境日益恶化三大问题，开发"蓝色国土"，促进"蓝色革命"和养护"蓝色家园"，已成为我国可持续发展的重要议题。

1996年以后，国家将海洋高新技术研发列入"863计划"，在国家重点基础研究发展规划中有4个海洋科研项目立项研究。可以断言，发展海洋事业、建设海洋强国将是中国全面迈向21世纪的必然选择。

2. 办特色大学是促进区域经济发展，服务于地方（行业）建设的需要

"海上山东"、青岛海洋科技城的建设，是建设特色（海洋、水产学科）大学服务于区域经济发展的重要内容；而海洋权益、海洋开发、海洋保护的研究与人才培养将是特色大学服务于行业发展的重要内容。

办特色大学是青岛海洋大学自身发展的需要。青岛海洋大学是一所教育部直属的重点综合性大学。新中国成立后，党和国家对海洋科教事业给予高度重视和大力支持。数十年来，学校在综合性学科设置的基础上，发展形成了显著的海洋、水产学科特色。其特色学科的人才梯队、学科设置、人才培养状况、教学科研支撑体系，以及学校地处青岛（海洋科技城）等优势在国内都是独一无二的。……1996年，学校首批通过国家"211工程"部门预审，并成为"211工程"项目重点建设院校。可见，青岛海洋大学具有建设高水平特色大学的良好基础。①

2000年2月29日，学校召开全校副处级以上干部、教授大会，管华诗在讲话中提出："面对新世纪——海洋的世纪，把海大建设成高水平特色大学，我们有着义不容辞的责任。"学校发展定位为：以海洋、水产学科为显著特色的多学科研究型大学。其中，多学科是基础，研究型是核心，特色（优势）学科是标志。学校2000年的工作要点包括：一

---

① 管华诗：《适应时代要求建设高水平特色大学》，载《中国高等教育》2001年第3、4期，第17页。

是抓高水平特色大学建设方案的落实；二是边落实边建设，重点建设一支队伍、一批重点学科、一批实验室及与之相关的支撑体系；三是抓教学质量；四是抓改革，促管理，上水平。[①]3月，学校公布的《2000年行政工作要点》开宗明义，认真落实相关指示，建设高水平特色大学。具体有以下方面：

一、我校建设高水平特色大学的定位是：把我校建设成为海洋和水产学科为显著特色的多学科研究型大学。总体发展思路是：强化特色，加强综合，以综合强化特色，以特色带动综合。发展规模是：本科生8000人、研究生3000人、留学生500人的万余人规模。

二、抓住时机，加紧工作，创造条件，提出方案，积极推进教育部与山东省、青岛市和国家海洋局共建青岛海洋大学，这是建设高水平特色大学的首要工作。

三、加紧推动落实与驻青海洋科研院所进行紧密型或局部紧密型的合作。

四、深化校内管理体制改革，提高办学质量和办学效益。（1）根据学校发展规律和新形势的需要，重新确定机关单位的工作职能，减员增效。（2）加大人事分配制度改革力度，重点提高学科带头人、学术带头人和中青年骨干教师的待遇，稳定和吸引高层次优秀人才，教师实行聘任制、干部试行教育职员制、工人实行劳动合同制。（3）加快后勤社会化改革进程，为学校加快发展创造条件。按社会化的机制进行经营和管理，做到自负盈亏、自主经营，积极稳妥地开拓校内市场，逐步引进社会服务，实现以内养内向以外养内的转化。[②]

高水平特色大学建设方案呼之欲出。

2000年1月至11月，学校与教育部、山东省人民政府、青岛市人民政府和国家海洋局反复研究、商讨，最终形成共建高水平特色大学的方案。2000年7月，管华诗在学校第三届教职工代表大会第一次会议上，详细介绍了《关于把青岛海洋大学建设成高水平特色大学的初步方案》的主要内容。

方案重点着眼的是"十五"期间的建设，明确了办学体制、学科建设、科学研究、人才培养、中心和实验室建设、海洋生物技术工程制品工业园建设以及师资队伍建设七大方面。建设目标是：经过"十五"期间的建设，使海洋和水产等优势学科的主要研究成果达到世界先进水平，某些领域处于国际领先地位；其他学科达到国内先进水平，某些领域处

---

① 管华诗：《抢抓机遇 应对挑战 努力开创学校事业发展的新局面》，李建平、魏世江、陈鹫主编：《管华诗教育文集：高水平特色大学的探索与实践》，中国海洋大学出版社2007年版，第261—262页。

② 《2000年行政工作要点》，载《青岛海洋大学报》2000年3月2日。

于国内领先地位。充分发挥海洋和水产学科特色，使海洋大学整体水平居于国内高校前列，并成为在国际上具有一定影响的高水平特色大学。逐步建设成为培养高层次人才的重要基地，成为海洋和水产学科专门人才培养的中心，成为海洋科学和水产科学基础性研究、高技术研究以及国内外学术交流的中心。实现建设目标的基本措施如下：

一是在办学体制上，实行四家共建、科教联合、产学研结合、国际合作的办学体制。

二是在学科建设上，进一步加强重点学科建设，五年内重点建设现有11个国家和省级重点学科，加强海洋和水产学科相关学科的建设，加强人文学科、工科的建设，在人文学科中特别强化海洋法、海洋经济、海洋管理、海洋文化等方向的建设，使其在较短时间内，获得有国际影响力的研究成果。拓宽应用性研究领域，注重各种技术的整合集成，争取在高新技术成果转化为现实生产力方面取得突破性进展。

三是在科学研究上，聚焦基础研究、应用研究和文科类研究。基础研究方面重点研究资源、环境、灾害等与人类生存发展密切相关的海洋科学重大基础问题。应用研究方面重点研究开发海洋生物技术、水产养殖技术、海洋环境工程、海洋探测、监测高新技术等。文科类研究重点研究海洋法、海洋经济、海洋管理和海洋文化等。

四是在人才培养上，以本科教育为基础，加速发展研究生教育。进一步强化学校特色学科的人才培养优势，使学校成为海洋和水产等学科高层次人才的培养中心。加强成人教育和职业教育，为地方经济建设培养各类急需人才。

五是在中心和实验室建设上，强化特色，加强合作，提高层次和水平，重点建设联合国教科文组织中国海洋生物工程中心等10余个中心和实验室。

六是联合青岛海洋科技力量，建设我国唯一的海洋生物工程制品工业园。

七是在师资队伍建设上，调整结构，提升整体素质。学校将组成以10位院士为带头人，以100余名博士生导师、100名青年教授、15名国外青年客座教授为核心，以300名博士为基础的教学科研骨干力量，形成年龄结构和知识结构较为合理的专兼职结合的师资队伍。

管华诗在2000年8月30日的干部教授大会上指出，"高水平"是整体实力的体现，除了教学质量、科研水平、管理水平以外，还包括一流的学科、标志性的人才、在国内叫得响的科技产业这三个指标；高水平特色大学的本质是"特色"，"这是我们用近半个世纪学科建设换来的国家和社会公认的特色，换来了今天高水平特色大学建设的机遇。国家所要求的也是在特色上形成较高的显示度，能代表国家此方面的学术水平"。他进一步提出，要用五年时间打基础，前三年是关键。当前要重点抓好10件事：一是制定好新海大事业发展规划、学科建设计划、人才培养与引进计划及科技工作计划；二是加强教学基础设施建设；三是建立一支稳定的、高水平的实验技术队伍；四是启动特色方向的重要建设；五是调整研究机构；六是加强网络信息技术建设；七是搞好海大工业园建设；八是继续推进后勤社会化改革；九是强化图书信息资料的建设；十是搞好校园环境的整治与建设。[①]

三、通过"211工程"一期验收

2001年5月，国家"211工程"验收专家组对学校"九五"期间"211工程"（即"211工程"一期）重点项目建设情况进行检查验收。《青岛海洋大学"211工程""九五"期间建设总结报告》中写道："通过实施'211工程'，全校上下普遍地认识到突出重点的必要性。一所高水平的大学，不可能每个学科都是一流的，只要几个学科是独具特色、高水平的，这所学校就能在国内乃至国际产生影响。根据有所为、有所不为原则，建设具有自身特色的学科是非常重要的战略选择。一旦选准，就要集中人力、物力加强建设，这已经形成了我们的共识。"

验收专家组认为，青岛海洋大学按计划、高效益圆满完成"211工程""九五"期间重点建设任务，为学校"十五"期间的建设和发展打下了坚实的基础；青岛海洋大学"211工程"建设是中央部门与学校所在地方政府共建的一个成功典范，也是国家"211工程"建设中的一个特色范例。[②]

"211工程"一期的标志性成果有13个，包括4个重点学科、6个省级重点实验室、海上综合流动实验室、人才工程、图书资料及信息中心、测试中心、课程建设、文学艺术、文化素质教育中心、校园网、基础设施建设等。

"211工程"建设为实现高水平特色大学的目标迈出了坚实的一步。在学科建设上，加强海洋和水产学科的建设，重点建设物理海洋学、水产养殖学、海洋药物、海洋化学。在实验室建设上，重点建设海洋药物、海洋生物工程、电子信息系统、海洋物理化学、海洋生态系统动力学、光学光电子技术六个省级实验室；增加了一批海洋监测高技术仪器设备，将"东方红2"船建成海上综合流动实验室。在师资队伍建设上，采取措施加强人才引进，设立引进人才基金，留出人才房，为引进人才提供科研启动费和安家费，在物理海洋、海洋药物等六个学科设立"长江学者奖励计划"特聘教授岗位，吸引高层次人才；

① 管华诗：《明确目标　健全机制　努力建设高水平特色大学》，李建平、魏世江、陈鷟主编：《管华诗教育文集：高水平特色大学的探索与实践》，中国海洋大学出版社2007年版，第300、303-305页。
② 张静主编：《中国海洋大学大事记》，中国海洋大学出版社2014年版，第237页。

推行人事分配制度改革，充分体现"岗位靠竞争、聘任看水平、收入靠贡献"；注重人才培养，拿出专项经费鼓励教师参与培训，更新知识结构。在提高教学质量上，加强一类课程建设，海洋学、海洋调查方法、物理海洋学、海洋化学、海洋水化学五门课程被教育部列入国家名牌课程；加强教材建设，《海洋科学导论》《海洋地质学》入围国家"九五"重点建设教材，《海洋科学导论》《海洋水团分析》和《海洋调查方法》三部教材为"面向21世纪课程教材"，《虾蟹类增养殖学》获教育部优秀教材三等奖，《海洋养殖动物病害学》获2001年山东省教学成果二等奖。不断加大基础设施建设力度，用于教学、科研、公共服务和改善生活条件的建筑相继落成，校园面貌发生很大变化。同时，校内管理体制改革，包括机构改革、分配制度改革、人事制度改革、教育教学改革、后勤社会化改革等稳步推进，为学校进一步改革发展奠定了良好基础。

客观地说，学校在"211工程"建设中还存在着一些问题，对此学校决策层有着清晰的认识，主要是国家和地方政府投资力度不够、如何协调好重点学科与一般学科的关系尚需探讨等，这也正是高水平特色大学建设中要着力解决的问题。

第二节　建设高水平特色大学与更名为中国海洋大学

一、实施"四家共建"体制

2000年3月11日，山东省委书记吴官正在北京参加九届全国人大三次会议期间，会见了管华诗，就高水平特色大学的建设问题谈了意见。吴官正表示，非常重视和支持把青岛海洋大学建成高水平特色大学，青岛海洋大学基础好，通过重点建设可以实现投入少、见效快的效果。3月14日，山东省副省长邵桂芳一行向教育部副部长周远清汇报山东建设一流大学和特色高水平大学工作。周远清认为，青岛海洋大学在世界上是有特色的，中国要有这样一所有特色的大学。海洋大学办学思路明确，要有地方政府和海洋局的支持，教育部是支持的。与驻青海洋科研机构合作，形成比较强的实体，或者把研究所并进一部分，路子是可行的。山东省把这件事办好，功德无量，造福子孙。

7月24日，教育部部长陈至立在山东省副省长邵桂芳、青岛市市长王家瑞陪同下考察调研青岛海洋大学。邵桂芳向陈至立介绍说："咱们下决心用5年左右的时间把青岛海洋大学建设成全国的、多学科、高水平特色大学。……投资5个亿左右，把现在的青岛海洋大学与21世纪接轨，适应21世纪向海进军的需要。"邵桂芳建议，每年1个亿这样构成：教育部给3500万元，青岛市给3000万元，国家海洋局给3000万元，山东省给500万元；另外，2000年山东省先给2000万元，希望教育部8月初把共建的事敲定。对此，王家瑞说："海洋大学是青岛的明珠，是青岛的未来，在青岛的产业设计包括城市设计中，我们不把青岛海洋大学作为驻青高校，而认为它就是青岛的高校，从这个指导思想出发，我们几年来一直积极支持海大，我实实在在表态：市政府一定拿这3000万元！"陈至立表示："关于青岛海洋大学的发展定位，应是一所有特色的高水平大学。海大发展特色，异峰突起，争取在峰上有水平，在这个特色领域不断有所突破，代表国家到世界上去竞争。这样需要投入，非常感谢山东省、青岛市对海大的支持。教育部从明年开始每年给3500万元。"[1]

　　客观地说，在青岛海洋大学处于改革发展的历史关口，这些实实在在的支持，给海大人增添了信心及底气，为学校领导高起点确立战略定位与目标提供了有力支撑，为学校的发展注入了强劲动力。

　　2001年2月15日，《教育部、山东省人民政府、国家海洋局、青岛市人民政府关于重点共建青岛海洋大学的决定》下发。根据这个决定，除对学校的正常经费安排和山东省承诺拨付的"211工程"建设经费外，在2001—2003年三年内，教育部、山东省、海洋局和青岛市将分别向青岛海洋大学投入建设经费1.05亿元、0.15亿元、0.9亿元和0.9亿元人民币。[2]2月27日，教育部、山东省人民政府、国家海洋局、青岛市人民政府在青岛市级机关会议中心签署《关于共建青岛海洋大学的协议》。管华诗在会上表示，海大人一定会十分珍惜这难得的发展机遇，扎实推进高水平特色大学建设，为我国的海洋科教事业，为山东省、青岛市的经济和社会发展作出新的更大贡献。[3]

　　"四家共建"的办学新体制使学校成为我国第一所由中央部门、地方政府重点共建的大学，也是唯一作为特色大学纳入国家高校体制改革重点建设计划的高校。

　　2006年12月，教育部、山东省人民政府、国家海洋局、青岛市人民政府联合下发《教育部　山东省人民政府　国家海洋局　青岛市人民政府关于继续重点共建中国海洋大学的决定》。其要点如下。

① 陈鷟：《陈至立在我校视察时说　我对海大很有信心，青岛海洋大学在新的世纪一定能创造新的成绩》，载《青岛海洋大学报》2000年9月7日。

② 《教育部、山东省人民政府、国家海洋局、青岛市人民政府关于重点共建青岛海洋大学的决定》，中国海洋大学档案馆藏，档号：HD-2000-XZ11-12。

③ 管华诗：《向高水平特色大学迈进——在四家共建签字仪式上的讲话》，李建平、魏世江、陈鷟主编：《管华诗教育文集：高水平特色大学的探索和实践》，中国海洋大学出版社2007年版，第328-329页。

（1）在巩固以往重点共建成果的基础上，进一步深化中国海洋大学管理体制和运行机制的改革与创新，加快建设一支高水平的教师队伍、管理队伍和技术支撑队伍，并以学科建设规划为指导，紧密结合国家创新体系建设，通过科技创新平台和社科创新基地的建设，促进中国海洋大学若干学科达到或接近国际一流学科水平，使之成为攀登世界科技高峰、解决重大理论和实践问题、带动相应学科领域发展的重要基地，努力实现学校的建设目标。

（2）山东省、青岛市继续将中国海洋大学的改革和发展纳入全省及全市的整体建设与社会发展的总体规划之中并给予相应的政策支持。国家海洋局支持并鼓励中国海洋大学积极参与国家海洋科教资源的优化配置，加强与相关海洋科研单位的紧密合作，加大为国家海洋局培养人才的工作力度。教育部支持和鼓励中国海洋大学充分利用本校智力资源密集的优势，在人才培养、学术研究、科技创新及科技成果转化等方面发挥更大的作用，在面向全国服务的同时，为地方经济建设和社会发展提供更强有力的教育、知识与科技支撑。

（3）除对学校的经常性事业经费安排以外，在2004年至2008年期间，教育部、山东省、国家海洋局、青岛市将分别投入经费1.05亿元、0.25亿元、1.03亿元、1亿元人民币。

（4）教育部、山东省人民政府、国家海洋局、青岛市人民政府将继续贯彻执行2001年签订的《关于重点共建（原）青岛海洋大学的协议》的有关条款规定。

2007年5月27日，教育部、山东省人民政府、国家海洋局、青岛市人民政府继续重点共建中国海洋大学协议签字仪式在青岛市政府的会议中心举行。根据协议，共建方将在一期共建基础上，继续为海大提供3.78亿元资金，支持学校"985工程"二期建设。当天，教育部部长周济、国家海洋局副局长王宏、青岛市常务副市长王书坚、山东省分管副省长共同签署共建协议。学校党委书记冯瑞龙、校长吴德星等出席仪式。周济在讲话中说，建设世界一流大学和高水平大学，是党中央、国务院从我国现代化建设全局出发作出的一项重大决策，体现了党和国家实施科教兴国战略与人才强国战略的坚强意志。近几年来，中国海洋大学紧紧抓住国家实施高水平大学建设的大好机遇，积极深化各项改革，办学水平和综合实力得到了显著增强。此次共建旨在巩固以往成果，进一步推动和促进海大各项事业的改革与发展。希望海大紧紧围绕自主创新能力建设这个核心，凝练学科方向、汇聚创新人才队伍、构建科技创新基地，牢固树立以服务为宗旨，在贡献中发展的意识，积极融入区域创新体系建设，为我国海洋事业的发展、为山东省和青岛市的经济社会发展不断提供科技和人才支撑，在办学理念、人才培养、科学研究、学科建设和学校管理上，走出一条中国特色的高等教育现代化之路。[①]吴德星以《蓄势期远，谋海济国》为题发言。他表示，中国海大将以四家继续重点共建为契机，不断增强人才培养、自主创新和服务社会的能力，提升国际化办学水平，全面实现高水平特色大学的目标，为促进学校事业健康持续快速发展，进一步建成世界知名、特色显著的综合性、研究型高水平大学奠定坚实的基础。

二、"985工程"一期建设成效显著

"985工程"是党中央在世纪之交作出的一项重大决策，目标就是要建设若干所具有世界先进水平的一流大学。学校在国家和省、市大力支持下，抓住历史机遇，适时地提出建设高水平特色大学这一正确的发展思路，成为首批进入国家"985工程"重点建设的高校之一。

在"985工程"一期建设中，学校走过了一条从夯实基础、调整布局到强化发展的道路，为可持续发展打下了坚实的基础，并使事业呈现出加速发展的强劲态势。资料显示，学校高效益圆满完成"985工程"一期建设任务，基本完成了高水平特色大学建设任务。主要成效包含以下四个方面：

一是调整学科（专业）布局，强化和培育学科高峰。首先，整合资源，优化配置，强化建设固有特色学科。打破在科学研究和人才培养上有着有机联系的水产学院和海洋生命学院原有框架，进行重新整合，组建了生命科学与技术学部，投资3000万元重点建设了海洋生物遗传学与种质工程、海洋生态学与海水健康养殖、生物化学与分子生物学、海洋动物营养与生理学、海洋微生物学与病害等五个国内先进水平的实验平台，凝练强化本学部的学科方向。另外，学校始终将优势学科——海洋学科所涵盖的两个二级学科作为学科建设的重中之重，经过六年的建设，不但巩固物理海洋、海洋化学、海洋地质、海洋生物在全国的优势地位，而且使四个二级学科中的若干（5～8个）方向接近或达到了国际先进水平。其次，建立"学科特区"，促进学科交叉，培育新的学科高峰。组建了以研究海洋材料为主要方向的材料科学与工程研究院，组建以海洋环境研究为特色的环境科学与工程学院。走特色之路，重点支持海洋经济、海洋管理、海洋法学、海洋文化等学科发展，使我校基础相对薄弱的文科迅速引起国内外同行关注，高起点、跨越式发展起来。

二是构筑人才高地，完善管理机制，坚持人才兴校战略。首先，构筑人才高地，完善

---

① 张静主编：《中国海洋大学大事记》，中国海洋大学出版社2014年版，第323页。

管理机制，坚持人才兴校战略。三年引进海内外具有高级专业技术职务和博士学位的学术骨干等急需人才300余人（有留学经历的占1/3）。同时，本着"不求所有、但求所用"的原则，聘请院士4人，形成了包括5位诺贝尔奖获得者在内的80多位教授组成的国外"客座教授团"，不但强化了实质性、全方位的国际合作和科学研究，同时大大提高了研究生培养能力和水平。其次，建立竞争、激励机制，留住并用好人才。坚持淡化身份、强化岗位和按劳分配、优劳优酬的原则，对人事分配制度进行了新一轮的改革，采取基础津贴和业绩津贴相结合、津贴制和奖金制相结合的岗位津贴管理办法。通过实行岗位聘任，赢得了教师特别是骨干队伍的奉献精神。再次，建立新的用人机制和管理模式，促进人才流动。以教师编制的20%左右设置客座教师岗位，建立了固定编制和流动编制相结合的新的用人机制。最后，加大骨干教师的培训力度，努力提高师资整体水平。通过落实教育部"长江学者奖励计划""青年教师教学科研奖励计划"和"青年教师资助计划"等项目，有计划、分层次地对师资队伍进行培养。

三是调控学生结构，提高培养质量，为建设研究型大学打基础。不断扩大研究生规模，同时着力于培养研究生的创新能力，加强研究生培养过程控制，确保研究生的培养质量。着手对本科教育教学运行机制和管理体系进行改革，逐步建立起一种动态的、自适应调节和可持续发展的教育教学新体系。淡化专业的实体属性，强调专业的学业属性，以适应社会不断发展的需求，满足学生对优质教学资源的迫切需求。坚定不移地加大课程的建设力度，加强基础实验课条件建设。聘任著名作家王蒙先生担任学校顾问、教授和文学院院长（实职），建立了名家课程体系和驻校作家制度。

四是调整科技创新战略，加强创新能力建设。调整科技创新模式：从注重单项创新转变到更加强调各种技术的集成，强调在集成基础上形成有竞争力的产品和产业；鼓励教师进行好奇心驱动的研究，支持他们在高起点上服务于国家目标和国家的重大战略需求，寻求新的发现。调整学科结构，大力发展应用学科：在组建信息科学与工程学院、环境科学与工程学院、材料科学与工程研究院的同时，又在其他学院增设地球信息科学与技术、航海技术、船舶与海洋工程、轮机工程、化学工程与工艺、工业设计等专业。在国家和地方经济建设急需的科研方向，设立"科技特区"，特事特办，大力发展应用研究和高技术开发。大力支持高新技术和产业技术领域的发明创造：鼓励教师掌握更多具有自主知识产权的核心技术和关键技术。实施专利战略，建立激励机制，调动创新积极性。积极组织有自主知识产权和产业化前景的项目，重点投入，扶持成熟技术成果从实验室到中试放大的工作，在技术创新和技术服务方面形成技术群，同时探索技术参股等有利于科技成果转化的激励机制和相应管理体制，以调动教师技术创新的积极性。推动建设"青岛国家海洋科学研究中心"：积极配合科技部等有关部委、山东省政府和青岛市政府，参与并推动"青岛国家海洋科学研究中心"筹建，大力推进国家实验室的建设。投入巨资进行重点实验室建设，重点推进一批科技成果转化基地建设，主要包括部、省重点实验室，以及"海洋防腐（蚀）防污（损）工程技术研究中心""海水养殖工程技术研究中心""海洋生物工程研究所"和"鳌山卫生命科学与技术教学科研基地"等。①

《"985工程"一期建设总结报告》指出，建成高水平特色大学的目标任务主要通过"985工程"二期建设和"十五"期间"211工程"建设得以实现。

三、更名为中国海洋大学

为更加有利于彰显学校的性质、层次和特色，更好地落实"四家共建"方案，早日实现高水平特色大学建设目标，为科教兴国、科教兴鲁以及青岛市建设现代化海洋科技城作出更多、更大的贡献，经过慎重研究，2001年9月，学校党委常委会作出更改校名为中国海洋大学的决定，并起草《青岛海洋大学关于更改校名的请示》报教育部。②提出的更名缘由主要有三点：

一、21世纪必将是海洋事业大发展的世纪。我国大陆海岸线长达18000多公里，拥有300多万平方公里海洋疆土，是一个海洋大国。海洋的开发、利用和保护工作都亟待加强，加速发展海洋高等教育，培育大批高层次海洋科技人才势所必然。

青岛海洋大学经过几十年的建设积累，博士点设置覆盖了我国全部海洋、水产二级学科。本科专业设置包括了我国全部的海洋和水产本科专业。有2个国家仅有的海洋与水产重点学科，1个国家唯一的海洋药物工程技术研究中心，1个联合国教科文组织中国海洋生物工程中心。拥有国家投资近亿元于1996年建成的海上流动实验室——"东方红2"海洋综合调查船，拥有全国首批确定的理科基础科学研究和教学人才培养基地——海洋学、海洋化学专业。在综合性学科设置的基础上，其海洋、水产学科的人才梯队、学科设置、人才培养状况、教学科研支撑体系等优势在国内尚为不可替代。青岛海洋大学在海洋高等教育方面基本代表了国家水平，同时也是海洋科学研究、高技术开发的主力军。如改名为"中国海洋大学"名副其实。

---

① 《在重点建设中快速发展——中国海洋大学"985工程"一期建设总结》，中国海洋大学发展规划处提供，2004年3月。
② 《青岛海洋大学关于更改校名的请示》（海大字〔2001〕23号），中国海洋大学档案馆藏，档号：HD-2002-XZ11-C-81。

二、近来，国内又新成立了两所海洋大学，因成立时间短，其教学、科研实力与我校尚有一定差距，但名称上都叫"海洋大学"。同时，山东省内有些高校更改了校名，如山东矿业学院改名为山东科技大学；山东工程学院与淄博学院合并后，改名为山东理工大学；青岛化工学院改名为青岛科技大学；此外还有八十年代后期才开始建设的青岛大学，这些学校的名称在一定程度上使青岛海洋大学难以显现一所国家重点综合性大学的优势。使学校在人才引进、招生、学生就业、学术合作与交流等诸多方面受到影响，从而使学校的进一步发展受到一定的制约。

三、目前，青岛海洋大学在国内有较高知名度，在国际上也有一定的影响力。若能更名为中国海洋大学，一方面从名称上有利于扩大学校的影响，使学校得到更多的国际关注，得到更多参与国际交流和竞争的机会。另一方面，随着学校的进一步发展，也将更加有利于集中显示我国海洋高教的实力，在我国由海洋大国迈向海洋强国的过程中发挥出更加积极的作用。[①]

10月25日，冯瑞龙书记、管华诗校长专程赴京，当面向教育部副部长张保庆陈述更名理由。张保庆明确表示支持青岛海洋大学更名为中国海洋大学。

2002年3月，学校起草《青岛海洋大学关于更改校名的请示》并报山东省人民政府。

8月16日，教育部党组副书记、副部长周济在山东省副省长邵桂芳等陪同下来校考察，冯瑞龙、管华诗汇报学校更名事宜，周济、邵桂芳及青岛市主要领导都表示支持。周济返京后，给学校来电话，告知青岛海洋大学更名之事已向陈至立部长汇报过，陈部长表示同意，并嘱尽快行文呈报教育部。22日，学校再次呈文教育部，申请更名为中国海洋大学。23日，青岛市起草《青岛市人民政府关于青岛海洋大学更名为中国海洋大学的请示》，上报山东省政府，表示支持青岛海洋大学更名，认为若将青岛海洋大学更名为中国海洋大学，必将有力地促进国家海洋科学研究中心的建设，促进高校与海洋科研院所之间的力量整合，这既有利于推动国家海洋高等教育和海洋科技的发展，也有利于推动青岛加快建设国际化海洋科技城。为此，特向山东省政府申请将青岛海洋大学更名为中国海洋大学，并请省政府上报教育部。

10月10日，教育部发文，同意青岛海洋大学更名为中国海洋大学。由于教育部领导及各部门大力支持，文件会签十分顺利，冯瑞龙书记、管华诗校长于当天携文件返回青岛。

---

① 《青岛海洋大学关于更改校名的请示》（海大字〔2001〕23号），中国海洋大学档案馆藏，档号：HD-2002-XZ11-C-81。

11月6日，中国海洋大学揭牌仪式在青岛市人民会堂举行。教育部副部长张保庆、山东省副省长邵桂芳、国家海洋局副局长倪岳峰和青岛市委副书记张旭升为学校揭牌。

管华诗校长在揭牌仪式上表示："更名为中国海洋大学，这是学校发展史上一个新的里程碑，是学校在新的世纪再创辉煌的一个具有战略意义的新起点。"[①]

2002年11月6日，中国海洋大学揭牌

第三节　第八次党代会召开与吴德星任校长

一、第八次党代会召开

2003年3月，学校制定《中国海洋大学发展战略规划（2003—2025）》（简称《规划》）。《规划》指出，中国海洋大学未来20多年的发展总体目标是：内部结构优化合理；综合实力居国内高校前列；拥有一批世界知名学者及其领衔的若干世界先进水平的特色学科群；具有国内一流、国际知名的学生培养能力、科学研究能力和社会服务能力；拥有坚实、先进、特色鲜明的办学支撑体系。成为一所特色显著的综合性、研究型高水平大学。总体目标的实现分两个阶段。第一阶段：2003—2010年，按计划基本实现高水平特色大学建设目标；通过结构调整，形成综合性、研究型高水平大学框架。第二阶段：2010—2025年，重点是提高水平，增强学校综合实力。通过建设，实现发展总目标，即使

---

① 管华诗：《为把中国海洋大学早日建设成为高水平特色大学而努力奋斗——在中国海洋大学揭牌仪式上的讲话》，李建平、魏世江、陈鸶主编：《管华诗教育文集：高水平特色大学的探索与实践》，中国海洋大学出版社2007年版，第386页。

中国海洋大学成为特色显著的综合性、研究型高水平大学。目前学校正处在高水平特色大学的建设过程中。

2003年9月28日至29日，中国共产党中国海洋大学第八次代表大会在鱼山校区逸夫馆召开。党委书记冯瑞龙代表上届党委向大会作题为《与时俱进 开拓创新 全面建设高水平特色大学》的工作报告。纪委书记刘贵聚代表中国共产党中国海洋大学纪律检查委员会作题为《认真实践"三个代表" 与时俱进 扎实工作 为高水平特色大学建设提供坚强的政治保证》的工作报告。

党委的工作报告确定学校未来20年的发展战略与目标，具体内容与《中国海洋大学发展战略规划（2003—2025）》基本一致。冯瑞龙提出高水平特色大学建成的四个主要标志：一是学科和专业布局，师资队伍的年龄、知识、职称结构，教学、科研职称体系和数字化平台的建设，校园软环境和硬条件建设等，达到国家对重点综合性大学高标准的要求；二是特色优势学科中5～10个二级学科的整体水平达到国际先进水平，10～15个学科研究方向达到或接近国际领先水平；三是学校成为我国海洋与水产学科高层次人才培养的中心基地，成为我国该领域重大科技计划任务的主要承担者，成为国家、地方和行业发展建设计划制定的主要信息提供者，成为国家该领域国际科技交流与合作的中心基地之一；四是以教育质量、科研水平及服务社会的能力为核心要素的综合实力排位，进入国内高校前35位。

报告提出了未来四年（2004—2007）高水平特色大学建设的基本任务。

一是高水平学科建设。完善学科与专业布局，构筑具有显著特色的学科体系，达到既强化特色（优势）学科，又符合综合性大学的专业与学科基础要求。

二是高层次师资队伍建设。扩大师资队伍总量，到2007年按生师比17∶1计算，教师总数力争达到1600人。调整和优化师资队伍结构，提高教师队伍中具有研究生学历的人员比例，其中具有博士学位的教师占教师总数的比例提高到50%以上，重点学科达到70%以上。

三是高质量人才培养。稳步扩大招生规模，到2007年，全日制在校生规模达到20000人左右。其中博士研究生1000人左右、硕士研究生4000人左右，本专科生15000人左右，本科生与研究生之比达到3∶1，在重点学科达到1∶1。

四是高水平的科学研究与社会服务。遵循基础研究与应用研究队伍的比例保持3∶7的基本思路，按分层管理、分类指导的原则，实行不同的政策，高度重视基础研究，加大原创性成果的培育力度，争取在海洋科学、生命科学的某些学科方向有重大突破。同时注重应用学科研发能力建设，整合集成现有技术，形成具有海大特色的学科技术体系，增强服务社会的能力。

五是高层次的对外合作交流。进一步加强与国际知名大学和科研机构的联系，拓展合作领域，提高合作层次。以教授为主体，以项目为导向，构筑科技合作与交流平台；以学历生培养为主体，通过联合办学等多种方式构筑国际教育平台；通过承办高水平的大型国际会议、短训班等方式构筑国际交流平台，使国际合作与交流融入科学研究、队伍建设和人才培养等各项工作中去，为学校办学逐步走向国际化作出贡献。

六是高起点的校园建设。按照资源优化配置的原则，合理设置鱼山校区、浮山校区和崂山校区的功能区划，逐步形成三个特色鲜明的校区，按照高起点、高标准、高效益的原则，将崂山校区建设成为国内一流、特色显著、人文浓郁、景观优美的生态型、开放式、现代化校区。

七是高标准的支撑体系建设。建设1～2个国家级科研基地或国家重点实验室。建成具有当代水平的图书资料保障体系和特色鲜明的海洋科技、教育数据库，建成先进的校园网络支撑平台。

大会选举产生了由于利、于志刚、于宜法、冯瑞龙、刘贵聚、吕铭、朱胜凯、初建松、吴成斌、吴德星、宋志远、宋微波、张静、李华军、李巍然、李耀臻、赵庆礼、徐天真、徐国君、徐祥民、董双林、管华诗、魏世江23人组成的中国共产党中国海洋大学第八届委员会和由王明泉、王筱利、包振民、刘贵聚、张庆德、李八方、李庆祥、杨桂朋、陈晓明、姚云玲、徐葆良、高会旺、管长龙13人组成的纪律检查委员会。在随后召开的八届一次全会上，选举产生了中共中国海洋大学第八届委员会常务委员会委员和书记、副书记。常务委员会由冯瑞龙、李耀臻、张静、管华诗、吴德星、于宜法、于志刚、董双林、刘贵聚9人组成，冯瑞龙为书记，李耀臻、张静为副书记。会议通过了纪律检查委员会第一次全会选举结果，刘贵聚为纪委书记、徐葆良为纪委副书记。

2005年7月6日，学校召开教师干部大会，公布教育部关于中国海洋大学行政领导班子的任职决定：吴德星担任中国海洋大学校长，于宜法、于志刚、翟世奎、董双林、王琳任副校长。教育部党组副书记、副部长张保庆代表教育部党组对学校上届行政领导班子的工作给予充分肯定。他说，中国海洋大学目前状况是办学历史上最好的时期，管华诗校长在学校发展大局的把握上，坚持了教育家和政治家的标准；在敬业奉献上，更是有口皆碑；他敏锐的洞察力和善抓机遇的能力，超前的办学思想，坚定的改革勇气，以及爱惜人才、平易近人、求真务实和崇高的学术风范，不仅在中国海洋大学，在中国高教界都有很高的声誉。管校长为中国海洋大学的改革发展作出了贡献,也为中国高等教育发展作出了贡献,为学校留下了宝贵的精神财富。[①]会上,教师代表向管华诗敬献了带有众多教授、干部签名,名为"耕耘"的纪念匾。寓意多年来,他带领全校师生员工辛勤耕耘,不断开拓创新、锐意进取,使学校事业发展取得了非凡成就。

吴德星(1952—),山东无棣人。研究生学历,博士学位,教授。1971年进入山东海洋学院海洋水文气象系学习,1974年毕业留校担任海洋气象专业教师,同年加入中国共产党。1983年获山东海洋学院气象学硕士,1992年获青岛海洋大学物理海洋学博士学位。1996年任博士生导师。1994年9月—1997年先后担任物理海洋国家教委开放实验室副主任、物理海洋研究所副所长、海洋环境学院常务副院长。1997年4月—1998年9月先后担任研究生教育中心副主任、科研处处长。1998年9月—2005年7月担任青岛海洋大学/中国海洋大学副校长、党委常委。2005年7月担任中国海洋大学校长。

校长吴德星

二、"985工程"二期建设与验收

"985工程"二期建设于2004年启动,2009年3月,《中国海洋大学"985工程"二期建设总结报告》形成并上报。

学校"985工程"二期建设的总体目标是:围绕国家战略和海洋科学自身发展及参与国际海洋研究的需求,以共建为保障,共享机制为核心,资源整合为主线,建立符合学校特点的管理体制和运行机制,建成高水平、开放式、国际化的海洋科学创新平台以及海洋发展研究创新基地;造就6～7支由大师级人才领衔的国际性优秀科技创新团队;在海洋科学领域形成具有国际竞争力的人才培养高地和国际合作大平台;使学校的核心竞争力得到实质性、大幅度提高。[②]

取得的标志性成果有:海洋科学特色优势学科水平稳步提升,国际影响力极大增强;海洋生命科学科技创新能力显著提高,综合实力进一步增强;海洋工程技术进步,显示出服务社会经济发展的巨大潜力;海洋重大问题研究报告成为国家决策的重要依据。

总体建设成效有:把握"985工程"建设管理体制与运行机制这一灵魂,探索出高水

① 张静主编:《中国海洋大学大事记》,中国海洋大学出版社2014年版,第299页。
②《中国海洋大学"985工程"二期建设总结报告》,中国海洋大学档案馆藏,档号:HD-2010-KY11-11。

平特色大学的建设模式；科教英才汇聚，师资队伍壮大；平台基地建设成效显著，为构建国家海洋创新体系作出贡献；承担重大项目能力明显增强，科技成果丰硕；平台提升和科技创新促使学科建设实现跨越式发展。其中，"特色高水平大学的建设模式"指的是通过进一步推进办学体制创新、学科发展理念创新和平台管理模式创新等战略性举措，走出了一条特色立校、人才强校，建设以海洋和水产为显著特色的发展之路，为国家高等教育改革和高校发展提供借鉴。在"强化发展特色、协调发展综合，以特色带动综合、以综合强化特色"的学科建设思路指导下，学校将平台建设、队伍建设、学科建设有机地融为一体，以项目为纽带，构筑起高层次平台，汇聚并培养了大批优秀人才，凝练形成了特色鲜明的研究方向，成为重大项目承担和创新性成果产出的重要载体。学校围绕分配制度、用人体制及机制方面存在的突出问题，以创新团队建设为核心，建立科学合理的人才评价体系和分配激励机制，取得了突出成效。学校采取固定编制与流动编制相结合的形式，通过聘任国外著名学者和培养本校优秀人才相结合的方式，融合校内外人才资源，采取"国际知名学者+杰出学术带头人+精干学术团队"的形式，有力地推动优势学科与国际前沿的接轨，促进了创新团队的形成。探索建立"方向—平台—项目—人才"四位一体互动发展的模式，为产出更多的原创性科研成果，培养多层次科技人才，承担国家重大项目和解决国家建设的重大问题提供了制度保障。

《中国海洋大学"985工程"二期建设总结报告》凝练了高水平特色大学建设的经验：

一是实践并丰富了"强化发展特色、协调发展综合，以特色带动综合、以综合强化特色"的学科发展思路。辩证处理特色优势学科与其他综合学科的关系，强化发展了海洋科学、水产科学两个一级学科国家重点学科，使之稳固在国家排名第一的位置，并迅速接近世界先进水平；培育出海洋药物、海洋环境科学等新的高水平特色学科，又辐射带动了海洋工程技术学科群的发展，并形成了特色显著学科方向；拓展了海洋法学、海洋经济、海洋管理、海洋文化等文理交叉学科，有力促进了强势学科与综合学科的协调发展。学校的特色优势和综合实力全面提高。

二是共建得以深化，在为政府提供决策咨询方面发挥了重要作用。教育部与国家海洋局共建的中国海洋发展研究中心落户海大，成为深化共建的重要标志；海洋管理体制问题研究、东海大陆架科学和法律问题研究、东海油气资源共同开发问题研究等重大项目形成的成果，已成为国家决策的重要依据。同时，海大为山东省"海上山东"建设、青岛市海洋功能区划和海洋经济发展战略等的实施提供了不可或缺的科技和智力支撑。

三是构筑高层次科技创新平台，成为国家创新体系的重要组成部分。海洋创新体系是国家创新体系的重要组成内容。海洋大学在"985工程"建设过程中，主动突破行政"壁垒"，积极推进国家海洋科技体制和机制创新，提出并遵循大跨度共享资源、以增量盘活存量、不求所有但求所用等创新理念，牵头与国家部委驻青四家优势科研单位合作，建设青岛海洋科学与技术国家实验室；促成国家海洋局与教育部合作，依托海大建设中国海洋发展研究中心，为构筑代表国家、走向世界的海洋创新体系作出了应有的贡献。[①]

2010年3月，教育部、财政部在北京联合召开"985工程"验收工作会议，对"985工程"二期建设进行整体验收，校长吴德星代表学校向验收专家组汇报并进行答辩。验收专家组一致认为，中国海洋大学"全面完成任务，特别是在平台建设和科研成果方面成绩较为突出"，"实现了学校整体实力的跨越发展，强化了特色立校的办学理念，海洋学科优势得到进一步巩固和大幅度攀升，学校整体实力大幅度提升"[②]。

2010年6月13日，教育部、财政部"985工程"办公室发布《关于反馈"985工程"二期验收专家组意见的函》：

一是建设目标实现情况。全面实现了建设目标，各建设项目按既定计划顺利执行。二是建设任务完成情况。全面完成任务，特别是在平台建设和科研成果方面成绩较为突出。三是建设成效。经过二期建设，学校依靠有限的资金投入，实现了学校整体实力的跨越式发展；强化了特色立校的办学理念，海洋学科优势得到进一步巩固和大幅度攀升。学校整体实力大幅度提升。四是建设资金执行情况。良好。五是存在问题。鉴于学校已取得的成绩和良好的发展态势，建议学校在未来建设过程中，选取实力更强的国际知名学校作为发展的参照对象。[③]

三、"211工程"二、三期建设与验收

2001年国家进入"十五"期间，学校坚持以发展为主题，以高水平特色大学建设为主线，以改革和创新为动力，保证教育质量，提高办学水平。

学校"十五"期间"211工程"建设项目包括：

一是以重点学科建设为核心，重点建设物理海洋与环境科学、海水健康养殖理论与技术、海洋药物科学与工程、海洋生物学与生物技术、海洋化学理论与工程技术5个学科项目，加强学科布局结构调整，构建适应新世纪学科发展趋势的优势突出、特色鲜明、结

①《中国海洋大学"985工程"二期建设总结报告》，中国海洋大学档案馆藏，档号：HD-2010-KY11-11。
②张静主编：《中国海洋大学大事记》，中国海洋大学出版社2014年版，第360页。
③教育部司局函件，中国海洋大学档案馆藏，档号：HD-2010-KY11-11。

构优化、协调发展的学科体系。

　　二是建设数字化图书馆、校园网、基础实验教学中心、海上综合流动实验室4个项目，提高文献资料管理、信息服务的水平，实现资源的合理配置和共享，形成为学校教学、科研和管理提供高效服务的良好运行环境。

　　三是加强培养和引进优秀人才，扩大教师队伍规模，调整优化教师队伍结构，深化人事制度改革，创新内部管理制度，建设一支师德高尚、业务精湛、创新力强、结构优化、富有活力的高水平教师队伍。[①]

　　通过"211工程"二期重点学科建设，学校的学科特色更加突出，整体结构得到优化，学科布局更为合理，整体水平得到较大提高，竞争实力得到明显增强，初步形成了适应时代发展要求的学科体系；通过公共服务体系建设，初步实现了资源合理配置和共享，形成了为学校教学、科研和管理提供高效服务的良好运行环境；通过师资队伍建设，形成了一支以创新团队为核心的师德高尚、业务精湛、创新力强、结构优化、富有活力的高水平教师队伍。

　　2006年4月24日，国家"211工程"验收专家组对学校"十五"期间"211工程"建设情况进行为期两天的全面验收。经过听取汇报、考察检查、座谈访谈、阅读材料、评议分析，验收专家组认为，学校"全面完成了国家下达的'十五'期间'211工程'重点学科建设、公共服务体系建设和师资队伍建设等任务。全面实现了'十五'期间'211工程'的建设目标，为创建以海洋和水产为显著特色的国内外有影响的高水平大学奠定了更加坚实的基础"。

　　2008年，学校"十一五"期间"211工程"（即"211工程"三期）启动。主要建设任务包括重点学科建设项目、创新人才培养和队伍建设项目、校内公共服务体系建设项目、体制机制创新。

　　"211工程"三期建设之际，适逢国家实施海洋强国建设，各级政府更加重视海洋科学技术的进步、海洋国土和权益的保障、海洋资源的开发利用、海洋生态与环境的保护等一系列重大问题，给三期建设提供了良好外部环境。学校在巩固和发挥海洋与水产特色学科优势、继续提升其学科水平的同时，辐射带动其他学科的交叉融合，催生了适应国家海洋战略需求的学科方向。通过建设，学校的整体学科水平大幅上升。2012年3月形成的《中国海洋大学"211工程"三期总结报告》，介绍建设成效如下：

――――――――――――

[①]《中国海洋大学"十五""211工程"总结报告》，中国海洋大学档案馆藏，档号：HD-2010-KY11-11。

一是学科与学位点建设。海洋药物、海洋环境科学等新兴学科发展迅速，具备了建设世界一流学科的基本条件；由海洋和水产等优势学科辐射带动的海洋经济、海洋管理、海洋法学等具有文理交叉特征的学科发展势头强劲，在人才培养、学术研究和社会服务方面取得相对优势地位，产生了广泛影响。学校拥有2个一级学科国家重点学科，3个二级学科国家重点学科（含1个培育学科）；设置有12个博士学位授权一级学科，34个硕士学位授权一级学科，在2009年教育部公布的全国一级学科整体水平评估结果中，学校2个一级学科全国排名第一，6个一级学科进入全国前10名，10个一级学科进入全国前20名，13个一级学科进入全国前30名。

二是创新人才培养。通过实施研究生培养机制改革，优化研究生培养质量保障体系，依托国际涉海大学联盟，拓展研究生国际合作培养，初步建立了以科研创新导向和导师全面负责为核心的研究生培养新模式。稳步推进海洋科学、生命科学、国际商贸与经济三个研究生教育国际化平台建设，国际水平的研究生课程体系得到初步构建。

三是师资队伍建设。学校大力实施以建设高素质师资队伍为核心，以高层次人才引进与培养为重点的协调发展、整体推进的"人才强校"战略，师资队伍总量规模得到扩大，结构不断优化。高层次人才队伍建设成效显著。学校大力实施"筑峰/绿卡/繁荣/英才"人才工程，在优势学科、新兴学科和战略培育学科，引进培养了一批具有创新性构想和战略性思维，能带领本学科跟踪国际科学前沿并赶超国际先进水平的学科带头人，并着力引进培养一批具有良好科学素养与发展潜质的青年才俊。创新团队建设扎实推进，建立了12个以院士、"973计划"项目首席科学家、"长江学者"特聘教授、杰出青年科学基金获得者和"泰山学者"特聘教授等高层次领军人才为核心的优秀创新团队。

四是科学研究与社会服务。承担国家重大科技计划能力显著增强。2011年实到科技经费首次突破4亿元，较2008年增长约60%。高水平的重大研究成果丰硕，获国家级科技奖励6项，获授权国际专利9项，获国内发明专利280余项，并不断转化为现实生产力。共完成服务地方社会经济发展项目2000余项，服务蓝色经济和社会发展能力明显增强，在海洋观测/监测技术、海洋油气与矿产资源勘探开发技术、海洋生物资源开发利用技术等领域，形成了技术组群，如海洋特征寡糖的制备技术、油气开发软件及相关资料的解释处理、波浪浮标的推广应用、海洋食品精深加工、组织工程人工角膜项目等，为推动国家、地方海洋经济发展作出了贡献。[①]

---

① 《中国海洋大学"211工程"三期建设总结报告》，中国海洋大学发展规划处提供，2012年3月30日。

经过"211工程"三期建设，学校基本构筑起特色鲜明、优势突出的学科体系，部分重点学科接近或达到国际先进水平；吸引汇聚了大批优秀人才，支撑学科发展的队伍结构日益优化；拔尖创新人才培养体系不断完善，培养质量稳步提高；积极服务国家和区域经济社会发展，自主创新和社会服务能力进一步增强；基本建成有利于学科发展和资源共享的公共服务体系；适应学科发展自身需求和国家社会需求的管理体制与运行机制日益完善。以"211工程"建设为重要支撑和引领，学校学术水平和国际影响力跃上了新台阶，为建设国际知名、特色显著的高水平研究型大学奠定了坚实基础。

第四节　确立新校训与八十周年校庆

2001年4月，为确立与21世纪高等教育发展相适应的大学精神，进一步推动学校的改革与发展，党委决定在全校师生中开展"21世纪大学精神"讨论。校训"团结、勤奋、求实、创新"是20世纪90年代初确定的。2000年10月，山东省高校校园文明检查评估结束后，学校领导和有关部门开始凝练"海大精神"、重拟校训，并就"海纳百川"一句达成共识。在充分吸收各方意见和建议基础上，党委宣传部部长魏世江经过总结、提炼，初步把"海大精神"概括为：兼容并包、海纳百川的学术理念和博大胸襟；崇德守朴、求真务实的人文追求和科学态度；上下齐心、锲而不舍的团队精神和坚韧毅力；心系国运、探索不已的优良传统和进取精神。向学校呈报的新校训方案为：海纳百川，至人至德。①

2003年6月6日，管华诗主持召开新校训专题座谈会。讨论中大家对"海纳百川"高度认同，但对"至人至德"在给予较高评价的同时，意见分歧较大。学校顾问、教授、文学院院长王蒙先生就清华大学、四川大学、厦门大学的校训谈了看法后认为，作为海洋大学，校训应该保留"海纳百川"这四个字。在此基础上提出了三个建议方案："海纳百川，与时俱进""海纳百川，取精行远"和"海纳百川，取则行远"，并对三个方案的出处和含义作了简单说明。北京大学教授、中国海洋大学客座教授严家炎对王蒙的后两种方案表示赞同，同时认为先前的方案"海纳百川，至人至德"也比较好。他说，校训不能追求太强的实用性，而应充分反映崇高的理想性，因为它更多地体现着学校的精神召唤和鼓励作用。严家炎还提出了自己的方案，"海纳百川，至刚至柔"。与会者在对几个方案进行讨论时认为，"海纳百川，取则行远"更能体现出海大人的胸襟和魄力，更能体现出海大立

① 张静主编：《中国海洋大学大事记》，中国海洋大学出版社2014年版，第237页。

志高远、勇攀高峰的精神和追求。管华诗要求党委宣传部尽快把"海纳百川，取则行远"的方案诠释后，下发给全校各单位讨论。

学校最终选择"海纳百川，取则行远"的方案。管华诗校长邀请王蒙先生题写了"海纳百川，取则行远"的条幅。

王蒙先生题写校训

会后，魏世江对校训方案作出诠释，并经王蒙斧正后，学校于9月8日正式公布"海纳百川，取则行远"为新校训。

海纳百川意指：海之大，能容纳一切河流之水，形容肚量、气度、胸怀之宽广。喻指海大培育之人应虚怀若谷，有大海般的胸襟；海大园应是百花齐放、百家争鸣，能容纳各种学术思想；海大能容纳包括大师级人才在内的各路群英，能采纳来自各界的有益之言行、有益之成果。取则行远意指：海大人既能够遵循科学精神，又能够眼界高远、目标远大，且脚踏实地、身体力行地朝着既定的目标奋进，体现了海大人志存高远、探索不已、勇攀高峰的精神和追求。[1]

新校训的确立是中国海洋大学文化建设的一个重大成果。

2004年，学校迎来80周年校庆。校庆以"回顾发展历程，展示办学成就，凝聚各方力量，加快学校发展"为指导思想，以"隆重、热烈、务实、节俭"为工作原则。活动安排主要包括海洋科学家论坛、海洋药物国际学术研讨会、中法跨文化国际学术研讨会和"科学·人文·未来"论坛等十几项。

---

[1]《中国海洋大学关于呈报校训、校徽等资料的报告》，中国海洋大学档案馆藏，档号：HD—2004—XZ11—Y—030。

2004年10月11日，"科学·人文·未来"论坛如期举行。这一论坛由管华诗和王蒙倡议发起。中国探月工程首席科学家欧阳自远院士、海洋学家文圣常院士等11位自然科学界的领军人物，与王蒙、毕淑敏等17位知名作家、学者一道，围绕科学、人文以及两者与未来发展之间的关系各抒己见、碰撞思想。管华诗以《科学与人文共同的使命——建设和谐发展的美好世界》为题作报告。在论坛闭幕式上，王蒙说，在几天时间里聆听了近30位科学家及文学同行的演讲和讨论，这样的好事、这样的快乐不常有。科学与文学是对世界乃至人本身的不同角度的发现和理解，二者都启发人的认识、思维和心智。[①]该论坛在社会上产生很大影响。

2004年10月24日上午，中国海洋大学成立80周年庆典在鱼山校区大学路操场隆重举行。党委书记冯瑞龙主持大会，校长管华诗作题为《共创海大美好未来》的讲话。国务委员陈至立，全国政协副主席郝建秀和中共中央政治局原常委、国务院原副总理李岚清等发来贺信或题词。教育部副部长吴启迪、国家海洋局局长王曙光、海军副政委康成元中将、山东省副省长王军民、青岛市市长夏耕等领导，17位两院院士，国内近百所高校负责人，合作单位代表，国外友好学校代表，海内外校友以及学校党政领导，离退休老领导，师生代表万余人参加庆典。

教育部副部长吴启迪在庆典上说，2001年2月，教育部、山东省人民政府、国家海洋局、青岛市人民政府签署《关于重点共建青岛海洋大学的协议》，"985工程"一期的重点共建已使中国海洋大学的办学条件有了显著的改善，并有力地促进了中国海洋大学各项事业的发展。希望中国海洋大学在为国家经济、社会发展作出贡献的同时，主动面向山东省、面向青岛市，为山东及青岛的经济建设和社会发展作出更大的贡献。[②]

国务委员陈至立在贺信中说，中国海洋大学具有悠久的办学历史和鲜明的学科特色。新中国成立后，学校认真贯彻党的教育方针，坚持社会主义办学方向，艰苦奋斗、积极进取，形成了良好的校风和学风，人才培养、科学研究和社会服务成果显著，为国家的经济建设和社会发展，特别是海洋事业的发展输送了大批优秀人才，取得了突出的成绩。[③]

校庆当天，学校还举行了崂山校区奠基典礼。经过80年建设发展，学校已经成为一所以海洋和水产学科为显著特色的国家重点综合性大学。在我国高等教育跨世纪的改革发展过程中，随着办学规模的增长和科研工作的需要，空间不足日益成为事业发展的

---

① 梁纯生：《管华诗传略》，中国高等教育学会组编：《共和国老一辈教育家传略〔第三辑〕》，高等教育出版社2017年版，第672页。

② 《中国海洋大学80周年校庆资料汇编》，中国海洋大学档案馆藏，档号：HD-2004-XZ11-Y-85。

③ 《中国海洋大学80周年校庆资料汇编》，中国海洋大学档案馆藏，档号：HD-2004-XZ11-Y-85。

瓶颈。在此情形下,学校于2002年决定建设新校区,并与崂山区人民政府签订《建设青岛海洋大学新校协议书》。管华诗说:"这一校区的建成,将显著拓展学校办学空间,为学校事业的可持续发展奠定重要的基础,而且给正在组建的国家海洋科技创新平台提供条件。"①

第五节　于志刚任党委书记与第九次党代会召开

一、召开第九次党代会

2009年2月25日,学校召开教师干部大会,教育部党组成员、副部长李卫红代表中共教育部党组在会上宣布:于志刚同志任中国海洋大学党委书记,不再担任副校长职务;冯瑞龙同志因年龄原因不再担任中国海洋大学党委书记职务。李卫红指出,冯瑞龙同志在学校领导班子中工作了近20年,自1999年开始担任党委书记,他忠诚党的教育事业,兢兢业业、勤奋努力地工作,为学校的建设和发展呕心沥血,公道正派,廉洁自律,在历次校级领导班子考核和民主测评中都获得很高的评价,在师生员工中享有很高的威信。②会上,学校向冯瑞龙赠送了一幅题为"俯首甘为孺子牛"的书画,寓意他多年来,为学校事业发展鞠躬尽瘁,无私奉献,推动学校事业取得了跨越式发展。

党委书记于志刚

于志刚(1962—),山东莱阳人。研究生学历,博士学位,教授。1986年4月入党,1988年6月参加工作。1980年9月—1985年7月,清华大学学习;1985年7月—1988年6月,南京化工学院硕士研究生;1988年6月—2000年7月,青岛海洋大学化学系助教、讲师、副教授、副系主任、常务副院长、教授,其间:1993年9月—1999年9月,青岛海洋大学攻读博士学位,1997—1998年,德国汉堡大学海洋化学与生物地球化学研究所高级访问学者。2000年7月—2001年7月,青岛海洋大学校长助理、博士生导师;2001年7月—2003年9月,青岛海洋大学(2002年更名为中国海洋大学)副校长;2003年9月—2009年2月,中国海大党委常委、副校长;2009年1月任中国海大党委书记。

①《中国海洋大学80周年校庆资料汇编》,中国海洋大学档案馆藏,档号:HD-2004-XZ11-Y-85。
②张静主编:《中国海洋大学大事记》,中国海洋大学出版社2014年版,第347页。

　　2010年5月8日至9日，中国共产党中国海洋大学第九次代表大会在崂山校区召开。党委书记于志刚代表第八届委员会作题为《凝心聚力 改革创新 科学发展 谋海济国 为建设国际知名特色显著的高水平研究型大学而努力奋斗》的工作报告。纪委书记刘贵聚代表中国共产党中国海洋大学纪律检查委员会作题为《惩防并举 求真务实 为学校的改革发展提供有力保障》的工作报告。

　　党委的工作报告较为全面地总结了高水平特色大学的建设成就。学校党委圆满完成了第八次党代会确定的以建设高水平特色大学为重点的各项任务，党的建设全面加强，学校综合实力和国内外影响力显著提升。学校基本形成特色鲜明、优势突出、协调发展的学科体系，学科水平大幅提升。在人才培养方面，学校确立"通识为体，专业为用"的本科教育理念，构建实施以"有限条件的自主选课制"和"学业与毕业专业识别确认制"为核心的本科教学运行管理新体系。启动研究生培养机制改革，人才培养质量不断提高。在人才队伍建设上，实施"筑峰人才工程""绿卡人才工程""繁荣哲学社会科学人才工程""青年英才工程"等，不断完善"杰出学科或学术带头人＋国际知名学者＋精干学术团队"的创新团队组织模式。在管理体制和运行机制改革方面，学校管理水平和办学效益不断提高。

　　报告提到，落实"四家共建"二期项目、建设崂山校区、牵头建设青岛海洋科学与技术国家实验室等积极作为充分说明战略上精心谋划，战术上抢抓机遇是学校事业发展不断赢得先机的制胜法宝，使学校在激烈竞争中始终立于主动。这是弥足珍贵的历史经验和精神财富。报告同时指出，"重特色、求质量，先做强、再做大"的总体发展策略和"强化发展特色、协调发展综合，以特色带动综合、以综合强化特色"的学科发展思路是指导特色兴校、科学发展的思想精华。

　　大会选举产生由丁林、于利、于志刚、于宜法、万荣、王震、王明泉、卢光志、权锡鉴、毕芳芳、吕铭、刘贵聚、闫菊、李华军、李耀臻、李巍然、吴德星、宋微波、初建松、张静、陈戈、陈锐、林旭升、董双林、管长龙25人组成的中国共产党中国海洋大学第九届委员会，选举由于波、王竹泉、毕芳芳、刘贵聚、李鲁明、杨桂明、吴强明、辛华龙、张庆德、张全启、范洪涛、林洪、傅刚13人组成的中国共产党中国海洋大学新一届纪律检查委员会。9日，中国共产党中国海洋大学第九届委员会第一次全体会议举行，会议选举产生了中国共产党中国海洋大学第九届委员会常务委员会委员和书记、副书记。常务委员会由于志刚、吴德星、李耀臻、于宜法、刘贵聚、董双林、张静、李巍然、闫菊、李华军、卢光志11人组成；于志刚为书记，李耀臻、刘贵聚、张静为副书记。会议通过了中共中国海洋大学纪律检查委员会第一次全体会议的选举结果,刘贵聚为纪委书记,毕芳芳为纪委副书记。

大会审议并通过关于党委工作报告的决议。大会强调,要深入学习贯彻落实科学发展观,全面加强党的思想建设、组织建设、作风建设、制度建设和反腐倡廉建设,把学校党组织建设成为事业发展的领导核心、政治核心和战斗堡垒。大会号召全校各级党组织、全体共产党员和广大师生员工,要在九届党委的领导下,坚持社会主义办学方向,贯彻党的教育方针,贯彻实施《国家中长期教育改革和发展规划纲要(2010—2020)》,全面落实本次大会提出的任务,凝心聚力,改革创新,科学发展,谋海济国,努力开创学校事业发展的新局面,为建设国际知名、特色显著的高水平研究型大学而奋斗。[1]

在学校党委九届一次全委会上,党委书记于志刚对新一届党委领导班子成员提出要求和希望:一是要勤奋工作,进一步增强忧患意识,把形势看得严峻一些,把困难估计得充分一些,把工作做得扎实一些;进一步增强责任意识,把时间和精力放在研究解决学校改革发展稳定的重大问题上。二是要科学决策,要多调研,勤思考,了解教学科研一线的实际,倾听群众呼声,善于见微知著,使决策更加符合客观实际,努力做到既有现实性,也有前瞻性;要用马克思主义的立场、观点、方法观察问题,分析问题,不断提高解决问题的能力。三是要珍视团结,要像爱护眼睛一样爱护团结,团结的基础是中国海大的事业,是对党和国家负责的政治意识;团结要靠批评与自我批评维护,也要靠政治保障,要贯彻落实好党委领导下的校长负责制,要多沟通、多交流、多理解、多补台,成为全校各级班子团结方面的表率。四是要廉洁自律,作为党员领导干部,要严格遵守廉洁自律各项规定,慎独、慎欲、慎微,在勤廉上成为全校师生的表率。五是要作风民主,严格遵守民主集中制的各项规定,讲民主既要做到畅所欲言,也要勇于担当;要正确对待组织、正确对待他人、正确对待自己,要有闻过则喜的襟怀,乐于接受批评,共同营造生动活泼的政治局面。他表示,新一届党委要高举中国特色社会主义伟大旗帜,团结带领全校党员和师生员工,开拓创新,求真务实,扎实工作,向着建校百年的宏伟目标一步一个脚印地迈进。[2]

二、创建高水平特色大学的"海大方案"

学校创建高水平特色大学以来,获得过高等教育系统的关注和较高评价。2001年1月

① 《中国共产党中国海洋大学第九次代表大会关于第八届委员会工作报告的决议》,中国海洋大学档案馆藏,档号:HD—2010—DQ13—36。
② 于志刚:《在中国共产党中国海洋大学九届一次全委会上的讲话》,载《中国海洋大学报》2010年5月10日。

9日，教育部直属高校工作咨询委员会第11次会议在北京人民大会堂举行，教育部71所直属高校党委书记、校长参加。管华诗校长作大会发言，介绍了学校高水平特色大学建设情况，引起高教界的高度重视。高水平特色大学建设为高等教育改革开启了一条新的路子，成为一批特色鲜明的高校争相借鉴的模式，有的高校甚至将《中国教育报》中关于学校建设高水平特色大学的报道，发给中层管理干部，作为学习资料，并制定出适合本校实际的发展规划，以求办出特色、办出水平。[1]同时，也为教育部分类型管理直属高校提供了启示。

2003年1月5日，教育部副部长周济在教育部直属高校工作咨询委员会第十三次会议上谈到高校发展战略规划时说，由于知识经济已见端倪，"综合性"的发展方向无疑是正确的，问题是要辩证地认识"综合"与"特色"之间的关系。对于教育部直属高校来说，主要可分为两种类型，一类是学科门类比较齐全的综合性大学，如北京大学、清华大学、浙江大学；一类是具有鲜明的学科特色或行业特色的单科性或多科性大学，如中国农业大学、中国海洋大学、中央音乐学院。只要规划得好，落实得好，经过长期不懈的奋斗，两种类型的学校都应该而且能够办成特色名校，办成世界一流大学或世界知名高水平大学。……如中国海洋大学是一所海洋特色非常鲜明的学校，他们提出了"强化发展特色、协调发展综合、以特色带动综合、以综合强化特色"，因此在海洋方面确实走在了国内领先的地位，在国际上也取得了较高地位。[2]

回顾学校过去十余年的发展历程，走上高水平特色大学建设之路是重大战略选择，影响深远。这其中有学校服务国家海洋事业发展的使命使然，也有学校决策层把握历史主动、勇于创新的精神推动，更有教育部、山东省人民政府、国家海洋局和青岛市人民政府的鼎力支持。通过建设高水平特色大学，在办学体制、学科发展理念和办学治校模式等方面探索出了新路，为国家高等教育改革发展作出了贡献。

第六节　牵头筹建青岛海洋科学与技术国家实验室

进入21世纪，世界和平发展主旋律高扬，经济全球化浪潮波澜壮阔，科学技术发展日新月异。认识海洋、利用海洋，发展海洋经济已是沿海国家基本方略，与之相关联的海洋

[1] 刘继安、魏世江、赵新安：《世界高水平特色大学，我们这样建——来自青岛海洋大学的报告》，载《中国教育报》2002年6月3日。
[2] 周济：《谋划改革的新突破　实现发展的新跨越》，载《中国高等教育》2004年第17期。

科学、海洋技术亦随之快速发展。中国是经济大国、海洋大国，但不是经济强国，更不是海洋强国，海洋科技与国际水平尚有很大差距。要充分利用难得的战略机遇期，像重视和解决"上天"问题那样，重视和解决"下海"问题，加快海洋强国建设进程。由是，尽快提升我国的海洋高层次人才培养、海洋科学研究和海洋技术（包括海洋国防保障技术）研发的能力与水平，就成为必然之选。而在海洋科教资源相对集中、优势明显的青岛，建设国家海洋科学研究中心（现崂山实验室），无疑是重大举措之一。

一、筹建背景

2000年7月，时称青岛海洋界"三巨头"的中国工程院院士、青岛海洋大学校长管华诗，中国工程院院士、农业部水科院黄海水产研究所所长唐启升和中国工程院院士、国家海洋局第一海洋研究所所长袁业立，共同商讨争取在青岛建设国家海洋科学研究中心（简称"中心"）。

据曾任该中心首届理事会理事长的管华诗院士和时任理事会秘书长的潘克厚教授回忆：

在这之前（也是7月），袁业立去北京，听科技部的同志说，国家计划建几个科学研究中心，海洋列在首位，南方某个城市想建海洋领域的中心。回青岛后，他对唐启升说起这件事，认为青岛更有条件争取建设海洋方面的国家科学研究中心。[①]

唐启升在《我的科学年表》中记述：

袁院士的来访，让我想起1995年北太平洋海洋科学组织（PICES）第四届年会在青岛召开期间，《青岛日报》记者问："PICES主席Wooster教授说，青岛是世界上4～5个海洋科学中心之一，对吗？"我回答："世界上四大海洋科学组织的主席他都担任过，有权威性。从体量上看，他说得没错，但质量上就不是了。"因此，提高青岛海洋科学研究的总体水平，就成为我留在心中的一个问题和目标。显然，建中心是个机遇，有助于提高。于是，我们决定找管院士商量。我们三人很快达成共识，认为应该积极推动这件事。[②]

这段记述显示，此时青岛的海洋科教事业在世界海洋领域已占有一席之地。否则，北太平洋海洋科学组织（PICES）的年会不会选在青岛召开，Wooster教授作为世界知名的海洋学家如无实据，也不会作出"青岛是世界上4～5个海洋科学中心之一"的判断。但唐启升院士的体量大、质量不高的观点，也符合青岛海洋科技界的现状。

---

① 魏世江：《口述史（四）：关于青岛海洋科学与技术试点国家实验室筹建》，中国海洋大学档案馆藏，档号：HD-2021-XZ18-C-45。
② 唐启升：《我的科学年表》，中国农业出版社2020年版，第64-65页。

　　事实是，中国近代海洋科学发轫于青岛。20世纪30年代，校长杨振声倡设海边生物学、海洋学和气象学；40年代，校长赵太侔创办水产学系、海洋研究所；在上海成立的国民政府农林部中央水产实验所迁至青岛，发展成为如今的中国水产科学研究院黄海水产研究所。新中国成立后，相继在中国科学院、教育部、国家海洋局、地矿部等部门设置了若干专门的海洋研究机构。至90年代中期，青岛的海洋科教事业已具规模，做出的成就亦被国内外广泛认可。但体量大、待整合、需提高的呼声也不绝于耳。

　　据资料显示，1994年9月，山东省省长赵志浩来校考察，校长管华诗汇报学校服务"海上山东"建设情况。在谈到未来发展时，管华诗说，海洋科学综合、立体、交叉研究的趋势，要求我国的海洋科学研究走优势联合、学科交叉、开拓创新的改革之路。青岛是我国著名的海洋科技城，设有中央有关部委局和地方的十几个海洋科学研究与人才培养机构，从高层次教学、科研人员比重，学科配套、仪器设施、海洋调查手段的先进性，研究水平及成果、国际合作与交流的基础和环境方面，均处于国内领先地位。组建超越条块壁垒、代表国家最高水平、独立承担国内外重大科研项目的国家海洋科学研究中心和青岛研究生培养基地是一条有效的途径。[①]1996年6月，国务委员、国家科委主任宋健，国家海洋局局长张登义来校考察科技兴海工作。在谈到如何推动科技兴海时，管华诗说，应树立大海洋科学的观念，打破学科壁垒，实行学科交叉、技术嫁接。科技兴海要实行协同作战、联合攻关，优势互补、资源共享的管理机制。建议利用青岛海洋科技在全国的优势，组成由各部门教育科研单位参加的科技兴海联合体，避免分散、重复的现象。保持一支高效精干的科技队伍，在科技兴海的事业中有分工、有合作，扎扎实实地干上几十年，干出成效来。[②]

　　总之，不论是"三巨头"着力争取在青岛建设"海洋科学中心"，还是管华诗向上级领导汇报中提到的"国家海洋科学研究中心""科技兴海联合体"，都基于这样的现实：青岛的海洋科技水平及能力在国内优势明显，但力量分散、重复建设、高端装备少，总体贡献度不高，解决国家重大战略需求的能力尤其不足；同时，各方高度认同、迫切希望联合起来，改变这种状态，把我国的海洋科学与技术搞上去。

　　2000年9月，唐启升院士代表管华诗、袁业立两位院士到科技部沟通，询问如何推动

① 管华诗：《抓住机遇　努力工作　更好地为山东省"两跨工程"服务》，李建平、魏世江、陈鷟主编：《管华诗教育文集：高水平特色大学的探索与实践》，中国海洋大学出版社2007年版，第18页。

② 管华诗：《实施科技兴海　发展海洋产业和海洋经济》，李建平、魏世江、陈鷟主编：《管华诗教育文集：高水平特色大学的探索与实践》，中国海洋大学出版社2007年版，第64页。

这个"中心"的建设。基础研究司彭以祺处长建议，以青岛的四个主要海洋科教机构法人的名义共同做这件事。①自2001年2月起，在科技部基础研究司副司长邵立勤的组织下，四个单位经过数次协商，提出了"中心"建设的方案框架，并征得各自上级主管部门和青岛市政府同意。同年12月，科技部第37次部务会审议并原则同意成立青岛海洋科学研究中心。强调"中心"必须是实体，必须与科技体制改革相结合，要与青岛建设海洋科教城通盘考虑。②2002年3月，科技部同意青岛海洋地质研究所为"中心"发起单位。这样发起单位就由四家增至五家，分别隶属教育部（青岛海洋大学）、中国科学院（海洋研究所）、国家海洋局（第一海洋研究所）、农业部（水科院黄海水产研究所）和国土资源部（青岛海洋地质研究所）。国家海洋科学研究中心筹建之所以历经波折，其难点正在于此。当然，创新之处也在于此。③

二、建设方案的形成

2001年2月，科技部基础研究司副司长邵立勤受部领导委派来到青岛，召集青岛海洋大学校长管华诗院士、黄海水产研究所所长唐启升院士、国家海洋局第一海洋研究所所长袁业立院士、中国科学院海洋研究所所长相建海研究员和青岛市领导，共同商讨青岛海洋科学研究中心建设事宜。经过研究，提出了建设包括物理海洋学、海洋化学、实验海洋生物科学、海洋渔业科学、海洋药物科学、海洋生态环境科学六个相当于国家重点实验室的"中心"实验室和信息数据库、图书资料库、仪器设备、大型海洋科考船四个公共平台为主体的方案框架，正式启动了"中心"的筹建工作。自此开始到2009年10月，青岛海洋科学与技术高性能科学计算与系统仿真平台大楼奠基开工，历时长达九年多。

在此期间，科技部、山东省人民政府、青岛市人民政府和五家组建单位及其主管部门的领导与广大海洋科教工作者，以对国家高度负责的态度，勇于担当建设海洋强国的使命，围绕着"中心"怎么建、建设什么样的"中心"等基本问题反复磋商、理纷解结，认识不断深化；在"中心"的定性与定位、建设与投资、管理体制与运行机制、资源整合与人才队伍建设等方面，共识不断扩大，并先后提出了五个筹建方案（表8-1）。

---

① 唐启升：《我的科学年表》，中国农业出版社2020年版，第65页。
② 《青岛海洋科学与技术试点国家实验室大事记（2000—2021）》，崂山实验室藏，档号：QNLM-WS205-Y-ZHB-0275。
③ 魏世江：《口述史（四）关于青岛海洋科学与技术试点国家实验室筹建》，中国海洋大学档案馆藏，档号：HD-2021-XZ18-C-45。

表 8-1　国家海洋科学研究中心的五个筹建方案

序号	简称	领导体制运行机制	定性定位	建设与投资方式	科研平台和功能实验室设置计划	备注
I	第三方方案	模拟股份合作机制，独立的人事、财务权，理事会领导下的主任负责制	非行政建制的科研实体，不设行政岗位和编制，不打破发起单位的人事、设备隶属关系	利用发起单位现有科研手段，各部门投入设备或配套经费分配项目，青岛市投入土地和土建费	实验室（7个）：海洋渔业科学、海洋生态环境科学、海洋流流与陆海-气相互作用、海洋药物、动力海洋学、海洋地质学、实验海洋生物学及生物技术 平台（5个）：海洋科考船及船舶基地、海洋科技信息计算中心、国际学术交流中心、检测分析中心、海洋标本馆和遥感实验中心	科技部委托，第三方提供2002年3月
II	中国海大方案	教育部主管	与中国海洋大学"一套人马、两块牌子"	利用鱼山校区，中国海大为主筹建	与另外四家发起单位共同设计	2002年7月
III	青岛方案	市部（院、局）共建，科技部主管	是科技部批准的国家实验室；具有独立法人资格的非营利性事业单位，编制100人左右	各共建单位按比例投资，山东省投资，中国海洋大学在崂山校区提供土地	实验室（8个）：物理海洋学、海洋化学、海洋生态环境科学、海洋地质、海洋工程、海洋生物科学与技术、海洋药物、海洋渔业科学 平台（5个）：海洋过程物模、实验检测分析、3D海洋实时监测系统、科技信息中心、学术交流中心	2003年9月
IV	山东方案	省部（院局）市共建，理事会领导下的主任负责制	具有独立法人地位的国家级实验室、省属正厅级公益一类事业单位	共同出资，分期建设，分期投资，青岛市提供土地，山东省为主建设	实验室（9个）：物理海洋与气候、实验海洋生物学、海洋环境科学、海洋渔业科学、区域海洋学与数值模拟、海洋渔业科学与食物产出过程、海洋矿产资源评价探测技术、海洋药物与生物制品、海洋地质过程与环境 新建平台（3个）：滨海实验、海洋生物基因组学研究、高性能科学计算与数据	2004年1月

续表

序号	简称	领导体制运行机制	定性定位	建设与投资方式	科研平台和功能实验室设置计划	备注
V	部省方案	部省市共建，科技部主管，理事会领导下的主任负责制	具有独立法人资格的人、财、物、事自主的实体单位，"中心"改为国家实验室	共同投资、分期建设，青岛市提供土地，中国海洋大学牵头筹建	以科技部主持论证通过的《建设方案》中的计划为准 功能实验室（8个）：物理海洋与气候、海洋生物学与生物技术、海洋环境科学和数值模拟、海洋渔业科学、海洋矿产资源评价与探测技术、海洋药物与生物制品、海洋地质环境过程、海洋生态与环境科学 公共实验平台（6个）：高性能科学计算与系统仿真、海洋生物基因资源研究开发、深远海资源研究、海洋高端仪器设备研发、滨海综合实验、海洋观测 技术支撑体系（3个）：海洋科学考察船队、海洋资源样品库、海洋科技分析测试中心	2006年5月 2006年12月，更名为青岛海洋科学与技术试点国家实验室，简称海洋国家实验室

　　从上述方案演变过程看，虽然前四个由于各自的局限性等原因次第退出，但前者的合理成分被后者所汲取，因而方案一个比一个趋于成熟。如"第三方方案"中理事会领导下的主任负责制，"青岛方案"中的具有独立法人资格的非营利性事业单位，"山东方案"中的分期建设、分期投资等，均被科技部主导形成的《青岛海洋科学与技术国家实验建设方案》所吸收。有的方案所发挥的作用则超越了自身，在关键时刻起到了去轫启行之效，未使筹建进程中断。前四个方案所蕴含的智慧及参与者的贡献，不应被历史遗忘。"在此过程中，科技部、财政部、山东省和青岛市政府以及各主管部门的领导呕心沥血，做了大量耐心细致的组织协调工作，给予精心而卓有成效的指导"[1]，更应当载入史册。

　　在海洋科学研究中心筹建过程中，有两件事尤为重要。一是"山东方案"定型，一是管理体制改变。

　　据记载，2004年1月，山东省人民政府正式介入"中心"的筹建。2月，副省长王军民来青岛召开"中心"筹建座谈会，提出了"山东方案"的框架和省部（院、局）市共建的管理

①《青岛海洋科学与技术国家实验室建设计划任务书》，中国海洋大学档案馆馆藏，档号：HD-2007-KY15-1。

体制。之后成立了以省长为组长的"中心"建设领导小组和省部共建协调领导小组，组织领导工作明显得以加强。[①]2005年3月，山东省省长韩寓群在北京主持召开省部协调领导小组第一次会议。中国海洋大学校长管华诗院士代表省政府和组建单位汇报了《青岛国家海洋科学研究中心建设方案》，与会的科技部副部长程津培、教育部副部长赵沁平、国土资源部副部长鹿心社、农业部副部长张宝文、中国科学院副院长李家洋、国家海洋局副局长陈连增、青岛市市长夏耕先后发言，认为"中心"对于促进海洋经济发展、保证国家资源安全、加强海洋生态环境保护、参与国际海洋科学竞争意义重大。与会者还就"中心"的建设方式、管理体制、运行机制、人才队伍建设以及资源整合、成果应用等一系列问题进行讨论，提出建议。"山东方案"显示，"中心"选址在青岛市即墨鳌山卫镇，初步规划占地2000亩。一期工程占地约200亩，建筑面积约5万平方米，主要建设国家实验室主体工程和3个公共科研平台。方案提出，争取用3年时间建成一批知名科学家领衔的优秀科技创新团队，在5~6个研究方向上达到国际先进水平，1~2个方向达到国际领先水平；争取在10年内建成世界一流海洋科学研究机构，跻身全球八大知名海洋研究中心之列。[②]

2005年6月，教育部副部长赵沁平、国土资源部副部长鹿心社、农业部副部长张宝文、中国科学院副院长李家洋、国家海洋局局长王曙光、山东省副省长王军民、青岛市市长夏耕，分别代表各自单位签署《省（市）部（院、局）共建青岛国家海洋科学研究中心（海洋科学与技术国家实验室）协议书》[③]，科技部正式批准了再经完善后的"山东方案"，同意国家海洋科学研究中心开始筹建。[④]接着，以中国海洋大学管华诗院士为理事长的理事会和以中国海洋大学教授潘克厚为主任的筹建办公室相继成立，并积极开展工作。先后完成"中心"地址确定（鳌山卫柴岛及周边地块）、新建综合考察船项目申报和"十一五"发展规划拟定等事项。但是，随着筹建工作的推进，"山东方案"的一个弱点显现出来，"省部共建"以山东省为主，国家的"三部一局一院"参与，但未明确主管部门，导致沟通、协调不甚顺畅，投资（包括方式、比例）不能及时到位，筹建工作不得已暂缓下来。

国家海洋科学研究中心管理体制的改变，对于推动该中心的筹建具有关键作用。资料显示，2006年5月，国务委员陈至立到中国海洋大学"东方红2"船考察，随行的有教育部部长周济、科技部副部长刘燕华，山东省副省长王军民和青岛市领导。"中心"理事长

---

① 《青岛海洋科学与技术试点国家实验室大事记（2000—2021）》，崂山实验室藏，档号：QNLM-WS205-Y-ZHB-0275。

② 张静主编：《中国海洋大学大事记》，中国海洋大学出版社2014年版，第295页。

③ 《省（市）部（院、局）共建青岛国家海洋科学研究中心（海洋科学与技术国家实验室）协议书》，中国海洋大学档案馆藏，档号：HD-2005-KY15-1。

④ 国科发基字〔2005〕202号，中国海洋大学档案馆藏，档号：HD-2005-KY15-1。

管华诗院士汇报了筹建情况，大家进行热烈讨论。陈至立说，青岛集中了国家50%～60%的海洋科教资源，非常宝贵。希望有关各方齐心协力，为把我国建设成为海洋强国，为国家的战略安全以及可持续发展，切实把国家海洋科学研究中心规划好、建设好，使国家的投入发挥出最大效益。[①]与会的管华诗院士和时任秘书长潘克厚教授回忆：

　　在听取了大家的意见后，陈国委一锤定音。她说了三条：一是"中心"建设内容太多，应该集中力量建设国家实验室；二是这件事既然是国家的事，自然由国家来办，科技部必须勇于担当，为主做好这件事；三是应该确定一个牵头筹建单位，明确责任主体。这促使筹建工作发生了重大变化，一是建设内容由"中心"变成青岛海洋科学与技术国家实验室，二是管理体制由之前的"省部共建"变成了"部省共建"，三是确定由中国海洋大学牵头负责筹建工作。实践证明，这个决定是符合实际的，是正确的。[②]

　　"中心"筹建管理体制调整后，科技部结合研究在新兴前沿交叉领域和特色优势领域布局10个国家实验室的重大举措，统筹推进筹建工作。2006年12月，科技部发出《关于组织填报国家实验室建设申请报告的通知》，并公布10个国家实验室筹建试点名单，海洋科学与技术国家实验室列在首位。依托单位是中国海洋大学等青岛海洋研究优势单位。[③]从此时起，虽然"青岛国家海洋科学研究中心"之名被"青岛海洋科学与技术国家实验室（简称海洋国家实验室）"所取代，但"山东方案"的主要内容却成为海洋国家实验室筹建的主体。各功能实验室、公共实验平台和技术支撑体系的建设计划，在征求各相关部门意见的基础上几经修改、逐步完善；建设用地审批、征地、总体概念性设计和建筑单体设计相继展开。

　　2007年5月，教育部部长周济、科技部副部长程津培来青岛，在中国海大崂山校区召开专题会议，山东省委常委、青岛市委书记阎启俊，常务副市长王书坚参加。在听取了理事会理事长管华诗院士关于海洋国家实验室建设进展和发展规划的汇报后，与会领导认为，海洋国家实验室的筹建，始终围绕《国家中长期科学和技术发展规划纲要（2006—2020年）》确定的战略目标和战略重点，把握了资源整合这个核心，整合了青岛海洋科技力量优势，在国家有关部门、山东省政府、青岛市政府和驻青海洋单位的通力合作下，形成了共赢局面。实验室建设思路清晰、目标明确，突出了青岛地区的海洋特色与优势。各部门将全力支持海洋国家实验室建设，争取在5～10年内将其建设成国际一流，在近海

---

① 张静主编：《中国海洋大学大事记》，中国海洋大学出版社2014年版，第310页。
② 魏世江：《口述史（四）——关于青岛海洋科学与技术试点国家实验室筹建》，中国海洋大学档案馆藏，档号：HD-2021-XZ18-C-45。
③ 国科基函〔2006〕42号，中国海洋大学档案馆藏，档号：HD-2006-KY15-1。

环境、海洋生物、深海研究等方面特色鲜明，具有显著原创能力的海洋科学研究中心。[①]

9月9日至10日，国务院委托科技部、财政部组织成立专家组，在青岛对《青岛海洋科学与技术国家实验室建设方案》进行论证。财政部、教育部、国土资源部、农业部、国家海洋局、中国科学院、山东省和青岛市领导和代表出席会议并发表意见，表示积极支持。[②]专家们听取并审阅了国家实验室筹备组关于实验室建设方案的总报告、八个功能实验室的分报告、公共实验平台和技术支持体系的综合报告。经过讨论，专家组形成了如下意见：

（1）青岛地区汇聚了国内具有较强优势的海洋科技力量，承担了大量的国家海洋科技重大任务，为我国海洋科技事业发展作出了重要贡献。围绕国家重大战略目标，在青岛建设国家实验室是落实《国家中长期科学和技术发展规划纲要（2006—2020年）》的重要举措，对增强我国海洋科技自主创新能力、探索科技管理体制改革的新模式意义重大，具有紧迫性。

（2）国家实验室利用筹建单位现有优势和基础，提出的建设方案符合我国海洋科技发展的需要，基本可行。

（3）国家实验室在管理体制和运行机制上提出了新的思路，框架结构和运行模式基本符合当前科技体制下国家实验室建设的要求。

（4）在五家单位现有基础上，提出的八个功能实验室和三个技术支撑体系的建设，体现了资源整合的思想，有利于更充分地发挥现有资源的功能和作用，可望对国家实验室的建设奠定重要基础。

（5）提出的新建六个面向国内外开放共享的公共实验平台设想，将提升国家实验室的能力，对推动全国海洋科技发展具有积极的作用。

（6）在人才队伍建设方面采取人才引进、双聘体制等方法和措施，有利于吸引高水平人才，形成知识和年龄结构较为合理的研究队伍。

专家组同意海洋国家实验室的建设方案，建议尽快批准实施。2007年11月，科技部下发《关于批准筹建青岛海洋科学与技术等九个国家实验室的通知》，正式批准建设青岛海洋科学与技术国家实验室。[③]2008年5月，山东省人民政府第九次常务会研究决定，按照"先期启动，总体规划，分步实施"的原则，正式启动青岛海洋科学与技术国家实验

① 张静主编：《中国海洋大学大事记》，中国海洋大学出版社2014年版，第324页。
②《青岛海洋科学与技术国家实验室建设方案论证专家组意见》，中国海洋大学档案馆藏，档号：HD-2007-KY15-1。
③《关于批准筹建青岛海洋科学与技术等九个国家实验室的通知》，中国海洋大学档案馆藏，档号：HD-2007-KY15-1。

室的基建工作。[①]2009年10月28日,海洋高性能科学计算与系统仿真平台大楼和综合楼奠基、开工,标志着历时九年的筹建工作完成,青岛海洋科学与技术国家实验室的建设与发展进入了新的阶段。

2013年12月,科技部正式批复青岛海洋科学与技术试点国家实验室建设。实验室下设八个功能实验室、六大技术平台,由中国海洋大学、中国科学院海洋研究所、国家海洋局第一海洋研究所、中国水产科学研究院黄海水产研究所、青岛海洋地质研究所等单位共同建设。2015年2月,青岛海洋科学与技术试点国家实验室第一届理事会宣布成

2015年10月21日,青岛海洋科学与技术试点国家实验室第一届学术委员会成立大会暨第一次全体会议召开

立,中国科学院院士陈宜瑜担任理事长,理事单位包括中国海洋大学、中国科学院海洋研究所、国家海洋局第一海洋研究所、国家深海基地等11个涉海科研机构。7月,科技部任命管华诗院士为第一届学术委员会主任,吴立新院士为第一届试点国家实验室主任。这标志着青岛海洋科学与技术试点国家实验室正式全面启动。实验室旨在围绕创新驱动发展战略和建设海洋强国的总体要求,坚持"四个面向",开展科技创新与体制机制创新,努力打造国家海洋战略科技力量。

三、"部省方案"的主要内容

这里所称的"部省方案",是指科技部主导编制的《青岛海洋科学与技术试点国家实验室建设计划任务书》的核心内容[②],主要包括以下几方面。

1.功能定位及主要研究领域

青岛海洋科学与技术国家实验室(简称海洋国家实验室)定位为国家海洋科学创新体系中的重要基地。海洋国家实验室的建设与发展突出基础性、前瞻性、战略性特点,坚持开放、联合、流动、竞争的方针,创新管理体制与机制,优化海洋资源配置,汇聚培养优秀科技人才,为保障海洋安全、维护国家权益服务,为推动国家经济社会科学和谐发展服

---

①《青岛海洋科学与技术试点国家实验室大事记(2000—2021)》,崂山实验室藏,档号:QNLM-WS·2015-Y-ZHB-0275。
②《青岛海洋科学与技术试点国家实验室建设计划任务书》,中国海洋大学档案馆藏,档号:HD-2007-KY15-1。

务，为建设海洋强国服务，为提升我国海洋科技竞争力、跻身国际前沿服务。

主要研究领域有：① 海洋与全球气候变化，包括海洋动力环境变异的过程及机理、海洋对全球气候变化的调节作用。② 海洋生物资源可持续利用，包括海洋生命现象及生命活动规律、海洋渔业科学与农牧化和海洋生物资源高值化利用。③ 近海生态环境演变过程、机制与保护，包括海洋生态环境演变与生物多样性、海洋生态系统关键生物生产过程、海洋生态系统关键地球化学过程和近海生态环境演变与人类活动的影响等。④ 海洋地质过程与矿产资源探测评价，包括海洋地质环境过程、海洋矿产资源评价与探测。⑤ 海洋数值模拟与观测技术，包括海洋多运动形态耦合以及海–气通量交换过程的理论研究、海洋动力系统数值模式体系的发展与应用和海洋观测技术。海洋国家实验室在重点部署上述五个主要研究领域的同时，根据《国家中长期科学和技术发展规划纲要（2006—2020年）》，还将在海水综合利用理论与技术，海洋防腐防污理论与技术，海岸工程生态设计、健康监测和安全评估，海洋新材料研发，海洋能（特别是生物质能、温差能）开发利用，深远海资源探测等方面适当开展研究。

2. 建设内容

海洋国家实验室按照资源整合、综合集成、开放共享、提高效率的原则，对科研队伍和科研条件进行整合与优化配置，组建相当于国家重点实验室的八个功能实验室和三个技术支撑体系；由国家投资，新建六个公共实验平台，由国家实验室直接管理。公共平台和支撑体系均向国内外开放、共享。

八个功能实验室：物理海洋与气候、海洋生物学与生物技术、海洋环境科学和数值模拟、海洋渔业科学、海洋矿产资源评价与探测技术、海洋药物与生物制品、海洋地质环境过程、海洋生态与环境科学。

三个技术支撑体系：海洋科学考察船队、海洋资源样品库、海洋科技分析测试中心。

六个公共实验平台：高性能科学计算与系统仿真、海洋生物基因资源研究开发、深远海资源研究、海洋高端仪器设备研发、滨海综合实验、海洋观测。

3. 建设规模

基建规模：海洋国家实验室位于即墨鳌山卫滨海路以东临海区域，规划建筑面积14.5万平方米，分两期建设。一期占地230亩，建筑面积约7.5万平方米，主要建设六个公共实验平台及配套的学术交流、办公和生活设施；二期建筑面积约7.0万平方米，主要建设八个功能实验室、海洋科技博物馆等。

人员规模：海洋国家实验室设固定编制500人，其中功能实验室双聘人员400人，另

100人面向国内外公开招聘；编制指标由五个组建单位按比例提供，国家实验室统一调配；设合同流动编制200人，由国家实验室统一聘用，挂靠青岛人才交流中心管理。

4. 建设及发展目标

三年内完成五个组建单位相关资源的整合、优化与集成，建成八个功能实验室、三个技术支撑体系，建成六个公共实验平台及其配套工程。汇聚国内外优秀科学家，在海洋环流与气候、海水养殖种质工程、渔业科学、海洋生物资源高值化利用、海洋有害赤潮与富营养化、海洋数值模拟等方面组建四至五个国际知名的优秀研究团队。探索并建立基本符合海洋科技发展要求的管理体制。初步建成比较完整的海洋科学与技术创新体系，较大幅度提升解决国家重大战略性问题的能力，为跻身世界著名的海洋科学技术研究基地奠定基础。

在五至十年内，争取跻身世界著名海洋科研机构之列。成为海洋与全球气候变化、海洋生物资源可持续利用、近海生态环境保护、海洋地质过程与矿产资源探测评价和海洋数值模拟与观测技术等领域的世界重要研究基地之一，在其中若干优势方向取得突破性研究成果，成为该领域某些世界重大计划的倡导者，为国家海洋事业的持续协调发展提供强有力的理论、技术与人才支持。

长期发展目标是：成为我国海洋领域最主要的科技创新基地、国内外优秀科学家汇聚地、海洋科技创新成果源泉、高层次人才培养基地和国际学术交流中心，整体提升我国的海洋科技自主创新能力和核心竞争力，大幅提高解决国家重大战略需求和服务经济社会发展的能力，成为国际一流、特色鲜明的海洋科学技术研究基地。

2018年6月12日，习近平总书记亲临视察，提出了"再接再厉，创造辉煌，为祖国、为民族立新功"的殷切期盼，极大地鼓舞了海洋科学与技术试点国家实验室的科研人员和中国海洋大学的师生。

2022年8月，青岛海洋科学与技术试点国家实验室定名为崂山实验室。

第二章
新一轮校内管理体制改革

　　2000年1月，学校召开党政联席扩大会议（即第二次"崂山会议"），讨论进一步深化校内管理体制改革，分别研究了机构改革方案、教师系列岗位设置与管理和后勤社会化改革等工作，拉开了新一轮校内管理体制改革的序幕。

第一节　深化校部机关改革

　　高水平特色大学的建设，除了要有一支高水平、高素质的教师队伍外，还要有一支高水平、高素质的管理干部队伍与之相适应。

　　2000年4月，党委书记冯瑞龙在学校校部机关改革工作大会上指出，学校现行的内部管理体制问题主要集中在四个方面：一是机构的设置有政府化倾向，机构过多，职能交叉重叠；二是机构及职能不规范，管理、经营、服务不分，政事、政企不分，收支不分；三是非教学人员比例过大，冗员多，人浮于事，工作效率低，用人效益不高；四是人事分配政策缺乏竞争激励机制，干多干少一个样，干好干坏一个样，干部终身制，能上不能下等。通过前一阶段的改革和酝酿，学校内部管理体制改革的时机基本成熟，早改革，早主动；晚改革，就被动；不改革，无出路。要迎难而上，从机关改革和人事分配制度改革入手，全面推进学校的综合改革，以改革谋求发展。此次会议公布了经党委七届二次全体会议讨论通过的《青岛海洋大学校部机关改革方案》和关于公开招聘部分管理干部、关于科级党政管理干部聘任上岗的文件,新一轮校内管理体制改革正式开始。

校部机关改革的指导思想是以邓小平理论为指导,解放思想,转变观念,进一步调整和精简校部党政管理机构和人员,优化人员结构,压缩管理编制,做到减员增效,形成能进能出、能上能下、能高能低的竞争机制,全面提高学校的办学效益和整体水平,为建设高水平特色大学奠定良好基础。目标是合理配置和优化教育人力资源,不断提高学校的教育质量和办学效益,明确各部门职责,理顺工作关系,改变机构重叠、队伍臃肿、效率不高的状况,建立以竞争上岗、定岗聘用为主要内容的新型用人机制;原则是强化岗位、淡化身份,按需设岗、公开竞争、择优聘用。工作方针是精心策划,合理安排;积极稳妥,坚定不移;全面推进,分步实施。[1]这次公布和实施的校部机关改革方案是1999年机关改革的继续。学校还配套出台《关于调研员的若干管理规定》《关于机关工作人员分流若干问题的意见》和《关于提前退休及内部退养的有关规定》等文件。其他如用人制度、分配制度改革等方案经教代会审议后,计划下半年实行。[2]

5月,按照《青岛海洋大学校部机关改革方案》的要求,学校下发《关于科级以下党政管理干部聘任上岗意见》,此次聘任上岗的科级以下专职党政管理岗位共73个,其中校部机关科员岗位45个、教学科研及直属业务单位科员岗位28个。[3]

通过新一轮校部机关改革,学校党政管理机构、人员有较大幅度的调整和精简:校专职党政管理人员由383人精减为281人;校部机构由29个精简为19个,减少34.5%;科室由30个精简为23个,减少23.3%;校部机关总人数由248人精减为177人,其中干部人数由200人精减为166人,即处级职数由68人精减为57人、科级职数由49人增加到60人、科员人数由83人精减为49人,工勤人员人数由48人精减为11人。专职党政管理人员占全校教职工总数比例由20.6%下降到15.1%;校部机关人数占全校教职工总数比例由13.1%下降到9.5%。校部机关改革带来三大变化:一是机构设置过多问题得到明显改善;二是机关管理工作理念、作风、效率发生显著的转变;三是机关部处职能明晰,目标明确,负责干部和管理人员责任感与使命感增强,进而保证服务教师、服务基层的活力,为学校发展提供良好的服务保障。

学校对岗位设置作了进一步规范。2007年12月,学校第四届教职工代表大会第二次

①《关于公布〈青岛海洋大学校部机关改革方案〉的通知》(海大党字〔2000〕18号),2000年4月。
②张静主编:《中国海洋大学大事记》,中国海洋大学出版社2014年版,第219页。
③张静主编:《中国海洋大学大事记》,中国海洋大学出版社2014年版,第221页。

会议通过《中国海洋大学岗位设置管理暂行办法》等文件。《暂行办法》明确管理岗位占全校岗位总量的18%左右，管理岗位分为八个等级。六级以上职员岗位控制在管理岗位总量的35%以内，五级、六级职员岗位按1:2设置。四级以上担任领导职务的职员职数，按核定的校级领导职数确定。不担任校级领导的四级以上职员职数，按照干部人事管理权限，由教育部批准确定。同时，根据高等学校功能和管理工作特点，学校设置管理和专业技术兼职"双肩挑"岗位，按照高校职员制度改革的精神，严格控制"双肩挑"岗位的数量和比例。[①]

与此同时，《中国海洋大学教职工编制管理办法（试行）》施行。在机构设置与领导职数上，明确校级党政领导职数按照干部任免权限由上级主管部门确定，学校内设机构包括管理机构、教学科研组织机构和直属业务机构，根据教育部有关规定，按照学生规模数，确定校级机关管理机构数量为17～21个，校级机关中层领导职数按机构数的2～3倍确定。在编制分类上，明确党政管理人员编制根据各单位的职能和职责确定。学校党政管理人员编制按学校总编制的18%核定。学校党政管理机关各部门的编制根据各职能部门主要职责和工作任务，以满负荷上岗的要求，本着精简机构、理顺关系、精干高效、保证基本需要的原则确定。[②]

2008年3月，《中国海洋大学管理岗位设置管理与聘任实施细则》实施。明确管理岗位是指为保障学校正常运转，担负领导职责或管理任务的工作岗位，学校管理岗位实行职员制度。职员职级分为三个职等和八个职级。岗位总数设置不超过学校岗位总数的18%。高级职员岗位数不超过职员岗位总数的35%，担任校级领导职务的四级以上职员的职数，按照核定的校级领导职数确定。不担任校级领导的四级以上的职员职数，按照干部人事管理权限，由教育部批准确定。五级、六级职员岗位按1:2设置；中级职员岗位数原则上不超过职员岗位总数的60%。[③]职员岗位的结构与比例随学校事业的发展适时予以调整。职员聘用范围包括从事党政管理岗位工作的学校事业编制的管理干部和专职辅导员。

2009年1月，根据《中国海洋大学岗位设置管理暂行办法》《中国海洋大学关于首次岗位聘任的实施意见》规定，学校制定各个系列人员岗位设置与聘任的具体方案，本着精心准备、稳妥推进的原则，经过规定的程序，438名管理干部岗位正式确定，首次全员岗

---

①《中国海洋大学岗位设置管理暂行办法》，中国海洋大学档案馆藏，档号：HD-2007-XZ12-Y-113。

②《中国海洋大学教职工编制管理办法（试行）》，中国海洋大学档案馆藏，档号：HD-2007-XZ12-Y-117。

③ 张静主编：《中国海洋大学大事记》，中国海洋大学出版社2014年版，第336页。

位聘任工作基本完成。[①]

2010年，为适应学校教育事业发展的需要，建立与学校事业发展相适应的管理体系和运行模式，学校印发《中国海洋大学关于公布机构设置方案的通知》，按照职能明确、分工合理、总量控制、精简高效的原则，经党委常委会研究决定，对机关党政机构和直属单位设置进行调整[②]，学校成立鱼山校区办公室作为校办直属机构，成立教育发展基金会作为校办直属单位；把本科教学工作水平评估办公室作为教务处挂靠单位；实验室与设备管理处更名为国有资产与实验室管理处，国有资产管理委员会办公室和房产办公室作为挂靠单位；规划建设处更名为规划建设与后勤管理处，同时调整原后勤工作办公室部分职能并入规划建设与后勤管理处；国际教育交流中心更名为留学生中心；学报编辑部更名为期刊社；撤销高新技术产业处、浮山校区工作委员会办公室。

机关机构改革的顺利进行，为学校实施以校内分配制度改革为核心的人事分配制度改革奠定了良好基础。

第二节 深化人事分配制度改革

人才资源是高校第一资源。高校的发展主要取决于是否拥有一支高水平高素质的师资队伍。建设一支结构合理、富有理想、事业心强、具有良好师德和创新能力的师资队伍，以适应21世纪新形势和学校事业发展需要，就必须对传统分配制度进行改革，这是国内外大环境和校内客观情况所决定的。

在校内进行新一轮机关改革和专职党政管理人员聘任上岗的基础上，学校探索以校内分配制度改革为核心的人事分配制度改革。校内分配制度改革是继后勤改革、校部机关改革之后，在新一轮校内管理体制改革中重大的、突破性的改革措施，是学校发展史上具有里程碑意义的重要举措。校内分配制度改革的顺利实施，关系到学校今后发展，关系到高水平特色大学各项建设目标的顺利实现。[③]

2000年2月，管华诗校长在全体教授、副处级以上干部大会上发表讲话。他根据第二次"崂山会议"精神，着重对学校的发展定位、新一轮校内管理体制改革等重大问题谈了意见，指出目前学校人事制度改革方案初步形成，尚需进一步论证，其基本思路是在严格

① 张静主编：《中国海洋大学大事记》，中国海洋大学出版社2014年版，第346页。
② 《中国海洋大学关于公布机构设置方案的通知》，中国海洋大学档案馆藏，档号：HD-2010-XZ12-Y-090。
③ 李建平、魏世江、陈鸶主编：《管华诗教育文集：高水平特色大学的探索与实践》，中国海洋大学出版社2007年版，第192页。

定编定岗的基础上，打破职务和身份的终身制，教师实现真正意义上的聘任制，干部实行教育职员制，工人实行合同制；实现优劳优酬，能者有其位，庸者无岗位。[①]

7月，学校第三届教职工代表大会第一次会议召开。与会代表对管华诗校长所作题为《继往开来，锐意改革，为把学校建设成为高水平特色大学而努力奋斗》的报告以及《青岛海洋大学校内分配制度改革方案》进行讨论和审议，一致通过这个方案。[②]

12月，学校在吸取北京大学、清华大学等兄弟高校改革经验的基础上，结合实际情况，经过充分研讨并在七个学院进行试点后，校内人事分配制度改革正式启动。管华诗校长强调："我们要通过人事分配制度改革，体现对人才资源价值的尊重，赢得全校教职工的奉献精神。"这次改革以实行岗位聘任和岗位津贴制度为主要内容，坚持淡化身份、强化岗位，按需设岗、公开招聘，平等竞争、择优聘任，精干高效、满负荷工作量等原则设置岗位。岗位设置分A、B、C三类，每类三个级别。A类是校聘关键岗位，B类是院聘重点岗位，C类是基础岗位。岗位津贴遵循效率优先、兼顾公平，按劳取酬、优劳优酬，以岗定薪、岗变薪变，存量不变、增量拉开的原则设置，基础津贴占30%，业绩津贴占70%。确定了年津贴标准和院士特别津贴。学校按专业技术人员总数15%设置校聘关键岗位、40%设置院聘重点岗位、35%设置基础岗位。由学校掌握10%左右的校聘关键岗位和院聘重点岗位，用于向国内外公开招聘优秀人才。在专业技术人员岗位聘任的同时，专职党政管理干部聘任工作亦启动。[③]

2001年，学校进一步健全教师岗位聘任制度和校内人事分配制度。3月，经各单位专业技术聘任委员会评议推荐、校聘任委员会评审，并经校聘关键岗位资格审定专家组审定，共有144人获得校聘关键岗位上岗资格。5月，306位教师应聘学院重点岗位，其他序列上岗陆续展开，新的人事分配制度逐步落实。[④]10月，为贯彻落实《关于实施人事分配制度改革的决定》精神，建立按劳取酬、优劳优酬的竞争激励机制，营造吸引、培养、造就高素质教师队伍的环境，《青岛海洋大学专业技术岗位（教师系列）业绩津贴实施细则》实施。业绩津贴包括教育和科学研究项目及成果津贴、教学津贴、指导研究生论文津贴、其他工作津贴四部分。[⑤]

2003年，学校进一步推进以校内分配制度改革为核心的人事分配制度改革，对第一

① 张静主编：《中国海洋大学大事记》，中国海洋大学出版社2014年版，第217页。
② 张静主编：《中国海洋大学大事记》，中国海洋大学出版社2014年版，第222页。
③ 张静主编：《中国海洋大学大事记》，中国海洋大学出版社2014年版，第229页。
④《中国海洋大学2002年行政工作总结》，中国海洋大学档案馆藏，档号：HD-2003-XZ11-Y-13。
⑤《青岛海洋大学专业技术岗位（教师系列）业绩津贴实施细则》，中国海洋大学档案馆藏，档号：HD-2001-XZ12-C-129。

批A1、A2岗上岗人员的岗位责任完成情况进行逐一核查，并初步提出岗位调整意见；巩固专业技术岗位聘任成果；继续推行以聘用制为核心的用人机制，修订和完善岗位聘任条件、聘任办法和岗位责任，为实现身份管理向岗位管理的过渡，真正建立优秀人才能够脱颖而出的用人制度奠定基础。坚持按劳分配、优劳优酬的原则，探索按生产要素分配的实现方式和分配办法，调整和完善中国海洋大学教师业绩津贴管理系统，形成向优秀人才和关键岗位倾斜的分配机制。

2007年1月，《中国海洋大学工作人员收入分配制度改革实施办法》施行。《实施办法》明确实行岗位绩效工资制度，岗位绩效工资由岗位工资、薪级工资、绩效工资和津贴补贴四部分组成。其中岗位工资和薪级工资为基本工资，执行国家统一政策标准。《实施办法》提出正常增加薪级工资、岗位变动人员工资调整办法的调整工资办法，即学校将对年度考核结果为称职及以上等次的教职工，每年增加一级薪级工资；年度考核结果为基本称职、不称职的，不能正常增加薪级工资。教职工岗位变动后，从变动的下月起执行新聘岗位的工资标准。《实施办法》明确高层次人才和学校主要领导分配激励约束机制，以及新聘用人员工资待遇问题。《实施办法》规定产业、后勤等企业化管理的单位，结合本单位实际情况制定分配改革方案，报学校分配制度改革领导小组批准后执行。

12月，为全面落实国家关于事业单位聘用制改革和收入分配制度改革的要求，切实做好学校岗位设置管理工作，学校制定《中国海洋大学岗位设置管理暂行办法》。暂行办法以岗位设置为基础，通过定编、定岗、定责，深化人事制度改革，完善人才遴选、评价、激励与保障机制，加强规范管理。学校根据核定的各单位编制和工作需要情况，确定其岗位数量，并将岗位分为专业技术岗位、管理岗位和工勤技能岗位三类。专业技术岗位分为教师岗位和非教师专业技术岗位，教师岗位是专业技术岗位的主体。教师岗位分为12个等级，包括正高级岗位、副高级岗位（以上统称高级岗位）、中级岗位和初级岗位。其中正高级教师岗位名称为教授一级岗位、教授二级岗位、教授三级岗位、教授四级岗位，副高级教师岗位名称为副教授一级岗位、副教授二级岗位、副教授三级岗位，中级教师岗位名称为讲师一级岗位、讲师二级岗位、讲师三级岗位，初级教师岗位名称为助教一级岗位、助教二级岗位。管理岗位分为八个等级，分别为厅级正职、厅级副职、处级正职、处级副职、科级正职（主任科员）、科级副职（副主任科员）、科员、办事员。工勤技能岗位包括技术工岗位和普通工岗位，学校根据实际情况只设置技术工岗位，并将技术工岗位分为高级技师、技师、高级工、中级工、初级工五个等级。

2009年1月，按照教育部审批的岗位设置方案，根据《中国海洋大学岗位设置管理暂行办法》和《中国海洋大学关于首次岗位聘任的实施意见》的规定，本着精心准备、稳妥推进的原则，制订各个系列人员岗位设置与聘任的具体方案，经过规定程序，分系列逐次实施。1512名教师和其他系列专业技术人员、438名管理干部、327名工勤人员的岗位正式确定，首次全员岗位聘任工作基本完成，为深化人事制度改革奠定良好基础。①

2010年1月，学校第四届教代会第三次会议召开，听取并审议校长吴德星作的《深入学习实践科学发展观，全面推进高水平特色大学建设》工作报告，审议并原则通过《中国海洋大学关于进一步完善校内岗位津贴分配制度的实施意见》，新一轮校内分配制度改革启动。②

此次校内岗位津贴分配制度改革坚持按劳分配、以岗定薪、优劳优酬原则，建立与岗位职责、工作业绩、实际贡献紧密联系和鼓励创新创造的分配激励机制。重点向优秀人才倾斜，向一流业绩倾斜，向教学科研一线倾斜，以利于稳定人才、吸引人才。本着总体提高收入水平、适当缩小收入差距的原则，统筹兼顾校内各类人员的收入分配水平，促进各类人员协调发展，努力构建和谐校园。加强岗位管理与考核，健全岗位能上能下、待遇能高能低的动态管理机制。深化校院两级管理改革，实行学校总量控制、宏观指导，二级单位统筹使用、具体实施的管理办法。总体筹划，分步实施，平稳过渡，逐步将校内分配制度改革与现行地方政策及国家绩效工资制度有机结合起来。此次学校岗位津贴分配实行校院两级管理，由学校制定岗位津贴管理制度，按照分类管理的原则，制定各类岗位等级的津贴指导性标准。学校明确各院（系）以及部分直属业务单位的分配自主权，各二级单位建立并不断完善遵循学术规律、注重激励效果的考核评价和分配体系。在《实施意见》中，对在重点建设工作中作出重要贡献者、国家自然科学奖、技术发明奖和科技进步奖获得者、国家优秀教学成果奖获得者、省部级人文社会科学优秀成果奖一等奖获得者等情况的，经校长办公会研究，确定发放对象和标准，一次性给予校长特殊奖励。③

校内岗位津贴改革顺利实施，较大幅度地提高了青年教师、管理人员、其他专业技术和工勤岗位人员的津贴水平，最大限度缩短各类各级人员间收入分配的差距，有利于调动各方面积极性；实施院（系）及部分直属业务部门的二次分配，对管理重心下移进行有益探索，有效激发了院（系）作为办学实体的活力和自主性。职能部门负责人轮岗、

① 张静主编：《中国海洋大学大事记》，中国海洋大学出版社2014年版，第346页。
② 张静主编：《中国海洋大学大事记》，中国海洋大学出版社2014年版，第358页。
③ 《中国海洋大学关于校内岗位津贴的实施意见》，中国海洋大学档案馆藏，档号：HD-2010-XZ12-Y-004。

调整和科级干部竞聘上岗顺利完成，为学校事业发展提供坚强的组织和人员保障。[①]

第三节　深化校办产业管理改革

高科技是大学实力的标志之一，也是高校服务于社会的重要举措。大学科技产业发展，直接关系到高水平特色大学建设的大局。2001年4月29日，中共中央总书记、国家主席江泽民在庆祝清华大学建校90周年的讲话中指出："一流大学应该站在国际学术的最前沿，紧密结合先进生产力的发展要求，依托多学科的交叉优势，努力进行理论创新、制度创新、科技创新，特别要抓好科技的源头创新，并推动科技成果加速转化为现实生产力。"[②]教育部提出发展高校科技产业是高校促进国家经济和社会发展所肩负的重要任务，是高校科技成果转化和产业化的有效途径，是高校综合实力的体现，是高校服务社会的重要功能，要求各高校要解放思想，充分认识发展科技产业对国家经济建设和高校自身改革与长远发展的重要意义及综合作用。这对高校提出新的任务和要求，为高校科技产业指明发展方向，也对学校高水平特色大学的建设提出更高要求。

2002年6月，由学校牵头、联合三所高校组建的大学科技园经科技部、教育部批准成立。科技园由科技创业园、高新技术中试基地和科技产业园三部分组成。科技园以下列产品与技术为龙头或切入点重点发展：海洋多糖药物及活性物质的研究开发，海洋生物制品开发，水产动物营养饲料的开发，海洋生物育种与工厂化养殖技术研究与开发，海洋微生物工程技术研究与开发，海洋生物种质库构建及研究开发，信息科学及环境工程技术的研究开发，新材料技术及化工领域的研究开发，生物技术研究开发，电力电子技术的研究开发。[③]11月，为理顺科技产业管理体制，规范校办企业管理，学校将校办产业处更名为高新技术产业处，把工作重点转移到推动学校科技成果转化、孵化和产业化，发展高新技术产业上来。12月，中国海洋大学、青岛大学、青岛科技大学、青岛建工学院（现为青岛理工大学）在青岛市人民政府签署协议，成立青岛国家大学科技园有限责任公司，中国海洋大学为公司董事长单位，副校长翟世奎出任公司董事长。大学科技园中心区位于青岛市高新区，规划占地约3000亩。青岛国家大学科技园获批建设，为科技向生产力

[①]《中国海洋大学2010年行政工作总结》，中国海洋大学档案馆藏，档号：HD-2011-XZ11-Y-09。

[②] 江泽民：《在庆祝清华大学建校九十周年大会上的讲话》，中国教育年鉴编辑部编：《中国教育年鉴2002》，人民教育出版社2002年版。

[③]《青岛海洋大学〈面向21世纪教育振兴行动计划〉项目建设1999—2001年阶段性总结报告》，中国海洋大学档案馆藏，档号：HD-2002-XZ11-Y-29。

转化搭建崭新的平台基础，是学校为地方经济建设作出的重要贡献。[①]

2005年，科技产业稳步、协调、健康发展，企业资产登记和改制工作基本完成。校办骨干企业与特色企业经济效益明显提升，新星计算机公司、海大监理公司、海洋仪器厂、通用海水素厂、培训中心有限公司、生物工程开发有限公司发展活力显著增强。高新技术产业中心大楼顺利竣工，标志着学校科技成果转化平台建设和服务地方经济能力取得实质性进展。与青岛高新技术产业创业园签署共建中国海大分园的协议，为学校科技企业与科技成果的孵化、转化与产业化提供良好的政策保障。基本完成校办企业国有资产产权登记和校办企业改制工作。[②]

2006年8月，为深化校办企业管理体制改革，建立以资本为纽带、产权明晰、权责明确、校企分开、管理科学的现代企业制度，学校结合校办产业的实际情况，向教育部提交《关于组建青岛中国海洋大学控股有限公司的请示》。9月，教育部批复同意组建青岛中国海洋大学控股有限公司，并授权中国海洋大学委派海大控股公司董事会和监事会成员以及海大控股公司总经理。11月，经党委常委会研究决定，成立青岛中国海洋大学控股有限公司及其董事会和监事会。任命翟世奎为青岛中国海洋大学控股有限公司董事会董事长，董双林为监事会监事长。是月，公司在青岛市工商局取得营业执照，学校作为海大控股公司的唯一出资人，中国海洋大学经营性资产管理委员会作为海大控股公司的出资人代表行使权利。

中国海洋大学控股有限公司企业登记类型为国有独资公司，注册资本5000万元，经营范围包括公司拥有的国有资本、股权的经营和管理；投资、控股、参股、国有资本和股权的置换、转让以及对其他公司的股权收购、公司兼并和资产重组；高新技术成果的转化和产业化，技术资产的经营，资产托管以及科技、经济咨询服务；技术开发、技术服务；仓储管理。至此，青岛中国海洋大学控股有限公司建立起较为完善的法人治理结构，为理顺学校科技产业管理奠定良好基础。2006年11月，由中国海洋大学、青岛日报报业集团、青岛国家大学科技园等共同出资组建的中国海洋大学生物工程开发有限公司胶州生产基地正式投产，构建起学校海洋生物技术成果转化平台和青岛国家大学科技园产业孵化基地。中国海洋大学生物工程开发有限公司成立于2000年8月，是一家主要从事海洋生物工程开发、生产、销售、成果转化的新兴高新技术企业，经过六年发展，已拥有专利六项，陆

①《中国海洋大学2002年行政工作总结》，中国海洋大学档案馆藏，档号：HD–2003–XZ11–Y–13。
②《中国海洋大学2005年行政工作总结》，中国海洋大学档案馆藏，档号：HD–2006–XZ11–Y–060。

续开发出六大系列100多个产品。2005年,企业顺利完成资产重组,注册资本由1200万元增加至5200万元,学校股权份额由5%上升至49%,取得了相对控股地位。

2008年,产业规范化工作进入实质性操作阶段。7月,结合学校校办产业的实际情况,经学校研究,决定将首批纳入青岛中国海洋大学控股有限公司的六家国有企业进行改制试点,全部改制为青岛中国海洋大学控股有限公司法人独资一人有限公司;后续再进行股权重组,并责成青岛中国海洋大学控股有限公司对这六家企业进行资产评估,拟定改制方案,另行报批。学校22家企业清产核资结果获得国资委批复,为推进资产评估、企业改制和资产划转工作奠定基础。企业改制试点工作全面展开。首批四家企业作为先期改制试点单位,改制预案上报教育部。[①]

2009年6月,为全面贯彻落实教育部关于高校产业规范化建设的意见,加快全资企业改制、深入推进产业规范化建设,学校出台《中国海洋大学关于加快全资企业改制深入推进产业规范化建设的指导意见》(简称《指导意见》)。《指导意见》以转化科技成果并实现产业化为目的,重点孵化具有学科特色和优势的、具有自主知识产权的科技成果和科技企业;利用学校在青岛的区位优势,发挥大学的文化服务功能,办好具有学校特色的文化产业。通过股权划转、全资企业改制、完善企业法人治理结构和加强企业内部制度建设等措施,促进学校科技成果转化与产业化,不断提升服务地方经济建设的能力。《指导意见》提出要结合实际,"一企一议",成熟一个改制一个,积极稳妥地做好富余职工的分流安置工作,维护学校稳定。[②]《指导意见》的实施推动企业改制顺利开展,三家企业改制为一人有限公司,另有四家企业的改制方案已上报教育部。

2010年,产业规范化工作取得突破性进展,控股有限公司企业改制成功。10月18日,青岛国家大学科技园主园区奠基仪式在青岛高新技术产业开发区胶州湾北部园区举行。青岛市委常委、副市长、高新区工委书记张惠,校长吴德星等出席。主园区一期工程主要建设国际学术交流中心和办公、孵化、中试基地,规划用地123亩。11月,青岛国家大学科技园正式通过国家级大学科技园认定。

第四节　推进后勤社会化改革

后勤作为高校基础性和保障性工作,是高等教育事业发展不可或缺的组成部分。随

---

① 《中国海洋大学2008年行政工作总结》,中国海洋大学档案馆藏,档号:HD-2009-XZ11-Y-26。
② 《中国海洋大学关于加快全资企业改制深入推进产业规范化建设的指导意见》,中国海洋大学档案馆藏,档号:HD-2009-X219-C-03。

着高等教育大规模扩招，绝大多数高校出现发展空间少，学生住宿、就餐压力大等现实困难，后勤改革面临的主要矛盾是如何在经费投入少、基础设施差的条件下，为学校的教学、科研和师生提供优质服务。1999年11月，国务院办公厅在上海召开第一次全国高校后勤社会化改革工作会议，推动全国高校后勤社会化改革加快发展。

学校把后勤社会化改革作为实现高水平特色大学建设的重要举措之一，运用市场机制，大胆实践，加快推进后勤社会化改革进程。通过分流重组，剥离学校办社会的职能，建立起政府主导、社会承办、学校选择的满足办学需要的社会化后勤第三产业和社区服务体系。

2000年，一是以银校合作方式，在浮山校区建设7000平方米大学生食堂，并引入社会竞争机制，购置设备，按市场化模式进行运作，大学生就餐环境改善，提高了餐饮服务质量和服务水平。二是争取地方政府支持，以社会化方式在浮山校区建设校外学生公寓8500平方米，满足本科生住宿需求。三是以共建的方式，利用国家海洋局第一海洋研究所位于青岛山的闲置房源10200平方米，改造建设研究生公寓，以适应研究生教育快速发展的需要，为硕士研究生、博士研究生创造良好生活和工作环境。4月，学校成立全省首家学生社区服务中心，探索适应高校后勤社会化改革的学生社区管理模式，不仅保证学校扩招需要，又提高住宿质量，受到学生及家长好评。

2000年8月，学校制定《青岛海洋大学关于进一步加快后勤社会化改革实施意见》，提出按市场经济发展原则重新调整后勤管理体制和服务职能，优化配置后勤资源，行政服务部门改为经济实体，改行政拨款为服务收费，形成市场驱动、自主经营、有偿服务、有序竞争的后勤服务新机制。后勤社会化改革目标是：完善后勤企业化的转制，与学校规范分离，减轻学校负担，与市场接轨。后勤社会化改革的步骤是：第一步，改革并理顺后勤内部管理体制，资产清晰，完善企业化的后勤管理体制，将经营服务的部门重新组合，与学校行政管理系列完全分离，形成自主经营、独立核算的企业化经济实体；第二步，发展和壮大后勤产业，为后勤的生存和发展打下良好的基础；第三步，按专业化、集约化组建后勤集团，建立起适应市场要求和发展的法人实体。

2002年6月，学校成立后勤集团总公司，撤销后勤服务总公司，将原来的后勤实体按专业化重组为二级公司，按股份制注册为法人实体，规范运作，实现服务专业化、企业化。根据经营性与服务性进行资产分类管理，企业化分配制度改革已初见效益。6月，学苑餐厅、师苑餐厅、学子餐厅全部通过山东省教育厅组织的标准化食堂验收，被评为山东省标准化食堂。学生社区服务中心通过ISO 9002质量评估体系的论证，是山东高校首家，在部属高校中反响良好。住房货币化改革共争取到国家专项补贴4000万元，作为学校住房货币化的启动资金。物业管理探索社会化服务新模式。后勤集团还自筹资金，更新90%以上的班车，并对供热系统和锅炉内部设施进行改造，教学楼和职工住宅扩大供热面积5万平方米。

2003年，在后勤社会化改革中探索股份制企业的运行模式，学校注册中国海洋大学后勤服务公司、中国海洋大学物业公司，逐步建立起适应学校实际和特点的新型后勤保障体系。重点抓好饮食服务、供热服务和学生社区管理。通过开展"阳光食品工程"和"三绿工程"，加大食品大宗物资采购工作公开、公正、公平的力度，提高饮食服务水平。学校两个校区的食堂被青岛市评为首批食品卫生A级。住房货币化改革进展顺利，为4600余人次发放住房货币化补贴，累计金额3100余万元，此项工作走在了全省高校的前列。

2005年，学校开始采用新的供暖运行机制，提高后勤集团供热中心工作效益，为广大师生提供优质服务。具体内容包括：一是学校的教学、科研、办公、学生生活及为教职工服务的福利用房的供暖费，由学校按29.00元/平方米建筑面积支付给后勤集团供热中心。二是对学校的所有经营单位用房，后勤集团供热中心与经营单位签订供暖协议，并收取供暖费，收费标准为26.40元/平方米建筑面积。三是学校将取暖补贴发放给教职工本人，后勤集团供热中心与教职工用热户签订供暖协议，并收取供暖费，收费标准为26.40元/平方米使用面积。四是后勤集团每年与学校签订供暖协议，后勤办及校内各单位按现行的《青岛市城市供热条例》对供热中心工作进行监督，保证教学、科研、师生员工工作及生活供暖需要。五是如果青岛市为市民供热对供暖企业补贴，学校参照执行，给予补助。六是新的运行机制实行后，学校有关部门不再直接参与供热工作，以达到后勤集团自主经营的目的。学校推进实施"阳光食品工程"，加大食品安全力度，提高饮食服务水平，获2005年度青岛市"菜篮子"暨"三绿工程"工作先进单位称号。同时，抓好学生食堂的标准化建设，从伙食价格、饮食卫生、就餐环境、餐饮设施等环节入手，努力提供全方位优质服务，为学校提供坚实可靠的后勤保障。[①]

通过不断改革，学校后勤初步建立起社会化的管理运作模式，基本实现自主经营、自负盈亏，服务水平不断提高，后勤保障能力大为增强，取得了明显的经济效益和社会效益。

---

①《中国海洋大学2005年行政工作总结》，中国海洋大学档案馆藏，档号：HD-2006-XZ11-Y-060。

第三章
学科与师资队伍建设

　　学科水平是高校办学水平的重要标志。学校提出并实施"强化发展特色、协调发展综合，以特色带动综合、以综合强化特色"的学科发展思路，对学科结构进行合理布局，初步形成"生态群落"型学科板块。通过"十五"和"十一五"建设，海洋科学与水产学科的优势和特色得以强化，不断培育和拓展新的学科增长点，基本形成特色显著、协调发展的综合性学科体系，学科水平大幅提升。学校从扩大总量、调整和优化结构、提高整体水平三个方面推进师资队伍建设，实施以"筑峰人才工程""绿卡人才工程""繁荣哲学社会科学人才工程""青年英才工程"为主体的人才强校战略，高水平师资队伍建设取得显著成效。

第一节　学科建设与调整

一、创新学科发展理念

　　2000年7月，教育部部长陈至立在青岛海洋大学考察时，曾生动地比喻说，如果将高水平综合性大学比作高原的话，青岛海洋大学就要在自己的优势领域形成高峰。要在海洋特色方面异峰突起，有所突破，要能够代表国家，站到世界海洋领域教学科研的前沿。①这与

---

① 刘继安、魏世江：《世界高水平特色大学，我们这样建——来自青岛海洋大学的报告》，载《中国教育报》2002年6月3日。

学校建设高水平特色大学的学科发展理念不谋而合。学校坚持"重特色、求质量,先做强、再做大"的发展策略,遵循"强化发展特色、协调发展综合,以特色带动综合、以综合强化特色"的学科发展思路和"台阶式"学科发展路线,重点构筑学科高地和促进学科异峰突起;积极培植比较优势学科和有良好前景的新兴学科;鼓励学科交叉,孕育发展新的学科生长点;构建"生态型"学科结构,协调发展综合能力,促进学科整体发展。[①]

学校的学科建设遵循以下原则:一是有所为、有所不为原则。统筹规划,突出重点,学科布局不求大而全;以需求为导向,学科建设要服务于国家和地方经济社会发展和科技进步的战略重点和目标,学科结构要与经济结构的战略性调整要求相适应,以需求为导向,增强适应性。二是以人为本原则。学科建设要遵循其自身的内在规律和已有的基础,以人为本,特别重视学科带头人选拔和学术梯队的建设;以承担的国家、地方、行业重大科学技术前沿的研究课题或工程项目为牵引,培养优秀学术团队,带动学科上新水平。三是协调发展原则。学科建设既要突出重点,又必须强调协调,注意学科(专业)布局。在此基础上,加强学科间的相互渗透、相互依托、相互促进,通过学科的融合、交叉或整合重组,培育新的学科生长点,形成协调发展的新格局。四是个性化原则。学科建设要结合学校的办学定位和服务方向,鼓励支持不同层次、不同类型的学科确定各自的发展重点和方向,提高水平,形成特色。五是开放性原则。学科建设要坚持开放性,与国内外一流学科和一流学者建立稳固的交流或合作关系,借鉴和吸收国际上学科建设的成功经验,在国际平台上建设学科。

学校对学科结构进行合理布局。依据学科建设原则,注重学科之间的相互依存和相互促进的关系,突破学科原有的划分界线,着眼于长远发展,把现有学科基础相关、内在联系紧密、能够实现资源共享的学科组合起来,拓宽口径,以形成"生态型"学科板块。以建设学科板块的方式,达到交叉融合、凸显特色,带动学科整体水平提高。

二、强化发展重点学科

(一)特色与优势学科

海洋科学学科。海洋科学学科是学校的特色和优势学科,包含物理海洋学、海洋气象学、大气物理学与大气环境、海洋化学、海洋地质学、海洋物理学和海洋地图学与地理信息系统等二级学科。拥有6个博士点,8个硕士点,2个博士后流动站。其中物理海洋

---

①《中国海洋大学学科与师资队伍建设规划(2003—2010)》,中国海洋大学档案馆藏,档号:HD-2022-XZ18-C-0060。

学和海洋化学为国家级重点学科，海洋气象学、海洋地质学和海洋物理学为省级重点学科。对海洋科学学科的建设重在快速提升基础研究原始创新能力和国际影响，使其中的几个学科方向接近或达到世界领先水平。[1]

海洋生命科学与技术学科。海洋生命科学与技术学科是学校特色和优势学科，包含水产养殖学、海洋生物学、海洋生物技术、遗传学、细胞生物学、水生生物学、生态学、生物化学与分子生物学、动物学、植物学、微生物学、捕捞学、渔业资源等二级学科。拥有7个博士点，9个硕士点，1个博士后流动站。其中水产养殖学和海洋生物学是国家级重点学科。海洋生命科学与技术学科建设的重点是优化学科结构，加快学科间的交叉与融合，突出整体实力，提升基础研究原始创新和高新技术创造能力。同样，在其中选择几个优势学科方向予以重点建设，使其接近或达到国际领先水平。

海洋药物科学与工程学科。海洋药物科学与工程学科包含水产品加工与贮藏、海洋药物、食品科学、生药学、药物化学等二级学科，其中水产品贮藏与加工为国家级重点学科。拥有1个博士点，4个硕士点，1个博士后流动站，是发展历史较短，但发展较快的学科，已成为学校的特色和优势学科。海洋药物科学与工程学科建设的重点是强化海洋药物学的基础研究能力，从海洋生物的特殊生态环境中，探索生命科学的前沿课题及提升研究和开发新型药物与生物工程制品的能力，以及建立海洋药物工程化和产业化技术体系。

（二）比较优势学科

环境科学与工程学科。环境科学与工程学科包含环境科学与工程（一级学科）和港口海岸及近海工程、防灾减灾工程及防护工程、光学工程、工程热物理等二级学科。拥有3个博士点，6个硕士点，1个博士后流动站。学校的环境科学与工程学科与海洋科学各二级学科间有很强的交叉性，具有明显的海洋特色优势。环境科学与工程学科建设的重点是完善条件建设，拓展研究领域，促生新的学科生长点，提升整体实力。

信息科学与工程学科。信息科学与工程学科包含通信与信息系统、信号与信息处理、计算机应用技术、计算机软件与理论、控制理论与控制工程、机械电子工程等二级学科。应用于海洋及其为水下军事服务方面的信息处理，在国内已形成鲜明的特色和优势。该学科建设的重点是强化海洋和军事应用特色，扩大特色优势，同时提高非海洋和军事工程技术方面的整体水平。

---

[1]《中国海洋大学学科与师资队伍建设规划（2003—2010）》，中国海洋大学档案馆藏，档号：HD-2022-XZ18-C-0060。

"十五"期间，学校有物理海洋学、水产养殖学、海洋化学、水产品加工与贮藏工程、海洋生物学5个国家重点建设学科。"十一五"期间，学校有海洋科学（涵盖4个二级学科）、水产（涵盖3个二级学科）2个一级学科国家重点学科，环境科学、水产品加工与贮藏工程2个二级学科国家重点学科，港口、海岸及近海工程国家重点培育学科。

三、继续拓展学科领域

（一）应用和新兴学科

根据社会需求和自身基础，学校新设置建设几个应用型学科。材料科学与工程学科以与海洋工程、海军装备、海洋与海岸资源利用及地方知名产品配套所需的关键材料为对象，重点建设海洋防腐材料、海洋环境保护材料、生物化学材料、电化学能源和电冶工程用电极材料、天然石墨材料等方向。

新兴学科主要是海洋科学与水产科学派生的以及交叉的学科，包括应用海洋学、海洋资源与权益综合管理、海洋信息探测与处理、海洋地球化学、海洋地球物理学、海洋化学工程与技术、环境规划与管理、渔业经济与管理、增殖养殖工程等。新兴学科依托其母体学科进行建设，不断从母体学科获得充分营养，快速发展壮大。

（二）人文社会科学学科

经济、管理和法学类学科。学校拥有经济、管理和法学类本科专业13个，仅有5个硕士学位授权学科，总体实力较弱。由于经济、管理和法学类高层次人才社会需求量大，同时一所综合性、研究型大学也需要在此领域有强势学科为基础，因此，学校经济、管理和法学类学科建设必须走超常规快速发展的道路。经济、管理和法学类学科的建设将借助学校特色和优势学科的支持，突出海洋和水产特色，以文理结合的方式重点建设区域经济学、劳动经济学、数量经济学、企业管理、旅游管理、会计学、技术经济及管理、农业经济管理、行政管理、环境与资源保护法学、民商法学、经济法学、宪法学与行政法学、国际政治等学科以及电子商务、物流管理等新兴学科，尤其重点建设海洋经济、海洋管理、海洋法等学科方向。

文学学科。根据"有所为，有所不为"的原则，重点建设外国语言学及应用语言学、亚非语言文学、文艺学、中国古代文学、中国现当代文学（王蒙文学研究为特色）、新闻传播学等学科。

历史学学科。2003年9月8日，国务院学位委员会批准学校增设历史地理学硕士点。这是山东大学大部迁济后，时隔40余年学校重新恢复历史学科。该学科点于2010年建成历史学一级学科硕士点，2011年调整为中国史一级学科，2021年又获批文物与博物馆专业硕士学位点，历史学科发展再上新台阶。中国海大历史学科突出海洋文化特色，在国内独树一帜。

四、王蒙加盟与重振人文

2002年4月1日，学校在鱼山校区逸夫馆隆重举行聘任王蒙先生为学校顾问、教授、文学院院长的仪式。在全场热烈的掌声中，管华诗校长向王蒙先生颁发聘书，标志着王蒙先生正式加盟。[①]王蒙、张惠来（时任山东省委常委、青岛市委书记）、管华诗共同为文学院和王蒙文学研究所揭牌。

2002年4月1日，王蒙先生受聘担任学校文学院院长

王蒙（1934—　　），中国当代作家。1953年步入文坛，长期进行不倦的文学探索和创新，首开新时期国内意识流小说创作先河，是当代文坛上创作最为丰硕，也最具实力的语言大师之一，其代表作有长篇小说《青春万岁》、中篇小说《蝴蝶》、短篇小说《春之声》等。曾任文化部部长、中国艺术研究院院长、《人民文学》主编等职。

在聘任仪式上，王蒙发表讲话。他表示，随着高等教育的改革和发展，高校越来越重视全面素质人才的培养，尤其是海大下了更大的决心，要重振人文学科。自己赶上这个机会，若能起点微薄作用，发挥一点小小的影响，将是一件很有意义的事情。管华诗校长在讲话中对王蒙先生加盟海大表示诚挚的谢意。他说，学校在近80年的发展历程中，人

---

① 张静主编：《中国海洋大学大事记》，中国海洋大学出版社2014年版，第250—251页。

文学科曾在20世纪30年代、50年代两度出现过兴盛。王蒙先生加盟海大，是学校向重振人文学科，建设高水平、有特色的综合性大学的目标迈出的具有里程碑意义的一步。相信王蒙先生会像当年闻一多先生培养出诗人臧克家一样，也为青岛海大培养出优秀的作家和学者，为中国培养出像高尔基、安徒生那样的文学大师。同时他表示，学校将以最大的努力，充分尊重和支持王蒙先生在办学思路、学科设置、人才引进、科研规划和国际交流方面的建议，把文学院建设成为国内外具有影响力的教学科研基地。

王蒙先生自受聘以来，一直为学校重振人文积极筹划着。上任伊始，就明确提出文学院发展的总目标为：延续传统，重振人文，突出特色，面向世界。他说："要为海大引进一些文艺专家，通过四至五年的努力，使海大文学院的整体水平达到新的高度。"为此，他对文学院进行顶层设计：以中文系本科教育为基础，以对外汉语教学为窗口，以海洋文化研究、青岛现当代作家群研究、王蒙文学研究为特色，形成传统和现代相结合多方向发展的学科群体。为适应这一学科群建设和发展的需要，就要在传统教学计划基础上，进行课程和教学模式的创新。一要建立"驻校作家"制度，二要建设名家课程体系。

"驻校作家"制度是学校与文学界合作交流，保持作家旺盛创作力、拓展育人渠道的一项双赢的、行之有效的制度，是在高等教育实践中的有益探索和创新。"名家课程"是借助外力发展人文学科的重要形式，对培养学生的研究意识、学术兴趣和创新能力有重要的作用。两项工作已经成为海大人文学科的学术活动品牌，在海内外产生广泛的影响，特别是驻校作家制度，更是为国内其他高校此类制度的建立提供了重要借鉴。

王蒙先生不仅自己每年都要来校开讲座，还陆续介绍名家学者到学校讲学，为学生传道、授业、解惑，并成为一种经常性的教学活动。同时，他还邀请名家来校小驻，让学生在校园中即可感受名家风采，在潜移默化中受到熏陶，享受浓郁的人文气息。王蒙先生表示，邀请名家来校的目的是传播知识，交流经验，共享信息。

2002年10月23日，王蒙先生在鱼山校区逸夫馆举办题为《文学的方式》的报告会，开启中国海洋大学作家周活动的序幕。尤凤伟、毕淑敏、余华、迟子健、张炜等知名作家先后发表演讲或作学术报告或举行文学朗诵会、座谈会。此举引起国内学界和社会的广泛关注，受到广大师生的热烈欢迎。10月29日，国内知名作家毕淑敏、尤凤伟、余华、迟子健、张炜接受聘任，成为中国海洋大学的首批驻校作家。这开创了在我国高校驻校作家的先河。管华诗校长希望各位作家能够把身影留在校园，到这里来创作，为21世纪学校重振人文作出贡献。

2003年，王蒙先生在青岛完成小说《青狐》的创作，正逢他文学创作50周年。9月

24日起，中国海大举办为期三天的王蒙文学创作国际学术研讨会。来自中国、俄罗斯、德国、法国、加拿大、日本、印度等国家的作家，文史大家冯其庸、严家炎，欧洲著名汉学家顾彬以及著名作家铁凝、王安忆、张贤亮等齐聚海大园，围绕王蒙的综合研究、小说研究、文学思想研究等专题进行深入探讨。王蒙仔细倾听每位学者和作家的发言，兴致所至和大家一起畅谈文学。而文学院师生更是全程参加，众多喜爱的作家一下子出现在眼前让他们兴奋不已，众多仰慕的学者带来的一场场学术大餐让他们大饱"脑"福。

2004年9月，学校聘任加拿大皇家学会院士、中国古典诗词专家、学者叶嘉莹，中国现代文学馆前任馆长舒乙，著名汉学家、翻译家、莫斯科大学亚非学院教授华克生为客座教授。9月5日，叶嘉莹作题为《西方文论与传统词学》的学术报告。6日，王蒙与叶嘉莹举行主题为"中国传统诗词的感悟"的对谈。7日，舒乙作题为《老舍的山东时期》的报告。

2004年10月11日至13日，值中国海洋大学80周年校庆之际，由校长管华诗与王蒙先生共同发起的首届"科学·人文·未来"论坛在鱼山校区逸夫馆举行。论坛邀请欧阳自远、刘光鼎、文圣常、管华诗、冯士筰、秦伯益、张国伟、马俊如、蒋民华、成中英、梁昌洪11位自然科学领域的专家和王蒙、韩少功、陈祖芬、方方、毕淑敏、张炜、张抗抗、张锲、赵长天、解思忠、熊召政、赵玫、查建英、唐浩明、南帆、陶东风、邱华栋17位文学领域的专家出席。科学家与文学家围绕"科学·人文·未来"主题发表精彩演讲，展开热烈对话，碰撞出科学精神和人文精神相互交融的创新思想火花。自然和人文领域的知名学者同登一个讲坛对话，这在国内高校尚属首次。

2006年5月，学校"名家讲坛"系列活动举行。30日，我国台湾著名诗人余光中在逸夫馆多功能厅为海大学子带来一场关于诗与音乐的演讲。余光中朗诵了包括脍炙人口的《乡愁》等11首中外诗词。晚上，王蒙、余光中诗歌朗诵会在逸夫馆多功能厅举行，20余位大学生朗诵了20首王蒙、余光中先生的诗歌作品。朗诵会在王蒙先生《青春万岁》序诗的合诵声中落下帷幕，300余位海大师生参加。31日，香港中文大学翻译系讲座教授金圣华女士作题为《赞词的撰写与翻译——兼谈译文体对现代中文的影响》的报告。6月2日，王蒙先生在逸夫馆多功能厅作题为《政治家的文学与文学家的政治》的演讲，先生妙语连珠的演讲博得了阵阵热烈的掌声。

2007年4月13日，"驻校作家"迟子建以《〈额尔古纳河右岸〉的创作》为题作演讲，拉开学校"名家讲座"系列的序幕。16日，中国艺术研究院戏曲研究所研究员胡芝风在鱼山校区为海大学子上了一堂精彩的戏曲表演赏析课。17日，王蒙与著名作家白先勇以《关于小说创作经验》为题进行对谈，他们极富文学个性的语言感染了现场师生。18

日，白先勇和香港中文大学翻译系讲座教授金圣华分别以"姹紫嫣红，青春再现——《牡丹亭》美国之行"和"难为筑桥人——翻译甘苦谈"为主题作讲演。他们精彩的演讲让现场气氛高潮迭起。

2007年9月，由文学与新闻传播学院组织，王蒙、冯骥才、秦伯益、叶辛、张炜、黄济人等人文大家和科学大师的"王蒙一行在海大"系列活动举行。系列活动包括著名作家叶辛讲演"从《蹉跎岁月》到《孽债》"，著名作家王蒙、冯骥才、叶辛、张炜、黄济人等与中国工程院院士秦伯益名家对谈，王蒙与秦伯益对谈"学问、事业与人生"，张炜讲演"阅读：忍耐和陶醉"，黄济人讲演"从《将军决战岂止在战场》说起"等，受到广大学生的欢迎与热评。

9月25日，中国高校第一座"作家楼"揭牌仪式在浮山校区举行。2002—2007年五年间，学校创立"驻校作家"制度、建立"名家课程"体系，吸引上百位著名作家来校授课、讲座、创作。学校特意将作家居住过的浮山校区54号教工楼命名为"作家楼"，以彰馨德。王蒙为"作家楼"题写牌匾。管华诗院士撰写的《作家楼记》镌刻于石碑上，以为永久纪念。

2008年11月2日，第七届茅盾文学奖颁奖，"驻校作家"迟子建写于"作家楼"的小说《额尔古纳河右岸》获奖。这是学校自创建"驻校作家"制度以来，继王蒙先生的长篇小说《青狐》之后，第二部完成于海大校园里的重要作品。

2009年11月14日，王蒙先生与当代著名诗人郑愁予、严力，北京大学博士生导师谢冕一同来校，在崂山校区为海大学子带来一场诗歌盛宴。上午，郑愁予、严力受聘为学校"驻校作家"，谢冕受聘为兼职教授。聘任仪式后，四位作家分别作专题讲座，王蒙的《门外诗话》、郑愁予的《诗人从游世到济世、从艺术回仁术》、谢冕的《我与诗歌的记忆》与严力的《中文诗歌在海外的创作与传播》，让莘莘学子领略诗歌的独特魅力。当晚，王蒙一行参加"国风·海韵·韶华"诗歌朗诵晚会并为诗歌创作大赛颁奖。

2010年6月25日，陕西省作家协会主席、著名作家贾平凹从党委书记于志刚手中接过聘书，成为学校"驻校作家"。聘任仪式后，王蒙、贾平凹、王海等在图书馆第二会议室围绕"关于小说"的话题展开有趣的对谈。次日，王蒙与中国古典文学暨《庄子的享受》学术研讨会在逸夫馆多功能厅举行。王蒙、贾平凹和中国社会科学院文学研究所副所长刘跃进等出席。《庄子的享受》是王蒙先生继《老子的帮助》之后，又一部研究中国传统文化的力作。在一天的研讨会中，与会专家、学者围绕王蒙与中国古典文学的当代意义等进行热烈的讨论。

截至2023年，除聘王蒙先生为首席"驻校作家"外，学校共聘任"驻校作家"18位（表8-2）。

表8-2　中国海洋大学驻校作家一览

年份	受聘驻校作家
2002年	毕淑敏、余华、迟子建、张炜、尤凤伟
2008年	莫言、王海
2009年	郑愁予、严力
2010年	贾平凹、邓刚
2013年	刘西鸿
2018年	陈彦、刘金霞（霞子）
2020年	何向阳、刘醒龙
2023年	王干、赵德发

王蒙作为新中国文学的参与者、见证者，辛勤耕耘，向当代文坛奉献出一大批优秀作品。他用深情的笔触，描绘了中国社会的发展进步和文化的繁荣兴盛，见证并推动了中国当代文学的发展，为中国文学事业发展作出重要贡献，荣获中华人民共和国"人民艺术家"称号。王蒙先生加盟中国海大后，除推荐18位文学家受聘为"驻校作家"外，还开设"名家课程"近30门次，作学术报告或对谈34场，出席各类活动60余次，与管华诗院士共同发起并成功举办"科学·人文·未来"论坛四次，为学校在新时期重振人文作出了重要贡献。

五、基本形成特色显著的高水平综合学科体系

学科水平是高校办学水平的重要标志。学校高度重视学科建设，在"十五"和"十一五"期间，高质量完成"985工程"和"211工程"二期建设，"211工程"三期建设顺利推进。学校大力强化海洋与水产学科的优势和特色，不断培育和拓展新的学科增长点，基本形成特色显著、协调发展的综合性学科体系，学科水平大幅提升。

2011年3月，经国务院学位委员会审核，学校一级学科博士点由6个增至10个，一级学科硕士点由17个增至31个。拥有2个一级学科国家重点学科、10个二级学科国家重点学科。新增环境与资源保护法学、农业经济管理、会计学、计算机应用技术和生药学5个博士学位授权点。专业学位教育领域快速拓展，工程硕士领域由5个发展到18个，农业推广

硕士领域发展到5个，新增工商管理硕士、公共管理硕士、会计硕士、法律硕士、翻译硕士等专业学位点。

在教育部公布的2006—2009年一级学科评估结果中，学校海洋科学和水产学科2个一级学科排名第一，6个一级学科进入全国前10位，10个一级学科进入全国前20位，13个一级学科进入全国前30位。据美国基础科学指标（ESI）数据库统计显示，学校共有植物学与动物学、地球科学、工程技术3个学科领域进入全球科研机构前1%行列，在"985工程"重点建设高校中并列第27位。[1]

第二节 院系调整及成立新学院

2000年，学校设有海洋环境、信息科学与工程、化学化工、生命、地球科学、水产、经贸、外国语、法学、中国语言文化等13个学院，32个系、部，34个本科专业。

为了进一步加强全校基础课程教学工作，2000年4月，学校成立基础教学中心，由计算机基础部、社科部和体育部组成，任命王磊为基础教学中心主任兼党总支书记。应用数学系从海尔经贸学院中分离出来单独建系，任命姚云玲为应用数学系党总支书记。5月，应用数学系改名为数学系。6月，任命白锦东为数学系主任。

2001年6月，学校与中共青岛市委党校本着优势互补、资源共享、共谋发展的原则，经过充分酝酿，学校与市委党校双方进行合作，成立青岛海洋大学公共管理学院。9月，该院招收的第一批本科生随其他院系学生一起入学。经与中共青岛市委党校研究商定，任命王振海兼任公共管理学院院长。

2001年9月，学校成立环境科学与工程学院。由环境科学与工程研究院的海洋环境科学研究所和化学化工学院环境科学专业部分教师组成环境科学系，原海洋地球科学学院环境建设系组成环境工程系，海洋环境保护研究中心和测试中心挂靠学院。任命陈永兴为环境科学与工程学院党总支书记。2002年4月，任命高会旺为环境科学与工程学院院长。

2001年12月，学校撤销海尔经贸学院，成立管理学院和经济学院。管理学院下设工商管理系、会计学系、营销与电子商务系、旅游学系，任命徐国君为管理学院院长，周旋为党总支书记。经济学院下设国际经济贸易系、金融系，任命孙健为经济学院院长，方胜

---

① 《中国海洋大学2010年行政工作总结》，中国海洋大学档案馆藏，档号：HD-2011-XZ11-Y-09。

民为党总支书记。

2002年4月，中国语言文化学院更名为文学院，聘请王蒙先生担任院长。文学院下设中文系、汉学系、海洋文化研究所。当月，成立王蒙文学研究所、青岛现当代作家研究中心。

2002年10月，成立生命科学与技术学部，并组成生命科学与技术学部管理委员会。学部下设生命科学与技术研究院、海洋生命学院、水产学院。任命董双林为生命科学与技术学部管理委员会主任兼生命科学与技术研究院院长。成立中国共产党青岛海洋大学生命科学与技术学部委员会，下设海洋生命学院总支委员会、水产学院总支委员会。任命陈兰花为生命科学与技术学部党委书记兼海洋生命学院党总支书记，张永良为生命科学与技术学部党委副书记兼水产学院党总支书记。

2002年10月，学校顺应国家海洋科技事业发展趋势，战略性布局材料学科，成立材料科学与工程研究院、材料科学与工程系。

2005年4月，学校成立医药学院、食品科学与工程学院、生命科学与技术研究中心，隶属生命科学与技术学部；撤销生命科学与技术学部生命科学与技术研究院，水产学院药学系、食品工程系。6月，任命管华诗兼任生命科学与技术学部医药学院院长，任命李八方为生命科学与技术学部主任兼生命科学与技术研究中心主任、国家生命科学与技术人才培养基地主任，包振民为生命科学与技术学部副主任兼生命科学与技术研究中心副主任，张全启为生命科学与技术学部副主任兼海洋生命学院院长，林洪为生命科学与技术学部副主任兼食品科学与工程学院院长，战文斌为生命科学与技术学部副主任兼水产学院院长。

医药学院是在水产学院、海洋生命学院、化学化工学院等有关学科基础上建立的，其前身是于1980年创建的我国最早进行海洋药学研究的机构——海洋药物研究室。经过25年的学科交叉培育，开始向医药学发展。

食品科学与工程学院前身为1946年国立山东大学水产系水产加工组，1953年改为水产加工专业，1985年改为食品工程专业，1986年成立食品工程系。2002年，水产品加工与贮藏学科被批准为国家重点学科。2003年，食品科学与工程学科被批准为博士学位授予权一级学科。

2006年7月，在法学院和公共管理学院的基础上组建法政学院，撤销法学院、公共管理学院建制。学院下设公共管理系、法律系、政治学与行政学系。MPA依托法政学院建设。同日，学校聘任徐祥民为法政学院院长，陈晓明为法政学院党总支书记。

2007年1月，文学院和新闻与传播学院合并，成立文学与新闻传播学院，下设中文系、新闻与传播学系、文化产业系（原城市文化系）、汉学系。聘请王蒙先生担任文学与新闻传播学院名誉院长，聘任朱自强为院长。任命于波为党总支书记。

2007年11月，数学系更名为数学科学学院。下设数学系、信息与计算科学系、大学数学教研中心、数学研究所、应用数学研究中心。聘任朴大雄为数学科学学院院长。

第三节　持续加强师资队伍建设

一、实施人才强校战略

（一）实施四大"人才工程"

2004年3月，《中国海洋大学"筑峰人才工程"实施办法（试行）》《中国海洋大学"绿卡人才工程"实施办法（试行）》公布。7月，学校召开人才工作会议，全面总结近年来学校师资队伍建设所取得的成绩和存在的问题，以科学的人才观为统领，就当前和今后一个时期的人才工作，尤其是师资队伍建设进行全面部署。提出以高层次人才队伍和创新团队建设为重点，全面提升人才队伍整体素质为目标，实施以"筑峰人才工程""绿卡人才工程""繁荣人才工程""青年英才工程"为主要内容的人才强校战略，学校的人才工作呈现出崭新局面。

"筑峰人才工程"是以学科建设为核心，加强高层次人才和创新团队建设。通过重点资助和支持，吸引国内外著名学者加盟，造就有国际领先水平的学科带头人，带动相关学科保持或赶超国际先进水平，构筑学科高峰，提高学校在国际上的学术地位和竞争实力。在物理海洋、水产养殖、海洋生物、海洋药物、海洋化学、海洋地质和海洋遥感等特色优势学科设置岗位。"筑峰人才工程"分三个层次组织实施，第一层次：计划在2～3年内，着眼于吸引、汇聚和造就5名左右具有国际领先水平的学术大师和能进入院士层次的学科领军人才；第二层次：10名左右在国际学术界有一定影响、具有创新性构想和战略性思维，能带领本学科赶超国际先进水平并能进入"长江学者"岗位层次的学科带头人；第三层次：20名左右具有突出创新能力和发展潜力，积极开展原创性研究和关键技术攻关，能够取得重大标志性成果的优秀学术带头人。

"绿卡人才工程"是在坚持"不为我有，但为我用"原则基础上，将教师编制的20%设为流动编制，对以任何方式加盟学校的人才，在人力、物力、财力上给予相应的配套，以吸引国内外知名专家、学者通过短期讲学、合作研究、主持科研项目等多种方式，指导相关学科的发展，带动和促进学校的发展与地位的提高。在物理海洋、水产养殖、海洋生物、海洋药物、海洋化学、海洋地质和海洋遥感等特色优势学科设置领军教授和讲座教授岗位。

12月，根据"筑峰人才工程""绿卡人才工程"有关规定，经个人申请，同行专家评审，学校研究确定了7位教授。其中，海洋环境学院吴立新为"筑峰人才工程"第一层次岗位教授，材料科学与工程研究院尹衍升为"筑峰人才工程"第二层次岗位教授；海洋环境学院黄瑞新为"绿卡人才工程"领军教授；海洋环境学院谢尚平，生命科学与技术学部吴龙飞、柴文刚、段存明为"绿卡人才工程"讲座教授。2007年5月，学校修订《中国海洋大学"绿卡人才工程"实施办法》，"绿卡人才工程"教授岗位分为客座教授、讲座教授、项目客座教授和项目讲座教授。

此后，为加快推进高水平特色大学建设，促进学校向综合性研究型大学发展，提高学校哲学社会科学的学术地位和竞争力，学校实施"繁荣哲学社会科学人才工程"，在经济、管理、外国语、文学、法学等学科设置岗位，重点支持海洋学科和与之相交叉且有发展潜力的学科或学科方向。"繁荣哲学社会科学人才工程"计划在3～5年内，分三个层次组织实施：第一层次吸引和造就4～6名在哲学社会科学领域学术造诣深厚，具有国内领先水平并在国际上有较大影响的领军人才和学术大师；第二层次引进和培养10～15名具有创新性构想，理论功底扎实，取得国内外同行公认成就的学科带头人；第三层次引进和培养15～20名具有博士学位，学术潜力大，学术成果较突出的学术骨干。

2009年，根据发展实际需要，本着"扩大规模、提高质量、造就名师、构建团队"的原则，学校修订《中国海洋大学"筑峰人才工程"实施办法》《中国海洋大学繁荣哲学社会科学人才工程实施办法》，推出《中国海洋大学"青年英才工程"实施办法》。"青年英才工程"针对具有较大发展潜力的优秀中青年人才，分三个层次组织实施。第一层次：遴选一批年龄在40周岁以下，且在本学科前沿领域有创新性构想，在所从事的学科方向上具有赶超或保持国际先进水平的能力或潜质的青年英才；第二层次和第三层次：遴选一批年龄在35周岁以下，在国外知名大学（科研机构）取得博士学位或具有两年以上博士后研究经历，具有较强科研能力和较大发展潜力的青年英才。通过重点资助和培养，促使他们尽快成长起来，为学校的长远发展造就后备领军人才。

至此，学校在人才引进和培养方面形成定位明确、层次清晰、衔接紧密、促进优秀人才可持续发展的培养和支持体系。[1]

---

[1]《2009年人事处工作总结》，中国海洋大学档案馆藏，档号：HD-2009-XZ12-Y-076。

（二）引进高层次人才

为适应高水平特色大学建设需要，建设一支高素质的教师队伍，吸引包括中国科学院院士、中国工程院院士、学科带头人、学术带头人、青年学术骨干等优秀人才来校，关系学校大局和长远发展。结合学校实际情况，2004年《中国海洋大学人才引进暂行办法》实施，对引进对象、基本条件、相关配套政策和程序作了明确规定。

学校为中国科学院院士、中国工程院院士提供200万～300万元科研基金，省、市每年提供21万元科研活动经费；提供办公实验用房，配备学术梯队和助手；省、市和学校每年发放院士津贴；提供公寓或住房补贴、安家费，协助安排配偶或子女的工作。

学科带头人一般应具有博士学位，年龄不超过50周岁，学术研究处于国际学科发展前沿，有较强的创新能力，在国内外有较大影响并得到同行或社会认可。学校为其提供10万～50万元科研启动基金；提供安家费、购房补贴，协助解决家属工作和子女入学；享受国家工资、福利待遇。

学术带头人一般应具有博士学位，年龄不超过45周岁，学术造诣较高、学术研究处于国内前沿、有创新能力和较大的发展潜力，具有一定影响力并得到同行和社会认可。根据不同学科特点和研究计划，为其提供5万～10万元科研启动基金，提供安家费、购房补贴，协助解决家属工作和子女入学；享受国家工资、福利待遇。

青年学术骨干在国内外知名大学或科研机构获博士学位，年龄不超过40周岁，具有一定的学术水平和较大发展潜力，有良好的团队协作精神。学校为其提供1万～2万元科研启动费，提供安家费、购房补贴或房租补贴，协助解决子女入学；享受国家工资、福利待遇。

为进一步完善和规范学校人才引进工作，把好人才质量关，根据《中国海洋大学关于进一步加强教师队伍建设的若干意见》和《中国海洋大学人才引进暂行办法》，2008年10月，出台《中国海洋大学人才引进工作实施细则（试行）》，从公开招聘、提交材料、单位考察、专家评审、单位评议与公示、学校考察、学校审批与公示等十个环节对人才引进工作作出详细规定，有力地保障学校人才引进工作的有序开展。

学校坚持以国际视野吸引和扶持一流科学家、学科领军人才与学术带头人，以长远的眼光遴选和培养青年科技人才，人才强校战略多层次、全方位深入展开，人才队伍整体水平不断提升。

（三）实施双聘院士和学科带头人制度

1. 双聘院士制度

在建设高水平特色大学的过程中，学校本着"以环境揽人、以感情留人、以事业树人"的思路，针对一些重点学科、社会经济建设急需的学科以及具有发展潜力的学科，加大高水平、高层次人才的引进力度。实施双聘院士、兼职教授、海外教授等制度，作为学术"旗帜"到校工作。[①]

刘鸿亮院士，2001年被聘为双聘院士，环境科学与工程学院名誉院长。李庆忠院士，2001年被聘为双聘院士，海洋地球科学学院名誉院长。高从楷院士，2002年被聘为双聘院士，2005年正式入职中国海大。张国伟院士，2003年被聘为双聘院士，海洋地球科学学院名誉院长。双聘院士需要有一定的在校工作时间。

2. 学科带头人制度

为造就一支有较深学术造诣、教学科研成绩显著、在学科建设和学科发展中能起带头作用和骨干作用的师资队伍，学校研究决定，在现有教师中选拔一批学科带头人、跨世纪青年学科带头人、优秀青年骨干教师。[②]

学科带头人的条件为学校博士点、硕士点学科领域内学术造诣较深、有明确研究方向的教授，其成果为国内领先或达到国际同类水平；系统讲授过两门以上的本科生主干课并主讲水平较高的研究生学位课或专业课，培养或指导着硕士生、博士生，教学效果优秀；作为主要研究者，承担着国家级科研项目或主持承担国家级或部（省）级攻关项目；主持完成过两项以上国家级科研课题或部（省）级较突出的项目。获得过国家级奖或部（省）级一、二等奖的主要获奖人优先考虑；五年来在国际或国内核心刊物上发表10篇左右学术论文（其中1/2为第一作者）或出版两部以上高水平的学术专著（主要作者）。

博士点学科中在岗博士生指导教师即为该学科带头人。学科带头人实行三年制动态管理，享受校内特殊津贴。

二、加强师德师风建设

（一）确立并实行教师职业道德规范

2002年5月，就贯彻落实中共中央颁发的《公民道德实施纲要》精神，加强教师、干部、职工的职业道德建设和青年学生的思想道德教育，学校党委召开大会，党委书记冯瑞龙作《以德治校，扎实推进高水平特色大学建设》讲话，推动开展师德师风大讨论，引导广大教师注重自身修为，师德师风开始呈现出新的面貌。

---

① 魏世江、赵新安：《中国海洋大学：强特色 争一流》，载《中国教育报》2004年10月22日。
② 《关于选拔培养学科带头人、跨世纪青年学科带头人、优秀青年骨干教师的意见》（海大内人字〔1995〕191号），中国海洋大学档案馆藏，档号：HD-1995-XZ12-13。

2003年6月，学校正式确立"治学严谨、执教严明、要求严格"为教风。其含义如下：

治学严谨：遵循科学精神，勇于创新，不懈探求科学真谛，严谨治学；不弄虚作假，窃人之果。

执教严明：遵循教育规律和教学基本规范，严于律己，业务上不断充实、提高，高标准施教；不敷衍塞责，甘于平庸。

要求严格：对学生既关心爱护，又严格要求，教书育人，做他们的良师益友；不严而过格，宽而无边。[①]

同时，在广泛听取广大师生意见的基础上，经党委审定，形成领导干部、管理人员、教师、工勤人员和学生等五类人员的行为规范。其中，教师行为规范为：授知启智，诲人不倦；追求真理，勇于创新；修身立德，为人师表。这个行为规范分为三个层面，每个层面用八个字表述。第一个层面是教师基本道德规范要求，第二个层面是教师岗位责任要求，第三个层面是教师职务行为要求。三个层面相辅相成，形成有机整体，引导、匡正教师行为。

2007年，为落实教育部《关于进一步加强和改进师德建设的意见》，结合实际，学校推出《关于进一步加强和改进师德建设的意见》，特别强调了师德建设的重要性和紧迫性。主要任务是提高教师的思想政治素质，引导教师树立崇高的职业理想，提高教师的职业道德水平，着力解决师德建设中的突出问题。加强和改进师德建设的主要措施如下。

加强教育引导。学校继续组织教师尤其是新上岗的青年教师、班主任、辅导员认真学习党的基本路线、方针、政策，学习和遵守国家法律法规对教师的基本要求，了解和掌握学校对教师的要求、相关政策与行为规范。进一步加强和改进教师职业理想教育、职业道德教育、民主法制教育、廉洁教育、心理健康教育、教风教育，引导广大教师向马祖光、孟二冬等教育界先进人物学习，向身边的国家和省级教学名师等模范人物学习，努力成为学生的弘扬社会主义荣辱观的表率和楷模。

把师德建设同教师的教学、科研工作紧密结合起来。广大教师要增强职业责任感，认真履行教师义务，积极承担教学任务。继续组织实施教学督导，加强本科生、研究生课堂教学质量评估以及研究生导师师德测评，鼓励学生全面监督教师师德表现。注重对教师进行学术规范教育，要求他们在教学、科研及学术交流中，既勇于探索、大胆创新，同时力戒浮躁和急功近利，杜绝剽窃等弄虚作假行为。新聘任的青年教师要担任辅导员、

---

① 中国海洋大学党委宣传部：《中国海洋大学形象识别系统（UIS）手册》，2004年。

班主任工作，扣好教书育人的"第一粒扣子"。

建立并实施师德综合评定制度。师德综合评定每年进行一次，与岗位的年度考核同时进行，由人事处和院（系）、部门组织实施，并将师德评定结果归入教职工档案，与年度业绩津贴直接挂钩，作为岗位聘任、技术职务晋升和奖惩的依据。在学校的各项教学和科研等奖励中，坚持将师德内容作为重要的评选条件。

将师德建设落实到学校的政策导向中，严格执行"师德一票否决制"。认真落实教育部《关于树立社会主义荣辱观进一步加强学术道德建设的意见》要求，对出现下列情况者不得晋升高一级职称或提高评聘等级，情节严重者要给予必要的行政处分直至取消教师资格：公开散布违反宪法言论的；严重失职，造成不良影响的；违反学术道德，剽窃他人学术成果的；违反学校有关规定，其言行有失教职工身份并在校内外产生不良影响和后果的。

开展师德标兵评选表彰和师德建设经验交流活动。学校设师德标兵荣誉称号，大力评选表彰师德标兵。通过开展评选表彰师德标兵和经验交流活动，宣传教书育人典型的先进事迹，发挥典型的示范作用。充分利用校报、网络、广播等媒体，大力宣传师德典型和师德建设的先进经验，在全校教师中形成以尊崇高尚师德为荣的良好氛围。[1]

（二）严格学术道德规范

学术道德规范是学术研究人员应遵循的基本准则，中国海大一向对此高度重视，不断细化教师从事学术活动的行为约束。2009年，学校制定《中国海洋大学教师学术道德规范及管理办法（试行）》，规定：

1. 科学研究活动中要自觉遵守《中华人民共和国著作权法》《中华人民共和国专利法》等相关法律法规，恪守学术道德。

2. 严格遵守国家有关保密的法律法规和学校保密制度。

3. 本着诚实守信的原则，确保个人信息、学术经历、学术成果等材料的真实性。

4. 从事科学研究，应承认并尊重他人的知识产权。应按照国际通用准则规范引用他人成果；所引用的内容不能构成引用人作品的核心或主要部分；从他人作品转引第三人成果，注明转引出处。

5. 学术成果署名、发表应实事求是。合作研究成果在发表前要经过所有署名人审阅，所有署名人对研究成果负责，合作研究的主持人对研究成果整体负责。

---

[1]《关于进一步加强和改进师德建设的意见》（海大党字〔2007〕35号）。

6. 在参与学术推荐、立项、答辩、评审、鉴定、验收和评奖等活动中，应遵循客观、公正、准确的原则，分析、评价和论证应实事求是。

7. 研究生指导教师应率先垂范，以自己的实际行动教育和影响研究生，引导和要求研究生养成遵守学术道德规范的习惯。

8. 学术界公认的其他学术道德规范。

教师在治学过程中要坚守严谨和诚信原则，不得有以下学术道德不端行为。

1. 捏造研究数据或结果，破坏原始数据的完整性，篡改实验记录，伪造文献资料。

2. 抄袭他人的论文、著作和其他形式的研究成果，剽窃他人的学术观点、学术思想或实验、调查数据。未经授权，利用经自己审阅的论文稿件或立项申请中的信息，将他人未公开的作品或研究计划为己所用或透露给他人。

3. 在项目申请、成果申报、晋升申请等过程中，提供虚假个人信息、学术经历、获奖证书、论文发表证明、文献引用证明、专家鉴定推荐材料等。

4. 研究成果发表时一稿多投。

5. 在未参与实际工作的研究成果中署名或未经被署名人同意而署其名。

6. 违反国家有关保密的法律、法规或学校保密制度。

7. 其他违背学术界公认的学术道德规范的行为。

学校的学术道德委员会接受学术不端行为的举报，负责对学术不端行为进行调查、处理等工作。这个办法的实施，使学校的学术道德建设进入了制度化、规范化的轨道，彰显出学校弘扬优良学术风气，严惩学术不端行为的态度和决心。

三、高水平师资队伍建设成效显著

这一时期，通过实施"筑峰人才工程""绿卡人才工程""繁荣哲学社会科学人才工程""青年英才工程"，不断完善"杰出学科（学术）带头人+国际知名学者+精干学术团队"的创新团队组建模式，高水平师资队伍建设取得显著成效。教职工总数由1876人增加到2710人，具有博士学位的教师比例从18%提高到54.2%，其中重点学科达到85%。

引进我国反渗透膜工程技术领域的开拓者高从堦院士和我国石油地球物理探测领域的李庆忠院士全职到校工作；聘请国家海洋局原局长王曙光担任顾问、教授和海洋发展研究院院长，引进美国Wisconsin-Madison大学海洋环流与气候动力学专家吴立新博士为"筑峰人才工程"岗位教授，聘任美国夏威夷大学气候动力学家谢尚平等11位教授为"绿卡人才工程"岗位教授。形成一支以9名院士（其中双聘院士3名）、14名国家杰出青年基金获得者、9名国家有突出贡献中青年专家、近50名国家人才计划教授、97名国务院政府特殊津贴享受者以及博士生导师为主体的固定编制与流动编制相结合的人才队伍，并在物理海洋、水产学、海洋化学、海洋药物、生命科学、海洋工程等学科建立了十余支优秀科技创新团队。学校人才队伍结构趋向合理，水平有了明显提升，为圆满完成高水平特色大学建设作出了重大贡献。

麦康森院士

2009年，麦康森教授当选中国工程院院士。麦康森（1958— ），广东化州人，1982年本科毕业于山东海洋学院，获学士学位；1985年在山东海洋学院研究生毕业，获硕士学位。1991年赴爱尔兰国立大学学习，1995年获博士学位后回校。先后担任讲师、教授、博导、水产学院院长、青岛海洋大学副校长（1998—2002）。教育部"长江学者"特聘教授，教育部"长江学者"奖励计划创新团队学术带头人。长期从事水生生物营养与饲料学研究的教学、研究和开发工作，先后主持包括国家重点基础研究发展"973计划"、国家高技术研究发展"863计划"、国家科技支撑计划、国家杰出青年科学基金、国家自然科学基金等一系列科研项目，多项成果实现了产业化，取得显著的经济效益和社会效益。

第四章
教育创新与人才培养

　　进入21世纪，中国海洋大学继续深化教育教学改革，创新人才培养方式方法，提出了"通识为体，专业为用"的本科教育理念，施行"有限条件的自主选课制"和"学业与毕业专业识别确认制"为核心的教学运行新体系，加强国家重点人才培养基地建设，以优秀成绩通过本科教学评估。围绕提升质量、扩大规模，推进研究生教育迈上新台阶。

第一节　创新人才培养的理念与模式

一、人才培养理念创新

　　1999年9月召开的学校第七次党代会的报告中明确提出，要牢固树立培养人才是根本任务、教学工作是主旋律、提高教育质量是永恒的主题、教学改革是各项改革的核心、本科教育是基础的主导思想，继续深化教学改革，优化教学资源，加大教学投入，全面推进素质教育，以培养具有创新精神和实践能力的高素质人才为中心，不断提高教学质量和办学效益。要立足于提高学生的素质，抓好新教学计划修订的落实工作，在全面发展的基础上，鼓励个性发展，使学生学会认知、做人、做事、审美。教授都要给本科生上基础课，要下大气力创建一批水平高、体系新、效果好、特色鲜明、有一定影响的名牌课程。深化教学内容、教学方法、考试方法改革，重视现代教育技术手段的开发和利用，努力培育一批在省内、国内有一定影响的优秀教学成果。继续发扬学校办学传统和特色，努力创建本科教学优秀学校。继续扩大研究生的规模，到2004年，争取在校本、专科生达到8000人，硕、博士研究生达到2000人。要提高研究生培养质量，建立严格的研究生导师遴选与确认制度，改善研究生的培养环境，尽快使学校的研究生教育工作进入全省、全国先进行列。①

2000年12月，学校召开教学工作会议，校长助理于志刚代表学校作《深化教学改革，争创国优品牌，为建设高水平特色大学作贡献》的报告。②他重点强调了办学特色以及教育思想和理念的革新。指出，在社会经济信息化、全球化进程日益加快的趋势中，21世纪海洋大学培养的学生应当具有丰富的创新思想和实践能力、优良的科学素质和人文修养、强烈的国际观念和寰球视野。这是21世纪对于人才质量的客观要求，是学校实施教育教学工作的依据，也是检验教学工作成效的标准。必须以学生为中心，牢牢确立学生在教学工作中的主体地位，进一步更新教育观念，坚定地推进教学方法的改革，逐步实现从"教内容"向"教方法"的转变，在毕业的时候，学生带走的是"一支猎枪"而不是"一袋面包"。要形成多样化的人才培养模式，要正确理解高水平特色大学的内涵，掌握好特色的"度"，既要培养一流的海洋、水产学科的帅才，也要培养其他工作的高级专门人才；既要培养专才，也要培养通才。要建立有利于个性培养、创新人才脱颖而出的教学管理运行机制。

进入21世纪，面对中国加入世界贸易组织（WTO）的新形势，在国际化竞争日趋激烈的背景下，学校应该培养什么样的人，这关系到树立什么样的教育理念；怎样培养人，这关系到采取什么样的教育体系、培养模式和教学方法。20世纪90年代中期后，国家高等教育改革即着力解决本科专业口径过窄和人文教育薄弱等问题。随着工作的深入和我国经济与社会的发展，学校人才培养的专业口径与就业市场上对学生专业知识、专业技能和工作经历要求之间的矛盾日益凸现。同时，如何处理好学生专业取向不断变化与学生专业"身份"相对固定之间的矛盾，也成为学校教育面临的一个新问题。于志刚认为要解决以上问题，必须促进通专融合，既要促进学生全面发展，能够应对未来变化挑战，又要使学生具有一技之长，离开学校后能尽快立足社会。在"面包""猎枪"的基础上还要加上"指南针"，知识传授是"面包"，能力培养是"猎枪"，价值塑造则是学生人生道路的"指

---

① 管华诗：《抓住机遇 开拓创新 努力开创我校改革与发展的新局面——在中国共产党青岛海洋大学第七次代表大会上的报告》，载《青岛海洋大学报》1999年9月30日。
② 张静主编：《中国海洋大学大事记》，中国海洋大学出版社2014年版，第230页。

南针"，学校就是要建立一个这样的人才培养体系。

在此基础上，2003年，于志刚率领本科教学管理团队凝练提出以"通识为体，专业为用"作为学校新的本科教学理念。通识教育的核心是关于"成人"和"做人"的教育，强调学生通过对不同学科的广泛涉猎，学习不同的思想方法，学会正确的价值判断和逻辑思维，全面提升自身的内在素质，突出基础性、本源性。专业教育的核心是关于"成器"和"做事"的教育，强调学生对某一专业领域相关知识和具体技能的掌握，具备从事一项专业工作所必需的职业素质和能力。"'通识为体，专业为用'的本科教育教学理念符合教育的两大基本规律：教育促进人的发展的规律和促进社会发展的规律。"[1]通识为体，既是对通识教育在学校本科人才培养中价值观念的确立，也是对学生本科阶段成长成人根本目标的要求；专业为用，既是对专业教育在学校本科人才培养中特殊功用的强调，也是对学生本科阶段应具备的专业知识和专业技能水平的规定。这一教育理念，借用了"体""用"范畴，基本厘清了教育的本体价值和工具价值两者之间的关系。教育的本体价值在于促进学生的全面发展，教育的工具价值在于促进社会发展。"通识为体，专业为用"表明学校的教育应当是"做人的教育"和"做事的教育"两者之间的相互渗透而不是相互分离，是和谐统一而不是相互对立。既强调综合发展和全面素质的提高，为"做人"准备良好的综合知识和思想基础，也重视学生要学有所长，为"做事"准备好扎实的专门知识和专业技能。

2004年7月，《中国海洋大学本科教学章程（草案）》公布并施行。章程阐释了"通识为体，专业为用"的本科人才培养理念，倡导并施行通识教育与专业教育兼容、渗透，一般教育与特色教育结合的本科教育，培养学生一专多能，全面发展。

2008年11月，学校召开教学工作会议暨第二届本科教育教学讨论会。会议主题是：深入学习实践科学发展观，解放思想，立足实际，总结教学改革经验，巩固评估工作成果，谋划新时期本科教育教学工作，全面建设高水平研究型大学创新人才培养体系。吴德星校长发表讲话。他指出："我校要实现高水平特色大学的目标，就必须把新形势下的精英教育作为办学的理念和人才培养的价值追求。"[2]他表示："新形势下的精英教育绝不是传统的'贵族教育'，也不是要求每个学生都成为精英。精英教育强调的是以一流的教师、一流的学科专业、一流的科技创新、一流的支撑条件和一流的管理，让全体学生在

① 于志刚：《大学要加强通识教育》，载《学习时报》2023年9月15日。
② 曾名湧：《2008年教学工作会议暨第二届本科教育教学讨论会提出　全面建设研究型大学创新人才培养体系》，载《中国海洋大学报》2008年11月13日。

2008年11月，教学工作会议暨第二届本科教育教学讨论会开幕式

学习和研究的全过程中得到高水平高质量的全面教育、能力培养和个性培养，使学生真正具备成为国家栋梁和社会精英的潜质。"[1]

2010年10月，《中国海洋大学关于新一轮本科专业结构调整和人才培养方案修订工作的原则意见》出台，指出落实《国家中长期教育改革和发展规划纲要（2010—2020年）》有关精神，坚持"通识为体，专业为用"的本科人才培养理念，全面实施大众化教育背景下的精英教育，从学校和各专业的实际出发，以建设世界一流本科专业、培养世界一流本科人才为目标，构建个性化、多样化的创新人才培养体系，培养德智体美全面发展、具有创新精神和实践能力的高素质人才。

这一时期，研究生教育以提升质量、扩大规模、申办研究生院为主要努力方向，不断推进研究生教育的学科专业调整、导师队伍水平提升、人才培养体系完善。2000年3月，研究生教育中心常务副主任李八方表示，在处理质量与数量的关系上，学校一直坚持质量第一的原则和追求。如果没有好的质量，再多的数量也毫无意义；同时，如果没有一定规模，也很难谈到质量。两者是相辅相成的关系。在下一步的研究生教育发展上，学校仍然是在保证和坚持质量第一的基础上扩大规模。[2]

2009年7月，为进一步建立和完善研究生教育质量的长效保障机制和内在激励机制，提高人才培养质量，《中国海洋大学研究生培养机制改革实施方案（试行）》出台，改革研究生招生制度，加大研究生教育投入，创新研究生奖助体系，逐渐构建研究生导师、研究生和培养环境三者和谐发展的制度架构，促进了研究生教育快速发展。

---

[1] 吴德星：《树人立新 质量为本》，载《中国海洋大学报》2008年11月20日。
[2] 《抓住机遇，加快研究生教育发展步伐——访研究生教育中心常务副主任李八方》，载《青岛海洋大学报》2000年3月23日。

二、教学成果丰硕和优秀教师涌现

进入21世纪，学校以建设高水平特色大学为目标，大力推进教育教学改革，创新教学方式方法，使教学工作取得了长足的发展和进步，形成了一批优秀的教学成果，其中获得国家级教学成果奖六项、省级教学成果奖多项（表8-3）。

表 8-3　中国海洋大学获国家级教学成果奖一览表（2000—2010 年）

评选时间	获奖等级	项目名称	获奖人	完成单位
2001年	二等奖	面向21世纪海洋科学专业的教学改革与实践	冯士筰、武心尧、李凤岐、郭佩芳、钱成春	海洋环境学院
	二等奖	以学生为本，构建新型人才培养模式的探索与实践	侯家龙、山广恕、武心尧、高艳、初建松	教务处
2005年	二等奖	教育部大学法语系列教学文件及大学法语"十五"规划教材	李志清、罗顺江、王昕彦、卢晓帆	外国语学院
	二等奖	海洋科学类专业人才培养模式的改革与实践	冯士筰、王秀芹、郭佩芳、魏皓、李凤岐	海洋环境学院
	二等奖	以"学业与毕业专业识别确认制"为核心的本科教学运行新体系的建立	于志刚、李巍然、曾名湧、范其伟、马勇	教务处
2009年	二等奖	创建"评估-督导-支持"三位一体的教学质量保障新模式的探索	于志刚、宋文红、李巍然、马勇、秦延红、董士军	高等教育研究与评估中心、教务处

冯士筰主持的"面向21世纪海洋科学专业的教学改革与实践"项目，结合海洋科学教育"如何面向21世纪的挑战"这一现实问题，构筑了新型的海洋教育观，提出的海洋科学类专业的调整方案成为"国标"，制定了"1+4+N"课程设置新模式，修订的海洋科学专业教学计划独具特色。

侯家龙主持的"以学生为本，构建新型人才培养模式的探索与实践"项目，聚焦"21世纪中国高校究竟应该培养什么样的人"这一根本性问题，着眼于学生素质、创新能力培养和个性发展，进行了有益探索，构建融传授知识、培养能力与提高素质为一体的人才培养模式。

李志清主持的"教育部大学法语系列教学文件及大学法语'十五'规划教材"项目，紧扣我国外语人才培养的现实需求，确立大学法语教学的目的是培养学生具有一定的阅读能力，初步的听、写、说、译的能力，使学生能以法语为工具，获取专业所需的信息，并为进一步提高法语水平打下较好的基础。

冯士筰主持的"海洋科学类专业人才培养模式的改革与实践"项目，是为适应新时期海洋发展战略及人才需求，及时转变教育思想而开展的系列探索。该项目建立了适应21世纪海洋科学类专业人才培养模式，打破以往的学科界限，加强理学与管理等学科交叉融合。

于志刚主持的"以'学业与毕业专业识别确认制'为核心的本科教学运行新体系的建立"项目，按照"系统设计、分层展开、重点突破、逐步深入"的思路，针对拓宽专业口径与就业市场对学生专业知识和工作技能高要求之间的矛盾，以及学生专业志向变化与学生专业"身份"相对固定的矛盾，提出了"通识为体，专业为用"的本科教育理念，按照厚基础、宽口径、有特色的目标培养人才。

于志刚主持的"创建'评估-督导-支持'三位一体的教学质量保障新模式的探索"项目，以推动高校内涵式发展和质量建设为主旨，建立起以课程评估为主线的专家评估系统及其相关运行机制并持续发展和完善。

教师是人才培养的主体，是立德树人的关键。这一时期，学校锐意改革，创新举措，持续加强师资队伍建设，充分调动广大教师的积极性，使大家安心讲台，潜心育人，涌现出了多位荣获国家教学名师奖、省教学名师奖的优秀教师。2003年9月，教育部公布第一届全国高等学校教学名师奖，化学化工学院张正斌教授榜上有名，是驻青高校中唯一的获奖者。自2004年始，山东省启动"高等学校教学名师奖"评选，截至2010年，学校有9位教授荣获该奖（表8-4）。

表8-4　中国海洋大学国家、山东省"高等学校教学名师奖"获得者名单

获奖年份	级别	获奖教授
2003	国家级	张正斌
2004	省级	郑荣儿、王昕
2006	省级	汪东风、郭佩芳、赵广涛
2007	省级	樊廷俊、李志清
2009	省级	李华军、曾名湧

第二节　本科教育

一、创新本科教学运行体系

进入21世纪，学校以迎接本科教学评估为契机，深化推进教育教学改革，创新本科教学运行体系，提高人才培养质量。

2001年至2003年，于志刚副校长与教务处处长李巍然带领诸位同事进行了广泛调研，反复研讨，本着继承与创新相结合、共性与个性相结合、规范与特色相结合的原则，提炼出"四和谐"的过程理念、"三加"的目标理念。前者是指"学科群与专业群和谐、教研相长与学研相长的和谐、教与不教的和谐、学养与人格的和谐"；后者是指"面包+猎枪+指南针""创新能力+科学人文精神+宽广视野""学在海大+创在海大+成在海大"。基于此，新的本科人才培养体系愈来愈清晰。

2003年9月，管华诗校长主持召开专题会议，研究实施新的教学运行体系工作。于志刚副校长以《实施"本科教学质量工程"，建立现代教学体系，创造本科教学国优品牌》为题，汇报本科教学改革的指导思想和目标。教务处处长李巍然就新教学运行体系做演示与说明。党委书记冯瑞龙指出，建立新的教学运行体系，是学校继人事分配制度改革后推出的又一重大改革举措，必将对进一步提高教学质量、加快学校发展步伐产生积极而深远的影响。管华诗校长要求，全校把建立新的教学运行体系视为一项创新工程，全方位给予大力支持。

新体系主要包括两个方面，一个是"有限条件的自主选课制"，核心思想是全校所有课程面向所有学生开放，学生可以跨专业、跨年级选修所有本科课程。"有限条件"是指"学校的教育资源（包括师资、教室、实验室等）是有限的，任何一门课程都不可能无限制地满足所有学生选修该门课程的需求，只能在首先保证学生选修其录取专业开设课程的基础上，尽可能地满足学生选修其他专业课程的需求"[①]。学生在教师指导下自主设计学业计划，学生要取得某个专业的毕业资格，要选修该专业教学计划中设置的一个完整的系列课程，称之为"套餐"；学生还可以根据自己的兴趣和发展需要自主选择学习开设的任何一门课程，称之为"单点"。每个学生最终都会形成"套餐+单点"的课程体系，"套餐"为主体，"单点"为补充，既保障学生系统学习一定专业的系列课程、接受该专业正规培养和训练、达到该专业本科培养规格要求，又实现学生学习其他专业知识，在多样

---

① 范其伟等：《套餐+单点：构建本科教学运行新体系》，载《中国高等教育》2005年第18期，第35-36页。

化学习和多领域探索中建立兴趣点，培育特长，发展个性，一专多能，全面成长。另外一个方面是"学业与毕业专业识别确认制"，指的是，将每个专业教学计划所规定的课程和学分要求作为一个标准模式，将每位学生所修的课程及所得学分作为一个待识别模式，通过逐一比较待识别模式与标准模式的贴近度，来确认学生的实际主修专业是什么，以及是否能够毕业和能够从什么专业毕业。学校逐学期、逐学年对学生已修课程进行"模式识别"，识别结果适时向学生通报，帮助学生及时了解自己的学业状况，为学生重新确立专业方向、调整职业取向，自主安排学习内容和学习进程，提供选择的机会和发展的空间。在这个制度下，学生的学业和毕业专业不再是固定的，而是由学生通过学习活动逐渐发展而形成的，是由学生学习了什么样的课程来决定的。因此，学生自主选课的权利，实质上就是自主选择学习专业的权利；学生自主完成所选学业的过程，就是决定自己毕业专业的过程。

新教学运行体系在2003级学生中正式实施。2010年，在教学体系运行七年后，学校对四届本科毕业学生的学业数据进行了分析。有70%的学生选修了毕业专业要求以外的课程，平均多修读了8个学分；有6%的学生通过自主选课，实现了转换专业毕业；60余名学生通过修读不同专业的课程获得了双专业，65名学生取得双学位；86名学生只用三年修完全部专业课程，提前一年毕业；学校开设的课程由2003年不到3000门次提高到2010年的4000多门次。

二、本科人才培养新举措

本科教育是高等教育的主体和基础，抓好本科教学是提高整个高等教育质量的重点和关键。在建设高水平特色大学的进程中，学校始终坚守本科教育是立校之本、人才培养质量是学校生命线的观念，在招生、实践教学、培养模式、质量保障等多方面勇于创新，取得了明显成效。

（一）创新招生工作，吸引优质生源

为进一步提高生源质量，吸引更多优秀高中生报考，学校从招生宣传、激励举措、选拔方式等方面进行创新实践。从维护学校招生工作良好声誉出发，严格管理，规范操作，优化服务，一丝不苟地做好招生工作。

1999年5月，《青岛海洋大学优秀新生奖学金实施办法（试行）》出台，对保送生和第一志愿报考青岛海大、德智体诸方面优秀的本科新生发放奖学金，最高奖金额为人民币10000元。2007年，《中国海洋大学优秀新生奖学金实施办法》出台，把优秀新生奖学金划分为三个等级，一等奖为5000元奖金，对于特别优秀的新生，学校视具体情况予以特别奖励。此外，学校对于家庭经济困难的学生，采取暂缓缴纳费用等方式，学生可先办理入学手续。

学校大力实施"生源质量工程"，在招生宣传方面，坚持"走出去"和"请进来"相结合，一方面加强优秀生源基地建设，前往各地重点中学进行招生宣讲，参加各省市级现场咨询会，发放招生宣传材料；另一方面通过举办海洋夏令营、全国重点中学校长研讨会等方式，宣讲学校的招生政策和育人理念，吸引优秀学生报考。

学校深化招生改革，自2003年始，在部分院系实行并类招生和低年级打通培养。例如：生物科学、生物技术、生物化学与分子生物学三个专业按生物科学类招生；工商管理、会计学、市场营销、电子商务、旅游管理五个专业按工商管理类招生。此举既可以减少学生填报专业志愿的盲目性，又可以按照宽口径、厚基础的模式进行培养，真正体现以学生为本的教育理念。此外，为选拔品学兼优、综合素质好、特长突出的优秀学生，学校自2006年起面向全国开展本科生自主选拔录取工作。

上述举措的实施，使学校的生源质量稳步提高，新生规模也从2000年的2100人上升到2010年的3850余人。

（二）加强实践性、创新型教学

学校坚持实践教学与课堂教学并重，加强学生实践能力的培养。这一时期，学校在实践平台建设、学期规划、实践实验项目设立等方面开展了许多有益的探索与实践。

2002年11月，学校召开本科实践教学工作研讨会。会议的主题是推进教育创新，注重培养学生的创新精神和实践能力，建设高水平特色大学的实践教学体系、实践教学模式和实践教学内容。会上，于志刚副校长着重指出："在实践教学方面，要建三个平台：一是建设基础实验教学平台，我们已经建立了基础实验教学中心，以后还会进一步扩展；二是建设专业实验教学平台和创新中心，这项工作正在进行，学校今年投入了700余万元建立专业教学实验室，与基础实验教学中心一样，这个平台要辐射若干相关专业和学科；三是建设一个良好的包括野外的、工厂的、社会的实习与实践教学平台。我们应该创造条件，使学生较早地进入实验室，较早地参加到科研工作中，形成本科学生参与实验室工作和学术前沿领域研究的局面。实践已经证明，这种做法是非常成功的和可行的。"[①]

为增强本科生的创新意识，提高本科生的创新实践能力，2005年11月，学校启动实施本科生研究训练计划OUC-SRTP（2010年改为"本科生研究发展计划OUC-SRDP"），为本科

① 魏军、伯玉：《总结经验 开拓思路 推进创新 我校召开本科实践教学工作研讨会》，载《中国海洋大学报》2002年11月28日。

生开展科学研究和技术开发活动提供指导与支持，以学校资助、学生自拟课题开展科学研究活动或技术开发活动的方式予以实施。资助对象为学校一、二、三年级在校本科生。

2007年，国家大学生创新性实验计划启动实施，学校成为首批入围的60所高校之一。"实验探寻海冰破碎度与融冰速度的关系"等40个项目获批列入计划，共获得教育部资助经费40万元，学校配套支持40万元。

OUC-SRTP和国家大学生创新性实验计划的实施，为学生创造了宽松的研究环境和氛围，提供了尽早进实验室、进课题组、接触导师、接触专业研究领域、了解学科的发展动向和前沿课题的机会，成为大学生的创新乐园，是本科创新人才培养的一条新途径。

2006—2007学年开始，学校实行全年教学周数为17+3+17的学期制度，即将每年的春季学期的后三周作为实践教学周（或称春季学期第二段），安排专门性的短学时课程及实践教学，其他两个长学期各安排17周的课堂教学。2010年10月，《中国海洋大学关于新一轮本科专业结构调整和人才培养方案修订工作的原则意见》实施，自2011学年始对学期制度进行调整，将教学周数设置为16+4+16（周），即将春季和秋季学期调整为16个教学周，随后安排暑假，暑假结束之后即开始时长为4周的夏季学期，之后进入秋季学期。经本次调整后，中国海洋大学正式确立了春、夏、秋三学期制。新的学期设置方案是对几年来施行的分段学期制度的进一步完善，也是适应学校本科人才培养个性化、多样性需求的配套措施。

为培养学生的创新能力，学校进一步推行"奖励学分制"，设立科技活动奖励基金，鼓励学生尽早参与科研、科技发明和社会实践活动。

这一时期，学校构建起由通识教育实验、学科基础知识实验、专业知识实验、工作技能实习实训以及大学生创新实验构成的新的实践教学体系，建设了由基础实验教学中心、专业教学实验中心为主体，校内外实习实训基地、教育部重点实验室、国家工程技术中心、省级重点实验室为辅助的学生实践教学大平台，形成了以本科生研究训练计划和国家大学生创新性实验计划为核心的学生实践教学优良环境。

（三）实施双语教学

加入WTO以后，我国高等教育面临着更加激烈的国际竞争，传统的教学模式已不能适应形势的发展。学校积极探索新的教学方法，提高本科教学质量，以适应高等教育国际化背景下社会发展对既懂外语、又有专业背景的人才的需要。于是，在某些专业课和公共课中开展双语教学便提上了日程。

为切实、稳妥地推进双语教学工作，2004年《中国海洋大学关于实施双语教学的有关规定》出台，强调双语教学的要求是：引进外文原版教材，引用国外先进的教学内容、教学方法和教学手段，培养和提高学生全面的语言能力，逐步实现本科教学与国际接轨。但同时强调，学科知识的传授仍然是核心任务，学科知识教学质量不得降低，还规定教学语言以外语为主，并注重在听、说、读、写、译诸方面提升学生的外语综合应用能力。

在双语教学课程选择上，学校组织拥有多年海外留学经历和从事英语语言教育研究的专家，对双语教学的课程及任课老师进行严格把关。据记载，2004年5月17日至26日，学校分七次组织召开年度申报双语教学课程试讲听课评议会，对申报双语教学课程按理工类和文科类分别进行评议。侧重评议授课教师的语言能力、教材选用、课程双语教学的科学性等七个方面。[1]这一时期，学校积极支持和鼓励教师申报参评省级双语教学示范课程建设。2009年，海洋生命学院张晓华教授为负责人的微生物学课程、宫相忠副教授为负责人的植物生物学课程，入选首批山东省双语教学示范课程建设项目。[2]

（四）开辟联合培养人才新模式

联合培养学生是国家积极鼓励的创新人才培养模式和提升培养质量的一个重要途径。这一时期，学校加强与国内外知名高校、国家海洋局和海军合作，联合培养优秀人才。

为加快我国海洋事业发展，培养具有扎实的数理、英语、计算机基础，掌握海洋科技及海洋管理的基本知识，了解海洋科技的新进展，具有从事海域综合管理、海洋开发利用和生态环境保护规划以及海洋执法能力的高级专门人才，学校于2001年推出为期一年的海洋管理教学班，毕业生主要到国家海洋局系统各单位及各省市水产厅、局，从事海域管理、海洋执法、环境保护等工作。

2002年4月，中国海洋大学与海军签订委托培养后备军官协议，首开山东省国防生培养先河。在2000级、2001级中选拔出55名首批国防生，专业涵盖电子信息科学与技术、电子信息工程、计算机科学与技术、海洋技术、港口航道与海岸工程、大气科学等。国防生享受军队提供的国防奖学金，奖学金标准根据高校学费、杂费的不同和市场物价的变化作适当调整。截至2010年，学校共招收国防生1000余人，他们政治素质好，专业技术精，综合素质高，毕业后主要在海军部队和水文气象、通信、电子对抗、装备维护等岗位工作，致力于国防建设。

（五）创建评估、督导、支持三位一体的教学质量保障新模式

学校20世纪80年代以来，以课程教学评估为切入点，开始校内教学质量保障体系建

① 段善利：《专家为双语教学"号脉"把关》，载《中国海洋大学报》2004年6月3日。
② 李红涛、孙颖：《两门课程被评为省双语教学示范课程建设项目》，载《中国海洋大学报》2009年5月21日。

设和改革探索。21世纪后，在深化以课程教学评估为基础的质量保障体系建设的基础上，建立以资深教授为主体的教学督导队伍，成立以促进教学质量不断提升为宗旨的教学支持中心，逐步形成了评估、督导、支持三位一体，具有"共轭机制"的教学质量保障创新模式。

这一创新模式主要解决高水平特色大学的教学质量目标、水平与现实水平的差距与矛盾，包括解决教学过程中的刚性管理强与柔性保障弱的矛盾；消解教学单纯依靠末端检查与约束的被动性，使前端的保障与全程的支持及管理达到统一；扭转教学管理与支持、保障相分离的倾向，形成"共轭机制"；消解教师教学能力提高的被动性与动力不足等问题，促进并强化其自觉性、发展性。其创新点有：一是建立起以课程评估为主线的专家评估系统及运行机制。不断完善从公共课到专业基础课、专业课以及体育课、实验课、双语课、艺术类课程的分类评估指标体系，坚持评建结合，重在提高。二是推进教学学术建设，突出强调提升教师的教育教学能力，建立以服务教学为宗旨的教学支持中心，构筑交流与对话的平台，加强教师对自身教学实践的分析和探究。三是按照严格管理加人性化服务的思路，构建起以评、查、导为主导，点、线、面相结合的教学质量保障体系，覆盖教学活动的关键环节、主要方面和全部时段，保障了教学水平和人才培养质量的持续提升。

此外，为了及时了解毕业生在工作中的适应性和改进教学，学校从2003年起，开始在毕业生中聘任教育教学信息员。截至2010年，共有196名学生成为教育教学信息员，他们及时真实地反馈教育教学及毕业生需求信息，为学校人才培养及教育教学质量的提高作出了贡献。

三、加强专业、课程和教材建设

（一）坚持特色办学，强化专业建设

1998年，教育部颁布新的《普通高等学校本科专业目录》后，全国普通高等学校普遍进行了本科专业整理和学科专业结构调整，取得了明显成效。但是，进入21世纪后，面对经济全球化进程明显加快，科技进步日新月异，综合国力竞争日益激烈的新形势，面对国家经济社会的发展和"十五"计划的实施，面对高等学校招生规模迅速扩大和高等教育体制改革的突破性进展，进一步调整普通高等学校学科专业结构已经成为高等教育改革和发展的迫切任务。

鉴于此，2001年教育部印发《关于做好普通高等学校本科学科专业结构调整工作的若干原则意见》，指出在高等学校学科专业建设中存在的主要问题是：国家未来发展急需的高新技术类专业人才、高层次经营管理人才供给不足；面向地方经济建设的应用性人才培养薄弱；新兴、边缘、交叉学科的建设和发展重视不够；一些学校重专业外延发展、轻专业内涵建设的倾向严重；高等学校主动适应社会变革需要的自我发展、自我调整的专业管理机制有待形成。并提出做好普通高等学校本科学科专业结构调整工作需要坚持的一系列原则意见。

2001年底，学校共有本科专业40个。对于一所综合性重点大学来说，专业规模偏小，在学科分布上也不均衡，对于人才培养的支撑和服务社会发展与区域经济建设的能力略显不足。在2002年1月召开的教学工作会议上，于志刚副校长布置重点工作，首先强调的就是做好专业结构调整。他说："学校将按照顺应潮流、反映需求、学科交叉、加强综合、突出特色的原则对专业作系统的、有步骤的调整，以顺应世界科技和经济发展潮流，充分发挥学校已有的基础和优势，努力在优势学科和专业培养代表国家水平的高质量人才，在其他专业致力于为国家和地方、特别是为山东和青岛的社会发展与区域经济建设培养急需的专业人才，加强综合、突出特色，使得我校专业结构逐步实现生态平衡、结构先进、特色鲜明、经济高效的目标，使得规模、结构、质量、效益有效地统一起来。"①

学校主动适应经济社会需求和科学技术发展需要，遵循"强化发展特色、协调发展综合，以特色带动综合、以综合强化特色"的学科发展思路，将学科发展和专业建设统筹考虑，适时调整专业布局，重点建设涉海文科、工科专业，进一步完善以海洋类专业为优势和特色、多学科协调发展的专业体系，逐步实现了生态平衡、结构合理、特色鲜明的专业发展目标。

2007年，《中国海洋大学关于实施本科专业专项建设工作的意见》《中国海洋大学本科专业建设评估标准》实施，对专业建设目标、内容、要求、措施及标准等均作出明确规定。同时，启动主干专业建设工程，强调品牌、特色专业和主干专业的建设要突出特色和创新，建设成果要具有借鉴意义和推广价值，以带动全校专业建设整体水平的提高。

截至2010年，学校共有本科招生专业68个，涉及理学、工学、农学、医学、经济学、管理学、文学、法学、教育学九大学科门类，其中理学类专业21个，占专业总数的30.9%；工学类专业16个，占23.5%；农学、医学类专业3个，占4.4%；经济学、管理学类专业14个，占20.6%；文学类专业10个，占14.7%；法学、教育学类专业4个，占5.9%。

学校强调专业建设和学科发展的有机互动，以优势的特色学科建设推进专业建设和

---

① 王宜民：《青岛海洋大学教学工作会议召开》，载《青岛海洋大学报》2002年1月17日。

人才培养，逐步形成了多个特色鲜明、理工或文理交叉融合的专业群。其中，依托海洋学科，构建了"海洋科学–（海洋）化学–（海洋）地质–海洋技术–港口航道与海岸工程–环境科学–海洋管理–海洋经济学等"专业群；依托水产学科，构建了"水产养殖–海洋渔业科学与技术–海洋生物资源与环境等"专业群；依托生命学科和食品科学与工程学科，构建了"生物科学–生态学–生物技术–生物工程–生物化学与分子生物学–食品科学与工程–药学–海洋资源开发利用技术等"专业群；依托工商管理学科，构建了"工商管理–会计学–财务管理–旅游管理–市场营销–电子商务–物流管理等"专业群。学校实力雄厚的学科群为专业群的建设提供了强大的师资队伍和支撑条件，使专业群建设与学科群建设和谐互动、共同发展，人才培养模式发生深刻变化，人才培养质量不断提高。

学校强化传统优势专业品牌，发挥特色专业示范带头作用。在68个本科招生专业中，海洋科学、海洋技术、化学、生物科学、水产养殖学、食品科学与工程、药学、港口航道与海岸工程、会计学、法学、环境工程、海洋资源开发技术12个专业为国家级特色专业；大气科学、物理学、地质学、汉语言文学、信息与计算科学、数学与应用数学等18个专业为省级品牌、特色专业。

（二）以精品课程建设为龙头，加强课程体系建设

为落实好"通识为体，专业为用"的本科教育理念，处理好通识教育与专业教育的关系，学校在认真研究国内外高校优秀的教育教学改革成果和课程体系改革先进经验的基础上，立足于学校的实际情况，建立起"二四三"结构的课程体系。将全校本科课程分为通识课和专业课两大类，每个专业的课程按照本科通识教育、学科基础教育、专业知识教育和工作技能教育四个层面进行设置，每个层面分别设置必修课、限选课和任选课三种不同的课程。

这一时期，学校始终把精品课程作为课程体系建设的龙头，积极构建以通识课、学科基础课以及国家重点学科特色课和特色专业课为重点的精品课程群。2003年，启动精品课程建设基金项目，对本科课程体系进一步予以优化。对大学外语、大学数学、计算机、大学物理、大学化学、体育等实行分级分类（或分项）教学。外语课程参加教育部大学外语教学改革试点，实行小班授课和网上交互教学；在文科类专业增设数学课程；在文学与新闻传播学院开设由校外知名专家学者来校讲授的"名家系列课程"。通过设立课程建设专项资金，大力支持建设精品课程、通识限选课程、双语教学课程以及大学英语教学改革试点课程。

截至2010年，学校建有国家级精品课程11门（表8–5），其中8门课程属于海洋水产类

特色课程；省级精品课程36门，其中31门来自省级品牌特色专业或国家级特色专业，5门课程为通识课程，13门课程属于海洋水产类特色课程；校级精品课程124门。形成了"海洋学–物理海洋学–卫星海洋学–环境海洋学–海洋调查方法"国家精品课程群，"动物生理学–细胞生物学–发育生物学–甲壳动物增养殖学–贝类增养殖学–水产动物病害学–水产动物营养与饲料学"精品课程群。初步构建起以国家级精品课程为龙头、省级精品课程为骨干、校级精品课程为基础的精品课程体系，教学改革迈上了新台阶。

表 8-5　中国海洋大学国家级精品课程一览表（2000—2010 年）

入选年份	课程名称	负责人	所属院系
2004年	海洋学	冯士筰	海洋环境学院
	海洋化学	张正斌	化学化工学院
	食品化学	汪东风	食品科学与工程学院
2006年	物理海洋学	吴德星	海洋环境学院
2007年	食品保藏原理与技术	曾名湧	食品科学与工程学院
	卫星海洋学	刘玉光	海洋环境学院
	贝类增养殖学	王昭萍	水产学院
	大学法语	李志清	外国语学院
2008年	海洋调查方法	鲍献文	海洋环境学院
	环境海洋学	高会旺	环境科学与工程学院
2010年	水产动物营养与饲料学	麦康森	水产学院

（三）教材建设与选用

教材作为知识的载体和连接教与学的纽带，学校一以贯之加强建设。教材选用和评估制度较为健全，落实有效，选用教材整体水平高；教材建设思路明确、规划科学、措施得力、成效显著。

2003年，修订《中国海洋大学教材管理规程》，规定优先选用全国统编教材、各级规划教材（包括校重点教材），特别是省（部）级以上优秀获奖教材，并对教材选用、预订、供应的原则、流程等提出具体要求，实现了规范化管理。

学校设立教材建设基金，实施《中国海洋大学教材建设基金项目管理办法》，把教材编写作为基金项目管理，加强对教材编写工作的规划和引导。按照严格规范、突出重点、鼓励创新、注重效益、择优资助的原则，组织开展教材建设。实施《中国海洋大学教材出版补贴办法》和《中国海洋大学优秀教材评选办法》，鼓励出版优秀教材。对取得国家级、省部级立项的教材给予配套经费资助，对国家级、省部级、校级优秀教材奖获得者给予奖励。

这一时期，学校投入教材建设专项经费540万余元，重点资助优势学科的教材和特色教材建设。学校承担"十五"国家级规划教材项目7项、"十一五"国家级规划教材23项33部，承担高等教育百门精品课程教材建设计划2项、高等教育面向21世纪课程教材选题3项，入选普通高等教育精品教材书目4部，立项资助教材编写项目233项，共出版教材240余部，在优势学科专业领域基本实现以学校教师为主编写的高水平教材体系。"十五"以来，评选出校级优秀教材68部，2002年《海洋科学导论》（冯士筰、李凤岐）和《海洋水团分析》（李凤岐、苏育嵩）分别获得全国普通高等学校优秀教材奖一等奖、二等奖，2005年《大学法语》（李志清）系列教材获得国家级教学成果二等奖。

四、国家重点人才培养基地建设

国家理科基础科学研究和教学人才培养基地（简称基地）是1991年国家教委针对我国高等理科教育发展过程中出现的问题，在全国部分基础实力雄厚的专业设立示范点的基础上建立的，目的是发挥这些学科在全国教学改革中的示范、带动和辐射作用。学校是国家首批批准建设的15个示范点之一，经过十年的建设，于2001年顺利通过国家验收，并被评为优秀示范点。学校海洋学与北京大学物理学、复旦大学生物学、南京大学化学、厦门大学化学、武汉大学数学、中国科技大学数学、四川大学数学、吉林大学数学、南开大学化学等10个基地获评优秀。

（一）海洋学国家基础科学研究和教学人才培养基地

海洋学（含海洋化学）是将数学、力学、热学、化学作为学科基础的地球科学的分支，主要是通过实验室条件建设和科研训练的建设，培养学生现场实践能力、室内实验能力和数据处理分析能力。基地以科研和人才培养结合的模式，让更多的本科生有机会参与科研活动，尽早地接触前沿课题，培养自己的科研兴趣，有意识地在学习和科研中加强知识积累与专门技能的训练。经过长期实践，基地培养出大批基础扎实、知识面广、创新能力强的理论和应用型高素质人才，并为他们的快速成长为科研骨干打下基础，为提升我国海洋科学的科研水平创造条件。在2004年教育部组织的中期评估中，基地被专家评估为优秀；2006年，基地通过国家自然科学基金委组织的"十五"验收。

（二）化学（海洋化学）国家基础科学研究和教学人才培养基地

海洋化学是1993年海洋基地的一个专业点，2008年被设立为化学（海洋化学）国家理科基础科学研究和教学人才培养基地，是我国海洋化学高等教育领域唯一的理科基地。该基地承担着为我国海洋化学的发展培养和输送高素质的基础性研究和教学人才的重要任务。

（三）国家生命科学与技术人才培养基地

2002年7月，教育部、国家发展计划委员会批准建立国家生命科学与技术人才培养基地。该基地以海洋生物学、水产品加工和贮藏工程、水产养殖学三个国家重点学科为龙头，以国家海洋药物工程研究中心、联合国教科文组织中国海洋生物工程中心、教育部水产养殖开放实验室、山东省海洋生物工程重点实验室及山东省生态动力学重点实验室等为依托，联合国内外相关学科与企业共同进行建设。基地特点如下。

第一，基地以海洋学科为显著特色，是集人才培养、科技研发与产业化功能于一体的创新创业人才培养基地，在人才培养、科技研发与产业化等方面着力，通过一系列实践和不懈努力，培养出一批少而精高层次、能参与国际竞争的海洋生物高新技术创新创业人才，在海洋生命科学领域人才培养中起到示范、辐射作用，为教学科研人员提供创新创业平台，促进高校科技成果转化及其产业化。

第二，基地注重面向地方经济主战场，紧紧抓住生物高新技术产业中的人才链、技术链，积极开展新产品、新技术、新工艺的研发，努力在学科建设、科学研究和人才培养等方面发挥出自己的优势，同时把基地建设和人才培养融入产业发展过程中去，一方面为人才培养和知识创新创造条件，另一方面为企业技术创新提供学科与技术条件，带动相关企业健康发展。

第三，基地通过建立有效合作机制，在互惠互利的前提下，广泛与事业单位和高新技术企业合作，在孵化培植一批企业、推动一种产业、服务一个行业方面做出更大成绩；并鼓励企业在基地设立奖学金、大学生创业基金等，以保证学业优异的学生能顺利完成学业和培养学生的科研创新及产业化能力。同时，基地优先为企业提供相关的技术咨询、技术服务、技术开发和技术转让，解决生产和产品研发中的问题。

五、本科教学评估成绩优秀

2002年，教育部决定将"211工程"序列高校的教学优秀评估和其他普通高校的教学水平评估合并进行，五年一轮。学校按照以评促建、以评促改、以评促管、评建结合、重在建设的原则，着力推进各项准备工作，努力实现创建教学国优品牌的目标。

2006年3月，吴德星校长主持召开本科教学工作水平评估专项工作会议，成立办学指导思想、师资队伍与经费保障、教学基本实施、图书与网络、学风建设与办学成效、教学建设六个专项工作组。同年11月20日至24日，学校自评专家组对19个学院（系）的本科教学评建工作进展情况进行了一次全面检查。

2007年7月31日至8月3日，以华南农业大学校长陈晓阳教授为组长的咨询评估专家组，对学校本科教学工作进行实地考察。专家组按照评估方案的要求，现场察看实验室建设、校园文化景观等，审阅本科教学工作校长报告、本科教学工作自评报告，考察部分公共教学和生活设施，查阅支撑材料和各类相关档案，走访21个教学单位、12个相关职能部门，召开5场座谈会，随机听取8门课程，调阅36个专业的277份毕业论文、毕业设计以及4门课程共105份实验、实习报告，抽查24门课程的1294份试卷，并对部分学生进行计算机基本技能和植物学专业的技能测试。专家组认为，学校对本科教学评估高度重视，以本科教学评估为契机，推动教育教学改革向纵深发展，并对需要改进的问题提出中肯的意见和建议，学校据此作了进一步的整改。

2007年10月8日至13日，以上海交通大学原校长谢绳武教授为组长的教育部本科教学工作水平评估专家组一行13人，对中国海洋大学的本科教学工作进行了实地考察。

考察期间，专家组通过听取吴德星校长关于本科教学工作情况的报告；审阅《中国海洋大学本科教学工作水平评估自评报告》，查阅相关支撑材料和原始档案；实地考察海洋遥感、海水养殖、物理海洋和海洋药物四个教育部重点实验室，考察海洋学国家理科人才培养基地、山东省物理实验教学示范中心、"东方红2"海洋实习调查船等实验室与公共教学设施；走访教务处、本科教学工作水平评估办公室等19个部门，信息科学与工程学院等20个院、系、部、室和国家海洋局北海分局等多个用人单位；调阅学生试卷1825份，毕业论文（设计）403份，听课36门次，进行英语和计算机技能测试，召开共计137名师生参加的8场座谈会；考察学生食堂和学生宿舍等方式方法，对学校本科教学工作水平进行了全面、认真、深入的考察评估。

专家组高度评价学校本科教学工作取得的成绩：一是办学思想和发展目标明确，本科教学的中心地位突出；二是构建结构合理、优势突出、特色鲜明的学科专业体系；三是实施人才强校战略，多渠道、大力度加强人才引进和培养；四是不断深化教育教学改革，人才培养质量稳步提高；五是教学管理规范严格，教学质量监控运行有效；六是统筹安排，加大投入，教学基础设施和条件得到显著改善；七是积极开发和整合校内外优质文化资源，建设了体现海大精神的校园文化。

专家组认为，中国海洋大学在长期的办学过程中，践行"海纳百川，取则行远"的校训，励精图治、负重奋进、强化特色、勇于创新，逐渐形成了富有特色的办学风格，培养了大量国家急需的高素质人才，取得了一大批具有重大影响的科技成果，成为我国海洋科技杰出人才的重要基地，为我国的经济建设，特别是海洋和水产事业的发展作出了重要贡献。近年来，学校以科学发展观为指导，制订中长期发展规划，明确学校的发展目标和办学定位。通过狠抓学科专业建设、师资队伍建设、重大科技项目攻关、教育教学改革和办学条件改善等多项重大举措，学校的核心竞争力与综合办学实力得到快速提升，显现出强劲的发展势头。学校党政领导班子高度重视本科教学工作，坚持以师为根，以生为本，教学理念和教学改革思路清晰。通过不断深化教学改革，学校本科教学工作在理念、模式、制度、内容、方法和技术上不断更新与提升，人才培养质量稳步提高。学校高度重视本科教学工作水平评估，认真贯彻落实以评促建、以评促改、以评促管、评建结合、重在建设的方针，通过理顺思路，统一思想，加大投入，加强改革，加快建设，本科教学各项工作取得了显著成效。

关于中国海大的办学特色，专家组认为，学校在80余年的办学历程中，紧紧围绕国家海洋事业的战略发展和行业需求，谋海济国，顺应变革，坚持为建设海洋强国培养高级人才的方针；围绕海洋、水产等传统优势学科，突出学科交叉与融合，着力建设海洋相关学科群和专业群，促进学科专业协调发展，使学校的综合办学实力和人才培养质量得到显著提升；在探知海洋的过程中，形成了海大人包容、博大、深厚、行远的气质和顽强、执着、严谨、求实的精神品格，以及团结、协作、互助、奉献的团队精神，培养了大批优秀人才，走出了一条探知海洋、开发海洋、保护海洋，为建设海洋强国培养高素质创新型人才的特色发展之路，形成了鲜明的办学特色。[1]

2008年4月，教育部正式公布中国海洋大学本科教学工作水平评估成绩为优秀级。

第三节 研究生教育与继续教育

一、加强学位点建设

中国海洋大学的研究生教育实践始于1948年的水产研究所。进入21世纪，伴随着高

---

[1] 张静主编：《中国海洋大学大事记》，中国海洋大学出版社2014年版，第329页。

水平特色大学建设的推进，尤其是引进人才和四家共建经费的支持，学校按照相关要求，加大工作力度，着力补短板、强基础，学位点建设取得明显成效。

2000年，经国务院学位委员会学科评议组第八次会议审核，学校新增水产学科、环境科学与工程学科2个博士学位授权一级学科，新增水生生物学、生态学、地图学和地理信息系统、环境工程、捕捞学5个博士学位授权点，增列13个硕士学位授权点。2003年，国家公布第九批博士和硕士学位授权点名单，学校新增生物学、食品科学与工程、大气科学3个博士学位授权一级学科，新增15个博士学位授权专业、34个硕士学位授权专业。博士学位、硕士学位授权专业的增加，使学校研究生教育的学科结构趋于合理，办学层次明显提高，加快了向高水平特色大学迈进的步伐。

2006年，国务院学位委员会公布第十批博士和硕士学位授权学科、专业名单，学校新增5个博士学位授权专业，特别是环境资源与保护法学、会计学、农业经济管理3个文科博士学位授权专业的增列，标志着学校"以特色带动综合"的努力取得突破性进展，大文科发展水平有了明显提高。计算机应用技术和生药学两个非海洋类博士点的申报成功标志着学校加强学科交叉渗透的学科建设已经结出硕果。此外，还增列有16个硕士学位授权一级学科，46个硕士学位授权专业。

至2010年，学校拥有12个博士学位授权一级学科、44个博士学位授权专业、8个博士后流动站、16个硕士学位授权一级学科、131个硕士学位授权专业，覆盖了10个学科门类，39个一级学科，122个二级学科。学位授权点的大幅增加，使研究生教育的学科结构更加合理，提高了办学层次，助推高水平特色大学建设健康发展。

二、扩大研究生教育规模

20世纪末，研究生规模较小一直是困扰青岛海洋大学事业发展的重要问题，甚至直接影响了学校研究生院的申报与建设。

在1999年8月召开的首次"崂山会议"上，与会人员就学校的发展规模进行深入研讨。会议认为，学校的规模偏小，特别是研究生的比例太低，不能适应国家和地方经济建设的需要，整体办学效益不高。当务之急，要积极开拓与相关科研院所合办、联办研究生教育的途径，加快研究生院的建设步伐，扩大研究生招生数量，使研究生教育不断上层次上规模。[1]

---

[1] 水长：《暑期研讨会提出：抓住机遇加快发展步伐 以人为本加大改革力度》，载《青岛海洋大学报》1999年9月9日。

据统计，2000年招收博士研究生105人，硕士研究生349人；2001年招收博士研究生200人，硕士研究生500人；2002年招收博士研究生237人，硕士研究生645人。透过数据可见，当时学校每年招收的研究生数量尚不足千人，在校研究生的总量也不多。

2001年2月，"四家共建"协议签署，高水平特色大学建设加快推进，研究生教育发展迎来转折点。7月，学校召开研究生工作会议，这是相隔七年后第二届研讨研究生教育的专门会议。会上，管华诗校长分析了研究生教育的发展历程、主要特点以及要重点处理好的几个关系。尤其提到学校研究生教育规模小，无论是学位点数量，还是研究生规模效益都需要提高，并着重指出，"到现在我校还没有研究生院，这与高水平特色大学的建设目标还有很大的差距"[①]。

2001年，学校在"十五"发展计划中提出：到2005年，学校的"全日制在校生达到1.5万人，其中本科生10000人，研究生3500人，留学生500人，高职生1000人。重点学科、特色学科的研究生与本科生数之比为1∶2至1∶1；一般学科研究生与本科生数之比为1∶4至1∶3"[②]。全校上下开始朝着这一目标不断努力。

通过"十五""211工程"建设，学校研究生教育规模较"九五"时期增加217%，全日制在校研究生4500余人，研究生与本科生的比例从"九五"末的1∶6.1增加到1∶2.5。[③]

学校"十一五"事业发展规划提出，硕士研究生招生规模适度保持增长，年增长10%左右；博士研究生招生规模保持相对稳定，年增长2%左右。到"十一五"末，在校研究生6500人以上，其中在校博士研究生1000人左右、硕士研究生5500人左右。

经过坚持不懈的努力，截至2010年10月，学校在校研究生总人数已有7500余人，其中博士研究生1500余人、硕士研究生近6000人。实现了学校制定的发展目标，研究生规模、结构以及人才培养质量均保持健康协调发展，成为高水平特色大学建设的有力支撑和标志性成果。

三、提高研究生培养质量

（一）改革研究生培养机制

在"985工程"一期建设中，学校按照现代研究生教育理念，着力于培养研究生的创

---

① 管华诗：《发展研究生教育　为实现高水平特色大学建设目标而奋斗》，李建平、魏世江、陈鷟主编：《管华诗教育文集：高水平特色大学的探索与实践》，中国海洋大学出版社2007年版，第335页。

② 《青岛海洋大学教育事业"十五"发展计划（2001—2005年）》，中国海洋大学档案馆藏，档号：HD-2001-XZ11-Y-6。

③ 《新世纪的辉煌篇章——中国海洋大学"十五""211工程"建设巡礼》，载《中国海洋大学报》2006年4月20日。

新能力。经过反复研讨、修改，实施新的《研究生培养方案》，进一步完善规章制度，使研究生的培养、管理逐步规范化、科学化。

2007年，学校对所有149个博士、硕士研究生招生学科的培养方案（含课程教学大纲），按照新的培养理念、体系和要求进行全面的修（制）订。突出强化研究生分类培养的理念，构建起以核心模块、拓展模块、保障模块为主要内容的研究生培养体系；加强研究生精品课程建设，实施网络教学；选好研究生教学指导用书，推进研究生教材出版；吸收和整合社会资源，推进研究生联合培养基地建设，推动产学研紧密融合。

2009年7月，《中国海洋大学研究生培养机制改革实施方案（试行）》发布施行。《实施方案》的指导思想是：落实"十一五""211工程"研究生创新人才培养目标，进一步统筹和优化配置教学、科研等方面的资源，建立以科学研究为主导的导师负责制，增强导师在研究生招生与培养过程中的主导作用；实行与科学研究紧密联系的导师资助制，建立新的研究生奖助体系，加大奖助力度。通过改革，构建研究生导师、研究生和培养环境三者和谐发展、协同创新的制度结构，促进研究生教育持续健康发展，全面提高研究生培养质量。方案自2009级研究生开始实施。

（二）完善招生制度，确保生源质量

根据教育部有关文件精神，结合学校实际情况，先后制定《中国海洋大学研究生招生复试工作实施办法》《中国海洋大学推荐优秀应届本科毕业生免试攻读硕士学位研究生工作实施办法》《中国海洋大学研究生招生计划统筹费实施办法》《中国海洋大学研究生招生扶植基金实施办法》等系列规章制度，进一步规范了招生工作程序。

此外，还通过完善推免生遴选制度，为外校参加复试的推免生免费提供食宿并报销往返路费，扩大接收推免生比例；推行本科生教育与研究生教育衔接和硕—博连读的培养方式；提高提前攻博研究生遴选比例，有效保证博士生生源质量；加强复试在选拔优秀生源中的作用；合理控制导师招生数量等举措，促使生源质量有了明显提升。

（三）健全质量保障举措，加强培养环节督导

2004年学校召开首届研究生创新教育研讨会，对新聘博士生导师进行岗前培训，实行博导"持证"上岗。2006年学校实施《关于提高研究生培养质量的若干意见》，重视导师在提高培养质量方面的核心作用，规范管理，提高指导水平。外语水平与国家六级英语考试挂钩后，试行以考核应用（如专业外语）和实际语言表达能力为目的的达标考试。调整收费与提高研究生待遇（普通奖学金），鼓励导师发放助研津贴。修订研究生学籍管理条例，落实研究生弹性学制等。

（四）狠抓论文质量

为规范研究生学术道德，实施《中国海洋大学研究生科学道德规范》《中国海洋大学研究生学术不端行为处理办法》，从正面倡导和反面警示两方面加强研究生学术道德建设。

实施《中国海洋大学涉密学位论文管理办法》《中国海洋大学博士、硕士学位论文评审工作细则》《关于〈中国海洋大学认定的核心期刊目录〉修订程序的规定》，施行硕士学位论文三级评审、学位办重点抽查制度，推行优秀学位论文奖、优秀指导教师奖制度，细化了学位论文评审工作的要求，进一步规范博士、硕士研究生在校期间的学术行为，为提高研究生的培养质量提供了依据。

这一时期学校累计有4名博士生的学位论文被评为"全国优秀博士学位论文"（表8-6），4名博士生的学位论文获得"全国优秀博士学位论文"提名，还有数十篇论文获评"山东省优秀博士学位论文"。

表8-6　中国海洋大学"全国优秀博士学位论文"及提名一览表（2000—2010年）

年份	论文题目	作者	导师	所属专业	获奖类别
2000年	海浪的随机性、混乱性与局域性研究	吴克俭	文圣常	物理海洋学	全国优秀博士学位论文
2004年	天气尺度波强迫包络Rossby孤立子理论与阻塞机理	罗德海	秦曾灏	气象学	全国优秀博士学位论文
	腹毛目纤毛虫的细胞发生学及若干海洋危害种的基础生物学研究	胡晓钟	宋微波	水生生物学	全国优秀博士学位论文提名
2007年	青岛沿海管口目纤毛虫的分类学研究及科属级阶元的系统修订	龚骏	宋微波	水生生物学	全国优秀博士学位论文
2009年	海面风矢量、温度和盐度的被动微波遥感及风对温盐遥感的影响研究	殷晓斌	刘玉光	物理海洋学	全国优秀博士学位论文
2010年	不同模式"液质"联用技术用于陆源及海洋天然药物分析	陈军辉	王小如	海洋化学	全国优秀博士学位论文提名
	斑马鱼补体因子的亲子传递、免疫功能及其补体系统的发育	王志平	张士璀	海洋生物学	全国优秀博士学位论文提名
	纤毛虫重要类群的细胞发生模式研究	邵晨	宋微波	水产养殖	全国优秀博士学位论文提名

（五）实施研究生教育创新计划

积极组织申报国家研究生教育创新计划项目，2007年成功获批全国博士生学术论坛（海洋、水产领域）和研究生国内访学项目。全国博士生学术论坛（海洋、水产领域）以"问海求真、谋海济世"为主题，吸引了来自全国22所高校和科研单位的200余名研究生参加，围绕共同关心的海洋、水产领域的科技前沿问题进行研讨交流，发布了《蓝色宣言》。研究生国内访学项目吸引了来自武汉大学、上海交通大学、中国科学院海洋研究所等高校、科研机构的博士生到校访学，对提高人才培养质量大有裨益。此外，还组织申报和实施十余项山东省研究生教育创新计划项目，为建立起有利于研究生创新能力培养以及优秀人才脱颖而出的人性化、科学化、规范化的研究生教育体制和管理运行机制奠定了基础。

四、继续教育

进入21世纪，终身教育、学习型社会理论逐渐普及开来，中国加入WTO，为继续教育创设了加快发展的机遇。学校在"十五"发展计划中，提出要积极适应社会需求，把继续教育的规模定在5300人左右。2002年4月，成人教育学院更名为继续教育学院，主要办学形式是夜大学和函授教育。

这一时期，学校注重完善制度，加强管理。出台《中国海洋大学成人高等教育教学章程》《中国海洋大学成人高等教育学籍管理规定》《中国海洋大学授予成人高等教育本科毕业生学士学位实施细则》《中国海洋大学函授站管理工作规程》等规章制度，使工作有章可循。适时修订教学计划，严把教师聘任关，选用优秀教材，严格教学检查和考风考纪，实施"四个统一"（即统一教学计划、统一教材、统一教学大纲、统一考试），有效地保证了教学质量。

注重为海洋一线培养应用人才。依托学校海洋学科的优势，积极与国家海洋局所属各分局合作，先后开设海洋环境监测与预报函授专科和本科专业，为我国沿海地区工作条件艰苦的职工提供接受高等教育的机会，提高了海洋环境监测及预报人员的业务素质和工作水平。

2005年6月，学校接受山东省教育厅函授夜大学教育办学水平评估，专家组通过听取专题汇报、观看教学演示、实地考察办学条件、查阅自评材料、召开座谈会、进行问卷调查等方式认为，中国海洋大学高度重视函授夜大学教育，作为基本任务融入学校总体规划，确立了严谨求实、质量至上的办学指导思想，发挥特色优势，立足服务于国家海洋经济发展和地方经济建设，走出了一条独具特色的成教发展道路。①之后，山东省教育厅公布全省普通高校函授夜大学教育办学水平评估结果，中国海洋大学获得优秀。

截至2010年，中国海大继续教育学院设有工商管理、国际经济与贸易等30多个专业，办学层次包括高中起点专科、高中起点本科、专科起点本科。学历教育在籍学生近10000人。

① 伯玉：《函授夜大受省专家高度评价》，载《中国海洋大学报》2005年6月30日。

第五章
科学研究与科技创新

　　着眼21世纪，学校深入贯彻科教兴国战略，率先举起建设高水平特色大学的旗帜，以服务海洋强国建设和地方经济发展为己任，不断调整科研策略，更新科技工作理念，推进科技创新体制机制改革，科研创新和服务社会能力不断提升。

第一节　改善科技管理机制

一、深化科技工作理念

　　1999年召开的第七次党代会的报告中提出，要以提高创新能力、建立创新机制、增强综合研究能力和服务现代化建设为根本，坚持科学研究与人才培养相结合、多学科相结合、产学研相结合。在科研布局上，继续贯彻稳住一头，放开一片和有所为、有所不为的原则，积极参与国家创新体系和高校高新技术产业化工程计划。强调要选准科学研究方向，密切跟踪国际学术发展的前沿，加强对有优势的基础研究领域的长期稳定支持；还要结合经济建设的需要，找准应用研究领域突破口，加强多学科的横向联合和交叉互补，培育人文社科的鲜明特色，不断提高学术水平。

　　在2000年秋季开学召开的全校副处级以上干部、教授大会上，管华诗校长在谈到高水平特色大学建设的目标和规划时指出，"高水平"其中一点就是必须有一流的科研水平。"一流的科研水平，有一个标志，就是五年之后我校科研经费要达到1个亿。另外，我们必须参与国家重大科技计划，而且不能漏项，不仅要搞基础研究'973'，还要搞'863'国家攻关计划，还要搞国际计划，这些也是科技部进行计划分类指导的原则根据。"[①]学校要求，要出重大的、具有震撼性的成果。在国家海洋科技方面，海洋大学应该是主力军，应该有学校标记的独特的技术，特别要重视源头性发现。

2003年9月，学校在第八次党代会上，对《中国海洋大学发展战略规划（2003—2025）》作出进一步阐释："未来几年，学校仍遵循基础研究与应用研究的比例保持3∶7的基本思路，按分层管理、分类指导的原则，实行不同的政策，高度重视基础研究，加大原创性创新成果的培育力度，争取在海洋科学、生命科学的某些学科方向有重大突破。注重应用学科研发能力建设，整合集成现有技术，形成具有海大特色的学科技术体系，增强服务社会的能力。到2007年，科技经费达到1.5亿元，其中横向经费接近50%。SCI等收录文章达到250～300篇/年；年申请专利100项以上，授权专利50项以上，其中发明专利不低于50%。届时，学校将成为我国海洋领域重大科技计划任务的主要承担单位，成为国家此领域国际科技等交流的核心基地，成为国家发展建设计划制定的主要信息提供者。"[②]

在2005年的科技工作计划中，特别提出加强学科集成，促进大跨度学科交叉，促进科学与技术、工程和人文社会的交叉，着力开展资源、环境和社会经济发展关键问题的研究，开拓深海、大洋和两极等重大战略领域研究；以重大基础研究催生原创性的成果，以应用研究催生有重大经济社会效益的成果，以发展战略高技术带动高新技术产品开发。

在学校"十一五"期间事业发展规划中提出，要把大幅提高自主创新能力，建设具有学校特色的科技创新体系作为战略基点。坚持产学研结合，促进科技成果转化与产业化，通过五年努力，在学校科技产业系统建立现代企业制度，构建以中国海洋大学高新技术产业集团有限公司（国有独资）为龙头、以股权管理为纽带的科技产业管理体制和运行机制，力争到2010年，实现高新技术企业产值和成果转化值过亿元，为学校创造发展经费1000万元/年的目标。

二、创新科技管理体制和运行机制

为更好地服务于高水平特色大学建设，这一时期，学校统一部署，贯彻国家和省、市

---

① 管华诗：《明确目标　健全机制　努力建设高水平特色大学》，李建平、魏世江、陈鹭主编：《管华诗教育文集：高水平特色大学的探索与实践》，中国海洋大学出版社2007年版，第303页。
② 冯瑞龙：《在中国共产党中国海洋大学第八次代表大会上的报告》，载《中国海洋大学报》2003年9月29日。

科技政策，实施《青岛海洋大学关于促进科技产业发展的若干意见》《中国海洋大学科技经费管理办法》《中国海洋大学重点实验室建设与管理暂行办法》以及重点实验室建设方案等，大大调动了科研人员的积极性。

2002年科技工作计划中明确提出：一是要加大政策扶持力度。调动和发挥校内现有工程技术研究力量的作用，并有意识地发展学校工程技术方面的研究。引入"科技特区"的理念，吸收大批高新技术研究与开发人才，在项目启动、财务管理、人事制度等方面给予最方便、最优惠和最开放的科技政策，鼓励和帮助高新技术人才健康成长。二是加强科研基地建设。改变过去划分过细、专业太窄、交流太少的机构设置状况，以学科群为基础，以优势学科为骨干，以国家需求为依据，进行集成、组合，优化资源配置，增强竞争能力，鼓励学科交叉与渗透。对国家、省、市的重点科研基地，单独核定科研编制，专人管理，加大投入，强化建设。对基础研究、应用与开发研究的基地建设引入不同的管理模式与竞争机制。三是积极调整战略，加强成果转化。积极争取地方投资，与企业合办各类技术中心、中试及工业性试验基地；设立科技成果转化风险基金，组织一批有自主知识产权及产业化前景的项目，重点投入，扶持成熟技术成果从实验室到中试放大的工作；立足山东省、青岛市，面向国民经济建设"主战场"，走政产学研相结合的路子，实施高新技术产业化孵化工程，建立以学校为主要技术依托的产学研联合体，通过多种形式与企业建立优势互补、互惠互利的长期合作关系；积极探索技术参股和相应管理体制。四是管好用好"基金"，增强科技发展后劲。在实践中不断完善理工科及人文社科基金的管理办法，扶持生长点、选择突破点和抢占制高点，对重大科技项目启动、科技成果转化、优秀科技人才群体和大型学术交流活动等给予政策倾斜。[1]

2005年，学校全面贯彻落实全国科技工作会议和教育工作会议精神，以实施新一轮教育振兴行动计划和学校"985工程"二期建设为契机，加强战略研究，制定出符合学校实际的中长期科技发展规划，同时进行体制机制创新，建立既能够发挥学术环境宽松的优势，又有利于学科交叉、队伍整合和资源共享的科技管理体制和运行机制。落实科技项目管理的校内合同制，对所承担的各种纵横向科技项目，在学校与有关部门或企业签订合同后，由科技处代表学校与项目组再签订执行合同，明确责权利，施行契约化管理。

---

[1]《科技处2001年工作总结及2002年工作计划》，中国海洋大学档案馆藏，档号：HD-2001-KY11-03。

第二节　自然科学研究与科技服务

一、加强实验室与创新基地建设

学校在"十五"发展计划中指出，实验室建设以符合社会发展要求、符合学校科技战略调整要求、符合高水平特色大学建设要求为总原则，重点支持那些有积累、有目标、有梯队的实验室，每年投入3000万元，加强重点学科及重点实验室建设。同时强调，要继续加强开放实验室建设，完善"东方红2"海洋实习调查船装备，使之有能力进入国家重大科学工程。

2000年8月，教育部公布60个研究机构为第三批教育部重点实验室，继物理海洋实验室后，学校水产养殖实验室入选。2002年，教育部立项建设海洋环境与生态教育部重点实验室，2007年通过验收。2002年，教育部立项建设海底科学与探测技术教育部重点实验室，2007年通过验收。2003年11月，教育部批准立项建设海洋药物教育部重点实验室，2007年通过验收。2005年12月，教育部批准立项建设海洋化学理论与工程技术教育部重点实验室，2009年5月通过验收正式成立。2008年12月，教育部批准立项建设海洋生物遗传学与育种教育部重点实验室，2011年6月通过验收正式运行。

"十五"期间，实施《中国海洋大学重点实验室建设与管理暂行办法》《中国海洋大学重点实验室开放基金管理暂行办法》，加快了省部级重点实验室的改革与调整，积极推动规范化管理，使科技创新基地建设步入良性循环的发展轨道。

2004年，学校全面启动"985工程"二期建设，着力加强海洋科学研究中心科技创新平台建设。重点围绕物理海洋、海洋药物、海洋生物遗传学与育种、海水养殖、海洋遥感、海底科学与探测技术和海洋环境与生态等七个重点实验室以及滨海综合实验中心和实验分析检测平台进行建设。经过建设，海洋科技创新平台的现场观测能力、高性能计算能力、室内分析检测能力得到大幅提高，建立了依托各重点实验室的实验分析检测平台，将贵重仪器设备纳入学校大型设备开放共享网络，实行统一管理、开放共享，为人才培养、科学研究和技术开发提供支持和服务的运行机制。

2004年，建成鳌山卫生命科学与技术教学科研基地，作为"985工程"二期建设的重要组成部分，在满足国家高素质人才培养需求的同时，为国家重大研究项目的实施提供支持。

除加强实验室建设外，学校还加强教育部工程研究中心的建设。

2006年，海水养殖教育部工程研究中心获批建设。该中心主要开展新品种和健康苗种培育，健康养殖技术研究，养殖动物饲料研发和关键技术引进、集成、中试等研究工作。经过强化建设，打造成为承担海水养殖领域科技成果产业化的工程化验证、技术经济分析和工程评估的核心机构，成为我国海水养殖产业进步、学术交流的工程技术基地。

2006年，海洋材料与防护技术教育部工程研究中心获批建设。该中心主要开展海洋环境下的特殊材料和海洋防护技术的研究、开发工作。主要研究开发方向为海洋特种材料制备技术，海洋材料耐蚀防护、抗海洋微生物附着机理及耐附着材料等。经过强化建设，具备华东地区海洋工程材料成果产业化的工程化验证环境和对重大涉海项目工程材料成果进行技术经济分析与工程评估的能力。

2007年，海洋油气开发与安全保障教育部工程研究中心获批建设。该中心旨在满足国家中长期发展要求，围绕海洋油气勘探开发中急需解决的关键性技术难题，瞄准海洋油气勘探开发的技术前沿，逐步形成油气资源评价、油气田开发工程和安全保障等领域的完整技术支撑体系。主要研究方向为海洋油气资源综合评价与地球物理信息处理技术、海洋工程环境与灾害过程预测、海洋油气开发的工程结构安全保障技术研究、海洋构筑物防腐技术等。

2009年，海洋信息技术教育部工程研究中心获批建设。该中心瞄准海洋信息技术的前沿，致力于建立以海洋与城市相结合，以海洋、城市和导航信息技术为核心多学科交叉发展的国内外一流工程研究基地。努力解决相关领域科研与产业化转化难题，逐步形成在海洋GIS与虚拟海洋建设、海洋通信与网络、海洋信息处理与系统集成和海洋导航与定位等领域完整的技术体系，以海洋技术与工程一级学科建设为龙头，带动辐射各相关学科建成我国在以上领域的知识与技术创新基地，力争成为该领域高层次人才的培养基地、先进制造企业的技术咨询中心和国际学术交流中心。

截至2010年，学校基本形成了以青岛海洋科学与技术试点国家实验室和中国海洋发展研究中心为牵引，以青岛国家大学科技园、国家海洋药物工程技术研究中心、文化部国家文化产业研究中心、7个教育部重点实验室、4个教育部工程研究中心、2个山东省重点实验室和教育部人文社会科学重点研究基地为重要组成，功能互补的成果转化平台。

二、协同重大科技攻关与强化基础研究

1999年9月，学校第七次党代会的报告就科技创新工作提出，积极参与国家创新体系和高校高新技术产业化工程计划。在"十五"发展计划中提出，在国家建设海洋强国、山东省建设经济强省和青岛市建设国际化大都市的过程中，承担1～2项具有带动性的工程

项目。要加强基础研究，努力提高学校的学术水平和学术地位。这一时期的主要研究成果如下。

戴继勋主持的"大型海藻生物技术研究及其应用"项目。20世纪末，海带、紫菜等大型海藻遗传学和育种研究成为我国海洋生物领域尤其是水产养殖行业的重要课题，戴继勋团队运用遗传学、细胞生物学和分子生物学的方法，对四种主要经济海藻（海带、裙带菜、紫菜、龙须菜）的原生质体、单细胞配子体、孢子体进行全面系统的研究，比较系统地把遗传学与海藻学研究结合起来，为优良品种的培育打下了坚实的理论基础。该项目获2000年度国家科技进步奖二等奖。

陈宗镛主持的"中国沿岸现代海平面变化及其应用研究"项目。1976年全国一等水准布测会议，提出重新确定中国高程基准的研究任务。陈宗镛团队系统地阐述了海平面变化规律、原因，确立中国沿海海平面变化均衡基准，建立了相应的分析预报模型和公式，相关方法和结论被大量引用，为中国这一领域研究跻身国际前列作出了贡献。成果被应用到确立全国统一高程基准，1987年5月，国家测绘局发布关于启用"1985国家高程基准"及国家一等水准网成果的通告。相关研究使中国海平面变化研究与国际海平面变化研究保持同步，产生了巨大的社会和经济效益。该项目获2000年度国家科技进步奖二等奖。

宋微波主持的"纤毛虫原生动物的分类学、发生与系统学以及生态学研究"项目。长期以来，我国纤毛虫的细胞学、生态学以及分类系统学研究在众多分支（尤其是海洋类群）处于落后、空白或半空白状态。宋微波团队完成了对54个具有发生学代表意义的属/种纤毛虫之细胞发生学研究，取得大量有关细胞结构及纤毛器起源、演化、分化模式等内容的源头式成果，为揭示"细胞分化与反分化"这一生命基本现象提供大量的发生学资料。该项目获2004年度国家自然科学奖二等奖。

李华军主持的"浅海导管架式海洋平台浪致过度振动控制技术的研究及工程应用"项目。李华军团队从海洋平台的振动机理入手，系统研究海洋平台振动控制中的科学问题和关键技术，发展了描述长期非稳态波浪荷载特征的数学模式、结构动力特性识别技术以及海洋平台结构浪致振动控制技术、方法和装置，为现役海洋平台的安全运行与超期服役平台的延寿提供有效的技术支撑。通过理论分析、现场测试以及模型实验研究，揭示了渤海湾埕岛中心二号生活平台过度振动的机理，提出了切实可行的治理方案以及施工工艺，解决了影响安全生产的技术难题，避免拆除平台带来的数亿元的经济损失。该项目的研究成果丰富了海洋工程领域的有关理论，促进了海洋资源开发工程结构设施安全防灾技术的发展。该项目获2004年度国家科技进步奖二等奖。

麦康森主持的"主要海水养殖动物的营养学研究及饲料开发"项目。20世纪70年代末，我国海水养殖动物的营养学研究仍然是空白。麦康森选择我国具有重大经济价值，在生态分布和营养生理具有典型意义的代表种对虾、鲍、鲈鱼、大黄鱼等为研究对象，系统阐述重要营养素（蛋白质、氨基酸、脂肪、脂肪酸、维生素、无机盐等38个营养参数）的定量需要和20余种主要饲料原料生物利用率的数据库；阐明了甲壳动物不能有效利用晶体氨基酸的机理；开拓了贝类生物矿化营养学调控机理的研究领域；探明了营养、养殖方式与养殖鱼类品质之间的关系；开发或优化了一系列饲料加工技术。该项目获2006年度国家科技进步奖二等奖。

于良民主持的"环境友好型海洋防污涂料关键技术研究及其应用"项目。海洋生物的附着污损严重影响涉海装备和设施的安全、高效和长期服役，涂装防污涂料是最经济、有效和普遍采用的防污技术。于良民团队紧紧围绕国家安全和可持续发展战略的需求，针对国内防污涂料存在的环境污染和基础材料及关键技术落后等问题，结合中国海域环境特点，基于应用性能优良和对环境友好的天然产物辣素和异噻唑啉酮，发明了防污剂、树脂及相应关键技术。该项目获2007年度国家技术发明奖二等奖。

包振民主持的"栉孔扇贝健康苗种体系建设及应用"项目。包振民团队创立了一系列栉孔扇贝苗种繁育和良种培育的关键技术，建立起我国扇贝健康苗种培育技术体系并使其产业化。对扇贝开展系列的选择育种和分子标记选种技术的研究，将数量遗传学理论、分子标记技术、雌核发育技术与常规杂交选育技术相结合，初步建立起适用于扇贝的良种选育体系，育成"蓬莱红"新品种，推动海洋贝类育种从传统育种向分子标记辅助选择和分子设计育种发展。该项目获2008年度国家科技进步奖二等奖。

管华诗主持的"海洋特征寡糖的制备技术（糖库构建）与应用开发"项目。管华诗团队以海洋动物、植物多糖（褐藻胶、卡拉胶、琼胶、壳聚糖等）为基础原料，采用生物和化学降解等方法，制备出纯度高、结构明确的海洋寡糖单体化合物，并以这些化合物为原料修饰获得系列衍生

2010年1月11日，管华诗院士在国家科学技术奖励大会现场

物。制备过程中解决了海洋多糖降解、寡糖分离纯化等关键技术问题，构建了国内第一个海洋特征寡糖库。为海洋糖工程创新药物生物工程制品的开发奠定药学基础。该项目获2009年度国家技术发明奖一等奖。

战文斌主持的"对虾白斑症病毒（WSSV）单克隆抗体库的构建及应用"项目。1993年对虾白斑症病毒（WSSV）病暴发，我国对虾养殖业遭受毁灭性打击。由战文斌领衔的课题组对该病进行持续跟踪研究，构建了WSSV和对虾血细胞的单克隆抗体（单抗）库并对其进行开发和应用，解决了该病的病原、流行、传播、检测、防控等关键问题。该项目获2010年度国家技术发明奖二等奖。

李华军主持的"海洋工程安全与防灾若干关键技术及应用"项目。李华军团队针对涉海工程设施全寿命周期过程中，安全与防灾的若干重要科学问题和关键技术，利用理论研究、数值模拟、物理模型试验以及现场测试等手段进行科技攻关和应用推广，建立起涉海工程设施全寿命周期的安全防灾、减灾技术体系，提升了该领域的理论与技术水平。该项目获2010年度国家科技进步奖二等奖。

薛长湖主持的"海洋水产蛋白、糖类及脂质资源高效利用关键技术研究与应用"项目。薛长湖团队通过该项目研究，开发了新型冷冻鱼糜制备、水产胶原蛋白高效提取与生物转化等海洋水产蛋白制品加工关键技术，突破了海洋水产蛋白资源产业化利用技术瓶颈；攻克海带活性成分的膜组合提取分离等关键技术，研制了降有机磷农药残留海藻肥、非衍生化水溶性甲壳质等新型产品，创新海藻多糖和甲壳多糖的制备技术，实现了海洋水产糖类资源的高效利用；攻克鱼油制品工业化生产关键技术，促进了我国海洋水产脂质资源高效利用工业现代化。该项目获2010年度国家科技进步奖二等奖。

除上述获得重大科技奖励的科研项目外，这一时期学校的基础研究也成就斐然。2003年，中国科学院院士冯士筰教授主持的国家自然科学基金重大项目"上层海洋低层大气生物地球化学与物理过程耦合研究"获准立项，该项目是学校作为第一主持单位的第一个国家自然科学基金重大项目。学校主持"863计划"课题数始终保持前列，在涉海单位更是处于领先水平。承担"973计划"项目数屡获突破，成果丰硕。2002年由副校长翟世奎教授和华东师范大学丁平兴教授担任首席科学家的"973计划"项目——"中国典型河口-近海陆海相互作用及其环境效应"启动，这是学校作为主持单位首次承担国家"973计划"项目。2003年耿美玉教授主持的"973计划"项目——"糖生物学与糖化学-特征糖链结构与功能及其调控机制"获批启动。2005年吴德星教授为首席科学家申报的"973计划"项目——"中国东部陆架边缘海海洋物理环境演变及其环境效应"获科技部批准立项。2007年吴立新教授作为首席科学家的"973计划"项目——"北太平洋副热带环流变异及其对我国近海动力环境的影响"获科技部批准立项。2009年赵美训教授担任首席科学家的"973计划"项目——"我国陆架海生态环境演变过程、机制及未来变化趋势预测"获准立项。这些涉海基础理论研究项目的实施，解决了相关领域的一些科学问题，巩固并扩大了学校在海洋领域的学术地位和影响力。

2004年，"我国近海海洋综合调查与评价（908专项）"项目正式启动，学校分别主持北黄海区块水体调查、海洋药物资源调查与评价、莱州湾区块地形地貌调查和长江口附近区块浅剖调查项目，还与厦门大学共同承担北部湾区块的水体调查等重要科研项目，参与近海海洋综合评价工作，为摸清我国近海资源家底作出了重要贡献。

三、拓展专利发明和服务社会

2002年党的十六大报告提出，"鼓励科技创新，在关键领域和若干科技发展前沿掌握核心技术和拥有一批自主知识产权"[1]。为贯彻落实这一要求，学校将知识产权战略作为重要发展战略，2004年实施《中国海洋大学知识产权管理规定》《中国海洋大学知识产权基金暂行管理规定》。结合知识产权基金资助，促进学校的知识产权工作由被动保护转变为主动利用。当年专利申请量达到160项，其中申请发明专利86项、申请国际专利2项，获准专利36项。在有效利用学校知识产权基金的同时，还积极申请青岛市知识产权基金的支持。

2007年、2008年，学校规范专利申报和审批程序，加强专利申请、授权、维持的过程管理，实现专利状态的全程掌握，使专利等知识产权的管理规范化和制度化。两年学校共获得授权专利164项，其中发明专利126项，占总授权量的76.8%，发明专利在申请和授权中都继续保持高比例。

2010年，学校成功跻身第二批全国企事业知识产权示范创建单位，标志着中国海大的知识产权工作在全国高校中处于领先地位。当年共申请专利200项，其中发明专利180项；共获授权国内专利82项，其中发明专利57项；在计算机软件著作权登记方面，共申请49项，整体知识产权成果产出增幅明显。

服务社会是大学的重要职能之一，学校坚持以服务为宗旨，在贡献中求发展，主动为国家和地方经济社会发展服务。"十五"和"十一五"期间，以贡献求支持，"荣福"海带、

[1] 江泽民在中国共产党第十六次全国代表大会上的报告，中国政府网，https://www.gov.cn/test/2008-09/02/content_1085066.htm。

"蓬莱红"栉孔扇贝以及"海大金贝"虾夷扇贝新品种，铝代铜关键连接工艺及腐蚀防护技术、系列环境友好型海洋防污涂料等一系列科技成果在沿海地区的推广应用，产生了显著的经济效益和社会效益；学校自主研发的测风激光雷达在保障北京奥运会和"神舟"七号载人飞船安全着陆等重大活动中发挥了重要作用；深海电视抓斗成为我国深海调查的主干设备之一，为我国深海资源原位探测作出了重要贡献。

第三节　人文社科研究与智力服务

长期以来，特别是改革开放后，学校结合自身发展历史和现实，不断探索人文社会学科建设和管理的规律，创新发展思路，突出海洋特色，采取超常规措施，走出了一条跨越式发展之路。

随着高水平特色大学建设不断推进，全校上下越来越深刻地认识到，"没有相应的文科实力，不可能成为高水平大学；没有高水平的文科，文理交叉学科的水平也难以充分提高，重视文科、发展文科、重振人文，成为全校的共识"[①]。

学校"十五"发展计划强调，"在搞好学校整体学科（专业）布局的前提下，注重发展文科。处理好优势学科与其他学科的关系，加强大文科和热门专业的建设，使部分人文社会学科研究达到国内先进水平"[②]。

2001年10月，学校召开文科发展工作会议，强调要以综合强化特色，不断提升和扩大文科的发展水平和规模，加快向综合性大学发展的步伐。管华诗校长在讲话中指出："我校文科发展必须强化已有的基础，经济、管理、法律、语言类学科都已有多年的积累，基础较好，要重点予以扶持，加快发展，不失时机地上硕士点、博士点。发展新的学科要有所为有所不为，什么上什么不上要看已有的条件，还要考虑社会的需求，成熟一个上一个。"[③]

11月，党委书记冯瑞龙主持召开文科学院（部）教授及有关部门负责人会议，传达山东省社科工作会议精神，并就学校文科建设发表讲话。他指出："我们一定要在抓好学校大文科建设的基础上，确保重点领域，拓展特色方向，强化社会服务，抢占学科阵地。

---

① 李耀臻：《突出海洋特色　实现跨越式发展——中国海洋大学高起点发展文科的探索与思考》，载《国家教育行政学院学报》2005年第11期，第22—25页。
②《青岛海洋大学教育事业"十五"发展计划（2001—2005年）》，中国海洋大学档案馆藏，档号：HD-2001-XZ11-Y-6。
③ 纪玉洪：《文科发展工作会议召开》，载《青岛海洋大学报》2001年10月25日。

加强海洋法学、海洋文化、海洋经济以及海洋行政和海岸带管理等专业方向的建设。要以求实创新的精神，整合力量，加快发展，迅速提升和扩大学校文科的发展水平和规模，以作为赢地位，力争在山东、在全国占有一席之地。"[①]

截至2005年，学校已有管理学院、经济学院、法学院、文学院、外国语学院、新闻与传播学院、公共管理学院、教育系、艺术系、社科部等11个文科院（系、部）；设有25个人文社会学科专业，23个硕士点，覆盖经济学、管理学、法学、文学等门类。设有环境规划与管理、海洋资源与权益综合管理、渔业经济与管理三个文理交叉博士点；拥有海洋发展研究院、山东省高等教育研究基地、山东省企业管理研究基地、全国海洋观教育基地、海洋文化研究所、青岛现代作家研究中心、王蒙文学研究所等14个文科科研机构。其中，海洋发展研究院是"985工程"海洋发展研究哲学社会科学创新基地和教育部人文社会科学重点研究基地，也是新中国成立后学校在文科领域获批的第一个部级研究机构。

为推动文科科研工作向纵深发展，学校制定激励政策，加大对文科发展的投入力度。设立文科学术出版基金和文科建设基金。为鼓励文科教研人员积极争取科研课题，促进科研上水平上层次，学校实行省部级以上文科科研课题配套政策，按照1∶1配套国家级课题，按照1∶0.8配套省部级课题。一系列激励政策的实施，对文科科研的发展产生了很强的推动作用。

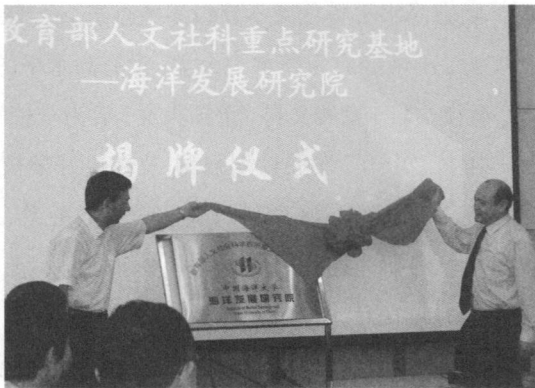

2005年，中国海洋大学海洋发展研究院揭牌

2003年由徐祥民教授担任首席专家的教育部哲学社会科学研究重大课题"中国海洋发展战略研究"落户中国海大。这是教育部哲学社会科学研究重大课题攻关项目中投资额度最大的一项，课题研究经费为80万元。

"十五"期间，学校人文社会科学的服务能力不断增强。主持并完成国家奥帆委在全国招标的唯一社科类调研项目——"出色奥帆赛及其对青岛市的总体影响"，得到青岛市的较高评价。课题"青岛市构筑现代化国际大城市框架"和"青岛市全面建设小康社会指标体系研究"的最终成果得到青岛市的肯定；课题"半岛制造业基地研究"中提出的对策

① 王宣民：《冯瑞龙在传达山东省社科工作会议精神时强调以作为赢地位加快我校文科发展》，载《青岛海洋大学报》2001年11月15日。

2006年9月，中国海洋发展研究中心揭牌

建议受到市政府的重视。

2006年9月中国海洋发展研究中心成立，聘任国家海洋局原局长王曙光为主任。该中心由国家海洋局和教育部共建，工作地点设在中国海大，国家海洋局海洋发展战略研究所和学校的海洋发展研究院是中心的基本支撑力量。其职能是根据国家海洋事业发展的需要，围绕建设海洋强国的战略目标，研究提出课题建议，为科研人员搭建工作平台，组织国内外知名专家学者，深入开展国家海洋重大问题研究，为国家制定海洋大政方针提出咨询建议，并为国家海洋经济、海洋行政管理、海洋科技教育等提供服务。

"十一五"期间，中国海洋发展研究中心多项研究成果和学校教授提出的提高全民海洋意识的建议，得到中央和国务院领导的批示，并被政府有关部门采纳。学校积极服务山东半岛蓝色经济区建设，参与省、市及周边沿海城市的规划和咨询，主持编制《山东半岛蓝色经济区文化产业发展战略规划》。服务青岛"环湾保护，拥湾发展"战略的实施，所完成的项目得到青岛市高度评价。

第四节　科研综合实力跃升

一、科研指标突破

学校紧扣高水平特色大学建设的目标，科学合理制定科研规划，借助"211工程""985工程"建设，在涉海基础研究、应用研究、人文社科研究以及多学科横向联合和交叉互补、重大科技创新平台建设等方面积极探索，形成了以海洋、水产为显著特色的科技创新体系，科学研究工作健康、协调、持续发展，相关科研指标实现重大突破。

（一）科研经费持续攀升

2000年学校提出，实现"十五"期间学校科研经费达到1亿元，保持每年20%～30%的增长。2003年，实到科研经费1.2亿元，突破亿元大关。"十五"期间，全校科研经费达到1.58亿元，增长137%，大幅超过预期。其中，自然科学研究经费从6653万元增加到1.57亿元，增长136%；人文社会科学研究经费从36万元增长到130万元，增长261%。"十一五"

期间，学校科研经费收入年均增长超过20%，在海洋科学领域国家自然科学基金获资助项目数和经费数在全国科研单位中始终保持前一二位。2007年实到科技经费首次突破2亿元。2010年到校科技经费再创新高，达3.8亿元。

（二）科技论文数量和质量稳步提高

学校在"十五"事业发展计划中提出，优势学科要发表一批在国际上有重要影响的论文和著作。在*Nature*和*Science*杂志发表文章实现零的突破的基础上，争取再发表2～3篇。年出版专著20部以上，年发表学术论文1000篇以上，其中每年被SCI、EI、ISTP等收录论文200篇以上。

2001年，海洋水文专业1984届毕业生、美国夏威夷大学国际太平洋研究中心副教授谢尚平博士和海洋环境学院副院长刘秦玉教授等合作完成的学术论文《夏威夷群岛对太平洋海洋–大气的远距离影响》，在*Science*上发表。这是国际大气和海洋动力学领域研究取得的重大成果，实现了学校在该刊发表文章零的突破，也是我国物理海洋领域在该刊发表文章零的突破。

"十五"期间，学校高水平论文数保持逐年递增态势，在SCI、EI、ISTP等三大检索系统上共发表文章1200余篇。"十一五"期间，学校发表论文被国际三大收录系统收录5600余篇，较"十五"期间增加近两倍。

（三）科技人才与科研团队涌现

"十五"末，学校初步建成一支以8名院士（其中双聘院士2名）、28名国家人才计划入选者、10名国家杰出青年基金获得者、9名国家有突出贡献中青年专家、11名"绿卡"和"筑峰"人才、97名国务院政府特殊津贴享受者、200余名博士生导师为代表的固定编制与流动编制相结合的人才队伍，并在物理海洋、水产、海洋化学、海洋药物等学科初步建立起由国内外知名学者领衔的、中青年学术骨干为主体的具有较强竞争力的学术团队。

"十一五"期间，学校坚持智源驱动、人才为本，加强科技人才队伍建设。2009年水产动物营养与饲料专家、水产学院麦康森教授当选中国工程院院士。新增国家人才计划入选者13人、教育部新世纪优秀人才53人、"泰山学者"特聘教授6人。新增国家自然科学基金创新研究群体和教育部创新研究团队3个。

二、科技成果丰硕

在全面建设高水平特色大学时期，学校深入贯彻落实科教兴国战略，服务海洋强国建设，积极承担国家重大科技任务，加强高新技术的综合和集成，加快高新技术产业化，扩大学校在沿海地区的科技辐射面，持续服务山东省和青岛市经济社会发展。在这一过程中产生了一大批重要的科技成果（表8-7）。

表8-7　中国海洋大学获国家科技三大奖情况（2000—2010年）

年份	奖项名称及等级	项目名称	主持人	完成单位（人）
2000年	国家科技进步奖二等奖	大型海藻生物技术研究及其应用	戴继勋	第一
	国家科技进步奖二等奖	中国沿岸现代海平面变化及其应用研究	陈宗镛	第一
2004年	国家自然科学奖二等奖	纤毛虫原生动物的分类学、发生与系统学以及生态学研究	宋微波	第一
	国家科技进步奖二等奖	浅海导管架式海洋平台浪致过度振动控制技术的研究及工程应用	李华军	第一
2005年	国家技术发明奖二等奖	主要海水养殖动物多倍体育种育苗和性控技术	王如才	第二
2006年	国家科技进步奖二等奖	主要海水养殖动物的营养学研究及饲料开发	麦康森	第一
	国家科技进步奖二等奖	低洼盐碱地池塘规模化养殖技术研究与示范	董双林	第二
	国家技术发明奖二等奖	鱼类种质低温冷冻保存技术的建立与应用	张士璀	第三
2007年	国家技术发明奖二等奖	环境友好型海洋防污涂料关键技术研究及其应用	于良民	第一
2008年	国家科技进步奖二等奖	栉孔扇贝健康苗种体系建设及应用	包振民	第一
2009年	国家技术发明奖一等奖	海洋特征寡糖制备技术（糖库构建）与应用开发	管华诗	第一
2010年	国家技术发明奖二等奖	对虾白斑症病毒（WSSV）单克隆抗体库的构建及应用	战文斌	第一
	国家科技进步奖二等奖	海洋工程安全与防灾若干关键技术及应用	李华军	第一
	国家科技进步奖二等奖	海洋水产蛋白、糖类及脂质资源高效利用关键技术研究与应用	薛长湖	第一

2003年，由赵广涛教授担任负责人，学校与国家海洋局第二海洋研究所等单位共同完成的国家"863计划"课题"6000米海底有缆观测与采样系统——电视抓斗的研制"通过专家组验收。"电视抓斗"的成功研制，打破少数发达国家的技术垄断，为我国大洋资源调查提供了全新的手段。

2008年，刘智深教授团队研发的我国第一台"可移式多普勒激光雷达"通过验收。该激光雷达在海面风场测量方面具有显著优势，成功应用于2008年奥运会帆船比赛气象保障和"神舟"七号载人飞船返回舱着陆场风场测量。

2009年9月，由中国工程院院士管华诗、国家海洋局原局长王曙光担任主编，汇集全国百余位专家历时五年编纂完成的我国海洋药物领域首部大型志书《中华海洋本草》发行。该书由《中华海洋本草》主篇与《海洋药源微生物》《海洋天然产物》两个副篇构成，共9卷，引用历代典籍500余部、现代期刊文献5万余条，合计约1400万字。

这一时期，学校积极参与和主动服务于创新型国家建设，大力增强科技创新能力，加强科技创新基地和平台建设，多次获批重大科研项目，科研经费实现历史性跨越，高水平学术论文增幅显著，重大科技成果不断涌现，屡获国家级科技奖励，学校的科学研究水平和服务社会能力持续攀升，在国家创新体系建设与国家中长期科技发展规划实施中发挥了重要作用，成为海洋强国建设的生力军。

第六章
国际合作和教育国际化

开展国际合作与交流是现代大学面向世界、适应高等教育国际化进程的必然要求。进入21世纪，以"提升国际化办学水平，全面实现高水平特色大学"为目标，学校坚持开放办学，深入推进人才培养的国际化。在国际合作办学、合作科研、学术交流与人才引进等方面积极开拓，取得了成效。

第一节　广泛开展对外交流

一、对外合作交流纳入发展计划

进入21世纪，随着经济全球化和中国加入WTO，中外高等教育的合作和交流日益扩大。在多年探索实践后，学校一方面认真研究借鉴国外大学特别是一流大学的办学理念、办学经验、教学计划、课程内容、教学方式、学科和科研发展动向、管理模式等，提高自身人才培养质量和学术水平；另一方面走向世界，扩大学校的国际影响力和知名度，特别是在海洋科学相关学科上的国际合作与交流逐步加强。

在学校"十五"发展计划中，明确了国际合作与对外交流的任务与目标，即发展国际合作关系，建立以交流海洋调查研究成果为主要内容的包括美、英、日、加、德、法、荷等国的国际海洋科研网络，与日、韩、东南亚等周边国家的大学和科研单位的水产协作网络。巩固与境外机构建立的合作和交流关系，培育新的交流与合作的学科点。到2005年，力争使学校各类合作和交流项目达到50个。多种形式吸收外资、合作办学，获得更多经济效益。到"十五"末，来校留学生规模达到800人，使学历生占留学生总数的10%，其中研究生数量争取达到留学生数的8%。同时，加强管理体制的改革，理顺全校外事工作管理体制，建立健全外事管理的各项规章制度。加强与国际姊妹学校的合作。成立海外校友教授团，发挥海外校友在对外交流和学校建设中的作用。加强基础设施建设。规范外籍专家和留学生管理体制。[1]

学校提出，要充分利用国际化的教育资源，积极借鉴先进的教育理念和教育手段，在参与竞争中提高自己，发展自己。"十一五"期间，以教授为主体，以项目为导向，积极推动广泛的国际交流，促成实质性国际合作，构筑打造国际交流与合作平台。开展一批富有效益的双边/多边校际国际合作与交流项目，争取政府间和与欧盟的大型国际科技合作计划，积极参加重要国际学术组织。大力发展留学生教育，营造国际化校园氛围。扩大来华留学生规模，增加学历生的比例，争取留学生总数每年以10%的速度递增，争取2010年在校各类留学生总量达到2000人（在校生1000人），占学校学生总数的5%。积极推动以全日制学生为对象的与国外高水平大学进行的合作办学，拓展学生的国际视野，引进国外先进的教材与课程体系，实施部分课程对接，建立与国际接轨的学生（尤其是研究生）培养模式。使学生获得国外大学经历、国外大学学分，乃至合作学校的学位，进一步推动学校的国际化进程。[2]推进现代大学制度建设，探索建立符合国情、校情，适应教育国际化需要的现代大学组织模式和管理方法。2010年5月，在学校第九次党代会上，提出实施国际化战略，从2003年提出高层次对外合作交流到2010年提出"国际化战略"，显示出学校对国际化办学的认识逐渐深化。

二、国际合作办学

2002年4月，英国文化委员会与学校联合建立雅思（IELTS）考试中心，标志着学校与英国北方大学联合会合作办学项目正式实施，从而使青岛成为全国五个留学硕士预科教学基地之一。学校雅思国际教育中心引入英国北方大学联合会硕士预科文凭课程，按照"1+1"的国际化培养模式，采用全英式教学模式和英国本土原版教材。学生通过硕士

① 《青岛海洋大学教育事业"十五"发展计划》（2001—2005年），中国海洋大学档案馆藏，档号：HD-2001-XZ11-6。
② 《青岛海洋大学教育事业"十一五"发展计划》（2006—2010年），中国海洋大学档案馆藏，档号：HD-2006-XZ11-Y-069。

预科课程毕业考试后，将获得硕士预科文凭，并直接升入英国北方大学联合会成员大学攻读英国硕士学位课程。中心的成立为国内大学生赴英留学搭建起便捷桥梁。随着国际合作与交流步伐加快，学校逐步建立起与英、法、澳、韩等国大学联合培养学生的成熟模式。截至2010年，已与131所国际著名大学和科研机构签订合作协议，开展高层次人才培养、科学研究等方面的实质性合作。

国家设置高水平大学研究生公派项目是高校开展高层次创新型人才国际合作培养的重要途径。学校加强和拓展与美国得克萨斯农工大学、亚拉巴马大学、奥本大学、俄勒冈州立大学，澳大利亚新南威尔士大学，挪威科技大学，英国南安普顿大学，德国基尔大学、不来梅大学以及日本东北大学、早稻田大学、名古屋大学等世界知名高校在海洋和水产领域博士生的合作培养，2007—2008年共有180名学生获得该项目资助，赴美国、德国、英国、日本、澳大利亚、挪威、丹麦、加拿大和爱尔兰进行博士阶段学习，其中攻读博士研究生69名，联合培养博士研究生111名。这些学生所学专业涉及海洋环境、海洋环境科学与工程、水产、生命、医药、食品工程、化学化工、海洋工程、管理、经济、数学等学科。

在与欧洲合作方面，学校通过"中德海洋高层次人才培养和科学研究中心"项目，每年选派十几名海洋、水产领域研究生到德国不来梅大学、基尔大学联合培养；通过"国际涉海大学协会"项目，与德国不来梅大学、澳大利亚詹姆斯·库克大学、日本东京海洋大学、英国南安普顿大学、法国布列塔尼大学、韩国釜庆大学等国际知名涉海大学联合培养海洋科学、生命科学领域高层次人才，推动协会成员院校间课程对接、学分互认和学位互授；通过"中欧水产领域博士生联合培养项目"，与荷兰、瑞典、比利时等国家大学和科研机构联合培养水产领域博士生；通过"中法工程教育中心"和"中法博士学院"项目，与南特大学等法国院校在工程领域联合培养硕士生和博士生。

通过中美"2+3"联合博士学位、中美双博士学位等合作形式，与美国得克萨斯农工大学在海洋科学领域博士生培养上课程对接、学分互认、联合授予学位，在中美两国政府间还没有实现学历互认的条件下，率先实现联合授予博士学位的突破。

在与澳大利亚合作方面，与新南威尔士大学的合作进一步拓展。双方组织教授团队合作培养博士生，2009年到该校学习的中国海大学生有18名。2010年6月，由学校和新南威尔士大学联合成立的国际联合研究机构——中澳海岸带管理研究中心成立。吴德星校长与新南威尔士大学校长John Baird共同为中心揭牌，并为中心双方主任颁发聘书。中、澳学者就两国海岸带管理的相关学术问题进行了研讨。这是学校在文理交叉领域的第一个国际联合研究机构，对于加强海洋管理理论与实践的研究，促进海岸带国家经济社会的可持续发展以及该领域的国际合作与交流有着重要的意义，在提高学校的国际化水平和国际影响力等方面发挥重要的作用。

三、国际合作科研

学校充分发挥海洋、水产学科的优势，与创新型人才培养、学科建设互动，大力发展与国外高校或科研机构的科技合作，开展了多项国际科技合作项目。一方面，依托人才联合培养平台，开展与国际一流院校的科研合作交流。如中德海洋科学暑期讲习班（又称"暑期夏令营"）是中德海洋科学高层次人才联合培养项目合作框架下的重要活动之一，2005年至2010年，学校与德国基尔大学、不来梅大学、亥姆霍兹基尔海洋研究所及莱布尼茨热带海洋生态中心联合举办了六届暑期讲习班，200余位科学家及300余名学员围绕海洋科学前沿问题进行研讨。另一方面，在教育部重点支持下，开展多个重要国际合作项目，同时聘请外籍教师来校开展科研和教学工作。以2003年为例，成建制地引进俄罗斯科学院、圣彼得堡大学国际著名科学家联合开展潜艇内波研究项目，与俄罗斯国立远东大学在海洋、水产、生物、化学等领域展开全面合作等。

对欧合作科研方面，2004年学校申报的国际合作重点项目和政府间科技合作项目各一项经过科技部专家评审，总经费达150万元，国外合作伙伴均为南安普顿海洋中心的专家。2005年开展了与英国南安普顿大学科研合作项目、与欧洲航天局科研合作项目等一大批国际科研合作项目。2008年高等学校学科创新引智计划（"111计划"）项目"海洋环流及其在气候系统中的作用"和"水产健康养殖理论与技术学科创新引智基地"顺利实施，学校与不来梅热带海洋研究中心、基尔莱布尼兹海洋研究所、汉堡大学马普气象研究所等海洋科研机构组建海洋领域科研创新团队和开展合作科研；与根特大学、挪威科技大学、瓦赫宁根大学等知名高校合作组建水产领域科研创新团队，均取得丰硕成果。同年，为进一步拓展国际科技合作渠道，学校组织申报了欧盟第七研发框架计划（FP7）中环境领域（包括气候变化）合作研究课题，以及推介中欧科技合作暨"玛丽·居里"人才流动计划等科技合作项目。

2004年，在教育部远东专项、国家外国专家局独联体专项和学校俄罗斯专项的支持下，与俄罗斯的合作进一步发展。全年共邀请11名俄罗斯著名学者来校进行为期至少一个月的合作研究，内容涉及区域性暴雨灾害预测、中国和俄罗斯海参肠道中微生物菌群的比较研究、太平洋海洋/大气热交换和黑潮变异的研究、海洋非线性内波的理论模型和卫星遥感研究、双荧团分子的有机光转换发光二极管的可行性研究等。

对美国的合作取得实质性拓展。2005年教育部组织中国海洋大学、北京大学、清华大学、复旦大学、浙江大学等10校与加州大学系统筹建中美"10+10"合作科研联盟。学校积极开展筹备工作，提出"渤、黄、东海海洋环境演变及其在全球变化中的作用""太平洋–印度洋海洋大气相互作用""系统生物学""西北太平洋震源带与岩石圈动力学研究""深潜及海水淡化设备用材料的规模化制备与表面纳米化"等14项合作课题。10月，学校签署《中华人民共和国教育部直属10所院校与美国加州大学系统交流合作备忘录》。中美"10+10"合作科研联盟是一个高层次的政府间合作项目，对开拓对美科教合作新领域和打造国际合作平台有着重要意义。

2007年，学校与奥本大学、罗格斯大学、俄勒冈州立大学等美国知名高校加强科研合作，筹备实施水产领域"111计划"引智项目"水产健康养殖理论与技术学科创新引智基地"。中美"10+10"合作科研联盟项目申报"黑潮流系动力过程及其中国海生态系统响应"合作项目，促进与加州大学Scripps海洋研究所在海洋遥感和海洋动力学领域的进一步合作。

2009年，学校大力发展国际科技合作。以博士生联合培养为基础，积极拓展导师团队间的学术科研，联合申请多项科研项目，其中"长江口及邻近海域底边界层生物地球化学过程"和"中国陆架海近三十年海表温度变化机制研究"项目分别被列为自然科学基金国际合作重大、重点项目，各获150万元资助。此外，还申请了一大批高层次的国际科研合作项目，如"亚洲沙尘与海洋生态系统（ADOES）""龙计划促进欧洲和中国海洋环境与安全监测系统的协调研究（DRAGONESS）""黄海观测、预报及信息系统""黄河口海洋动力学和泥沙冲淤趋势对河口近海生态系统的影响研究""中国东部陆架海海洋自净能力与生态环境安全评价""海洋生物材料自组装纳米胶囊释药技术""糖生物芯片的建立及海洋糖类结构与功能的研究""抗肿瘤中药复方活性成分的多靶点协同性研究""基于风险管理体系和城市全面可持续发展的灾区重建""海洋重要经济动物细胞长期培养体系构建""基于视频和结构光的ENN脑外科手术三维彩像自动重建技术研究""黄河口海洋动力学和泥沙冲淤趋势对河口近海生态系统的影响研究""渤海湾盐田生态系统管理""促进当地鱼虾育苗中卤虫的利用""激光诱导击穿光谱仪（LIBS）在海洋中的应用""全球气候变化和胶州湾跨海大桥对青岛近海环境变化的影响研究"，这些项目均得以顺利进行，并取得丰硕成果。据统计，2004—2008年以来，学校仅科技部国际合作项目就获资助1722万元，与国外学者合作发表SCI文章4300余篇。[①]

①《国际合作与交流处2009年工作总结》，中国海洋大学档案馆藏，档号：HD-2009-WS11-Y-02。

四、国际学术交流

学校采取"引进来"和"走出去"的办法，开展高水平国际学术交流，提升学术交流层次，积极营造国际化校园氛围。

学校高度重视引智工作，将其作为开展国际合作最重要的举措和基础性工作。1999年以来，聘请外教来校工作，有243名长期专家在校任课。所聘外教授课的语种有英语、日语、朝鲜语、法语、德语，并增设西班牙语选修课，外教人数从1999年的11名增加到每年最多45名。

学校积极支持和鼓励各院系聘请高水平、高层次理工类专家短期来校讲学、合作研究，聘请专家人数逐年增长，效益显著。1999年至2008年共聘请了556名短期专家，在学科建设、重点实验室建设和完成重大科技项目等方面发挥了重要作用。所聘外国专家多次获得国家友谊奖、山东省齐鲁友谊奖、青岛市琴岛奖。如海洋遥感专家Werner Alpers获2008年度国家友谊奖，海洋生态学专家Venu Ittekkot博士获2008年度山东省齐鲁友谊奖；汉堡大学海洋与气候中心Jurgen Sundermann教授获2009年度国家友谊奖。比利时根特大学水产与卤虫研究中心主任Patrick Sorgeloos教授获2010年度山东省齐鲁友谊奖。外国语学院法国籍教师Troulay Anne和美国籍教师Stephen Cotner获得2010年度山东高校外国文教专家教学奖。

"985工程"的实施有力地促进了引智工作的开展，"请进来"的力度加大。邀请世界知名学者讲学、作学术讲演，如美国工程院院士、两院外籍院士Thomas S. Huang教授，美国海洋学会前主席Michael McPhaden教授，美国地球物理协会海洋学科分会主席Cindy Lee教授，国际光学工程学会（SPIE）主席、美国空军实验室主任Paul McManamon博士，澳大利亚J. Stuart Godfrey研究员，法国国家海洋开发研究院Robert Ezraty教授，德国汉堡大学Roland Romeiser研究员，俄罗斯科学院P. P. Shirshov、海洋研究所Dr. Andrey Ivanov研究员，欧洲空间科学基金会委员Werner Alpers教授，以色列水资源协会主席Avner Adin教授，丹麦两院院士、罗斯基尔德大学Eigil Praestgarrd教授，美国工程院院士、卡耐基梅隆大学Daniel P. Sieworek教授，国际计划MARGINS和国际组织SCORE/LOICZ常委John Milliman教授，美国NASA深空网络执行管理部主席George A. Seielstad等一大批世界知名学者，对学校教授了解国际学术前沿，启发师生科学思维助益良多。

学校授予世界知名学者名誉教授、客座教授等称号。2000年9月，聘任美国德拉华大学遥感中心常务主任、终身教授严晓海博士为"长江学者奖励计划"海洋遥感学科讲座教授，这是驻鲁高校首位上岗的讲座教授。2002年7月，一次性聘任5位诺贝尔化学奖获得者为名誉教授,他们是1988年诺贝尔化学奖得主、瑞士苏黎世大学全职教授罗伯特·胡博博士,1991年诺贝尔化学奖得主、瑞士联邦技术研究院教授理查德·恩斯特博士,1992年诺贝尔化学奖得主、美国帕萨纳加州理工学院讲座教授鲁道夫·马库斯博士,1993年诺贝尔化学奖得主约翰·罗伯茨博士,1998年诺贝尔化学奖得主、美国加利福尼亚大学教授瓦尔特·科恩博士。2008年9月,聘任国际著名高等教育专家、香港教育学院名誉院长、加拿大多伦多大学安大略教育学院教授许美德为客座教授;11月,聘任美国马里兰大学谢迎秋博士为药物化学岗位"泰山学者"特聘教授。

拓展师生出国交流渠道。自1999年,学校各类出国人员人次大幅上升,截至2008年底,各类出国人员达3438人次。出国学术交流项目58项,资助教师和研究生赴美国、德国、英国等14个国家参加国际学术会议或开展学术交流等活动。这些措施拓宽了师生学术视野,有利于提高科研水平,有利于师生在对外交往实践中提升自身综合素质。

积极举办层次高、范围广、影响大的高水平国际学术会议。自1999年至2010年,主办、协办国际学术会议共66次。其中包括1999年举办的"中德渤海生态系统分析与模型研究国际学术会议",2000年"新世纪海洋研究与开发战略国际研讨会""分子科学前沿国际研讨会",2003年"第五届国际鲍鱼学术研讨会""王蒙文学创作国际学术研讨会",2004年"纪念郑和下西洋600周年暨海洋观论坛",2005年"滨海城市水资源保护与管理国际研讨会",2006年"第六届世界华人鱼虾营养学术研讨会""健康水产养殖国际专题学术讨论会",2008年"亚洲-太平洋海岸带"国际学术研讨会、大三角洲国际学术会议。2010年第十四届国际鱼类营养与饲料学术研讨会举办,这是该学术研讨会历史上规模最大、水平最高的一届学术盛会。值得一提的是,"分子科学前沿国际研讨会"共有来自16个国家和地区,包括4位诺贝尔化学奖得主在内的近300名专家出席,全国人大常委会副委员长、中国科协主席周光召出席并作专题学术报告。会议期间,还举办了"科学与社会"为主题的公众演讲。

鼓励学生参加国际大赛,增强竞争能力,培养综合素质。2009年8月,由工程学院、信息科学与工程学院组成的中国海大代表队参加在韩国举办的第十四届FIRA世界杯机器人大赛(FIRA Robot World Cup 2009),获得AMiRESot第三名、AndroSot第四名,SimuroSot 5vs5进入八强。

鼓励学生积极参与组织和参加国际大学生学术交流活动。2006年10月,新一届中日友好21世纪委员会第五次会议中日委员来校与大学生座谈,来自学校和兄弟高校的近百名师生代表,就中日关系中的焦点、热点问题与中日委员进行交流。

这些高水平的交流活动与学术会议为学校营造了浓厚的学术氛围，进一步拓宽了师生思路、视野，提高了学校在国际上的学术地位。

五、留学生教育

学校自创立起，便开始接收国际学生，留学生教育历史悠久。进入21世纪，随着高等教育国际化的进程加快，来校留学生数量稳步增长，留学生工作越来越受到重视。除了成立专门负责留学生事务的国际教育交流中心外，学校还贷款在浮山校区建设一座5000平方米的留学生宿舍楼，以改善留学生的教学设施和生活条件。2001年，长期在校留学生人数达到330人，各类来校学习的长短期留学生总人数达到500人。留学生人数进入国内院校前30名。

2002年，学校采取一系列措施，加强留学生教育工作。第一，本着留学生管理和服务与国际接轨的原则，经过多方努力，率先在山东省留学生中开展"HOME-STAY"住宿形式，为留学生更好了解中国文化、加深与当地民众的友谊提供便利条件。第二，进一步拓宽渠道、吸纳生源。先后邀请韩国、泰国、德国、英国、印度尼西亚等国家的数十个大学或团体代表来校商谈学生交流与合作事宜。例如，韩国安养科学大学在考察了武汉大学等多所大学后，最终决定同中国海大签订学生交流协议。2003年开始，该校派中文系二年级40名学生来中国海大学习半年汉语。第三，进一步规范管理，提高教学质量。将工作重点放在积极做好服务、形成规范化的留学生管理模式上，为不同文化背景和学习基础的留学生增设语言进修高级班和强化班，开设普通话、中国历史、商贸汉语、中国文化、英语等选修课，供留学生选择学习。开展丰富多彩的汉语实践活动，组织学生到泰山、曲阜和山西五台山等地进行教学实践，加深他们对中国文化的理解和认同。在自费留学生中试行奖学金制度。

2003年，在克服了"非典"疫情的严重影响后，学校全年各类在学留学生总数达到824人。修读学分的留学生超过百人，包括英国剑桥大学等世界著名大学的学生。2006年，加大了发展留学生学历教育力度，各类留学生总数保持在1300人左右，其中，学历生300余名，国别增加到46个，生源国分布更趋合理。继续推进学分互认制度，英国、韩国、挪威、荷兰、德国等国家的20多所高校共派遣300多名学生来校学习，对学生所修课程及学分予以认证。

2009年，学校克服国际金融危机、甲型H1N1流感等不利因素影响，新开拓美国俄亥俄州立大学汉语旗舰项目、南佛罗里达语言文化培训项目、国际英文MBA项目，并成功申办孔子学院奖学金留学生项目，实现留学生教育稳步发展。招收来自47个国家的近1200名留学生到校学习，其中学历生400余名。留学生数量连续三年国内领先、省内第二。2010年，在全球经济尚未完全复苏的情况下，学校积极开拓留学生市场，稳定了留学生规模，各类留学生人数达1236人，其中学历生526人。

　　这一时期，学校不断优化教育环境、加强规范化管理、广开招生渠道，扩展留学生办学层次，培养质量和水平得到教育主管部门的肯定，受到留学生及其来源国的好评。

第二节　创新中外合作模式

一、倡建国际涉海大学协会

　　2004年10月，正值中国海大80周年校庆之际，时任校长管华诗和澳大利亚詹姆斯·库克大学校长Bernard Moulden及英国南安普顿大学校长Ball Wakeham共同讨论成立国际涉海大学协会事宜。此后，法国、韩国、日本、德国的五所大学也表达了加盟愿望。

　　2005年7月，在中国海大倡议下，第一次国际涉海大学协会圆桌会议在法国布列斯特市举行，来自中国海洋大学、澳大利亚詹姆斯·库克大学、韩国釜庆国立大学、日本东京海洋大学、英国南安普顿大学、法国西布列塔尼大学和德国不来梅大学的七位大学校长或校长代表出席会议。

　　此次会议成果颇丰。一是着重对国际涉海大学协会的目标进行讨论并达成一致，即"搭建海洋科教国际合作平台，推动成员单位间的人员交流和科研合作，共享教育资源，促进学生职业发展，实现成员间的优势互补，增强各成员和协会的国际影响力和竞争力"。二是逐条研读审定《国际涉海大学协会章程草案》，并将协会的英文名称确定为"International Association of Marine Related Institutions（IAMRI）"。三是确定"一国一校"为IAMRI管理委员会组成原则，与会七校作为发起单位自动成为管理委员会成员单位；协会面向世界所有涉海大学和研究机构，广纳会员。四是中国海大作为首先发起高校，积极推动并高效完成了协会筹备工作，与会七校一致同意将协会总部及其秘书处设在青岛，并推举中国工程院院士管华诗担任第一任主席。

　　10月，七个成员单位在青岛举行国际涉海大学协会揭牌仪式和管理委员会第一次会议。11月8日，IAMRI第二次工作会议在中国海洋大学召开，法国西布列塔尼大学、德国不来梅大学和韩国釜庆国立大学派代表参加，各成员单位对IAMRI的战略计划、网页建设及未来在海洋和生命科学领域研究生的课程对接等问题进行研讨，签署《国际涉海大学协会第二次工作会议备忘录》。

2007年、2008年，在第三、四次会议上，主要讨论研究生培养和共同研究应对全球气候变化等事项。

作为一个成员单位跨越亚、非、拉、欧、北美及大洋洲，涉及太平洋、大西洋和印度洋甚至北冰洋的真正意义上的国际涉海大学的网络组织，IAMRI对全球视野下应对解决气候和海洋变化所带来的挑战方面意义重大：共同为海洋高等教育和科研政策的形成发挥作用，对未来的涉海大学的政治和文化施加自己的影响；培养海洋领域的全球型领袖，合作提升教师、管理人员和学生以及各自所在的教育机构的全球领导能力；与政府、企业、国际组织、其他大学和社区共同合作，努力解决在海洋方面所面临的区域和全球性的问题与挑战。

二、中德联合培养海洋科学领域高层次人才

2004年4月，应我国教育部和科技部的联合邀请，由德国石荷州国务秘书赫尔穆特·科尔纳博士率领的德国联邦教研部海洋专家代表团一行六人来校访问，落实教育部部长周济前一年访德期间提出的成立"中德海洋高层次人才培养和科学研究中心"项目。双方签署《关于联合成立"中德海洋高层次人才培养和科学研究中心"的备忘录》，约定中国海洋大学、德国基尔大学和不来梅大学建立中德海洋高层次人才培养和科学研究中心，中国教育部、德国联邦教研部和德国石荷州给予支持。

11月，德国基尔大学、不来梅大学代表团一行13人来校访问，管华诗校长在逸夫馆八角厅会见客人。他说，三校合作是中德两国政府间达成的共识，希望代表团此访能够增进三校的合作与交流。访问期间，代表团到海洋环境学院、生命科学与技术学部、环境科学与工程学院、化学化工学院参观交流，讨论物理海洋学硕士、海洋生物学硕士、环境海洋学硕士联合培养课程计划等，并就建立中德海洋高层次人才培养和科学研究中心事宜进行了具体商谈。18日，三方签署了合作备忘录。

中德双方通过互访，在充分考察了解彼此课程体系、科研状况和基本设施的基础上，达成以海洋科学领域硕士研究生课程体系互认为切入点，联合培养硕士和博士研究生，实现中德三校在海洋科学人才培养和科学研究方面的合作。双方一致同意，为建立中德海洋高层次人才培养与科研中心，需要完成三个部分的任务，确定国际联合硕士项目（JIMP），制定连续攻读博士项目的计划大纲，就2005年及之后陆续开展的暑期研讨班、

交换学生、客座讲师等达成协议。[①]

项目确定面向中国学生的"1+1+1"及面向德国学生的"1+1"的硕士生联合培养模式，即中国海大硕士研究生需完成"1年海大学习+1年德国学习+1年海大撰写学位论文"，德国研究生则完成"1年中国学习+1年德国撰写硕士学位论文"。中国海大为德国学生开设物理海洋、海洋生物、海洋化学、海洋地质、海洋大气和海洋环境六个方向的课程，德国不来梅大学与基尔大学分别为中国海大学生提供海洋地质、环境物理、水生热带生态、海洋生物及生物海洋、物理海洋、海洋大气、海岸地质等方向的课程，课程均实行英文授课。

2005年9月，中德三校联合举办题为"大洋和边缘海全球变化关键过程"的暑期研讨班，为期两周，主要面向博士研究生、优秀的硕士研究生和青年教师。此后每一年，中国海洋大学和德国大学交替举办暑期研讨班，截至2010年，共举办了六期。暑期研讨班的开展，开拓了双方共同感兴趣的科学领域，为基于科研合作的博士研究生联合培养创造了条件。

2006年9月，首届联合培养的4名德国学生抵达中国海大；10月，学校的20名联合培养研究生赴德深造，联合培养时间为一年。2007年，德方录取中国海大联合培养硕士研究生17名，实际赴德16名，4名德国学生也于9月份完成学业返回德国。2008年6月，赴不来梅大学的11名学生完成硕士课程学习并通过硕士论文答辩，8名中国海大学生和9名德国学生进入本项目硕士课程。2009年，又有7名中国海大学生和6名德国学生顺利进入项目。

2009年，中德双方开始探讨联合培养博士生，成立中德海洋科学研究中心、海洋科学国际研究生院。中德联合培养海洋科学领域高层次人才项目的实施，有力地促进了学校高层次人才国际联合培养、海洋和水产课程体系与国际对接、课程学分与欧洲学分体系（ECTS）转换及双导师、双学位人才国际联合培养机制的探索，实现了中德三校在人才培养和科学研究方面的实质性合作，催生了多个科学家团队间的直接合作。

三、扩大中法、中韩合作

（一）中法合作

2002年，根据与法国西布列塔尼大学、拉罗歇尔大学和南特大学合作协议，组建"中法班"。该班采用"2+3"培养模式，即前两年在海大培养，后三年选派到法国上述三个大

---

① Minutes of the agreements reached during the visit of the delegation of Bremen and kiel at OUC, Qingdao November 14-20, 2004, 中国海洋大学国际处藏，档号：EU-DEU-6-3。

学培养；学校承认派出学生在法方学校所修本科课程学分；派出学生修业期满、成绩合格，由双方分别颁发相应学历和学位证书。截至2010年，累计有8期共70余名本科生被派往法国接受联合培养和交换培养，已有20余名学生在法国继续攻读硕士和博士学位。

2002年，中法岩藻聚糖和海洋多糖研讨会召开。法方参会人员有布列斯特大学、海洋开发研究院、布列斯特市微生物及食品安全工程研究院的七位教授。会上共有16位中法海洋多糖及海洋天然产物等领域的教授、博士作学术报告；数十名教师、研究生参会，交流研究成果、经验、方法和技术。其间，双方拟定国际合作研究框架协议，建立了长期合作关系。合作内容包括在海洋多糖化学、糖生物学、糖类药物及海洋天然产物等领域开展合作研究，第一阶段合作研究项目有海洋多糖分离、寡聚糖制备、糖缀合物及糖复合物合成、多糖及寡糖活性筛选以及海洋次级代谢产物研究等；还涉及研究人员的互访、学生交流（博士后、博士生及硕士生）、联合申请中法国际合作项目、资源信息共享等。

2003年2月，法国科学院主任研究员吴龙飞博士受聘学校兼职教授，这一年学校聘请长期法国籍教师3人。3月，布列斯特大区主席、布列斯特市市长弗朗西斯·卡兰德及西布列塔尼大学、海军学院和海洋开发研究院的专家、教授等一行17人来校参观访问，双方签订第二次补充协议。与海洋开发研究院签订联合申请两项欧盟项目的合作协议，与西布列塔尼大学签订一项多糖研究的科研项目并纳入中法科技合作研究的合作声明。

2006年，共有225人次法国籍教师到校讲学、访问、考察、学术交流或开展合作研究。通过"中法工程教育中心"和"中法博士学院"项目，学校还与南特大学等法国院校在工程领域联合培养硕士生和博士生。2007年5月，山东法语联盟（青岛）正式成立，对促进学校对法教育合作、推动青岛与法国的教育合作和文化交流都产生了积极作用。

（二）中韩合作

地缘优势在先，文化同源性在后，学校的对韩合作呈现出层次高、范围广、领域多的显著特点。学校与相关高校签署合作协议、互派留学生，举办国际性学术研讨会、进行文化和学术交流，成立韩国研究中心，开展深度学术合作，取得了一系列成果。

学校与新罗大学、江南大学、江陵大学、韩瑞大学、大真大学、韩国海洋大学、庆尚大学、成均馆大学东亚学术院、南首尔大学、韩国仁荷大学韩国学研究所等多个韩国高校签署协议，与成均馆大学、国立丽水大学、高丽大学、清州大学结为姊妹大学，在教师互访、学生交流互派、图书交换方面密切合作。群山大学、釜庆大学、韩国中央大学等高校或科研机构都接受中国海大学生攻读学位或短期学习，并提供资助。2001年，首批韩语2000级12名品学兼优的学生赴韩留学，学校保留他们的学籍，并对他们在韩国大学修得的学分予以承认。实习期满，韩国大学出具记录他们学习成绩的写实性结业证书，表现突出者可申请在韩继续修读。这是学校推进教育国际化的重要一步。

2003年，学校开始聘请韩国国际协力团及国际学术振兴财团队员来校任教。同年，学校继续选派中文教师前往韩国承担对外汉语教学任务。由于中国海大教师的优异表现，韩国韩瑞大学决定从2004年起每年聘请学校中文教师赴韩教授汉语。

2005年，对韩合作项目"中韩共同研究开发技术项目"启动，环境科学与工程学院、药物学院、信息科学与工程学院、材料科学与工程学院等院系申报10余项合作课题。其中污水处理项目获韩国生产技术研究院和韩国Kored株式会社支持，获得韩方无偿提供80万美元的污水处理设备，双方共建污水处理站于2006年在崂山区石老人村投入使用。

2007年9月，校长吴德星率团对韩国国立国语院进行访问，与该院院长李相揆共同签署关于在中国海大开展世宗学堂项目的协议。11月25日，中韩两国教育部在韩国首尔举行首届"中韩大学校长论坛"，两国43所高校共同签署《首尔宣言》。11月，学校成立中国海洋大学韩国研究中心，下设韩国研究部、世宗学堂项目部、韩语教师进修部。

2008年，世宗学堂项目向10个班次663名校内外学员免费提供韩国语课程，还专为教职工及家属开设免费学习韩国语的"海大教职工班"，各类在读学生450名（初级班330名、中级班120名），争取到项目经费48万元，组织了第一届、第二届世宗中韩文化讲坛，第三届山东省大学生韩国语歌咏大赛，"东亚文化交流与地区发展"学术会议，"对外语言教育"学术会议等一系列学术交流活动。韩国研究中心还聚集了30多位涉韩研究专家，蓄势开展与韩国有关的研究。①

2008年10月，韩国国务总理韩胜洙授予吴德星校长"褒冠文化勋章"，表彰其在韩国语推广、韩国文化教育以及中韩交流方面作出的贡献和取得的显著成果。韩国"褒冠文化勋章"旨在奖励对韩国语普及和发展作出特殊贡献的海内外人士，这一国家级奖项创始于20世纪90年代。

2009年5月，吴德星校长在崂山校区会见来访的韩国学中央研究院院长金贞培一行，双方就进一步加强合作进行座谈，并签订"资助海外韩国学重点研究基地"项目实施协议书，获得32万元资助。该项目由韩国学中央研究院面向全世界科研院所实施，层次和要求很高。在全世界16所著名大学的竞争中，只有中国海大、延边大学和德国柏林大学、美国南加利福尼亚大学获批。通过实施该项目，学校的韩国学研究迈向国内一流水平。

①《国际合作与交流处2008年度工作总结》，中国海洋大学档案馆藏，档号：HD-2008-WS11-C-045。

第七章
崂山校区建设及办学保障

至2006年，学校有鱼山和浮山两个校区，在校全日制学生13000余人，办学用地仅有669亩，各类建筑总面积38万余平方米。办学空间拥挤，尤其是学生宿舍明显不足，建设新校区已显出紧迫性。

经过多方努力，2004年10月，崂山校区奠基。2006年9月，崂山校区启用，办学条件大为改善。网络信息技术，教学基础设施，图书、出版、档案、后勤等工作都取得了长足进步，为学校新世纪的稳步发展提供了保障。

第一节　崂山校区的建设

一、崂山校区的规划设计

面对办学空间和教学科研资源严重不足的现状，2002年，学校决定建设新校区，经过密集调研并与地方政府沟通协商，6月29日，青岛海洋大学与崂山区人民政府签订《建设青岛海洋大学新校协议书》。7月8日，与青岛市崂山区国土资源局签订《青岛市崂山区国有土地使用权预约协议》。

根据协议，新校址位于松岭路以东、李沙路以南、张村河以西，规划占地约2000亩。各类建筑物建筑面积520000平方米，计划总投资12.6亿元。协议还规定，崂山区人民政府组织专门班子,为新校区用地征迁、校舍建设、后勤社会化和科技成果转化等提供服务。

2002年11月,教育部批复,同意"按照事业发展目标,在地处青岛市崂山区的青岛市高新技术开发区征地2000亩,建设中国海洋大学新校区"。

11月30日,学校在逸夫馆举行崂山校区概念设计方案竞赛信息发布会。中国建筑科学研究院建筑技术开发总公司、同济大学规划设计院、华南理工大学建筑设计院、天津大学建筑设计研究院及建设勘察设计院、青岛市建筑设计研究院等单位应邀参加。于宜法副校长代表学校提出,概念设计方案要注重创意、合乎规范、持续发展、突出特色。他强调崂山校区要与国内一流大学、国际知名大学的地位相适应,突出体现学术性及海洋特色;要与青岛市的城市形象相适应,突出景观化和现代化;要体现当今世界大学校园与建筑的发展趋势,突出国际化;要从可持续发展的角度体现高水平、高标准,力争在未来50年不落后。[①]

崂山校区概念设计竞赛方案包括设计说明书、总平面图、道路交通规划图、绿化景观规划图、竖向规划图、管线综合规划图、分期建设规划图、鸟瞰图、主要空间透视图等。2003年1月,崂山校区概念规划设计竞赛结果揭晓,中国建筑科学研究院建筑技术开发总公司获得一等奖,天津大学建筑设计研究院及建设勘察设计院获得二等奖。

9月3日,崂山校区规划设计评议会在逸夫馆多功能厅举行。党委书记冯瑞龙,校长管华诗,中国科学院院士文圣常,中国工程院院士李庆忠、高从堦及中共青岛市委常委、崂山区委书记李增勇等出席评议会。管华诗校长在讲话中表示,要努力将崂山新校区建成与高水平特色大学相称的一流校区。李增勇说,崂山区委将全力支持海大新校区的建设,把它当成崂山区自己的事来抓。

与会领导、专家和教师代表参观规划设计展览,文圣常、李庆忠等对新校区的规划设计提出了许多宝贵的意见和建议,最后全体与会者以投票方式对三个方案进行评议,确定由现代建筑设计集团上海建筑设计研究院有限公司完成修建性详细规划设计。

根据与上海建筑设计研究院有限公司制订的《中国海洋大学崂山校区修建性详细规划设计说明》,崂山校区总占地面积约2000亩,规划全日制在校学生规模20000人。设计注重于在整体风貌上保持对老校区的历史传承;强调建筑与自然的共生;力求资源共享达到最高效率;各院系在教学上自成体系;强调生活区的社会化模式管理及学生活动的多样性。功能布局:区域内的道路结构方式为最经济、最具自然性的曲线形道路网,避

---

① 伯玉、纪玉洪:《崂山校区概念设计方案竞赛活动启动》,载《中国海洋大学报》2002年12月5日。

免直交式带来的机械性，融入了以主入口和行政中心为圆心的发散性的具有一定意境的元素，力求整个区域在自然性和人文性上相融合。校区主入口设在松岭路上，入口两侧分别设有国家海洋科技中心和体育馆；规划路入口安排国际学术中心；李沙路有后勤宿舍区专用出入口；在张村河一侧的入口可直达体育运动区。入口的设置可方便以上区域灵活地对内或者对外开放，成为共享资源服务于城市发展。内部功能紧密结合以五子顶为中心的地形展开，并结合气候条件，将主要教学区域相对集中地布置在五子顶西南侧的缓坡上。教学区分为公共教学区和专业教学区，其中公共教学区处于宿舍区与专业教学区的中间，并接近松岭路入口，兼顾校内师生的使用及教学楼对外租用的可能。院系区围绕图书馆展开并分为工程院系组团和文理科院系组团，单个院系的建筑布局呈庭院式，院系之间有联系的通道，并共同围合形成中心广场，便于促进交流，同时强化领域感和认同感。

根据《中国海洋大学校区建设规划》，崂山校区分二期建设。一期建设2003—2005年，投入资金8.8亿元人民币（含征地费1.6亿元），建成各类校舍314000平方米，安排学生8000人，详见表8-8。二期建设2005—2010年，投入资金5.5亿元人民币，建成各类校舍310000平方米，详见表8-9。崂山校区学生规模达20000人。

表8-8　崂山校区一期建设项目一览表（单位：平方米）

项目	图书馆	教学楼	海洋科技中心	院系楼	学生宿舍	食堂	附属用房	体育馆	合计
面积	45000	20000	30000	90000	90000	10000	4000	25000	314000

表8-9　崂山校区二期建设项目一览表（单位：平方米）

项目	行政楼	教学楼	院系楼	学生宿舍	食堂	附属用房	合计
面积	22000	33000	74000	130000	23000	28000	310000

二、崂山校区建设与启用

在学校喜庆80华诞之际，崂山校区奠基典礼于2004年10月24日下午隆重举行。管华诗校长代表学校对教育部、山东省、青岛市、崂山区等各级领导对学校新校区建设的支持表示衷心感谢。他表示：崂山校区的建设对海大的发展具有历史性的意义，同时对崂山区、青岛市乃至半岛地区的文化、教育和经济的发展都具有重要意义，中国海大决心高起点、高水平地建设好崂山校区。[①]

2005年3月，崂山校区正式破土动工。党委书记冯瑞龙、校长管华诗等学校党政领导多次来到崂山校区建设工地，慰问工程一线工作人员，了解工程建设情况。6月7日，学校召开崂山校区建设工作会议。冯瑞龙在会上强调，百年大计，质量第一。崂山校区建设时间紧、任务重，但建设质量丝毫不能降低。有关部门要加强管理，完善制度，责任到人，确保工程的质量和进度，争取高质量、高水平完成建设任务。[②]

2004年10月24日，崂山校区奠基

2006年4月，随着崂山新校区各项建设工程顺利进行，崂山校区绿化工程按计划展开。学校多次召开绿化专项办公会，讨论结合生活区、院系区、教学区和图书馆区等功能分区进行科学合理的绿化和景观设置工作。

2006年7月，一期工程顺利完工并交付使用。其中的生活区、教学区、院系区、图书馆区、露天塑胶体育场等总建筑面积约为34万平方米；教学楼建筑面积为21984平方米，地上七层，地下三层；图书馆建筑面积约为45000平方米，地上七层，地下一层；第二学生食堂建筑面积为7483平方米，地上四层，地下一层，第四学生食堂建筑面积为6154平方米，地上四层，地下一层。崂山校区宿舍1～19号楼建筑总面积约为92000平方米。

理工科院系楼共有工程学院、化学化工学院、材料学院、海洋环境学院、环境工程学院、海洋地球科学学院、信息科学与工程学院七座。工程学院1号楼建筑面积为6052平方米，2号楼建筑面积为15107平方米。化学馆建筑面积为5581平方米。材料科学馆建筑面积为5950平方米，地上五层，地下一层。材料/化学共用楼建筑面积为8854平方米。海洋馆建筑面积为13464平方米，地上五层，地下一层。环境工程/海洋地球科学共用楼建筑面积为19807平方米，地上五层，地下一层。信息学院1号楼建筑面积为13641平方米，地上

① 郝士：《崂山校区奠基典礼隆重举行　14亿打造未来主校区》，载《中国海洋大学报》2004年10月28日。
② 曲静：《学校召开会议通报情况精心部署》，载《中国海洋大学报》2005年6月9日。

五层，地下一层；2号楼建筑面积为12004平方米。

2006年9月17日上午，崂山校区启用仪式在教学楼前广场举行。北海舰队副政委、少将张德强，教育部直属高校工作司副司长贾德勇，山东省政府副秘书长张传亭，青岛市委常委、崂山区委书记李增勇，市委常委、统战部部长张惠，青岛市副市长罗永明，省科技厅副厅长李乃胜，省教育厅副厅长张志勇，省国土资源厅副厅长张庆坤，中国科学院院士文圣常，中国工程院院士管华诗，学校党政领导冯瑞龙、李耀臻、于宜法、于志刚、翟世奎、董双林、张静出席。吴德星校长作题为《让历史记住今天》的大会致辞。他说：

中国海洋大学崂山校区的启用，对于海大具有非同寻常的意义。海大人的艰辛与奋斗将载入史册，海大的光大与拓新将在今日开篇。我们飞跃性、大跨度地拓展了办学空间。从此，学校将摆脱多年来空间局促的窘境，为学校事业的做强做大和百年建设目标的顺利实现奠定坚实的基础。①

2006年9月，崂山校区有8000名学生入住，二期建设步伐加快。2007年，崂山校区行政办公楼建成，行远楼建筑面积为16328平方米，地上七层，地下一层；行知楼建筑面积为11534平方米，地上七层，地下一层。崂山校区综合体育馆于2008年建成，建筑面积为37779.6平方米，地上三层，地下三层。功能以学生文体活动为核心，兼顾体育比赛与平时娱乐休闲，由哈尔滨工业大学设计。崂山校区南大门、西大门于2008年建成。文新楼于2009年建成，建筑面积为19883.17平方米，地上六层，地下一层。数学楼于2009年建成，建筑面积为9045.21平方米。法政楼、经济楼、管理楼于2014年建成，建筑面积约30000平方米。为缓解学生住宿紧张问题，改善学生住宿条件，2021年，崂山校区学生宿舍项目中海苑正式开工建设，包括学生宿舍楼5栋，总建筑面积约41800平方米，内部精装修，2022年竣工交付。

随着崂山校区建设的日趋完善，校区功能布局调整逐步到位。中国海大的办学条件大为改善，为21世纪的稳步发展奠定了基础。

第二节　办学条件保障

一、校园网络建设

校园网是实现教育现代化的保障平台，也是支撑学校事业发展的重要基础设施。

---

① 王淑芳：《中国海洋大学崂山校区正式启用》，载《中国海洋大学报》2006年9月17日。

学校校园网于1995年开始建设。2000年，中国海洋大学网络中心被中国教育和计算机网（CERNET）确定为全国38个省级主干节点之一，承担青岛地区其他高校及其他教育科研机构接入CERNET的任务并负责运行与管理。

2001年，浮山校区与鱼山校区实现校园网互联互通，两个校区之间的线路带宽达到1000兆，为教学、科研、管理实现信息化提供了支持。2002年，鱼山校区校园网升级改造，实现千兆校园网络。2004年，鱼山校区"六二楼""胜利楼"以及浮山校区校园网升级改造完成。2005年，校园网青岛至南京第二条155兆数字线路开通，部署完成电子邮件系统和计费认证系统。2006年，建设完成崂山校区500毫安级标准机房、三校区环状互联的支持IPv4/IPv6双协议栈的万兆校园网络、校园智能卡系统、校园无线实验网。开通教育网青岛主节点2.5G出口线路，学校校园网出口带宽提升至500兆。2007年部署流控、网管软件，完成行远楼网络建设。

经过建设，校园网在三个校区呈物理环状结构连接，光纤总长97.5千米。崂山校区园区网采用三层拓扑结构、双核心方式，与汇聚层之间采用万兆以太双链路冗余连接，接入层设备采用千兆链路星型网络拓扑结构连接到汇聚层设备，为用户提供100/1000兆以太网连接。配置边界路由器CISCO7609一台，核心交换机CISCO6509二台，汇聚交换机CISCO6509五台，接入交换机325台，布设信息点14320余个。鱼山校区和浮山校区园区网络，均采用星型网络拓扑结构连接，千兆骨干、百兆到桌面，有近10000个信息点，配置核心交换机CISCO6509二台，汇聚交换机二台，接入交换机71台。校园网边界配备了双防火墙（CISCO PIX 535）、入侵检测系统（CISCO IDS）、网络杀毒软件等，建立了无线网络系统环境，提供DNS、邮件、FTP、WindowsUpdate、数据中心光纤存储平台等网络服务。校园网主机房建设和运行状态达到了信息产业部电子计算机房A级标准。基于校园网的办公自动化系统、校园智能卡系统、视频会议系统、视频组播IPTV高清晰流媒体平台、VoIP系统、档案管理系统、人力资源管理系统、科技信息管理系统、研究生教育管理系统、大型仪器管理系统、财务管理系统、数字图书管理系统等，为学校提高管理水平提供了基础条件。

学校自2008年开始实施数字化校园系统平台的建设，当年完成数字化校园统一身份认证平台、统一门户、共享数据库建设；完成鱼山校区部分教工宿舍、崂山校区后勤楼、体育馆网络建设；校园网扩容公网出口带宽200兆，校园网总出口带宽达到700兆。完成CNGI中国海洋大学IPv6驻地网建设。

为了提高网络性能，使校园网络更好地服务于教学、科研、管理以及师生的学习生活，2009年7月对校园网核心、汇聚等骨干设备系统和防火墙进行了升级，对校园网出口流量进行了合理规划，校园网出口达到了2个GE，提高了校园网出口网络性能，同时提高了支持IPv6的能力。利用网络运行维护管理软件，实时对网络系统进行监控分析，尽早发现网络中的故障及某些可疑迹象。利用网络流量监控管理系统，调整流量整形和控制策略，达到保障关键应用的目的，效果显著。制定了《中国海洋大学校园网络安全管理办法》《中国海洋大学网络信息安全应急预案》，加强校园网络安全管理工作。

数字化校园项目于2010年10月验收完成，正式启用学校门户系统，将教务处、研究生管理中心、财务处等部门管理系统集成到门户中，实现单点登录，完成学校范围的数据共享和交换。通过IPv6技术升级项目的建设，利用IPv4／IPv6双栈技术对现有的校园网络进行升级，使校园网络全网支持IPv6，IPv6用户数量达到了1万人。启用接入CERNET2的IPv6-155M专用数字线路，大大提高了IPv6的接入带宽。

2009年12月，学校网络与信息中心被教育部授予中国教育和科研计算机网建设十五周年突出贡献奖。

二、教学基础设施建设

学校将改善本科教学条件放在基础建设的优先地位。结合崂山校区建设和三个校区办学功能调整，对教学基础设施进行了高强度投入和大规模建设。

（一）校舍基本情况

学校三个校区占地总面积167.6万平方米，其中鱼山校区32.2万平方米、浮山校区25.9万平方米、崂山校区109.5万平方米，生均校园占地面积95.66平方米。学校校舍（不含公房出售的住宅）总建筑面积为66.8万平方米，其中教学行政用房37.2万平方米，生均面积21.2平方米；学生宿舍17.9万平方米，生均面积10.2平方米。

至2010年，学校教室共有座位29475个，其中多媒体教室座位14503个，语音教室座位892个，网络教室座位520个；教学用计算机5607台；另建有31间琴房、一处形体课教室等功能教室。百名学生拥有教室座位数、配备多媒体教室和语音教室座位数、配备教学用计算机数分别达到168个、88个和32台，基本满足教学需要。

（二）实验室、海洋实习调查船、实习基地基本情况

1. 实验室

教学实验室既是实验教学活动的支撑平台，又是创新性人才培养的重要基地。至2010年底，学校通过新建、整合、补充完善等方式，建成由19个实验教学中心、77个一级

实验室组成的教学实验室体系。学校各类实验室面积约6万平方米，教学科研仪器设备总值约7亿元。

学校教学实验室建设以培养学生实践能力、创新能力和提高实验教学质量为目标，建成了一批特色鲜明、硬件条件先进、运行管理规范、具有一定示范带动作用的国家级、省级实验教学示范中心。其中，国家级实验教学示范中心三个，分别是海洋生命科学实验教学中心、海洋学实验教学中心、水产科学实验教学中心，另有七个山东省实验教学示范中心。2010年，按照统筹兼顾、分类建设、支撑实验教学的原则，继续加大教学实验室建设力度，全年共立项建设18个项目，涉及14个学院（系）。通过建设，一批教学实验室硬件条件得到改善，整体的实验教学支撑能力得到提升。海洋科学、水产两个国家级实验教学示范中心完成实验室智能化管理系统建设，并顺利通过专家验收，信息化水平进一步提高。

学校实施中心化、功能化的集成建设和管理方式，建设起一批规模较大、功能全面的中心实验室，构建起组织结构扁平、管理集中的教学实验室体系。教学实验室与科研实验室交叉衔接、相互补充，形成了结构完整、资源共享的实验教学支撑系统。

教学实验室主要承担本科通识、学科基础、专业知识及工作技能四个层面的实验课教学任务，实验项目涵盖基本型、提高型及研究创新型等类型；科研实验室主要承担毕业论文（设计）课题、本科生研究训练计划项目、本科生课外实验研究项目等提高型和研究创新型实验的实验研究工作，同时承担着专业知识及工作技能两个层面的部分实验教学任务。教学实验室与科研实验室相结合，满足了各专业的实验教学需求，也为本科生较早地进入实验室，开展科技创新活动创造了条件。

2. 海洋实习调查船

3000吨级的"东方红2"海洋实习调查船于1995年底交付使用，承担着7个学院18个涉海专业和部分兄弟院校相关专业的海上实习任务，同时承担或配合科学家与课题组进行物理海洋、海洋气象、海洋物理、海洋化学、海洋地质、海洋生物、海洋遥感等学科的海上调查和研究工作。

这一时期，"东方红2"船安全航行25万余海里，相当于绕地球航行12圈，海上作业2800余天，航迹遍及渤海、黄海、东海、南海、印度洋及西北太平洋海域。十年间，充分发挥海上流动实践平台作用，开展海洋学海上实践教学航次91个，在船实习的涉海专业本科生8000余名，圆满完成了国家高技术研究发展计划（"863计划"）项目、国家重点基础研究发展计划（"973计划"）项目、908专项、国家自然科学基金委系列重点项目等国家级重大研究课题海上综合科考航次77个，承载科研人员4200余人次，培养硕士、博士研究生1000余人次，与北京大学、厦门大学、华东师范大学等高校，以及中国科学院海洋研究所、自然资源部第一海洋研究所、自然资源部第二海洋研究所等海洋科研院所，有着广泛、深入、卓有成效的合作，取得了诸多突破性成果，为我国海洋人才培养、海洋科学研究及海洋高技术发展作出了贡献。

3. 实习基地

根据各专业、各课程实习和实训的不同内容及要求，学校在校内外建立各类实习基地127处，满足了实习和实训的需要。

位于青岛即墨的鳌山卫海洋生命科学与技术教学科研基地占地3.11万平方米，拥有设备价值940万元。设置水产养殖与生态学、动物营养免疫、海洋生物技术、遗传育种四个方向的功能实验室和一个开放性公共实验室，配有26套封闭循环实验系统，配备了亲鱼封闭循环水培养系统、5T光生物反应器、50T上升流贝类培养系统等设施。基地可接收生物、水产类专业学生进行生物学、养殖学有关技术的专门化实习，还可进行具有综合性项目的实地培训。

学校的校外实习基地采取产学研结合、政学企结合等多种合作方式建设。依托国家海洋局北海、东海和南海分局海洋和气象观测台（站）设置的实习基地，建立山东桃村、安徽巢湖和胶东半岛海岸线地质学野外实习基地，分别为海洋和大气科学类、地质类专业学生的实习提供了很好的保障。海尔集团、海信集团、齐鲁石化公司、青岛啤酒公司、青岛港务局等大中型企业与学校有着长期的良好合作关系，学校与他们共建的实习基地，接受实习专业多，基地使用时间长，运转管理规范，条件设施精良，实习内容稳定。学校已经开始将这种实习方式推广到青岛双星集团、青岛建业集团、胜利油田、日照水产集团总公司、青岛市软件园等单位的校外实习基地中，较好地满足了人才培养的需要。

（三）体育设施情况

学校高度重视体育教育在人才培养中的特殊作用，重视体育设施和运动场馆的建设。在不断更新和维护老校区体育设施的同时，在新校区投资850余万元，建起标准塑胶田径场、足球场和一批篮球场、排球场、网球场以及乒乓球室等运动场馆。2009年，总建筑面积达3.7万平方米的综合体育馆落成并投入使用，该馆包括体育馆和游泳馆及大学生活动中心，具备承担大型体育赛事的能力。10月16日，第十一届全运会女子篮球八强赛在学校综合体育馆开赛。学校建起各种各类通用型运动场馆和体育设施，运动场馆总面积达79610平方米，生均4.54平方米，体育设施完善，满足了人才培养需要。

2009年落成的综合体育馆

学校还与兄弟单位共建具有海洋特色的帆船、帆板运动训练基地和沙滩排球训练场地，满足运动训练专业的教学需要，为学校49人级帆船队参加2008年奥运会的备战训练提供了良好的训练场所。崂山校区还建设有学校自行研制的集智能化考勤考核管理与学生锻炼娱乐为一体的封闭式学生体育锻炼长廊，为促进学生参加体育锻炼发挥了积极作用。

三、图书、出版和档案工作

（一）加强图书工作

2001年，学校建成浮山校区外文图书阅览室，利用国际赠书资源，充实英语、日语、韩语、法语、俄语等外文书籍和刊物，收藏一套价值数百万元的原版CA（化学文摘1907—1999），成为图书馆的"镇库之宝"。

数字图书馆是图书馆事业的一场革命。学校注重建设数字图书馆，扩建了两校区电子阅览室，积极开展数字图书馆的使用辅导工作，以帮助读者使用好数字图书馆资源。

2002年，为进一步发挥好信息资源中心的作用，学校参加了全国高等院校馆际互借协议，与清华大学、北京大学等图书馆建立网络互联、资源共享关系，建成国内国外资源共享体系，补充了馆藏资源。

图书馆馆藏资源数字化程度是现代图书馆管理水平的重要标志之一，而资源数字准确率又是衡量管理水平的关键因素。为了从根本上解决这一瓶颈问题，图书馆利用自筹经费，建立专门机构，抽调专门人员，从2005初启动"库存纸质图书回溯建库"工作。一年的时间完成了图书回溯建库数量达4.5万种，共15万余册。海洋教育、科技文献信息数据库建设列入学校"985工程"建设项目，2007年六个项目子库建设已经达到或接近质量验收标准。

2010年初，随着学校整体办学格局的调整，浮山校区外国语学院、文学与新闻传播学院、管理学院等全日制学生全部搬迁至崂山校区，浮山校区图书馆完成了历史使命。自2010年春季学期开学初至5月下旬，完成浮山馆撤并及由此引发的鱼山、崂山两校区大规模的馆藏资源调整。学校图书馆总建筑面积近6万平方米，阅览座位4138个。

截至2010年底，馆藏纸质文献近190万册。其中，中文图书290791种1494954册，外文图书34537种154682册，古籍及历史文献4万余册；中文期刊4419种、外文期刊2550种，共20余万册，其中学术型期刊比重达60%。有中外文电子数据库108个，以及中国海大学位论文数据库、教学教参数据库等自建数据库；中文电子期刊1万余种，基本涵盖国内公开发行的学术期刊，外文电子期刊2万余种，其中包括2100余种SCI收录期刊，占SCI全部收录期刊的57%。EI收录期刊占其全部期刊的48%，1500余种SSCI收录期刊，及近600种A&HCI收录期刊；国外高校博士论文原文26万余篇，国内优秀博硕士论文全文80余万篇，范围涵盖了学校的所有学科专业，并兼顾不同层次读者的需求。

（二）加强出版工作

出版社是高水平特色大学建设支撑体系的重要组成部分。2006年，中国海洋大学出版社由鱼山校区搬迁至浮山校区高新技术产业中心大楼，有了更大的发展空间。

在特色化和专业化建设方面，2006年，"海洋科技书系"得到进一步充实，"海洋发展研究丛书"系列9本图书已成功出版发行。"海水健康养殖技术丛书"5本在年底出版面世。"十一五"省级重点图书出版规划"高等教育新理念丛书"5本出版，并通过新书发布会向社会推出。"高等教育博士文库"（第一辑）7本和"国际高等教育译丛"3本相继出版面世。"英文原版文学理论丛书"年内出版5本。"语言文化书系""名家课程丛书""公共管理书系""面朝大海博士文库"等其他规划图书也都有了不同程度的充实。出版社三种选题获得批准列入国家"十一五"重点图书出版规划，分别为"海洋生命科学书系""海洋水产科学书系""中国海洋文化史长编"；两种选题获得批准列入省级重点图书出版规划，分别为"高等教育新理念丛书""望岳传播理论书系"；一种选题列入国家"十一五"重点规划教材，即《海洋环境水文要素的分析方法和预报》，合计6套29本。

2010年，出版社开始尝试市场书的策划发行，推进大中专教材的自主开发和出版发行，稳步发展中小学辅助教材，并对海洋和水产科学的教材与专著出版给予特殊支持。

投资100万元启动"畅游海洋科普丛书"出版项目，得到青岛市和学校的大力支持。

在企业改制和运行机制改革方面，从2009年6月30日起，出版社全面开展内部资产清查工作，完成了清产核资、财务审计、资产评估及核销不良资产等工作，于2010年7月成功注册为中国海洋大学出版社有限公司，并按照现代企业制度的要求，组建起董事会、监事会和社委会等企业法人治理结构，出版社的发展进入新阶段。

根据国家文化产业政策的需要、企业运营的要求，出版社结合发展实际，2010年3月正式开始对内部运行机制进行改革。社委会经过广泛调研和征求意见，借鉴其他高校出版社的成功经验，出台出版社内部运行机制改革实施方案，包括出版社发展目标与办社思路、机构与岗位设置、岗位职责与薪酬体系、业务考核政策、内部管理制度建设等。改革方案实施后，员工的积极性提高，责任感增强，集体荣誉感提升，精神面貌发生了很大变化。

（三）加强档案工作

2000年，随着学校网络信息化进程不断加快，档案馆为满足传统介质档案的电子化管理，购买功能先进、支持档案信息化管理的软件，实现日常档案业务由烦琐、低效、重复的手工劳动，逐步向基于智能化管理软件的自动化管理转变。

2002年，在完成立卷改革任务的基础上，以国家档案局一级档案馆建设规范为标准，启动数字档案馆的硬件建设，购进高档计算机、数字网络复印机、高分辨率扫描仪以及其他相关设备，初步满足了馆内运行需要。完成数字档案馆系统的操作平台、数据库的对比论证与定型，数字档案馆的主体框架搭建成型。2003年暑期末，数字档案馆启动试运行，学校档案工作面貌一新。2004年，数字化档案馆二期建设完成，数字化档案馆全面运行。中国海洋大学档案馆被授予山东省特级档案馆资质称号。

2007年，以80周年校庆展为基础，在崂山校区建设集图片、实物、音像于一体的内容丰富的校史馆。校史馆展陈面积1000平方米，展出不同历史时期的照片近2000幅，还有一批珍贵的历史档案和包括"东方红2"船模型在内的一些实物，再现了学校80余载办学历程和成就。①

四、后勤管理与服务

（一）管理规范化

1999年3月，按照政企分开、产权明晰和提高效益的原则，学校成立后勤服务总公司，

---

① 档案工作数据由档案馆提供。

建立起后勤企业化的框架。2000年完成从学校行政系统的剥离，初步实现后勤社会化的转制工作。各专业中心实行自主经营、自负盈亏、自我约束、自我发展的企业化管理。

2002年6月，学校成立后勤集团总公司，撤销后勤服务总公司，将原有的17个实体按市场化、专业化的原则进行了重组，以利于开展经营和服务。

2007年4月，学校与后勤集团、后勤工作办公室分别签订《中国海洋大学物业服务协议》，"一校三区"全部实现物业化管理。与以往不同的是，该协议分清物业中心责任，进行条理化细节管理，除详细阐述物业中心的服务概况、服务内容外，还对卫生保洁服务、设施维护及小型维修（尤其是公共部分200元以下的维修）、值班工作的服务标准列明，改变了以往其大包大揽的粗放式管理方式。

（二）加大基础设施投入

1999年开始，在实现社会化关键的两年中，后勤自筹资金，投入食堂建设近500万元，改造扩建师苑餐厅、潮音餐厅等七个餐厅和两个少数民族餐厅。2000年8月，由学校投资近900万元，新建学生食堂7000平方米，由总公司按照社会化的模式运作，通过经营偿还学校贷款和投资，并为师生提供一流的伙食服务保障。2000年基本缓解了三大热点（供热、班车、水电收费）问题，完成了浮山校区供热改造工程、浴室改造和腾空房、再腾空房的分配。2003年，浮山校区新建设食堂3200平方米，新建学生临时宿舍5000多平方米，以适应学校扩招的需要。

2009年3月，学校启动牟家社区后勤配套工程建设，推进后勤社会化改革又迈出重要一步。工程位于崂山校区正门南侧，规划占地面积65亩，建筑面积62000余平方米，包括本科生、硕士生和博士生宿舍，以及食堂、商场等附属服务性用房。

2010年，后勤集团共投资600余万元改善后勤服务设备、设施。其中，改造装修后勤综合楼六层（海大培训中心）并安装电梯，拓展了集团对外服务能力；改造游泳馆等设施，开设羽毛球、乒乓球、台球、拳击等服务项目，满足师生体育健身需求，提高了公益服务能力。

（三）提升后勤服务能力

后勤社会化改革后，学校伙食工作初步实现了"八化"目标，即管理科学化、服务规范化、卫生标准化、食堂餐厅化、炊具不锈钢化、采购集中化、财会电算化、售饭微机化。

2003年12月，学校成为首批青岛市"阳光食品工程"试点单位，践诺严格实施"阳光食品工程"的规定，保证食堂原料采购全部实现公开招标，降低成本，提高质量。三个餐厅通过省级标准化食堂的评估验收，学苑餐厅被列入全国"百佳食堂风采录"。2005年在中央电视台"三绿工程让百姓买得放心、吃得安心——三绿工程五周年回顾及展望"专题片中,中国海大食堂进货加工过程被连续播放,被称为"三绿工程青岛模式"。

2010年4月,山东省教育厅学生食堂管理工作专项检查评比专家组对学校的学生食堂管理工作进行全面检查评估,一致认为,中国海洋大学学生食堂管理制度健全,工作措施到位,设备先进齐全,服务质量上乘。[1]

---

[1] 李华昌:《我校学生食堂管理工作获山东省教育厅专家组好评》,载《中国海洋大学报》2010年4月15日。

第八章

党的建设和校园文化建设

21世纪的第一个十年，学校党委深入学习贯彻党的十六大、十七大精神，坚持不懈地用毛泽东思想、邓小平理论、"三个代表"重要思想、科学发展观、社会主义核心价值体系武装党员、教育师生，全面贯彻党的教育方针，不断探索党建工作的新思路、新方法、新途径，加强领导班子和干部队伍建设，创新宣传思想工作的思路、途径和方式，推动高水平特色大学建设阔步向前。加强和改进大学生思想政治教育，全面落实育人为本、德育为先教育理念，山东省高等学校德育工作评估获得优秀。推出并实施包括校训和"海大精神"在内的《中国海洋大学形象识别系统（UIS）》，学校的精神文化建设前进了一大步。

第一节　党的基层组织和干部队伍建设

一、基层党组织建设

2000年，学校党委按照全国、全省党建及思想政治工作会议中明确提出的"要重视培养和吸收青年中的优秀分子入党"的要求，实施《中共青岛海洋大学委员会关于加强培养和发展优秀青年教师入党工作的意见》，持续加强在优秀骨干教师特别是优秀青年骨干教师中发展党员，不断增强基层党组织的吸引力、凝聚力、战斗力和创造力，努力把学校基层党组织建设成为学校各项事业的坚强领导核心、政治核心和战斗堡垒。学校各党总支坚持把培养和发展优秀青年教师入党工作列入重要的议事日程，高学历、高职称党员教师比例不断上升，党员构成得到进一步改善，质量得到进一步提高，为实现党对学校的领导奠定了坚实的组织基础。

2001年，学校党委组建六个新的党总支，按期完成任期届满的党总支换届选举工作，不断加强基层党组织建设和党员发展管理教育。出台《中共青岛海洋大学委员会发展党员实施细则（试行）》，提出了发展党员工作的基本方针，对入党积极分子的选拔、培养、教育和考察，发展对象的确定，预备党员的接收、教育、考察和转正等提出明确要求，进一步加大对青年教师特别是高职称、高学历、学科带头人和骨干青年教师的培养力度，鼓励青年教师在业务上积极发展的同时，在政治上不断成长进步，提高党员队伍的整体素质，为学校改革、发展、稳定提供强有力的组织保证。

2004年，出台《中共中国海洋大学委员会关于加强和改进党的基层组织民主生活会的意见》，进一步明确了民主生活会的主要内容和任务，就做好组织学习、民主评议、广泛征求意见会前的各项准备工作，开展批评和自我批评，制定并落实整改措施等进行了规范，进一步加强了基层党组织建设和领导班子建设。在此基础上，学校组织中层领导班子民主生活会，按照"八个坚持、八个反对"要求进行民主评议，根据反馈评议结果和征求意见情况，有针对性地研究解决实际工作中的热点难点问题，真正做到学而思、思而信、信而行。学校基层党组织坚持党建工作"四到位"，即认识到位、精力到位、责任到位、措施到位，规定并基本实现了学院党支部书记由副高职以上职称的教师担任，同时兼任系副主任；机关党支部书记由副处级以上干部担任；学生党支部书记由专职学生干部担任。注意加强党总支书记和支部书记的培训，通过定期举办"党支部书记培训班""党支部工作研讨班"，召开党支部工作经验交流会等进行党性、党风教育和工作方式方法研讨，不断提高政治思想素质和工作能力，使基层党组织领导班子信念坚定、理论过硬、业务精湛，真正成为"领头雁"。

2005年，学校成立中国海洋大学创建党建示范校领导小组，出台《中国海洋大学关于创建党建示范校的实施意见》，制定党建示范校创建指标体系及考核办法，深入开展创建党建示范校活动。通过开展校级领导班子建设示范、干部队伍建设示范、党风廉政建设示范、党总支（分党委、直属党支部）建设示范、党支部建设示范、党员发展示范、党员教育示范，进一步加强和改进学校党的建设，进一步加强校、院两级领导班子的思想政治建设，进一步突出基层党组织在学校改革发展等各项工作中的政治核心作用，进一步发挥党支部的战斗堡垒作用和共产党员的先锋模范作用。实施《中共中国海洋大学委员会院（系）党总支工作细则》《中共中国海洋大学委员会党支部工作细则》《中国海洋大学学院行政领导班子工作细则》，对如何加强高校院系治理和基层组织建设作了有益探索。建立组织员制度，健全专兼职相结合的组织员队伍，对基层党组织发展党员工作进行经常性的检查评估，对入党申请人和发展对象进行教育、考察、谈话，对《入党志愿书》及相关材料进行审查把关。学校党员发展工作的质量和水平有了明显提升。

2010年，根据教育部党组及山东省委统一部署，学校党委深入开展创先争优活动。把创先争优活动与学习实践科学发展观活动紧密衔接，确定以"创先争优建功立业，科学发展谋海济国"为主题，出台《关于在全校基层党组织和党员中深入开展创先争优活动的实施意见》，对在全校基层党组织和党员中开展创先争优活动作出部署。各基层党组织结合各自实际制订富有特色的活动方案，积极推动，扎实推进。根据《关于建立健全承诺、践诺、评诺制度，扎实推进创先争优活动的实施意见》，全校382个基层党组织、1862名教职工党员、3713名学生党员，结合本单位中心工作、岗位职责和个人实际，公开承诺、积极践诺。学校领导深入基层，广泛征求意见、进行点评，肯定成绩、指出问题、明确方向。学校以党组织创先进带动单位创一流，以党员当优秀带动师生员工当先进，带动工会、共青团、妇委会等群众组织开展创建先进集体、争当先进个人活动[1]，为学校发展贡献力量。

在2010年5月召开的学校第九次党代会上，党委进一步提出，要加强基层党组织和党员队伍建设，着力发挥党组织的政治核心、战斗堡垒和党员的先锋模范作用，各级党组织要坚持围绕中心、服务大局，保证党的方针政策和学校重要决策在本单位的贯彻执行，切实发挥推动发展、服务师生、凝聚人心、促进和谐的作用。基层党支部要落实工作制度，严格组织生活，创新活动方式，丰富活动内容，切实加强党员的教育和管理，积极开展创先争优活动，努力成为贯彻落实科学发展观的坚强堡垒。要积极推进基层党组织工作创新，落实党建工作责任制，建立基层党建工作考核评价体系。

这一时期，党委紧紧围绕学校中心工作抓党建，从机构设置、规章制定、人员配备等方面强化党的组织建设，以党建促进各项工作开展，用改革的精神提高党组织的凝聚力、战斗力、影响力，不断探索党建工作的新思路、新方法、新途径，努力破解党建与业务工作"两张皮"，保证了党的教育方针的贯彻，促进了学校各项事业的健康发展。学校多次被评为山东省党建和思想政治工作先进单位，涌现出一大批山东省高校先进基层党

---

[1]《中共中国海洋大学委员会2010年工作总结》（海大党字〔2011〕3号），中国海洋大学档案馆藏，档号：HD-2011-XZ11-Y-09。

组织，省、市及省高校系统和学校优秀共产党员、优秀党务工作者。广大党员的先进性作用得以很好的展现。如2008年"5·12"四川汶川大地震发生后，学校党委按照上级党组织要求，号召共产党员交纳"特殊党费"，积极支援抗震救灾。从5月21日开始至7月8日，共收到4939名党员交纳的"特殊党费"832370元，其中有315名党员自愿交纳"特殊党费"1000元以上①，展示了中国海大共产党员的无私奉献境界和扶危济困的情怀。

二、党风廉政建设

2000—2010年，伴随着国家改革开放的步伐，中国高等教育的大众化进展加快，中国海洋大学在高水平特色大学建设之路上阔步前行。与此同时，学校的廉政风险也在增加，反腐倡廉工作也越来越繁重。在上级纪检监察机关的领导下，学校党委坚持标本兼治、综合治理，惩防并举、注重预防的方针，不断推进教育、制度、监督并重的惩治与预防腐败体系的建设与实施。

反腐倡廉教育是反腐倡廉建设的一项基础性工作。学校党委坚持不懈地从源头上做起，着力抓好党员干部的理想信念、党风党纪、廉洁自律和师德师风教育，逐步实现教育工作的常态化。一是把理论学习与工作部署结合起来，深入开展"三讲"教育、党员先进性教育、学习实践科学发展观等专题活动。每年将反腐倡廉建设的内容列入校、院两级理论学习中心组学习和领导班子民主生活会的重要议题，并通过召开纪委委员会议、党风廉政建设会议等及时传达上级纪检监察工作会议精神，做好年度反腐倡廉工作的安排与部署。二是把常规教育和专题教育结合起来，充分利用新入校教职员工岗前培训、管理干部任前廉政谈话、召开党风廉政建设大会、举办反腐倡廉专题讲座、承办部属高校纪委书记培训班等机会，不失时机地对全校教职员工特别是党员干部开展反腐倡廉教育。适时开展一系列的专题教育，如"理想信念、廉政纪律"教育活动、"艰苦奋斗、廉洁从政"教育活动、"为民、务实、清廉"主题教育以及"加强机关党员干部作风建设专题活动"等，引导党员干部树立宗旨意识，筑牢思想道德防线。三是把正面示范教育与反面警示教育结合起来。通过组织党员干部收看《陈云与党风廉政建设》专题教育片和学习王瑛、孟二冬等先进人物事迹，播放《蜕变》《碰不得的高压线》《忏悔录》《警示与反思》警示教育片，转载教育系统反面典型案例等多种方式，引导广大党员干部明辨是非，自觉抵制各种诱惑，做到自重、自省、自警、自励，防止滑入贪腐泥潭。

---

① 《党委组织部、党校2008年度工作总结》，中国海洋大学档案馆藏，档号：HD-2008-DQ13-Y-5。

建立健全规章制度，是加强党风廉政建设和反腐败斗争的关键，是规范党员领导干部从政行为的有效措施之一。学校党委从建章立制、规范管理入手，修订和制定了若干项规章制度，基本形成适应学校建设和发展需要的惩治与预防腐败体系的基础框架和长效工作机制，推动反腐倡廉建设向科学化、规范化和制度化迈进。积极推动反腐倡廉责任体系的构建和落实。2003年，根据中共中央关于党风廉政建设责任制的有关规定和学校《党政领导干部实行党风廉政建设责任制的规定》，实施《中国海洋大学校级、正处级领导干部党风廉政建设责任考核办法》，对领导干部党风廉政建设责任制落实情况进行检查考核，建立起党风廉政建设责任制考核评估体系。2004年，制定并实施《中国海洋大学关于领导干部报告个人重大事项的规定》，进一步加强对领导干部的监督和管理。2006年，贯彻落实中共中央《建立健全教育、制度、监督并重的惩治和预防腐败体系实施纲要》，制定并实施《中共中国海洋大学委员会贯彻落实〈实施纲要〉的具体办法》。2009年，按照中纪委、教育部、监察部《关于加强高等学校反腐倡廉建设的意见》和教育部党组《贯彻落实〈建立健全惩治和预防腐败体系2008—2012年工作规划〉实施办法》，出台《中共中国海洋大学委员会贯彻落实三部委〈关于加强高等学校反腐倡廉建设的意见〉的实施办法》，进一步明确反腐倡廉责任体系，同时制定《中国海洋大学处级以上领导干部廉洁自律"八不准"规定》《中国海洋大学纪检监察信访工作规定》等一系列制度，细化工作要求。2010年，修订《中国海洋大学党政领导干部实行党风廉政建设责任制的规定》，由党委书记代表党委与各二级单位新任党政主要负责人签订《党风廉政责任书》和《党员干部廉洁自律承诺书》，并要求新任党政主要负责人向本单位全体党员作出承诺，自觉接受群众监督。

坚持标本兼治、综合治理，充分发挥纪检监督和行政监督的合力作用，从源头上预防和治理腐败，逐渐加大监督力度，努力做到在参与中监督、在监督中服务，监督工作的实效性不断增强。一是加强对干部选拔任用环节的监督，坚持实行任用中层干部前征求学校纪委主要负责人意见、主要领导干部职务任期制、离任审计和轮岗交流等做法，认真落实处级干部任前廉政谈话、个人重大事项报告和述职述廉等制度，把好党政管理干部的入口关和任用关。二是加强对各类招生选拔环节的监督，实施《中国海洋大学关于招生监察工作的规定》，全程参与本科生统招及特殊种类考生选拔测试环节的监督，参与硕士、博士研究生入学考试和录取环节的监督，协助处理考生及家长的咨询与疑问，确保各类招生选拔公开、公平、公正进行。三是加强对采购招标工作的监督，修订《中国海洋大学招标采购管理办法》《〈中国海洋大学招标采购管理办法〉实施细则》，全程做好基建

（修缮）工程、仪器设备、图书教材、物资采购等各类开评标环节的监督，及时提出合理意见与建议，努力促进开评标环节公开、公平、公正和有序进行。四是根据上级有关部门的部署和要求，开展专项治理整顿和纠风工作，对重点问题领域进行专项清理清查及治理工作，为及时化解风险、防止不正之风的发生发挥了积极作用。[①]

这一时期，学校党委认真贯彻落实党中央、国务院和中纪委关于党风廉政建设和反腐败工作的部署要求，坚持党委统一领导，党政齐抓共管，纪委组织协调，部门各负其责，依靠群众的支持和参与的领导体制和工作机制，从制度、监督、惩处、廉政文化建设等方面不断健全反腐倡廉责任体系，努力把反腐倡廉建设推向深入，为全面促进学校党的建设和维护改革、发展、稳定的大局作出了应有贡献。

三、干部队伍建设

2000年4月，通过新一轮校部机关改革，学校党政管理机构、人员有了较大幅度的调整，基本实现了精简机构、减少人员、提高效率的目标。

2001年，学校党委深化干部制度改革，开展干部公开选拔，增加干部选拔工作的透明度。对在一个岗位任职期满两届的干部进行岗位交流，加大干部交流力度，多渠道、多形式地加强对干部队伍的培养、培训。围绕建立和完善科学的干部考核制度，出台《中共青岛海洋大学委员会关于处级干部年度考核的实施意见（试行）》，对专职正、副处级党政管理干部（不包括处级调研员）从德、能、勤、绩四个方面进行考核，重点考核德和绩，考核结果分为优秀、称职、基本称职、不称职四个等次。

2002年，为认真贯彻新时期党的干部路线、方针、政策，保证党的基本路线和教育方针在学校的全面贯彻执行，推动学校事业的顺利发展，根据中共中央《党政领导干部选拔任用工作条例》和党的十五届六中全会《关于加强和改进党的作风建设的决议》以及上级有关文件精神，学校修订了《中共中国海洋大学委员会关于进一步加强干部队伍建设的意见》，大力推进领导干部选拔任用制度改革，提出处级干部任用要公开选拔、任前公示、竞争上岗、择优使用，科级干部上岗实行双考制，从应届毕业生、校内其他岗位或校外选聘党政管理干部，选送干部到国家、省、市党校和其他有关培训学校、部门学习深造，选派干部到国外高校学习深造、短期考察，坚持干部岗位轮换交流制度，实行干部待岗制等改革创新举措，进一步加强学校干部队伍建设，提高干部的综合素质。其中，为加

---

① 刘贵聚：《在中国共产党中国海洋大学第九次代表大会上的报告》，中国海洋大学档案馆藏，档号：HD-2010-DQ13-Y-037。

大优秀年轻干部储备、培养力度，积极为国家部委、山东省、青岛市输送优秀后备干部，提出要"进一步加强后备干部队伍建设，努力建设一支数量充足、素质优良、年龄和专业结构合理的校、处级后备干部队伍""逐步达到后备干部数量与现任领导干部职数之比为2:1"，要加大后备干部培养、管理力度，"安排后备干部参加各类学习培训""让后备干部在适当岗位上锻炼成长""坚持对后备干部实行动态管理的原则，定期考核"，不断将思想过硬、作风正派、能力突出、群众公认的年轻干部充实到后备干部队伍中来。

2005年，党委出台《关于实施新一轮干部聘任的意见》，采取个人申报、公开竞争、择优聘任与组织调配任命相结合的方式，充分发扬民主，规范程序，对专职党政管理干部实施新一轮的岗位聘任，完善干部能上能下机制，保证干部队伍充满生机与活力。出台《中国海洋大学学院行政领导班子工作细则》，完成海洋环境学院、环境科学与工程学院、文学院和材料科学与工程研究院四个单位的行政领导班子换届工作。出台《中国海洋大学2005年度中层领导班子和干部考核办法》，以岗位责任为依据，在总结工作、述职述廉的基础上，实行民主测评，基层与机关、直属单位互评，校领导测评，综合评定、确定等级的考核办法，对中层领导班子和中层领导干部进行考核，并对拟确定为"优秀"等级的处科级干部进行公示，接受全校师生的监督检查，进一步完善管理干部考核制度。

2006年，学校党委在调研的基础上，提出进一步加强学校干部队伍建设的思路，即把住一个关口：入口关；实行一种制度：领导职务系列与非领导职务系列"双梯并行"的聘任制度；采用一种模式：分级分类管理的模式；实现两个转变：由身份管理向岗位管理转变，由过程管理向跟踪过程的目标管理转变；构建四个机制：干部选拔任用机制、考核评价机制、监督激励机制、教育培训机制；加强四个建设：全面加强干部队伍的思想建设、组织建设、作风建设、能力建设，并且把四者有机结合起来；建设一支队伍：建设一支政治可靠、结构合理、业务精良、管理高效、作风过硬的高素质管理干部队伍，为高水平特色大学建设提供组织保证。在此基础上，学校党委制定《中国海洋大学新一轮科级及其以下干部选聘实施办法》，强化岗位，淡化身份，按需设岗，按岗聘用，实行双向选择、择优聘用，打破干部领导职务终身制，促进干部合理流动。整个聘任工作组织周密、程序规范、民主公开、竞争择优，优化了干部队伍结构，进一步激发了干部队伍的活力和干部的进取创业精神，改进了工作作风，为建设高水平特色大学提供了坚强有力的组织保证。

2006年，学校出台《中国海洋大学党政管理干部在职攻读学位管理规定（试行）》，支持和鼓励优秀党政管理干部在职攻读与管理工作相关的博士、硕士学位，不断提高党政管理干部学历层次，进一步激发了干部队伍的活力和干部的进取创业精神。2008年，学校以建设学习型、研究型、创新型、廉洁型干部队伍为目标，建立健全干部选拔任用、教育培训、管理考核等制度，不断加强干部队伍建设和作风建设。建立"中国海洋大学干部在线学习中心"，依托高校管理者培训平台，实时为全校广大干部提供涉及国家宏观发展形势、高等教育发展战略、高等学校管理实践问题、领导者能力与素质建设等视频及文字学习材料，为贯彻落实中央及教育部党组干部培训文件精神，全面提升干部的业务能力和综合素质起到很大的推动作用。

2010年，学校党委坚持考学结合，以考促学，在科级干部（中级职员）晋升资格考试基础上，将竞聘处级干部也纳入考试（含笔试、面试）范围。考试内容涉及政治、管理、法律、人文、公文写作等方面知识，不指定参考书，不进行考前辅导，着重考察干部平时的学习积累。除将"干部在线学习中心"必修课程及其他要求干部学习的内容纳入干部晋升考试的命题范围外，还结合国内外形势、联系学校实际、结合干部岗位职责精心设计考试题。通过干部晋升考试，把学习结果作为选拔任用干部的重要依据，形成注重学习的用人导向，激发干部学习的内在动力，逐步形成了自觉、主动、全方位学习的良好风气，促进了学习型党组织建设。

这一时期，学校认真贯彻《党政领导干部选拔任用工作条例》，制定并完善各级干部选拔任用制度和程序，健全党政干部公开选拔和竞争上岗制度，大力加强领导班子建设和干部队伍建设。坚持德才兼备、以德为先的标准和民主、公开、竞争、择优的原则，严格命题、笔试、答辩等环节，严格组织程序，通过民主推荐、考察谈话，做好干部选拔任用和调整工作。坚持完善中层领导班子和领导干部考核办法，完善考核指标体系，扩大考核范围，规范考核程序，加强考核结果运用。坚持加大干部教育培养力度，拓宽专、兼职党务工作干部培养途径，推荐干部到国内重点高校、政府机关挂职锻炼，鼓励在职攻读博士、硕士学位，不断增强干部科学判断形势的能力、应对复杂局面的能力、组织协调的能力、依法行政的能力、管理及服务的能力，带动学校各项事业快速健康发展。

第二节　思想理论教育和新闻宣传工作

一、思想理论教育

2000年，为进一步贯彻落实中央思想政治工作会议精神和全国、山东省高校党建思想政治工作会议精神，党委制定了《中共青岛海洋大学关于加强和改进思想政治工作的若干意见及措施》，进一步加强对思想政治工作的领导，明确了党委书记为学校思想政治工作第一责任人，建立了由党委书记主持，校长、副校长以及有关职能部门负责人参加的思想政治工作联席会议制度，专门研究部署思想政治工作；在坚持校、院两级中心组学习制度的基础上，进一步完善了党委常委学习制度和党委常委深入群众、联系学院、调查研究制度，规定每位党委常委根据分工和工作重点，每年确定1~2个课题，开展调研活动并将成果在党委常委会上汇报；每年召开一次全校思想政治工作理论研讨会或思想政治工作经验交流会，继续设立思想政治教育课题研究基金，坚持每年资助10个研究课题，每年评选一批优秀研究成果，加强对思想政治工作的理论研究与实践研究。

2000年5月，学校党委出台《关于学习江泽民总书记"三个代表"重要论述的安排意见》，党委书记冯瑞龙召开专题部署会议，阐述了学习"三个代表"重要论述的重要性，就全校兴起学习"三个代表"重要论述的热潮作出具体安排[1]，要求学校各级党组织把"三个代表"重要论述的学习作为当前和今后一个时期政治理论教育的重要内容，在全校广大党员干部和师生员工中广泛开展，把"三个代表"的要求落实到全面贯彻党的教育方针中去，落实到培养社会主义事业合格人才中去，落实到学校建设高水平特色大学的事业中去。

10月至12月，学校根据省委高校工委部署，在副处级以上党员干部和全体师生中分别开展了以"三个代表"和"四个如何认识"为主要内容的学习讨论活动，确定"总体学习有计划，结合实际巧安排，灵活多样有创新，以学促进两不误"的学习活动思路，实现领导示范与组织管理相结合，专家辅导与自主学习相结合，学习讨论与解决实际问题、推动学校改革发展相结合，自我总结与督导检查相结合。广大党员干部进一步加深了对"三个代表"重要思想内涵的认识，党员意识、党性观念、责任意识进一步增强，马克思主义理论在学校意识形态领域的地位得到了进一步巩固和加强。

在此基础上，学校党委在校级党政领导班子和副处级以上党员干部中开展以"讲学习、讲政治、讲正气"为主要内容的党性党风教育。通过认真开展"三讲"教育，领导班子和党员领导干部立足于学习提高，着眼于解决问题，进行深刻的马克思主义自我教育，找准、抓实工作中存在的问题，一条一条、一件一件进行整改，使广大师生员工切实感受到党员干部特别是党员领导干部思想、作风和精神面貌的新变化、新进步，促进了学校各项事业的发展。[2]

---

[1] 张静主编：《中国海洋大学大事记》，中国海洋大学出版社2014年版，第221页。
[2] 《中共青岛海洋大学委员会关于"三讲"教育工作总结报告》（海大党字〔2000〕55号）。

　　2001年，学校党委坚持以邓小平理论和"三个代表"重要思想为指导，认真学习贯彻江泽民同志在庆祝中国共产党成立80周年大会上的重要讲话（"七一"讲话）精神，同加强和改进党的作风建设紧密结合起来。坚持校、院（系）两级理论学习中心组每两周一次的理论学习制度，邀请山东省委"七一"讲话宣讲团成员到校作辅导报告，举办为期四周的处级以上干部学习辅导班，在掌握理论提高领导能力、运用理论解决实际问题上下功夫，做到"五有"（即时间有保证，讨论有主题，自学有笔记，贯彻有措施，落实有成效），不断提高领导干部、师生员工的政治理论素质、理论水平以及运用科学理论指导工作实践的能力。[①]

　　2003年，根据教育部党组和山东省委的要求，学校党委紧紧围绕学习贯彻党的十六大精神和"三个代表"重要思想，制定《关于学习〈"三个代表"重要思想学习纲要〉的通知》《关于认真学习胡锦涛同志"七一"讲话，兴起学习贯彻"三个代表"重要思想新高潮的通知》，作出系统安排，有计划、分重点、有步骤、分层次地开展学习活动，推进"三个代表"重要思想进课堂、进教材、进学生头脑，努力把贯彻"三个代表"重要思想落到实处。[②]通过学习，全校党员干部和师生员工在对"三个代表"重要思想的时代背景、实践基础、科学内涵、精神实质和历史地位的认识上达到了新的高度，进一步将智慧和力量凝聚到全面建设高水平特色大学、实现跨越式发展目标及任务上来。

　　2005年8月至12月底，按照中共中央、山东省委、青岛市委的部署，学校党委成立以党政主要负责同志为组长、副组长的先进性教育活动领导小组，研究制定学校先进性教育活动的实施意见。学习动员突出一个"深"字，分析评议突出一个"严"字，整改提高突出一个"实"字，教育引导广大党员通过理论上的"真学"，达到了思想上的"真信"和行动上的"真用"，为建设高水平特色大学提供坚强的思想政治保证和组织保证。通过在党员中开展"让党徽在岗位闪光"主题实践活动，在机关开展"加强机关作风建设，提高管理水平"系列教育活动，举办专题报告会，组织实践考察和收看教育影片，建立专题网页，开设专版专栏等，引导党员做到学有所思、学有所悟，内化于心、外化于行。广大党员素质明显提高，机关作风明显改善，有效促进了高水平特色大学建设。

　　2008年4月，为深入学习宣传贯彻党的十七大精神和山东省第九次党代会精神，学校党委制定《关于在全校开展解放思想、促进发展大讨论活动的具体实施意见》，组织全校

①《中共青岛海洋大学委员会2001年工作总结》（海大党字〔2002〕2号），中国海洋大学档案馆藏，档号：HD-2002-DQ11-C-2。
②《中共中国海洋大学委员会2003年工作总结》（海大党字〔2003〕10号），中国海洋大学档案馆藏，档号：HD-2003-DQ11-Y-39。

师生围绕"以科学发展观为指导，进一步解放思想，改革创新，促进学校事业又好又快发展"主题开展大讨论，以科学发展观为统领，以学习讨论和调查研究为主要形式，着力克服学校发展上的思想障碍和机制障碍，着力破解影响学校科学发展的难题，克服因循守旧观念，强化改革创新意识，在坚持改革开放上实现新突破，在推动科学发展上取得新进展，着力解决影响学校事业发展的机制问题，推动学校事业全面、协调、可持续发展。

2009年3月至9月初，学校党委深入开展学习实践科学发展观活动，按照"党员干部受教育、科学发展上水平、人民群众得实惠"的总体要求，围绕"提高思想认识、解决突出问题、创新体制机制、促进科学发展"的主要目标，坚持解放思想、突出实践特色、贯彻群众路线，顺利完成了学习调研、分析检查和整改落实三个阶段的任务。在学习实践活动中，各级党员领导干部特别是党组织主要负责人率先垂范，带头深入学习，带头调查研究，带头解放思想，带头分析检查，带头整改落实，积极参加领导班子和所在支部的活动，经受了一次马克思主义中国化最新成果的深刻教育，进一步深化对科学发展观重大意义、科学内涵、精神实质和根本要求的理解，对如何以科学发展观为指导做好本职工作有了更加深入的认识，理论水平和工作能力得到进一步提高。

2010年，学校党委进一步完善党委理论学习中心组学习制度，创新学习形式，要求中心组成员根据学习内容或中心议题认真阅读有关书目，每年至少准备并作一次较系统的发言，至少写一篇心得体会、调研报告或理论文章。积极学习借鉴国内外优秀的理论成果和先进经验，紧密联系学校实际，精心设计专题，邀请北京师范大学、南京大学等知名学府的专家学者到校举办讲座，围绕党建、教育、管理等组织开展专题学习，把学习地点从小会议室改到大会堂，参加范围由党委理论学习中心组成员扩大至中层干部乃至全校管理干部，切实提高了干部的理论水平和依法治校、科学管理的能力。

这一时期，学校党委深入学习贯彻党的十六大、党的十七大精神，坚持不懈用毛泽东思想、邓小平理论、"三个代表"重要思想、科学发展观、社会主义核心价值体系武装党员、教育师生，开展"三讲"教育、学习实践科学发展观活动、创先争优活动，积极探索思想政治教育工作的新思路、新方法、新途径、新载体，围绕推进事业发展和解决师生员工实际问题，深入细致、扎实有效地开展党建、教育、管理、法律、海洋权益、中西文化等专题学习，党员干部特别是党员领导干部的党性修养、理论水平以及依法治校、科学管理能力不断提升，思想政治教育的针对性、实效性和影响力不断增强，助力高水平特色大学建设任务圆满完成。

二、新闻宣传工作

2000年9月，按照《青岛海洋大学校部机关改革方案》的要求，经过半年多的紧张筹备，学校新闻中心成立，由党委宣传部主管。首任新闻中心主任由党委宣传部部长魏世江兼任。之后，党委宣传部部长兼任新闻中心主任成为学校的一项制度性安排。

2001年，围绕学校改革和发展的中心工作以及建设高水平大学这一主题，学校在《人民日报》《光明日报》《中国教育报》《中国日报》《欧华侨报》以及中央电视台、中国人民广播电台、中国国际广播电台等国内外媒体上刊发新闻、通讯、专题报道600余篇（件），树立了学校良好形象，在国内外引起了良好反响。英国剑桥大学、美国加州大学、澳大利亚西奥大学等国际知名高校先后与学校在人才培养、科学研究等方面加强了合作，有力地促进了学校招生、人才引进、科研成果转化。[①]

2003年12月，中国海洋大学新闻网站——"观海听涛"正式开通。"观海听涛"之名由党委宣传部部长兼新闻中心主任魏世江提出。其中的"海""涛"既是中国海大的直观象征，也代表着学校由海而兴的主要归因和特殊使命；"观""听"则是新闻媒体及其从业者获取校内外信息的主要手段与途径。把学校的特质和新闻制作与传播方式巧妙地融合在一起，"观海听涛"一经提出，便得到学校党政领导和广大师生员工的高度认同。党委书记冯瑞龙在开通仪式上说，新一届党委非常重视新闻网的建设，在党委宣传部的积极努力下，新闻网在短短几个月内便正式开通，值得祝贺！中国海大新闻网与高水平特色大学建设有着紧密的内在联系，新闻网正是用高水平的传媒手段展示海大的高水平建设。党委副书记李耀臻鼓励说，"观海听涛"要观四海进步之气象，观社会变革之浪潮，要听海大建设之涛声，听海大师生员工之心声。[②]网站设置焦点新闻、校内要闻、视频新闻、图片新闻、媒体海大、记者观察、活动看板七个栏目和《中国海洋大学报》网络版。利用网络所具有的即时性、开放性、互动性，以图文并茂的形式宣传海大人在高水平特色大学建设中的事迹和成就，有效发挥舆论引导作用，牢固占领了校内宣传舆论阵地。2004年，"观海听涛"采编、制作能力进一步提高，实现重要新闻在两小时内完成发布、重大活动现场全程直播，全年共发布新闻4000多条，访问总数突破60万次。2006年，"观海听涛"荣获全国高校十佳新闻网站，实现了学校新闻工作的历史性突破。[③]

2006年9月，根据中央关于建立新闻发言人制度和山东省委《关于建立新闻发言人制

① 海声：《让海大走向世界　让世界了解海大　2001年外宣工作成绩斐然》，载《青岛海洋大学报》2002年1月17日。
② 张静主编：《中国海洋大学大事记》，中国海洋大学出版社2014年版，第279页。
③《中共中国海洋大学委员会2006年工作总结》（海大党字〔2007〕9号），中国海洋大学档案馆藏，档号：HD-2007-DQ11-Y-08。

度，进一步加强新闻发布工作的意见》的要求，经学校党委研究决定，设立中国海洋大学新闻发言人，由党委宣传部部长担任。新闻发言人在校党政领导下，不定期向校内外发布学校改革与发展的主流信息，及时发布校内发生的重要事件及其处置情况，正确引导舆论。新闻发布的内容包括学校的中心工作和党政的重大决策、重要决定等；全校一个时期改革与发展的情况；党委、行政各部门工作中的重要事项；涉及全局的重大问题、重要活动、社会关注的热点问题；重要突发事件。学校首次新闻发布会于9月14日在鱼山校区国际会议厅举行。学校成为山东省内率先建立新闻发言人制度的高校。[1]

这一时期，学校坚持"让海大走向世界，让世界了解海大"理念，以学术、学者、学生为重点，坚守正确舆论导向，完善新闻宣传规章制度，加强宣传舆论阵地建设，建立监督考核机制，充分发挥了校园媒体在思想教育和舆论引导中的重要作用，为学校改革发展稳定创设了良好的舆论环境。

第三节　学生思想政治工作

一、完善学生工作体制机制

加强和改进大学生思想政治教育，培养一代又一代中国特色社会主义事业的合格建设者和可靠接班人，是时代对高等教育提出的要求，是历史对高等学校的重托，是人民对高等教育工作者的期望。学校党委充分认识到大学生思想政治教育的重要性，根据学校实际制定相应措施，在大学生思想政治教育做实做新上下功夫。

第一，基本规范教育常抓不懈。学校推出各类人员行为规范，作为全员思想教育的最基础环节。其中学生行为规范为：尊师守纪，文明诚信；好学善思，敢于怀疑；学有所长，全面发展。这个规范包含三个层面，每个层面用八个字表述。第一层面是对学生基本道德的要求，第二层面是学生本职责任的要求，第三层面是学生职务行为要求。三个层面相辅相成，形成有机整体。[2]学校通过各种渠道、各种方式，坚持不懈地对学生进行基本行为规范教育，对引导、匡正在校学生的行为起到了积极作用。

第二，"抓好两头，夯实中间"。"抓好两头"即抓好新生的入学教育和军训工作，抓好毕业生的文明离校工作。例如：2005年开始，大胆实践国防生担任教官的新生军训模

① 张静主编：《中国海洋大学大事记》，中国海洋大学出版社2014年版，第312-313页。
② 中国海洋大学党委宣传部：《中国海洋大学形象识别系统（UIS）手册》，2004年。

式，逐步实现本校国防生独立承担新生军训任务，既提高了新生军训的针对性和实效性，又锻炼了国防生的指挥管理能力，得到教育部的推广宣传，荣获山东省高校思想政治工作创新奖。"夯实中间"即从教育学生适应大学生活到最终培养学生树立正确的世界观、人生观、价值观，实现人才培养目标，将思想教育的总体目标分年级、分阶段实施。一年级，主要进行适应大学生活和教育规律的教育，让学生形成与大学教育相适应的良好学习习惯和文明习惯，培养学生树立正确的人生观；二年级，主要进行价值观教育，培养学生树立正确的价值取向，进行科学精神教育，培养学生具有鲜明个性、敢于创新、吃苦耐劳、诚实守信的科学精神；三年级，主要进行世界观教育，培养学生树立正确的世界观和宽广的世界眼光，进一步夯实科学精神，做立志为科学和国家贡献一生的"海大人"；四年级，主要进行适应社会的教育，培养学生适应社会环境的能力，使之进入社会后能尽快发挥作用。

第三，塑造德育工作品牌。学校从1995年起逐步建立完整的德育工作体系，形成了党委统一领导、校长及行政系统为主实施，以强化院（系）德育工作为重点，以"三落实"（组织落实、措施落实、经费落实）为保证，以"双评"（一年一评估、两年一评比）为抓手，以全员育人、增强德育工作的实效性为宗旨的德育工作领导体制和运行机制，构建了党政群齐抓共管、相关部门各司其职、学生主动参与的一体化德育工作格局。制定"大学生德育教育系统方案"，提出德育目标、德育内容、德育途径、德育方法、德育实效、德育策略等要求，针对专科生、本科生、研究生的不同特点采取不同的要求和方法，实现教育内容有要求，教育方法有区别，教育重点有侧重，教育考核有标准，教育实践有途径。制定"德育工作评估实施细则"，把德育机构、党团活动、思想教育、行政管理、学风建设、校园文化、经费保障、学生党建和毕业生就业等涉及学生成长的主要因素纳入评估指标体系，共有5个一级指标、13个二级指标、28个三级指标，定性与定量相结合，德育评估指标体系更加系统、全面。成立德育评估机构，坚持评估与评比相结合，并将院（系）德育工作的评比结果与院长、书记及相关人员的工作业绩挂钩，有效地调动了院系德育工作的积极性、主动性和创造性。

第四，拓展思想教育新阵地。2001年8月，学生思想政治教育红色网站——"海之子"正式启用，内容包括"海大风采""远洋罗盘""旗帜飘扬"等十几个板块，积极引导网上舆论，推动网络思想政治教育工作向纵深发展，成为实施思想政治教育工作的有力平台，展示出大学生网络思想政治教育的亲和力和渗透力。"海之子"网站入选全国高校百佳网站之"十佳思政类网站"，先后在全省高校党政管理干部网络技能培训班和2001

年省学生教育与管理年会上分享经验，在全省高校中产生了较大的影响，得到了中宣部和教育部的肯定。开设"海之子"讲坛，组建优秀学生标兵事迹报告团，邀请优秀学生标兵，采取面对面访谈、现场互动的灵活方式，与广大学生近距离接触，交流思想、分享感悟，全方位展示新时期中国海大优秀学子精神风貌，激励学生见贤思齐。真正做到了评一名标兵，树一面旗帜。极大地调动了广大学生学先进、创先进的积极性，有力地促进了学风建设。

二、加强思政工作队伍建设

学校认真落实全国高校辅导员工作会议和教育部《普通高等学校辅导员队伍建设规定》精神，注重完善辅导员的配备与选聘机制、培养与发展机制、管理与考核机制，制定《关于辅导员队伍建设的有关规定》等一系列具体规定，着力打造一支政治强、业务精、纪律严、作风正的辅导员队伍。

该规定提出采取四种渠道选配高素质辅导员，加强德才兼备、专兼职结合的思想政治教育工作队伍建设。一是每年面向全国重点大学公开选聘具有硕士以上学位的优秀研究生党员到校从事专职辅导员工作。二是每年在推荐免试研究生计划中单列名额，严格执行报名、资格审查、公开答辩、综合考察、公示等程序，选拔品学兼优的保送研究生保留学籍两年从事辅导员工作。三是从在校研究生中选聘品学兼优的党员担任研究生德育辅导员。2004年，从高年级品学兼优的研究生党员中选聘了首批19名德育辅导员，兼职从事研究生党建和思想政治教育工作，对探索建设专兼职相结合的学生工作干部队伍作出了有益的尝试。四是从在校研究生中选聘品学兼优的党员担任本科生兼职辅导员。2006年，选聘35名在读全日制研究生担任本科生兼职辅导员，从事本科生思想政治教育和日常管理工作。在此基础上，学校还增设大学生心理健康教育与咨询专职教师岗位，面向全国招聘，以适应大学生心理健康教育与咨询工作的需要。实施《中国海洋大学关于进一步加强和改进班主任工作的意见》，修订并强化班主任工作职责、选聘配备条件和程序，通过加强培训，强化考核与奖励，大力宣传优秀班主任先进事迹等措施，班主任的工作积极性和责任心大大增强。

重视对辅导员的培训培养，鼓励辅导员队伍向职业化、专业化、专家化方向发展。一是每年对新任辅导员进行政治素质、业务技能等方面的岗前培训，每年组织大学生思想政治教育研讨会和经验交流会，有计划地选派优秀辅导员外出学习培训，参加出国（境）、教育部、团中央和山东省委高校工委组织的学习培训班以及关于就业、资助、心理健康教育等专题培训，以提高辅导员理论水平、工作能力和业务素质，激发他们的工作热情和创新能力。二是鼓励提高学历和科学研究。实施《中国海洋大学党政管理干部在职攻读学位管理规定》，鼓励辅导员通过在职攻读学位，进一步提高学历层次和知识能力。专设党建与思想政治教育研究基金，每年资助十项研究课题，鼓励、资助辅导员结合工作开展研究，进一步提高研究能力和理论水平。三是鼓励开展工作创新。组织"我的大学"辅导员讲坛，邀请辅导员开展以"海大十年""我的志愿情节"等为主题的讲座，就学生关心的各种问题与大家交流；定期开展"辅导员沙龙""辅导员素质拓展训练"等活动，既开阔了辅导员创新思维，也锻炼了沟通能力、表达能力。

建立科学管理机制。一是对辅导员实行学校和学部、院（系、中心）双重领导。党委学生工作部、研究生工作部是代表学校党委管理辅导员的主要职能部门，学部党委、各院（系、中心）党总支具体负责本单位辅导员的日常管理和工作考核。二是对专职辅导员实行"双身份"管理。在学校党政管理干部序列中，按照规定的职务晋升条件，及时晋升职务职级；在教师序列中，纳入思想政治教育专业系列单独评定职称。三是辅导员职务晋升时引入竞争机制。坚持"凡晋必考、凡晋必竞"，在选拔任用处级领导干部时坚持公开选拔、竞争上岗、择优录用；选拔任用科级干部时实行双考制，即考试与考察相结合，考试内容主要包括马克思主义基本理论、管理、公文写作、外语等方面的综合知识，考试成绩作为辅导员晋升的重要条件。四是建立规范的考核评价体系。考核内容包括所带学生数量及学生满意度、工作开展情况、对学生指导及教学情况、学术研究情况等；考核分为优秀、称职、基本称职、不称职四个等级，其中优秀比例不超过辅导员总人数的15%，考核结果作为评优奖励、职务晋升与评聘、津贴发放的依据。

经过努力，学校逐步建立起一支真情育人、严格管理、热情服务的辅导员队伍。这支队伍把学生的成长放在第一位，遵循高位引导、等位交流、换位思考的工作方法，讲奉献、有作为，赢得了学生的信任和肯定。

三、学生党建与思想政治教育

随着高等教育的发展和招生规模的逐步扩大，学校学生人数不断增长，积极要求加入党组织的人数也在同步增加。学校党委高度重视在大学生中培养和发展党员，将其作为重点工作和长期任务来抓。实施"一年级积极发展、二年级加快发展、三年级大力发展、四年级稳妥发展、研究生深入发展"的学生党员发展工作思路，以及将"党支部建在班上"的做法。2002年，学校对3000名大学生问卷调查，结果有87%的大学生有入党愿望；在校学生中有4627人递交入党申请书，占学生总数的50.2%，入党积极分子1998人，占学生总数的21.7%，大学生党员比例最高时达13.8%。[1]

在一年级学生中，确立"五早原则"——早介绍学校党建工作情况，早选拔中学阶段的优秀学生重点培养，早确定入党积极分子，早配备党员联系人，早进行组织发展。针对二年级学生，组织他们参加邓小平理论学习研究会、学习党章小组、学习"三个代表"重要思想理论中心组，把他们的政治热情转化为对党的信仰、对理论的信服、对共产主义事业的追求。对三、四年级学生而言，则有重点地对入党积极分子和学生干部进行党校培训，抓好授课、讨论、考试、每期培训班的开学典礼和结业典礼各环节，使更多要求进步的学生得到及时教育和培养。在严把发展党员程序关的基础上，把具备党员条件的积极分子及时吸收到党内来，做到成熟一个发展一个，成熟一批发展一批。对于研究生群体，则注重考察其在学术研究、参加研究生服务团、"三助"工作中的实际表现，及时把综合素质优秀的入党积极分子吸收到党内来。与此同时，学校党委提出"把学生党支部建在专业班上，以党建带动团建"的要求，学生日常文化、体育及社团活动以团支部为主组织，学生的思想政治工作及党团教育以党支部为主实施，充分发挥党、团支部在学生思想政治工作中的作用，增强了学生思想政治工作的针对性、实效性。

2003年12月，在山东省高校学生教育与管理研究会年会上，党委副书记李耀臻介绍学校学生党建工作中将"支部建在班上"、加快大学生党员发展工作等经验，受到与会代表的一致好评。时任教育部社政司司长靳诺给予很高评价，认为学校在党建与思想政治工作方面的许多做法具有前瞻性。[2]

2006年，学校党委在原有规定的基础上，又制定《关于进一步做好学生党员发展工作的若干规定》，对学生入党积极分子培养和组织发展过程中的有关环节，进一步统一工作规范，健全学生入党积极分子和党员教育管理监督的长效机制，有效加强了发展党员工作的民主监督，进一步保证了党员发展质量，激励党员和入党积极分子更充分地发挥先锋模范作用。

2008年，《党支部建在班上，进一步增强学生思想政治教育工作的实效性》一文，获得由教育部思想政治工作司和全国党的建设研究会高校党建研究专业委员会联合举办的"中国高校党的建设三十年研究"征文活动三等奖。

---

[1]《加强党建和思想政治工作 促进高水平特色大学建设——青岛海洋大学党建和思想政治工作有关情况汇报》，中国海洋大学党委、校长办公室提供，2002年。

[2] 张静主编：《中国海洋大学大事记》，中国海洋大学出版社2014年版，第279页。

这一时期,学校坚持全面深入地落实育人为本、德育为先教育理念,完善党委统一领导、以校长和行政为主实施的德育管理体制,形成党政齐抓共管、专兼职学生思想政治教育队伍相结合、全校紧密配合、学生自我教育的工作机制,采取一系列切实措施不断加强和改进大学生思想政治教育,共同创造"三全育人"的良好环境,取得了长足进展。

四、开展海权教育

我国是海洋大国,拥有约300万平方千米的管辖海域、1.8万多千米的大陆海岸线,以及与之相关的海洋权益。改革开放后,我国的海洋事业发展成就巨大,但全民族海洋意识尤其是海洋权益观念尚待加强。中国海洋大学作为一所海洋与水产学科特色显著、学科门类较为齐全的教育部直属重点大学,向社会特别是广大青少年普及海洋知识、开展海洋权益教育具有天然优势,也是应尽义务。

2000年7月,学校与国家海洋局合作,建设了全国海洋观教育基地。在此基础上,2011年6月,经基础教学中心军事教研室主任干焱平教授积极争取,由国家海洋局资助、学校承建的中国海权教育馆开馆。该馆以"知我海权,建设海洋强国"为主题,有三个展室、一个沙盘,面积300多平方米。内容涉及海洋世界与海洋权益、中国海洋权益面临的挑战、中国维护海洋权益采取的措施等,通过图片、沙盘、实物、多媒体演示以及交互体验等方式,直观而形象地展示海洋知识、海权教育的内容。自开馆以来,已接待包括大中小学生、机关干部、解放军官兵以及其他各界人士近400批、7万余人。全国人大常委会原副主任陈至立、原文化部部长王蒙、外交部原部长李肇星、解放军军事科学院原政委李序三将军等参观后,给予充分肯定。

学校十分重视军事理论教育及其课程建设,军事理论教学团队在教育部高校军事理论课教学比赛中获一等奖;干焱平教授主编的《军事科学概论》教材受到学生好评,负责的海洋权益与中国课入选2013年国家级精品视频公开课。

2015年6月,中国海洋大学中国海权文化研究中心成立。在7日举行的海权知识进学校、进课堂、进教材专家研讨会上,校长于志刚强调,要做好海权教育这件"国之大事",迫切需要在已有的工作基础上,将海洋意识、海权教育推向深入,特别是要深入研究中国海洋观的深刻内涵,并将其纳入海洋教育知识体系中。

五、开展德育工作评估

学校始终高度重视德育工作,根据形势发展需要,不断探索高校德育工作有效机制。形成了党委统一领导、行政为主实施、部门各司其职、上下齐抓共管、全员参与的良好德育工作格局，不断加大德育工作经费投入，切实把德育贯穿于学校教育的全过程，落实到教书育人、管理育人、服务育人等各个环节之中。师生精神面貌积极健康向上，理想信念进一步增强，政治素质、业务素质和创新实践能力不断提高，有力地推动了学校的改革与发展。

2002年6月，按照山东省教育厅《山东省高等学校德育工作评估标准》的要求，学校党委印发《迎接全省德育工作评估实施方案》，要求按照评估体系，进行自查和整改，做到以评促建、以育促改。10月17日至18日，山东省高等学校德育工作检查评估组率先对中国海洋大学德育工作进行全面检查评估。评估组听取党委副书记李耀臻所作《突出时代性、增强针对性、坚持创新性、立足实效性》的专题汇报，全面了解学校德育工作思路、措施、做法及取得的成绩。评估组通过观看大型德育工作展览、查阅资料、问卷调查、召开座谈会、观看广场德育音乐会、参观考察校外德育实践基地等多种方式，对学校德育工作进行了全面检查评估。10月19日上午，评估组召开评估情况通报会。专家组一致认为，"中国海洋大学的德育工作达到了山东省高等学校德育工作评估标准，成绩优秀"，并为在全省高校开展德育评估创造了经验，提供了范例。专家组组长刘珂教授说："中国海洋大学校园德育氛围浓厚，德育创新意识极强，德育工作经验丰富，师生精神面貌良好，学校发展变化显著。富有特色的德育工作表明，海大不愧为一所国字号大学。作为全省第一所接受德育评估的高校，在全省德育工作中带了好头，作出了榜样。"[1]

2003年1月，中共山东省委高校工委下文，授予中国海洋大学德育工作优秀高校称号。2004年，党委副书记李耀臻牵头撰写的《坚持德育创新构建高校德育新体制——中国海洋大学德育工作创新与实践》，获得山东省社会科学优秀成果二等奖。

2007年，学校进一步修订和完善德育工作考核评估指标体系，采取学院自评、分校区集中汇报、学院互评、评估领导小组考核评价的方式，严格对照德育评估指标体系，对全校17个学院两年来的德育工作进行评估、考核。此次评估，学校德育工作评估领导小组不仅为每个学院提供了一份详细的、量化的评分报告，还从宏观上针对每个学院的特色工作和存在的不足以评估报告的形式给予反馈，达到了以评促建、重在建设的目的，德育工作的针对性、实效性不断增强，全员育人、全过程育人、全方位育人的良好格局不断优化。

---

[1] 张静主编：《中国海洋大学大事记》，中国海洋大学出版社2014年版，第259页。

第四节　统战和群团工作

一、统战工作与民主党派建设

加强和改进高校统战工作，是加强高校党的建设和促进高校改革、发展、稳定的重要内容。学校党委把统战工作列入重要议事日程，定期听取统战工作汇报，研究部署和总结检查统战工作，进一步完善统战工作制度，形成了完备的统战工作网络和队伍，建立健全"学校党委领导，党委书记分管、副书记协管，统战部牵头协调，学校党政职能部门、群众团体共同参与、齐抓共管"的统战工作格局，促进了学校高水平特色大学的建设。

2001年，学校党委认真组织党外代表人士学习江泽民同志在全国统战工作会议上的讲话和《中共中央关于加强统一战线工作的决定》，结合学校的改革、发展和统战工作的实际进行了认真的讨论，进一步加强了党外代表人士队伍的思想建设。研究制定了《关于加强学校统一战线工作的意见》，进一步加强党的统战理论、方针政策的学习和宣传教育工作，大力加强党外人士的思想政治工作，积极推动党外知识分子紧密围绕学校的中心工作和为经济建设、社会发展服务发挥聪明才智，积极支持民主党派加强自身建设，重视发挥民主党派的作用，积极做好党外代表人物的培养、选拔工作，建立高素质的党外代表人物队伍。2002年，学校四名民主党派成员当选全国人大代表，两名民主党派成员当选全国政协委员，一名民主党派负责人被推荐选举为青岛市副市长，既有利于各民主党派发挥参政议政职能，也有利于扩大学校影响力。

2007年11月，青岛市统一战线理论研究基地落户中国海大。基地的成立不仅为全市搭建起统战理论研究的专业化平台，更为中国海大的理论工作者提供了更多学习、交流、提高的机会，助力青岛市统一战线理论研究多出成果、出好成果。

2008年6月，根据第二十次全国统战工作会议精神和《关于加强高校统一战线工作的意见》，学校党委实施《关于进一步加强新世纪新阶段学校统一战线工作的意见》，推动统战工作制度化、规范化建设。每年至少召开两次由学校党政负责人主持的情况通报会，通报学校发展情况；向党外代表人士传达上级文件、会议精神和邀请参加学校重要活动；校院两级党员领导干部与党外代表人士保持经常联系，主动与他们交朋友，沟通情况，增进共识；各基层党组织设党外知识分子联络员，及时反映情况、沟通信息、开展党外知识分子工作；支持和引导党外代表人士履行参政议政、民主监督职能等，已经成为制度性安排、常规性工作。

2009年，结合深入学习实践科学发展观活动，邀请党外人士，特别是担任领导职务的党外人士全程参加，并多次召开人大代表、政协委员、各民主党派基层组织负责人代表座谈会，充分听取大家对学校事业科学发展的意见和建议。成立无党派知识分子联谊会，审议通过了《中国海洋大学无党派知识分子联谊会章程》，为无党派知识分子发挥作用搭建平台，进一步巩固无党派主题教育成果，进一步促进统战工作的规范化、制度化。

2010年11月，学校召开党委常委会，传达第十五次全国高校统战工作研讨会精神。党委书记于志刚强调，党外代表人士队伍不仅是为统一战线更多地输送各方面优秀人才的"人才库"和"蓄水池"，更是学校事业发展的重要力量。党外代表人士队伍建设是人才强校的重要方面，党委要从战略和全局高度重视统战工作，将党外代表人士队伍建设纳入学校人才队伍建设总体规划中积极谋划，统筹考虑，认真抓好抓实。校长吴德星指出，要认清当前统战工作面临的形势，立足解决统战工作现实问题，面向长远和未来认真思考学校党外代表人士队伍的结构和梯次，合理布局，打好基础，努力提升研究工作的理论性，多出成果，多出精品，为推动党的统一战线事业发展作出积极贡献。

二、工会与教代会工作

校工会根据上级要求，围绕着学校中心工作，积极落实学校的各项决议、决定，深入基层了解情况，听取群众意见，认真履行工会各项职能。在校内人事分配制度改革、住房货币化分配改革、医疗制度改革等重大事项中，认真维护教职工的切身利益，积极反映教职工的呼声，想方设法为教职工排忧解难，起到了桥梁纽带作用。

学校教代会制度是教职工行使民主权利、民主管理学校的重要形式，教职工通过教代会听取审议校长工作报告，参与学校重大决策、计划、方案的制定，讨论决定涉及教职工切身利益的重大事项。多年来，学校始终把教代会工作列为重要议事日程，明确一位党委副书记分管，每学期党委常委会专题研究教代会工作，对教代会工作进行具体指导。对事关学校改革与发展的重大问题，学校均通过教代会进行审议，充分落实教代会的四项职权。如三届一次教代会，根据学校事业发展和改革的需要和广大教职工的建议，就学校校内分配制度改革进行审议；三届二次教代会就教职工普遍关注的学校"十五"发展计划进行审议；三届三次教代会就教职工密切关心的校务公开制度问题进行审议。经过多年努力，教代会在学校的民主管理和民主建设中的地位得以巩固，对学校的改革与发展特别是稳定工作发挥了重要作用。

2001年以来，校工会建立特困职工档案，坚持做好"送温暖"工作，组织动员教职工健康体检、参加"中国职工保险互助会"，为每一位教职工办理《职工医疗互助保险计划》，关心教职工子女成长，帮助解决教职工特别是引进人才的子女就学问题，组织开展喜闻乐见的群众性文体活动，持续丰富教职工精神文化生活，获得了教职工的一致好评。

2002年5月，青岛海洋大学工会第九次会员代表大会召开，150名代表出席大会。党委书记冯瑞龙作题为《以"三个代表"重要思想为指导，团结和动员全校教职工全面推进高水平特色大学建设》的讲话，党委副书记、工会主席王庆仁代表第八届工会委员会作题为《以"三个代表"重要思想为指导，认真贯彻落实〈工会法〉，开创我校工会工作新局面》的工作报告。本次会议审议并通过第八届工会委员会工作报告、财务工作报告、经费审查委员会工作报告，选举产生由21人组成的第九届工会委员会。王庆仁任青岛海洋大学工会第九届委员会主席。

2006年，学校九届二次教代会审议通过《中国海洋大学教育事业"十一五"发展规划》等事项，完成了教代会换届工作，选举产生第十届工会委员会，修订了《中国海洋大学教职工代表大会暂行规定》《中国海洋大学工会工作暂行规定》《教职工代表大会提案工作暂行办法》等文件，开始实行二级单位教职工代表大会制度，为教职工参与学校民主管理开辟了新的途径。出资16万余元对全校教职工开展健康查体，为困难教职工发放困难补助10万余元，实施《中国海洋大学教职工医疗困难补助与互助计划》，全年共发放医疗互助金近5万元，发放医疗困难补助金近3万元。[①]

2010年，校工会全面贯彻全心全意依靠教职工办学的方针，关注民生，维护教职工切身利益。完善基层工会组织，在18个院系建立二级教职工大会，在基层民主建设方面迈出重要一步，为实现职工行使民主管理的权利提供了宝贵的经验。

三、共青团工作

2002年12月，共青团中国海洋大学第十一次代表大会召开，团委书记初建松代表共青团中国海洋大学第十届委员会作题为《全面推进共青团工作创新，为建设高水平特色大学建功立业》的工作报告。经过充分酝酿和民主程序，大会选举产生了共青团中国海洋大学第十一届委员会。在随后召开的共青团中国海洋大学第十一届委员会第一次全委会上，选举产生了委员会书记、副书记及常委，初建松当选为书记。

---

① 《中共中国海洋大学委员会2006年工作总结》，中国海洋大学档案馆藏，档号：HD-2007-DQ11-Y-08。

　　在团中央、团省委和学校党委的领导下，校团委围绕学校中心工作和上级团组织的要求，加强团组织建设创新，增强团组织服务青年成长成才的能力，团结带领全校团员青年为高水平特色大学的建设贡献力量。

　　一是以理想信念教育为核心，以爱国主义教育为重点，以思想道德建设为基础，深入开展理论学习和主题教育，全面提高团员青年的思想政治素质。2001年，加强大学生邓小平理论学习研究会以及"学马列、学党章"小组建设，充分发挥邓小平理论学习"第二课堂"活动作用，将团员思想政治教育延伸到社会大课堂，构建思想政治工作"第三课堂"。2003年，开展以"贯彻十六大，创造新业绩"为主题的教育，引导团员青年把党的十六大精神贯彻落实到学习生活中，转化为成长成才的实际行动。2005年，在全校团员青年中深入开展以学习实践"三个代表"重要思想为主要内容的主题教育，坚定"永远跟党走"的信念，组织首次"真情·责任·发展"座谈会，架起学生与学校沟通、为学校发展建言献策的桥梁。这项活动已经成为制度性安排、常规性活动。

　　二是以"挑战杯"系列竞赛为龙头，稳步推进学生科技创新活动，提高学生的创新意识和实践能力。2001年，在第七届"挑战杯"全国大学生课外学术科技作品竞赛总决赛中，1999级本科生陈建秋的作品《棘轮式波浪能发电装置》，从全国近千篇科技作品中脱颖而出，获得全国个人二等奖。2008年，在国家海洋局、教育部、团中央联合开展的首届"全国大中学生海洋知识竞赛"活动中，学校参赛学生包揽全国大学生组的前十名，其中海洋环境学院刘富彬、朱玉玺分获大学生组比赛"南极特别奖"和"北极特别奖"。2010年，成功举办"高雅艺术进校园"——中国东方演艺集团（中国东方歌舞团）走进中国海洋大学专场文艺晚会，对青年学生提高艺术修养、陶冶道德情操具有积极作用。

　　三是以"三下乡""四进社区"、重大活动志愿服务、研究生支教团、大学生志愿服务西部计划和奥运英语培训六大支柱性活动，着力打造志愿者活动品牌，建立规范化、系统化社会实践项目运作模式。逐步建立和完善社会实践保障体系，切实把实践教育作为促进学生德智体美劳全面发展的重要途径。2005年，学校共向全国老、少、边、贫地区派出44支大学生实践服务队，全校7000余名学生参加社会实践活动，其中赴荣成科技服务博士团被授予"全国百支落实科学发展观实践服务团"称号。2006年，6名志愿者组成"中国海洋大学大学生志愿服务西部计划服务队"，赴新疆克孜勒苏柯尔克孜自治州和轮台县开展志愿服务，学校入选西部计划首批高校示范单位。2008年，汶川地震后，学校向四川绵阳派出的以"关爱留守儿童"为主题的服务队，成为震后第一个到达盐亭的省外大学生社会实践团队。北京奥运会帆船比赛期间，学校共有900多名师生入选赛会志愿者、城市运行志愿者和社会志愿者，学生服务奥运、奉献岛城受到青岛市和奥帆委表扬。

四、学生社会实践教育

　　学校于2001年首次参加由团中央等组织的中国青年志愿者扶贫接力计划研究生支教团活动，2002年8月，学校第一届研究生支教团奔赴贵州铜仁市德江县第三中学开展支教工作。近十年来，学校先后向贵州、西藏等地派出了82名志愿者开展支教扶贫工作，将中国海大学子的心与千里之外的支教工作紧紧连在一起，给大山深处和雪域高原的孩子带去新知识，为他们点亮梦想与希望的灯火，让青年学生在实践中收获自身的成长。研究生支教团成员们克服了气候、饮食、语言等方面的困难，在支教岗位上，发挥专业特长教书育人，利用课余时间积极参与学校的管理工作，考察山村学校，走访学生家庭，向当地群众宣传党和国家政策，开展科技和知识扶贫工作，支教团的事迹在当地广为流传。

　　由于当地学校教师资源紧缺，支教团成员们自愿挑起语文、数学、地理、历史、音乐等多门学科的教学重担，有的一人担任多门课程的教学工作，平均每周达到16课时。第五届研究生支教团成员赵媛媛，曾担任德江县民族中学和德江县大专函授站的两份教学工作，她白天上课，晚上批改作业，周末给学生加课，假期到学生家走访，写下了10万字的支教手记。第七届研究生支教团成员王晓晨开设"零基础英语补习班"，从26个字母教起，每次上课教室里都挤满了学生，经过不懈努力，王晓晨任教的两个班学生的高考英语平均分达到68分，比一年前提高30多分。山里的孩子没有接触过电脑，支教团成员就从直观入手，让他们先听音乐、看动画片，利用有限的多媒体设施，先调动学生学习兴趣，再教授文化知识。为开阔孩子们的视野，支教团成员举办英语角、学生辩论赛、普通话和英语双语升旗仪式、心语热线、爱心图书行、海洋节等丰富多彩的校园文化活动。他们还成立校园广播站，充实孩子们的课余生活。支教团成员教学方法灵活，深受学生欢迎，也带动了当地教师对教学方法的改革。

　　在接续奋斗的支教路上，一届届中国海大学子在支教之余，积极服务当地建设和发展。2003年，第二届研究生支教团与青岛市公路管理局协调争取到33.6万元善款，用于硬化德江县民族中学与326国道之间800米长的道路，当地人把这条路命名为"海大路"。2004年，德江支教团成员到煎茶镇石板塘小学走访时发现，从各村寨到石板塘小学必经的小石桥被山洪冲毁。在学校支持下募集到2.3万元善款，在原地修建起一座水泥桥，当地师生称此桥为"海洋桥"。学校和有关院系通过支教团在贵州省德江县煎茶镇资助并援建了望海小学、山海小学、海情小学、行远小学、百川小学。一所所与"海"有关的小学，连接山海，在当地传为佳话。

学校研究生支教工作获得了众多奖励。2005年，支教团被中宣部、团中央确定为全国纪念五四运动86周年先进集体典型，中央电视台、新华社、《人民日报》《光明日报》《青岛日报》等新闻媒体记者对研究生支教团事迹予以报道。2008年，第七届研究生支教团成员牛晓参加"平安中国"全国电视演讲大赛，以《山海情深——来自大山深处的讲述》为题，讲述了支教的经历和感悟，感动了无数观众，摘得大赛一等奖。2009年，第十届研究生支教团获得贵州团省委志愿者服务中心颁发的"优秀志愿者服务队"称号。

第五节　校园文化建设

一、精神文化发展

在中国海洋大学的历史中，文坛大师闻一多、梁实秋、赵太侔、老舍、洪深、沈从文等曾在这里执教，哲学社会科学大家陆侃如、高亨、冯沅君等于此耕耘奋斗，胚胎学家童第周、海洋生物学家曾呈奎、物理海洋学家赫崇本等为海洋科教的发展奠定了基石。2000年，校长管华诗指出："高水平特色大学另外一个标志，就是必须有自己独特的文化底蕴，形成自己独特的办学理念。将来在特色问题上，除了一些具体的学科特色外，还应该在校园里充溢着海洋文化特色，让人一走进海洋大学就能够嗅到海洋文化的气息，校内人人都有海洋文化的理念。"[①]

校训与大学精神是学校治校理念和校园文化的高度概括，是学校办学宗旨和办学特色的最直接体现，是凝聚师生最深层的精神力量。2000年底，在学校校园文明建设检查评估工作表彰大会上，党委书记冯瑞龙在讲话中说："省高校检查组在对我校的检查意见中，提出了'海大现象'，省高工委田建国同志概括为'海大精神'。回顾几十年来海大不平凡的发展历程，尤其是当我们把视角对准为海大发展作出默默奉献、无私奉献的广大师生员工的时候，我想'海大现象'是存在的，'海大精神'正蕴含于其中。这也是我们今天急需总结和提炼的，是我们海大的一笔无形的，也是无价的精神财富。"[②]由此，一场关于"海大精神"的讨论广泛展开。党委宣传部在吸纳各方面意见后，把"海大精神"概括

① 管华诗：《明确目标　健全机制　努力建设高水平特色大学》，李建平、魏世江、陈鹭主编：《管华诗教育文集：高水平特色大学的探索与实践》，中国海洋大学出版社2007年版，第302页。
② 纪玉洪：《中国海洋大学校训确定始末》，载《中国海洋大学报》2021年10月28日。

为：兼容并包、海纳百川的学术理念和博大胸襟，崇德守朴、求真务实的人文追求和科学态度，上下齐心、锲而不舍的团队精神和坚韧毅力，心系国运、探索不已的优良传统和进取精神。

2003年6月，著名作家、中国海洋大学顾问、文学院院长王蒙先生为学校题写了"海纳百川，取则行远"的新校训。9月8日，学校正式公布"海纳百川，取则行远"为中国海洋大学新校训。

"海大精神"与新校训，充分反映了学校的历史传统、文化特色、发展内涵及价值追求，体现了积淀深厚的文化底蕴和独特鲜明的精神气质。作为大学文化的精髓，大学的校训和精神有着润物无声、深远持久的育人作用，为学校的健康发展提供精神感召和持恒动力。

大学文化标识及形象识别系统是大学整体形象的重要组成部分，是传播校园文化、塑造学校品牌的重要基础，也是呈现办学理念、精神风貌和文化传统的重要载体。2004年，学校借筹备80年校庆之际，启动中国海洋大学形象设计与塑造工程，编制并实施《中国海洋大学形象识别系统（UIS）手册》，凝练了办学理念，确立了行为规范，统一了形象标识。2004版形象识别系统分为理念识别系统、行为识别系统和视觉识别系统三大类。理念识别系统包括学校校训、精神、校风、教风、学风、箴言和愿景。行为识别系统包括学校领导干部行为规范、管理人员行为规范、教师行为规范、工勤人员行为规范、学生行为规范。视觉识别系统包括基础部分和应用部分。基础部分规定了标志徽、基本色/辅助色、标准字、标准组合、吉祥物、辅助图形等的标准形态。应用部分涵盖了办公用品类、校徽/证件/证书类、环境标识类、旗帜类、服饰类、赠品类、包装类、运输工具类等多方面的应用形态。[①]

2007年，依据党的十七大关于推动社会主义文化大发展、大繁荣的要求，学校修改完善了《中国海洋大学关于进一步加强文化建设的若干意见》，以大学文化和海大精神为牵引，着力推进学校精神文化、制度文化、行为文化和环境文化建设，发挥大学文化潜移默化的育人功能。

二、环境文化建设

环境优美的校园，深厚的文化底蕴，对莘莘学子能起到潜移默化、润物无声的教育引

---

① 党委宣传部：《中国海洋大学形象识别系统（UIS）手册》，2004年。

导作用。鱼山校区是中国最美十大校园之一，崂山校区也在中国海大人的精心呵护下，传统文化与先进文化相融相偕，逐渐显现出独特的风貌和韵味。

"一多楼" 位于鱼山校区西北角，曾是国立青岛大学的第八校舍。时任文学院院长、中文系主任的闻一多曾居住此楼。为了纪念闻一多先生，1950年山东大学将此楼命名为"一多楼"。1984年，此楼被辟为闻一多旧居展室。楼前竖立闻一多先生半身大理石雕像，碑文由著名诗人、闻一多的学生臧克家撰写。

学馆菁苑 位于鱼山校区北侧，有五座古朴的新哥特式建筑，分别是海洋馆、水产馆（1号楼、2号楼）、地质馆、科学馆。花岗岩墙体和红瓦的屋顶古朴典雅。现皆为学院科研与实验楼。

凯旋广场 位于崂山校区西门入口处。其东侧建有凯旋门，是教学区四区与五区的连接枢纽。广场是每年毕业生合影留念的主要聚集区，海大学子在这里与师长和同窗拍照记录美好大学时光，踏上人生新征途。

映月湖 位于崂山校区南部、图书馆以西。一年四季景色宜人：春有岸柳垂丝，夏有鱼戏莲叶，秋有霜染红叶，冬有素裹银装。湖边设一木制方亭，可供游人休憩。

樱花大道 位于崂山校区五子顶西侧的樱花大道，是校园内最具特色的道路之一。每年四月，道路旁的单樱和双樱便会相继开放，若云似霞，静美飘逸。

雕塑与雕刻 校园中的雕塑，是学校历史文化积淀的缩影和传承。一件件雕塑作品与海大园融为一体，凝聚成一种文化氛围，是无言的教育、深刻的启迪。

1936年，时任国立山东大学体育部主任的宋君复教授作为第11届奥运会中国体育代表团田径组主要负责人，率部分运动员在大学路操场进行赛前集训。大学路操场考证为"1936年第11届奥运会中国体育代表团运动员训练场地旧址"。为弘扬奥运精神，彰显学校对国家体育事业所作出的历史性贡献，并激励广大师生员工树立和弘扬奋力拼搏、自强不息的体育精神，学校决定在大学路操场旁设置"奥运历史文化标志"。2007年7月19日，"奥运历史文化标志"落成。

2008年10月28日，在我国著名物理海洋学家、海洋科学教育家、新中国海洋事业的开拓者、中国物理海洋学科主要奠基人赫崇本先生诞辰100周年之际，赫崇本先生半身石雕像在崂山校区落成。同日，文圣常院士题写的"浩海求索，立言济世"海洋环境学院院训碑揭幕。"浩海求索"是鼓励海洋学子在充满奥秘的大自然中去探索，取得新的发现，获得新的认知；"立言济世"是让我们崇尚学术，济世利国。

2008年10月，赫崇本教授塑像落成

　　2009年9月，值孔子诞辰2560周年、新中国成立60周年和中俄建交60周年之际，俄罗斯"同一世界"慈善基金会和中国孔子基金会联合向学校捐赠的孔子铜像竖立于崂山校区，启示人们：见贤思齐，修身立德。

　　2010年5月，值我国著名矿物学家、岩石学家和地质教育家何作霖诞辰110周年之际，何作霖雕像在海洋地球科学学院落成。此后，又陆续落成著名戏剧家、教育家赵太侔雕像等，追忆前辈事迹，缅怀大师贡献，激励后学矢志创新。

　　2001年10月31日，值文圣常院士从事海洋科学教育工作50周年之际，学校研究决定，将学校物理海洋实验楼命名为"文苑楼"，以铭记文圣常院士为海洋科教事业和学校发展所作出的卓越贡献，表达对文圣常院士的崇高敬意。

　　2009年10月，值中国海洋大学建校85周年、崂山校区奠基5周年之际，《崂山校区记》石刻面世。《崂山校区记》由陈鷟执笔，记述了崂山校区的建设历程，表达了海大人谋海济国的鸿鹄之志，抒发了海大人共同的情怀。

　　时值化学化工学院建制50周年，原镌刻于鱼山校区化学馆、由民国教育家王世杰先生所题"实学源泉"，拓于崂山校区化学化工学院门前碑上，以铭本记源，启发后人潜心实学，续写新篇。

三、校园文明建设与评估

　　学校把校园文明建设作为促进精神文明发展、全面提高教育质量和办学水平的重要工作来抓。成立专门工作机构，党政主要领导亲自负责，全面领导、检查、督导、落实校园文明建设的各项工作。全校各单位采取扎实有力措施，加强硬件和软件建设，开展丰富多彩的创建活动，开创出校园文明建设的新局面。

经过不懈努力，学校校园面貌发生了巨大变化，师生精神面貌焕然一新，思想道德素质和文明素质显著提高。校园环境整洁优美，格调优雅，安全有序。景观建设高雅别致，体现了学校的悠久历史和鲜明特色，而且人文内涵丰富，极具教育意义。绿化工作规划科学、养护良好。道路、教室、办公室、实验室、图书馆、食堂、学生公寓干净整洁。学生工作管理严格规范，学生文明礼貌，课余文化娱乐活动丰富多彩。宣传、文化设施高标、齐全、效果良好。

2000年10月22日至24日，山东省委高校工委、山东省教育厅高校校园文明建设检查评估组到校对学校校园文明建设工作进行全面检查。检查组听取学校的情况汇报，观看反映建设工作情况的专题片，并分成三个检查小组通过实地察看、个别访谈、问卷调查、测验和听课、查阅档案资料以及观看"蓝色的辉煌"文艺晚会等，对学校校园文明建设工作有了全面、深入的认识。

在10月25日的总结大会上，检查评估组认为海大的校园文明建设达到了优秀标准，并被评价为山东省已评估过的30多所高校中得分最高、建设最好的学校。这是继1995年通过教育部文明校园评估后，学校又一次以优异成绩通过上级校园文明建设检查评估，标志着学校校园文明建设进入了一个新的阶段。

12月1日，学校召开校园文明建设检查评估工作总结表彰大会，45个先进集体、169名先进教职工、150名先进学生和110个先进宿舍受到表彰。党委书记冯瑞龙、校长管华诗先后发表讲话，强调巩固校园文明建设取得的成果已成为每一位海大人的强烈要求，各级领导、各个单位都有责任来巩固和维护全校师生为之付出大量心血的成果，使之发扬光大，在高水平特色大学建设中发挥基础性作用。[①]

2001年5月24日至25日，中共山东省委高校工委、山东省教育厅高校校园文明建设检查评估复查专家组对学校进行了认真全面的复查。专家组听取党委副书记李耀臻代表学校所作的汇报，观看迎接复查工作情况的专题片，参观"211工程"成就展，对学生学习环境、生活环境、校容校貌等校园文明建设重点项目进行实地察看。专家组认为，青岛海大领导高度重视校园文明建设工作，思路明确，领导得力，措施落实。评估以来，巩固了已

① 张静主编：《中国海洋大学大事记》，中国海洋大学出版社2014年版，第229页。

有成果，拓展了新的思路，加快了建设步伐，取得了显著成效。校园内已形成了文明高雅、健康向上的育人氛围，有力地促进了教学、科研和管理工作。专家组认为，海大创建工作的成功经验将有力推动全省高校校园文明建设的深入发展。6月28日，中共山东省委高校工委、山东省教育厅发出通知，授予青岛海洋大学等9所高校"文明校园"称号。

四、文体活动精彩纷呈

学校十分重视文艺体育活动的育人作用，每年都会举办或组织学生参与各类活动，丰富校园文化生活。2001年4月9日，为庆祝中国共产党成立80周年、纪念五四运动82周年，以爱党爱国、崇尚科学、勇于实践、成才荣校为主题的第14届大学生科技文化艺术节开幕。本届艺术节历时两个月，以学术讲座、科技竞赛、文艺演出、文体比赛等一系列活动为载体，全面活跃校园文化生活，充分展示在校大学生的精神风貌。2003年举办第一届音乐节暨第16届校园歌手大赛。2004年10月，为庆祝新中国成立55周年暨建校80周年，举行了歌咏大会、"蓝色辉煌"文艺晚会。2005年学校交响乐团成立，由艺术系优秀管弦乐专业学生及部分艺术特长生组成，艺术系主任、博士生导师康建东教授担任团长、艺术总监，青年教师贾巍担任常任指挥。2005年12月31日晚，在青岛市人民会堂举行了学校首届新年音乐会，艺术系师生献上了精彩演出。2007年11月16日，在青岛音乐厅举行音乐表演专业首届艺术实践公开展演音乐会。2008年6月13日晚，学校第21届大学生科技文化艺术节闭幕式暨"一生有你"2008届毕业晚会在崂山校区举行，从此学校每年都会举办面向全体应届毕业生的毕业晚会。2009年9月13日，中共中央政治局原常委、国务院原副总理李岚清为师生作"音乐·艺术·人生"专场讲座。李岚清结合自身的工作生活经历和音乐艺术体验，通过深入浅出的理论阐述和古今中外的鲜活事例，展示了音乐艺术的独特魅力及其与人生的特殊关系。

海鸥剧社作为学校阵容强大、机制完善的优秀学生社团，这一时期，由单一的话剧表演社团逐步成长为以话剧编演为主要特色，包括器乐、声乐、舞蹈等各种艺术形式的综合性社团。

剧社成员在艺术实践中观察社会、感受社会、回报社会，并从现实中汲取养分与灵感，创作出富有爱国主义情怀和海洋文化特色的优秀话剧。其中最有代表性的是以本校师生、校友为原型创作的经典话剧《海之魂》《山海情》《谁打了我的鸭子》。《海之魂》是根据学校青年教师王成海、叶立勋在进行海洋资源科研调查时不幸牺牲的事迹而创作，展现了海大人不畏艰险、探索不已的精神；《山海情》取材于中国海洋大学研究生支教团的事迹，展现了海大人服务社会、甘于奉献的精神；《谁打了我的鸭子》展现了学校资助育人、实践育人的成效。另有反映大学毕业生支援西部的《他将远行》，反映中国在日留学生生活的《东京的月亮》，以及《风起云兮》《生日》《尊严》《一盒枯干的玫瑰》《红星美女》《圣人孔子》《大学里的最后一个六月》等一系列优秀剧目，受到校内外各界人士的好评。

为集中演出优秀话剧，海鸥剧社自2002年起设立"飞翔的海鸥"话剧周，定于每年6月份和12月份举办。话剧周凭借其朝气蓬勃的青春活力和别具一格的艺术魅力，成为最具影响力的校园文化品牌活动之一。"话剧周看一场话剧"成为海大学子"毕业前不可不做的一件事"[①]。

学校高度重视体育教学和体育活动，积极营造良好体育运动氛围，激发师生对于体育运动的热情，提高身体素质，构建健康和谐校园。除了每年举办运动会外，还组织师生参加国家、省、市的体育赛事，为校争光。在2002年青岛市高校运动会上，学校获男子团体第一名、女子团体第三名的好成绩，其中男子4×100米接力打破青岛市高校运动会纪录、4×400米接力打破山东省高校运动会纪录。

2006年经国家体育总局水上运动管理中心批准，学校发挥自身海洋学科优势，与青岛航海运动学校联合组建49人级帆船队，填补了我国奥运会比赛项目的一个空白。队员由学校运动训练专业6名学生组成，他们加强训练，积极备战奥运会，并取得较好成绩。

2008年7月21日，李华军教授、谭骏同学作为火炬手和学校5000余名师生参加了祥云火炬在青岛的传递活动。8月8日，第29届奥运会在国家体育场（鸟巢）开幕。学校共有9名在校学生入选国家奥运军团，分别参加射箭、49人级帆船赛、芬兰人级帆船赛、鹰凌级帆船赛、三级跳远、排球等项目的角逐。2004级运动训练专业学生张娟娟夺得女子射箭金、银

在2008年北京奥运会射箭女子决赛中张娟娟（中）获金牌

---

① 王晓鹏、张彦臻：《心怀家国振翅飞——写在中国海洋大学海鸥剧社成立90周年之际》，观海听涛新闻网，http://news.ouc.edu.cn/hlg85/，2022年12月31日。

牌各一枚，姜林同学获得男子射箭团体项目铜牌。在青岛奥帆赛、残奥帆赛期间，学校有900余名师生入选志愿者，为赛事的顺利进行提供优质服务，展示了中国海大师生的良好精神风貌。学校被授予"振兴山东体育突出贡献奖"和"振兴青岛体育突出贡献奖"。

2009年4月，在泰国举行的亚洲沙滩排球巡回赛上，2005级运动训练专业学生岳园、张丹组成的代表队获得女子冠军。10月，在第十一届全运会帆船帆板比赛中，芬兰人级的张鹏同学和470级的王晓丽同学、黄旭峰同学各获一枚金牌。

2010年11月，在广州举行的第十六届亚运会上，2009级运动训练专业学生董程获得女子拳击60公斤级金牌。

第九篇
建设特色显著的世界一流大学
（2010—　　）

　　2012年以降，中国特色社会主义进入新时代，高等教育步入高质量发展新阶段。吴立新、宋微波先后当选中国科学院院士，李华军、包振民、薛长湖先后当选中国工程院院士；引进"顶尖人才岗位"特聘教授张弛。2014年，孙也刚任中国海洋大学党委书记，于志刚转任校长；之后，鞠传进、田辉先后任党委书记；2023年11月，由于年龄原因，于志刚不再担任校长职务，张峻峰任校长。

　　中国海大以习近平新时代中国特色社会主义思想为指导，全面加强党的建设，全面贯彻党的教育方针，紧扣海洋强国等国家战略需求和蓝色经济发展需要，深入实施人才强校战略、国际化战略和文化引领战略，扎根青岛，立足山东，面向世界，深耕海洋，"985工程"圆满收官，建设绩效显著；2017年入选世界一流大学建设高校（A类），并高质量完成首轮建设任务，接踵进入新一轮"双一流"建设周期；西海岸校区一期工程投入使用，为下一个百年发展提供了战略空间。学校第十一次党代会确立新"两步走"发展目标，大力实施新时代党建领航工程和新时代"海大工程"。2022年4月，习近平总书记考察学校三亚海洋研究院，强调建设海洋强国是中华民族伟大复兴的重大战略任务，要推动海洋科技实现高水平自立自强，激励着海大人踔厉奋发，争创一流，做出无愧于党和人民、无愧于时代的优异业绩。

第一章
创建特色显著的世界一流大学

2010年5月召开的中国共产党中国海洋大学第九次代表大会，明确了学校"两步走"发展战略及创建特色显著的世界一流大学奋斗目标。"四家共建"继续实施，加大"985工程"建设力度并取得显著成效。颁行《中国海洋大学章程》，为依法依规治校提供了"基本法"。海大人凝心聚力，致力于科学发展，聚集于谋海济国，不断把特色显著的世界一流大学建设向前推进。

第一节　国内一流大学目标的提出与嬗变

学校提出创办国内一流大学，最早是在1994年。是年10月25日，在校庆70周年典礼上，校长管华诗讲话，标题就是《团结起来，为创办国内一流、国际知名的海洋大学而奋斗》。显而易见，把学校的发展目标在讲话标题中向国内外宣示，是深思熟虑、慎重研究后作出的决定。这是海大人在邓小平理论指导下，又一次解放思想，对未来发展作出的战略性谋划。具体表述是：

面向21世纪，把我校建设成为以海洋、水产学科为特色，学科门类较为齐全的国内一流、国际知名的社会主义大学。这就是说，要使我校成为培养海洋和水产学科高层次人才的摇篮和基地，成为从事海洋和水产学科高水平科学研究中心，并使海洋、水产学科的教学、科研及科技开发达到国内先进水平，使其他部分相关学科、新兴边缘学科交叉，建成两大实力雄厚的学科群，其中2～3个领域达到国际先进水平，与此相关的若干工科和文科专业达到国内领先水平，学校整体水平进入一流大学行列。[①]

把学校未来十年的发展目标定位于"国内一流、国际知名"，这在学校历史上是第一次。客观地说，确定这样的战略目标，海大人既考虑了可能性，也对面临的困难与挑战作了切实评估。

从宏观上看，1992年邓小平南方谈话后，全国范围内加快改革、扩大开放的浪潮势不可当。1993年2月，中共中央、国务院颁布《中国教育改革和发展纲要》，对高等教育的改革发展作出全面部署，国家正在拟定《关于重点建设一批高等学校和重点学科的若干意见》，"211工程"呼之欲出。国家教委和山东省人民政府商得一致，共同重点建设青岛海洋大学，自1994年起省政府连续三年每年给予专项经费1000万元，支持学校首批进入"211工程"。青岛市委明确表示，支持海大首批进入"211工程"。[②]总体形势为学校加快发展提供了广阔空间和有利条件。从微观层面看，学校经过70年的发展，已经是一所以海洋和水产为特色、学科门类较为齐全的国家重点大学，教育质量、师资力量、科研水平和社会影响力有良好基础。再加上海大人在办学过程中表现出的自强不息、锲而不舍、不达目的绝不罢休的精神，创办国内一流大学是有条件，也是可能的。同时，领导班子从学校的规模、质量与能力综合分析，认为学校的教育资源、科技资源严重匮乏；办学空间和财力制约着发展速度，进而影响到办学质量再提高；科学有效的管理体制机制尚未形成，较之世界一流大学有很大差距。[③]面对机遇与挑战并存的局面，综合考虑各种因素，把学校未来十年的目标定位在"国内一流大学"而不是更高，是切合自身实际的。

世纪之交，经济全球化方兴未艾，高科技迅猛发展。世界各国综合国力的竞争愈来愈体现在科技和人才的竞争上。为适应日益激烈的国际竞争，我国大力实施科教兴国战略，高等教育遵循规模、结构、质量和效益协调发展的方针[④]，实现了跨越式发展，多层次、多形式的高等教育体系初步形成，进入了大众化阶段，但总体水平仍不能适应国家经济发展的需要，不能有效担当科教兴国重任。基于世情和国情，基于国家赋予大学的使命，要尽快实现从高等教育大国向高等教育强国的转变，发挥我国集中力量办大事的制

① 管华诗：《团结起来，为创办国内一流、国际知名的海洋大学而奋斗》，中国海洋大学档案馆藏，档号：HD-1994-XZ11-15-49。
② 俞正声在庆祝青岛海洋大学建校七十周年大会上的讲话，载《青岛日报》1994年10月26日。
③ 管华诗：《高举邓小平理论伟大旗帜　以改革求发展　努力开创学校工作新局面》，李建平、魏世江、陈鷺主编：《管华诗教育文集：高水平特色大学的探索与实践》，中国海洋大学出版社2007年版，第145页。
④ 周远清：《为21世纪准备：中国高等教育的改革与发展》，载《中国大学教育》2004年第1期。

度优势和优良传统，采取重点建设、带动全局的策略是十分必要的。[①]1995年11月，经国务院批准，国家计委、国家教委和财政部联合发布了《"211工程"总体建设规划》，"211工程"随之启动。凭借70年发展的成就，得益于国家教委、山东省和青岛市人民政府的大力支持，通过全体海大人的艰苦努力，1996年1月，学校进入"211工程"序列，成功地抓住了加快发展的历史性机遇。

1995年6月27日，中国共产党青岛海洋大学第六次代表大会召开。代理党委书记兼校长管华诗代表党委作《加强党的建设，深化教育改革，为把学校建设成为一流的社会主义大学而奋斗》的大会报告。报告提出："根据《中国教育改革与发展规划纲要》和'211工程'的基本要求，使青岛海洋大学的总体水平进入国家的名校前列；海洋、水产类学科达到或接近世界先进水平，其他学科达到国内先进水平；建成海洋和水产类学科特色鲜明、国内一流，在国际上有影响力的社会主义综合大学。"[②]很显然，这个目标定位相较于1993年提出的"国内一流、国际知名"，时限同为十年左右，核心要素一脉相承，把"以海洋和水产为特色"改为"海洋和水产类学科特色鲜明"，特色的内容扩充了，水平要求提升了。这表明学校领导班子对这一重大问题的认识有了深化，学科建设的指向性虽有所延展，但也更加明确。由于这个目标是在学校党的代表大会上提出的，在教师和干部中的认同度明显高于其他场合，成为海大人的普遍共识。后来的实践表明，由此所激发、凝聚起的力量，成为推动学校改革、加快创新发展、争创一流业绩的底气和依靠。

在1999年9月24日召开的中国共产党青岛海洋大学第七次代表大会上，党委书记、校长管华诗代表上届党委作工作报告，提出学校发展的总体目标，是创建以海洋和水产学科为显著特色、各学科协调发展的国内一流综合大学。[③]这与之前的不同点是更加强调各学科的协调发展，把"特色鲜明"改为"特色显著"，仅两字之别，内涵未变，水平要求上则又有递进。2000年7月20日，管华诗校长在学校三届一次教代会上作《继往开来，锐意进取，为把学校建设成为高水平特色大学而努力》的报告，介绍了建设高水平特色大学的框架。提出学校的发展目标是建设以海洋和水产学科为显著特色的综合性研究型大学。[④]较之以往，这个目标的内涵增加了"研究型"这一要素。这表明学校更加重视科研水平与能力的提高，更加重视高新技术研发与推广，以适应国家和地方经济社会发展的

① "985工程"建设指导编写组编：《"985工程"建设指导》，中国高等教育出版社2011年版，第10页。
② 管华诗：《在中国共产党青岛海洋大学第六次代表大会上的报告》，中国海洋大学档案馆藏，档号：HD-1995-DQ11-13-8。
③ 管华诗：《在中国共产党青岛海洋大学第七次代表大会上的报告》，中国海洋大学档案馆藏，档号：HD-1999-DQ11-6-3。
④ 管华诗：《在青岛海洋大学三届一次教代会上的报告》，中国海洋大学档案馆藏，档号：HD-2000-DQ16-2-9。

要求。需要特别指出的是，从此时开始，也就是世纪之交，海大人在高教界率先举起建设高水平特色大学旗帜，把创办国内一流大学落脚在建设高水平特色大学上来。实事求是地说，这不仅创造性地解决了当时学校面临的"走什么样的发展道路"这一重大问题，也为我国高等教育的改革发展贡献了海大人的智慧，提供了可以借鉴的"海大方案"。这是难能可贵的，也值得海大人为之自豪。

2003年9月29日，在中国共产党中国海洋大学第八次代表大会上，党委书记冯瑞龙代表党委作题为《与时俱进，开拓创新，全面建设高水平特色大学》的大会报告。开宗明义，继续高举高水平特色大学旗帜，接续推进高水平特色大学建设，并提出了"两步走"的发展战略：第一步，到2010年，基本完成高水平特色大学的建设任务，初步奠定研究型大学的基础；第二步，到2025年或再长一段时间，发展成为特色显著的综合性、研究型大学。[①]

翻检校史文献不难发现，学校向来重视自身发展的长远构想或战略谋划。在各个历史时期，尤其新中国成立后，都针对国家和社会的需求，确定与之相适应的办学思想、发展定位和目标，旨在凝聚人心、汇聚力量、推动发展。还有一点特别明显，自改革开放以来，在学校发展战略嬗变过程中，核心要素虽然不断调整充实，但"特色"二字从未缺失。发展特色以兴校强校，问海谋海以济国惠民，已成为海大人矢志不渝的追求，更是中国海大最鲜明的特质。

随着学校建设国内一流大学也就是高水平特色大学目标的确立，相应的理念指导和行动路径也逐渐清晰起来，而且走得坚定，走得稳当，成效显著。概括起来主要有：努力促成并着力实施"四家共建"管理体制，所获支持大幅提升，"211工程"（三期）和"985工程"（二期）建设顺利推进，创新发展不断提速。秉持"重特色、求质量，先做强、再做大"的总体发展策略，坚持内涵发展不动摇，妥善处理事业发展中做大做强的关系、质量与规模的关系，高起点建成现代化崂山校区，办学规模温和放大，教育质量和办学效益稳步提高。坚持实施"强化发展特色、协调发展综合，以特色带动综合、以综合强化特色"的学科发展思路，妥善处理特色学科与其他学科的关系，更加重视学科间的渗透交融与协调发展。确立"汇聚英才、构建团队、扩大总量、优化结构"的思路，着力实施以"筑峰人才工程""绿卡人才工程""繁荣哲学社会科学人才工程""青年英才工程"为主体的人才强校战略，不断完善"杰出学科（学术）带头人+国际知名学者+精干学术团队"的创新团队组织模式，人才队伍整体实力大幅跃升，拔尖人才和优秀团队不断涌现。坚持聚

---

① 冯瑞龙：《在中国共产党中国海洋大学第八次代表大会上的报告》，中国海洋大学档案馆藏，档号：HD-2003-DQ13-Y-33。

焦国家战略需求和地方重大战略举措,科学研究与自主创新实现重点突破,承担国家重
大基础研究项目和高新技术项目的能力明显提升,海洋、水产领域排头兵的地位得以巩
固;包括国家技术发明一等奖在内的高水平研究成果丰硕,海洋农牧化、海洋资源开发与
保护、海洋工程安全等领域一批关键技术,高效服务于国家海洋经济和地方发展战略,服
务社会的能力显著增强。深化教育教学改革,确立"通识为体,专业为用"的本科教育理
念,实施以"有限条件的自主选课制度"和"学业与毕业专业识别确认制"为重点的本科
教学运行新体系,有效协调学生兴趣、特长与专业的关系,激发学生自主学习积极性,教
学质量不断提高,教育部本科教学工作水平评估成绩优秀。坚持用深化改革的办法,不
断改善内部管理体制与运行机制,逐步建立起动态的岗位设置管理与聘任制度,以及与
之相匹配的人才评价、绩效考核机制,学校整体管理水平与能力有了明显提高。

第二节　确立特色显著的世界一流大学战略目标

在21世纪第一个十年里,中国建成了世界上最大规模的教育体系,高等教育大众化
加快发展。深化改革,创新发展,建设世界一流大学和高水平研究型大学成为高等教育
发展的主旋律。这一时期,海大人直面挑战,坚持内涵发展不动摇,坚定不移走高水平特
色大学建设之路。"在超乎寻常的压力下,抢抓机遇,迎难而上,勇于创新,圆满完成了高
水平特色大学建设任务。"学校的人才培养成绩斐然,学科水平大幅提升,科技平台建设
与创新研究取得突破,服务经济社会发展的能力持续增强,人才队伍整体水平不断提升,
国际交流合作开创新局面,办学条件显著改善,管理体制与运行机制改革不断深化,党的
建设工作全面加强,学校的综合实力和国内外影响力显著提升。[①]

2010年,中国海大站在了新的起点上。如何与高水平特色大学建设相衔接,科学谋
划,勇于担当,在海洋强国建设中起中流砥柱作用,努力实现建校百年的宏伟目标,是摆
在海大人面前的一个重大课题。

一、第九次党代会确立新的"两步走"发展战略

在2010年5月8日召开的中国共产党中国海洋大学第九次代表大会上,党委书记于志
刚代表第八届党委作《凝心聚力,改革创新,科学发展,谋海济国,为建设国际知名、特

① 于志刚:《在中国共产党中国海洋大学第九次代表大会上的报告》,中国海洋大学档案馆藏,档号:HD-2010-DQ13-Y-35。

色显著的高水平研究型大学而奋斗》的工作报告。报告指出："我们必须以更加开阔的视野，更加执着的努力，积极作为，勇于担当，在建设海洋强国、服务民族振兴的历史过程中，实现学校事业新的高质量、跨越式发展。"关于学校中长期发展及其目标，报告中确立了新的"两步走"发展战略。具体内容为：

到2025年，也就是建校百年前后，全面完成第八次党代会确立的国际知名、特色显著的综合性研究型大学建设任务，构建起坚实先进、特色鲜明的办学支撑体系，使学校内部结构更加优化科学；拥有一批世界知名学者；具有国内一流、国际知名的人才培养、自主创新和服务社会能力；若干特色学科群达到世界先进水平，力争5～6个学科领域的基础科学指标（ESI）进入全球科研机构前1%行列。将学校建设成为国际知名、特色显著的高水平研究型大学。

到本世纪中叶或再长一段时间，立足海洋强国建设，大力推进改革创新，通过强化建设和持续发展，努力实现全面跨越，使学校跻身特色显著的世界一流大学行列。[①]

第九次党代会为中国海大确立了建设特色显著的世界一流大学奋斗目标，描绘了未来发展的宏伟蓝图，显示出海大人在战略上的长远眼光，以及争创一流的雄心壮志。确立这样一个"世界一流"的目标，自1994年提出创办"国内一流大学"以来，海大人念兹在兹，在内涵上不断凝练，实践中不断求索，业已历时16年了。

二、制定和实施"十二五"事业发展规划

2010年春，与第九次党代会筹备工作同时部署的还有制定学校事业发展第十二个五年规划。[②]第九次党代会上确定的新"两步走"发展战略，成为《中国海洋大学"十二五"事业发展规划》（简称学校"十二五"规划）的重要指南。

学校"十二五"规划的指导思想是：贯彻《国家中长期教育改革和发展纲要（2010—2020年）》，紧密结合海洋强国建设和蓝色经济发展需求，着力实施人才强校战略、国际化战略和文化引领战略，以提高质量为核心，坚持育人为本，坚持内涵发展、特色发展、和谐发展，大力推进协同创新，引领国家海洋教育发展，努力成为国家海洋知识与技术创新的主要发源地，勇于担当深化教育改革的试验田和扩大开放的桥头堡。提出的总体发展目标是：海洋和水产等一批优势学科领域达到国际先进水平，某些领域在国际上有重大影响力；服务海洋强国和蓝色经济的能力显著增强；以高素质人才培养、优秀的人才队伍、开放

---

① 于志刚：《在中国共产党中国海洋大学第九次代表大会上的报告》，中国海洋大学档案馆藏，档号：HD-2010-DQ13-Y-35。
② 《中国海洋大学2010年行政工作要点》，中国海洋大学档案馆藏，档号：HD-2010-XZ11-Y-04。

的国际环境、优良的大学文化为代表的核心竞争力明显提高，进一步深化体制机制改革，促进规模、结构、质量和效益协调发展，学校的综合实力和国际影响力较大幅度提升，为国际知名、特色显著的高水平研究型大学打下坚实基础。这样，学校就把新"两步走"战略中的第一步——"建设国际知名，特色显著的高水平研究型大学"首个五年的发展目标定位于"打基础"。实事求是地说，这是海大人客观分析自身优势与不足，认真评估面临的机遇与挑战而做出的安排，也是海大人捐华务实作风的又一体现。

学校"十二五"规划列出了人才培养、队伍建设、学科建设、科学研究、国际交流与合作和办学条件六大任务。每一项任务都进行了分解，使其具体化，共设有66个指标，并用定性与定量相结合的方式予以确定。这些指标又分为约束性和预期性两类。所谓约束性指标，是指确保能实现的刚性指标，具有约束力；而预期性指标，则是指学校预期实现，但可能受外界因素影响，具有一定弹性的指标。资料显示，指标体系中的核心指标基本上都被确定为约束性，而且计划增长的幅度比较大。比如，"教师队伍建设"一项中，专任教师总数五年计划增长27%以上，专任教师中具有博士学位的比例由56%提升到70%，教师中具有海外博士学位的人数计划增长7倍，等等。这充分显示出海大人对办学核心指标的高度重视，以及解决学校发展掣肘因素的决心。[①]

为完成确定的任务，实现阶段性目标，学校"十二五"规划提出了五大举措。一是着力文化引领。按照建设中国特色现代大学制度的要求，完善党委领导、校长负责、教授治学、民主管理的体制机制，逐步形成统一领导、分段实施、目标管理、动态考核的校院（系）两级管理体制，提高管理效率；把崇尚学术、谋海济国作为师生共同的价值追求，营造尊重创新、宽容失败的学术氛围。二是大力构建协同创新体系。通过与国内沿海省（市、区）共建研究院或多类型联合研究平台、与国外著名大学建立合作研究中心等，拓展国际国内合作新途径，推动国内外协同创新向纵深发展。三是突出内涵发展。进一步优化学科专业、人才队伍、人才培养的结构和三校区办学功能，建设一批学科和专业品牌。四是强化优势领域，建设特色鲜明的人才培养体系，打造人才培养品牌。五是突出工作重点，以"985工程"建设为依托，深化实施"本科教育质量工程"和研究生、留学生培养保障体系。

总体来说，学校"十二五"规划贯彻了第九次党代会的主旨，把握了彼时高等教育发展的主线，提出的目标任务、基本要求和主要措施符合实际，可操作性强，为学校下一个五年的发展绘制了蓝图。

[①]《中国海洋大学"十二五"事业发展规划》，中国海洋大学档案馆藏，档号：HD-2011-XZ11-Y-11。

三、继续实施"四家共建"体制

2011年3月6日,教育部、山东省人民政府、国家海洋局、青岛市人民政府在济南签署《关于重点共建中国海洋大学的协议》(简称"共建协议"),决定在前两期共建的基础上,四家继续实施这个体制,重点支持中国海大向新的目标迈进。具体内容如下:

一、在巩固以往重点共建成果的基础上,教育部、山东省、海洋局、青岛市继续共建中国海洋大学,旨在进一步加快学校创建国际知名高水平研究型大学和世界一流大学的步伐,使学校人才培养质量、科学研究水平、自主创新能力、社会服务能力以及国际竞争能力显著提高,在造就学术领军人物和集聚创新团队、培养拔尖创新人才、产生国际领先的原创性成果、创新管理体制机制等方面取得突破,为建设创新型国家和人力资源强国作出重大贡献。

二、山东省、青岛市继续将中国海洋大学的改革发展纳入全省及全市的整体建设和社会发展的整体规划之中,并给予相应的政策支持。海洋局支持并鼓励中国海洋大学积极参与国家海洋科技资源的优化配置,加强与局属单位开展科技合作和科研成果转化工作,加大为海洋系统培养人才的力度。教育部支持和鼓励中国海洋大学牢固树立社会服务意识,拓展共建内容,创新人才培养模式,重点推进体制机制改革,扩大深层次社会合作,构建稳固的产学研合作联盟,使学校在面向全国服务的同时,通过人才培养、学术研究,科技创新及科技成果转化等,为国家海洋战略的实施和地方经济建设与社会发展提供强有力的支撑。

三、除对学校的经常性事业经费安排以外,2010年到2013年,教育部和财政部按"985工程"中央财政专项资金基本额度下达给中国海洋大学的控制数为2.5亿元人民币,浮动额数按绩效另做安排;山东省、青岛市投入学校的配套经费分别为0.4亿元人民币、1.6亿元人民币:海洋局鼓励和支持中国海洋大学申请和承担各类海洋项目,项目数量和规模不低于前期。教育部、财政部和山东省、海洋局、青岛市将分别按有关规定,加强对"985工程"中央财政专项资金和有关配套建设经费使用的监管;中国海洋大学要严格遵守各项财务制度,加强对资金的管理,确保专项资金使用的规范与安全。

四、在重点共建过程中的具体事宜,由教育部、山东省、海洋局、青岛市组织中国海洋大学具体研究确定。[①]

研读这份"共建协议",有两点让人印象深刻:一是支持给力。"四家"既有政策层面

[①]《教育部、山东省人民政府、国家海洋局、青岛市人民政府关于继续重点共建中国海洋大学的协议》,2011年3月6日。

的倾斜、科研项目合作上的优惠，更有"真金白银"的投入，算得上是组合式支持。二是企望殷切。协议千余字，"创新"出现八次，"社会服务"类句也有四次，字里行间浸透着对中国海大的殷切企望和要求。而海大人也一如既往，充满信心。校长吴德星在"共建协议"签署后答媒体记者问时，给予了正面回应。他说："中国海洋大学将以此次共建为契机，努力在人才培养、科学研究、服务社会等方面结出更加丰硕的成果，争取早日建成国际知名、特色显著的高水平研究型大学。""学校将更加积极主动地投入建设山东半岛蓝色经济区和黄河三角洲高效生态经济区的工作中去，在科学技术和人才资源等方面，为国家战略实施和地方经济发展提供强有力的支撑和保障，为国家、社会和地方作出一所大学应有的贡献。"[①]

翻阅中国海大关于"985工程"建设的资料，对照四家"共建协议"和学校"十二五"规划，不难发现，除近中期发展目标定位相同外，三者还有一个共同点，就是学校建设发展的阶段性主要任务基本相同，均指向学科建设、拔尖创新人才培养、学术领军人物和创新团队建设、提升自主创新和服务社会能力、国际交流与合作、支撑条件建设六个方面，而这些都属于国家"985工程"规定的建设任务的范畴。[②]应该肯定地说，这不是巧合，而是海大人在国家高等教育发展政策指导下，着力于统筹各类办学要素和资源，集中人力物力财力，重点解决制约学校发展的主要矛盾，扎实推进跨越发展、创新发展，加快实现特色显著的世界一流大学建设的阶段性目标所作出的必然选择。四家再次续签"共建协议"，为中国海大下一轮"985工程"和"双一流"大学的建设提供了有力支持，注入了强劲动力。

第三节　新一轮"985工程"建设绩效突出

2010年10月，按照教育部、财政部"985工程"办公室通知要求，学校经过反复研究，制定并呈报了《中国海洋大学"985工程"建设总体规划（2010—2020年）》（简称"十年总体规划"）和《中国海洋大学"985工程"建设改革方案》，并获批复同意实施。[③]由此，学校的"985工程"建设进入了新阶段。

---

① 冯文波：《教育部 山东省 国家海洋局 青岛市签署协议继续共建中国海洋大学》，载《中国海洋大学报》2011年3月31日。
② 教育部、财政部：《"985工程"建设管理办法》，"985工程"建设报告编研组编：《"985工程"建设报告》，高等教育出版社2011年版，第123页。
③ 教重函〔2011〕1号，中国海洋大学档案馆藏，档号：HD-2013-KY11-41-13。

　　事实上，在"985工程"管理上，就国家层面而言，此时已经发生变化。2010年2月，国务委员刘延东主持召开会议，原则同意教育部、财政部提出的改革意见，就是"985工程"建设不再分期进行，而是调整为"长期规划、动态管理、分段实施"①。7月，《国家中长期教育改革和发展规划纲要（2010—2020年）》颁布，正式确认了这个意见，明确提出，"以重点学科建设为基础，继续实施'985工程'和优势学科创新平台建设，继续实施'211工程'和启动特色重点学科项目建设。改革管理模式，引入竞争机制，实行绩效评估，进行动态管理"。旨在"加快创建一流大学和高水平大学的步伐，培养一批拔尖创新人才，形成一批世界一流学科，产生一批国际领先的原创性成果"②。显而易见，管理模式的改变、建设任务（内容）的调整、突出改革创新是"985工程"建设进入新阶段的主要标志。中国海大积极适应这种改革，在制定"十年总体规划"时，将建设目标分为总体目标和到2013年的近期目标两部分。相应地，在确定"985工程"建设任务（内容）及其指标体系时，也作了如是处理。2012年5月，教育部、财政部在下发的通知中，明确把"985工程"（2010—2013年）建设称为新一轮"985工程"建设阶段。

　　2013年9月，"教重办"发出通知，统一部署对新一轮"985工程"建设情况进行检查和评审。这次检查和评审分为两个阶段，第一阶段是各校进行内部检查，形成自查报告，限于10月20日前结束。第二阶段是分组互评，由"两部重点办"将被评审的40个高校分为6个组，组内高校在网络平台上审阅兄弟高校提交的三种材料：新一轮"985工程"建设情况报告（简称"自评报告"）、改革方案实施情况报告和标志性成果简介，然后按优秀（A）、良好（B）、合格（C）和不合格（D）四档给予评价，评审意见限于10月27日前上传至指定的信息平台。③

一、自查情况

　　进入国家"985工程"之于中国海大，是关乎全局和前途的头等大事，海大人对此了然于胸；努力完成"985工程"建设任务，海大人聚精会神，力行不息。经过"985工程"一期、二期建设，学校的特色优势得以拓展强化，综合实力和国际影响力实现跃升。2010年新一轮"985工程"建设启动以来，学校紧紧围绕海洋强国建设和蓝色经济发展的重大需求，聚焦国际学术前沿，以学科建设为龙头，以学术领军人物和创新团队建设为核心，以

①　"985工程"建设报告编研组编：《"985工程"建设报告》，高等教育出版社2011年版，第164页。
②　《国家中长期教育改革和发展规划纲要（2010—2020年）》，中国海洋大学档案馆藏，档号：HD-2013-KY11-41-5。
③　《关于对学校"985工程"（2010—2013年）建设情况进行评审的通知》，教重办〔2013〕1号，中国海洋大学档案馆藏，档号：HD-2013-KY11-41-21（22）。

拔尖人才培养为目标，通过实施"综合改革方案"和"重点方向-创新平台-重大项目-创新团队"一体化建设模式，合理配置和有效整合智力资源和物质资源，确定的各项任务顺利推进。学校"自评报告"——《中国海洋大学"985工程"（2010—2013年）建设情况报告》认为，建设成效显著。

（一）学科水平大幅跃升

学校进入美国基本科学数据库（ESI）前1%行列的学科（领域）数量从本阶段初的2个增至8个，与另外3所"985工程"高校并列全国第16位。海洋科学和水产两个特色优势学科整体进入国际先进行列，在ESI地球科学的排名，由本阶段初的前0.94%上升至前0.45%，在9个进入"985工程"高校中列第四位；在ESI植物与动物学科的排名，由前0.51%上升至前0.25%，在17个进入"985工程"高校中排第四位。海洋科学和水产两个国家重点学科在全国学科评估中三次蝉联第一。学校注重加强特色优势学科与其他学科的交叉融合及辐射带动，培养新优势增长点；以海洋观测技术、海洋开发利用技术、海洋工程安全设计与防灾技术和海洋材料与防护技术等学科方向为主体的工程技术学科，以海洋药物为重要组成的化学学科等六个学科进入ESI前1%；计算机科学与技术、药学、生态学、软件工程获批博士学位授权一级学科，中国海大获批成为国家首批能源与环境领域工程博士专业学位授权的25个单位之一；应用经济学、工商管理学、法学三个文科实现了博士学位授权一级学科的突破。[①]这些进展表明，经过新一轮"985工程"建设，特色优势学科的"高峰"凸显，比较优势学科的"高原"愈加厚实。

（二）拔尖创新人才培养的水平和能力有了新提升

学校秉持"通识为体，专业为用"的本科教育理念，不断完善以学生兴趣与学习能力为基础、以学业与毕业专业识别确认制为核心的本科教学管理体系，加强精品课程建设、教学团队建设、实验教学示范中心建设和"实验教学-海上实习-科研训练"三层次实践教学体系建设，在高年级中实行导师制，本科教育的质量稳步提高，涉海学科拔尖人才培养的基础得到加强。实施"3+2+3"本硕博一体化培养方案，每年培养的海洋学科博士生约占国内培养总数的40%，水产学科博士生约占国内培养总数的30%。为国家海洋和水产事业提供了一大批高层次优秀人才。学校以世界一流大学海洋人才培养的规格与水平为参照，集中建设了以六个研究生培养国际化平台为主体的涉海学科拔尖创新人才培养体系。其中，海洋科学、国际商务和环境与资源保护法三个平台已经开设了40多门国际

---

①《中国海洋大学"985工程"（2010—2013年）建设情况报告》，中国海洋大学档案馆藏，档号：HD-2013-KY11-41-23。

化课程，连续多年接受国际学生，一批导师具备了熟练应用英语指导研究生学位论文的能力，研究生教育国际化水平得到有效提升。学校不断深化与美国、德国、澳大利亚等国一流海洋科教机构的合作，吸收国际优质资源，完成了海洋、水产学科课程学分与欧洲学分体系（CTS）的互认，实现了中美两国名校间联合授予学位的突破。四年来，一批具有国际视野的拔尖人才脱颖而出，物理海洋学、水产科学、海洋生物学的多名博士生在 *Science*、*Nature*、*Climate Change*、*PNAS*（美国科学院院刊）、*Genes & Development*等国际知名学术刊物发表高水平论文。[①]更为重要的是，学校通过探索拔尖人才培养的规律，积极汇集国内外涉海科教资源，不断优化中外合作培养海洋人才机制，涉海学科拔尖创新人才培养的生态环境、拔尖创新人才培养的能力有了明显增强。中国海大业已成为培养海洋强国栋梁之材的中心、国际海洋人才培养的基地。

（三）学术领军人物和创新团队建设取得新进展

根据《中国海洋大学"985工程"（2010—2013年）建设情况报告》记载，本阶段重点建设的创新团队及其学术领军人物有：

（1）海洋动力过程的演变机理及其在气候变化中的作用研究团队。以吴立新为学术带头人，汇集了谢尚平、吴德星和一批中青年学术骨干，是国家自然科学基金委资助的创新研究群体。在海洋多尺度过程及气候环境效应的研究中取得重大突破，开辟了全球海洋变暖不均匀性及相关海-气多尺度动力学研究新领域，揭示了深海大洋能量多尺度传递机理，开拓了深海大洋混合时空变异的研究新方向，实现了海洋多尺度过程观测技术的跨越式发展。凭借其国际学术前沿的研究成果，2012年获国家基金滚动支持，并入选科技部首批重点领域创新团队。

（2）海洋有机生物地球化学研究团队。以赵美训为学术带头人，汇集了杨桂朋、刘素美、于志刚以及一批高层次学术骨干。该团队紧扣海洋有机碳循环与生态环境演变前沿问题，研究海洋有机物的产生、转化/降解和埋藏机制及其对生态环境变化的响应，评估海洋有机地球化学过程对海洋碳汇的影响，为国家制定生态环境保护和外交谈判政策提供科学依据。

（3）环境友好型功能材料与防护技术研发团队。以于良民为学术带头人，由一批中青年学术骨干组成。该团队致力于建立和发展具有我国自主知识产权的海洋防污涂料技术体系，在环境友好型功能树脂、防污剂和防污涂层的研究上取得的成果，为我国履行相

---

① 据《中国海洋大学"985工程"（2010—2013年）建设情况报告》整理。

关国际条约和发展蓝色经济提供了重要技术和产品。

（4）海洋工程安全设计与再生能源利用技术研发团队。以李华军为学术带头人，汇集了一批学术骨干。该团队在海洋工程环境动力学与工程应用、海洋工程安全设计与防灾技术和海洋再生能源利用技术等方向上的研究成果，既大幅度提升了海洋工程学科在ESI排名，又应用于国内外30余项重大海洋工程项目，产生了显著的经济效益和社会效益。

（5）深海观测与海洋遥感研究团队。由陈戈、田纪伟为学术带头人，汇集了一批学术骨干。该团队围绕国家深远海发展战略，完成了南海深海潜标网组网，在构建深远海协同精细观测体系、建设深海观测仪器设备研发平台等系列成果，提升了我国在深远海观测技术领域的原始创新能力。

（6）海底资源勘测开发及其环境效应研究团队。由周华伟、李三忠领衔，汇集了翟世奎、李广雪和李予国、张建中等学术骨干。该团队围绕洋底动力过程及其资源勘探开发与环境效应学术前沿方向，在西太平洋大陆边缘、俯冲带和太平洋板块动力过程、海底天然气水合物勘探和深海海底边界层原位观测技术研发取得重大突破，得到国家重大专项长期支持。

（7）近海环境动态变化过程研究团队。以高会旺为学术带头人，汇集王震宇、邢宝山、谢立安、姚小红等一批学术骨干。该团队以近海环境和生态系统变化为研究方向，在近海物质输送及其环境动力学、河口-近海物质循环与污染物迁移转化、人工纳米颗粒环境地球化学关键过程及生物响应、海-气物质交换过程及环境效应等方面的研究取得重要进展。

（8）可持续海水养殖中重要生物学前沿问题研究团队。以麦康森为学术带头人，汇集了董双林、战文斌、何艮等学术骨干。该团队以我国海水养殖中的鱼、虾、贝和棘皮动物的代表种类为对象，从养殖生态、营养与饲料、寄生原生动物、病理与免疫四个主要方向着手，研究探索海水养殖生态系统中各种要素的相互作用关系及其生物学机理，取得了一系列原创性应用技术重大成果，标志着我国海水养殖研究和开发应用达到国际先进水平，在生态养殖、水产营养与饲料领域达到国际领先。

（9）海洋创新药物研究与开发团队。以管华诗为学术指导，以于广利为学术带头人，汇集了张丽娟等一批优秀学术骨干。该团队致力于海洋糖类药物的研发、海洋先导化合物的发现与优化和海洋创新药物的分子作用机制研究，所取得的原创性和应用推广成果，显示出学校在海洋创新药物研发方面的国内领先地位，显著提升了我国海洋药物研究开发的国际地位。

（10）海洋生物资源高效利用研发团队。以薛长湖为学术带头人，汇集了梁兴国、林洪等一批中青年学术骨干。该团队以海洋生物资源精深加工和海洋生物产品质量与安全控制关键技术开发，以及海洋生物产品营养与功效评价为主攻方向，所取得的系列成果已在海洋生物资源精深加工与高效利用、海洋活性因子与功能食品开发及其质量与安全控制研究领域形成了显著优势。

（11）海洋生物多样性与进化研究团队。以宋微波为学术带头人，汇集了张士璀、赵呈天一批学术骨干。该团队研究了近百种纤毛虫代表群类的个体细胞发育模式，构建了全球最大的海洋纤毛虫DNA种库，建立了海洋生物代表性类群的DNA条形码库；发现原索动物肝盲囊与脊椎动物的肝脏起源与演化关系，提出了文昌鱼是无脊椎动物向有脊椎动物进化的"中间体"假说，所取得的系列国际一流成果，被国际同行誉为具有World-leading（世界领导级）的水平。学科带头人宋微波获得原生生物学家学会颁发的CLAVAT奖，并成为该学会五名常务执行委员之一。

（12）海洋生物遗传学与育种研究团队。以包振民为学术带头人，汇集了张全启等一批学术骨干。该团队围绕海洋生物基因组学与育种关键技术这一前沿方向，系统研究了几种重要海洋经济动物植物的基因组学和功能组学，组装了栉孔扇贝、虾夷扇贝、牙鲆、紫菜、海带等基因组框架图谱，获得大量的功能基因和有价值的分子标记，开发了高通量非模式生物全基因组SNP分型技术，建立了水产全基因选择育种平台和现代育种技术体系，培育了"海大金贝"等4个海水养殖新品种。所取得的原创性理论成果和新技术，标志着我国海水养殖生物基因组学和分子育种研究已跻身国际前沿。[①]

（四）自主创新和社会服务能力明显增强

有学术领军人物和创新团队固然重要，为他们搭建施展才华的舞台，提供创新创造的条件，也十分必要并且更具基础性。据记载，中国海大在新一轮"985工程"建设中，按照"重点方向–创新平台–重大项目–创新团队"四位一体，强化建设了三个创新平台和一个创新基地。

① 海洋科学创新研究平台。该平台包括南海深海潜标观测系统、近海岸基和海基海洋观测平台、太平洋–亚洲边缘海关键过程室内模拟系统、室内分析测试共享平台和大型高性能计算机集群。

② 海洋生命科学与技术创新平台。该平台包括系统生物学研发平台及海洋生物资源

---

① 据《中国海洋大学"985工程"（2010—2013年）建设情况报告》整理。

库、海洋药物转化平台、海洋生命科学国家实验教学中心等科研教学共享平台。

③ 海洋工程技术研发平台。该平台包括海洋观测仪器设备软硬件研发平台、海洋工程装备研发平台、海洋再生能源利用示范基地、海水资源利用工程化试验基地、深海特殊材料与防护技术中试基地、海洋空间利用与海岸带保护工程平台。

④ 海洋发展人文社科研究基地。该基地依托教育部海洋发展研究中心和学校海洋发展研究院，着力于海洋战略研究、海洋经济发展研究、海洋文化研究、环境法学研究、营运资本管理理论研究等，为提升中国海大在国内人文社科研究领域的地位奠定了基础。

根据资料统计，学校新一轮"985工程"建设中，各创新团队承担（完成）国家"973计划"项目/课题、"863计划"重大（重点）项目、国家自然科学基金重大（重点）项目、国家重大科研计划、国家重大专项、国家科技支撑计划等国家级科研项目/课题，共计186个；在国际主流刊物、国内高端刊物发表论文1200多篇，其中在*Nature*上发表11篇，被SCI/EI收录1100多篇；获得省部级以上科技奖励16项，包括国家科技进步奖二等奖4项、国家技术发明二等奖1项；获国内外发明授权专利72项。另外，学校在本建设阶段，在技术研发及其推广利用方面也硕果累累。海洋工程安全设计与防护成果应用于国内外30多个重大海洋工程，经济效益与社会效益显著。在海洋可再生能源利用与技术研发方面，建成了我国首个500千瓦海洋能独立电力系统示范工程，开创了多能互补、就地取能的新型能源开发模式。成功研发我国首套具有完全知识产权的海洋高精度地震探测系统，在海洋天然气水合物综合探测技术上处于国内领先地位。具有完全自主知识产权的SEA-EF99船舶涂料已成为国家推广产品，为履行国际公约和发展蓝色经济作出贡献。在海水健康养殖领域，遗传育种、营养饲料、病菌防治和生态系统关键技术的研发与应用获得突破，建立了现代水产育种技术体系，育成"爱伦湾"海带、虾夷扇贝等4个新品种；建立了17种高效清洁静态养殖模式，应用推广面积达87.4万亩，新增产值35.8亿元。水产品资源高效高质利用方面，突破了海洋水产蛋白、糖类及脂质资源高效利用关键技术，形成国家标准3项、行业标准9项，新增产值54亿元。在海洋药物与医用材料研究方面，构建了专业的海洋多糖和寡糖规模化制备技术体系，建成了国内外首个海洋糖库，开发出8个新型海洋糖类药物，转让科技成果1项，为企业增加产值1.63亿元；原创性医用壳聚糖基可吸收手术止血材料获得国家产品注册。在海洋发展人文社科研究领域共获得国家社科基金35项，其中"中国海洋文化理论体系研究"获批国家社科基金重大项目，另有海洋经济和权益维护方面的重点项目6个、该基金管理学部项目12个。获得教育部人文社科项目58个，其中"新时期中国海洋战略研究"是教育部哲学社会科学重大项目，另有"中国环境法制建设"等4个培养项目。这显示出学校承担人文社科高层次项目的能力有了明显增强，成为国家相关政策法规制定和海洋事业发展重大决策咨询服务的重要力量。近四年来，围绕南海、海洋管理等焦点问题向中央领导和有关部委提交咨询报告或接受咨询20多项（次）。其中，《关于我国海洋管理体制改革的建议》《关于我国南海应对行为准则的对策建议》得到中央领导批示，为国家相关决策提供了参考；《中华人民共和国海洋经济史》《中国海洋产业发展战略研究》获第六届教育部高等学校人文社科优秀成果三等奖；以《中国海洋经济蓝皮书》《中国海洋文化发展报告》为代表的系列报告，对于制定我国海洋经济、海洋文化、环境法治建设、极地问题等领域可持续发展战略及政策提供了理论支持和决策依据；以《营运资本管理发展报告》为代表的研究成果处于国内领先水平。[①]上述成果表明，经过新一轮"985工程"重点建设，中国海大的自主创新能力和社会服务能力有了明显增强。

（五）国际交流与合作开创新局面

新一轮"985工程"建设阶段，学校紧密结合创新型国家建设和海洋强国建设需求，坚持开放办学，将学科建设、人才培养、队伍建设、科学研究和社会服务置于国际视野下，推进实施国际化战略。多渠道、宽领域扩展国际科教合作网络的覆盖面，以涉海大学协会（由中国海大倡设）、海洋创新体国际联盟为载体，致力于与美国、欧洲国家和佛得角等岛屿国家，以及两极周边国家的学术交流与科教合作。深化与世界知名科教机构的实质性合作，与中德海洋研究中心、中澳海岸带管理研究中心、中韩海洋发展研究中心的合作成效明显：联合培养了73名硕士生、54名博士生，包括剑桥大学在内的30多所国外高校，计有200多名学生来校研修；作为"中国政府海洋奖学金"留学生培养高校，留学生培养质量、奖学金留学生人数、生源国别数均创新高。举办海洋教育国际研讨会和海洋、水产领域多边双边学术交流会20多场。利用国家、省、市和学校"绿卡人才工程"政策支持，吸纳了7位国家人才计划特聘教授，聘请170多名外籍教师或长期或按年度在校执教。邀请394位世界知名学者来校讲学或做学术交流，聘请其中的41人为客座教授。设立学校国际交流与合作基金，支持教师参加学术会议、短期进修或攻读学位，提高了教师队伍的教学科研能力与水平。

事实上，除了上述对新一轮"985工程"建设任务完成情况做了认真评估外，按照上级主管部门的要求，学校还对《中国海洋大学"985工程"建设总体规划（2010—2020

---

① 据《中国海洋大学"985工程"（2010—2013年）建设情况报告》整理。

年）》中所列规划指标的完成情况，进行了梳理和汇总（表9-1），更加直观地展示了此阶段的建设绩效。

表9-1 中国海洋大学"985工程"（2010—2013年）指标完成情况一览表

指标名称	计划情况	完成情况	备注
在ESI前1%学科排名（按总被引频次）	植物与动物学	从第475位上升到266位	全球1062家机构进入
	地球科学	从第434位上升到243位	全球544家机构进入
	工程技术	2010年3月进入	全球1295家机构进入，第1050位升至792位
	化学	2011年7月进入	全球1103家机构进入，第937位升至759位
	材料科学	2012年7月进入	全球585家机构进入，第528位升至421位
	农学	2012年7月进入	全球728家机构进入，第681位升至581位
	生物学与生物化学	2012年9月进入	全球858家机构进入，第798位升至745位
	环境学与生态学	2013年7月进入	全球713家机构进入，第689位升至686位
国家级奖励	2～4项	5项	
国家自然科学基金委创新研究群体	1～2个	2个	其中一个为滚动支持
省部级以上创新研究团队	2～4个	5个	科技部1个，教育部2个，山东省2个
国家人才计划入选者	3～6人	9人	
国家杰出青年科学基金获得者	1～3人	2人	另有优秀青年基金获得者5人
"973计划"项目或国家基金委重大基金项目（重大研究计划项目）	1～3项	9项	
"863计划"重大或重点项目	5～6项	16项	

指标名称	计划情况	完成情况	备注
国家自然科学基金委 重点基金项目	3～5项	11项	
国家级重大人文社科项目	有所突破	2项	
全国优秀百篇博士论文提名		7篇	
山东省优秀博士（硕士）论文		36篇	
国家级特色专业		4个	
国家专业综合改革试点项目		3个	

资料来源：《中国海洋大学"985工程"（2010—2013年）建设情况报告》。

　　自查报告对本阶段乃至以后掣肘学校发展的两个关键问题作了实事求是的分析，认为学校冲击世界一流水平的需求与资金投入之间差距较大；我国海洋强国事业需求与海洋学术领军人才匮乏，矛盾尖锐。中国海大既承担着为国家培养急需的海洋创新复合型人才的重大任务，又要成为汇聚国际海洋学术领军人才的战略高地，挑战巨大。[①]

二、互评情况

　　新一轮"985工程"建设情况在各校自评工作结束两个月后，2013年12月，国家主管部门分发了本组内六所高校（不署名）对中国海大本阶段建设情况的评审结果及意见建议。需要说明的是，这个评审结果中包含了中国海大的自评结果（表9-2）。

表 9-2　中国海洋大学本阶段建设情况评审结果表

一、建设目标和任务完成情况					二、改革方案的实施情况	三、资金使用管理情况	四、项目管理情况	五、建设绩效	总体评价	学校编号
学科建设	拔尖创新人才培养	学术领军人物和创新团队建设	提升自主创新和社会服务能力	国际交流与合作						
A	B	A	A	A	A	A	A	A	A	1
A	A	B	B	B	A	A	B	A	A	2

---

① 据《中国海洋大学"985工程"（2010—2013年）建设情况报告》整理。

续表

一、建设目标和任务完成情况					二、改革方案的实施情况	三、资金使用管理情况	四、项目管理情况	五、建设绩效	总体评价	学校编号
学科建设	拔尖创新人才培养	学术领军人物和创新团队建设	提升自主创新和社会服务能力	国际交流与合作						
A	B	B	A	A	A	A	A	A	A	3
A	B	A	B	B	B	A	A	A	A	4
A	B	A	A	A	A	A	A	A	A	5
B	B	B	A	A	B	A	A	B	B	6
A	B	B	A	B	B	A	A	A	A	7
备注	A代表优秀，B代表良好，C代表合格，D代表不合格									

资料来源：教重办〔2013〕4号文件附件1。

上表显示，中国海大在全部十个评审项上均获得优良成绩。其中学科建设、提升自主创新和社会服务能力、资金使用管理、项目管理、建设绩效和总体评价这六项获得优秀成绩（A）。经简单统计分析，拔尖创新人才培养、国际交流与合作两项获得良好成绩（B+），学术领军人物和创新团队建设与改革方案的实施情况两项，成绩位于优秀和良好之间（A-）。这说明，中国海大本阶段"985工程"建设的绩效突出，整体表现受到兄弟高校的高度认可。事实上，翻阅各校给出的建议意见，"成绩显著""建设绩效突出""取得突出进展""绩效明显""明显增强"等字眼不时见于其中。这也与评审结果中的档次评价作了相互印证。

除了充分肯定成绩外，毋庸讳言，兄弟高校对中国海大在本阶段"985工程"建设中的不足，并未曲笔回护，在各自的评审意见建议中，不约而同地指向拔尖创新人才培养、学术领军人物和创新团队建设这两个方面。[①]应该说意见中肯，洞见症结。这与学校的自评结果和自述困难亦不谋而合，也指明了学校未来发展中的主攻方向。

鉴于中国海大"985工程"（2010—2013年）建设绩效和总体评价获得六个A和一个B的优秀成绩，超预期完成本阶段的规划目标和建设任务，评审工作结束后，学校获得国家

---

① 教重办〔2013〕4号文件附件1-6，中国海洋大学档案馆藏，档号：HD-2013-KY11-41-27。

主管部门绩效奖励6100万元，相当于该阶段建设所投入经费的24.4%。[①]

三、投入与产出效率分析

据实而论，对新一轮"985工程"建设情况的评审，学校面临着一定的困惑，也感到了些许压力。一则，虽然明确了怎样评、评什么和档次划分，但每一档如何确定并未给出参考标准，各校在裁度上自由度较大，定档时存在一定的主观性。二则，"985工程"建设的资金，主要是由国家、省、市政府等提供。不论是自评还是互评，都有一定的心理压力：自我评价低了，不好向投资方交代，以后怎么还能获得支持？互评时给其他高校评价低了，都是兄弟单位，会不会影响彼此间的交流与合作？这些问题不可避免地对参与评审的专家和领导造成困扰，很难说不会对自评和互评的结果产生影响。有鉴于此，中国海大在本轮"985工程"建设自评审中，尝试用数据包络分析法对学校的投入/产出效率进行了定量分析，从另一视角印证与定性分析的吻合度，以期对自身现状和发展能力有更清晰的认知。

所谓数据包络分析法（The Data Envelopment Analysis，DEA），是20世纪末由美国学者基于相对效率概念建立的一种效率分析方法，适用于像"985工程"建设这样典型的多输入、多输出的有效性综合评价问题。在建立"985工程"建设绩效评价体系时，利用文献法对国内外研究型大学绩效变量，尤其是影响核心竞争力的要素进行了统计分析，再利用专家法和聚类分析法遴选出"投入指标"和"产出指标"，进而构建了"985工程"建设绩效评价指标体系（表9-3）。[②]

表9-3　"985工程"建设绩效评价指标体系

指标类型	一级指标	指标代码	二级指标	数据来源
投入指标	高水平师资队伍	ZB1-1	两院院士数量	教育部高教司编《教育部直属高校基本情况统计表》
		ZB1-2	国家人才计划、国家杰出青年基金获得者数量	教育部网站公开信息
		ZB1-3	国家级创新团队数量	教育部网站公开信息

---

① 张静主编：《中国海洋大学大事记》，中国海洋大学出版社2014年版，第409页。
② 王海涛等：《基于超效率分析模型的"985工程"建设绩效分析》，载《学位与研究生教育》2016年第12期，第34页。

指标类型	一级指标	指标代码	二级指标	数据来源
投入指标	高水平师资队伍	ZB1-4	专任教师数量	教育部高教司编《教育部直属高校基本情况统计表》
		ZB1-5	副教授以上专任教师数量	教育部高教司编《教育部直属高校基本情况统计表》
	高水平科研平台	ZB1-6	国家重点实验室、国家工程技术中心、国防重点实验室、教育部重点实验室数量，教育部人文社科重点基地数量	科技部网站公开信息、教育部网站公开信息
		ZB1-7	国家重点学科数量	国务院学位办网站公开信息
		ZB1-8	一级学科博士点数量	国务院学位办网站公开信息
	主要经费投入	ZB1-9	教育事业经费收入（包括教育经费拨款和教育事业收入两项，不含科研经费收入）	教育部高教司编《教育部直属高校基本情况统计表》
		ZB1-10	政府科技经费投入	教育部高教司编《教育部直属高校基本情况统计表》
产出指标	一流人才培养	ZB2-1	高校院士校友数	教育部高教司编《教育部直属高校基本情况统计表》
		ZB2-2	博士学位授予数	教育部高教司编《教育部直属高校基本情况统计表》
		ZB2-3	硕士学位授予数	教育部高教司编《教育部直属高校基本情况统计表》
		ZB2-4	本科生毕业数	教育部高教司编《教育部直属高校基本情况统计表》
		ZB2-5	博士生均国家级优博论文数量	教育部高教司编《教育部直属高校基本情况统计表》
	高水平科研及成果	ZB2-6	师均国家三大奖数量	科技部网站公开信息
		ZB2-7	师均授权专利数量	国家知识产权局网站
		ZB2-8	师均SCI论文收录数量	SCI科学引文数据库

指标类型	一级指标	指标代码	二级指标	数据来源
产出指标	高水平科研及成果	ZB2-9	师均高校优秀科研成果奖数量（科学技术），高校人文社会科学研究优秀成果奖、入选国家哲学社会科学成果文库数量，国家社科基金重大招标项目中标课题数量	教育部网站、全国哲学社会科学办公室网站公开信息
		ZB2-10	师均国家自然科学基金资助金额	国家自然科学基金网公开信息
		ZB2-11	师均国家社科基金数量	全国哲学社会科学办公室网站公开信息
		ZB2-12	师均国家重大课题结项数（973/863、科技攻关项目）	教育部高教司编《教育部直属高校基本情况统计表》
	一流学科	ZB2-13	进入ESI数据库全球科研机构前1%行列的学科数	ESI（美国基本科学指标数据库）

　　根据该指标体系和权威机构发布的发布数据，采用数据包络分析法中的超效率分析模型（Super Efficiency Data Envelopment Analysis，SE-DEA）和MaxDEA软件，把31所"985工程"建设高校作为一个整体和中国海大的规模效率（Scale Efficiency）、纯技术效率（Pure Technical Efficiency）和综合效率（Crste Efficiency Score）分别进行计算，得出了相应的数值（表9-4）。[①]

表9-4　中国海大建设效率与教育部直属985高校整体平均效率值

序号	决策单元	规模效率	纯技术效率	综合效率
1	教育部直属985高校均值	0.73	1.52	1.11
2	中国海洋大学	0.65	2.59	1.68

　　表中显示，"规模效率"一项，中国海大（0.65）低于31所高校均值（0.73）。这个指标反映的是决策单元的投入规模水平是否适度，体现的是实际投入规模与最优生产规模

---

①《中国海洋大学"985工程"（2010—2013年）建设情况报告》，中国海洋大学档案馆藏，档号：HD-2013-KY11-41-23。

之间的差距。结果表明，中国海大需要在现有投入规模的基础上，再增加35%的投入，才能达到有效规模效率（1.00）。"纯技术效率"反映的是决策单元在投入给定的情况下，产出最大化或产出既定情况下，投入最小化的能力。该项指标中国海大（2.59）高于31所高校均值（1.52），表明学校在规模效率偏低的情况下，得出了相对较高的纯技术效率值，产出效率较高。"综合效率"等于前两项指标的乘积，是对决策单元资源配置能力、资源利用效率等多方面能力的综合衡量，反映的是决策单元的整体效率。这一项中国海大（1.68）高于31所高校均值（1.11），表明学校新一轮"985工程"建设的整体效率优于这些高校的平均水平。[①]

通过定量分析可见，中国海大该轮"985工程"建设的整体效率在31所教育部直属大学中处于中等靠前位置，而且产出能力强，呈现出投入少、产出高的优性状态。同时清楚地显示，学校要进一步提升整体效率，获得更高效的发展，应该继续强化投入指标体系中核心要素的建设，增大投入力度。

第四节　孙也刚任党委书记　于志刚任校长

2014年是中国海洋大学建校90周年。1994年校庆70周年时提出创办国内一流大学发展目标，2010年全面建成高水平特色大学并确定"两步走"发展战略，清晰地勾勒出21世纪中叶建成特色显著的世界一流大学愿景。一路走来，海大人以"211工程"和"985工程"建设为总抓手，不畏艰难，拼搏进取，扎实工作，在人才培养、科学研究、社会服务、国际交流与合作和党建思想政治工作方面取得了一系列重大进展与突出成效。

一、学校主要领导调整

2014年7月4日，学校召开教师干部大会。教育部副部长杜占元宣布中共教育部党组关于中国海大党政主要领导调整的决定：孙也刚同志担任党委委员、常委、书记，于志刚同志担任校长，张静同志担任党委常务副书记（正厅级）。这是继2013年底，在教育部党组对学校领导班子成员进行调整的基础上，进一步健全学校领导班子的又一重大举措。在那次调整中，卢光志同志担任党委副书记兼纪委书记，陈锐同志担任党委常委、副书记兼副校长。

---

① 《中国海洋大学"985工程"（2010—2013年）建设情况报告》，中国海洋大学档案馆藏，档号：HD-2013-KY11-41-23。

孙也刚（1963—　），江西上饶人。研究生学历，博士学位。1979年9月—1982年7月，江西上饶师范专科学校学习；1982年7月—1986年9月，江西上饶市第四中学教师；1986年9月—1988年8月，北京师范大学教育系高等教育管理专业研究生；1988年8月—1993年3月，国务院学位委员会办公室、教育部研究生司综合处副主任科员、主任科员；1993年3月—1998年9月，国务院学位委员会办公室业务五处副处长；1998年9月—2000年5月，国务院学位委员会办公室、教育部研究生司综合处处长；2000年5月—2004年5月，国务院学位委员会办公室、教育部研究生司文理医学科处

党委书记孙也刚

处长；其间，1997年9月—2002年7月，北京大学高等教育管理专业博士研究生；2004年5月—2007年7月，新疆维吾尔自治区教育厅副厅长；2007年7月—2010年9月，新疆维吾尔自治区教育厅副厅长（厅长级）；2010年11月—2011年11月，国务院学位委员会办公室、教育部研究生司巡视员；2011年11月—2014年7月，国务院学位委员会办公室副主任兼教育部研究生司副司长（正司级）；2014年7月起任中国海大党委书记。

于志刚在2003年9月—2009年2月任中国海大党委常委、副校长；2009年2月—2014年7月任中国海大党委书记；2014年7月起任中国海大校长。①

张静（1965—　），女，河北乐亭人。1988年7月参加工作，大学学历，学士学位，研究员。1984年9月—1988年7月，山东海洋学院水产养殖系学习；1988年7月—1993年6月，青岛海洋大学水产学院团总支书记；1993年6月—1995年1月，青岛海洋大学应用数学系团总支书记；1995年1月—1995年12月，青岛海洋大学经贸学院团总支书记；1995年12月—1997年7月，青岛海洋大学团委副书记；1997年7月—1999年5月，青岛海洋大学海尔经贸学院党总支副书记兼副院长；1999年5月—2001年9月，青岛海洋大学党委校长办公室副主任；2001年9月—2003年9月，中国海大党委校长办公室主任；2003年9月—2014年7月，中国海大党委副书记；2014年7月起任中国海大党委常务副书记。

孙也刚书记在大会上作就职讲话。他说："作为国家'985工程'院校中唯一的海洋大学，我们肩负着为国家实施海洋战略、培养人才和提供智力支撑的神圣使命。""随着党和国家越来越重视海洋事业，我们的海大既迎来了难得的发展机遇，也面临着比过去任

① 于志刚简历第八篇已有介绍，故从略。

何时候都更加激烈的竞争和严峻的挑战，海大的发展没有最好，只有更好。""此刻，接力棒交到我们手中，我愿与所有海大同仁们一道来跑好这一棒！""为了海大，我愿殚精竭虑，鞠躬尽瘁。"①

于志刚校长在履新讲话时说："我深知，由党委书记转任校长，面临着工作思路和方法的转换，这是个不小的挑战。我将虚心学习，尽快转换角色。"并表示要努力做好三点：一是坚持和完善党委领导下的校长负责制，以正确的制度和团结协作的精神保障学校事业科学发展；二是依法治校、以德治校相结合，靠集体的智慧和力量推进学校事业科学发展；三是精心谋划，积极作为，以深化综合改革和服务社会经济增长赢得学校事业科学发展。他说："国家从来没有像今天这样重视海洋事业，建设海洋强国是实现中华民族伟大复兴中国梦的重要战略组成，更是海大人长期为之奋斗的伟大事业。""学校已经为国家海洋事业的发展作出了不可替代的历史性贡献，现在则需要精心谋划新形势下的发展方略，采取更加有效的措施实现既定的目标，勇敢地担当起海洋强国建设的中流砥柱。"他语气平和而坚定地表示："在实现这一梦想的历史性征程中，我愿做一块抗压耐磨的铺路石，竭尽全力，无怨无悔！"②

10月上旬，也就是在90周年校庆前夕，孙也刚书记接受《中国海洋大学报》记者专访时，就学校面临的紧迫而重大的问题谈了自己的观点。他说，纵观世界一流大学的发展历程和现状，必然有一批一流的学科，同时也必然有一批享誉全球的学术泰斗和卓越人才。建设一流大学的过程就是不断凝练学科方向并提升学科水平的过程，也是不断汇集并培养一流人才的过程。中国海大凭海而兴，在90年的办学历史中积淀了深厚的海洋元素，海洋已成为学校的"图腾"与价值归宿。要紧紧咬定海洋特色不放松，矢志不渝地推进特色强校。按照"保持海洋基础学科优势、加强海洋资源开发利用等应用学科发展、围绕海洋智库建设提升人文学科实力"的路径进行部署和强化建设，发挥好海洋多学科相互支撑、相互促进的综合优势，逐渐形成海洋科学研究和海洋战略研究的"组合拳"。通过纵向提升和横向拓展，不断巩固强化海洋与水产特色，辐射提升综合学科水平，从而形成与一流大学相适宜的学科体系和学科优势。孙也刚强调，人才是事业发展之本，汇集卓越人才团队是建设一流大学的核心。"具体工作中，要以学科建设为牵引，明确人才需求和定位。人才队伍特别是高层次人才队伍建设，必须与学科建设和规划相结合，而

① 孙也刚：《在全校教师干部大会上的讲话》（摘录），载《中国海洋大学报》2014年7月10日。
② 于志刚：《在全校教师干部大会上的讲话》（摘录），载《中国海洋大学报》2014年7月10日。

学科建设和规划要与学校办学定位、现有基础与特色,以及学校事业发展目标等紧密结合。只有明确了这些,才能弄清楚能在哪些学科实现突破,怎么突破;什么地方缺人才,缺什么样的人才;这样的人才在哪里,通过什么方式获得等等,进而找出制约发展的瓶颈以及促进发展的措施。"[1]

二、成功举办90周年校庆

2014年10月25日,是中国海洋大学九十华诞。据记载,学校于一年前便成立了90周年校庆筹备委员会及其办公室(简称校庆办),并向社会发布了校庆一号公告[2],标志着这项工作正式启动。3月20日发布的2014年党政工作要点都把90周年校庆列为年度重点工作。明确提出,要按照党中央和教育部有关精神要求,立足实际,以"总结办学经验,弘扬海大精神,凝聚各方力量,推动科学发展"为指导思想,本着厚重简约、务实和谐的原则,积极开展突出学术性、文化性和国际性的校庆活动。[3]6月12日学校发文公布调整后的校庆主要工作安排,逐一确定了9类17项任务和责任领导、责任单位及责任人,校庆筹备工作紧锣密鼓地开展起来。[4]

学校90周年校庆受到国家有关部委、省市各级领导,国内外友好高校及科研机构,各有关单位和广大校友的关注,并以不同方式给予关怀和支持。中共中央政治局原常委、国务院原副总理李岚清题词"培养德智体全面发展高素质人才,为建设海洋强国作贡献",全国人大常委会原副委员长陈至立题词"建设一流海洋大学,服务海洋强国战略",全国政协原副主席宋健题词"大海生命摇篮,科技决纾乡愁"。

10月23日,教育部领导来校调研,在与学校领导班子成员和各单位党政主要负责人座谈时说,中国海洋大学有着90年的办学历史,传统优良、特色鲜明、底蕴深厚。近年来,学校抓住机遇,乘势而上,学科建设、教育教学质量、新校区建设等不断取得新成就新进展,特别是在全方位服务海洋强国战略,服务国家和地方经济社会发展、文化繁荣等方面作出了重要贡献。对于学校的改革发展,提出三点希望:一是要抓住一流大学和一流学科建设的机遇,做好统筹协调,加快发展;二是要内涵发展,更加注重在内涵上提质

---

① 孙也刚:《凝练学科方向,汇聚人才队伍,建设一流大学》,载《中国海洋大学报》2014年10月9日。

② 《中共中国海洋大学委员会2014年工作要点》,中国海洋大学档案馆藏,档号:HD-2014-DQ11-Y-5。

③ 《中国海洋大学行政2014年工作要点》,中国海洋大学档案馆藏,档号:HD-2014-XZ11-Y-30。

④ 《中国海洋大学关于90年校庆主要工作安排的通知》,中国海洋大学档案馆藏,档号:HD-2014-XZ-C-22。

量上水平；三是要加强领导班子建设，落实好党委领导下的校长负责制，以党政团结合作带动和提升班子战斗力。并表示：教育部将一如既往地支持中国海大的改革与发展，支持早日建成国际知名、特色显著的高水平研究型大学。

10月25日上午10时，中国海大建校90周年庆祝大会在崂山校区体育馆隆重举行。全国人大常委会原副委员长陈至立，山东省人大常委会原副主任朱正昌，国家海洋局副局长王宏，总参气象局水文局局长、少将钱泽宏，海军北海舰队政治部副主任、少将夏平，国家海洋局原局长王曙光、孙志辉，中国科学院院士、中国工程院院士苏纪兰、管华诗、秦蕴珊、胡敦欣、侯保荣、雷霁霖、唐启升、钟登华、李庆忠、高从堦、吴立新，国家有关部委、省市各级党政部门的领导和部队首长，美国、英国、法国、德国、俄罗斯、加拿大、澳大利亚、西班牙、瑞士、纳米比亚、斯里兰卡、日本和韩国等十几个国家海洋科教机构的负责人，海内外校友代表，学校离退休老同志代表，现任学校领导和师生代表4000多人出席大会。

庆祝大会由党委书记孙也刚主持。

中国海洋大学建校90周年庆祝大会现场

校长于志刚发表题为《为和谐海洋，育天下英才》的讲话，代表学校向关心支持中国海大发展的各级领导和海内外各界朋友，向为母校增光添彩的海内外广大校友，向各时期为学校事业发展竭诚奉献的广大师生员工，表示衷心感谢和崇高敬意。

在回顾学校发展历史时，于志刚说："90年前，中国海大的前身——私立青岛大学创立于鱼山校区。先辈们以'教授高深学术，养成硕学宏材，应国家需要'为宗旨，开国人在青岛举办现代高等教育之先河，也自此开始了一所大学与国家民族同呼吸、与国家海洋事业共命运的光辉历程。""在上世纪30年代和50年代，科学和人文名家云集，教学科研和文学创作繁荣，形成了学校办学历史上两个发展兴盛期。与此同时，从倡设海边生物学、海洋学、气象学，到创办中国第一个水产系，设立海洋研究所、创办海洋系，学校'加强理科，开拓海洋，发展生物，文史见长'的办学特色初成，学术声誉日隆。""55年前，还是在美丽的鱼山校区，山东海洋学院成立，翌年即被中共中央确定为全国13所重点综合性大学之一。"经过几十年的奋斗，办学规模稳定发展，教育质量不断提升，综合实力大为增强，奠定了综合性大学的基础。"世纪之交，在全国高校大改革大发展的背景下，学校从自身特点和国家需要出发，确定了'重特色、求质量，先做强、再做大'的总体发展策略，在全国率先举起了建设高水平特色大学旗帜，赢得了国家和省市的宝贵支持，先后于1996年和2001年进入国家'211工程'和'985工程'重点建设序列，开始建设高水平特色大学。"12年前，学校更名中国海洋大学，事业进入了科学发展、内涵建设的新阶段。积极推进人才强校、国际化和文化引领三大战略，坚持"强化发展特色、协调发展综合、以特色带动综合、以综合强化特色"的学科发展思路，横向拓展，纵向提升，高水平特色大学建设取得骄人成绩，推动学校事业实现了跨越式发展。于志刚简略阐述了中国海大全方位服务国家海洋事业，在教育教学、科学研究、服务社会所作出的历史事迹和重大贡献之后，说："大学培养英才，英才光耀大学。建校90年来特别是山东海洋学院以来，以培养社会主义事业的建设者和接班人为根本任务，以造就国家海洋事业领军人才和骨干力量为特殊使命，培育了10多万名优秀人才。美丽的海大园走出了共和国元帅罗荣桓，走出了12位海洋、水产领域的中国科学院和中国工程院院士、两位国家海洋局局长；走出了中国第一个登上南极的科学家董兆乾、第一个徒步考察南极的科学家蒋家伦、第一个南北两极都考察过的科学家赵进平；走出了2008年奥运会冠军张娟娟和'感动中国2012年度人物'——守卫祖国南海岛礁的李文波。在神舟飞天、嫦娥奔月的发射场，在蛟龙探海、南北极地科考的浩瀚海域，在海洋预报和海水养殖的第一线，在世界各地、各行各业，到处都有中国海大人的身影。他们辛勤耕耘、励精图治，为国家富强、社会发展和人类进步作出了贡献，也为母校赢得了声誉。"[1]

在谈到学校未来发展时，于志刚说："纵观中国历史，从来没有像今天这样重视海洋；海洋强国之梦，从来没有像今天这样真切"，"要推动学校持续科学发展，必须始终坚持特色强校、科学发展、树人立德、谋海济国的办学道路不动摇，在服务国家富强、人民

① 于志刚：《在庆祝中国海洋大学建校90周年大会上的讲话》，中国海洋大学档案馆藏，档号：HD-2014-XZ-C-22。

幸福的不懈奋斗中实现大学的价值"，"要推动学校持续科学发展，必须进一步弘扬大学精神，践行大学之道。要营造更加优良的校风学风，培育古今贯通、中西融合的科学精神和人文气象。要着力建设一所有德性、守契约的大学，一所自由开放、和谐向上的大学，以此推动教授治学、民主管理，以此激发创新创造的活力，凝聚改革发展的动力，推动学校向着国际知名、特色显著的高水平研究型大学目标阔步迈进"。于志刚诵读93岁高龄的老校长、中国科学院院士文圣常为校庆所赋诗一首，作为结束语：

　　鱼浮崂山学脉延，师严生勤奋致远。九十年阔搏击勇，更爱海深洋无边。

　　这首诗表达了文先生对海洋事业的深厚情感，道出了海大人博大的海洋情怀和90年何以成就如今之海大的真谛。

　　国家海洋局副局长王宏致辞时说，谋海济国，海大厥功至伟；兴海强国，海大任重道远。"国家海洋局将继续与教育部、山东省政府、青岛市政府密切合作，进一步支持中国海大的改革、建设和发展，同海大一起，为兴海育人、强国兴邦作出应有贡献。"[1]山东大学校长张荣代表国内兄弟高校致辞，祝贺中国海大建校90周年。他说："山大与海大同根同源、血脉相连。上世纪30年代到50年代，在救亡图存、民族危难的时代背景下，在励精图治、兴国兴邦的历史使命下，我们曾在同一个校园谱写同一段历史，创造同一段传奇。……赢得了海洋学科远东第一、生物学科全国最好和文史见长三大美誉，写下了华美的历史篇章。而脱胎于共同的母体，我们也有共同的精神传承，以天下为己任、为国家育栋梁的历史担当，成为我们共同的文化基因，深深融在两校师生的血脉中。"[2]英国东英吉利大学校长理查德森代表国外友好学校致辞："中国海洋大学位于青岛，不仅战略位置优越，而且是一流的高等学府。作为中国海洋科学领域的翘楚，在不断变化的全球环境中，海大始终引领和推动着中国的蓝色科技和蓝色经济；作为青岛最好的大学，海大为孔孟之乡的山东乃至整个中国培养了一代又一代优秀的人才。""经过全体海大人的努力，海大学子得到历练，创造了良好氛围，激励大家去质疑、去挑战、去勇敢地追求成功。教育不是独行，而是学生、科研人员和教授的同行之旅。我们作为海大的好友，将继续支持海大发展并以海大为荣。""贵我两校，在生命、地球和环境科学等领域建立了战略联盟，密切合作，齐心协力地解决全球性问题。……我们将优势互补，同心共志，以跨学科方式共同应对严峻挑战，通过创新合作，推动我

---

[1] 于志刚：《在庆祝中国海洋大学建校90周年大会上的讲话》，中国海洋大学档案馆藏，档号：HD-2014-XZ-C-22。
[2] 张荣：《在庆祝中国海洋大学建校90周年校庆上的讲话》，中国海洋大学档案馆藏，档号：HD-2014-XZ-C-22。

们的发展和成功。"①青岛市政府代表、校友代表和师生代表也先后致辞，同贺中国海大华诞，共襄校庆盛典。

庆祝大会临近尾声，主持人孙也刚宣读了李岚清、宋健和陈至立的题词。陈至立应主持人邀请，神采奕奕地来到主席台中央，为5000吨级新型深远海综合科考实习船——"东方红3"启动建造揭幕。全场掌声再起，气氛高涨！

毋庸讳言，这掌声是给中国海大的，为90周年校庆，也为即将再添海洋科考国之重器。但更多的则是致敬陈至立女士！向这位不论在教育部长岗位上，还是任国务委员和全国人大常委会副委员长期间，一直坚定支持学校起原筑峰、谋海济国、问鼎国际的领导人表达海大人的感谢与敬意。

10月24日上午，海洋科学与技术国际学术研讨会之"校长论坛"举办。资料显示，论坛以"面向海洋可持续发展的高等教育——国际合作与联盟"为主题，来自德国和中国等14个国家的40余所涉海院校、研究机构及国际海洋学术组织的专家学者与会。德国汉堡大学、日本东京海洋大学、德国基尔大学、斯里兰卡海洋大学、澳大利亚新南威尔士大学、天津大学、纳米比亚大学、澳大利亚科廷大学、德国不来梅大学、西班牙国际高校联盟、法国西布列塔尼大学、德国莱布尼茨热带海洋生态中心、美国伍兹霍尔海洋研究所、中国海大等10余所涉海大学的校长或副校长和科研机构的负责人，从人类海洋事业发展的需求及问题入手，围绕海洋人才培养与海洋可持续利用，分别从海洋科教机构全球合作、跨学科海洋研究、海洋高层次人才培养和海洋资源管理等方面，进行了广泛交流与深入探讨，其中不乏战略性、前瞻性见解。校长于志刚在总结讲话时说，21世纪是海洋的世纪，必须保护好海洋生态系统，保持海洋可持续发展，为此，必须加快培养一大批热爱海洋、研究海洋、开发海洋、保护海洋的优秀人才；发展海洋事业，必须建立全球范围的协同合作机制和平台。他倡议："世界各涉海大学和研究机构携起手来，充分发挥各自优势，相互借鉴，相互支持，共同努力，提高海洋高等教育水平，为和谐海洋，育天下英才，以此造福全人类！"②

校长论坛进行过程中，由中国海大牵头成立的国际涉海大学协会更名为国际涉海大学联盟，并向全球涉海机构开放。该联盟秘书处常设中国海大，由校长担任联盟主席、分管副校长任秘书长。联盟成员审议并一致通过《国际海洋大学联盟章程》，发布了《未

---

① ［英］理查德森：《在庆祝中国海洋大学建校90周年校庆上的讲话》，中国海洋大学档案馆藏，档号：HD–2014–XZ–C–22。
② 于志刚：《在海洋科学与技术国际学术研讨会之校长论坛上的总结讲话》，中国海洋大学档案馆藏，档号：HD–2014–XZ11–C–22。

来海洋青岛共识》，倡导共建"和平之海、合作之海、和谐之海"，主要内容分为三个方面：一是各方愿意共同致力于发展海洋科学与技术，以促进海洋研究更快地取得实用性成果，打造一个全球性的、开放的创新及共享网络，在全球海洋观测预测、开发利用、保护与管理等领域加强协作，共同应对挑战，充分认识海洋，造福人类。二是基于海洋知识的传播与海洋人才的培养是一项重要的基础性工作和紧迫任务，各方愿意共同拓展教育资源，实现海洋国家之间的信息共享。海洋发达国家和地区愿为海洋发展中国家和地区未来海洋领域专业人才的培养提供支持。三是各方愿意充分发挥各自在海洋领域的知识、专业及能力优势，推动全球海洋的可持续发展。[1]到国际学术研讨会结束时，已有全球48家机构的代表在《未来海洋青岛共识》上签名。[2]

10月25日下午至26日，海洋科学与技术国际学术研讨会之"全球海洋峰会"举行。资料显示，有70多位国内外顶级海洋高等教育和科研机构的一流学者与会，驻青高校和海洋科研院所、国内涉海高校的海洋科技工作者和中国海大的部分师生分批次聆听学术报告。在三个半天的学术研讨会上，有5位学者作了主题报告，17位学者作了专题演讲（表9-5）。学者们围绕海洋发展的战略和重大问题、海洋科学与技术可持续发展等议题进行了深入的交流和探讨。大家一致认为，全球环境变化和人类活动的加剧，正使得地球生态系统健康和海洋可持续发展面临前所未有的挑战。拓展和深化对海洋系统的认知，有效应对这一挑战，是世界海洋高等教育与科研机构责无旁贷的历史使命。当代海洋科学与技术发展应当基于问题和需求导向，应当着眼于为解决问题和进行决策提供科学依据，应当着力于多学科交叉研究，特别是将海洋科学研究与社会科学以及经济发展的问题紧密结合起来。大家认为，为推动全球海洋科技更好更快的发展，各方应共同致力于打造一个全球性的、资源共享的协同创新研究平台，在全球海洋观测预测以及海洋管理、海洋资源综合利用与保护等领域加强交流与合作，共同应对未来海洋发展所面临的挑战。会议临近尾声，于志刚校长讲话："在这里我想说，'同一个地球，同一个海洋，同一个梦想（one planet, one ocean, one dream）'，这个梦想就是实现海洋的可持续发展，就是建设和平之海、合作之海、和谐之海，从而实现全球共同发展，造福全人类。让我们全球海洋学者携起手来，共同为这个美好的梦想努力！"[3]

[1] 载《海大信息》2014年第68期，中国海洋大学档案馆藏，档号：HD-2014-DQ11-Y-94。
[2]《未来海洋青岛共识》，中国海洋大学档案馆藏，档号：HD-SW-KY2014-1。
[3] 于志刚：《在海洋科学与技术国际学术会议研讨会闭幕式上的讲话》，中国海洋大学档案馆藏，档号：HD-2014-XZ11-C-22。

表9-5　海洋科学与技术国际学术研讨会之"全球海洋峰会"学术报告简表[①]

姓名	题目	所在机构、职务	国别
Susam Avery	Many Counties, One ocean	伍兹霍尔海洋研究所所长、博士	美国
Kenneth Lee	海洋可持续利用与保护方面的海洋与大气研究	科学与工程组织海洋财富旗舰计划主任	澳大利亚
张清风	台湾海洋大学海洋科学研究状况与成果	台湾海洋大学校长、教授	中国
Peter Herzig	贯穿海底到大气的海洋研究	德国亥姆霍兹海洋研究中心主任、教授	德国
Sergey M.Shapovalov	希尔绍夫海洋研究所主要研究领域简介	希尔绍夫海洋研究所所长、教授	俄罗斯
Kazuhiro Kogure	日本东部大地震为核心的大气与海洋研究近期科学活动	东京大学大气与海洋研究所副所长、教授	日本
Hansvon Storch	让近岸研究发挥其更大作用——实例分析	亥姆霍兹盖斯特塔和特研究中心近岸研究所所长、教授	德国
孙松	从浅海近岸到深海大洋	中国科学院海洋研究所所长、研究员	中国
吴立新	"透明海洋"——可持续发展必经之路	中国海洋大学物理海洋教育部重点实验室主任、中国科学院院士	中国
Alain Vezina	加拿大政府政策体系下的贝德福德海洋研究所的海洋科学规划	贝德福德海洋研究所科学主任、博士	加拿大
Willian Kinkwood	海洋科学的技术发展——技术开发与国际合作	美国蒙特利湾水族馆研究所工程师	美国
Yves Henoeque	保持海洋系统的完整性——科学与技术的作用	法国海洋开发研究所高级顾问、博士	法国
柴扉	海洋教育跨学科发展与海洋资源的可持续利用	缅因大学海洋研究院院长、教授	美国

　　学校90周年校庆的学术、文化活动从2月持续到11月初。以2月在美国夏威夷举办的海洋科学国际会议海大分会为开端,各项活动陆续推出。从总体上看,学校组织的十几项大型活动呈现出了层次高、学术性强和国际化的特征。

---

① 据中国海洋大学档案整理,档号:HD-2014-XZ-C-22。

9月19日，第5届海峡两岸海洋海事大学"蓝色策略"校长论坛暨海洋科学与人文研讨会在崂山校区召开，来自两岸14所院校的70多名学者专家与会。论坛以"两岸高校海洋科技协作、创新与发展"为主题，围绕着海洋环境与气候、海洋生态与环境生物、海事科学与工程创新、海洋事务管理、海洋人文社会科学等进行研讨，共作专题报告29个，收到论文34篇，展示了海峡两岸涉海高校学术研究的最新成果，呈现出较高的学术水平。

10月18日至19日，以"教育实现梦想"为主题的第三届"科学·人文·未来"论坛在崂山校区体育馆举办。论坛由当代著名作家王蒙和中国海大原校长、中国工程院院士管华诗担任主席，文史哲领域的学者童庆炳、周国平、赵一凡、朱自强、朱永新、鲍鹏山、姑丽娜尔·吾普力、钱文忠、李少君，科技与企业界专家秦伯益、沈国舫、欧阳自远、盖钧镒、张国伟、钱致榕、麦康森、吕松涛、吴立新等，各展其长，畅所欲言，围绕着教育的真谛、教育与人的成长、教育在实现中华民族伟大复兴中的作用等专题，共论"教育实现梦想"。据记载，论坛共举办专题报告19场，每个单元都设置互动环节，既有科学家、人文学者之间的探讨，也有海大师生频频请教，现场交流气氛活跃，科学精神和人文精神相映成趣，使到场的3000名师生开阔了眼界，增长了学识。"科学·人文·未来"论坛的品牌效应进一步彰显。

由中国海大教授杜曾荫等一批年长学者倡议，学校领导积极推动，青岛市支持，在校庆典礼前，将赵太侔先生雕像竖立于他工作、生活了近30年的校园里，以纪念这位两度出任学校校长的戏剧家、教育家，创办中国物理海洋学科、水产学科的先驱之一。

除此之外，资料显示，各学院以校庆为契机组织承办70多场活动。[1]其中，水产学院的"海洋渔业可持续发展研讨会"，食品科学与工程学院和医药学院的"2014海洋生物医药高层论坛"，法政学院的"中俄北极论坛暨极地治理与中国参与"国际研讨会，数学科学学院的系列学术活动之——"院士论坛"，海洋生命学院的"后基因时代水生生物分子生物学发展趋势"研讨会，由于有中国科学院院士、中国工程院院士在内的杰出校友和国际知名学者参与，显示出很高的学术水准，产生了重要影响。

校庆期间，学校与美国伍兹霍尔海洋研究所签署共建联合实验室协议，与英国东英吉利大学签署海洋战略联盟协议，与澳大利亚科廷大学共同成立的海洋工程联合研究中心揭牌并签署合作框架协议，与美国罗克韦尔自动化实验室共同建设的联合实验室揭牌。这些措施推动学校国际合作的拓展迈出实质性步伐。

---

[1]《中国海洋大学九十周年校庆材料汇编》，中国海洋大学档案馆藏，档号：HD-2014-XZ11-C-22。

基础设施改造和绿化美化环境是校庆筹备的重要任务之一。据资料显示,到庆典之前,完成了鱼山校区化学馆、学生公寓3号楼和5号楼、大学路操场、浮山校区综合楼的修缮,整修鱼山校区、浮山校区道路,改善了鱼山校区图书馆周边绿化,检修了校内水电管网,崂山校区主体育场、中试实验基地完工,使得校容校貌焕然一新,师生学习、生活环境大为改观。庆典前校内彩旗招展,周边道路灯杆挂旗靓丽,《海大颂》《爱如海大》等原创歌曲回响校园,喜庆氛围浓郁,迎接八方宾朋和海内外校友。

校庆期间,学校在《人民日报》《光明日报》《大公报》《中国科学报》《中国教育报》《中国海洋报》等媒体上刊发,并在中央电视台、青岛电视台等媒体上播放的专题,共40余项、文字11万字;在中国网、光明网、科学网、凤凰网、中国大学生在线和青岛新闻网等媒体上及时推出专题和系列活动报道;开设了校庆专题网站,开通了微信微博平台。同时利用《中国海洋大学报》、"观海听涛"新闻网、校园广播进行广泛宣传,进一步提升了学校在海内外的知名度。①

三、《中国海洋大学章程》颁布施行

2014年10月11日,教育部印发《中华人民共和国教育部高等学校章程核准书(第33号)》,称《中国海洋大学章程》②经教育部高等学校章程核准委员会评议,第22次部务会议审议通过,自即日起生效。自此,历时六年多的章程编制工作完成。这为学校事业发展提供了一部"基本法",是学校推进治理体系现代化过程中的一个重大成果。同时,也对学校的历史沿革再次给予肯定,且属于法律层面的认定。

翻检学校史料,注重长久之计,强调依规治校,是掌校者或领导层治学理政之常策,也是传统之一。学校在初创之时,即颁行《私立青岛大学暂行大纲》,共有9章15条,对办学宗旨、学科设置、入学资格、修业年限、授予学位、常设机构、校务会议与行政会议设置,均作了明确规定。③这个大纲虽名不称章程,但其内容与章程同为组织规程或办事条例之属,从形式和本质上说,都是分条订立的规则规定。故而,说《私立青岛大学暂行大纲》是学校历史上首部章程应无异议。其后,20世纪40年代又颁布《国立山东大学学则》,虽内容有所拓展,但大同而小异。它们与章程相类似,都是彼时办学治校的基本制度,在学校发展历史上起到了基础性作用。

①《中国海洋大学九十周年校庆材料汇编》,中国海洋大学档案馆藏,档号:HD-2014-XZ11-C-22。
②中国海洋大学档案馆藏,档号:HD-2014-XZ11-Y-14。
③《私立青岛大学暂行大纲》,山东省档案馆藏,档号:J110-1-21。

事实上，学校新章程的编制工作起步是比较早的。资料显示，2008年4月，经校长办公会研究决定，成立《中国海洋大学章程》起草领导小组和起草工作小组。领导小组由学校领导组成，党委书记、校长担任组长；工作小组组长由党委副书记李耀臻担任，校部机关主要部门负责人、法律顾问等18人为成员。2012年教育部公布实施《高等学校章程制定暂行办法》，明确了高校章程制定的指导原则、章程内容、制定程序和核准与监督等若干重要事项，对指导和规范全国高校章程的制定具有纲领性作用，中国海大章程的制定工作也因此加快了步伐。2013年11月章程初稿形成，经党委常委会审议后，在校内一定范围内征求意见，于2014年3月底形成了第二稿。4月起，面向学校各单位、教职工和海内外广大校友以及山东省人民政府、江苏省人民政府、国家海洋局、青岛市人民政府、海信集团、华为集团等广泛征求意见。[①]在仔细梳理所征集到的1000多条意见并合理吸纳后，又经反复推敲，数易其稿，于5月底形成了章程草案。

6月5日，学校召开教代会五届四次会议，与会代表听取副校长、起草工作小组组长李巍然所作《关于〈中国海洋大学章程（草案）〉制定情况的说明》，分组对草案进行讨论，提出了一些修改或补充意见。之后再经起草工作小组修改，形成了章程草案的送审稿。送审稿先后经校长办公会审议、党委会审定，于6月9日上报教育部核准。

《中国海洋大学章程》分为序言和主体两部分。序言主要包括学校沿革、核心理念和办学使命。主体则分总则、学校与举办者、管理体制及组织机构、教职员工、学生、学院、财务资产后勤、学校与社会、学校标识和附则，共10章、95条、8400余字。章程基本涵盖《中华人民共和国教育法》的规定内容，充分吸收了学校的办学经验和制度成果，具有较为鲜明的时代特征和校本化特色。章程明确了举办者、办学者、教职工和学生四个法律主体之间的权利与义务，基本上厘定了行政权力与学术权力的关系，强化了学校教学与科研的中心地位和立德树人的根本任务，体现了现代高等教育的先进理念。

观察《中国海洋大学章程》的制定，有两点给人以深刻印象。一是依法建章。制定的过程不论是顶层设计，还是文本起草、意见裁度，起草领导小组和工作小组都遵守高等教育的法律法规，贯彻《高等学校章程制定暂行方法》中的原则规定，既保证章程内容合法合规，制定过程顺利推进，又成为参与者学法知法、增强法治观念的一次教育实践活动。二是民主建章。起草领导小组和工作小组始终以开放的姿态履行职责，注意借鉴兄弟高校的成功做法，确保思路正确、程序合规，避免走弯路；开门征求政府、企业和海内

---

① 刘海波：《中国海洋大学章程诞生记》，载《中国海洋大学报》2015年4月21日。

外校友意见，在不同界别、更宽领域内汲取智慧；在校内更是几上几下，广泛而深入地听取教职工的意见建议，较好地反映了他们的诉求与意愿。章程的制定成为海大人尤其是参与者深入理解依法治校、民主管理的一次思想洗礼，对学校不断完善现代大学制度体系、提高治理能力和水平大有裨益。

2020年11月，教育部印发《中央部属高校章程修订工作规则》，提出高校应当根据形势发展和本校实际，积极稳妥地推进章程修订。据此，学校开始对《中国海洋大学章程》进行修订。此次修订坚持两个原则，一是着眼长远，依法科学修订；二是立足现实，务实管用。在经过调研、起草修正案和征求意见、审议审定等程序与环节后，党委会于2021年12月审定通过了新版的《中国海洋大学章程》。

这次章程的修订，在保持原本整体框架的基础上，主要体现以下几点。

首先，注重突出党对学校的全面领导。以新时代党的创新理论成果为统领，根据2021年新版《中国共产党普通高等学校组织工作条例》，对办学指导思想、党委纪委和学院党委的定位及职责作了系统性的梳理与修改，表述更加规范，更易于在实践中把握。

其次，注重吸收学校改革与发展新成效。将入选国家一流大学（A类）、"四家共建"办学体制、教育教学保障体系、西海岸校区建设等写入章程，体现了办学新实践、新经验。

再次，注重改善内部治理体系。新增校学位委员会系统及其职责，共3条；学术委员会职责由原来的6款调整为11款，使其更具可操作性。

最后，注重加强师德师风建设。对教师管理、教职员工的义务等作了进一步修改，更加适应新形势、新要求。

第二章
不断开辟一流大学建设新境界

　　"十三五"时期，学校党委全力实施开放协同、凝心聚力、深化改革三大举措，在坚持内涵发展的基础上，扎根青岛、立足山东、面向世界，深耕海洋、"强""大"并举，纵向提升、横向拓展，创建三亚海洋研究院，建设西海岸校区，入选国家"双一流"建设高校（A类）。2018年6月，习近平总书记考察由学校牵头筹建的青岛海洋科学与技术试点国家实验室，号召要进一步关心海洋、认识海洋、经略海洋。2022年4月，习近平总书记在学校三亚海洋研究院考察时强调，建设海洋强国是实现中华民族伟大复兴的重大战略任务。殷殷嘱托与期盼，海大人铭记在心，更加踔厉奋发，不断把"双一流"建设推向前进。

第一节　创办三亚海洋研究院

　　2015年4月28日，《海南省人民政府与中国海洋大学战略合作框架协议》在海口市签署。双方确定在下列五大领域开展合作：

　　一是教育领域。中国海大全面帮助海南省筹建海洋类大学，派出高水平教师团队帮助海南省建设海洋类大学的相关学科和专业；扶持海南省相关高校应用型本科涉海类学科建设，共建新兴特色学科专业。海南省积极支持中国海大以特色优势学科为基础，在海南省建设海洋研究院,今年设立研究生分院,并按计划招生,开展海洋研究、技术开发和高层次人才培养。

二是海洋科技领域。中国海大与海南省在海洋科技发展战略、南海海洋科学基础研究、海洋工程技术与装备等领域加强合作研究。海南省支持和帮助中国海大在海南选址可停靠科考船的深水码头、海上试验场和南海服务基地,服务国家海洋强国战略和海南海洋强省建设。海南省与中国海大共同加强深海和大洋科学技术国际合作研究,加快中国海大南海海上试验场的建设,争取在南海海洋科学与技术领域培育和建设国家级的重点实验室。

三是生态环保领域。

四是高科技及产业化。

五是国际合作与交流。根据我国建设21世纪海上丝绸之路的重大战略需求,共同建设"中国-东盟海洋科技与教育合作中心",大力开展与印度尼西亚、越南、泰国、缅甸、文莱、马来西亚等东盟国家的国际合作,开展南海海洋科学技术协同研究,联合培养海洋人才。①

通过资料分析表明,这个战略性协议的落定,是由诸多因素促成的。从认识海洋、经略海洋的角度看,应该说具有一定的必然性。

首先,源于共同使命。2013年8月,海南省发布《关于加快建设海洋强省的决定》,提出实施科技兴海和人才强省战略,加强海洋科技创新。"鼓励国家科研院所和知名高校来海南建立研发机构,建立海洋人才培养、海洋科技共同研发机制,强力推进科技兴海。"②经略海洋的坚定意向和实施路径跃然纸上。资料显示,海南省海域面积占全国海域面积的三分之二,是名副其实的海洋大省。随着国家海洋强国战略和"一带一路"倡议的实施,海南省担负着建设海洋强省、支撑海洋强国战略实施的重要使命。校长于志刚在协议签字仪式上提到:中国海大经过十几年"985工程"的重点建设,基本形成了特色鲜明、优势突出、协调发展的学科体系,较为系统的科技创新及人才培养体系,具备了将海洋、水产学科综合优势转化为服务国家和区域经济社会发展的坚实基础,已经成为国家海洋科教事业的排头兵,服务海洋强国战略是中国海大责无旁贷的使命担当。③这清

① 《海南省人民政府与中国海洋大学战略合作框架协议》,中国海洋大学档案馆藏,档号:HD-2015-KY18-2-106。引文有节略。
② 海南省人民政府网,http://hainan.gov.cn,2012年10月3日。
③ 于志刚:《在海南省人民政府与中国海洋大学签署战略合作框架协议仪式上的讲话》,中国海洋大学档案馆藏,档号:HD-2015-CB12-1。

楚地表明，服务海洋强国战略、为国家强盛作贡献的共同使命，是海南省与中国海大深化合作的战略契合点。

其次，基于合作基础。自20世纪80年代，中国海大的教师就开始与海南岛相关单位合作开展科研，先行者是水产系王克行、王如才等教师。据资料显示，1987年王克行受广东省水产厅邀请，在海南文昌县进行斑节对虾育苗实验。他创新实验方法，经过45天的连续实验，攻克育苗难关，成功培育出斑节对虾苗360万余尾，相当于全岛九年全部试验点产量的总和。1988年该成果在海南省全面推广，效益显著。王克行获当地赠送"克己奉公，行为楷模"八个大字。[1]1989年，王如才与他人合作调查海南省水产资源，其成果以论文形式发表。[2]在1990年海南省首届科技奖励名单中，王克行、王如才与他人合作的项目——"海南省水产资源利用前景分析研究"获三等奖。[3]据不完全统计，2004年至2009年，学校教师参与海南省科技服务、科技咨询和科技开发项目11个。[4]其中，刘素美承担的"海南省东部的陆海相互作用"是该省2008年国际合作重点项目；李桂珍承担的"人类活动对海南东部红树林湿地近岸海域CH_4和N_2O释放的影响"是2009年海南新世纪优秀人才支持项目。"90年代初，学校就在海南派驻有办事机构，支持开展系统深入的南海科学研究。同海南省有关单位、部门共同承担国家科技支撑计划、公益性创业专项等国家级项目或课题，内容涉及预警处置、水产养殖、海洋生物资源（利用）；开展了30多项环境影响评估、15项海域使用论证等科技咨询和服务项目，涉及港口建设和规划、航道治理、围填海、环境开发保护、海洋生态修复、健康养殖，等等。最近几年，学校在南海构建了世界上规模最大的潜标观测网，不仅开始产出一批一流的海洋基础研究成果，在*Nature*、*Science*等顶尖学术期刊上发表高水平论文，而且形成了一些针对南海海洋环境的关键预测预报技术，为维护国家海洋权益奠定了坚实的数据和技术基础。"[5]这些合作所产生的经济效益和社会效益，以及通过这些合作展现出的海大人的工作作风、科研能力与水平，都受到海南上下高度肯定。海大、海大人在海南有着良好的口碑。

再次，着眼于共同发展。海南省是海洋大省，具有独特的资源、环境、区位和政策优势，面临难得的发展机遇，担子重，压力大，最突出的是人才短缺。中国海大作为全国顶

① 孙丽君：《王克行细述对虾养殖三十年》，载《中国海洋大学报》2015年4月30日。

② 王盈、王如才：《海南岛贝类资源开发利用意见》，载《海洋与海岸带开发》1989年第2期。

③ 中国海洋大学档案馆藏，证书号：琼科奖1990, 334号。

④ 《中国海洋大学2004—2009年与海南省科技合作项目统计表》，中国海洋大学档案馆藏，档号：HD-2020-XZ18-77。

⑤ 于志刚：《在海南省人民政府与中国海洋大学签署战略合作框架协议仪式上的讲话》，中国海洋大学档案馆藏，档号：HD-2015-CB12-1。

尖的海洋大学，在人才、教育、学科等方面具有明显的综合优势。双方牵手，各展所长，可以为海南省建设海洋强省提供人才与智力支持，同时有助于中国海大发挥自身优势，进一步拓展发展空间。校长于志刚说："学校围绕着服务海洋强国战略和海上丝绸之路建设的重大需求，特别是海南省建设海洋强省、实现蓝色驱动的迫切需求，将全面参与到海南海洋强省建设中，这既是服务海洋强国战略，服务地方经济社会发展应尽的责任和担当，也是中国海大不断发展壮大的内在需求。""一个海字，一个建设海洋强国的梦想，把我们紧紧联系在一起。"①可以说，互补共赢、谋求发展的愿望和责任是双方深化合作的思想基础。

2018年4月，《中共中央、国务院关于支持海南全面深化改革开放的指导意见》发布，为加快双方合作增添了新动力。5月，党委书记鞠传进、校长于志刚拜访海南省省长沈晓明。资料显示，沈晓明省长在谈到双方合作时说，海南的深海产业主要集聚在崖州。有中船重工、国家海洋局生态研究中心，中国科学院深海所也有一部分……还有一个深海空间站，这是我们国家最大的一个重大专项，中国海洋大学是可以参加的，一般的大学没有机会参与。②双方商定，把省校合作之地选在三亚崖州湾深海科技城。之后，经过省、校及相关单位多次磋商、研究，逐步就学校在三亚设立科教创新研究机构的一系列问题达成共识。2019年2月，海南省人民政府、中国海大、三亚市人民政府签署《共建中国海洋大学三亚海洋科教创新园区战略合作协议》③（简称《共建协议》）。10月，学校与三亚崖州湾科技城管理局有限公司、招商三亚深海科技城开发有限公司签署《中国海洋大学三亚海洋研究院合作框架协议》④（简称《三方协议》）。

《共建协议》确认的合作目标是：按照政产学用共建、共享、共赢的新模式，创新海洋科教体制，打造世界一流的海洋创新人才培养基地、海洋科学研究与技术开发转化基地、海洋文化教育传播基地和高端海洋智库，同时带动海南热带海洋学院等省属高校海洋学科快速发展，更好服务于海洋强国战略和"一带一路"倡议，为探索建设中国特色自由贸易港作出重要贡献。关于建设内容，《共建协议》确定：

一、建设中国海洋大学三亚研究生院。规划办学规模3000人，其中博士1000人左右。至2025年，争取实现10个学科专业点（包括专业学位）招生，研究生在学人数达到1200人

---

① 于志刚：《在海南省人民政府与中国海洋大学签署战略合作框架协议仪式上的讲话》，中国海洋大学档案馆藏，档号：HD-2015-CB12-1。
② 海南省教育厅：《沈晓明省长会见中国海洋大学主要领导》，中国海洋大学档案馆藏，档号：HD-2020-XZ18-C-98。
③《共建中国海洋大学三亚海洋科教创新园区战略合作协议》，中国海洋大学档案馆藏，档号：HD-2020-KY18-2-8。
④《中国海洋大学三亚海洋研究院合作框架协议》，中国海洋大学档案馆藏，档号：HD-2020-KY18-2-8。

左右（其中博士生300人），博士后研究人员200人左右；到2030年，力争实现15个左右学科专业点招生，实现规划办学规模，博士后研究人员400人左右。同时与海南热带海洋学院共建若干学位点。

二、筹建两个国家重点实验室。发挥中国海洋大学资源优势，吸纳海南热带海洋学院等本地高校和科研机构参与，在热带海洋生物遗传育种技术、深海资源勘探技术与环境保护等领域布局建设国家重点实验室，打造国家级海洋科研平台。

三、设置中国海洋大学三亚海洋技术与产业研究院。该院主要建设九个科技创新和产业技术研发平台：（1）热带海洋生物遗传与健康养殖平台，（2）海洋资源勘探技术平台，（3）海洋生物医药与海洋食品产业技术平台，（4）环境保护与生态修复平台，（5）海洋功能材料研发平台，（6）港口规划与海岛建设平台，（7）海洋能发电研究开发应用平台，（8）海上丝路大数据中心，（9）蓝色智库。

四、建设滨海公共实验平台。建设面向相关企业、高校、科研机构开放共用的集海洋技术装备试验、方法研究和服务等功能于一体的综合性滨海公共实验室，打造支撑海洋技术研发、仪器装备开发、海洋高新技术成果转化的国际一流深海科研公共服务平台，为海洋强省建设提供强有力科技服务支撑。①

《共建协议》还明确了省、校和三亚市共同负责及各自承担的一系列事项。其中重要事项有：一是海南省、三亚市提供无偿用地110亩，并按规划完成基本建设，实施"交钥匙"工程，建成后无偿交中国海大使用；海南省提供可停靠科考船的共享深水码头，支持中国海大建设海上试验场；教学楼、图书馆、运动场、学生宿舍、食堂等公共设施与园区内其他高校共享。二是中国海大为三亚园区引进的高层次人才及管理骨干，享受海南省事业单位在岗在编教师同等待遇。三是中国海大负责学科与人才队伍建设，负责三亚研究生院、三亚海洋技术与产业研究院的建设及运行管理。四是设立三亚园区理事会。理事会由海南省、中国海大、三亚市等相关方面的领导组成，作为决策机构决定园区建设与发展中的重大事项。

《三方协议》则在《共建协议》的基础上，明确把"中国海大三亚海洋科技创新园区"冠名为"中国海大三亚海洋研究院"，细化了实施"共建协议"建设项目所必需的基本条件以及过渡期内三亚海洋研究院管理运行的保障条件。随着省校双方及所属各单位的大力推进，《三方协议》确定的三亚海洋研究院诸多事项逐渐落实。2019年5月20日，中

---

①《共建中国海洋大学三亚海洋科教创新园区战略合作协议》，中国海洋大学档案馆藏，档号：HD—2020—KY18—2—8。

国海大三亚海洋研究院在海南省三亚市崖州湾科技城注册。11月9日，三亚海洋研究院挂牌并启用。

资料显示，2019年6月至9月，学校数次专题研究推进三亚海洋研究院建设工作，就学科布局、组织架构、重点项目及过渡时期运转机制等进行了反复论证。在学科设置方面，立足服务于国家重大战略需求和海南经济社会发展需要，围绕"热带""深海"，依托海洋科学和水产两个世界一流学科优势，深耕南海，渐次设置生物学、药学、食品科学与工程、生态学、环境科学与工程、水利工程、计算机科学与工程、法学、工商管理（MBA）、公共管理（MPA）、会计（MPAcc）、国际商务、旅游管理等学科或学科方向。先期重点建设热带海洋生物种质资源开发与种业工程实验室、海洋资源开发工程与环境保护技术实验室和深远海立体观测网支撑保障与信息服务基地。[1]在研发平台建设方面，"十四五"期间，分步骤、有重点地建设热带海洋生物遗传与健康养殖等九个研发平台或智库。三亚海洋研究院的组织系统在顶层设计的基础上，结合过渡期工作实际逐步调整，至9月组建完成，学校任命时任副校长闫菊兼任院长，邵长江为执行院长。

2020年3月，三亚海洋研究院深远海立体观测网支撑保障与信息服务中心启用并常态化运行。该中心围绕南海海洋环境立体监测与信息服务，与国家卫星海洋应用中心、国家海洋环境信息中心等单位共建智能化海洋大数据中心，为蓝色国土安全提供服务。2022年2月，三亚海洋研究院热带海洋生物种质资源开发与种业工程实验室启用运行。研究团队由中国工程院院士包振民领衔，围绕热带种业——"水产南繁"，瞄准海南千亿级水产种业需求，联合海南龙头企业，在南海开展多种类的水产新品种选育，为丰富"蓝色粮仓"，服务海南海洋强省建设。

开展研究生教育，为海南省培养急需的涉海高层次人才，是省校合作的首选项目，是中国海大三亚海洋研究院的重要任务之一。2020年3月，教育部下达三亚海洋研究院年度招生计划241人（含博士生10人）。8月，三亚海洋研究院与三亚崖州湾科技城管理局签署过渡期研究生培养协议[2]，确定了首届研究生入学前后的必要保障条件以及双方应承担的任务。经过相关单位的密切协作、紧张筹备，过渡期内教学楼、实验室、宿舍、食堂、教师公寓及其公共设备，网络、图书资料和体育活动场地等公共设施，均按计划就绪，具备

[1]《校长办公会决议通知（2019-154，关于中国海洋大学三亚海洋研究院建设推进事宜）及汇报材料》，中国海洋大学档案馆藏，档号：HD-2020-KY18-2-90。

[2]《三亚崖州湾科技城管理局、中国海洋大学三亚海洋研究院过渡期研究生培养协议》，中国海洋大学档案馆藏，档号：HD-2020-KY18-2-111。

了入驻的基本条件。

在远离本埠实施全日制研究生教育，对中国海大而言是个新课题。为便于施教，保证研究生的培养质量，根据实际情况，学校打破常规，采用了"3+1"周期教学模式：把通常的一个学期分为四个小学期，其中三个小学期以教学科研为主，一个以国内外访学为主。坚持理工融合、文理渗透，注重学科交叉，科学设置学位课程，着力培养复合型人才。据资料显示，第一学期开设课程38门，选派优秀师资轮流授课。截至第一学期末，已有包括中国工程院院士、全国模范教师、国家杰出青年基金获得者在内的94名教师，顺利完成了学位课教学计划。①这为保证异地办学质量提供了可借鉴、可复制的经验。

9月7日，三亚海洋研究院2020级173名硕士研究生报到。25日，在"东方红3"综合科考实习船上举行了开学典礼。限于COVID-19疫情防控规定，校长于志刚作视频讲话。他勉励同学们：做一流的研究，要树立坚定的学术理想，善于发现一流的问题，恪守学术道德规范，不断提升自我综合素质和发展能力，提升为人为学境界，自觉把个人的发展融入时代进步的洪流中，成为驱动中国创新发展的一分子。学校将尽最大努力，为你们成才成长提供全方位服务。②三亚海洋研究院首届研究生正式开学，开创了中国海大在海南办学的历史，也是三亚崖州湾科技城开办高等教育的先河。

2022年4月10日下午，中共中央总书记习近平考察中国海大三亚海洋研究院，了解海洋观测设备与信息服务系统研发及应用情况并作重要讲话。据媒体报道，在听取副院长赵玮教授关于中国海大在南海开展深海立体观测研究与信息应用等工作汇报后，习近平总书记强调，建设海洋强国是实现中华民族伟大复兴的重大战略任务。要推动海洋科技实现高水平自立自强，加强原创性、引领性科技攻关，把装备制造牢牢抓在自己手里。③

习近平总书记考察三亚海洋研究院，是中国海大发展史上具有里程碑意义的重大事件，既是对一辈辈海大人矢志于海洋科教、着力于经略南海，长期与海南合作所作贡献的肯定，更为今后学校开拓创新、高质量发展提供强大精神动力。南海立体观测网项目首席科学家赵玮表示：将牢记习总书记嘱托，聚焦关键核心技术创新，在深远海探测领域再创佳绩。党委书记田辉说："习总书记到中国海大三亚海洋研究院考察，令全校师生备受鼓舞、倍感振奋、倍增信心。我们会把这份亲切关怀和殷切期待转化为学校深入推进'双

---

① 《三亚海洋研究院建设情况汇报》，中国海洋大学档案馆藏，档号：HD-2020-KY18-Y-2-105。

② 于志刚：《在2020级研究生开学典礼上的视频讲话》，载《中国海洋大学报》2020年9月18日。

③ 《习近平在海南考察时强调　解放思想开拓创新　团结奋斗攻坚克难　加快建设具有世界影响力的中国特色自由贸易港》，新华社，2022年4月13日。

一流'建设、服务海洋强国建设的强大动力,为实现中华民族伟大复兴作出新的更大贡献。"①

第二节　鞠传进任党委书记与第十次党代会召开

一、鞠传进任党委书记

2015年1月,党委书记孙也刚同志奉命赴京履新。9月8日,学校召开教师干部大会,宣布中共教育部党组的决定:任命鞠传进同志为中国海大党委委员、常委、书记。

鞠传进(1963—),山东荣成人。1980年6月参加工作,研究生学历,硕士学位,研究员。1981年8月—1985年7月,北京体育学院运动系运动学专业本科学习;1985年7月—1993年6月,北京大学体育教研部教师;1993年6月—1997年4月,北京大学体育教研部副主任、主任;1997年4月—1998年7月,北京大学校长助理;1997年9月—2001年5月,北京大学心理学系普通心理学专业硕士研究生;1998年7月—1999年6月,北京大学校长助理兼总务长;1999年6月—2001年2月,北京大学校长助理兼基建工程部部长、总务部部长;2001年2月—2003年4月,北京大学校长助理;2003年4月—2013年3月,北京大学党委常委、副校长;2013年3月—2015年9月,教育部办公厅巡视员;2015年9月起任中国海大党委书记。

党委书记鞠传进

鞠传进在就职大会上表示:面对新岗位要倾心学习、专心思考、虚心求教、用心感悟;尽快了解海大、熟悉海大、融入海大。"秉承'海纳百川、取则行远'的校训,以如履薄冰的敬畏之心、勇于担当的进取之心、服务师生的感恩之心、甘于奉献的平常之心,努力开拓创新,认真履行职责,与领导班子一起共同承担起推动学校改革发展的重任,跑好海大薪火相传的接力棒。在具体工作中,一是要总揽全局,抓好大事;二是要注重团结,带好班子;三是要崇尚学术,尊重人才;四是要联系群众,清正廉洁。"②

---

① 刘艳杰、冯文波:《心怀"国之大者"谱写蓝色华章》,载《光明日报》2022年4月14日。
② 李华昌、杜军华:《鞠传进同志任中国海洋大学党委书记》,载《中国海洋大学报》2015年9月10日。

2015年11月13日，鞠传进在学校党委中心组集体学习党的十八届五中全会精神时强调：要稳妥推进综合改革，贯彻五中全会精神中创新发展的要求，结合"十三五"规划和一流大学建设方案的编制，从内部治理结构、人事分配制度、教育教学与人才培养、科学研究与学科建设、国际交流与合作、资源配置等方面，在广泛充分调研的基础上，统筹规划、缜密布局、细化实施方案，积极稳妥、务求实效地推进综合改革，为实现学校治理体系和治理能力现代化，全面提高办学质量，早日步入特色显著的世界一流大学行列夯实基础。[①]

二、制定"十三五"事业发展规划

2015年3月17日，学校党委九届十次全会审议并通过本年度党政工作要点，均把制定"十三五"事业发展规划（简称"十三五"规划）列入其中，表明此项工作正式启动。

9月，学校成立了"十三五"规划编制领导小组，党委书记鞠传进、校长于志刚任组长，其他校领导为成员；领导小组下设办公室，副校长李巍然任主任，另有职能部门13人为成员。制定了《中国海洋大学"十三五"规划编制工作方案》，明确了规划编制的指导思想、基本原则、具体任务与安排以及工作要求等。设置学科建设、师资队伍建设、教育教学与人才培养、科学研究、社会服务、国际交流与合作、资源配置与支撑保障、基础设施建设、治理体系和治理能力建设、文化建设与创新10个重点专题，每个专题由校领导分工牵头，负责组织研讨与内容编写；布置学院（学科）制定各自规划，发挥院系在规划编制中的主体作用，为后续规划实施奠定基础。经过几上几下研讨、交流，结合10个重点专题规划和18个学院规划，至11月底，形成了"十三五"规划的初稿。2015年12月至2016年5月，针对"十三五"规划的主要任务和重点工程，又进行了十几次专题研讨，数易其稿，形成了征求意见稿。6月，面向两院院士、二岗教授、各二级单位、全校师生和广大校友广泛征求意见，共收到意见建议200余条。经学校领导、重点专题牵头部门等单位的详细梳理，该采纳的采纳，又对规划文本进行多次推敲，先后提请校长办公会、教代会执委会审议，党委会审定，最终形成了"十三五"规划的呈报稿，于7月上报教育部备案。[②]

关于"十三五"期间的总体发展目标，规划提出：到"十三五"末，学校发展成为汇聚全球海洋科教智力资源的人才高地，海洋强国建设各类急需人才的培养基地，推动国家

① 《校党委中心组集体学习十八届五中全会精神》，载《中国海洋大学报》2015年11月19日。
② 《中国海洋大学"十三五"事业发展规划编制工作说明》，中国海洋大学档案馆藏，档号：HD-2016-XZ11-Y-6。

海洋科技创新发展的重要源头和服务国家海洋经济、社会发展及海洋文化传承与创新的重要力量，综合实力和国际影响力再上新台阶，建设特色显著的世界一流大学的基础更加厚实。另外，规划分列了学科建设、师资队伍建设、人才培养、科技创新、社会服务、国际交流与合作、现代大学制度建设七项具体目标和43个办学指标。在阐述了"十三五"期间的主要任务后，规划列出了拔尖创新人才培养模式改革工程、协同创新团队建设工程、重大科研创新工程、重大科学平台建设、国内外协同创新平台建设和科技服务能力提升工程六大重点工程。①这在以往的五年规划中是没有过的，显示出海大人应对严峻挑战，力图解决主要问题，加快推进国际知名、特色显著的高水平研究型大学建设的坚定意志和积极进取的精神状态。

翻阅资料可见，"十三五"规划的起草，学校有着诸方面的考量。2014年新一轮"985工程"收官，"双一流"大学建设即将启动。学校领导班子在暑期研讨工作时提出，要研究进一步调整和完善学校发展战略，以及深化教育综合改革、更好服务于海洋强国建设、推进一流大学建设的新思路；要进行战略谋划，集全校智慧谋划新发展的重大举措，推动"二次创业"。要依托海洋科学与技术试点国家实验室，在"青岛蓝谷"积极作为；积极筹划在青岛西海岸新区建立基地，有所作为；既要坚持内涵发展，保持战略定力，也要调整姿态，重视科学的外延拓展等。②后来的结果证明，这些原则或设想，对规划的制定起到了很强的指导作用。

除此之外，学校起草"十三五"规划，还作了如下考虑：一是回顾过去五年的成就，以增强全体师生员工创一流的目标自信、路径自信和能力自信；二是把握改革发展的历史性机遇，强化使命担当，加快建设特色显著的世界一流大学步伐；三是明确行动先导"四原则"，即质量效益优先原则、协调持续发展原则、协同创新提升原则、开放合作办学原则。③客观地说，这些考虑既符合学校实际，也对未来五年力求解决亟待突破的重大问题，实现科学发展提供了基本遵循。

"十三五"时期，学校领导班子团结带领全校师生员工，紧紧围绕立德树人根本任务，全面贯彻党的教育方针和创新、协调、开放的发展理念，以支撑服务创新驱动发展战略、海洋强国战略和区域经济社会发展为导向，坚持学校总体发展策略、辩证处理内涵发展与外延拓展关系，加强人才培养、学科发展、科技创新和服务社会互动提升，着力推

---

① 《中国海洋大学"十三五"事业发展规划》，中国海洋大学档案馆藏，档号：HD-2016-XZ11-Y-6。
② 于志刚：《做好新学期工作的思考》，中国海洋大学档案馆藏，档号：HD-2020-XZ18-80。
③ 《中国海洋大学"十三五"事业发展规划编制工作说明》，中国海洋大学档案馆藏，档号：HD-2016-XZ11-Y-6。

动实施"六大重点工程"，实现了学校事业的健康发展，综合实力和国际影响力迈上新台阶，建设特色显著的一流大学的基础更加厚实。

三、学校第十次党代会召开

2017年1月9日，中国共产党中国海洋大学第十次代表大会在崂山校区召开。党委书记鞠传进代表第九届党委作《开拓创新，继往开来，为建成国际知名、特色显著的高水平研究型大学而努力奋斗》的工作报告，卢光志代表中国共产党中国海大纪律检查委员会作题为《忠诚履职，强化监督执纪问责，努力营造风清气正的发展环境》的报告。党委的报告在总结了第九次党代会以来的工作成绩和经验后，指出："在我们向建校百年发展目标冲刺的决胜阶段，面对中华民族伟大复兴的历史使命、海洋强国建设的迫切需求，以及'双一流'建设的重大部署，作为国家重点建设的唯一的综合性海洋大学，理应责无旁贷地站在引领支撑国家海洋科教创新发展的战略高度来审视谋划未来、创新推动发展。今后五年乃至更长一段时间，学校要全力实施开放协同、凝智聚力、深化改革三大举措，进一步推进落实人才强校、国际化和文化引领三大战略，立足青岛、面向世界，深耕海洋、'强''大'并举，纵向提升、横向拓展，不断增强在全球海洋科教领域的竞争力、影响力和话语权，全面提高教育质量和办学水平，建成国际知名、特色显著的高水平研究型大学，为跻身特色显著的世界一流大学行列奠定坚实的基础。"[1]

为了实现上述目标，党委的报告用"11个着力"部署了11项任务，包括着力推进世界一流学科建设、着力推进西海岸校区建设、着力引育一流师资队伍等，力争在更高起点上开放协同，汇聚创新发展要素，开拓战略发展空间，创造事业发展新格局。报告提出，坚持正确选人用人导向，建设坚强有力的领导班子和干部队伍，坚持抓基层打基础，增强基层党组织活力；坚持加强党内民主，持续改进作风；加强党风廉政建设，落实全面从严治党要求；坚持凝聚各方力量，增强推动发展的合力。

会议代表审议通过了关于中国共产党中国海大第九届委员会工作报告的决议和上一届纪律检查委员会工作报告的决议。决议要求：新一届党委要深入贯彻落实全面从严治党战略部署，加强对学校工作的全面领导，忠诚履行管党治党、办学治校主体责任，确保学校始终是坚持党的领导的坚强阵地；要切实加强和改进新形势下的思想政治工作，充分调动和发挥党组织的战斗堡垒和党员的先锋模范作用，凝聚和依靠全校师生员工的智

---

[1] 鞠传进：《在中国共产党中国海洋大学第十次代表大会上的报告》，中国海洋大学档案馆藏，档号：HD-2017-DQ13-C-40。

慧和力量,共同推动学校事业持续健康创新发展。[①]

1月11日,代表们以无记名投票方式,差额选举丁林、于利、于志刚、王震、王竹泉、王剑敏、王曙光、卢光志、史宏达、包振民、权锡鉴、毕芳芳、闫菊、李华军、李巍然、吴强明、宋微波、张静、张庆德、陈戈、陈锐、陈鹜、范其伟、管长龙、鞠传进25名同志为中国共产党中国海大第十届委员会委员;选举于波、于广利、王卫栋、王玉江、王继贵、卢光志、毕芳芳、许志昂、杨连瑞、辛化龙、秦尚海、徐葆良、蒋秋飚13名同志为新一届中国共产党中国海大纪律检查委员会委员。接着,中国共产党中国海大第十届委员会和新一届纪律检查委员会先后举行第一次全体会议,差额选举产生中共中国海大常务委员会委员11名,选举产生党委书记、常务副书记、副书记、纪委书记、副书记。党委常委:鞠传进、于志刚、张静、李巍然、闫菊、李华军、王剑敏、卢光志、丁林、吴强明;党委书记:鞠传进;常务副书记:张静;副书记:卢光志、陈锐;纪委书记:卢光志;纪委副书记:毕芳芳。

党委书记鞠传进在学校党委十届一次全体会议上表示:新一届党委要努力成为政治坚定、务实高效、团结协作、开拓进取、廉洁清正的坚强领导集体,全面领导学校工作,忠诚履行管党治党、办学治校主体责任,向上级党组织和全校师生员工交出一份满意的答卷。他对党委一班人提出四点要求:一要善于学习,坚持理论联系实际,做到学以致用,融会贯通,不断提高办学治校水平;二要贯彻落实好党委领导下的校长负责制,坚持重大问题和重大决策集体讨论决定,坚持集体领导与个人分工负责相协调、相统一,班子成员要大事讲原则,小事讲风格;三要谋发展,把时间和精力放到研究解决学校改革发展稳定的重大问题上,以战略的眼光、科学的方法、创新的手段,谋划和推动学校事业持续健康发展;四要廉洁自律,抓住我们这些关键少数,引领最大多数,带头贯彻执行中央八项规定,深入一线接地气,在师生愿望、学校愿景与国家期望的融合中谱写发展新华章。[②]

第十次党代会实事求是地分析研判学校所处发展环境和历史方位,适时确立"强""大"并举、纵向提升、横向拓展理念,丰富了学校发展策略,引导学校事业发展进入新阶段。第十次党代会后,新一届党委深入学习贯彻习近平总书记关于发展高等教育的重要论述,遵循教育规律,坚持学校总体发展策略和学科发展思路不动摇,团结带领全校教职员工扎实推进西海岸校区和三亚海洋研究院建设,协调推进"双一流"建设,在学科聚焦、人才强校政策改革、服务社会能力提升等焦点难点上,重点突破,持续发力,保

---

① 《中国共产党中国海洋大学第十次代表大会关于九届党委工作报告的决议》,中国海洋大学档案馆藏,档号:HD-2017-DQ13-C-40。
② 鞠传进:《在中国共产党中国海洋大学第十次代表大会上的报告》,中国海洋大学档案馆藏,档号:HD-2017-DQ13-C-40。

持学校事业有重点、有特色、高质量、可持续地协调快速发展，学校的办学实力、影响力明显提升。[1]

第九次党代会后，担任过党委常委的还有王剑敏。

第三节　建设西海岸校区

一、选址与立项

2014年6月，国务院《关于同意设立青岛西海岸新区的批复》发布。[2]指出，设立并建设好青岛西海岸新区，对于全面实施海洋战略、创新军民融合发展机制、深化海洋管理体制改革和建设海洋强国具有重要意义。这是继上海浦东新区等八个新区之后，国务院批准设立的第九个国家级新区。

7月18日，山东省委常委、青岛市委书记李群率队来校，就进一步深化校地合作进行调研。在与学校领导班子成员座谈时，李群说，大学是培养人才的摇篮和实施创新的基地，是一个城市最不可或缺的资源和要素。青岛很荣幸有中国海大这个名校，要全力支持学校的发展，也要感谢中国海大长期以来对青岛经济社会发展、人才培养、文化素质提升等方面作出的贡献。他说，国务院批复同意设立青岛西海岸新区，要求发展成为海洋科技自主创新领航区、军民融合发展创新示范区、海洋经济国际合作先导区、陆海统筹发展试验区、深远海开发战略保障基地，为探索全国海洋经济科学发展新路径发挥示范作用，成为促进东部沿海地区经济率先转型发展、建设海洋强国的战略支点。中国海大作为国家战略性大学，在建设海洋强国，服务国家海洋战略中也是责无旁贷。双方应当共同践行国家战略，履行国家使命。李群说，青岛市以建设宜居幸福的现代化国际城市为发展目标，坚持全城统筹、三城联动、轴带展开、生态间隔、组团发展，要从空间布局上支持中国海大发展；中国海大也应该结合青岛城市发展规划，提前谋划和布局新的发展空间，比如在红岛经济区或者西海岸新区，通过同国内外相关单位共建新校区，以吸纳更多资源，获取地方更大力度、更宽领域的支持。李群还表示，尽早启动新一期"四家共建"中国海大工作，新一期的共建更加务实，更加有效，青岛市的共建经费可以增加至3亿元；"东方红3"船建造的经费缺口、海洋智库建设和聚集人才，青岛市是可以支持的。斋堂

---

[1] 于志刚：《找准历史方位，把握发展机遇，推动学校事业发展进入新阶段——在2017年春季学期全体教师干部大会上的讲话》，中国海洋大学档案馆藏，档号：HD-2017-DQ11-Y-118。

[2] 中国新闻网，https://www.Chinanews.com，2014年6月10日。

岛的海洋能试验意义重大,对潮汐能、风能、太阳能、温差能等各种能量的利用很好,但投入力度不够,条件也很艰苦。目前,总的原则是,不仅中国海洋石油集团有限公司(简称中海油)和中国海大租用的土地交各自运营,甚至整个岛的开发、发展也可以交给海大,成为"海大岛"。①

应该说,李群书记这番讲话,不仅让刚调整到位的学校领导班子成员再次感受到青岛市对中国海大建设发展的鼎力支持,更为重要的是,契合了海大人从宏观层面谋划"双一流"建设新突破、新举措的思考,成为决策层着手进行战略布局的启示。

8月13日至15日,在学校领导班子暑期工作研讨会上,校长于志刚简要回顾了自高水平特色大学建设以来所取得的发展成就,重点分析了当前面临的有利机遇和严峻挑战,坦率地指出了存在的不足。他说,领导班子在处理内涵发展与外延拓展的辩证关系上有所欠缺,战略谋划和必要的外延拓展有所忽视。"在青岛办学的物理空间上要谋'大势',既要彰显鱼山、浮山、崂山三个校区'黄金区位优势',也要依托海洋科学与技术国家实验室在'蓝色硅谷'积极作为,积极谋划在青岛西海岸国家新区建立基地,有所作为。"②在9月4日召开的全校中层干部会议上,于志刚再次提及:我们需要坚持内涵发展,但也要调整姿态,重视科学的外延拓展,在建设新的教育科研综合基地、交叉学科布局、服务社会、国际合作等诸多方面有所作为。在同日举行的党委常委会会议上,孙也刚明确表示:青岛新区的项目要稳扎稳打,但不能因谨慎而丧失发展时机,这是学校办学空间拓展的最好机会。③由此不难看出,学校领导班子在青岛西海岸新区拓展办学空间的决心已下,并开始在校内吹风,以兼听各方声音,不断扩大共识。

在学校90周年校庆庆典前后,党委书记孙也刚两次带队到西海岸新区,重点考察了灵山卫和古镇口的滨海区域,并与青岛市委常委、副市长兼西海岸新区党工委书记王建祥及新区有关单位负责人会商。王建祥说:我们欢迎中国海大来西海岸新区办学,学校看好什么地方就是什么地方,要多大地方就给多大地方,前期需要(我们)做什么就做好什么。④态度之诚恳之积极,让人印象深刻。根据当地政府在古镇口规划建设大学城的设想,以及可以提供4000亩土地供学校使用的意向,在比较了水深、水质、水文、海底地形和周边环境等情况后,形成了选址于古镇口高峪村一带的倾向性意见。⑤

---

① 中共青岛市委办公厅:《李群同志调研中国海洋大学会议纪要》,中国海洋大学档案馆藏,档号:HD-2014-XZ11-Y-91。

② 于志刚:《做好新学期工作的思考》,中国海洋大学档案馆藏,档号:HD-2020-XZ18-80。

③《中国海洋大学九届常委第104次常委会会议记录》,中国海洋大学档案馆藏,档号:HD-2014-DQ11-Y-136。

④《中国海洋大学九届常委第104次常委会会议记录》,中国海洋大学档案馆藏,档号:HD-2014-DQ11-Y-136。

⑤《中国海洋大学西海岸校区大事记(2014—2017)》,中国海洋大学档案馆藏,档号:HD-2017-JJ11-2。

　　11月20日，学校党政领导班子成员、有关部门负责人同赴西海岸新区，在听取区政府负责人的情况介绍后，实地考察了灵山卫和古镇口两个地方。在下午召开的常委会会议上，着眼于学校发展愿景，从必要性和可能性两个维度，围绕项目功能、选址何处、用地规模、获取政策支持等诸方面，大家各抒己见，进行了讨论与辨析。最终决定：因应现实需求与长远发展，在古镇口高峪村一带建设新校区，计划占地4000亩，并建设科考船用码头和海上试验场。应该肯定地说：此地，西依大珠山，面向黄海，濒临海边，水深海阔，是海大人中意的拓展之地；此举，为当下计可解办学空间受限之困，从长远计则可根本解决学校无滨海校区之缺，为下一个百年跻身世界一流大学再奠础石。

　　2015年起，学校就把新校区筹建当作大事来抓，列为年度重点工作，逐步加大推进力度。资料显示，至2016年底，围绕用地用海规模、四至边界、政策支持，以及功能定位和建设内容等一系列基本问题，学校领导与青岛市委、市政府和西海岸新区主要负责人进行了十多次的协商、研讨和论证[1]，共识不断扩大，为项目落地打下了基础。

　　2016年10月，《中国海洋大学海洋科技创新园区（黄岛校区）建设方案》（简称《学校方案》）初步形成。其要点如下：

　　（一）整体布局。新校区位于大珠山东侧，北起里岛路、南至宅科路、西起山川路、东至濒海边的海军路。规划占地面积3000亩，用海面积100平方海里；总建筑面积180万平方米，分两期建设。布局建设教学功能区、研究平台区、科考船码头（含滨海实验基地）、海上试验场、高新技术研发与成果转化区。

　　（二）功能定位。（1）滨海实验基地和海上试验场。建设集海洋技术装备实验、方法研究和模拟检验等于一体的综合性滨海实验基地和海上试验场，打造支撑海洋仪器设备研发、海洋科学研究、高新技术成果转化的国际一流的国家级服务平台。（2）工程技术学科群和研发基地。与现代海洋产业链对接，建设与船舶及海洋工程、海洋技术及装备、海洋生物资源高纯化利用、新能源新材料等工科技术学科群相关的研究院（学院），提升海洋工程与技术的自主创新和服务社会能力，打造服务支撑现代海洋产业创新驱动发展的重要基地。（3）海洋发展战略研究领域的协同创新中心。组建海洋发展战略协同研究中心，加强国家海洋战略对策和咨询建议研究，建设国家"蓝色智库"，服务海洋强国、"一带一路"等国家战略需求。（4）军民融合创新示范区。探索以军地两用技术创新和人才培养的军民融合互动发展模式或机制，深化推进军地人才培养、科研教学等方

面的资源共享、良性互动,建设军民融合创新发展的示范基地。(5)体制机制创新试验区。按照新理念、新体制的要求,探索建立政产学研共建、共享、共赢的发展新模式,打造国家海洋科教机制创新示范基地。

(三)建设内容及建设计划。规划在校生总规模20000人,其中本科生7000人、研究生7000人,留学生6000人(含短期培训),教职工2000人左右,生师比15:1;一期工程规划建筑面积35万平方米,建设能满足在校生5500人的教学科研基础设施,包括教学楼、图书馆、宿舍、食堂、科技孵化区、国际教育中心和人才公寓等;重点建设长500米、宽20米、泊位最小水深7.5米的科考船码头,包括100平方海里水域的海上试验场和1.2万平方米的岸基控制中心。一期工程周期为五年,计划投资27.5亿元,其中科考船码头建设投资10亿元、其他基础设施投资17.5亿元。

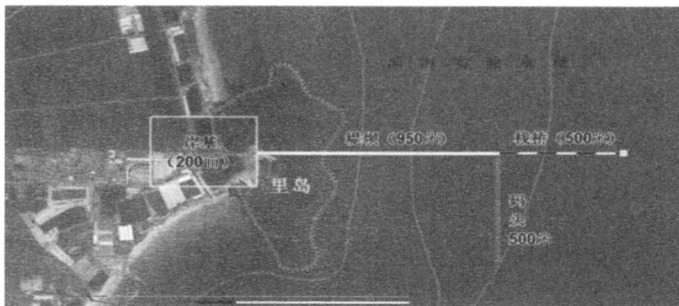

西海岸校区建设方案中海上试验场和岸基控制中心位置示意图

(四)管理运行机制。采用BOT、PPP等多样化融资和建设路径,建立由理事会领导的相对独立的运行机制。[①]

11月1日,青岛市人民政府(甲方)与学校(乙方)签署《关于在青岛西海岸新区共建中国海洋大学海洋科技创新园区(黄岛校区)合作框架协议》(简称《框架协议》),主要内容为:

(一)合作内容。建设滨海实验基地和海上试验场、工程技术学科群和研发基地、海洋发展战略研究领域的协同创新中心、军民融合发展创新示范区和体制机制创新试验区(详见《学校方案》)。

(二)甲方依法依规拟在青岛西海岸新区古镇口高峪村周边无偿划拨约3000亩净地,安排海上试验场教学科研用海。

(三)按照古镇口大学城建设规划,甲方建设图书馆、体育馆、学术交流活动中心、会议中心等公共服务设施。

---

① 《中国海洋大学海洋科技创新园区(黄岛校区)建设方案》,中国海洋大学档案馆藏,档号:HD-2020-XZ18-C-80。

（四）为乙方提供与国内同类高校青岛校区同等的优惠政策，支持乙方建设黄岛校区、引进人才、科技成果转化和新校区教职工子女入学、家属就业等，并在建设初期连续五年向乙方提供补助资金。

（五）乙方按照百年校园、总体规划、分步推进、注重实效的原则，有序扎实推进黄岛校区的规划建设和事业发展，一期工程启用五年内，在校生规模达10000人左右；最终在校生总规模达到20000人左右。[①]

显而易见，《框架协议》虽然粗略，其合法性和约束力却不容置疑，是西海岸校区项目落地的标志。但它毕竟是个意向性协议，尚有一些重大事项未能明确。在经过一个多月的协商后，12月8日，青岛市政府主要负责人和校长于志刚签署《关于共建中国海洋大学海洋科教创新园区（黄岛校区）的协议》（简称《共建协议》）。与《框架协议》相比照，除了双方已达成的共识外，又约定了如下重要事项：

（一）黄岛校区选址青岛市西海岸新区古镇口大学园区内，规划占地约3000亩。黄岛校区主要功能为开展本科生及以上层次全日制学历教育、中外合作办学、科研平台建设、科技成果转化等。

（二）青岛市人民政府为黄岛校区一期建设提供总额25亿元的教育发展基金支持，其中基本建设资金15亿元、综合运作经费10亿元。

（三）黄岛校区一期建设规模不低于30万平方米，在校生5500人，其中研究生2000人；校区整体建成后，全日制在校生规模达20000人左右，其中研究生规模达到7000人。

（四）科研平台建设。重点建设海洋仪器装备研发中心、海底资源勘探技术中心、海洋可再生能源中心、海洋生态环境中心等。建设科考船码头和海上试验场。

（五）人才队伍建设。引进培养包括院士、国家杰出青年基金获得者等在内的高层次人才100名以上。

（六）项目建成后，中国海洋大学以十年内在青岛市通过技术研发及成果转化形成的地方税收等适当方式，作为政府共建黄岛校区的回报，贡献度应与教育基金支持额度大致相当。

（七）关于合作机制。设立由双方人员组成的黄岛校区建设联席会议，全面协调推进校区建设；建立黄岛校区建设理事会，作为决策机构确定重大事项。[②]

至此，涉及新校区筹建初期的一系列基础性事项大都确定，并明载于市校法人签署

① 《关于在青岛西海岸新区共建中国海洋大学海洋科技创新园区（黄岛校区）合作框架协议》，中国海洋大学档案馆藏，档号：HD-2017-KY18-2-19。

② 《关于共建中国海洋大学海洋科教创新园区（黄岛校区）的协议》，中国海洋大学档案馆藏，档号：HD-2017-KY18-2-24。

的协议,西海岸校区项目正式立项。

二、规划设计与论证

2017年1月,学校第十次党代会提出"立足青岛、面向世界,深耕海洋、'强''大'并举,纵向提升、横向拓展",为"重特色、求质量,先做强、再做大"的事业发展策略注入新内涵,明确了新历史方位下科学发展的实施路径。确定以百年校园、总体规划、分步推进、注重实效为原则,扎实推进西海岸校区建设。①资料显示,2月,以新校区规划设计为主题,党委书记鞠传进、校长于志刚主持召开系列研讨会,广泛征求各方面的意见建议,进一步完善了规划建设理念、基本功能定位、学科专业布局和重要单元组成等,一致认同建设绿色生态校园、现代化智慧校园、开放性国际化校园的总体目标定位。接着,学校成立新校区建设指挥部,任命校长助理于利为总指挥;成立以党委书记、校长为组长的新校区规划和建设领导小组,新校区的总体规划设计及论证工作随即展开。

6月,学校通过各种媒体向海内外公开征集新校区总体规划设计方案,举办项目规划推介会,吸引17家国内外知名设计单位、60多名设计师、建筑师参加。9月,建设指挥部向符合应征条件的9家国内外顶尖设计联合体,发放了《黄岛校区总体规划及一期建筑概念性设计方案征集文件》(简称《方案征集文件》)②,要求设计单位以此为依据进行设计。审读这个文件发现,《设计任务书》是其核心部分,它包括项目概述、目标定位、建设规划理念、场地现状与自然条件、规划设计依据、规划设计主要指标、一期建筑项目功能需求、建设周期及计划、规划设计要求和成果要求等。另外,《方案征集文件》还明确了应征设计方案的评选办法,对成立独立的方案评审委员会、评审原则及要求、评审流程及表决方式均作出规定。③其间,虽然遇到用地规模调减、码头定位等设计条件变化问题,但学校主要领导通过新校区建设联席会议机制协商,建设指挥部利用听取规划设计方案中期汇报与设计单位沟通,都及时得到处理。④

11月29日至30日,《中国海洋大学海洋科教创新园区(黄岛校区)总体规划及一期建筑概念性设计方案》评审会议举行。29日,由教育部学校规划建设发展中心组建的评审委员会成员赴西海岸新区古镇口了解大学城上位规划,现场考察新校区地理位置、地

① 鞠传进:《在中国共产党中国海洋大学第十次代表大会上的报告》,中国海洋大学档案馆藏,档号:HD-2017-DQ13-C-40。
②《中国海洋大学西海岸校区大事记(2014—2017)》,中国海洋大学档案馆藏,档号:HD-2017-JJ11-2。
③《黄岛校区总体规划及一期建筑概念性设计方案征集文件》,中国海洋大学档案馆藏,档号:HD-2020-XZ18-87(新编)。
④《中国海洋大学西海岸校区大事记(2014—2017)》,中国海洋大学档案馆藏,档号:HD-2017-JJ11-2。

形地貌等情况；参观了鱼山校区，对校史沿革、建筑风格、校园风貌和海大文化等作了进一步了解。30日上午，校党委副书记、副校长陈锐主持评审会开幕式，教育部学校规划建设发展中心副主任邬国强、评审委员会七名成员、学校和各二级单位领导、各应征单位设计团队与会，400多名师生代表在两个分会场以视频方式同步参加会议。校长于志刚在会上致辞：大学校园是一所大学发展的载体，她不是简单的物理结构，而是有生命、有灵魂的。期待这个校园既带有学校的历史记忆，又具有鲜明的时代特征，承载起中国海大特有的精神文化气质，使得校友来到这里有共鸣，师生在这里有归属感；期待这个校园以师生为中心，一方面营造幽静专注的环境氛围，使师生潜心学术，另一方面构建交流创新的平台，方便师生交流、学科交叉，满足不同形式的交谈、不同规模的集会；期待这个校园既多姿多彩，又和谐统一，表现鲜明的海洋特色、青岛特色，建筑与室外空间能够形成内在联系，实现审美价值与实用功能的有机统一，于绿树掩映中浑然一体；期待这个校园是一个绿色、生态和可持续发展的校园，应充分考虑所在地的自然条件，顺应互联网、大数据时代的发展趋势，把绿色、生态、智慧的理念融入每一个细节中，建成绿色生态的智慧校园。希望做出一个经得起历史检验的一流规划，使得校园建设在一张总蓝图指导下渐次展开，又要为未来留白，使之成为贯通历史、现在和未来的和谐美好校园。[1]

在方案汇报与展示环节，九家设计团队先后向与会人员介绍各自的设计方案，同时在现场用沙盘模型进行展示。近400名师生通过网络投票，表达对各家方案的意见建议，有74.4%的师生选择了同济大学建筑设计研究院的三号方案（简称《同济方案》）。这与之后相继进行的网络布展和实地布展相结合，大范围征求师生、校友和政府对五个优秀方案的意见建议，有59.1%的投票人选择了《同济方案》，一起成为影响方案选择的民意基础。

评审会设计方案评审环节由评审委员会主任、中国电子工程设计院顾问总建筑师、全国工程勘察设计大师黄星元主持。包括中国科学院建筑设计研究院副院长、总建筑师、全国工程勘察设计大师崔彤在内的七位专家，在展示环节结束后，即对各家制作的方案沙盘模型进行审察。随后，按照《方案征集文件》中规定的评选办法，认真细致地评审，选出五个优秀方案。依次是：第一名5号方案（哈尔滨工业大学建筑设计院），第二名9号方案（中国建筑设计院有限公司为主体），第三名3号方案（同济大学建筑设计研究院与上海同济城市规划设计研究院），第四名8号方案（天津汇华工程建筑设计有限公

---

[1] 于志刚：《在黄岛校区总体规划及一期建筑概念性设计方案评审会上的致辞》，中国海洋大学档案馆藏，档号：HD-2017-JJ11-2。

司为主体），第五名2号方案（华南理工大学建筑设计研究院为主体）。[①]

26日，校长办公会专题研究新校区总体设计及一期建筑概念性设计方案，在综合考量专家、师生、校友和中层以上干部的意见建议后，决定选用《同济方案》为西海岸校区总体规划及一期建筑概念性设计方案，并决定同济大学建筑设计研究院（主体）负责新校区修建性详细规划方案的设计。

《同济方案》之所以脱颖而出，客观地说，是胜在其优势和特点较为突出。其一，设计理念与中国海大历史文化特质吻合度高。"山–海、历史–未来"构思守正出新，巧妙运用"古典、融合、现代"三个区域各有特色、区间融合过渡的设计手法，实现了三区与地形山林相宜、空间收放适度、与开阔海面相协调的布局，高度诠释了史承与创新、古典与现代的主题，以及学校《方案征集文件》中载明的核心理念。其二，设计了两条连接东西两块地的山海通廊（文化谷），下穿三沙路，既实现了校区的完整性，又确保人员通行的安全、顺畅。其三，规划结构为"一轴、两带、三片区"，东西面设主轴线，从礼仪入口起，串联起教学区、图书馆、工科组团和师生活动中心；贯穿东西的两条宽阔绿带，将山与海联系起来，让各组团视野开阔，阅山观海。其四，傍山海，造林河。将鱼山校区的林、崂山校区的"河"，作为历史记忆和景观精髓引入景观设计，以两条贯通东西的山海通廊为骨架，多条南北向绿地编织成网状，林带、河流蜿蜒于校园，展现生态与灵动。

《同济方案》示意图

这个方案不仅赢得了海大人的高度认同，业界著名专家亦给予很高评价。诚如中国工程院院士、中国建筑设计研究院副院长、国家工程设计大师崔恺所说：这是一个最近15～20年来，中国设计当中看到的最好方案。[②]

三、一期建设与启用

2019年9月16日，中国海大西海岸校区开工奠基仪式举行。党委书记田辉在主持仪式

[①]《中国海洋大学西海岸校区大事记（2014—2017）》，中国海洋大学档案馆藏，档号：HD-2017-JJ11-2。
[②] 于志刚：《在党委理论学习中心组（扩大）赴西海岸新区调研座谈会上的讲话》，中国海洋大学档案馆藏，档号：HD-2020-XZ18-82。

时说：今天是中国海大历史上一个重要而难忘的时刻。西海岸校区将为学校建成特色显著的世界一流大学提供有力的战略支撑，将为学校服务青岛、服务山东和服务国家经济社会发展搭建重要舞台。海大人将齐心协力，攻坚克难，把新校区建设成为西海岸新区、青岛市的又一张亮丽名片，为建设海洋强国和民族复兴作出新的更大贡献。[①]校长于志刚讲话：众所周知，中国海大因海而兴、因海而强。为更便捷有效地支撑海洋科研和教学工作的开展，拥有一个濒海校区，是几代海大人的梦想。令人欣慰的是，在青岛市和西海岸新区的大力支持下，这个濒海校区就要破土动工了！这标志着中国海大将结束长期以来没有海岸线和综合性濒海实验场的历史，为学校的发展特别是涉海学科和应用学科的发展提供更加广阔的空间。他说，到2024年西海岸校区一期全面建成时，正是中国海大迈入第二个百年发展新阶段的关键节点。从这个意义上讲，西海岸校区为学校下一个百年的发展奠定了坚实的物质基础，是实现特色显著的世界一流大学宏伟目标的重大战略保障。他满怀信心地表示，有各级政府的精心指导和鼎力支持，有一流设计团队的倾情投入和建设单位的精益求精，有广大师生员工和海内外校友的热情参与，一个承载中国海大人光荣与梦想的百年大学新校园，一定会如期如愿地出现在美丽的大珠山下、灵山湾畔。[②]

2019年9月，西海岸校区奠基仪式

　　青岛市市长孟凡利、西海岸新区党工委书记王建祥及市、区相关单位负责人，中国工程院院士管华诗、李庆忠，中国科学院院士冯士筰，学校及二级单位领导和师生、校友代表300多人参加奠基仪式，共同见证这一历史时刻。

---

① 金松：《筑百年基业 绘蓝色华章：中国海洋大学西海岸校区开工奠基》，载《中国海洋大学报》2019年9月19日。
② 《中国海洋大学海洋科技创新园区（西海岸校区）建设简报》，中国海洋大学档案馆藏，档号：HD-2019-JJ11-0005-4。

　　西海岸校区奠基，计算机楼、电子信息楼随即开工建造，海大人无不欢欣鼓舞。而这一阶段性成果的背后，凝结着各级领导、一线工作人员和建设者们的心血，是他们不辞辛苦、倾力奉献的结晶。

　　2018年1月，根据新校区南侧用地被调减的实际情况，学校与设计单位协商功能布局调整问题。校领导认为，在保持原总体设计中主体板块（或组团）不变的前提下，要兼顾土地利用和一期建设形象的完整性；遵循"以学生为本"的原则，减少学生步行距离，方便学生学习与生活；考虑到未来发展及院系设置的不确定性，按照文科、理科、工科分区布置的思路，充分预留院系用房；按照有关建设标准，利用滨海优势，充分考虑科研平台区和双创中心区的功能预留。①根据上述原则和要求，设计单位对总体规划设计方案中的功能布局进行修改后，校长办公会审定了新的功能布局方案，教学区、科研区、学生宿舍、食堂、教工公寓等组团位置得以确定。5月，学校党委会审议了由同济大学建筑设计研究院提交的《中国海洋大学海洋科技创新园区（黄岛校区）修建性详细规划及一期建筑概念性设计方案》（简称《修建性详规》），同意照此方案进行一期建设。同时，将新校区正式冠名为西海岸校区。②

　　遍览《修建性详规》，它包括功能布局、主要经济技术指标、交通组织及分析、景观路线设计及分析、管网综合设计、日照分析、主要建筑单体或组团设计等。其主要特点有：一是坚持"一轴、两带"的竖向设计思路，整体布局合理。公共教学区位于融合区的核心，与现代区的学习综合体相呼应；工程楼与综合实验楼组团位于东侧，材料楼、食工楼位于西侧，既保持了一期建设的完整性，又预留出新型交叉学科组团位置，使得各个学院保有相对独立的分期发展空间。二是学习综合体作为标志性建筑置于现代区核心位置，两侧布置电子信息楼和计算机楼，东侧布设综合服务中心，国际教育学院及预留学院围合形成校前区；体育教学中心和主体育场位于三沙路两侧，靠近学生学习区和生活区，方便学生利用。三是考虑到事业发展的不确定性，在三个区域均布局适当的预留空间。《修建性详规》确定了一期建设的10个单体建筑的概念性设计，包括学习综合体、电子信息楼、计算机楼、工程楼、材料楼，以及东西区各有一个学生宿舍与食堂组团，总建筑面积60万平方千米，占地1100亩。

　　据记载，对于《中国海洋大学西海岸校区修建性详细规划及一期建筑概念性设计

---

① 《校长办公会会议记录》，2018年1月25日。
② 《党委常委会记录》，中国海洋大学档案馆藏，档号：HD-2018-DQ11-Y-155。

方案》，地方规划部门组织的专家评审时认为功能分区明确、空间结构清晰、总体布局合理、规划内容齐全。①次年3月，青岛西海岸新区城乡规划委员会审议并通过了这个方案。

这个方案一俟确定，西海岸校区筹建进入实操阶段。据资料显示，在之后的一年多时间里，一期建设项目基础性工作可大致分为用地指标申报审批、组织招标、土地清场、"九通一平"、里岛土地使用红线确定、单体建筑设计及论证等。这些工作或并行或交叉，牵涉面广、法规性强，又有时限要求和质量标准，其复杂性和困难程度是非亲身经历者所能了解或感受到的。

7月11日，学校与青岛西海岸新区管委签署《关于共建中国海洋大学西海岸校区项目的协议》（简称《区校协议》）。与前述市校签署的《共建协议》相对比，这份协议承袭了其绝大多数条款，但有的作了内容上的调整，也新列了一些条款。主要有：

（一）合作共建内容。西海岸校区规划占地面积2800亩（含里岛部分），项目总建筑面积约180万平方米（其中地上建筑面积约150万平方米，地下建筑面积约30万平方米），主要建筑内容包括：工程技术学科群和研发基地、滨海试验基地和海上综合试验场岸基、海洋发展战略研究协同创新中心、军民融合科研区、教工住房与学生教学科研生活设施等。一期工程建筑规模不低于30万平方米，建设内容包括：学习综合体、院系组团、体育教学中心、科研平台、综合实验楼、国际教育组团、学生宿舍、食堂、人才公寓、生活服务及其他附属用房等。

（二）甲方的权利与义务

1. 甲方在西海岸新区古镇口无偿划拨2800亩土地，用于西海岸校区建设，并根据项目需要，完成土地修编及清场工作。

2. 负责协调相关部门和企业，及时组织市政道路、雨水、污水、自来水、天然气、电力、电信、热力及有线电视管线等"九通一平"基础设施配套项目建设用地红线。

3. 支持乙方按照古镇口军民两用海上综合试验场总体规划建设科考船码头、滨海试验基地和海上试验场岸基，依法依规为项目建设划拨相应建设用地，为乙方争取国家建设资金提供支持。

（三）乙方的权利与义务

1. 负责西海岸校区修建性详细规划设计，配合甲方开展单体设计、室外绿化景观及

①《中国海洋大学西海岸校区大事记（2014—2017）》，中国海洋大学档案馆藏，档号：HD-2017-JJ11-2。

道路等方案设计，并确定相关设计方案。

2. 参与工程管理、造价管理及审核、建设资金监管、办公用品采购、通用设备采购等。

3. 根据实际情况提报运行经费预算，保障经费用于人才团队引进、科技成果与转化、公共研发平台建设、国家/教育部重点实验室（工程技术中心）筹建（建设）、中外合作办学、科研仪器设备购置及日常运转等，并接受甲方监督。

4. 配合甲方做好项目竣工验收、工程决算审计和项目交接，确保项目完整及形成资产后的正常使用。

（四）双方共同权利与义务

1. 共同确定西海岸校区建设规划的内容和进展，共同要求施工单位执行BIM管理，并将成果无偿交付乙方。

2. 共同负责对项目建设用主材和主要设备进行认质认价管理，在遵守《招标法》的前提下，对采用的主材和主要设备品牌范围等事项确定具体要求和质量标准。

3. 共同负责对施工过程中发生的签证及变更进行现场核实，并履行确认手续。

4. 共同负责对工程质量、安全、进度定期检查，对于存在严重问题的，根据施工合同的约定处理。

（五）关于管理与决策机制。一期工程建设期内，实施联席会议制度，负责协调推进西海岸校区建设。联席会议原则上每月召开两次，由提议方召集并主持。联席会议决定以下事项：审定年度建设工作计划，审定年度预算、建设资金使用计划及重大调整，审定联席会议办公室专项工作人员组成，审定基础设施建设具体实施方案、招标方案等其他重大事项。①

客观地说，这份协议细化并补充了《共建协议》中的未尽事宜，厘清了双方的责任及承担的任务，管理与决策机制务实有效，有利于西海岸校区总体规划及一期项目建设有序推进，其积极意义不言而喻。但它却更改了青岛市政府与学校签署的两个协议中的核心事项之一，即把划拨净地3000亩调减为2800亩。这影响到西海岸校区地块的规整性，留下了历史遗憾。尽管如此，《区校协议》的落定，解决了筹建工作中遇到的一系列具体问题，为推动西海岸校区加快建设铺平了道路。

2022年9月，西海岸校区一期项目60万平方米的校舍建成，包括学习综合体（含图书馆、智慧教室、网络与信息中心等）、学院楼、学生社区、海洋生物资源开发中心和室外基

_____

① 《关于共建中国海洋大学西海岸校区项目的协议》，中国海洋大学档案馆馆藏，档号：HD-2019-KY18-1。

础工程投入使用。随着计算机科学与技术学院、电子工程学院、工程学院、食品科学与工程学院、材料科学与工程学院整体搬迁，7000多名师生入驻，西海岸校区正式启用。[①]

随着这个濒海校区的启用，中国海大便形成了鱼山校区、浮山校区、崂山校区和西海岸校区四个同城校区办学的格局。这在学校迈向特色显著的世界一流大学进程中具有里程碑意义，为下一个百年发展提供了战略性保障，也为西海岸国家级新区建设与发展提供重要支撑和助力。

一个阶段性任务的结束，意味着新阶段工作的开始。海大人"咬定青山不放松"，正锚定发展目标，创新发展模式，汇聚各方资源，积极推进西海岸校区二期建设，以期更好地服务海洋强国建设和地方经济社会高质量发展。

第四节　统筹实施世界一流大学建设方案

一、入选国家"双一流"建设高校（Ａ）

2017年9月，教育部、财政部和国家发展改革委（简称三部委）下发通知，公布世界一流大学和一流学科建设高校及建设学科（简称"双一流"）名单。中国海大名列42所一流大学建设高校之中，并进入36所A类大学行列，海洋科学和水产两个学科入选137个一流学科榜单。[②]

毋庸讳言，入选"双一流"是对中国海大自"211工程""985工程"建设20多年来谋海济国、不懈奋斗、矢志图强所获成就的认可。海大人欣慰之余并不感到意外，更多的则认为，这是党和国家赋予中国海大的使命和责任，是新时期学校创新发展、科学发展的重大历史机遇。入选"双一流"建设高校，对中国海大而言，只是万里长征迈开了第一步，更加繁重而艰巨的任务还在后头，海大人对此保有清醒的认知。事实上，自2014年初，学校新一轮（2010—2013年）"985工程"建设圆满收官后，海大人骨子里的重点建设意识、特色强校理念并未因此有丝毫消释，推进国际知名、特色显著的高水平研究型大学建设的步伐从未放缓，而是更加积极主动地谋大势、寻突破，筹划科学的外延拓展。10月，校长于志刚在一次接受采访中谈道："目前正在进行调研、制订的一流大学建设规划，主要是根据新时期国家高水平大学和一流大学建设计划要求，聚焦学科建设和人才培养。而

---

①《海大信息》2022年总第11266期。

② 教研函〔2017〕2号，http://www.moe.gov.cn，2017年9月21日。

要推动学校持续科学发展，则需要以此为核心，在更开阔的视野下，从更多的要素着眼去谋划发展。"①是年底，学校决策在青岛西海岸新区建设海洋科技创新园区（西海岸校区）。2015年春，着手创办三亚海洋研究院。这些都表明，海大人在思想上、实践中已经准备承担更重的担子，迎接更大的挑战。

二、统筹实施《中国海洋大学一流建设方案》

2015年10月，国务院颁布《统筹推进世界一流大学和一流学科建设总体方案》，明确了"双一流"建设的指导思想、建设任务和总体目标，提出以一流为目标、以学科建设为基础、以绩效为杠杆、以改革为动力，加快建设一批一流大学和一流学科，提升我国高等教育的综合实力和国际竞争力。②海大人以此为遵循，立足学校既有基础，着眼海洋强国战略和地方经济社会发展重大需求，"双一流"建设的重点学科、主要任务、改革举措和发展目标逐渐清晰起来。2017年初，三部委下发《统筹推进世界一流大学建设实施办法》，为学校尽快形成一流大学建设方案提供了具体指导。再经深入调研，反复研讨，广泛听取意见建议，数易其稿，11月《中国海洋大学一流大学建设方案》编制完成并上报。

《中国海洋大学一流大学建设方案》显示，学校的发展目标是：

2020年，海洋科学和水产2个学科进入世界一流前列，基本建成国际知名、特色显著的高水平研究型大学。2030年，成为世界重要的海洋高等教育和科学研究中心，若干涉海学科和方向由并行走向领跑，建成世界一流的综合性海洋大学。本世纪中叶，成为世界主要的海洋高等教育和科学研究中心，建成特色显著的世界一流大学，为建设海洋强国、实现中华民族伟大复兴提供强大支撑。

根据学校战略使命、学科布局和发展规律，统筹考虑学科间的内在联系、持续重点建设的历程和深化拓展提升的可行性，面向国家重大战略需求、经济社会发展和国际学术前沿，决定重点建设海洋科学、水产科学与技术、海洋药物与食品、海洋开发工程与环境保护技术、海洋发展五个相互支撑与促进的学科群，增强认识海洋、开发海洋、利用海洋、保护海洋、管控海洋的科教支撑能力，在服务国家海洋事业进程中全面带动学科综合实力提升。③

---

① 《为和谐海洋，育天下英才——访校长于志刚》，载《中国海洋大学报》2014年10月16日。
② 国发〔2015〕64号，https://www.gov.cn，2015年11月5日。
③ 《中国海洋大学一流大学建设方案》，中国海洋大学档案馆藏，档号：HD-2020-KY18-1-41。

　　为了实现2016—2020年"双一流"建设目标，海大决策层团结带领全校教职员工，全面贯彻习近平新时代中国特色社会主义思想，遵循高等教育发展规律，坚持并不断丰富"重特色、求质量，先做强、再做大"和"强化发展特色、协调发展结合，以特色带动综合、以综合强化特色"等办学理念，与时俱进地处理好"特色"与"综合"，"做强"与"做大"的辩证关系，不断深化教育教学改革，进一步完善资源配置机制，统筹推进《中国海洋大学一流大学建设方案》中确定的建设任务，不断开辟一流大学建设新境界。

　　1. 着力建设一流师资队伍

　　以全球视野和战略眼光，深化实施以"筑峰""繁荣""绿卡""青年英才""名师工程"为主体的人才强校战略，引育一批世界水平的科学家、海洋科技领军人才、卓越工程师和高水平创新团队，塑造一支与一流大学相适应的师德高尚、业务精湛、结构合理、充满活力、潜心育人的优秀师资队伍。

　　2. 着力培养创新人才

　　着眼培养一流人才，以立德树人为根本，深化教育教学改革，创新人才培养模式，深入推进通识教育与专业教育紧密结合、科教融合、产教融合的协同育人机制建设，拓展国际化培养渠道，打造全员、全过程、全方位育人的新格局，为国家培养更多又红又专、德才兼备、全面发展的海洋事业领军人才和骨干力量。

　　3. 着力提升科学研究水平

　　坚持开放合作、协同创新、科教融合的理念，聚焦全球气候变化等科技前沿问题，瞄准维护海洋权益、开发海洋资源、保护海洋环境等国家重大需求。

　　（1）提升基础研究的创新能力。继续深入开展以知识产出为目的、自由探索为主要方式的基础研究。基于学校特色优势，围绕国际科技前沿，持续稳定投入，力争在海洋动力过程与气候、水生生物重要生命现象与过程等前沿领域取得突破，提升学校的原始创新能力与水平。

　　（2）实施一批引领性科技任务。以国家战略需求为导向，在海-气相互作用等更多前沿领域引领世界科学方向，在海洋糖类药物研发等更多战略性领域率先实现突破。实施"透明海洋"计划，构建"21世纪海上丝路"海洋环境安全保障体系。倡导和实施以持续供给富含优质蛋白质的高品质水产品为核心内容的"21世纪海洋蛋白质计划"，推动以工程化、智能化、环境友好和可持续发展为显著特征的海水养殖新浪潮，满足健康中国战略和食品安全战略需求。

　　（3）加强开放、合作、共赢的科技创新平台建设。继续完善海洋立体综合观测探测平台、深远海综合观测及海洋高端仪器设备研发平台，以及室内分析测试平台的建设；高质量完成5000吨级"东方红3"船建设，形成自近岸、近海至深远海的海洋实习和科学考察船队；启动建设黄岛校区滨海实验基地和综合性海上试验场。与海洋国家实验室共建共用共享国际一流水准的科技创新体系。

4. 着力传承创新优秀文化

以社会主义先进文化为引领，以优秀传统文化为根基，以大学文化为根本，以海洋文化为特色，持续实施学校文化引领战略，逐步构建起与特色显著的世界一流大学相匹配的"四位一体"文化传承创新新格局。

5. 着力推进成果转化

以国家海洋事业和区域经济社会发展需求为导向，面向沿海城市和"海上丝路"沿线国家的不同需求，突破"科学－技术－工程－产业"创新链条中的瓶颈，探索学科、人才、科研与产业互动的产教融合发展新模式、新机制，着力提升科技成果有效供给能力和科技成果转化服务能力，持续推动学校的海洋学科综合优势和全球海洋创新资源协同优势转化为驱动经济社会发展的新动力。

高质量、高水平建设一流大学和一流学科，是新时代中国海大发展的生命线，海大人对此了然于心，自然通盘计划，力争上游。为此，《中国海洋大学一流大学建设方案》着重在统筹上下功夫，确定加强和改进党的建设、完善内部治理结构、建立社会参与机制、推进国际交流与合作等方面的20余项改革举措，全方位、全过程、系统性地为"双一流"建设保驾护航、增添动力，确保一流大学建设行稳致远。

三、"建设海洋强国，我一直有这样一个信念"

2018年6月12日上午，中共中央总书记、国家主席、中央军委主席习近平，在出席上海合作组织成员国元首理事会第十八次会议后，来到青岛海洋科学与技术试点国家实验室考察。习近平总书记走进实验室大楼，结合展板、电子屏、实物模型和样品展示，听取实验室在开发利用海洋资源能源、服务海洋经济发展、保护海洋生态环境以及构建综合立体海洋观测网络等方面的情况介绍，了解深远海科考船共享平台建设和科考船工作情况。在超算仿真大厅，习近平总书记仔细察看高性能计算和系统仿真平台运行情况，并向科研人员详细询问构建超级计算机互联网、研发人工智能和大数据系统"深蓝大脑"、打造国际一流海洋系统模拟器的最新进展。得知超级计算机解决了海洋数据"碎片化"问题，大大提升了海洋观测和预测能力，总书记十分高兴。海洋高端装备仪器吸引了习近平总书记的目光，他走上前去凝神察看，不时询问。[①]习近平总书记指出，海洋经济、海洋科技将来是一个重要主攻方向，从陆域到海域都有我们未知的领域，有很大的潜力。中国工程院院士管华诗向习近平总书记介绍海洋药物的研发情况。管华诗院士说，自己的梦想就是打造中国的"蓝色药库"。习近平总书记表示"这是我们共同的梦想！"听说总书记来了，科研人员纷纷围拢过来，向总书记问好。习近平总书记说，建设海洋强国，我一直有这样一个信念。发展海洋经济、海洋科研是推动我们强国战略很重要的一个方面，一定要抓好。建设海洋强国，必须进一步关心海洋、认识海洋、经略海洋，加强海洋科技创新步伐。关键的技术要靠我们自主来研发，海洋经济的发展前途无量。他勉励大家，再接再厉，创造辉煌，为祖国为民族立新功。[②]

　　毫无疑问，习近平总书记到海洋国家实验室考察，对于实验室是件大事，对海洋界而言也是件大事，会有力促进国家尤其是青岛海洋科教事业的发展。海洋国家实验室主任、中国科学院院士、中国海大副校长吴立新说，习近平总书记在考察过程中对实验室的人才引进等资源汇聚能力、大洋钻探船等大科学装置建设、天然气水合物探采技术等海洋科技创新成果、全球海洋院所领导人会议等国际化举措、水下波能滑翔机等海洋装备研发，非常感兴趣，多次提问。今后，海洋国家实验室将坚定不移地贯彻习近平总书记的重要指示，坚持科技创新和体制创新"双创驱动"，为把我国建成海洋科技强国作出应有的贡献。管华诗院士说，习近平总书记对海洋有着深厚情怀和深刻认知，对海洋药物特别是海洋中药表达了强烈而浓厚的兴趣。习近平总书记多次提及关心海洋、认识海洋、经略海洋，这对海洋人是莫大的激励与鼓舞。习近平总书记作指示时强调，要聚焦、发力攻克关键技术，这为海洋国家实验室未来发展指明了方向。海洋人必将竭尽所能，为国家海洋科技事业发展而拼搏、奋进。[③]

　　习近平总书记在考察时所作"关心海洋、认识海洋、经略海洋"的指示，让中国海大的师生受到很大鼓舞。陪同考察的于志刚校长说，作为中国海洋高等教育的引领者、海洋国家实验室的常务理事单位，中国海大始终以服务国家海洋事业发展为己任，以培养和造就海洋事业的领军人才与骨干力量为特殊使命，不忘建设海洋强国的初心和使命，坚持聚集全国特别是青岛的海洋科教力量，勇挑重担，矢志不渝地推进海洋国家实验室

① 《习近平在山东考察时强调：切实把新发展理念落到实处，不断增强经济社会发展创新力》，载《人民日报》2018年6月15日。
② 张晓松、李学仁：《习近平：建设海洋强国，我一直有这样一个信念》，新华网，https://www.xinhuanet.com/politics/leaders/2018-06/12/c_1122975977.htm。
③ 孙婧、李华昌：《校党委常委会传达学习习近平考察海洋国家实验室重要指示精神》，载《中国海洋大学报》2018年6月14日。

建设。①

　　青岛海洋科学与技术试点国家实验室是由中国海大牵头筹建的，历时近十年。至此时，在海洋国家实验室的科研和管理运行中，中国海大仍然负有重要责任。实验室学术委员会主任是原校长管华诗院士，实验室主任是现任副校长吴立新院士，420多名双聘科研人员中有近20%是海大人，22名中层管理者中，30%由学校派出，全职为海洋国家实验室服务。②

---

① 孙婧、李华昌：《校党委常委会传达学习习近平考察海洋国家实验室重要指示精神》，载《中国海洋大学报》2018年6月14日。

② 于志刚：《"双一流"建设周期自评汇报》，中国海洋大学档案馆藏，档号：HD–2020–KY18–1–40。

第三章

开启特色显著的世界一流大学建设新征程

　　2020年学校遵循战略性、科学性和实操性原则，编制完成"十四五"规划，确定了这一时期的主要任务和发展目标。经过不懈努力，高质量完成"双一流"首轮周期的建设任务，学校的核心竞争力和综合实力上了一个大台阶，并接续启动第二轮"双一流"建设。2023年2月，中国共产党中国海洋大学第十一次代表大会召开，确定了新的"两步走"发展战略，开启建设特色显著的世界一流大学新征程。

第一节　田辉任党委书记与"十四五"规划编制

一、田辉任党委书记

党委书记田辉

　　2019年1月19日，中国海大召开干部教师大会，教育部人事司司长张东刚宣布教育部党组决定：田辉同志任中共中国海大委员会委员、常委、书记。

　　田辉（1968—　　），山东枣庄人。研究生学历，博士学位。曾任北京师范大学团委书记、学生工作部（学生工作处、人民武装部）部（处）长、学校办公室主任，北京师范大学党委副书记、纪委书记，北京师范大学党委副书记，北京市海淀区区长助理（挂职）、中华全国总工会书记处书记（挂职）。2019年1月起任中国海大党委书记。

田辉在大会上作就职讲话。他说，中国海大是一所具有悠久办学历史和光荣传统的著名学府，到这里担任党委书记使命光荣，责任重大，任务艰巨。在今后的工作中，要努力做到三点：一是坚持讲政治守规矩，强化责任担当。深入学习贯彻习近平新时代中国特色社会主义思想，树牢"四个意识"，坚定"四个自信"，坚决做到"两个维护"，始终做到忠诚、干净、担当。二是坚持干事创业，推进改革发展。坚持党对学校的全面领导，坚持把方向、谋大局、作决策、抓班子、带队伍、促改革、保落实，努力推动办学目标早日实现。三是坚持全面从严治党，提供坚强政治保证。认真落实全面从严治党主体责任和党委书记第一责任，坚持以党的政治建设为统领，全面加强党的建设。①

3月21日，学校召开2019年工作会议，党委书记田辉在会上讲话。他说，2019年是新中国成立70周年，是学校建校95周年，是深入推进"十三五"规划实施和学校一流大学建设的关键之年。学校要以习近平新时代中国特色社会主义思想为指导，紧密围绕建设目标任务，改革创新，担当作为，狠抓落实。一要把政治建设摆在首位，进一步提升党组织的政治领导力。二要把握政治标准，大胆选拔使用干事创业、担当作为的优秀干部。三要强化政治担当，主动服务国家重大战略和区域地方经济社会发展。四要坚持底线思维，切实维护校园安全稳定。②

二、编制"十四五"规划

2020年9月，教育部下发《关于做好直属高校"十四五"规划编制工作的通知》③，提出要牢牢抓住全面提高人才培养能力这个核心点，深度融入社会发展进程，加快实现治理体系和治理能力现代化。《通知》要求，要从教育是国之大计、党之大计的战略高度，提高规划的前瞻性、战略性、科学性和实操性；要坚持总体谋划、突出重点内容；要扩大民主参与、强化有效集中，科学、民主、依法编制"十四五"规划。据此，学校于10月出台《中国海洋大学"十四五"事业发展规划编制工作方案》④，明确基本原则与目标、工作机构与任务分工以及具体工作安排，拟定编写提纲，确定了学校事业发展的整体思路、重点目标、重要布局和重大举措，指导"十四五"规划编制工作按计划开展。

---

① 李华昌：《田辉同志任中国海洋大学党委书记》，载《中国海洋大学报》2019年1月19日。
② 冯文波：《学校2019年工作会议召开》，载《中国海洋大学报》2019年3月22日。
③ 教高厅函〔2020〕18号，中国海洋大学档案馆藏，档号：HD-2020-KY18-1-62。
④ 海大字〔2020〕5号，中国海洋大学档案馆藏，档号：HD-2020-KY18-1-24。

　　10月，学校召开由两院院士、校学术委员会常务委员、青年教师代表和中层以上干部参加的"十四五"规划编制工作推进会。党委书记田辉说，学校正处于新的改革发展起点，一流大学建设面临着前所未有的发展期待、发展机遇和发展挑战。科学编制"十四五"规划具有重要意义。全校各单位要深刻认识、准确把握发展战略形势，着眼于全球变局、国家大局、学校全局，抓住机遇、应对挑战、回应期待。深刻认识、准确把握规划编制的指导思想，坚持以习近平新时代中国特色社会主义思想为指导，坚持"四个服务"方向。深刻认识、准确把握规划编制的战略要求，抓住落实立德树人根本任务这个核心点，抓住服务国家重大战略需求和区域经济社会发展这个关键点，抓住加快实现治理体系和治理能力现代化这个着力点。深刻认识、准确把握规划编制的科学方法，以科学的理论作指导，用规范的方法去分析，提高规划质量。要通过强化组织领导、广泛征求意见、细化目标分工，有力推进"十四五"规划的编制和组织实施。全校各单位要深入学习贯彻即将召开的党的十九届五中全会精神，以高度的使命感、责任感和紧迫感完成好规划编制工作，为学校新时期新阶段的发展奠定坚实的基础，奋力开启学校一流大学建设的新局面。[1]校长于志刚从发展愿景、历史方位、主要目标、学科布局等方面详细阐述了"十四五"规划的总体设想。他说，学校正处于从国际知名、特色显著的高水平研究型大学迈向特色显著的世界一流大学的关键时期。要通过"十四五"重点建设，形成与综合性研究型大学相适应的更加完善的学科布局，大幅度提升人才培养能力、原始创新能力和服务重大需求与经济社会发展的能力。要统筹全局、突出重点，坚持"有所为、有所不为"，处理好重点与一般、局部和全局的关系；要遵循大学发展规律，弘扬大学精神，紧紧围绕落实"四个服务"要求，既要坚定不移走内涵发展、特色发展、高质量发展的道路，又要适应外部环境变化和社会变迁，创新发展方式，以更好的服务、更大的贡献获得更多的支持，破解资源约束瓶颈问题。要全员参与，开门纳策，充分发挥学院、学科的办学主体作用，调动和发挥好各方面的积极性与创造性，编制并实施好"十四五"规划。[2]参会人员从学科建设、人才培养、队伍建设、科学研究、合作发展、文化建设、校园建设、信息化建设等诸方面畅所欲言，建言献策，提出了很多建设性意见。

　　之后，根据上级要求和学校安排，各学院（重点实验室）"十四五"规划和由学校领导分别牵头的10个重点专题小组、6个专项规划（行动方案），陆续展开调研、研讨，"十四五"规划编制工作深入进行。据记载，学校"十四五"规划编制坚持发扬民主，扩大社会参与，调动

① 吕朋：《学校召开"十四五"规划编制工作推进会》，载《中国海洋大学报》2020年10月29日。
② 《中国海洋大学"十四五"事业发展规划编制工作的说明》，中国海洋大学档案馆藏，档号：HD-2021-KY18-1-59。

各方力量,凝聚吸收各方智慧,把制定规划的过程变成师生统一认识、凝心聚力、集思广益、鼓舞干劲的过程。2020年底,学院规划、重点专项规划草案初步形成。再经过聚焦重点问题并加以深入研究,于2021年3月形成了《中国海洋大学"十四五"事业发展规划（草案）》。4月,在吸收了教代会、学术委员会的意见建议后,先后经过校长办公会、党委常委会审议。9月29日,党委书记田辉主持召开学校党委十届十三次全委会,听取副校长李巍然所作《中国海洋大学"十四五"事业发展规划编制工作的说明》,会议审议并通过了《中国海洋大学"十四五"事业发展规划》。9月30日,学校向教育部报送了正式文本,同时向社会公布。

三、"十四五"规划的主要内容

学校"十四五"规划文本分为四个板块,共有17个部分,全文23000余字。《规划》在综述了学校"十三五"时期的重要建设成就后,对面临的发展环境作出分析。认为,当前世界百年未有之大变局加速演进,国际形势错综复杂,COVID-19影响广泛深远,高等教育国际交流合作环境发生深刻变化,新一轮科技革命和产业变革日新月异,世界范围内的科技和人才竞争日趋激烈。中华民族伟大复兴进程加快推进,人民群众对高质量教育和科学知识的渴求比以往任何时候都更加迫切,党和国家对创新能力和卓越人才的渴求比以往任何时候都更加强烈。

党的十九大提出加快建设海洋强国,十九届五中全会强调坚持陆海统筹,发展海洋经济,建设海洋强国;国家"十四五"规划提出要积极拓展海洋经济发展空间,建设现代海洋产业体系,打造可持续海洋生态环境,深度参与全球海洋治理;山东省将建设"海洋强省"作为八大发展战略之一,青岛市致力于建设全球海洋中心城市。这些都为学校进一步发挥特色优势,服务国家重大战略和区域经济社会发展提供了广阔舞台。

面对创新驱动发展、科技自立自强等发展要求,面对海洋强国、"一带一路"和海洋命运共同体建设等国家重大需求,面对拓展深海极地战略新疆域、粤港澳大湾区建设、海南自由贸易港建设、黄河流域生态保护和高质量发展等新任务,面对山东省建设新时代现代化强省和青岛市建设现代化国际大都市等迫切要求,学校发展还存在一些亟待破解的问题,主要表现在:一流人才培养能力需要进一步提升,学科发展还不够平衡,学科综合实力亟待提高,突破"卡脖子"技术的能力存在差距,直接服务经济社会发展的科技支撑能力有待加强,青年领军人才引育力度不够,资源汇聚能力有待提高等。[①]

---

① 《中国海洋大学"十四五"事业发展规划》,中国海洋大学档案馆藏,档号:HD-2021-KY18-1-58。

研读这段文字，不难发现，海大人对时下所处的国内外环境、面临的机遇与挑战有着透彻的了解，对应担当的使命及自身不足保持清醒的认识。这是做出正确战略判断、设定可企及目标、选择适宜策略与举措的前提和基础。

（一）关于发展目标

到"十四五"末，特色显著的世界一流大学建设基础更加坚实，基本建成世界重要的海洋高等教育中心和海洋科技创新高地，学校核心竞争力、综合实力和国际影响力大幅提升。党的领导全面加强；适应社会主义现代化国家建设需求的一流学科体系更加健全；培养担当民族复兴大任时代新人的能力全面提升；汇聚全球优质智力资源、激发创新创造活力的发展环境更加优越；聚焦"四个面向"的科技创新体系更加健全；服务国家重大需求和区域经济社会发展的能力显著增强；国际战略合作平台建设实现新突破；中国特色现代大学制度更加成熟。[①]

（二）关于主要任务和举措

全面加强党的领导和党的建设。以政治建设为统领，全面贯彻党的教育方针，强化中国特色社会主义大学政治属性。以思想建设为基础，坚定理想信念。推进习近平新时代中国特色社会主义思想进教材、进课堂、进头脑。以组织建设为重点，完善学校党委、二级党组织、基层党支部和党员"四位一体"的党建工作体系。

全面提升学科建设水平。特色登顶——海洋科学、水产学科稳居世界一流学科前列。工科跨越——工程技术学科实现跨越式发展。生命提升——生命科学与技术学科内涵拓展、重点突破。文科繁荣——推动人文社会科学学科繁荣发展。基础夯实——加强数理化等基础学科建设。交叉突破——推进学科深度交叉融合创新。

打造一流人才培养体系。全面深化教育教学改革，着力推进学科交叉、科教融合、产教融合育人，着力强化一流人才培养体系建设，培养德智体美劳全面发展、能够应对未来挑战的高素质创新型人才。打造一流的本科人才培养体系。打造一流的研究生教育体系。持续完善评估、督导、支持"三位一体"的教学质量保障体系。

建设一流师资队伍。实施新时代人才强校战略。继续完善"筑峰""繁荣""英才"等校内人才工程，试点高层次工科人才计划、"蓝色药库"人才计划，加大对培优学科、基础学科和马克思主义理论学科队伍建设的支持力度。强化实施"名师工程"。大力实施优秀青年科技人才培育计划、青年英才海外培育计划。实施高水平创新团队培育工程，着力培育一流创新团队。在关键领域和重点方向，培育一批在国内外有显著影响力的协

①《中国海洋大学"十四五"事业发展规划》，中国海洋大学档案馆藏，档号：HD-2021-KY18-1-58。

同创新团队。推进以黄大年式教师团队为代表的高水平教学团队的培育和建设。

提升科技创新能力。聚焦"四个面向"，完善目标需求导向与自由探索创新导向有机结合的长效机制，着力加强原创性、引领性科技攻关，重点在深海圈层与地球系统、海洋极端环境、极地过程与气候响应、分子遗传育种、生物多样性与进化等领域聚焦主攻方向，建成大团队、大平台、大项目一体推进的科研创新体系。

形成全方位服务社会新格局。坚持立足青岛、扎根山东、服务全国、面向世界，聚焦全面提升服务现代海洋经济发展、海洋生态文明建设和深度参与全球海洋治理的能力，打造校地融合互动发展的样板，形成全方位服务社会新格局。

推进高水平对外交流合作。深入实施国际化战略，深化拓展全球海洋科教协作网络。以学校作为秘书处单位的国际涉海大学联盟、中挪海洋大学联盟为纽带，发挥学校作为北极大学联盟、国际南极学院、"东盟水产教育网络+"等国际组织成员的作用，拓展深化与全球涉海高水平科教机构的伙伴关系。

建设一流大学文化。以社会主义核心价值观为遵循，持续推进学校文化引领战略，推动中华优秀传统文化传承创新，推进大学文化建设，打造国际知名的海洋文化教育、研究和传播高地。进一步强化价值引领，不断丰富和弘扬"海大精神"。持续加强哲学社会科学学科体系建设，提升社会主义先进文化教育水平。

增强综合支撑保障能力。拓展优化办学空间。加快推进西海岸校区建设，确保一期工程启用、二期建设开工。建成生命科技大楼。优化校区布局规划和功能调整。增强资源汇聚和财务保障能力。构建校院两级办学资金筹措体系，增强多渠道汇聚资源能力。推进"东方红3"船高水平运行和"东方红2"船升级改造，谋划建设渔业资源调查船。

全面提升治理效能。坚持依法治校，加快形成与一流大学建设相适应的充满活力、富有效率、开放和谐的内部治理体系，完善和发展中国特色现代大学制度，整体提升治理效能。优化内部治理结构。坚持和完善党委领导下的校长负责制，健全党委专题研究重大工作机制、议事协调机构运行机制，充分发挥党委领导核心作用，优化党委统一领导、党政分工合作、协调运行的工作机制。[①]

需要特别强调的是，学校决策层为避免有些工作在认知上陷于常规，在"十四五"规划中采用专栏的形式，分别在人才培养、师资队伍建设、科学研究、社会服务、对外合作交流、支持条件和治理体系治理能力现代化等任务上，确定了七大"重点工程"，突出强调了下一个五年中强化建设、着力突破、全力攻关的重点工作。同时，对一系列办学指标

[①]《中国海洋大学"十四五"事业发展规划》，中国海洋大学档案馆藏，档号：HD-2021-KY18-1-58。

进行了量化（表9-6）。这样一来，既使得海大人对未来五年"主要干什么"有更加清晰的认知，也为届时对表对标，检验"干得怎样"提供一个考纲。

表9-6 "十四五"时期主要办学指标

指标		"十三五"末	"十四五"末
党建和思想政治工作	全国党建工作标杆院系	0	1
	全国党建工作样板支部	3	6
	全国高校"双带头人"教师党支部书记工作室	2	3
学科建设	一级学科博士点	18	21～23
	博士授权专业学位	1	2～3
人才培养	在校本科生	15587	18800
	在校研究生	13950	20000
	其中：博士生	2213	4500
	硕士生	11737	15500
	国家级、省级一流专业建设点	30	50
	国家级、省级一流课程	40	100
	国家级优秀教材	0	2～3
	研究生国家精品示范课程	/	5
师资队伍建设	教职工	3800	4800
	其中：专任教师	1900	2700
	五年内新增两院院士	2	2～3
	国家级、省部级各类高层次人才项目的领军人才	100	150
	国家级、省部级各类青年人才项目的优秀青年人才	79	150
	国家级和省部级教学科研团队	9	11
	博士后流动站	15	17
	在站科研博士后	145	300
科学研究	期末年度到校科研经费（亿元）	7.84	10
	五年内承担国家级重大、重点项目	270	310
	五年内新增主导发起的国际合作大计划	0	1～2

续表

指标		"十三五"末	"十四五"末
科学研究	五年间获得批示或采纳的国家及区域发展战略咨询报告与建议	65	100
对外交流合作	赴境外办学项目或机构	1	2~3
	教育部中外合作办学项目及机构	4	6
	五年间长期来校境外专家（人次）	185	200
	国际学生规模/学历生比例	1171/52%	1500/60%
办学条件	资产总额（亿元）	73.11	80
	年均收入（亿元）	26.06	34
	学校建筑面积（平方米）	942211	1707800
	学生宿舍面积（平方米）	292292	368275

　　对上述办学指标的初步分析可见，"十四五"期间，在校生规模（不含博士生）、教职工总量（不含高层次人才）、科研经费、承担国家级重大/重点项目等10项重要指标，计划年均增长不超过10%，设定为稳定发展；五年间，博士生授权专业学位点计划增长2~3倍，在读博士生、在站博士后增长一倍多，年均增长20%以上，安排为快速发展，足见对高层次人才培养的高度重视；领军人才、优青人才、国家级省级一流专业建设点、国家级省级一流课程、高端智库成果，均计划增长50%以上，这些都是核心指标和高显示度指标，属于高质量发展、创新发展所需要和要求的；五年间，专任教师、国家级优秀教材、研究生国家精品示范课程、主导发起国际合作大计划等，或大幅度增长或取得突破性进展，表现出的是海大人一以贯之坚持内涵建设、争创一流的作风。透过分析可知，这个指标体系的设置，充分评估了学校现实条件和发展能力，显示出学校"十四五"时期稳中求进、稳中有快、高质量发展的战略定力和发展节奏。同时，也从量化角度印证了与指导思想、发展目标、主要任务和举措的符合度。

　　中国海大作为国家长期重点建设的一所战略型大学和承担着国家海洋强国建设重大使命的大学，适值"十四五"时期与第二轮一流大学建设周期叠加，面临着复杂的形势和艰巨的任务。党委书记田辉说，今后一个时期，学校面临前所未有的发展期待、前所未有的发展机遇、前所未有的发展挑战，处于高质量发展加速期、深化改革突破期、推进建设攻坚期、矛盾风险易发期。对学校来说，亟待发展提速，慢进则退，不进则会出局掉队。要用改革创新的办法、攻坚克难的姿态、狠抓落实的作风，夺取新成绩，迈上新台阶。[①]校长于志刚说，"十四五"时期学校处于从国际知名、特色显著的高水平研究型大学迈向特色显著的世界一流大学的发展新阶段。围绕确定的十个方面的主要任务，要着力于推动与形成综合性研究型大学相适应的学科布局、与一流大学建设相适应的治理体系和治理能力，实现人才培养能力大幅度提升、原始创新能力大幅度提升、服务国家重大战略需求和经济社会发展能力大幅度提升，成为世界重要的海洋人才中心和创新高地，在高等教育高质量发展中走在前列。[②]他援引习近平总书记的一段话，作为追求业绩、干事务实的思想引领和方法论指导，与全校干部教师共勉：

> 业绩都是干出来的，真干才能真出业绩、出真业绩。面对新形势新任务，党员干部一定要真抓实干，务实功、出实招，求实效，善作善成，坚决杜绝口号式、表态式、包装式落实的做法。对当务之急，要力说力行，紧抓快办，不能慢慢吞吞、拖拖拉拉；对长期任务，要保持战略定力和耐心，坚持一张蓝图绘到底，滴水穿石，久久为功。要强化精准思维，做到谋划时统揽全局、操作中细致精当，以绣花功夫把工作做扎实、做到位。[③]

于志刚说，习近平总书记的这一重要讲话对学校的工作极具针对性和指导意义，一定要认真学习领会，并切实落实在行动上。大家一起努力，苦干实干，共同开创特色显著的一流大学建设新格局。

第二节　首轮"双一流"建设成效显著

一、首轮一流大学建设周期评估

2020年8月初，教育部印发《关于开展2016—2020年"双一流"建设周期总结工作的通知》（简称《通知》）[④]，对首轮"双一流"建设情况进行总结与评估作出安排。《通知》强调，各高校按照"双一流"建设总体方案、学科建设方案，实行主观评价和客观评价相结合、定量评价与定性评价相结合的自我评价，注意用数据和事实说话，重点考察建设效果与总体方案的符合度、建设方案主要目标的达成度、建设高校及其学科专业在第三方评价的表现度。《通知》要求，各高校要编制大学建设整体总结报告和学科建设总结报告，提炼典型案例，制作建设方案对标情况表，按照符合、基本符合、部分符合和不符

---

① 田辉：《在2022年新学期干部教师大会上的讲话》，中国海洋大学档案馆藏，档号：HD-2022-XZ18-C-55。

② 于志刚：《在2022年新学期干部教师大会上的讲话》，中国海洋大学档案馆藏，档号：HD-2022-XZ18-C-54。

③ 习近平：《在春季学期中央党校（国家行政学院）中青年干部培训班开班仪式上的讲话》，中国共产党新闻网，https://www.ccps.gov.
xtt/202203。

④ 教研厅函〔2020〕4号，中国海洋大学档案馆藏，档号：HD-2020-KY-1-37。

合四个档次作出自我评价。

（一）自评情况

学校按《通知》要求，制定了《中国海洋大学2016—2020年"双一流"建设周期总结工作方案》（简称《工作方案》）。《工作方案》强调，要认真梳理、汇总各项数据，深度挖掘特色、亮点和标志性成果，确保提交的报告、典型案例、表格和监测数据真实、准确、全面、有特色。9月4日，学校召开"双一流"建设周期总结校内自评会，五个重点建设学科群和七个建设专题负责人作了情况汇报。两院院士、校领导、相关学院和省部重点实验室负责人，围绕着突出特色、对表对标、看进度、找差距等进行了深入研讨。在此基础上，组织专班集中修改，经进一步凝练，9月15日形成了《中国海洋大学"双一流"建设周期总结报告》（简称《周期总结报告》）。

《周期总结报告》显示，学校以习近平新时代中国特色社会主义思想为指导，以中国特色、世界一流为核心，持续加强和改进党的全面领导，抓牢立德树人根本任务，以造就国家海洋事业的领军人才和骨干力量为特殊使命，以支撑服务创新驱动发展战略、海洋强国建设和区域经济社会发展为导向，立足青岛、扎根山东、面向世界、深耕海洋，党委总揽全局协调各方的能力持续增强，汇聚全球海洋科教优质资源的能力显著提高，适应经济社会发展和海洋强国建设迫切需求的创新人才培养能力显著提升，引领支撑国家海洋科教事业和经济社会持续健康发展的能力更加强劲，示范推动海洋文化传承创新发展传播的影响力显著增强，核心竞争力、综合实力和国际影响力再上新台阶。学校圆满完成本周期建设任务，为全面建设特色显著的世界一流大学奠定了坚实基础。

1. 建设目标总体完成情况

（1）一流人才培养能力显著增强。以立德树人为根本，以学生为中心，全面推进一流本科建设，深化研究生教育综合改革，满足学生成长成才需要的人才培养体系更加完善，人才培养中心地位日益凸显，一流人才培养能力显著增强，一流本科教育体系基本形成。实施《中国海洋大学一流本科教育行动计划（2019—2024）》。凸显家国情怀底色、经典知识本色、知识创新亮色和知识融合俏色，实施新时代本科知识重构计划。结合社会需求和学校发展需要，新增10个本科专业，停办5个专业，近50%的本科专业入选首批国家、省级一流专业建设点。通过课程质量提升计划、通识教育再起航计划，重构专业核心课程体系和通识教育体系；在线建设课程3000余门，建成《海洋的前世今生》等高水平慕课53门，全国修读学生350余万人次。通过以社会和产业现实问题为核心的创新实践项目及跨学科创新课程，带动创新创业教育提质升级；通过与澳大利亚塔斯马尼亚大学、美国亚利桑那大学等一流大学合作，建成多个专业国际课程体系。优质教学资源极大丰富，以"有限条件的自主选课制"和"学业与毕业专业识别确认制"为核心的教学运行体系优势充分发挥，90%的毕业生跨专业修读课程平均近10个学分，11%的学生通过自主修读课程转换专业毕业，交叉型、复合型、高素质本科人才培养体系日益完善。实施以"3+1+1+4"本硕博贯通培养为核心的研究生教育综合改革，按照一级学科制定硕博贯通培养方案、修订学位授予标准，形成了培养方案迭代升级、课程体系不断优化、学位授予标准体现学科特色的拔尖创新人才培养体系。建设优质课程112项，在海洋科学、生物学等学科构建了院士领衔、与国际知名专家共同讲授的一流课程体系。强化与美国Woods Hole和Scripps海洋研究所等世界一流科教机构的合作，搭建国际化培养资助体系。与华为、海信、58同城等建立产教融合创新示范班，企业参与招生培养全过程，实现订单式培养实践创新人才。初步构建起研究生教育创新培养体系。

（2）师资队伍建设水平全面提升。以全球视野和战略眼光，深化实施人才强校战略，引育了一批世界水平的领军人才和高水平创新团队。修订完善"筑峰""繁荣""英才""绿卡"等人才工程计划，大幅提升领军和优秀青年人才引进力度。设立"杰青优青培育计划""青年英才海外培育计划"，创造性开辟青年人才引育新途径。修订完善"名师工程"办法，优化高水平教学队伍建设机制。层次分明、引育并举、专兼结合、衔接有序的人才工程体系更加完备，高水平领军人才接续涌现。本建设周期内新增中国工程院院士2人、发展中国家科学院院士1人、国际欧亚科学院院士1人，新聘10位国内外院士为学校特聘教授，新增杰青等国家级领军人才28人。吴立新院士获美国地球物理学会地球与空间科学领导力最高奖——Ambassador奖，是首位获此奖项的亚洲科学家。引进的"筑峰""繁荣""英才""绿卡"和优秀青年教师人数年均增长20%以上，总量比上一个五年增长了251%，呈现出引才聚才的"涡旋效应"。高水平创新团队持续涌现，形成以海洋动力过程与气候、水产动物营养与饲料、海洋工程安全与防灾、全球海洋治理、海洋经济发展等九个国家级创新团队为代表的一批高水平创新团队。

（3）科学研究和服务社会能力明显增强。紧扣"四个面向"，聚焦海洋、水产等领域重大科学问题和"卡脖子"技术问题，在海洋多尺度动力过程与气候变化、海洋动植物遗传育种与新种质创制、深远海设施养殖、海洋糖类药物研发、海洋工程安全与防灾等领域，实现了由重点方向突破向重点领域系统创新的转变、由理论研究为主向理论创新与技术发明并重的转变，初步形成理论创新、技术突破和产业转化一体化新格局，成为我国海洋、水产领域重要思想策源地和技术发源地。学校专家领衔国家层面海洋、水产领域的发展战略研究；牵头建议、设计我国深海大洋领域首个、"十三五"海洋领域唯一的国家自然科学基金重大研究计划——"西太平洋地球系统多圈层相互作用"，并担任指导专家组组长组织实施；牵头建议、设计"十三五"水产领域唯一的国家重点研发计划——"蓝色粮仓科技创新"重点专项，并作为总体专家组组长组织实施。主持我国海洋科学领域首个国家重大科研仪器研制项目（部门推荐类），主持国家重点研发计划项目22项（国拨经费共约5.2亿元）、国家社科基金重大（专项）项目9项。本建设周期内，共获国家科技奖6项，其中主持获得国家自然科学二等奖1项、技术发明二等奖1项、科技进步二等奖1项，主持获奖数在一流大学建设高校中名列第29位。物理海洋领域以第一或通讯作者在Science、Nature上发表的研究论文数量超过全球顶尖海洋研究机构Woods Hole和Scripps海洋研究所。成果转化与服务经济社会发展能力显著提升，首倡"蓝色药库"开发计划并获习近平总书记批示。管华诗院士团队与中国科学院上海药物所、上海绿谷制药联合研发，我国拥有自主知识产权的治疗阿尔茨海默病一类新药GV-971于2019年获批有条件上市，成为我国第二个、全球第16个海洋药物，填补了全球在抗阿尔茨海默病领域17年无新药上市的空白。种质创制取得突破，培育扇贝、牡蛎等新品种4个，推广应用737万亩，创造经济效益200多亿元。40余项研究成果获得省部级以上领导批示并被有关部门采纳。

（4）开放合作办学呈现新局面。服务国家外交大局和海洋强国建设，国际合作实现从跟随、对等到以我为主的转变。强强合作，加速提升海洋科教领域的国际引领力。与Woods Hole海洋研究所、奥本大学的联合实验室建设持续深化。与挪威卑尔根大学对等资助新建方宗熙-萨斯海洋分子生物学中心，打造世界一流的实体研究机构。与澳大利亚"八所研究型大学联盟"成员阿德莱德大学建成中外合作办学机构——海德学院，中外合作办学本科专业已有6个。"111计划"引智基地达到6个。面向"一带一路"沿线等区域，扩大国际影响力，与"东盟水产教育网络"常设秘书处单位马来西亚登嘉楼大学成立海洋联合研究中心，与泰国水产领域领先的泰国农业大学建成中泰海洋和水产中心，作为国际南极学院唯一的中国高校与南极研究顶尖的塔斯马尼亚大学建立了联合研究中心。牵头开展国际合作的能力明显增强。作为秘书处常设单位持续建设国际涉海大学联盟，牵头中国与挪威23所高校新建中国-挪威海洋大学联盟。牵头发起"黑潮及延伸体海-气相互作用与气候效应"（AIKEC）和"北太平洋环流实验"（NPOCE）两大科学计划，是中国科学家首次主持海洋领域国际重大科学计划。获得十年一次、全球海洋观测领域最高水平大会——世界海洋观测大会2029年的举办权。

（5）符合中国海大实际的中国特色现代大学制度体系基本形成。坚持和加强党的全面领导，党委总揽全局、协调各方的领导作用显著增强，党的建设质量不断提升，党建引领保障一流大学建设更加有力。坚持提升能力，构建起科学高效的党政决策机制、常态运行的学术治理架构、聚民心汇民智的民主监督管理机制、多方参与办学的资源汇聚配置模式，治理体系更加优化，治理能力全面提升。

2. 学科建设和重大基础设施建设情况

（1）以海洋科学和水产两个A+学科为核心的世界一流综合性海洋学科体系更加健全。经过重点建设，海洋科学、水产科学与技术、海洋药物与食品、海洋开发工程与环境保护技术、海洋发展五个学科群水平提升。海洋科学、水产进入世界一流学科前列。建立了全球变暖背景下热带多尺度跨海盆面–气相互作用理论、边缘海生源活性气体源–汇新机制、微板块构造理论，2018年获得国家自然科学二等奖；海洋科学核心学科——物理海洋，近五年以第一或通讯作者在*Science*、*Nature*上发表的研究论文，超过美国Woods Hole和Scripps海洋研究所。面向"21世纪海洋蛋白质计划"，在水产动植物遗传育种、发育生物学、进化生物学、免疫学、纤毛虫学等基础生物学研究取得系列具有国际影响力的原创性成果，近五年发文量全球高校第一；首倡"蓝色粮仓"计划并获批实施，倡导发起深远海绿色养殖，产生重大经济社会效益。若干学科方向开始领跑。海洋药物与食品更多方向进入世界一流，成为国际海洋糖类创新药物研发领域领跑者；海洋开发工程与环境保护技术若干方向达到国际先进，船舶与海洋工程名列全球高校16位；海洋发展若干方向国内领先，初步构建起海洋经济、海洋文化理论体系。特色鲜明、文理交叉、融合互动的学科发展格局基本形成。在第四轮学科评估中，海洋科学和水产获评A+，生物学、环境科学与工程、药学、食品科学与工程获评B+，应用经济学、法学、工商管理、外国语言文学等8个学科获评B；本建设周期内，新增地质学、水利工程、外国语言文学、中国语言文学、数学五个一级学科博士点。学科体系进一步优化，整体实力显著提升。

（2）以关键领域的综合改革促进学科深度融合，增强了优势学科跃升、新兴学科崛起的源动力。依托海洋科学学科群，新组建海洋高等研究院，获批深海圈层与地球系统教育部前沿科学中心，成为教育部前两批立项的14个前沿科学中心之一。自主设置海洋技术交叉学科博士点，设立海洋探测技术、海洋信息技术、海洋装备技术、应用海洋技术方向，培养高层次复合型拔尖创新人才。依托水产科学与技术学科群，致力于基础研究的海洋生物多样性与进化研究所独立建制、稳定发展；按照国际模式与挪威卑尔根大学共建方宗熙-萨斯海洋分子生物学中心，生物学基础研究支撑了水产养殖理论和技术创新，水产学与生物学交叉融合、互动发展更加有力。依托海洋药物与食品学科群，持续推动青岛海洋生物医药研究院改革发展，青岛海洋食品与健康创新研究院组建运行，有效贯通"科学-技术-工程-产业"链条，形成海洋创新药物、海洋食品聚集开发并梯次产出的态势，推进了青岛、山东乃至全国海洋生物医药和食品产业的发展。依托海洋开发工程与环境保护技术学科群，以西海岸校区建设为契机，推动海洋科学、环境科学与工程、水利工程、船舶与海洋工程、计算机科学与技术、材料科学与工程、土木工程、机械工程、信息与通信工程等学科的交叉融合；面向人工智能战略发展需求，设置人工智能交叉学科博士点。海洋工程技术领域呈现优势形成、整体提升的良好态势。依托海洋发展学科群，实施海洋发展研究院综合改革，设置海洋可持续发展交叉学科博士点，推进法学、应用经济学、工商管理、海洋科学等学科交叉融合。海洋发展学科群呈现优势凸显、跨越发展的良好局面。

（3）重大基础设施建设成效显著，为一流大学建设提供强大支撑。5600吨全球最大的静音深远海综合考察实习船——"东方红3"船，船舶性能技术指标、环境参数控制值、科考数据可靠度均达到世界先进水平，部分世界领先，成为建设海洋强国的国之重器。2020年7月，在全球最深海域——马里亚纳海沟"挑战者深渊"，创造了极限深度海区综合性调查作业最长时间纪录，为逐梦深海大洋、培养高端海洋创新人才、引领推动海洋科技发展奠定了坚实基础。以学校自主构建的国际上规模最大的区域海洋观测系统——"南海-西太观测网"为基础，结合人工智能与海洋大数据技术，建成了"透明海洋"立体实时观测体系，使我国深远海海洋信息实时掌控能力大幅提升，为蓝色国土安全、21世纪海上丝绸之路建设提供坚强的技术保障。建设一流学科发展的重要空间载体，崂山校区3.6万平方米的海洋科技楼投入使用，建成全球气候模拟超算、碳-14加速器质谱中心等重大平台。鱼山校区4.9万平方米的生命科技大楼开工建设，水产科学与技术学科群发展空间将明显改善。西海岸校区开工建设，将结束学校没有海岸线和综合性滨海实验场的历史，是实现特色显著的世界一流大学建设目标及下一个百年发展的重大战略保障。三亚海洋研究院聚焦"深海"和"热带（南繁）"，打造世界一流的深海研究中心，为挺进深海大洋、服务21世纪海上丝绸之路和海南自贸区建设构建起新的战略支点。

3. 资金到位及使用情况

本周期"双一流"建设的资金，以6.4亿元引导专项资金为主渠道，山东省配套支持

2.76亿元，青岛市配套支持1.4亿元，形成包括中央财政拨款、"四方共建"资金、地方财政拨款、社会捐赠及自筹资金的经费筹措模式，共筹措约23亿元。学校严格按照有关规定，聚焦各项建设任务，不断健全资源配置机制，通过激活存量，释放潜力，实现了投入的"倍增"效益，确保了经费使用效益。

4. 对标建设方案自评结果

2020年9月8日，学校"双一流"建设领导小组召开由两院院士、重点建设学科群负责人、相关学院（重点实验室）和职能部门主要负责人参加的"双一流"建设周期总结校内自评会，对《中国海洋大学一流大学建设方案》中确定的11项建设任务及举措、48个建设计划目标，与实际建设情况进行了细致审查，逐一对标，实事求是地作出了自我评价。从对标自评的结果可见，学校本周期"双一流"建设情况与计划目标之间的符合度全部48项均为第一档次（符合），达成度47项为第一档次（达成），只有"专任教师规模"一项为第二档次（基本达成）。需要说明的是，这个目标计划是2200人，到教育部规定的数据截止之时（2020年8月31日），学校专任教师规模为2069人，占计划数的94.1%。资料显示，到2020年12月，也就是首轮"双一流"建设完整周期时限内，学校专任教师规模为2193人[1]，基本完成预期目标。

综上所述，首轮"双一流"建设周期内，海大人以习近平新时代中国特色社会主义思想为指导，以中国特色、世界一流为目标，持续加强和改进党的全面领导，抓牢立德树人根本任务，以造就国家海洋事业的领军人才和骨干力量为特殊使命，以支撑服务创新驱动发展战略、海洋强国建设和区域经济社会发展为导向，立足青岛、扎根山东、面向世界、深耕海洋，圆满完成了本周期建设任务，为全面建设特色显著的世界一流大学奠定了坚实基础。[2]

5. 存在问题和改进措施

"双一流"建设实施以来，面对国家要求、人民期盼，学校发展还存在一些亟待解决的问题。总体上看，学科建设的整体水平和汇聚资源的能力需要进一步提升。下一步，学校将持续改进存在的问题：

进一步优化学科结构，提升学科建设的整体水平。本周期内，重点建设的五个学科群得到了很大支持，实现了跨越式发展。相比之下，其他学科获得的支持较少，发展还不

---

[1] 据中国海洋大学人事处师资队伍建设数据库整理，2020年12月。
[2] 《中国海洋大学"双一流"建设周期总结报告》，中国海洋大学档案馆藏，档号：HD-2020-KY18-1-41。

平衡。学校将进一步优化学科布局和建设方案，加强对基础学科、人文社会学科、有较好基础的应用学科、新兴交叉学科的支持力度，提升学科建设整体水平。

进一步提升资源汇聚能力，努力赢得更多支持。海洋科学、海洋工程学科发展所需资金、空间等投入巨大，国家投入和学校现有资源与建设需求相比尚有很大差距。学校将更加积极主动参与海洋及其相关领域国家重大科技计划的建议与实施，持续提升服务区域经济社会发展的能力与贡献度，不断拓展多元化筹资渠道，努力为一流大学建设赢得更多资源和支持。[①]

（二）专家评审情况

2020年9月18日，中国海大聘请中国科学院院士、武汉大学校长窦贤康，中国科学院院士、中国科学院水生生物研究所研究员桂建芳，中国工程院院士、江南大学教授陈坚，中国工程院院士、华东理工大学教授涂善东，北京大学教授杨河，中国科学院科技战略咨询研究院党委书记、研究员穆荣平组成专家组，对学校首轮"双一流"周期建设情况进行评审。专家组听取了建设情况汇报，审阅了相关材料，经过质询和讨论，形成如下评审意见：

中国海洋大学以习近平新时代中国特色社会主义思想为指导，全面贯彻党的教育方针，坚持和加强党的全面领导，坚持立德树人根本任务，坚持"建设特色显著的世界一流大学"发展定位，坚持内涵发展、特色发展、高质量发展，紧密围绕"中国特色、世界一流"，以全方位服务国家海洋事业为己任，面向世界海洋科技前沿，面向海洋强国、"一带一路"建设等国家战略需求，面向区域经济社会发展需求，严格按照学校一流大学建设方案进行建设。

专家组一致认为，中国海洋大学高质量完成本周期一流大学建设任务，部分任务和指标超预期完成。对照学校一流大学建设方案，总体符合度好、目标达成度高，学校世界一流大学建设活力强、后劲足，为下一轮建设奠定了坚实的基础。一致同意通过周期评估。

专家组指出，通过本周期的重点建设，学校人才培养质量显著提高，师资队伍质量取得长足进步，学科建设水平显著提升，特色鲜明、优势凸起、文理交叉、融合互动的学科发展格局基本形成，支撑学校持续健康发展的基础条件建设取得了重大突破，为学校奋发建成特色显著的世界一流大学提供了战略保障。

---

① 《中国海洋大学"双一流"建设周期总结报告》，中国海洋大学档案馆藏，档号：HD-2020-KY18-1-41。

专家组建议，要进一步提升汇聚资源的能力，努力赢得更多的支持，尤其是地方政府的支持；进一步发展与海洋科学相关的基础学科，提升学科建设的整体水平。在我国海洋强国建设中，鉴于中国海洋大学在我国海洋事业中的战略作用、海洋科教中的优势地位，建议进一步加大对学校的支持力度。[①]

如果说，专家组评审意见体现的是其成员的集体共识，那么，专家个人对学校本周期"双一流"建设的看法同样具有指导性，针对性也更强。六名专家对学校整体建设和学科群建设情况、各项任务与措施落实情况给予充分肯定，"成效显著""显著提高""成果显著""效果明显""目标达成度非常高"等评语，不时流于笔端，可谓葆奖有嘉。同样，对于存在的问题和不足专家们也正言不讳。指出，应进一步进行体制改革，加大对年轻人的支持力度；实行各学院（学科）目标管理；应建立博士生助教制度；进一步加强新兴学科交叉力度，提升学科整体水平等。这些意见切中症结，富有建设性，为学校未来一段时间内建设与发展指明了主攻方向和着力点。

二、学校行政领导班子换届

2021年8月24日，教育部党组委派人事司副司长吕杰来校，主持召开由两委委员，中层正职，各级人大代表、政协委员，教授及教职工代表参加的大会，听取校长于志刚代表行政班子任期工作述职和班子成员的个人述职，并现场对行政班子及其成员在任职期间的表现进行民主测评。

于志刚在述职报告中说："在教育部党组、山东省委和学校党委的领导下，在有关部委和青岛市的精心指导和大力支持下，在全校教职员工的团结奋斗下，学校行政班子高举中国特色社会主义伟大旗帜，坚持以习近平新时代中国特色社会主义思想为指导，全面贯彻党的十八大和十九大精神，深入学习贯彻习近平总书记关于教育的重要论述，全面贯彻党的教育方针，坚持和加强党的全面领导，坚持社会主义办学方向，坚持立德树人的根本任务，扎根青岛、立足山东、面向世界、深耕海洋，全面深化综合改革，着力推动内涵发展、特色发展、高质量发展，圆满完成'十二五''十三五'规划任务，学校成功入选国家'世界一流大学建设高校（A类）'，完成2020年基本建成国际知名、特色显著的高水平研究型大学各项任务，综合实力、核心竞争力和国际影响力显著增强，开启了建设特色

[①]《中国海洋大学"双一流"建设周期自评——专家评审意见表》，中国海洋大学档案馆藏，档号：HD-2020-KY8-1-40。

显著的世界一流大学新征程。"[1]

于志刚从加强领导班子建设，增强推进发展能力和人才培养、学科建设、师资队伍建设、科研服务社会、开放合作办学、治理能力建设、重大基础设施建设、民生改善等方面，较为系统地总结了六年所取得的进步和成绩。之后说："面对国家重大战略和经济社会发展的迫切需求，面对师生员工和海内外校友的热切期盼，学校工作中还存在许多问题和不足，特别是改革创新的动力和活力不足，汇聚资源和赢得支持的能力不够，攻坚克难、回应师生关切的实效需要进一步增强，广大教职员工的积极性和创造性还没有充分激发和释放出来，等等。这些有待在今后的工作中继续努力解决。"[2]

按照教育部关于干部选拔、任命的程序和规定，由于受到COVID-19疫情的影响，直到2022年1月，教育部印发通知，学校新一届行政领导班子正式组成。3月7日，学校召开教师干部大会，党委书记田辉宣布教育部的决定：任命于志刚为校长，吴立新、王剑敏为副校长，刘勇、范其伟、魏志强为副校长（试用期一年）[3]；教育部党组决定：任命刘勇同志为党委委员、常委，范其伟同志为党委常委。[4]

党委书记田辉在大会上讲话。他说，此次学校领导班子调整换届是教育部党组从学校事业发展全局和领导班子建设实际出发，经过通盘考虑、充分酝酿、民主集中、深入考察、慎重研究作出的决定。他就加强领导班子建设提出如下要求：坚定正确办学方向，始终做到政治过硬；全力推动改革发展，始终做到担当作为；坚持以师生为中心，始终做到心系师生；牢固树立大局意识，始终做到团结奋进；切实严于律己，始终做到清正廉洁。[5]于志刚校长在讲话中说，学校已经完成了国际知名、特色显著的高水平研究型大学建设任务，即将迎来建校百年，正在朝着特色显著的世界一流大学阔步前进。面对新形势、新任务和新要求，新一届行政领导班子要不断提高政治能力，牢牢把握办学方向，认真贯彻执行党委领导下校长负责制，努力培养德智体美劳全面发展的、能担当民族大任的时代新人；要发扬历史主动精神，勇于担当历史使命，开创特色显著的世界一流大学建设新格局；要营造风清气正、干事创业的政治生态和发展环境，弘扬团结和谐的优良传统。班子成员之间要互相尊重、坦诚相待、同甘共苦，营造更加优良的校风学风，凝聚人

---

① 于志刚：《中国海洋大学行政领导班子的任期述职报告》，中国海洋大学档案馆藏，档号：HD-2021-XZ18-C-46。
② 于志刚：《中国海洋大学行政领导班子的任期述职报告》，中国海洋大学档案馆藏，档号：HD-2021-XZ18-C-46。
③ 教任〔2022〕2号，中国海洋大学档案馆藏，档号：HD-2022-XZ18-C-54。
④ 教任〔2022〕22号，中国海洋大学档案馆藏，档号：HD-2022-XZ18-C-55。
⑤《学校召开大会宣布校领导班子成员任免》，载《中国海洋大学报》2022年3月10日。

心，聚焦发展，依靠集体的智慧和力量，推进学校事业科学发展。①

　　新进入学校行政领导班子的刘勇、范其伟、魏志强三位同志先后发言。他们表示：为官避事平生耻，干事担事是干部的职责和义务；面对新的工作岗位和工作重任，要努力做到讲政治、守规矩，讲团结、促和谐，讲奉献、勇担当；要加强理论学习，提高政治站位，在思想上谋大局，行动上做实事；严守政治纪律和政治规矩，严以律己，廉洁奉公；以更高的思想境界、更饱满的工作热情、更踏实的工作作风，认真履行职责，全身心投入特色显著的世界一流大学建设中去。②

三、第二轮"双一流"建设启动

　　2022年1月，教育部公布经过调整后的"双一流"建设高校及建设学科名单。③未出意料，中国海洋大学及其海洋科学、水产两个学科蝉联榜上。与此同时，教育部、财政部和国家发展改革委印发《关于深入推进世界一流大学及一流学科建设的若干意见》（简称《若干意见》），标志着第二轮"双一流"建设正式启动。

　　事实上，自2021年8月起，学校就开始拟定新一轮一流大学建设方案和一流学科建设方案。按上级要求，聘请校外专家对三个初步方案进行了论证④，根据专家组提出的意见建议，又进行了数次修改，10月中旬三个方案基本成熟。《若干意见》发布后，根据国家提出的第二轮"双一流"建设的新方位、新使命、新要求，立足中华民族伟大复兴战略全局和世界百年未有之大变局，立足新发展阶段、贯彻新发展理念、服务构建新发展格局，全面贯彻党的教育方针，落实立德树人根本任务，更加突出培养一流人才，更加突出服务国家战略需求等，学校又对三个方案做了进一步修改、完善。2022年3月，第二轮《中国海洋大学新一轮一流大学建设方案》和海洋科学、水产两个一流学科建设方案形成。

　　研读《中国海洋大学新一轮一流大学建设方案》，对照2020年9月出台的《中国海洋大学"十四五"事业发展规划》，显而易见的是，二者的建设期限重叠，又加上大学基本功能相对稳定，便直接导致两个文本中确定的总体规划目标、建设任务、改革发展措施大体相同。有所区别的是，在第二轮"双一流"建设中，更加聚焦、突出培养一流人才和服务国家战略需求。有鉴于此，又限于篇幅，此处采用前目后凡之法，以尽量避免与本章前节叙事重复。

---

① 于志刚：《在行政领导班子换届调整会上的讲话》，中国海洋大学档案馆藏，档号：HD-2022-XZ18-C-53。

② 刘勇、范其伟、魏志强：《在行政领导班子换届调整会上的发言》，中国海洋大学档案馆藏，档号：HD-XZ18-C-50、51、52。

③ 《关于公布第二轮"双一流"建设高校及建设学科的名单的通知》，教研函〔2022〕1号，2022年2月9日。

④ 《中国海洋大学新一轮一流大学建设方案》，中国海洋大学档案馆藏，档号：HD-2022-KY18-1-2。

（一）《中国海洋大学新一轮一流大学建设方案》的简要内容

1. 建设目标

到2030年，成为世界重要的海洋高等教育和科学研究中心，若干涉海学科和方向由并跑转变为领跑，建成世界一流的综合性大学。到21世纪中叶，成为世界主要的海洋高等教育和科学研究中心，建成特色显著的世界一流大学，为建成海洋强国、实现中华民族伟大复兴提供强大支撑。

2. 学科建设总体规划

（1）学科布局总体情况和学科建设的总体目标。在第二轮"双一流"建设期内，以海洋科学、水产两个学科的一流学科培优行动为牵引，持续重点建设海洋科学与技术、海洋生命科学与技术（即首轮建设期的水产科学与技术学科群、海洋药物与食品学科群）、海洋资源开发技术与工程、海洋可持续发展四个相互支撑与促进的学科群，拓展带动地球科学、生命科学与技术相关学科整体提升、若干方向进入世界一流，推动海洋工程技术、海洋社会科学若干学科（方向）达到世界先进水平，并带动基础学科和新兴交叉学科快速发展。到2025年，一批学科实现跨越式发展，形成特色鲜明、优势突出、文理交叉、融合互动、协调发展的一流学科体系。

（2）拟建设的一流学科及其对学校整体建设的带动作用。拟建设的一流学科：海洋科学学科、水产学科。

海洋科学学科。面向国家海洋安全和发展重大需求，以打造世界顶尖学科为目标，着眼人类与海洋的关系，围绕海洋系统多尺度跨圈层的能量物质循环过程、机理、变化及其环境资源气候等效应，推动物理海洋学、海洋化学、海洋地质、海洋生物学与生物海洋学、海洋技术等学科方向协同发展与交叉融合。充分发挥环境科学与工程、大气科学、计算机科学与技术等学科在海-气耦合系统及气候变化，人类活动与海洋环境间的相互作用，计算技术、大数据以及人工智能技术等对海洋科学学科的支撑作用，从地球系统科学的角度丰富海洋科学学科内涵，解决海洋重大前沿科学问题，持续推进海洋科学迈向世界顶尖学科，为国防安全、海洋权益维护、海洋环境保护和资源开发利用等提供科学依据、技术支撑和人才保障。

水产学科。围绕粮食安全、乡村振兴、"一带一路"建设等国家重大需求，打造"水生生物学理论创新—养殖与现代渔业技术突破—水产品及其衍生产品产业应用"完整链条，保持水产学科稳居世界一流学科前列，推动主要方向引领世界水产学科发展。充分发挥生物学、生态学、食品科学与工程等学科在揭示水生生物的遗传本源，解析水产生物生长、代谢、繁殖和发育等生命过程的基本规律，阐明水产生物和生态环境间的互作机制，促进水产产业链下游的高值化利用等方面对水产学科的支撑作用，推进水产学科与支撑学科间的交叉融合，突破制约我国由水产大国向水产强国转变的科技瓶颈，解决国家在世界水产竞争中的"卡脖子"问题，推动蓝色农业和现代渔业技术革新与产业跨越式进步。

一流学科对带动学校整体建设的作用：一流的学科建设是高校办学质量和水平的集中体现。学校长期坚持并不断深化完善"强化发展特色、协调发展综合，以综合强化特色、以特色带动综合"的学科发展思路，深入推动"方向－平台－项目－团队"一体化建设，带动提升学校整体建设水平。践行一流学科培优行动，强化纵向提升，推动海洋科学、水产向世界顶尖学科迈进，培育形成中国特色、世界一流的学科标杆；深化横向拓展，着力将其特色优势拓展为地球科学、生命科学与技术的整体优势。同时，围绕制约学科发展的瓶颈问题和学科交叉融合需求，以国家重点实验室、教育部前沿科学中心、教育部重点实验室、农业农村部重点实验室、海洋高等研究院等基地平台为载体，深化实施学科交叉融合、科教产教融合、人才引育机制、资源优化配置、学科文化软环境建设等方面的综合改革，辐射带动工程技术学科、人文社会科学学科、基础学科、新兴交叉学科等相关学科（方向）水平不断提升，带动学科整体创一流，为学校事业内涵发展、特色发展、高质量发展增强活力动力，支持学校早日建成特色显著的世界一流大学。

3. 推动学科建设发展的主要举措

坚持中国特色、世界一流，遵循学科发展规律，服务国家急需，优化学科布局，推动交叉融合，持续强化特色学科，重点推进综合发展，全面提升学科建设水平，推动更多学科进入一流。主要举措简述如下。

特色登顶，面向海洋强国战略需求和关键技术突破，推进海洋科学学科引领性发展；面向粮食安全和乡村振兴，推动水产学科走出中国特色高质量发展之路。重点突破，重点推动海洋生命科学与技术学科群内涵拓展、协同突破。工科跨越，推动海洋资源开发技术与工程学科群实现跨越式发展。文科繁荣，推动人文社会科学学科繁荣发展。基础夯实，加强数理化等基础学科建设。交叉创新，推进学科深度交叉融合创新。

4. 建设和改革任务

《中国海洋大学新一轮一流大学建设方案》共确定了九项任务，其中的培养拔尖人才、建设一流师资、提升科研水平、强化服务能力、推进国际合作、传承创新优秀文化、提升内部治理效能、构建社会参与机制八项任务，已在本章第一节中有较完整的记述，最后一项任务也只作简述。

实现关键环节突破。坚持问题导向，围绕人才培养、学科建设、社会服务、治理体系等重要领域的瓶颈和短板，着力深化综合改革，以关键环节突破带动学校整体发展。一是深化科教产教融合，持续完善拔尖人才培养机制；二是完善学科交叉发展机制，以创新性科研平台、重大科研任务、组织引导推动学科交叉，实施交叉研究专项；三是加强高质量科技成果供给和转化；四是推进学院办学体制机制改革；五是加快推进评价改革。

5. 服务国家战略需求的具体措施

面向海洋安全保障、种业安全保障、海洋装备自主可控、"双碳"目标、海洋国际事务管理等国家重大需求，聚焦人才第一资源和创新第一动力，系统培养海洋、水产等领域的国家急需高层次人才。打造海洋数字孪生、海工装备、海洋牧场与智慧渔业、海洋碳中和、蓝色种业等领域的高水平创新平台，组建高水平交叉团队，高质量服务国家战略需求。

（1）着力培养国家急需高层次人才。以造就国家海洋事业的领军人才和骨干力量为特殊使命，强化基础，深化交叉，培养未来海洋领军人才。完善协同融合育人机制，培养水产事业领军人才。发挥学科综合优势，培养涉海国际化人才。

（2）打造一批高水平战略科技创新平台。面向国家重大战略需求，围绕事关海洋高质量发展和安全权益的重大科学目标和关键技术挑战，探索任务驱动、问题导向的集成创新模式，谋划创建一批与国家、区域经济发展需求相适应的国家级和校地合作创新平台。建设海洋数字孪生研究中心，建设海洋工程技术与装备创新研发平台，建设海水高效种质创新与蓝色种业中心，建设海洋牧场与智慧渔业科技创新中心，建设海洋碳中和创新研究中心。

（3）打造服务国家海洋发展的"蓝色智库"。深入推进海洋发展研究院综合改革，围绕全球海洋治理、海洋经济发展、海洋文化三大方向，强化建设七支研究团队，提高人文社会科学服务国家和地方重大需求的能力。

到2025年，基本建成世界重要的海洋高等教育中心和海洋科技创新高地。科教产教融合协同育人的拔尖人才培养体系日趋完善，承担国家重大任务、服务经济社会发展的能力显著增强，国际影响力显著提升，海洋科学、水产稳居世界一流学科前列，向世界顶尖学科迈进，形成特色鲜明、优势突出、文理交叉、融合互动、协调发展的一流学科体系。[1]

---

[1]《中国海洋大学新一轮一流大学建设方案》，中国海洋大学档案馆藏，档号：HD-2022-KY18-1-2。

（二）专家论证意见

2021年10月8日，学校在青岛组织专家对《中国海洋大学新一轮一流大学建设方案》进行论证。专家组听取了学校整体建设方案和海洋科学、水产两个一流学科建设方案的汇报，审阅了相关材料，经质询和讨论，形成论证意见如下：

一、中国海洋大学在首轮"双一流"建设期内，坚持党的全面领导，坚持社会主义办学方向，坚持立德树人根本任务，顺利完成各项建设改革任务，成效显著，为持续建设特色显著的世界一流大学奠定了坚实基础。

二、《方案》以中国特色、世界一流为核心，规划的中长期目标明确，人才培养与学科建设总体思路清晰、合理可行。

三、《方案》中五大建设任务系统翔实，五大改革任务重点突出，服务国家重大战略需求和经济社会发展的举措特色鲜明，加强马克思主义理论学科、基础学科、培优学科建设的举措有力。通过"持续强化特色学科，重点推进综合发展"，实施海洋科学、水产一流学科培优行动，可全面提升学科建设水平，推动更多学科进入一流，带动学校整体发展。

四、《方案》中预期成效采取定性与定量指标相结合的方式，突出水平质量要求，有可考核性。一流大学建设组织保障措施得力，组织体系、管理体制、工作机制、资源筹集配置机制和监测、评价、调整机制完善，资金安排科学合理。

专家组同意通过《方案》，建议尽快实施。中国海洋大学在我国海洋事业发展中具有重要战略作用和突出优势，专家组建议在新一轮建设中进一步加大对中国海洋大学的支持力度，促进学校在海洋强国建设和经济社会发展中发挥更大作用。[①]

专家组成员是：中国科学院院士、武汉大学校长窦贤康（组长），中国科学院院士、南方科技大学教授陈十一，中国科学院院士、中国科学院水生生物研究所研究员桂建华，中国科学院科技战略研究所研究员穆荣平，海军潜艇学院院长、少将刘荣富，国家海洋信息中心特聘研究员王殿昌。

第三节　第十一次党代会召开与加快"双一流"建设

2023年2月17日，中国共产党中国海洋大学第十一次代表大会在崂山校区召开。217名正式代表中有205名出席。党委书记田辉代表第十届党委作题为《勇担使命，踔厉奋

---

①《中国海洋大学新一轮一流大学建设方案专家论证意见表》，中国海洋大学档案馆藏，档号：HD-2021-KY18-1-46。

发,加快建设特色显著的世界一流大学》的工作报告。中国共产党中国海大纪律检查委员会以《强化监督执纪问责,推进全面从严治党,为加快建设特色显著的世界一流大学提供坚强保障》为题,向大会作书面报告。

学校党委的报告认为,过去的五年,面对中华民族伟大复兴战略全局、百年未有之大变局和世纪疫情,党委充分发挥总揽全局、协调各方的作用,党对学校发展的全面领导坚强有力;全面贯彻新时代党的组织路线,一流大学建设的组织保障更加有力;深入落实立德树人根本任务,创新人才培养能力显著增强;坚定践行谋海济国价值追求,服务国家战略需求能力持续提升;持续深化改革,治理体系和治理能力建设进一步加强;大力改善办学条件,综合服务保障能力显著提升。圆满完成国际知名、特色显著的高水平研究型大学建设任务,建设特色显著的世界一流大学迈上新高度。[①]

党委的工作报告,根据大学发展周期理论,研判了学校当前所处的历史方位,明确提出中国海大已稳健迈上一流大学建设的攀升阶段。学校显现出高质量发展加速期、深化改革突破期、推进建设攻坚期和矛盾风险易发期"四期叠加"的阶段性特征。强调必须着力党建引领,牢牢把准方向;必须着力发展提速,推动整体攀升;必须着力改革突破,增强发展动力;必须着力建设攻坚,加强战略支撑;必须强化底线思维,防范化解风险。确定了学校未来发展的总体安排,即到2030年,建成世界一流的综合性海洋大学;到21世纪中叶,建成特色显著的世界一流大学。

中国共产党中国海洋大学第十一次代表大会会场

关于未来五年的主要目标,报告提出:

党的领导和党的建设全面加强,引领发展作用更加显著;一流学科体系更加健全、水平全面提升,新增若干全国排名前10%学科;高质量教育教学体系更加完善,拔尖创新人

---

① 田辉:《在中国共产党中国海洋大学第十一次代表大会上的报告》,载《中国海洋大学报》2023年2月19日。

才培养能力全面提升；人才和学术发展环境更加优越，世界重要的人才中心和创新高地建设取得显著成效；服务构建新发展格局能力显著增强、贡献不断彰显；文化传承创新拓展新局面；中国特色现代大学制度更加完善，治理体系与治理能力现代化水平大幅提升。一流大学建设整体推向更高水平。[1]

为实现上述目标，报告明确了学校工作的总体要求和主要任务：坚持以习近平新时代中国特色社会主义思想为指导，深入学习贯彻党的二十大精神，深入贯彻落实习近平总书记考察三亚海洋研究院重要讲话精神，坚持和加强党的全面领导，全面贯彻党的教育方针，坚持社会主义办学方向，坚持和运用好习近平新时代中国特色社会主义思想的世界观和方法论，着力发展提速、着力改革突破、着力建设攻坚、着力化解风险。以前所未有的责任担当精神、干事创业精神、改革创新精神和勇于斗争精神，奋力推进新时代高质量发展的"四个海大工程"。一是实施新时代奋进海大工程，着力发展提速，全面争先进位；二是实施新时代创新海大工程，着力改革突破，增强发展动力；三是实施新时代卓越海大工程，着力建设攻坚，打造战略高地；四是实施新时代幸福海大工程，着力防范风险，增进师生福祉。"四个海大工程"平均每个包含四个重点建设的着力点，均与学校"十四五"规划和"一流大学"建设的主要任务相吻合。这16个着力点任务明确、目标清晰、措施扼要、路径清楚，形成了一个逻辑严谨、体系完整的未来五年的工作指南，体现了海大人着眼中国式现代化大局，对高等教育发展如何与之相适应，如何做好中国海大自己的事情等重大问题所作出的系统性思考。

与会代表审议并通过了中国共产党中国海大第十届委员会的工作报告和上一届纪律检查委员会工作报告。大会充分肯定第十届党委五年多来的工作，认为第十届党委深入学习贯彻习近平新时代中国特色社会主义思想，加强党的全面领导和党的建设，高举旗帜，谋篇布局，统筹发展与安全，带领全校师生员工攻坚克难，拼搏进取，圆满完成国际知名特色显著的高水平研究型大学建设任务，在破解事业改革发展中的难题、推进事关长远的大事要事、解决师生急难愁盼的问题、防范化解风险挑战等方面，取得了一系列突破性进展和标志性成果，学校的综合实力显著提升，一流大学建设迈向新高度。[2]大会强调，加强党的全面领导和党的建设是加快建设特色显著的世界一流大学的坚强保障和强大动力。新一届党委要全面贯彻落实新时代党的建设总要求，弘扬伟大建党精神，实

① 田辉：《在中国共产党中国海洋大学第十一次代表大会上的报告》，载《中国海洋大学报》2023年2月19日。

② 《中国共产党中国海洋大学第十一次代表大会关于中国共产党中国海洋大学第十届委员会工作报告的决议》，载《中国海洋大学报》2023年2月19日。

施"党建领航工程",以党的坚强领导把准航向,凝心聚力,振奋精神,引领推动学校实现高质量发展。[①]

2月18日,代表们以无记名投票方式,差额选举出第十一届委员会委员25人,他们是于波、于志刚、于淑华、王震、王竹泉、王厚杰、王剑敏、王雪鹏、王曙光、卢光志、田辉、包振民、毕芳芳(女)、刘勇、李岩、杨茂椿、张静(女)、陈鷟、陈朝晖、范其伟、林旭升、金天宇、周珊珊(女)、蒋秋飚、鞠红梅(女);选举王卫栋、王玉江、王继贵、任玮娜(女)、江文胜、许志昂、杨茂椿、张念宾、陈文收、荆莹、董军宇、鞠红梅(女)、魏军13名同志为新一届纪律检查委员会委员。紧接着,中国共产党中国海大第十一届委员会和新一届纪律检查委员会分别举行第一次全体会议,差额选举产生中国海大党委常务委员会委员,他们是田辉、于志刚、张静、卢光志、杨茂椿、王剑敏、刘勇、范其伟、周珊珊、林旭升、王雪鹏、蒋秋飚、陈鷟;选举田辉为党委书记,张静为常务副书记,于志刚、卢光志、杨茂椿为副书记。选举杨茂椿为纪委书记、鞠红梅为纪委副书记。

党委书记田辉在十一届党委第一次全体会议上讲话。他说,新一届党委领导班子肩负着推动学校加快建设特色显著的世界一流大学的历史重任,要倍加珍惜组织的厚爱和重托,倍加珍惜全校师生的信任和期待,恪尽职守,勤勉工作,在新的赶考之路上,交出无愧于党、无愧于时代、无愧于师生的优异答卷。

田辉对加强党委班子自身建设提出五点要求。一是旗帜鲜明讲政治,深刻领悟"两个确立"的决定性意义,增强"四个意识"、坚定"四个自信"、做到"两个维护",全面贯彻党的教育方针,坚持社会主义办学方向。坚持不懈地用习近平新时代中国特色社会主义思想凝心铸魂,全面掌握贯穿其中的马克思主义立场、观点、方法,更好地用党的创新理论武装头脑、指导工作、推动实践。二是精诚合作重团结。要坚持和加强党的全面领导,坚持和完善党委领导下的校长负责制,充分发挥党委把方向、管大局、作决策、抓班子、带队伍、保落实的作用。要严格党内政治生活,不断提升班子凝聚力和战斗力。要加强工作协同,牢固树立全校工作"一盘棋"思想。三是锐意进取抓落实。要紧紧围绕第十一次党代会确定的目标任务,奋力实施新时代党建领航工程、新时代奋进海大工程、新时代创新海大工程、新时代卓越海大工程、新时代幸福海大工程,打造人才培养的海大模式、科学研究的海大学派、服务社会的海大经验、文化传承的海大精神、开放合作的海

---

① 《中国共产党中国海洋大学第十一次代表大会关于中国共产党中国海洋大学第十届委员会工作报告的决议》,载《中国海洋大学报》2023年2月19日。

大格局，推动学校事业乘势而上、加快发展。四是践行宗旨强作风。要大兴调查研究之风，广泛听取师生的意见建议。着力解决师生急难愁盼问题，持续改善民生，不断增强师生获得感、幸福感。五是廉洁自律做表率，营造良好政治生态。要严守政治纪律政治规矩，坚决扛起全面从严治党主体责任，认真履行"一岗双责"，带头廉洁自律，坚决落实中央八项规定精神，永葆领导干部应有的政治本色和浩然正气。[1]

学校第十一次党代会后，海大人以习近平新时代中国特色社会主义思想为指导，坚持以立德树人为根本任务，坚守为党育人、为国育才初心使命，坚持崇尚学术、谋海济国一贯追求，踔厉奋发，矢志图强，不断地把特色显著的世界一流大学建设推向前进，在下一个百年征程上收获更大成就、赢得更大荣光！为建设海洋强国、为实现中国式现代化作出更大贡献。

第四节　张峻峰任校长与本科教育教学审核评估

一、张峻峰任校长

2023年11月13日，教育部人事司在中国海洋大学召开会议，宣布教育部党组的决定：任命张峻峰同志为中国海洋大学校长、党委副书记。

张峻峰（1968— ），江苏南京人，研究生学历，博士学位。曾任南京大学人事处处长兼人才培训交流中心主任，学科建设与发展规划办公室主任，医学院院长，南京大学党委常委、副校长，兼任南京大学健康医疗大数据国家研究院院长。2023年11月起，任中国海洋大学校长、党委副书记。

张峻峰在大会上作就职讲话时说，非常荣幸在全校上下喜迎百年华诞之际，来到素有孔孟之乡、礼仪之邦美称的齐鲁大地，成为中国海洋大学这所历史悠久、声誉卓著的高等学府的一员，深感责任重大，使命光荣。他说，要即刻转变角色，全心投入工作，并努力做到以下三点：一是始终坚持和加强党的全面领导，旗帜鲜明讲政治。带头深入学习贯彻习近平新时代中国特色社会主义思想，深刻领会习近平总书记考察学校三亚研究院时的重要讲话精神，认真贯彻党委领导下的校长负责制，

张峻峰校长

---

[1] 左伟：《中国共产党中国海洋大学第十一届委员会第一次全体会议举行》，载《中国海洋大学报》2023年2月19日。

以社会主义政治家和教育家的标准严格要求自己，不断提高政治判断力、政治领悟力、政治执行力。二是始终坚持"四个面向"，胸怀"国之大者"，勇担使命促发展。牢记为党育人、为国育才的初心使命，坚持立德树人根本任务，把服务国家作为最高追求，科学谋划、加快推进"双一流"建设，和全体海大人一道，奋力开创特色显著的世界一流大学建设新局面，以实际行动回答好"强国建设，海大何为"这一时代命题。三是始终坚持廉洁奉公、勤奋为民，奋进实干践初心。恪尽职守，夙夜在公，全力以赴投身到中国海大的建设事业之中。严格落实中央八项规定精神，坚持在廉洁自律上做表率，带头把纪律和规矩挺在前面，筑牢道德高线，严守纪律底线，自觉做到怀德自重、清正自守。牢固树立以人民为中心的发展思想，全心全意为师生办实事、解难题，不断增强师生的幸福感和获得感。[1]

二、参加第一类审核评估

2021年1月，教育部印发《普通高等学校本科教育教学审核评估实施方案（2021—2025年）》（简称《实施方案》），提出要推进评估分类，以评促建、以评促改、以评促管、以评促强，建立健全中国特色、世界水平的本科教育教学质量保障体系，引导高校内涵发展、特色发展、创新发展，培养德智体美劳全面发展的社会主义建设者和接班人。《实施方案》把评估审核的高等学校分为两类，第一类是针对具有世界一流办学目标、一流师资队伍和育人平台，培养一流拔尖创新人才，服务国家重大战略需求的普通本科高校。审核评估每五年一个周期，本周期为2021—2025年，重点考察建设世界一流大学所必备的质量保障能力及本科教育教学综合改革举措与成效。[2]中国海洋大学按规定参加第一类审核评估，并于2022年3月向国务院教育督导委员会办公室提交了审核评估申请，10月获得批准。按照教育部的规划和安排，教育部教育质量评估中心组建了以中国科学院院士、南京大学校长谈哲敏为组长，由21位成员参加的审核评估专家组，自2023年11月2日至12月6日，以线上评估、入校考察一体化方式，对中国海洋大学的本科教育教学进行了审核评估。

（一）线上评估情况

在2023年11月2日至22日的线上评估期间，按照教育部《实施方案》确定的评估指

① 张峻峰校长讲话，中国海洋大学档案馆藏，档号：HD-2023-XZ18-C-35。

② 教育部教育教学质量评估中心编：《普通高等学校本科教育教学审核评估（2021—2025年）工作指南》，高等教育出版社2022年版，第130—131页。

标体系，21位专家组成员共调阅包括专业培养方案、课程大纲、课程试卷、毕业论文（设计）等文本性材料429份，覆盖25个学院和单位；完成访谈座谈84人次，包括校领导、职能部门和直属单位主要负责人、学院领导班子成员、毕业生和用人单位代表、教师和学生代表；完成线上听课39门次，涵盖通识课、公共基础课、专业课等类课程。[1]围绕指标体系中的4个一级指标、11个二级指标、37个审核重点，进行了认真、细致的评审。

（二）入校评估情况

12月4日，以中国科学院院士、南京大学校长谈哲敏为组长的七位专家来到学校，谈哲敏院士主持召开入校评估说明会。校党委书记田辉致辞，代表学校对专家组入校评估表示欢迎和感谢。他说，此次本科教育教学审核评估，既是对学校近年来本科人才培养的全面"体检"，也是学校加强一流本科建设，深入探索人才培养海大模式的宝贵机遇。学校会认真吸收专家们的意见建议，进一步巩固和提升本科教育的中心地位，提升一流人才培养能力，努力开创学校本科教育新局面，奋力书写"教育强国，高校何为"的海大答卷。校长张峻峰作《服务海洋强国战略，坚持立德树人根本，全面提高人才自主培养质量》的专题汇报，从"应国家需要，引领海洋科教事业""育硕学宏材，打造卓越育人体系""启时代新程，持续提升培养能力"等方面介绍了学校的整体情况。[2]

入校评估期间，专家组考察了深海圈层与地球系统前沿科学中心，"东方红3"深远海综合科考实习船、用人单位和实习基地等，通过专访调研、听课看课、座谈访谈、查阅资料等方式，对学校的本科教育教学情况进行了深入、全面的考察[3]，形成了写实性的审核评估报告。

（三）专家组审核评估报告的主要内容

12月6日，专家组组长谈哲敏院士主持召开中国海洋大学本科教育教学审核评估专家意见交流会，学校领导班子成员，党委常委，院士代表，机关部处、直属单位主要负责人，学部、学院（中心）分管本科教育工作的负责人，教学督导团团长，教学委员会专家和教师代表共107人参加。谈哲敏院士代表专家组谈了对学校本科教育教学审核评估的整体意见。他说，通过线上全面评估和入校深度核查，专家组一致认为，中国海洋大学坚持社会主义办学方向，落实立德树人根本任务，服务海洋强国建设，引领海洋科教事业，打造

① 中国海洋大学本科教学水平评估办公室编：《审核评估线上工作开展情况简报》，中国海洋大学档案馆藏，档号：HD-2023-JX-1311-3-14。

② 张峻峰：《在本科教育教学审核评估入校评估说明会上的报告》，中国海洋大学档案馆藏，档号：HD-2023-XZ18-C-36。

③ 金松：《中国海洋大学本科教育教学审核评估专家意见交流会举行》，载《中国海洋大学报》2023年12月7日。

卓越人才培养体系,持续提升培养能力,形成了中国海洋大学本科人才培养工作的成效和特色。专家组审核评估报告的主要内容如下:

一是坚持党的全面领导,全面落实立德树人根本任务,持续加强顶层设计。

学校强化党建引领,实施"新时代党建领航工程",提出打造人才培养的海大模式,领航时代新人培育。加强建章立制,拥有健全完善的议事决策制度机制,学校决策会议常态化研究部署和推进落实本科教育教学重要事项,系统谋划制定"海大本科教育30条",细化本科人才培养路线图施工图。强化"三全育人",推动"课程思政"与"思政课程"同向同行,坚持德育评估20余年,思政工作质量持续提升。围绕人才培养目标,发挥学科优势,为建设海洋强国培养一大批高素质创新型人才。

二是坚持以学生为中心,一以贯之确立实施"通识为体,专业为用"的本科教育理念,构建了以"有限条件的自主选课制"和"学业与毕业专业识别确认制"为核心的教学运行体系。

经过20年实践,"通专融合"本科教育理念已经渗透和贯穿于学校人才培养的各方面全过程,教学运行体系不断自我革新,支持保障体系不断完善,形成了尊重-支持-引领学生发展需求、激发教与学双向活力的本科教学运行与支持体系,深化了对"学生中心"教育教学规律和实现路径的认识,学校本科人才培养质量不断提升,为其他高校教学改革提供了借鉴经验。

三是坚持质量是教育教学的生命线,构建了坚强有力的课程教学质量保障体系。

2007年成立大陆高校第一个以"教学支持中心"命名的教师教学服务支持平台,2014年成立国内较早从事学生学习支持与发展的机构"学习支持中心",实现"教"与"学"双向赋能。37年不间断开展本科课程教学评估,秉持"以评促改、以评促建、评建结合、重在提高"原则,通过全过程、全方位、全覆盖评估实现"育课、育师、育人"目标,与教学督导、教学支持中心形成"评估-督导-支持"三位一体的课程教学质量保障机制,将获得"良好"及以上等级明确为晋升高一级职称的必要条件。课程教学评估得到全校广泛认同,成效显著,促进教师教学质量和水平不断提升,推动"追求卓越"的质量文化更加深入人心。

四是持续完善评价机制,有效激励教师投入本科教学。

学校持续完善教师专业技术职务评聘制度,对教学工作量和教学质量提出明确要求。专门制定"教学业绩突出"类教授和副教授申报条件,将教学比赛、课程建设、教材建设、教研项目、教学成果等纳入评价标准。针对思政课教师队伍制定专门评聘细则,单列指标、单独评审。在职称评审中将本科教学课时量和教学质量及一线学生工作列为否决性条件。设立优秀教学成果奖、本科教学优秀奖等系列奖项，引导教师投入本科教学、深化教学改革、产出教学成果，持续提升教师教书育人的荣誉感和成就感。

五是以"造就国家海洋事业的领军人才和骨干力量"为特殊使命，依托涉海学科的优势师资和高层次科研平台，系统构建涉海拔尖人才培养体系，打造国际海洋领域拔尖人才培养高地。

学校设立崇本学院、未来海洋学院，作为海洋科学基础学科拔尖人才培养牵头单位，实施"3+1+1+4"本硕博贯通培养。建设海洋科学中外合作办学专业，培养具有地球系统科学视野的国际化人才。筹建未来（海洋）技术学院，依托学校在海洋技术、海底探测等领域的综合优势，培养面向未来的海洋技术领军人才。建校以来，学校培养了1/2以上海洋领域国家杰青和1/3以上水产领域国家杰青，有力引领带动我国海洋高等教育创新发展，为特色大学拔尖人才培养提供了借鉴经验。

六是学科特色和优势显著，为本科教育教学提供了高水平平台和资源保障。

学校是全国海洋大学中唯一一所教育部直属重点综合性大学，设有五大学科群，依托高水平科研平台和科考实习船队，建立开放共享平台，面向全体学生开展海洋教育和实践。一方面，依托海洋、水产等A+优势学科科研实验室，以及海洋食品加工与安全控制全国重点实验室、深海圈层与地球系统前沿科学中心、海工装备基础科学中心等48个省部级以上科研基地等高水平科研平台，为本科生提供条件保障和项目资源，引导学生早进实验室，为学生开启科创之路。另一方面，依托"东方红2"船和"东方红3"船海上综合流动实验室，打造"海上校园"，构建符合学校特色的多层次海上实践教学体系，实现了涉海专业和非涉海专业本科生全覆盖，并与涉海高校开展联合实习活动，成为全国涉海高校海洋科学类专业实践教学品牌项目。①

对于学校本科教育教学工作中存在的主要问题、影响学校改革发展以及人才培养质量提升的关键问题，专家组也开诚布公，就人才培养海大模式的打造、师资队伍的建设、国际化人才培养能力的提升等提出了中肯的意见建议。

张峻峰代表学校表示，专家们的指导意见，既是一份权威的本科教育教学"体检报告"，更是提升学校人才培养能力的助推器，为学校进一步深化教育教学改革，加快推进

① 中国海洋大学本科教育教学审核评估组：《普通高等学校本科教育教学审核评估专家组审核评估报告》，中国海洋大学档案馆藏，档号：HD-2024-JX1311-01-01。

一流大学建设提供了指导，学校完全赞同、诚恳接受，抓紧整改落实。一是要作好评估总结分析，深化推进教育教学大讨论，为作好整改和长远发展奠定基础。二是要加强顶层设计，作好系统谋划，制定好立足当前、面向未来的整改方案。三是要强化协同联动，将整改工作作为推进一流大学建设的重要任务，狠抓整改落实。[①]

　　以此次审核评估为契机，中国海洋大学将在新征程上，始终坚持和加强党的全面领导，坚持社会主义办学方向，全面贯彻党的教育方针，落实立德树人根本任务，传承发扬学校本科教育教学好的理念、特色和经验，勇担使命，踔厉奋发，努力开创本科人才培养工作新局面，奋力谱写新时代学校高质量发展的崭新篇章。

---

① 金松：《中国海洋大学本科教育教学审核评估专家意见交流会举行》，载《中国海洋大学报》2023年12月7日。

第四章

学科与师资队伍建设

　　学科是高校发展的基础，学科建设水平是高校办学水平的主要标志。能否形成特色鲜明、适应时代发展要求的学科体系，是衡量学科建设成效的关键。2015年，国务院发布的《统筹推进世界一流大学和一流学科建设总体方案》指出，要"引导和支持高等学校优化学科结构，凝练学科发展方向，突出学科建设重点，创新学科组织模式，打造更多学科高峰，带动学校发挥优势、办出特色"[①]。中国海大一贯坚持和丰富"强化发展特色、协调发展综合，以特色带动综合、以综合强化特色"的学科发展思路，通过纵向提升特色优势学科、横向拓展新兴交叉学科，不断巩固强化海洋与水产特色，辐射提升综合学科水平，最终形成与一流大学建设相适宜的学科体系和学科优势。

　　习近平总书记在中央人才工作会议上讲话强调："综合国力竞争说到底是人才竞争。人才是衡量一个国家综合国力的重要指标。国家发展靠人才，民族振兴靠人才。"[②]对高校来讲，教师是办学的决定性因素，要建设世界一流大学，就要有一流的师资队伍。因此，学校坚持人才是第一资源的理念，以人才队伍建设为根本，深化实施人才强校战略，毫不动摇地把教师队伍建设作为学校发展的重中之重。

---

① 国发〔2015〕64号，https：//www.gov.cn，2015年11月5日。
② 《习近平出席中央人才工作会议并发表重要讲话》，中国政府网，https：//www.gov.cn/xinwen/2021-09/28/content_5639868.htm。

第一节　构建特色显著的一流大学学科体系

一、充实完善学科发展理念

　　显著的学科特色一直是中国海大担当使命、赢得机遇的战略支点。处理好特色学科与综合学科的辩证关系，是学校实现事业科学发展的关键所在。2010年，学校第九次党代会提出："必须紧扣国家战略需求，坚持特色立校的发展道路不动摇。""通过纵向提升、横向拓展，不断巩固和强化海洋特色，拓展和增强综合优势。"[①]在《"985工程"建设改革方案》中，就学科建设"特色"与"综合"的关系作出阐释："学校将进一步探索纵向提升、横向拓展的学科发展模式。即一方面集中有限资源，实施重点投入，通过构筑人才高地、整合优质资源、打造学科平台，强化提升特色学科的水平，促进特色的纵向提升；另一方面继续发挥特色优势学科的辐射带动作用，通过与综合学科的交叉融合，不断培育新的学科增长点，实现特色的横向拓展。从而形成特色优势更加显著，新的学科增长点不断呈现，综合学科协调发展，整体实力和核心竞争力不断增强的生动局面。"[②]

　　当今社会很多科技问题日益大型化、复杂化、综合化，依靠单一学科很难妥善解决，推进学科交叉融合是大势所趋。推动不同学科的交叉融合，是学校新一轮"985工程"（2010—2013年）和"十二五"学科建设的一个重要关注点。学校以综合改革试点为驱动，巩固和提升海洋和水产特色优势学科的"高峰"地位；同时通过辐射带动作用，促进相关学科的进一步交叉融合，催生一批新兴学科并不断形成新的优势。

　　2015年，学校出台《中国海洋大学综合改革方案》，提出探索以校内研究人员互聘制度改革为重点的跨院系、跨学科研究和交叉学科发展的机制，大力推动跨学科协同研究和交叉学科融合发展。"十三五"和首轮"双一流"建设期间，学校树立学科群、大项目、大交叉的观念，营造有利于学科交叉的政策制度环境；倡导自由探索、宽容失败的学术氛围，激发教师从事前沿和重大应用问题交叉性研究的积极性；引导联合组建跨学科中心或团队，搭建跨学院（学科）的校级学科平台及校际协同创新中心，并赋予相应的自主权，形成推动学科发展新机制。针对海洋资源、气候、环境、安全及人类生命健康等国计民生重大需求领域的前沿交叉问题，组织开展学科交叉研究，推动地球科学、生命科学与技术学科理工交叉、文理交叉，寻求理论创新，催生重大创新成果。组建人工智能研

---

① 于志刚：《在中国共产党中国海洋大学第九次代表大会上的报告》，中国海洋大学档案馆藏，档号：HD-2010-DQ13-Y-35。
②《中国海洋大学"985工程"建设改革方案》，中国海洋大学档案馆藏，档号：HD-2013-KY11-41-6。

究院跨学科平台，通过构建学校多学院合作网，开展多学科人工智能交叉理论研究。

2020年，国家增设交叉学科门类，学校积极探索交叉学科发展的机制和路径，先后自主设置人工智能、海洋可持续发展和物理与光电信息科学三个交叉学科学位点，推进相关学科交叉融合。第二轮"双一流"建设开始后，学校"面向国家重大战略需求和新兴交叉学科前沿，着力推进在生命起源、气候变化、新能源、新材料、数字孪生等领域的多学科交叉协同攻关，形成新学科培育增长的新动能。围绕综合性海洋问题，在'大海洋科学'的视角下，进行交叉学科的战略布局研究，积极向教育部申请建设交叉学科。力争建成全国最好的海洋技术学科，形成海洋科学、海洋技术、海洋工程、海洋发展全链条的相互融合支撑的大海洋格局"①。

二、持续加强海洋科学学科建设

没有高水平、世界一流的特色学科，就没有特色显著的世界一流大学。2018年，教育部等三部委《关于高等学校加快"双一流"建设的指导意见》指出："学科建设的重点在于尊重规律、构建体系、强化优势、突出特色。"②海洋科学学科是学校第一批授予博士、硕士学位点的国家重点学科，在服务国家海洋强国战略全局中具有十分重要的作用。一直以来，学校大力强化海洋科学学科的优势和特色，不断培育和拓展新的学科增长点。

学校"十二五"发展规划按照重点构筑特色优势学科高地、促进学科异峰突起布局，提出如下建设任务：

加强物理海洋学、海洋化学、海洋地质和环境科学二级学科国家重点学科建设、物理海洋学二级学科接近国际前沿水平，海洋化学、海洋地质二级学科接近国际先进水平；通过海洋科学特色优势学科的建设，辐射带动相关学科的发展，力争把大气科学、环境科学与工程学科建设成一级学科国家重点学科；通过学科交叉，强化发展生物海洋学学科。

加强应用海洋学、海洋资源与权益综合管理、海洋地球化学、海洋地球物理学等新兴涉海学科的建设，并通过人才培养以及深远海与极地等领域研究水平的提高，促进学科的发展。③

在新一轮"985工程"建设中，学校主要依托物理海洋、海洋化学理论与工程技术、海洋环境与生态、海底科学与探测技术等教育部重点实验室，启动建设海洋科学研究创新

---

① 《中国海洋大学"十四五"学科建设规划》，中国海洋大学档案馆藏，档号：HD-2022-KY18-1-3。

② 教研〔2018〕5号，https://www.gov.cn，2018年8月20日。

③ 《中国海洋大学"十二五"事业发展规划》，中国海洋大学档案馆藏，档号：HD-2011-XZ11-Y-11。

平台,形成世界先进水平的特色学科群,提升海洋科学的国际影响力和核心竞争力,主要做法及建设成效如下:

着力建设海洋科学一级学科国家重点学科。立足海洋科学的系统性和复杂性,为破解海洋科学各二级学科分离、海洋科学与技术脱节等制约海洋科技发展和海洋复合型人才培养的瓶颈问题,选择海洋科学一级学科中核心基础的物理海洋学和关键枢纽的海洋化学两个二级学科进行综合改革试点,打破学院、学科壁垒,围绕海洋动力/热力过程及其在气候变化中的作用、中国近海环境与生态系统变化、海洋地质环境演变机制及其资源效应、海洋观测高端技术等研究方向,构建南海深海潜标观测网、近海岸基和海基海洋观测台站、高性能海洋数值模拟及计算集群、大型仪器技术服务中心等公共平台,完善"东方红2""天使号""海大号"组成的小型科考实习船队,促进了优质资源的共享,不断促进物理海洋学、海洋化学、海洋地质、海洋生物学等二级学科的交叉与融合,不仅促进和辐射带动大气科学和环境科学等学科的发展,同时促进科学与技术的融合。2012年第三轮教育部学科评估,海洋科学学科整体水平得分96分,比2009年第二轮学科评估高出6分,以比第2名高出12分的成绩荣获全国第1名。通过辐射带动,大气科学、环境科学和海洋技术所在学科(领域)在ESI排名明显上升,环境气象学、环境工程、应用化学、地球探测与信息技术等学科获批山东省重点学科。[①]

到"十二五"末,学校海洋科学学科进入世界一流行列,连续三次在教育部学科评估中排名第一;以海洋科学为鲜明特色的地球科学在ESI排名进入前0.46%;在海洋科技领域SCI期刊(2009—2013)发表的论文数列全球机构第14位,高校第四位。

2017年9月,海洋科学学科上榜国家137个"双一流"建设学科名单,建设特色显著的世界一流大学的目标促使学校对海洋科学学科的建设提出更高要求。《中国海洋大学一流大学建设方案》中,制定了海洋科学学科建设的近期、中期、远期目标:"到2020年,海洋科学达到世界一流前列,1~2个二级学科及多个新兴学科交叉方向达到国际前沿水平。到2030年,海洋科学保持世界一流前列,冲击世界顶尖学科,在多个方向和领域引领国际前沿基础研究,成为全球重要的海洋科学研究中心和人才培养基地。到21世纪中叶,海洋科学成为世界顶尖学科,引领世界海洋科学发展,成为世界一流的海洋科学研究中心、人才培养基地和汇聚全球优秀海洋人才的高地。"[②]海洋科学学科群作为重点建设

---

① 《服务海洋强国战略,加快建设世界一流海洋大学——"985工程"(2010—2013年)建设情况报告》,中国海洋大学档案馆藏,档号:HD-2013-KY11-41-23。
② 《中国海洋大学一流大学建设方案 海洋科学学科建设方案》,中国海洋大学档案馆藏,档号:HD-2017-KY18-1-26。

的五个学科群之一，其建设举措如下：

在地球系统科学思想指导下，依托海洋科学、大气科学和地质学三个一级学科，以海洋环境演变机理为研究核心，揭示与之相关的大气圈、水圈、岩石圈和生物圈的物质及能量耦合、输运和再分配过程与机制，解决国际海洋科学的重大前沿科学问题，培养一流海洋人才。围绕海洋动力/热力过程与气候、海洋生态系统与环境、海底过程与资源三大方向，不断促进物理海洋学、海洋化学、生物海洋学、海洋地质学和海洋技术等二级学科的交叉融合，带动大气科学和地质学发展，从地球系统科学的角度深化海洋科学学科内涵，实现海洋科学冲击世界一流前列的目标，为海洋环境保护、资源开发利用和海洋权益维护等提供科学依据、技术支撑和人才保障，为海洋强国和"一带一路"建设提供有力支撑，引领带动国家海洋事业的整体发展。[1]

在第四次学科评估中，海洋科学国内排第一位、大气科学国内排第六位、地质学国内排第14位，地球科学ESI全球排名前2.8‰。物理海洋学科进入国际前沿，在海洋多尺度动力过程与气候领域引领国际研究，包揽物理海洋领域我国以第一或通讯作者发表的 *Science*、*Nature* 研究论文六篇，超过同期全球海洋顶尖研究机构Woods Hole海洋研究所，多次入选高校十大科技进展和海洋十大科技进展，获得我国深海领域唯一的国家自然科学二等奖，并带动其他学科取得长足进步，获批教育部地球科学领域首个前沿科学中心。到2020年首轮"双一流"建设结束时，海洋科学学科位居全球高校第六、国内第一；在首轮"双一流"建设评价中，海洋科学一流学科建设获评估"显著"（最高档），学科水平进入世界一流学科前列。

为制定"十四五"发展规划，2020年12月，在学校召开的地球科学学科群发展座谈会上，校长于志刚指出："地球科学学科群和生命科学学科群是学校一流大学建设和可持续发展的两大支柱，谋划好地球科学学科群的发展，既是'持续强化特色'的需要，也包含'重点突破综合'的要素，要坚定信心、对标一流，调研世界一流涉海高校在教学、科研、学科建设等方面好的经验做法，为地球科学学科群整体发展提供借鉴。"[2]

面向"十四五"和第二轮"双一流"建设，学校持续重点建设海洋科学与技术学科群，海洋科学学科为重点建设的一流学科，力争"到2025年，海洋科学学科保持世界一流学科前列，冲击世界顶尖学科，成为全球一流的海洋科学研究中心和创新人才培养基地"，推

---

[1]《中国海洋大学一流大学建设方案》，中国海洋大学档案馆藏，档号：HD-2017-KY18-1-26。
[2] 黄鲁粤：《学校地球科学学科群座谈谋划发展》，载《中国海洋大学报》2020年12月25日。

动海洋科学学科建设的主要举措如下：

深化推动海洋与大气学院、崇本学院、未来海洋学院、海洋高等研究院、深海圈层与地球系统前沿科学中心等海洋科学关键载体聚焦前沿需求融合发展，一体化推进海洋科学学科、专业建设和改革，深化与海洋试点国家实验室耦合互动，筹建海洋领域国家重点实验室，推动多尺度海洋物质能量循环等领域实现全球领跑，成为全球深海科技创新和一流人才培养高地。促进海洋化学、海洋地质、海洋生物学与生物海洋学、海洋技术等学科方向均衡发展、深度融合、水平跃升，辐射带动大气科学、地质学水平显著提升，全面推动地球科学迈向世界一流。加强海洋科学支撑学科建设，促进海洋科学与技术学科群高质量发展。[①]

三、着力加强海洋生命科学与技术学科群建设

进入21世纪，经济社会的发展已经不再依赖于单一学科的知识。多学科交叉和社会对复合型人才的需求催生了学科群概念，如何加强学科群建设已成为高校面临的一个难题。中国海大结合自身实际，对此进行了积极探索，并取得了重要进展。

学校的海洋生命科学与技术学科涉及理、工、农、医四大领域，海洋生命学院、水产学院、食品科学与工程学院、医药学院、海洋生物多样性与进化研究所为海洋生命科学与技术学科发展作出了重要贡献。学校"十二五"发展规划适时提出着力加强海洋生命科学与技术学科群建设。关于该学科群建设的重要意义，校长于志刚在2015年12月召开的生命科学学科发展座谈会上指出："把海大建成一所海洋、水产学科名列世界最前列，具有鲜明地球科学和生命科学特色，紧紧围绕着海洋事业的综合性研究型一流大学，是我们的一个梦想，一个长远的发展目标，这个目标符合海大的学科实际，符合学科发展规律和学术生态，符合国家和人类社会发展对解决人口、资源和环境问题提出的重大需求，这正是我们发展生命科学学科群的意义所在。"[②]

学校"十二五"规划提出："通过水产、生物学、生态学、药学、食品科学与工程五个博士一级学科的交叉融合，打造海洋生命科学与技术学科群，搭建公用共享平台，着力实现组团建设，促进优势领域或方向达到国际一流（前沿）水平，提升海洋生命科学与技术学科群的国际影响力，构筑生命学科'高地'。"主要建设任务如下：

[①]《中国海洋大学新一轮一流大学建设方案》，中国海洋大学档案馆藏，档号：HD-2022-KY18-1-2。
[②] 王淑芳：《学校大生命学科将迎来快速发展契机》，载《中国海洋大学报》2015年12月10日。

着力加强水产一级学科国家重点学科的建设，巩固水产养殖二级学科在国内的优势地位，使其综合实力达到国际前沿水平；加强海洋生物学、水产品加工及贮藏工程二级学科国家重点学科及海洋药物、生态学博士一级学科等优势学科的建设，使其在学科队伍、基地平台建设、科技成果和国际影响力等方面在国内形成显著的特色和优势，在国内外产生较大影响，整体实力接近国际先进水平；在生物学、食品科学与工程、药学一级学科中寻求建设成为国家重点学科的突破点。

通过"科学研究-技术开发-产业化高效利用海洋生物资源"链条的建设，带动生物工程、轻工技术与工程、农业资源与环境、营养与食品卫生学等相关学科的发展。[①]

在新一轮"985工程"建设中，学校强化建设海洋生命科学与技术学科，主要做法及建设成效如下：

瞄准海洋生物资源可持续利用等国家重大战略需求和国际海洋生命学科发展趋势，以构建海洋生物资源"科学研究-技术开发-产业化利用"完整链条为指导，依托海洋生命学院、水产学院、食品科学与工程学院、医药学院和通过"跨院组合、强强联盟"组建的海洋生物多样性与进化研究所的相关力量，围绕海洋生物多样性与进化、海洋生物遗传育种、健康养殖技术与模式、海洋生物资源高值化综合利用等方向，构筑起原始创新、技术开发和公共技术服务三个层次的公用共享平台，促进海洋生物学、水产养殖、渔业资源、水产品加工及贮藏工程、海洋药学等学科的深度交叉融合，并尽快实现各个重要环节的理论与技术新突破。2012年第三轮教育部学科评估，水产学科整体水平得分93分，以高出第二名8分的成绩荣获全国第一名。通过辐射带动，以水产品加工与贮藏为特色的食品科学与工程博士一级学科在2012年教育部组织的一级学科评估中，位列56个参评单位第六位；以海洋药物研究为特色的药学获批博士一级学科，在40个参评单位中位列第10位。自主设置水产动物营养与饲料学等博士二级学科，进一步拓展了水产学科发展内涵。水生生物学、药物化学等获批山东省重点学科。[②]

到"十二五"末，学校水产学科进入世界一流行列，连续三次在教育部学科评估中排名第一；以水产和生命科学为依托的植物学与动物学在ESI排名进入前0.3%；在渔业水产领域52种JCR期刊（2011—2015）的论文数列全球机构第五位、高校第一位。

2016年5月，学校召开海洋生命科学与技术一流学科建设调研会。会议指出，"海洋

①《中国海洋大学"十二五"事业发展规划》，中国海洋大学档案馆藏，档号：HD-2011-XZ11-Y-11。
②《服务海洋强国战略，加快建设世界一流海洋大学——"985工程"（2010—2013年）建设情况报告》，中国海洋大学档案馆藏，档号：HD-2013-KY11-41-23。

生命科学与技术学科是学校的命脉所在"，"把海洋生命科学与技术学科建成世界一流学科"①。

2017年9月，水产学科上榜国家137个"双一流"建设学科名单。《中国海洋大学一流大学建设方案》将水产科学与技术学科群和海洋药物与食品学科群作为重点建设，提出"以水产科学与技术、海洋药物与食品学科群的重点建设为牵引，拓展带动生命科学与技术整体进入世界一流"。建设方案制定了近期、中期、远期建设目标，其中到2020年，水产学科进入世界一流学科前列，海洋药物与食品更多方向进入世界一流；到2030年，水产学科稳居世界一流学科前列，生命科学与技术进入世界一流；到21世纪中叶，水产学科成为顶尖学科，生命科学与技术进入世界一流前列。②

至首轮"双一流"建设结束时，学校"在海水养殖的种业、饲料、养殖技术和装备等方向在国际上形成了明显优势，达到了国际先进水平；海洋水产基础生物学（海洋生物学）的研究取得重大突破，接近国际先进水平；渔业资源、渔业海洋学的发展和建设取得了显著进展，达到国内先进水平；水产学科水平整体国内领先，达到世界一流前列。植物学与动物学进入ESI前3‰，生物学与生物化学、环境科学与生态学、农学、药理学与毒理学在ESI前1%的排名进一步提升"③。"依托水产科学与技术学科群，推动致力于基础研究的海洋生物多样性与进化研究所独立建制、稳定支持，按照国际模式与挪威卑尔根大学共建方宗熙－萨斯海洋分子生物学中心，生物学基础研究有力支撑了水产养殖理论和技术创新，水产与生物学交叉融合、互动发展更加有力。"④在教育部首轮"双一流"建设评价中，水产学科一流学科建设获评估显著（最高档）。

依托海洋药物与食品学科群，学校持续推动青岛海洋生物医药研究院（简称研究院）改革发展，提升以海洋药物为特色的药学学科发展的影响力。研究院致力于加速海洋科技成果熟化开发和技术转移转化，不断完善平台建设，先后获批认定山东省海洋药物制造业创新中心、山东省海洋药物技术创新中心，并获批山东省首批省级新型研发机构。实验空间总面积达16000平方米，形成国内一流的蓝色药库综合研创大平台。先后引进大批国内外知名高校及科研院所人才，聘任院士为技术总师，为海洋药物学科建设提供一流的人才保障。学校药学学科发展形成基础研究（医药学院为主）和应用研发（研

---

① 刘海波：《把海洋生命科学与技术学科建成世界一流学科　海洋生命科学与技术学科一流学科建设调研会召开》，载《中国海洋大学报》2016年5月12日。

② 《中国海洋大学一流大学建设方案》，中国海洋大学档案馆藏，档号：HD-2017-KY18-1-26。

③ 《中国海洋大学水产学科"双一流"建设对标建设方案情况表》，中国海洋大学档案馆藏，档号：HD-2020-KY18-1-41。

④ 《中国海洋大学2016—2020年"双一流"建设周期总结材料》，中国海洋大学档案馆藏，档号：HD-2020-KY18-1-41。

究院为主）并重的综合性应用学科，学科内涵发展更为丰富，海洋药物研究特色更为突出。

2020年11月，学校专题研讨生物学、医学学科发展问题。校长于志刚指出，"全面推进包括大生命学科在内的重点学科群建设。要在持续强化水生生物学优势特色基础上，拓展新领域，进一步加强生物学学科建设，更加有力地支撑水产、海洋科学等学科建设，并为发展医学学科奠定更为坚实基础"。"要勇于创新发展模式，'高起点、国际化、面向未来'谋划发展一流医科。"[1]

在"十四五"和第二轮"双一流"建设中，学校持续重点建设海洋生命科学与技术学科群（即首轮建设期的水产科学与技术学科群、海洋药物与食品学科群）和水产学科为重点建设的一流学科，力争实现特色登顶。具体建设举措如下：

面向粮食安全和乡村振兴，推动水产学科走出中国特色高质量发展之路。拓展水产学科发展空间，筹建水产领域国家重点实验室，强化渔业资源二级学科建设，在种质创制、营养饲料、疫病防治、养殖生态、深远海养殖、智慧渔业等领域，培养卓越人才，解决重大科学问题，突破重大技术瓶颈，引领支撑蓝色农业和现代渔业发展，走出一条中国特色水产学科发展之路，为世界水产学科发展提供成功范例。加强水产支撑学科建设，促进海洋生命科学与技术学科群高质量发展。

重点推动海洋生命科学与技术学科群内涵拓展、协同突破。……强化建设生物学、生态学、食品科学与工程学科，不断提升其对水产学科的支撑作用；持续推进"蓝色药库"开发计划，进一步提升以海洋药物为特色的药学学科水平，着力推动海洋生命科学与技术学科群迈向世界一流，逐步拓展为生命科学与技术的整体优势。创新发展模式，高起点、国际化、面向未来谋划发展医学，形成医学和生物学相互支撑、耦合发展、协同提升的良好格局。[2]

四、强化工程技术学科建设

重视发展工科，中国海大有历史传统，创校之初即以工商学科立基。20世纪30年代、50年代，工科在学校属于优势学科，但由于历史的原因，未能延续下来。改革开放后，学校重拾工科发展，逐步形成了以海洋工程技术学科为特色的重点学科。2012年，党

---

[1] 吕朋：《生物学、医学学科发展座谈会举行》，载《中国海洋大学报》2020年11月26日。
[2] 《中国海洋大学新一轮一流大学建设方案》，中国海洋大学档案馆藏，档号：HD-2022-KY18-1-2。

的十八大作出建设海洋强国的重大部署，建设海洋强国为海洋学科发展，特别是为实践性、应用性见长的工程技术学科发展提供了重大历史机遇。

经过"985工程"一期、二期建设，学校以海洋工程技术及海洋信息技术为特色的海洋工程与技术学科异军突起，进入ESI全球科研机构排名前1%行列。新一轮"985工程"建设期间，学校新增海洋工程技术研发平台并予以重点建设，海洋工程与技术学科取得跨越发展：

紧紧围绕制约海洋科学发展的技术瓶颈问题和海洋资源开发的战略需求，在海洋科学的深厚学科基础和人才汇聚能力的带动下，整合信息科学与工程学院、工程学院、材料科学与工程研究院，海洋地质、环境工程学科跟观测、勘探技术相关的力量，发展海洋观测探测技术、海洋资源勘探开发利用技术、海洋材料与防护技术、海洋工程安全设计与防灾技术、海洋仪器设备研发等特色显著、优势突出的学科方向，推动了海洋科学与海洋工程、信息科学、化学化工、材料科学、土木与机电等学科的交叉融合，为我国海洋工程与技术学科的发展注入新的内涵与动力。通过建设，学校以海洋工程与信息技术为特色的工程技术学科（领域）在ESI的排名上升了25%；新增了以"数字海洋"为特色的计算机科学与技术、软件工程等博士学位授权一级学科；学校获批成为国家首批能源与环保领域工程博士专业学位授权点的25家单位之一；在2012年学科评估中，水利工程硕士一级学科在参评的27个一级学科（其中16个博士一级学科）中位列第10位。[①]

2014年起，学校研究制定并组织实施一系列推进工科发展的举措，设立工科发展专项经费，加大对工科发展的支持力度，为形成海洋特色鲜明的工科学科群、提升工科基础能力提供财力支持。

首轮"双一流"建设和"十三五"期间，学校着力加强海洋开发工程与环境保护技术学科群建设，形成在海洋技术、海洋工程领域的学科优势；加强工科基础能力建设，使海洋工程技术学科的若干方向跻身国际先进行列，形成海洋工程技术与海洋科学协同互动、相长并进的基本格局。制定了海洋开发工程与环境保护技术学科群近期、中期和远期目标："到2020年，形成在海洋开发工程与环境保护技术领域的整体学科优势，在海洋勘测技术与装备，海洋资源与能源开发、海洋环境保护等主干方向跻身国内一流，并产生显著的国际影响力。到2030年，海洋开发工程与环境保护技术学科群，整体达到国内领

---

① 《服务海洋强国战略，加快建设世界一流海洋大学——"985工程"（2010—2013年）建设情况报告》，中国海洋大学档案馆藏，档号：HD-2013-KY11-41-23。

先、国际先进水平。到21世纪中叶，环境科学与工程一级学科、水利工程一级学科、船舶与海洋工程一级学科、地质资源与地质工程一级学科达到世界一流水平，并推动中国海洋大学海洋开发工程与环境保护技术学科群整体达到世界一流水平。"①

学校西海岸校区的建设，赋予工科发展历史性的机遇，工程技术学科群和研发基地成为新校区功能定位之一。②为做好西海岸校区的学科专业布局，实现工科和应用学科的跨越式发展，2017年4月，学校专题研讨西海岸校区工科及应用学科建设，与会专家在西海岸校区工科和应用学科的组团设置、学科专业布局和重大平台设施建设等方面达成多项共识。2018年1月，学校召开一流大学学科建设专题研讨会，提出系统规划、整合工科相关学科，进一步加快发展工科。学校组织国内专家对西海岸校区海洋工程、智能制造、计算机科学与技术、电子信息、食品科学与工程、材料科学与工程、海洋技术、物理（含光学工程）等学科进行单元建设方案论证，确立工科十年发展目标。应该说，西海岸校区的整体布局，为学校下一个百年工科发展提供了广阔空间。

到2019年，学校工程技术学科水平不断提升，新增水利工程一级学科博士点，船舶与海洋工程列全球高校第16位，环境科学与工程进入全球前200行列。

学校积极探索新工科集群发展模式。2021年5月，在原信息科学与工程学院的基础上，成立信息科学与工程学部并撤销原信息科学与工程学院建制，学部下设物理与光电工程学院、电子工程学院、计算

2021年5月，中国海大信息科学与工程学部成立

机科学与技术学院、海洋技术学院、国家保密学院、软件学院、工业互联网研究院、人工智能研究院。成立信息学部是加强各学科交叉融合、创新发展的需要，是学校实现工科跨越发展的迫切需要，更是学校融入当代世界科技创新的主流领域，服务国家和区域产业转型升级的重要举措。

学校通过搭建实验平台和打造工程创新平台来支撑、带动相关工程技术学科的发展。2011年10月，山东省海洋工程重点实验室成立后，不仅带动了港口、海岸及近海工程国家重点学科的发展，也对培养高层次人才和产出高水平科技成果起到了推动作用。在

_____

① 《中国海洋大学一流大学建设方案海洋开发工程与环境保护技术学科群建设方案》，中国海洋大学档案馆藏，档号：HD-2017-KY18-1-26。

② 《中国海洋大学海洋科技创新园区（黄岛校区）建设方案》，中国海洋大学档案馆藏，档号：HD-2020-XZ18-C-80。

2017年山东省同类重点实验室评估中,山东省海洋工程重点实验室排名第一,显示出海洋工程学科的强劲发展势头。2018年,获批建设山东省海洋大数据工程技术研究中心、山东省海洋智能装备与仪器工程技术研究中心。2019年,依托学校建设的海洋大数据国家地方联合工程研究中心被认定为国家级工程研究中心。该中心依托中国海大拥有的海洋大数据智能分析、挖掘与处理技术能力与经验,以海洋试点国家实验室所拥有的超强计算能力与数据汇集和行业服务能力为支撑,建立覆盖从原始数据实时汇集、海量数据智能处理到精准信息产品服务的海洋大数据全链条。这是学校国家级科技创新平台的又一突破,充分显示了学校在海洋大数据研发及工程化应用方面的实力。学校牵头申报的山东省海洋能源转化与开发工程技术协同创新中心和山东省海洋网络空间安全与保密工程技术协同创新中心获认定。2021年,获批山东省海洋智能装备技术工程研究中心,加上之前获批的海洋材料与防护技术教育部工程研究中心、海洋油气开发与安全保障教育部工程研究中心、海洋信息技术教育部工程研究中心三个教育部工程研究中心,主要工程学科学院已基本实现"重点实验室+研究中心"的创新平台全覆盖,为工科持续发展打下坚实基础。2021年,7000余平方米的工程训练中心大楼投入使用,为开展工程训练和工科教学提供基础支撑。

在"十四五"和第二轮"双一流"建设中,学校持续重点建设海洋资源开发技术与工程学科群,提出"推动海洋资源开发技术与工程学科群实现跨越式发展",主要举措有:

聚焦海工装备、新一代信息技术、新能源、新材料、人工智能、绿色环保等领域的战略需求与"卡脖子"技术,深入推进学科交叉、产教协同、集聚攻关,重点建设海洋工程技术与装备等创新研发平台,深化推进信息科学与工程学部改革,着力促进一级学科与专业学位类别协同发展,深入推进科教产教融合,促进船舶与海洋工程、水利工程、化学工程与技术、地质资源与地质工程、材料科学与工程等学科高质量发展,推动船舶与海洋工程等学科实现跨越式发展。[①]

五、提升人文社会科学学科和基础学科水平

人文社会科学学科是学校整体办学力量的重要组成部分。在学校"强化发展特色、协调发展综合,以特色带动综合、以综合强化特色"的学科发展思路指导下,人文社会科学学科得到较快发展和提高。但不可否认,学校人文社会科学学科建设存在明显的不

①《中国海洋大学新一轮一流大学建设方案》,中国海洋大学档案馆藏,档号:HD-2022-KY18-1-2。

足，如学科结构不尽合理、高层次人才培养能力不足、学术研究水平有待提高、服务国民经济主战场的能力有待增强。

"十二五"期间，学校一直致力于探索文科的发展思路和建设路径。2011年底，为贯彻落实中共中央关于深入推进高等学校哲学社会科学繁荣发展的精神，教育部、财政部联合印发了《高等学校哲学社会科学繁荣计划（2011—2020年）》，制定了《高等学校哲学社会科学"走出去"计划》《高等学校人文社会科学重点研究基地建设计划》《教育部关于进一步改进高等学校哲学社会科学研究评价的意见》等系列文件，学校人文社科的建设思路和路径逐渐清晰起来，即"深入推进文理交叉，提升人文社会科学学科的整体水平。以具有战略意义和相对优势的学科建设为重点，加大人文社会科学学科的投入力度，培植新的增长点，提升具有海洋特色人文社会科学研究的影响力"[1]。建设期间，"以海洋发展研究院为依托，汇聚管理学院、经济学院、法政学院、文学与新闻传播学院等的相关力量，开展海洋发展战略和海洋安全战略研究、极地和深远海研究、海岸带开发利用与保护研究、中国海洋资源开发与经济发展研究、海洋文明与海洋人文社会科学学科理论体系等研究，推动海洋科学、水产学科与应用经济学、管理学、法学的文理交叉，形成在国内具有显著优势的海洋发展创新力量。人文社会科学学位点建设取得重要进展，新增工商管理、应用经济学、法学三个博士学位授权一级学科，实现了学校文科博士学位授权一级学科的突破；通过鼓励学科交叉，孕育发展新的学科增长点，自主设置（海洋）文化产业管理、财务管理等博士二级学科；环境与资源保护法学、区域经济学、金融学等七个学科获批山东省重点学科；海洋与生态文化获批作为山东省文化艺术科学重点学科进行建设"[2]。

首轮"双一流"建设和"十三五"期间，学校着力于拓展人文社会科学学科群，重点建设海洋发展学科群。按照"入主流、有特色"的思路，以海洋发展研究院为依托，继续强化海洋经济、海洋管理、海洋法学、海洋文化等人文社会科学学科的特色优势，主动为国家涉海重大决策提供咨询；重点支持有良好基础和潜力的学科，发展主流分支学科，拓宽研究领域，加强特色优势学科与主流分支学科的良性互动，提升学科整体水平。学校人文社会科学学科聚焦于经略海洋主题，以加快推进可持续的海洋经济发展和海洋法治建设、支撑国家深度参与全球海洋治理为目标，以应用经济学、法学两个一级学科为主要

[1]《中国海洋大学"十二五"事业发展规划》，中国海洋大学档案馆藏，档号：HD-2011-XZ11-Y-11。
[2]《服务海洋强国战略，加快建设世界一流海洋大学——"985工程"（2010—2013年）建设情况报告》，中国海洋大学档案馆藏，档号：HD-2013-KY11-41-23。

支撑，以教育部人文社科重点研究基地海洋发展研究院为依托平台，重点开展海洋渔业经济与"蓝色粮仓"建设、海洋经济金融支持与海洋灾害管理、海洋经济监测预警、海洋资源经济、极地深远海问题研究、"海上丝路"沿线国家比较研究等创新研究，带动应用经济学、法学学科发展。通过重点建设，海洋发展学科群若干方向处于国内领先，初步构建起海洋经济、海洋文化领域的基本理论体系，呈现出良好局面。

"十四五"和第二轮"双一流"建设期间，学校持续重点建设海洋可持续发展学科群，推动人文社会科学学科繁荣发展。主要举措有：加强马克思主义学院和马克思主义理论学科建设。完善人文社会科学学科体系化建设模式，加强基础研究，注重内涵建设，强化重点研究团队建设，提升外国语言文学、应用经济学、中国语言文学、法学、工商管理等学科在主流研究领域的影响力。推动人文社会科学学科整体水平再上新台阶。聚焦战略需求、突出特色优势、促进文理交叉，强化建设海洋可持续发展学科群，带动相关学科水平提升。[①]

学校加强研究基地和文科实验室建设。2019年，原文化部批准设立的国家文化产业研究中心更名为国家文化和旅游研究基地，该基地是服务新时代文化和旅游发展的高端智库和学术研究平台。2022年，学校经略海洋研究基地入选首批山东省社科理论重点研究基地。该基地立足于山东乃至全国海洋综合管理与发展的需要，聚焦于海洋管理与政策、海洋资源与环境管理、区域海洋治理与合作三大研究领域，打造集理论研究、决策咨询、宣传教育功能于一体的高端研究平台和智库。在大力发展"新文科"的背景下，文科实验室建设受到重视。学校结合文科发展实际，在会计学和语言学试点探索文科实验室建设。2022年11月，学校智能资本配置与产业互联网运营实验室和二语习得跨学科研究实验室入选山东省高等学校文科实验室（A类）建设名单。

经过持续建设，学校人文社会科学学科拥有法学、工商管理、应用经济学、外国语言文学、中国语言文学五个一级学科博士点和公共管理、政治学、中国史、农林经济管理、马克思主义理论五个一级学科硕士点。

布局并加强基础学科是重点优势学科发展的支撑，重点优势学科如果没有基础学科作支撑，就难以达到和保持国际先进水平。为此，学校对基础学科进行合理布局，突出学科交叉、融合与渗透，培养新的学科增长点。建设数学、物理学、化学、统计学硕士一级学科，提升学科层次，支撑海洋、水产等优势学科的综合发展；稳步推进马克思主义理

---

① 《中国海洋大学新一轮一流大学建设方案》，中国海洋大学档案馆藏，档号：HD-2022-KY18-1-2。

论、体育教育训练学、艺术学、教育技术等学科专业的建设，提升相关学科专业水平。本着"少而精、有特色、可持续"的原则，在数学、物理学、化学等基础学科中，选取与特色优势学科密切相关、对人才培养有基础支撑的学科方向强化建设，通过与优势特色学科的融合互动，不断提升学科水平，提升对其他学科和人才培养的支撑作用。

2017年11月，学校与国家数学与科学交叉中心联合成立海洋数学技术联合实验室，构建连接数学与海洋科学的纽带和科研平台。该实验室以海洋数学技术发展为牵引，聚焦海洋科技背景，开展应用数学技术研究，使数学科学与技术更好地应用于海洋科学与工程，是学校依托海洋特色，通过学科交叉推动数学和海洋科学学科发展的新探索。

2018年，学校在基本科研业务费中设立学科协同发展推进计划，支持各学院遴选有潜力突破的学科自主选题予以重点资助。在此基础上，又于2022年推出该计划2.0版本，在培育潜力学科的同时，着力强化对数学、物理、化学等基础学科的重点支持。

基础学科建设不断取得成效。以数学学科为例，2019年，该学科获批博士学位授权一级学科，数学与应用数学、信息与计算科学为山东省特色专业，信息与计算科学专业获首批国家一流本科专业建设点。学科"坚持强化基础理论，突出交叉学科应用特色的学科发展思路，在分析、拓扑、微分方程理论及应用、科学计算理论与应用、组合最优化等多个领域已形成重要学术影响力"[1]。

第二轮"双一流"建设期间，学校加强数理化等基础学科建设，提出"实施基础学科强化建设计划，加大对基础学科的投入力度，在人才引育、科研平台、建设经费等方面给予更大支持。大幅提升数学博士授权一级学科建设水平，加快推进物理学、化学建设博士授权一级学科，显著增强基础学科自身突破发展能力，大幅提升学科体系支撑能力和人才培养质量保障能力"[2]。

第二节　推进一流师资队伍建设

人才是学校发展的根本驱动力。2010年，在第九次党代会上，党委书记于志刚指出，"对照国际著名大学，我们的师资队伍水平差距最为突出。必须紧紧围绕学校发展目标，解放思想，加大力度，加快人才集聚，促进人才发展，深化实施国际视野下的人才强

[1]《中国海洋大学数学基础学科建设和专业人才培养情况》，中国海洋大学档案馆藏，档号：HD-2020-KY18-1-47。
[2]《中国海洋大学新一轮一流大学建设方案》，中国海洋大学档案馆藏，档号：HD-2022-KY18-1-2。

校战略"。"要努力造就一支师德高尚、业务精湛、视野开阔、结构合理、充满活力的高水平师资队伍,只有这样,学校的未来才会更加有希望,学校的事业才会实现可持续发展。"[①]

为了落实人才强校战略,学校按照强化建设优势领域、超前部署战略方向、鼓励科学家自由探索的思路和"杰出学科(学术)带头人+国际知名学者+优秀创新群体"的创新团队模式,部署师资队伍建设。新一轮"985工程"建设期间,学校以提升学科集群能力、人才集聚能力和协同创新能力为重点,深化实施人才强校战略,深入推进管理体制改革和团队建设、人才评价、薪酬分配机制创新,构建有利于充分发挥领军人才作用和促进创新团队建设的制度环境。[②]

随着我国世界一流大学和一流学科建设的推进,中国海大面临的高层次人才竞争日趋激烈,师资队伍建设还存在不少亟待解决的问题。主要表现在:高层次领军人才明显不足、青年学术骨干队伍建设亟须加强;人才引进的力度需进一步加大,人才引进的渠道还需进一步拓宽;专职科研、工程实验、教学专家队伍建设需进一步加强;人才评价体系和薪酬分配机制尚需进一步完善。解决这些问题,既是当务之急,更是重大战略任务。

一、深化实施人才强校战略

(一)强化高层次人才引育

新一轮"985工程"建设期间,学校实施高层次人才工程,形成造就领军人才和培育青年才俊相结合、全职引进和柔性引智相补充的相互衔接、层次完整的高层次人才引进培养体系。与国家、省、市人才计划有机衔接,完善"筑峰人才工程""绿卡人才工程""繁荣哲学社会科学人才工程"(以下简称"繁荣人才工程"),建立实施"青年英才工程"。对引进的高层次人才,实行高标准的年薪制,并给予特殊的科研条件和研究经费支持,为引进人才潜心研究提供良好条件。随着时代的发展和人才竞争形势的不断加剧,学校审时度势,提出探索汇聚国际优质智力资源的机制,加大海外高层次人才引进力度,不仅要依托学科平台"张榜招贤""筑巢引凤",也要服务目标需求"礼贤下士""三顾茅庐"。特别是要组织各院系负责人、各学科带头人走出校门、走出国门,采用国际

---

① 于志刚:《在中国共产党中国海洋大学第九次代表大会上的报告》,中国海洋大学档案馆藏,档号:HD-2010-DQ13-Y-35。

② 《服务海洋强国战略,加快建设世界一流海洋大学——"985工程"(2010—2013年)建设情况报告》,中国海洋大学档案馆藏,档号:HD-2013-KY11-41-23。

一流学科和一流大学的人才标准，遴选引进国内外领军人才。①加大大师级人才和发展潜力大的具有海外经历的青年人才引进力度和精准度，特色优势学科聚焦于国际领军人才，交叉学科战略培育方向聚焦于国际前沿人才，工程技术学科聚焦于成果转化和服务社会能力强的复合型人才，人文社会学科聚焦于高水平学术带头人，基础学科聚焦于能支撑特色优势拓展提升、人才培养质量提高的教育教学能力强的骨干教师。②

2017年5月，学校一次性发布《中国海洋大学"十三五"师资队伍建设规划》《中国海洋大学"筑峰人才工程"实施办法（修订）》《中国海洋大学"繁荣人才工程"实施办法（修订）》《中国海洋大学"青年英才工程"实施办法（修订）》《中国海洋大学"绿卡人才工程"实施办法（修订）》五个文件，加大对领军人才和优秀青年人才引进力度。修订后的人才工程实施办法，对不同层次人才的定位更加明确，对各类人才的评价和考核更加系统和规范，各类人才待遇普遍得到提高，具有中国海大特色的人才工程体系更加完善。以学校两次修订"青年英才工程"实施办法为例：2017年新修订文件对于获得特定国家级荣誉的人才予以高聘，聘期考核优秀且入选国家计划领军人才以及国家杰出青年科学基金获得者，经设岗单位推荐、学校学术委员会评议、学校审批，可聘至"筑峰人才工程"或"繁荣人才工程"相应层次岗位。③2022年再次修订该政策时，特别提出对为国家作出重大贡献的优秀人员予以高聘，聘期考核优秀，取得重大基础研究和前沿技术突破，解决重大工程技术难题，在经济社会发展中作出重大贡献，并达到所在学科领域国家级领军人才水平的，经设岗单位推荐、学校学术委员会评议、学校审批，可聘至"筑峰人才工程"或"繁荣人才工程"相应层次岗位。④学校两次修订"青年英才工程"实施办法，健全激励机制，畅通了受聘教师的晋升渠道，促进了人才队伍可持续发展。

《中国海洋大学"十三五"师资队伍建设规划》的推出、"筑峰""繁荣""英才""绿卡"等人才工程实施办法与时俱进地修订发布，正逢其时，全校上下以此为契机进一步加大了海内外各类优秀人才的引进力度。

对教师队伍而言，只要是人才，就会有上升空间。为使校内人才脱颖而出，教师达到相关条件就可以申请加入人才工程。以"筑峰人才工程"为例，资料显示，校内入选国家计划领军人才以及国家杰出青年科学基金获得者，根据工作需要和本人意愿，可按相同

---

① 李巍然：《在2016年春季学期全校教师干部大会上的讲话》，中国海洋大学档案馆藏，档号：HD-2016-XZ11-Y-51。

② 《中国海洋大学"十三五"事业发展规划》，中国海洋大学档案馆藏，档号：HD-2016-XZ11-Y-6。

③ 《中国海洋大学"青年英才工程"实施办法（修订）》，中国海洋大学档案馆藏，档号：HD-2017-XZ12-Y-53。

④ 《中国海洋大学"青年英才工程"实施办法》，中国海洋大学档案馆藏，档号：HD-2022-XZ12-Y-27。

程序申请"筑峰人才工程"相应层次。入选国家人才计划青年项目、国家优秀青年科学基金获得者、省部级高层次人才计划（不含青年项目）者，根据工作需要和本人意愿，可按相同程序申请"筑峰人才工程"第三层次。[①]学校在延揽人才的同时，提高了人才薪酬待遇。对入选各类高层次人才计划的教师实行年薪制，通过提供富有竞争力的薪酬，吸引优秀人才。学校一系列人才工程政策的出台反响强烈，使广大教师受到鼓舞。

2015年，为进一步加强学校高水平师资队伍建设，发挥教学名师的示范引导作用，推动优质课程、教学团队建设和教学研究与改革工作的深入开展，不断提高教育教学水平和人才培养质量，学校制定了《中国海洋大学"名师工程"实施办法》。面向数理化等公共基础课程、通识教育核心课程、专业核心课程等设"名师工程"讲席教授和讲座教授两类岗位。按照"按需设岗、公开招聘、专家评审、择优聘任、合同管理"的原则，实行岗位聘任制，聘期四年。学校为新聘任的讲席教授提供课程和教学团队建设经费；提供必要的工作条件，支持学术团队建设；提供住房补贴。[②]2019年、2022年，学校对该办法进行了两次修订，使之更加完善。如进一步明确了各层次岗位的定位、职责、申报条件、聘任程序和考核管理；将聘期延长至五年；提高薪酬待遇和住房补贴等支持条件。

第二轮"双一流"建设刚开局，学校着力培养造就一流人才又加新举措。在继续做优校内人才工程的同时，实施"高层次工科人才计划""'蓝色药库'人才计划"等，积极探索工科和应用学科人才队伍建设的新机制新模式、探索符合人文社会科学学科特点的人才引育新机制，健全人才引育体系。2020年，为进一步加强高层次工科人才队伍建设，加大应用型领军人才和优秀青年人才引进力度，学校在信息科学与工程学院试点《高层次工科人才计划（试行）》（即"海川人才计划"）。"海川人才计划"设置全职岗位和兼职岗位，每个聘期为五年。全职岗位设第一层次、第二层次和第三层次岗位，旨在吸引和培养一批在国内外具有重要影响力的行业领军人才和在关键技术及应用领域取得突出成绩的优秀中青年骨干。兼职岗位设海川产业特聘导师和海川产业导师岗位，旨在聘任一批企业高层次专业技术人才，加快"引企入教"，促进企业需求融入人才培养环节，推进产学研用人才培养模式改革，增强学院培养复合型人才的能力。[③]2021年6月，为深入贯彻落实习近平总书记"蓝色药库"共同梦想重要讲话精神，加快"蓝色药库"开发高层次

①《中国海洋大学"筑峰人才工程"实施办法（修订）》，中国海洋大学档案馆藏，档号：HD-2017-XZ12-Y-51。
②《中国海洋大学"名师工程"实施办法》，中国海洋大学档案馆藏，档号：HD-2015-XZ12-Y-2。
③《信息科学与工程学院高层次工科人才计划（试行）》，中国海洋大学档案馆藏，档号：HD-2020-XZ1713-C-5。

人才队伍建设，学校制定《"'蓝色药库'高层次人才计划"实施办法》（简称"蓝药人才计划"）。该计划依托青岛海洋生物医药研究院实施。根据"蓝色药库"开发计划主要任务，紧紧围绕海洋强国、"健康中国 2030"和"一带一路"建设战略目标和任务，通过参与国家药物创新体系，构建国家海洋药物研发大平台，打造一支海内外医药（海洋）领域一流水平的创新研发队伍。"蓝药人才计划"实行岗位聘任制，采取任务驱动模式进行管理，为以上人才争取各级政府提供的各类人才补贴、科研项目补贴、安家及购房补贴，提供办公和必要的实验科研条件，并根据其任务需求配备团队和助手。[①]

（二）加强青年人才队伍培育

学校重视青年才俊的健康成长，始终坚持把青年教师培养作为一项长期的、战略性的任务。经过多年努力，探索建立了"识才、析才、育才、荐才、成才"的科技人才培育模式，优秀青年人才培养初见成效。到2011年12月，在学校承担的149项国家自然科学基金青年基金和246项面上基金项目中，35岁以下的青年教师主持项目数的30%，35～40岁教师主持项目数的21%，青年教师正逐步成长为学校科研的骨干力量。

除了持续性通过"青年英才工程"延揽优秀青年人才外，学校着力用好国家人才工程项目，加大对青年人才和优秀团队的支持和培育力度，特别加强对国家杰出青年科学基金、国家优秀青年科学基金、科技部创新人才推进计划后备人选、后备团队的培育和推荐工作，努力为青年人才成长赢得先机、占领高地。为促进基础研究青年优秀人才快速成长，培育国家杰青、国家优青等后备人才，学校实施各项人才计划。2017年，学校设立"中国海洋大学国家杰出（优秀）青年科学基金培育计划"（2021年更名为"优秀青年科技人才培育计划"）。该计划重点支持面向自然科学和管理科学领域，长期从事基础研究或应用基础研究的优秀青年人才。

学校高度重视青年人才后备力量不足的问题，2018年1月召开的一流大学和一流学科建设研讨会提出，青年教师队伍建设要实行引进和培育相结合，在重点方向的人才队伍建设要有特区，出奇招；高度重视青年人才培养，鼓励年轻人积极作为，积极参加国际、国内会议，增强学术活力和影响力。[②]为加大对优秀青年人才的发现、培育和支持力度，2018年7月，学校出台《"青年英才海外培育计划"实施办法》。该计划旨在瞄准国际学术前沿，面向海内外高校和科研院所选拔具有突出创新潜力的优秀博士毕业生

①《中国海洋大学"'蓝色药库'高层次人才计划"实施办法》，中国海洋大学档案馆藏，档号：HD-2021-XZ12-Y-28。
②《一流大学和一流学科建设研讨会会议纪要》，中国海洋大学档案馆藏，档号：HD-2018-KY18-2-4。

到海外高水平大学或研究机构从事科学研究工作,与国际顶尖专家开展实质性合作,从事前沿研究,产出重大原创成果,培养和造就一批具有国际一流水平的优秀青年人才。重点支持的学科领域为海洋科学、水产科学与技术、海洋药物与食品、海洋开发工程与环境保护技术、海洋发展等学科群或新兴学科、前沿领域。[①]研修期间,入选者每年可享受经费资助。首批四名具有突出发展潜力的优秀博士毕业生成为派出人选,赴斯坦福大学、加州大学(洛杉矶)、悉尼大学、Scripps海洋研究所等世界顶尖海洋科教机构进行为期2～3年的研修。

自"优秀青年科技人才培育计划""青年英才海外培育计划"等实施以来,学校共资助5批计63位青年科技人才,其中有近一半入选国家级人才计划项目。新增的10位国家杰青中,有9位获得过"优秀青年科技人才培育计划"资助;新增的17位国家优青中,有13位获得过"优秀青年科技人才培育计划"资助;先后共有20位优秀博士毕业生获得学校"青年英才海外培育计划"资助,到海外高水平大学或研究机构从事科学研究工作。通过设立"优秀青年科技人才培育计划""青年英才海外培育计划",学校创造性开辟青年人才引育新途径,进一步加大对优秀青年人才的发现、培育和支持力度,加强了高层次人才储备与培养。

博士后是学校人才队伍的重要组成部分,是科学研究的生力军和提升创新能力的重要力量。学校博士后科研流动站不断发展,2012年新增生态学、计算机科学与技术、法学、工商管理四个博士后科研流动站。同时因学科、专业调整,获准增设生态学博士后科研流动站,原有生物学博士后科研流动站获得确认,学校博士后科研流动站达到12个。2015年,学校新增经济学博士后科研流动站。2017年,学校首次入选国家博士后创新人才支持计划项目和博士后国际交流计划派出项目。2019年,学校又获批地质学、软件工程两个一级学科博士后科研流动站。至2022年底,学校在海洋科学、大气科学、地质学、生物学、生态学、水产、食品科学与工程、药学、水利工程、环境科学与工程、计算机科学与技术、软件工程、工商管理、法学、应用经济学15个一级学科设有博士后科研流动站,形成了覆盖理、工、农、医、管理、法学、经济学等学科门类的博士后培养学科体系。

为进一步提升青年科技队伍整体水平和科技创新能力,发挥好博士后作为人才队伍"蓄水池"的重要作用,2020年,学校修订《中国海洋大学博士后管理工作实施细则》,按工作需要、科研水平及发展潜力,对全职博士后进行分类管理,加大对博士后的支持力

---

① 《中国海洋大学"青年英才海外培育计划"实施办法》,中国海洋大学档案馆藏,档号: HD-2018-XZ12-Y-36。

度。博士后分为重点和一般资助类。重点资助类博士后是指具有较强的研究水平和创新
能力，学术成果水平高，能够承担重大或重点科研项目和任务的博士后，重点支持校内重
大科研平台、重点建设学科、特色培育学科以及承担国家和省市重大战略任务的科研团
队面向国内外知名高水平大学或科研机构招收优秀博士毕业生。一般资助类博士后是指
具有一定的研究水平和创新能力，学术成果水平较高，能够承担科研项目和研究任务的
博士后。

得益于博士后培养政策的支持，学校博士后科研能力显著提升。以2019年为例，新
入站博士后研究人员115人，在站博士后研究人员410人。其中，1人获国家博士后创新人
才支持计划项目资助、2人入选国家博士后国际交流计划派出项目、9人获国家自然科学
基金面上项目资助、41人获国家自然科学基金青年科学基金项目资助、7人获山东省博士
后创新基金、50人获批青岛市应用研究项目博士后专项资助。博士后各类资助经费总额
达到4306.6万元。

学校探索建立青年教师"预聘-长聘"制度。在2010年12月推出的《关于深化实施人
才强校战略的意见》中提出，改革青年教师聘任方法，探索建立能进能出的学术梯队遴
选机制。在有博士后科研流动站的学科，实施师资博士后预聘制度，即两年内纳入教师
管理系列，履行教师职责，享受教师待遇；两年期满，经考核符合教师岗位要求的，聘任
为教师。在暂时没有博士后流动站的学科，研究建立新进教师两年考察期制度，采取签
约上岗、合同管理、聘期考核的方式予以聘任。聘期届满，由学院组织考核，不聘用的予
以解聘辞退。[①]

2014年，学校完成首轮从师资博士后和聘任制教师中选聘教师工作。在首批40人
中，经过考核与综合评价，共有18人获得长期聘任资格，另有22人续聘一个聘期。

2017年，学校探索工科人才引进和评价方式新路径，进一步完善"预聘-长聘"制
度。对于在工程技术领域实践经验丰富或教学业绩突出且学科发展急需的工科人才，不
以学术成果为主要标准，设置五年的预聘考察期，设定中期和聘期考核目标，中期考核合
格以上继续完成聘期；聘期考核合格以上可晋升专业技术职务，成为长聘教师。

2019年，为推进青年教师选聘与新施行的专业技术职务评聘政策有机衔接，学校制
定《关于从预聘青年教师中选聘专任教师工作实施办法》。探索实行长周期考核，给予
青年教师成长更多时间、更大空间。选聘教师预聘期由原来的两年改为五年，业绩条件

---

①《关于深化实施人才强校战略的意见》，中国海洋大学档案馆藏，档号：HD-2010-XZ12-Y-226。

满足"聘期内已晋升副教授专业技术职务、聘期期满达到《中国海洋大学教师系列专业技术职务评聘实施细则》中规定的副教授申报条件，且通过校外同行专家评审"[①]的，可正式选留进入专任教师队伍。青年教师预聘－长聘制度对加强优秀青年人才的储备和培养，促进人才队伍高质量发展，提供政策支持。

2020年，学校首轮"双一流"建设周期自评时，评审专家对青年人才队伍培养给予较高评价，认为"学校重视年轻教师队伍建设，出台'组合拳'，引育各类青年人才，人才队伍的质量取得长足进步，尤其是海洋科学、水产等学科年轻人成长成才效果明显"[②]。

（三）完善创新团队机制

学校一直重视创新团队建设，在2003年出台的《中国海洋大学发展战略规划（2003—2025）》中，就确定了人才队伍建设尤其是团队建设的目标。2010年，在学校第九次党代会上予以完善，提出按照"杰出学科（学术）带头人＋国际知名学者＋优秀创新群体"的创新团队模式，部署师资队伍建设。在学校"985工程"建设总体规划（2010—2020年）中，确定"以卓越的领军人物为核心，以结构合理的团队成员为关键，在优势学科和重点培育方向构建适应国家需求和学科发展的创新团队，大幅度提升学校科技队伍的创新能力和竞争实力，推动高水平大学和重点学科建设"的创新团队建设方案。机制的不断完善，强化了创新团队在师资队伍建设中的地位，有利于提升创新能力和学科竞争力，有利于适应国家重大战略需求和经济社会发展需要。

新一轮"985工程"建设期间，学校面向国家急需和科学前沿，根据海洋科学与工程技术、海洋生命科学与技术学科群建设规划，在海洋科学、水产科学等特色与优势学科，建立12个以院士等高层次领军人才为核心、创新要素协调发展和学科交叉融合的优秀创新团队。

以国家自然科学基金创新研究群体为核心、海洋观测技术团队为支撑、海洋工程技术团队为重要拓展的一流"海洋学科创新团队群"，形成了各团队互相交融、互为支撑和彼此促进的有机整体，主要包括吴立新教授领衔的"海洋动力过程的演变机理及其在气候变化中的作用"国家自然科学基金创新研究群体，赵美训教授领衔的"海洋有机生物地球化学"国家自然科学基金创新研究群体，田纪伟教授领衔的"深海立体观测与海洋遥感技术"创新团队，于良民教授领衔的"环境友好型海洋功能材料与防护技术"教育部创新

---

① 《中国海洋大学关于从预聘青年教师中选聘专任教师工作实施办法》，中国海洋大学档案馆藏，档号：HD—2019—XZ12—Y—37。

② 《中国海洋大学"双一流"建设周期自评专家评审意见表》，中国海洋大学档案馆藏，档号：HD—2020—KY18—1—40。

团队，李华军教授领衔的"海洋工程安全设计与海洋再生能源利用"技术创新团队，周华伟、李三忠教授领衔的"海洋油气资源勘探开发"创新团队，高会旺教授领衔的"近海环境动态变化过程"创新团队等优秀团队，分别在各自的研究领域取得原创性成果。

在海洋生命科学与技术学科群，建设了由麦康森教授领衔的"可持续海水养殖中重要生物学前沿问题研究"创新团队、薛长湖教授领衔的"海洋生物资源高效利用研究与开发"创新团队、于广利教授领衔的"海洋创新药物研究与开发"三个教育部创新团队，以及宋微波教授领衔的"海洋生物多样性与进化研究"创新团队、包振民教授领衔的"海洋生物遗传学与育种"创新团队，初步构建起"以突破蓝色产业链关键技术为目标、理论与技术协同发展"的基础学科与应用学科交叉融合的优秀创新团队群。

在首轮"双一流"建设期间，学校实施创新团队培育工程，坚持"重点方向–研究平台–重大任务–创新团队"四位一体建设思路，优化完善"杰出学科带头人+国际知名学者+优秀学术骨干"的协同创新团队组织模式，赋予更大的团队组建权、任务分配权、经费使用权、设备购置权、空间资源使用权、业绩津贴分配权。形成海洋动力过程与气候、水产动物营养与饲料、海洋工程安全与防灾、全球海洋治理、海洋经济发展等九个以国家级创新团队为代表的高水平创新团队。2016年，以于良民教授为学术带头人的"环境友好型海洋功能材料与防护技术"创新团队获科技部重点领域创新团队。

为进一步促进多学科交叉融合，培育高水平创新团队和科技领军人才，提高承担重大科技项目能力，2020年，学校设立"中国海洋大学创新交叉团队培育计划"。该计划分为"重点创新交叉团队培育计划"和"青年创新交叉团队培育计划"两类，累计资助青年创新交叉团队四个、重点创新交叉团队一个。

第二轮"双一流"建设启动后，学校"通过人才梯队配套、体制机制创新，赋予团队更大的技术路线决定权、经费支配权、资源调动权、业绩津贴分配权等措施，依托国家重点实验室、教育部前沿科学中心、国家自然科学基金委基础科学中心、教育部人文社科重点研究基地等高水平科研平台和新型研发机构，持续打造一批高水平创新团队。实施创新交叉团队培育计划重点团队建设专项，着力培育学科交叉、优势集聚的一流创新团队"[1]。2021年，李三忠领衔的"海底古地貌动态重建"创新研究群体获批国家自然科学基金创新研究群体。2022年，以魏志强教授为学术带头人的"海洋大数据智能协同感知与融合计算"创新团队获科技部重点领域创新团队。

---

①《中国海洋大学"十四五"师资队伍建设规划》，中国海洋大学档案馆藏，档号：HD–2022–KY18–1–7。

2017年，为贯彻落实习近平总书记对黄大年同志先进事迹重要指示精神，教育部启动全国高校黄大年式教师团队创建活动。以汪东风教授为负责人的食品科学与工程教师团队，于2018年被教育部首批认定为全国高校黄大年式教师团队。该团队坚持聚焦教学研究与改革、理念创新和模式探索。通过多年实践，形成"具有水产品特色的食品科学与工程专业创新人才培养模式的构建与实践"教学成果，获国家级教学成果二等奖。团队成员注重实践育人，组织并辅导本科生生物分子设计国际大赛，获得金奖、银奖和铜奖各一项。2019年，团队负责人汪东风获评国家"万人计划"教学名师。团队成员科研成果获国家科学技术进步奖二等奖。

史宏达教授领衔的绿色与智慧海岸工程教师团队，于2022年被教育部认定为全国高校黄大年式教师团队。该团队开设的港口规划与布置课程，于2020年入选国家级一流线下课程。作为港口航道与海岸工程专业带头人，史宏达带领团队历经十多年的奋斗，陆续取得国家重点学科、国家级特色专业、国家级卓越工程师计划、专业认证等一系列专业建设成果。团队成员科研成果获国家科学技术进步奖二等奖。2022年，团队负责人史宏达获评国家"万人计划"教学名师。

李华军院士领衔的海洋工程教师团队于2023年入选教育部第三批全国高校黄大年式教师团队。团队建成国家级一流本科课程一门，获国家教学成果二等奖一项。团队累计主持科研项目百余项，承担了国家自然科学基金委海洋工程领域首个基础科学中心项目、首个重大项目，主持山东省重大创新工程项目。研究成果广泛应用于海洋资源开发、"海上丝路"沿线基础设施建设以及国防工程等，社会经济效益显著，获国家科学技术进步奖二等奖三项、山东省科技最高奖等多项科技奖励。

中国海大黄大年式教师团队坚持思想价值引领，创新教育教学模式；潜心科研，服务国家战略需求和社会发展需要，切实体现了接续奋斗、至诚报国的精神。

经过十余年建设，学校在国家战略布局的关键领域、学科发展的重点方向，形成以三个国家自然科学基金创新研究群体、三个科技部创新人才推进计划重点领域创新团队、两个教育部创新团队、三个全国高校黄大年式教师团队等为代表的高水平教学科研团队。

二、深化人才分类评价和薪酬激励机制改革

（一）深化人才分类评价

推进人才分类评价是完善人才评价考核机制的重要举措，有利于引导广大教师立

足本职出成绩、作贡献，造就一支高素质师资队伍。学校针对多样化的人才观尚待健全，人才评价标准单一，队伍整体活力不足，现有人才资源尚未充分发挥效益等问题，在坚持全面评价的同时，重点尝试分类评价。新一轮"985工程"建设期间，学校"实行以岗位职责要求为依据，学术贡献、当前状态和发展趋势全面评估，以创新和质量为导向的人才评价选拔机制，营造了有利于集聚学术领军人才、鼓励人才创造性充分发挥的制度环境。对于高层次人才，突出学术影响力、团队领导力评价，着重评估'把方向、出思想、带队伍、促发展'的能力；对于'青年英才工程'层次的重点培养人才，着重研究方向、工作状态和发展潜力评价，引导优秀青年人才聚焦前沿方向潜心研究"[1]。虽取得一定成果，但激发人才与团队活力的分类评价体系和分流淘汰机制尚不明确，政策规定系统性不够，评价条件引导激励缺乏针对性，定性与定量结合不够，指标偏软偏低等，已不能适应新时代高水平教师队伍建设和学校一流大学建设的需要，亟须完善。

2016年开始，国家关于人才发展、人才评价改革出台一系列文件，对新时代、新形势下的人才评价提出了新的更高要求，包括加强师德考核力度、实行分类评价、突出教育教学业绩、完善科研评价导向、实行代表作制度、重视社会服务考核、加强评审监督等。2016年学校就人才分类评价问题强调，要落实"以贡献求发展"的人才发展观，制定实施分类评价标准和分类考核细则，创设人尽其才和才尽其用的制度环境，调动和激发广大教职工的积极性和创造性。[2]

2017年后，学校制定或修订的多个人才工程实施办法，就是在人才引进、考核管理等环节面向不同学科人才进行分类评价的有力证明。"筑峰人才工程"面向理工科人才，"繁荣人才工程"面向哲学社会科学人才和人文学科人才，"青年英才工程"面向40岁以下的青年人才，"名师工程"面向教学方面有突出造诣的人才，"绿卡人才工程"面向境外人才等，均体现了分类评价思想。

2018年10月，学校建立"1+N"评聘制度体系，深入推进分类评价。先后出台《中国海洋大学专业技术职务评聘工作实施办法》和教师系列、工程技术系列、实验技术系列、图书档案系列、出版编辑系列五个评聘实施细则以及《关于"高水平教学研究论文"的认定说明》《关于"国际竞赛和全国大赛"的认定说明》《各单位关于参评教师系列专业技

① 《服务海洋强国战略，加快建设世界一流海洋大学——"985工程"（2010—2013年）建设情况报告》，中国海洋大学档案馆藏，档号：HD-2013-KY11-41-23。
② 李巍然：《在2016年春季学期全校教师干部大会上的讲话》，中国海洋大学档案馆藏，档号：HD-2016-XZ11-Y-51。

术职务"教学任务要求"的补充规定》等若干配套政策，形成较为完善的专业技术职务评聘制度体系。2020年7月，根据国家对思政课教师队伍建设的最新要求，学校又专门制定了《中国海洋大学思想政治理论课教师专业技术职务评聘申报条件》。

以上政策针对不同系列、不同岗位职责和工作要求，确定了不同的申报条件和评价指标。譬如教师系列，按照理科、工科、人文、社科、体育艺术以及思政课教师等，分别从教学、科研、社会服务等方面制定了不同的申报条件。为了引导更多的教师投入教学工作，特别设置了教学业绩突出的申报条件。在指标设定上，对理科类从事基础研究的教师，突出原创导向，将代表性论文、重要项目、获奖等作为评价标准；对工程技术类从事技术研发的应用型人才，突出应用导向，重点评价解决工程技术问题的能力，以重要专利、制定行业标准、公共平台建设和成果转化产生的社会和经济效益等作为评价标准；对哲学社会科学领域人才，注重社会评价，将代表性论文、重要项目、获奖、面向国家重大需求和地方经济社会发展提供决策咨询建议等作为评价内容；对于体育艺术学科，增设相应的业务条件，引导教师专心做好学生体育和美育教育；对于偏重教学的教师，注重教学工作量、教学效果、教学研究、教学成果的评价，将本科教学评估情况、通识课教学情况、指导学生参加竞赛、承担教学研究项目、出版规划教材、获得国家级教学成果奖等作为评价标准，更加强调教书育人使命。坚持贡献导向，鼓励人才开展"从0到1"的重大基础研究和"卡脖子"关键技术攻关，对于取得重大基础研究和前沿技术突破、解决重大工程技术难题、在经济社会事业发展中作出重大贡献的教师，可不受论文、项目等成果数量限制，破格参与职称评审。自新评价政策实施以来，均有教师按照新增的不同学科条件获得晋升。

实施人才分类评价为造就一支高素质师资队伍创设了制度环境和良好氛围，确立了鲜明导向，形成广大教师立足本职出成绩、作贡献、成人才的良好局面。

（二）改革薪酬激励机制

毋庸讳言，薪酬多寡一直是引进人才、留住人才无法回避的问题。2010年初，学校实施《进一步完善校内岗位津贴分配制度的实施意见》，启动新一轮校内分配制度改革。为推动"985工程"建设，学校不断探索由国家工资、岗位津贴和业绩津贴相结合的多样化薪酬结构。到2015年，逐步建立起以岗位职责为基础，体现知识、能力与贡献和鼓励创新创造的分配激励机制，建立了国家工资、体现学术水平的基础岗位津贴、体现实际贡献的业绩津贴和体现学校导向的校长特殊奖励相结合的薪酬体系，为人才引育奠定了重要基础。

2016年，学校将完善薪酬激励机制列为年度重点工作之一，提出建立基于分类考核的评价体系和薪酬激励办法，探索建立不同专业技术系列的校内岗位津贴分配制度。[①]学校坚持以岗定薪、优劳优酬，校内分配向高层次人才和优秀青年人才倾斜，大幅提升高层次人才收入水平。

2019年，立足一流大学建设的总体目标，学校进一步完善与岗位职责、工作业绩、实际贡献相匹配的绩效工资分配体系。为激发调动二级单位办学和全校教职工工作的积极性与主动性，发挥好绩效工资的引导、激励作用，促进学校事业快速和可持续发展，学校主管部门经过广泛调研和反复研讨，历时一年半，制定并出台《中国海洋大学绩效工资改革实施方案（试行）》。改革方案进一步突出人才培养核心地位，统筹兼顾专任教师队伍、管理干部队伍、支撑保障队伍的协调与可持续发展，使不同岗位教职工的收入水平与其在学校事业发展中所承担的职责和任务相协调，使教职工的收入水平与学校事业发展成就和水平相适应。绩效工资采取总量控制、宏观管理，二级单位统筹使用、具体分配的方式，鼓励各教学科研单位根据学科特点、自身优势和特色，坚持质量导向，实施分类评价，自主制定本单位的绩效工资具体分配办法，强化各单位的办学主体地位，激发和调动了各单位办学积极性、主动性和创造性。摒弃原来以岗位核拨各单位年终业绩津贴的做法，变为按照人才培养、科学研究、综合管理等工作业绩和实际贡献予以核拨，由学院根据学校政策和自身实际，自主分配年终业绩津贴，这是该方案的亮点之一，政策的实施进一步发挥绩效工资在学校"双一流"大学建设中的引导、激励作用。

实践证明，学校不断完善、深化人才分类评价机制和薪酬激励机制，有效调动了海大人投入"双一流"建设的积极性和创造性，有效促进了教学、科研及各项事业的发展。

三、构建师德师风建设长效机制

加强师德师风建设是教师职业发展的需要，是建设高素质师资队伍的内在要求。党和国家高度重视师德师风建设，党的十八大以来，习近平总书记多次就加强师德师风建设发表重要讲话，强调评价教师队伍的第一标准是师德师风。

（一）加强师德师风的组织领导和制度建设

学校坚持师德师风是评价教师队伍素质的第一标准，把师德师风建设摆在教师队伍

建设的首要位置。构建"党委统一领导、党政齐抓共管、部门各司其职、二级单位党委具体落实、全员共同参与"的体制机制，将师德考核贯穿教师管理服务全过程。2012年，成立由校长担任组长的学风建设工作领导小组，强化对教师思想政治工作和师德师风建设的组织领导、协同推动和责任落实。2017年，学校成立党委教师工作部并配备专职人员，统筹教师思政工作和师德师风建设。2019年，学校强化师德建设的组织领导，成立师德师风建设委员会，由党委书记和校长担任委员会主任，分管教职工思想政治工作和教学工作的领导任副主任，负责师德师风教育、宣传、考核监督以及对教职工失范行为处理工作的组织领导。

制度建设是加强师德建设和学风建设的根本保障。自2012年起，先后实施《中国海洋大学学风建设实施细则（试行）》《关于进一步加强和改进师德建设的意见》《中国海洋大学教职工行政纪律处分规定（试行）》《中国海洋大学学术委员会学风与学术道德专门委员会规程》。2019年，实施《中国海洋大学师德失范行为处理实施细则》，进一步加大对教职工师德失范行为的查处力度。2020年，实施《关于进一步加强和改进新时代师德师风建设的实施意见》。2021年，实施《中国海洋大学师德考核办法》，将师德考核贯穿人才引进、职称评审、岗位聘任、评奖评优等管理服务全过程。这些制度、规范引导教师认真履行岗位职责，恪守教师行为规范，为师德建设和学风建设提供了有力保证。

（二）建立师德师风评价机制

学校持续健全师德教育常态化机制，将师德考核贯穿教师管理全过程。通过集中学习研讨、专题辅导报告、政策宣讲等方式开展师德专题教育。将党史学习教育、法治教育、纪律教育和师德教育纳入政治理论学习、岗前培训等各类教师培训；建立助教听课制度，邀请师德先进个人与青年教师交流教学心得体会，帮助青年教师掌握教育教学方法、提升教学科研能力、锤炼高尚道德情操。将师德专题教育与学生思想政治教育深度融合，讲好"大思政课"，抓好课程思政与思政课程建设，将社会主义核心价值观教育贯穿全过程，引导广大教师守好讲台主阵地，在教育教学中提升师德素养。

学校建立起以德为先的教师考核评价体系，将师德日常考核贯穿教职工选聘、人才引进、职务晋升、职称评审、岗位聘用、导师遴选、评优奖励、项目申报等教职工管理服务全过程。在职称评审、推优选先、各类人才工程推荐等工作中，坚持实施师德一票否决制。《中共中国海洋大学委员会关于加强和改进新时代师德师风建设的实施意见》中明确规定："强化师德考核结果的运用，将考核结果作为推优、晋升、聘任、奖惩等的重要依据。师德考核不合格的教师，年度考核结果确定为不合格，并取消在推优评先、职称评聘、干部选拔、表彰奖励、科研和人才项目申请等方面的资格。"① 将师德年度考核与教职工年度考核工作同步组织，明确师德考核结果为基本合格的，年度考核结果不能确定为合格及以上等级；师德考核结果为不合格的，年度考核结果确定为不合格。建立师德考核负面清单，加大对师德违规问题的查处力度，对师德问题零容忍。不断加强警示教育，引导教师切实增强遵守教师职业行为的思想自觉和行动自觉。

（三）发挥师德楷模、名师大家的示范引领作用

学校注重宣传全国优秀教师、全国最美教师、全国先进工作者、全国创新争先奖等富有时代精神的教书育人先进典型。每年开展评选优秀教师、优秀班主任、优秀辅导员、德育工作先进集体和先进个人等活动，并在教师节庆祝大会上，对模范教师和师德师风高尚、工作业绩卓著的教师、成绩优异的优秀科研团队等进行隆重表彰，引导教师见贤思齐，全面发展。学校设立澳柯玛奖励教师基金、天泰新世纪优秀人才奖、交通银行奖励教师基金、教学优秀奖等奖项，奖励师德高尚、业绩卓著的教师。积极选树优秀教师典型，通过荣誉授予、事迹报告、媒体宣传、文艺作品展示等方式，彰显先进典型的引领示范和辐射带动作用。把9月份确定为学校"师德师风教育月"，以师德师风报告、论坛、征文、演讲、讲座、教师节表彰大会等活动为载体，营造尊师重教的良好氛围，激发全校教师的职业荣誉感和自豪感。学校涌现出一批全国模范教师、全国优秀教师、全国优秀教育工作者、全国高校优秀骨干教师、黄大年式教学团队负责人、"万人计划"教学名师、国家级教学名师等。

四、师资队伍建设成效显著

（一）师资队伍结构进一步优化

经过不懈努力，学校专任教师学历层次明显提高。据资料统计，2011年，学校有专任教师1467人，其中具有博士学位的814人，占比55.5%。到2022年，学校有专任教师2111人，其中具有博士学位的1685人，占比79.8%（表9-7）。学校教师的学历结构不断优化，有助于教师队伍整体素质的提升。

① 《中共中国海洋大学委员会关于加强和改进新时代师德师风建设的实施意见》，中国海洋大学档案馆藏，档号：HD-2020-XZ12-Y-221。

表 9-7　中国海大专任教师学历情况表

年份	专任教师总人数	博士／占教师百分比	硕士	本科
2011	1467	814 / 55.5	545	108
2012	1536	892 / 58.1	553	91
2013	1567	976 / 62.2	486	105
2014	1604	1034 / 64.5	459	111
2015	1656	1109 / 68.6	437	110
2016	1706	1170 / 68.1	436	100
2017	1754	1194 / 68.1	441	119
2018	1789	1293 / 72.3	372	124
2019	1799	1366 / 75.9	336	97
2020	1884	1463 / 77.7	354	67
2021	2008	1596 / 79.5	364	48
2022	2111	1685 / 79.8	386	40

资料来源：根据中国海洋大学《高等教育基层统计报表》（2011—2022学年）整理。

学校高层次教师队伍中青年教师的数量及占专任教师比例较高。2011年，398名教授中，45岁以下117人，占比29.4%；356名副教授中，45岁以下276人，占比77.5%；754名教授、副教授中，45岁以下393人，占比52.1%。2022年，657名教授中，45岁以下199人，占比30.3%；778名副教授中，45岁以下531人，占比68.3%；1435名教授、副教授中，45岁以下730人，占比50.9%。45岁以下教授、副教授比例占高层次教师总数的一半还多，体现了师资队伍的可持续发展潜力和能力。

教师学缘结构得以改善。学校高度重视优化教师队伍学缘结构，在人才招聘时注重从国内外知名大学和高水平科研机构引进优秀人才。学校教师在其他高校或科研机构取得最后学历的比例一直保持较高水平，以2017年专任教师为例，在外校获得博士、硕士、学士学位教师人数达到1121人，占专任教师总人数的63.9%。教师来源分布区域广，不同教育背景的学术思想相互交流、渗透和融合，有利于激发教师的创新创造活力。

（二）高层次人才引育和团队建设成效明显

学校良好的育人环境催生高层次人才不断涌现，一大批人才经过自身努力和学校培养，成为院士、国家杰出青年基金获得者等领军人才。自2011年以来，学校新增中国科学院院士2人、中国工程院院士3人，现有两院院士9名（表9–8）。新增欧洲科学院院士、德国国家工程院院士1人，发展中国家科学院院士1人，国际欧亚科学院院士1人。截至2023年，新增全国模范教师2名、国家教学名师2名。新增国家杰出青年基金获得者等国家级领军人才69人，国家优秀青年基金获得者等国家级青年人才62人，山东省"泰山学者"攀登计划特聘教授9人，山东省"泰山学者"特聘教授40人。新增学校"筑峰人才工程""繁荣人才工程"特聘教授64人，"绿卡人才工程"特聘教授116人，"青年英才工程"优秀人才423人。新增国家自然科学基金创新研究群体3个、科技部重点领域创新团队3个、教育部创新团队2个、教育部黄大年式教学团队3个，形成一支以两院院士、国家级人才为带头人，优秀青年学术骨干为中坚力量的高水平教师队伍。2019年，学校入选科技部创新人才培养示范基地。

　　2011年以来，吴立新、宋微波教授先后当选中国科学院院士，李华军、包振民、薛长湖教授先后当选中国工程院院士[①]，引进"顶尖人才岗位"特聘教授张弛。

吴立新（1966—　），安徽桐城人，物理海洋学家。长期致力于海洋动力过程与气候、海洋地球系统观测、模拟与预测研究。2013年当选中国科学院院士。作为首席科学家主持承担了国家深海大洋"973计划"项目、科技部全球变化重大研究计划等项目。依托海洋试点国家实验室，领导发起了"透明海洋"研究计划，推动海洋超算、"两洋一海"立体观测系统等多项重大工程的实施，是国家自然科学基金委西太平洋重大研究计划、科技部"十四五"海洋环境重点研发专项的专家组组长。

吴立新院士

2019年，因在"跨尺度海洋动力过程与气候"研究领域的杰出贡献与领导力，获得美国地球物理学会地球与空间科学领导力最高奖并被授予美国地球物理学会会士；同年当选为发展中国家科学院院士。

　　宋微波（1958—　），江苏睢宁人，原生动物学家。主要从事纤毛虫原生动物生物学研究。2015年当选中国科学院院士。从事纤毛虫学研究30年来，带领团队深入、系统地

宋微波院士

---

① 院士成就详见《中国海洋大学史·成果卷》。

完成了我国沿海以及南极地区纤毛虫的分类与区系研究，填补了西太及东亚海洋环境中纤毛虫多样性研究的空白，促进了全球海洋纤毛虫研究新格局的形成。在纤毛虫的细胞结构分化、模式构建领域，开展了对腹毛类等重要类群的细胞发生学研究，揭示了大量新的细胞分化-去分化新现象，首次建立了凯毛虫等大量代表性种属的个体发育模式，构成了国际相关领域近20年来的核心成果。在纤毛虫分子系统发育领域，主持完成了对纤毛门内纲目级阶元的系统探讨和标记基因的测序工作，建立了全球最大、覆盖所有海洋类群的DNA库，成为国际纤毛虫分类学-系统学-基因组学等开展研究的重要档案库。所主持完成的成果先后获国家自然科学成果二等奖1项、教育部自然科学/科技进步成果一等奖4项以及国家海洋局科技进步成果一等奖1项。曾获国际原生生物学家学会Foissner基金奖和纤毛虫学Cravat奖。

李华军院士

李华军（1962— ），山东广饶人，港口、水道、海岸及近海工程专家。长期从事海洋工程研究。2017年当选中国工程院院士。围绕海洋资源开发的国家重大需求，在新型海工结构的设计施工以及安全运维领域作出了突出贡献，提升了海洋工程领域的理论与技术水平及重大工程实践能力。获国家科学技术进步奖二等奖3项、山东省最高科技奖1项、省部级科技奖励一等奖6项、何梁何利创新奖及光华工程科技奖。领衔的海洋工程教师团队入选教育部第三批全国高校黄大年式教师团队。

包振民院士

包振民（1961— ），山东烟台人，水产养殖专家。长期从事海洋生物遗传学与育种研究。2017年当选中国工程院院士。带领研究团队，建立了贝类育种数量性状评估育种技术、分子标记育种技术、全基因组选择育种技术三大核心技术体系，育成国家审定扇贝新品种5个，产业推广效益显著。获得国家科学技术进步奖二等奖3项、国家技术发明奖二等奖1项、省部级技术发明一等奖2项、科技进步一等奖2项。为我国水产种业科技发展居世界领跑地位作出了重要贡献，提升了我国贝类遗传学和育种学的国际声誉。

薛长湖（1964—　），江苏泰州人，水产生物资源高效利用专家。长期致力于水产品加工理论、工程技术研发和应用研究，构建起水产品现代加工技术体系，引领了我国水产品加工技术进步与产业转型升级。2023年当选中国工程院院士。授权发明专利89件，制修订5项国家/行业标准。获国家科学技术进步奖二等奖2项、省部级科技奖励5项。成果在近百家水产品加工龙头企业转化，新增产值超500亿元；建成甲壳素生物加工、海参高品质加工、海洋活性脂质等生产线几十条，开发出系列高值化产品，广泛应用于食品、农业、材料和生物医药等领域。作为我国水产品加工与贮藏学科带头人，为构建现代水产品加工理论与技术体系、服务渔业高质量发展作出了重要贡献。

张弛（1967—　），江苏镇江人，分子基非线性光学及光电功能材料研究专家，中国海洋大学"顶尖人才岗位"特聘教授。2020年入选欧洲科学院院士，2022年入选德国国家工程院院士。提出了功能簇骨架调控优化及次级分子修饰增强材料光限制性能的新方法，揭示了功能有机共轭基元对簇材料光学非线性的调制规律，研创了多系列可实用的大倍频、宽带隙深紫外、中红外倍频晶态光学材料，开拓了氟代金属氧阴离子基中红外、氟代强电正性过渡金属阳离子基深紫外倍频晶体的新方向，发展了融合共轭单元修饰并调制二维碳材料光活性的光学饱和/反饱和吸收理论，光功能材料光谱学和衍射方法实验研究被学术同行评价为代表了该领域的最高研究水平，创制的有机-无机共轭材料被认为极具成为光子或光电子器件的可能，并推进了纳米尺度学术前沿。获授权国家发明专利60项，其中以第一发明人获授权核心国家发明专利55项。曾获教育部高等学校自然科学研究成果二等奖、中国侨界创新人才贡献奖、中国侨界创新团队贡献奖、中国侨界创新成果贡献奖、中国光学工程学会技术发明一等奖等。作为负责人主持、发起并联合澳大利亚、德国、美国、日本、法国、比利时、爱尔兰、西班牙等国相关领域多位科学院院士及国际知名学者，创建了中国科技部"光响应功能材料"国家级国际联合研究中心，中国科技部与澳大利亚创新、工业与科研部联合批准资助建设的中国-澳大利亚功能分子材料国际联合研究中心，被中国科技部誉为国家国际科技合作的成功典范。

薛长湖院士

张弛教授

表 9-8　中国海大两院院士一览表

序号	姓名	所属学部	当选时间
1	文圣常	中国科学院地学部	1993
2	管华诗	中国工程院农业、轻纺与环境工程学部（现为农业学部）	1995
3	冯士筰	中国科学院地学部	1997
4	麦康森	中国工程院农业学部	2009
5	吴立新	中国科学院地学部	2013
6	宋微波	中国科学院生命科学和医学学部	2015
7	李华军	中国工程院土木、水利与建筑工程学部	2017
8	包振民	中国工程院农业学部	2017
9	薛长湖	中国工程院农业学部	2023

人才之于中国，是强国兴邦的首要资源；之于中国海大，则是事业发展的根本驱动力。面对世界百年未有之大变局，面对建设海洋强国是实现中华民族伟大复兴的重大战略任务，涉及海洋研究领域的领军人才，由于美国为首的西方国家的"小院高墙"愈筑愈高，引进的难度也随之加大。中国海大只能在既有基础上，依靠不断优化育才用才环境，立足自身培养，着力引进人才，才能立于不败，赢得未来。中国海大实施人才强校战略永远在路上，建设一流人才队伍没有止境。

第五章
新时代教育创新与人才培养

党的十八大以来，培养什么样的人，怎样培养人，为谁培养人是中国教育面临的时代课题，高等教育也必须作出回答。知识经济时代，拔尖创新人才的竞争是国家之间竞争的核心。一流的人才培养能力和一流的学科水平是一流大学建设最核心的落脚点，学校不断深化人才培养模式改革，加强拔尖创新人才培养。

"一流大学要有一流的本科教育"是中国海大人的共同信念。学校实施"拔尖学生培养计划"，加强涉海专业拔尖学生培养。实施"专业水平提升计划"，工科专业实施"卓越工程师培养计划"，农学专业实施"卓越农林人才培养计划"，探索产教融合的应用型人才培养模式。实施"创新创业教育提质升级计划"，增强学生实践和创新能力。实施"课程质量提升计划"，构建精品课程体系，强化公共基础课和专业课核心课程体系建设。实施"通识教育再起航计划"，培养文理兼备、适应未来社会需求的高素质人才。实施"一流本科教育行动计划（2019—2024）"，以新时代本科知识重构计划为统领，构建多样化人才培养模式。

学校着力推进研究生教育综合改革，探索符合人才培养规律的"本硕博"贯通的拔尖人才培养模式，实施学术学位研究生硕博一体化培养，探索学术学位研究生按照一级学科招生、培养和授位。构建企业行业等社会力量参与、互利共赢的产学合作培养新机制，健全行业产业导师选聘制度。加强专业学位研究生实践能力培养，实施"专业学位+能力拓展"培养模式。研究生教育形成培养方案迭代升级、课程体系不断优化、学位授予标准各具特色的创新人才培养体系。

第一节 推进一流本科教育

一、创新本科人才培养模式

（一）修订本科人才培养方案

人才培养方案是实现人才培养目标的纲领性文件和组织开展教学工作的重要依据。2010年，学校全面修订各专业人才培养方案。新的人才培养方案贯彻"通识教育和专业教育有机融合、个性化培养与多样化培养相统一、突出创新精神和实践能力培养、优化知识结构和课程体系、实行贯通培养、加强国内外合作培养、继承性和前瞻性相统一"七项基本原则，重构课程体系。本科课程按照公共基础教育、通识教育、学科基础教育、专业知识教育和工作技能教育进行设置，便于学生选科、选课。新的培养方案突出强调通识教育以及夯实数理化及外语等公共基础知识的重要性，着力改革专业课程体系结构，如"每个专业根据学科特点，至少开设一门供全校本科学生选修的通识教育课程，学生毕业前均需按要求修满八学分；实施部分公共基础课程分级分类教学"。"每个专业须明确规定专业核心课程，可以设置体现本专业办学特色和专业特点的专业特色课程；加强实践教学环节对学生创新能力的培养，设置创新创业教育学分。全校理学、工学、农学类各专业本科毕业总学分原则上为160学分左右，其中实践性课程学分比例最低不应低于38学分；其他各本科专业毕业总学分原则上为170学分，其中实践性课程学分比例最低不应低于25学分。"[1]

2016年，学校再次进行本科人才培养方案修订。新方案中，课程按通识教育和专业教育两个层面设置。与上一版培养方案相比，各专业毕业总学分略有减少，实践教学环节得到强化。"全校理学、工学、农学类各专业本科毕业总学分原则上不高于150学分，其中实践性课程学分比例最低不应低于总学分的25%；其他各本科专业毕业总学分原则上不高于160学分，其中实践性课程学分比例最低不应低于总学分的15%。"[2]另外，为推动拔尖创新人才和卓越工程人才培养模式改革，对国家生命科学与技术人才培养基地班、

①《中国海洋大学关于新一轮本科专业结构调整和人才培养方案修订工作的原则意见》，中国海洋大学档案馆藏，档号：HD-2010-JX1311-3。
②《中国海洋大学关于新一轮本科人才培养方案修订工作的原则意见》，中国海洋大学档案馆藏，档号：HD-2018-JX1311-12-13。

卓越工程师培养计划、卓越农林人才培养计划、中外合作办学专业等专门制定人才培养方案。

2018年，学校实施"中国海洋大学新时代本科知识重构计划"，为学生构建面向未来社会发展需要和人自身发展需求的本科知识体系与能力结构。为培养能够适应社会行业发展需求和未来变化的专门化人才与交叉复合型人才，于2019年再次修订人才培养方案。新修订的方案注重体现知识重构和质量提升并重、通识教育和专业教育有机融合、系统培养与分类培养相统一、突出创新精神和创新创业实践能力培养、深化国际合作培养原则。该版培养方案在课程设置上加强专业核心课程体系建设；强调公共基础课程与时俱进，根据社会需要和学生实际更新课程内容、调整课程标准，及时配合专业课教学的变化；科教融合课程、专业导论课程将科研前沿和产业发展纳入教学内容，使学生深刻认识专业、了解学科发展；鼓励探索创新人才培养模式，设置"卓越人才""拔尖人才"等特殊人才培养课程体系；加强辅修专业课程体系建设，制定20~25学分辅修专业课程体系。[①]

从2011年到2019年，学校本科人才培养方案历经三次修订，逐步趋于完善，更加符合学生成长成才规律，更加适应国家经济社会发展需求。

（二）创新人才培养模式

人才培养模式的创新是教育教学改革的核心，是提高人才培养质量的重要途径，中国海大从未停止对人才培养模式的探索、改革与创新。

1. 拔尖人才培养

学校探索构建厚基础、重交叉、海洋特色鲜明的"本硕博"贯通、科教融合的拔尖创新人才培养体系，建设国家海洋科学拔尖学生培养基地。从20世纪90年代以来的海洋学、化学（海洋化学）两个国家理科基础科学研究和教学人才培养基地，到国家海洋生命科学与技术人才培养基地、国家生命科学与技术人才培养创新实验区、高等学校水产养殖创业教育创新实验区等国家级人才培养创新试验区，陆续落户学校，学校积累了丰富的拔尖人才培养经验，始终走在国内高校拔尖人才培养的第一方阵。

新一轮"985工程"建设期间，学校海洋等领域拔尖创新人才培养模式改革扎实推进，取得实效。2011年起，学校依托海洋学、化学（海洋化学）两个国家理科人才培养基地，发挥青岛海洋机构相对集中的区位优势，在水产养殖、生命科学与技术、海洋科学、

---

① 《中国海洋大学2020版本科人才培养方案编制基本内容和具体要求》，中国海洋大学档案馆藏，档号：HD-2020-JX1311-2-7。

海洋化学化工四个领域分别设立人才培养模式改革示范区，以培养未来海洋科技领域学术精英和海洋科技行业领军人才为目标，探索建立学校−科研院所、学校−行业企业等多部门协同创新机制，共同培养拔尖创新人才。

2017年，学校实施《中国海洋大学一流大学建设方案》，提出建设崇本学院，引进国际海洋领域核心课程，建设多学科交叉的基础课程体系和海上实践课程体系，实施涉海拔尖创新人才培养计划。[①]2019年，崇本学院成立，探索书院制、导师制、学分制及小班化、个性化、国际化的"三制三化"培养模式，

2020年11月，崇本学院揭牌

打破海洋科学不同方向之间的界限，实现物理海洋、海洋化学与环境、海洋地质与地球物理、海洋生物的深度交叉与融合，构建起"大海洋"培养体系，拓展了科教协同培养拔尖创新人才的新途径。通过全校选拔，首批48名学生进入崇本学院学习。2020年，海洋科学入选教育部基础学科拔尖学生培养计划2.0基地，崇本学院为基础学科拔尖学生培养计划的具体实施单位。按照"宽口径、厚基础"的要求，学生在一、二年级主要修读公共基础课程、通识教育课程和专业基础课程等；三年级学习专业核心课程和国际化课程，接受科研训练和个性化培养；进入四年级后，学生可选修研究生课程，或到国内外知名学术机构访学。

2020年1月，教育部《关于在部分高校开展基础学科招生改革试点工作的意见》下发，决定自2020年起，在部分高校开展基础学科招生改革试点（也称"强基计划"）。该计划主要选拔培养有志于服务国家重大战略需求且综合素质优秀或基础学科拔尖的学生，由有关高校结合自身办学特色，合理安排招生专业。实行导师制、小班化等，探索建立"本硕博"衔接的培养模式，本科阶段培养要夯实基础学科能力素养，硕博阶段既可在本学科深造，也可探索学科交叉培养。中国海大成为首批"强基计划"试点高校。2020年，生物科学专业为首批招生专业，录取25人，组建生物科学强基班，由院士担任班主任，着力培养生物科学拔尖人才。

2021年，学校生物科学入选教育部基础学科拔尖学生培养计划2.0基地。该培养基地

---

① 《中国海洋大学一流大学建设方案》，中国海洋大学档案馆藏，档号：HD−2017−KY18−1−26。

面向生命科学国际前沿，围绕我国生命科学领域的基础与应用研究以及医药、农业、健康、环境中的重大战略需求，依托学校生命科学、海洋科学、水产科学、海洋药物与食品等学科集群优势，培养生命科学学术领军人才。

2022年，学校参与由中国科协和教育部共同组织开展的"中学生科技创新后备人才培养计划"（也称"中学生英才计划"）。该计划依托生物科学基础学科拔尖学生培养计划2.0基地招生，首批九名中学生通过面试入选。该计划探索高校与中学联合发现和培养青少年科技创新人才的有效模式，为拔尖学生培养输送后备力量。

学校强化基础学科拔尖学生培养基地、"强基计划""中学生英才计划"联动建设，探索中学、大学全学段拔尖学生贯通培养路径，形成特色鲜明、层次丰富的拔尖创新人才培养体系。

2. 推进实施"卓越计划"

2010年，教育部"卓越工程师教育培养计划"实施，旨在培养造就一大批创新能力强、适应经济社会发展需要的高质量各类型工程技术人才，为国家走新型工业化发展道路、建设创新型国家和人才强国战略服务。2011年，学校入选教育部"卓越工程师教育培养计划"高校，食品科学与工程、电子信息工程和港口航道与海岸工程三个专业被批准为试点专业。同时，学校启动"卓越法律人才""卓越农林人才""卓越会计人才"等专业领域的人才培养改革。

2012年，学校计算机科学与技术、电子信息工程、港口航道与海岸工程、机械设计制造及其自动化和食品科学与工程五个专业入选教育部"卓越工程师教育培养计划"。学校从2011级食品科学与工程、电子信息工程、计算机科学与技术、机械设计制造及其自动化四个专业共选拔100名学生进入该计划试点班，按照卓越工程师的培养模式进行培养。

2013年，勘查技术与工程、高分子材料与工程专业入选教育部第三批"卓越工程师教育培养计划"。至此，学校有七个教育部"卓越计划"本科专业。另外，地球信息科学与技术、船舶与海洋工程、化学工程与工艺、光电信息科学与工程四个专业入选首批山东省"省级卓越工程师教育培养计划"试点专业。

2014年，学校水产养殖学、海洋渔业科学与技术专业入选教育部第一批"卓越农林人才教育培养计划"改革试点项目，开始了培养拔尖创新型水产人才的新探索。同年，汪东风教授申报的成果"具有水产品特色的食品科学与工程专业创新人才培养模式的构建与实践"获第七届高等教育教学成果二等奖。

2019年4月，教育部、科技部等13个部门联合启动"六卓越一拔尖"计划2.0（卓越工程师教育培养计划2.0、卓越医生教育培养计划2.0、卓越农林人才教育培养计划2.0、卓越教师培养计划2.0、卓越法治人才教育培养计划2.0、卓越新闻传播人才教育培养计划2.0、基础学科拔尖学生培养计划2.0），全面推进新工科、新医科、新农科、新文科建设，提高高校服务经济社会发展能力。12月，《中国海洋大学一流本科教育行动计划（2019—2024）》开始实施，着力推进"卓越工程师""卓越农林人才""卓越法治人才""卓越新闻传播人才""卓越经管人才"等培养计划，完善相关专业"卓越计划2.0"实施方案。积极推进各专业与企业和行业、科研院所深度合作，完善企业、行业专家作为兼职教师到校授课和教师进企业、行业交流的长效机制，健全科教协同、产教融合创新人才培养模式，培养了一大批基础扎实、专业突出，能够适应社会行业发展需求和未来变化的专门化人才与交叉复合型人才。

学校联合行业领军企业，探索以关键技术为驱动、面向行业需求的人才培养新模式。2020年，学校联合国内有关高校、科研院所和龙头企业，牵头发起成立中国新农科水产联盟，推进校所企业间水产领域合作交流，促进产学研合作、科教协同，引领带动专业结构优化和水平提升，构建卓越水产人才培养体系，培养知农爱农的新兴水产事业领军人才。2021年，学校与全国水产技术推广总站合作共建"卓越水产人才实践教育中心"，探索建立高校与水产技术推广示范基地联合培养人才的新机制。

学校以"卓越计划"的实施为牵引，不断拓展卓越人才培养模式。2012年起，学校联合海信集团、海尔集团、泰祥集团分别建设电子信息工程实践教育中心、数字家庭工程实践教育中心、水产品加工与贮藏工程三个国家级工程实践教育中心，与企业共同制定培养方案，实施联合培养，特别是针对企业生产实际开展实践教学，提升学生的工程意识和创新实践能力。

（三）培养学生实践和创新能力

学校始终把培养学生创新精神、增强学生实践能力放在人才培养的首要位置，把创新创业教育贯穿于人才培养全过程。

2010年新修订的本科人才培养方案提出，实践教学包括独立设置的教学实验课程、课程中的实验教学部分、上机、课程设计、毕业论文（设计）、实习实训和各类社会实践、科研创新活动、创业实践等。实验、实习和毕业论文（设计）是基本的实践教学环节，必须着力强化。各类科研创新和学科竞赛等是培养学生创新精神和创新能力的重要平台，必须着力构建并不断完善。实践教学环节所占学分，理学、工学、农学、医（药）学类各专业一般不低于38学分，其他专业一般不低于25学分。要改革和重组实验教学内容，精简压缩验证性实验，大量增加综合性、设计性、研究性实验，综合性、设计性、研究性实验项目占实验项目总数的比例不低于80%。设置创新创业教育学分，本科生毕业前须获得至少2个创新创业教育学分。①

　　根据新的本科人才培养方案，从2011年开始，学校对学期制度进行调整，确立春、夏、秋三学期制。夏季学期（4周）主要用于安排短学时课程和实践性教学环节（包括实验、实习、课程设计、技能训练、社会调查与实践以及各种创新实践活动）。实行夏季学期后，能保证各专业实践类课程的集中安排，并有效提高实验实习的效果和质量。学校把2012年作为"实验实践教学改革年"，实施《中国海洋大学实践教学工作标准》，对实践类课程的教学文件、教学准备、教学过程、教学考核和教学总结提出明确要求与量化标准。2013年，学校把本科教学经费增量部分全部用于实践教学，改革实习经费分配方法，建立实习经费专项制度。

　　2013年，《中国海洋大学大学生创新创业教育学分认定办法》实施，明确学生参加科技活动、科技竞赛、社会实践、发表论文及获得专利和资格证书等均计入学分。如凡"参加本科生研究发展计划（OUC-SRDP）、国家级大学生创新创业训练计划；参加学校认可的各级各类大学生科技竞赛活动；参与教师科研课题或开展设计型、研究型实验；作为正式代表受邀参加国内外学术交流活动；正式发表论文、文学作品，获得专利或行业资格（技能）证书；参加创业培训或者开展创业实践活动；参加社会调查、志愿服务等社会实践活动；代表学校参加体育比赛或者文艺演出；经学校认定的其他创新创业实践活动"②的，可计创新创业加分0.5到5学分。

　　学校统筹推进校内的教学实验室、创新创业基地、科研基地与校外的实践基地"四位一体"科教产教融合创新创业实践平台建设。不断加强实验教学资源建设，共拥有海洋生命科学、海洋学、水产科学、环境科学与工程四个国家级实验教学示范中心。海洋地球科学、海洋学虚拟仿真实验教学中心分别入选2014年和2015年国家级虚拟仿真实验教学中心。"长江口及其邻近海域海洋科学野外综合实践教育基地"被教育部列入2013年国家大学生校外实践教育基地建设项目。另外，学校拥有省级实验教学示范中心4个，立项建设校内大学生创新实践基地10个，校外实习实训基地455个。2018年，学校创新教育实践中心正式运行，为教师指导学生开展创新实践活动提供场地、条件支持。

①《中国海洋大学关于新一轮本科专业结构调整和人才培养方案修订工作的原则意见》，中国海洋大学档案馆藏，档号：HD-2010-JX1311-3。
②《中国海洋大学大学生创新创业教育学分认定办法》，中国海洋大学档案馆藏，档号：HD-2013-JX1311-3。

　　在学校得力措施的保障下，学生的实践创新能力得到提高。国际遗传工程机器大赛（iGEM）由麻省理工学院于2003年创办，是合成生物学领域的国际顶级大学生科技赛事。中国海大iGEM团队OUC-China自2011年参加该项赛事以来，先后获得亚洲赛区银奖和金奖、世界赛区铜奖和银奖。2014年，该创新团队入选大学生"小平科技创新团队"，获得中国青少年科技创新奖励基金资助。2016年，由12名本科生组成的代表队第六次参赛，从全球300多支团队中脱颖而出，首次夺得全球金奖。此后，海大学子连续六年获此殊荣。中国海大iGEM团队OUC-China成为学生科技团队建设和学生科技创新活动的一面旗帜。

　　2016年，学校代表队参加美国大学生数学建模竞赛和交叉学科建模竞赛，获得了4项国际一等奖和14项国际二等奖。

　　2022年，学校参赛项目"'智'糖先锋——全球海洋寡糖精准制造商"获得第八届中国国际"互联网+"大学生创新创业大赛全国总决赛高教主赛道国家金奖。项目团队聚焦特定结构海洋寡糖难以精准制造的国际难题，构建海洋寡糖专用酶理性创制平台，形成具有自主知识产权的酶制剂资源库，建立海洋寡糖酶法可控制造技术体系，成果经第三方评价达到国际领先水平。

　　2017年6月5日，中共中央政治局委员、国务院副总理刘延东到中国海大考察调研，她在参观了学生创新创业成果展后对现场师生说："中国海洋大学的人才培养工作，将通识教育和专业教育紧密结合，注重培养学生的创新创业意识，提倡学科交叉，这是非常好的人才培养方法。"[①]

二、加强一流本科教学

（一）加强一流专业、课程和教材建设

1. 专业建设

　　专业是高校人才培养的载体，是高校推进教育教学改革、提高教育教学质量的立足点，其建设水平决定着高校的人才培养质量和特色。学校现有本科专业83个，其中国家级特色专业12个，国家级一流本科专业建设点38个，山东省省级品牌、特色专业27个，省级一流本科专业建设点14个，7个专业入选教育部"卓越工程师教育培养计划"，2个专业入选教育部"卓越农林人才教育培养计划"。学校主动适应国家经济社会发展和海洋事业发展需求，适时调整专业结构，加强特色优势专业和一流本科专业建设。

---

① 刘邦华：《中共中央政治局委员、国务院副总理刘延东到中国海洋大学考察》，载《中国海洋大学报》2017年6月8日。

（1）重点专业和特色专业建设。2011年以来，学校加快学科专业结构调整，加强优势特色专业建设。在优先发展原有优势专业基础上，重点建设海洋勘探与资源开发利用、海洋经济与社会发展相关专业，形成结构优化、体系完善的涉海专业群。注重以优势的学科带动辐射其他专业建设，着力发展与节能环保、新一代信息技术、生物、高端装备制造、新能源、新材料等战略性新兴产业相关的专业；加快传统专业改造，建设一批具有国际影响的优势特色专业和若干新兴专业。2011年，教育部、财政部联合印发《关于批准第七批高等学校特色专业建设点的通知》，学校的环境工程、海洋资源开发技术两个专业被批准为第七批特色专业建设点。至此，学校已有海洋科学、海洋技术、化学、生物科学、法学、食品科学与工程、海洋资源开发技术、药学、水产养殖学、港口航道与海岸工程、环境工程、会计学12个专业成为国家级特色专业建设点。计算机科学与技术、勘查技术与工程、渔业科学与技术三个专业新增为山东省品牌特色专业。为提升我国涉海领域保密防范能力和推进保密事业科学发展，在2011年与国家保密局合办保密学院的基础上，获批建设保密管理专业。英语、机械设计制造及其自动化、地球信息科学与技术三个专业获批为山东省特色专业建设点。2013年，学校新增船舶与海洋工程、经济学、光电信息科学与工程三个山东省特色专业。至此，学校共建有山东省品牌专业、特色专业27个。

为主动应对新一轮科技革命与产业变革，支撑服务创新驱动发展、"中国制造2025"等一系列国家战略，2017年2月以来，教育部组织实施"新工科"建设，探索形成领跑全球工程教育中国模式和工科人才培养的中国经验，引导各高校培养多样化、创新型卓越工程科技人才，助力综合国力跃升。2019年，《中国海洋大学一流本科教育行动计划（2019—2024）》全面实施，以重构新时代本科知识为统领，以一流专业建设为抓手，深化教育教学改革，加强专业内涵建设，促进各专业升级改造，探索"新工科""新文科""新农科"建设有效路径，致力于建设一批国家级和省级一流专业，形成布局合理、特色鲜明、适应国家和区域经济社会发展的本科专业体系，为学校一流大学建设奠定坚实基础。学校根据事业发展规划，结合西海岸校区五大功能定位（滨海实验基地和海上试验场、工程技术学科群和高新技术研发基地、海洋发展战略研究协同创新中心、融合发展创新示范区、体制机制创新试验区），主动布局适应国家战略发展需求的"新工科"专业，积极改造升级传统工科专业。新增智能科学与技术、数据科学与大数据技术、网络空间安全、微电子科学与工程4个新兴工科专业，与信息科学与工程学院原有的计算机科学与技术等6个本科专业，构成了较为完备的新一代信息技术专业群。另外新增了计算机科学与技术、食品科学与工程两个中外合作办学工科专业。到2020年，学校获批教育部"新工科"研究与实践项目六项、"新农科"研究与改革实践项目五项（表9-9、表9-10）。2021年，学校设置保密技术、软件工程两个工科专业。

表 9-9　中国海大入选教育部"新工科"研究与实践项目一览表

序号	负责人	项目类	项目群	项目名称
1	刘贵杰	"新工科"专业改革类项目	电子信息、仪器类项目群	"海洋机电装备与仪器"新工科专业建设探索与实践
2	毛相朝	"新工科"专业改革类项目	食品、农林类项目群	海洋特色食品科学与工程专业政校企协同育人模式与实践平台建设
3	童思友	"新工科"专业改革类项目	矿业、地质、测绘类项目群	基于成果导向的勘查技术与工程专业工程实践教育体系完善与实践平台升级改造
4	王厚杰	"新工科"专业改革类项目	土木、建筑、水利、海洋类项目群	凸显海洋特色、强化高新技术融合的地球信息科学与技术专业卓越人才培养体系升级建设
5	王树青	"新工科"专业改革类项目	土木、建筑、水利、海洋类项目群	多学科交叉融合的海洋工程卓越人才培养模式探索与实践
6	孟祥红	"新工科"专业改革类项目	食品、农林类项目群	结果导向的海洋特色食品类专业实习实训保障制度体系建设探索与教学实践

表 9-10　中国海大入选教育部"新农科"研究与改革实践项目一览表

序号	负责人	项目类	项目名称
1	麦康森	专业优化改革攻坚实践	水产动物营养与饲料学新兴涉农专业的建设探索与实践
2	唐衍力	专业优化改革攻坚实践	海洋渔业科学与技术专业改造提升改革与实践
3	温海深	新型农林人才培养改革实践	依托学科群构建拔尖人才培养跨专业融合机制及其实践——以水产养殖专业为例
4	高勤峰	协同育人机制创新实践	基于"校企合作、产教融合"的水产类专业创新人才培养模式探索与实践
5	李琪	协同育人机制创新实践	中国海洋大学与塔斯马尼亚大学水产科学本科合作办学模式的探索

2018年12月，教育部对新文科建设和卓越拔尖经管人才培养进行部署。学校按照新文科建设要求，引进国内外高校、科研院所的优质师资和科研资源，与行业企业产学协同育人，对原专业升级改造；积极推进文科专业交叉融合，探索微专业教学模式，建设海洋历史文化、创新创业管理两个微专业。2021年，学校四个项目入选教育部首批"新文科"研究与实践项目（表9-11）。

表9-11　中国海大入选教育部首批"新文科"研究与实践项目一览表

序号	负责人	项目名称
新兴文科专业建设探索与实践		
1	修　斌	海洋人文专业建设探索与实践
新文科课程体系和教材体系建设实践		
2	王　刚	公共管理的新文科课程体系和教材体系建设实践
高素质涉外人才培养创新与实践		
3	赵　昕	基于"一化两制三融合"模式的涉外金融高端人才培养创新与实践
新文科财会教师专业发展探索与实践		
4	王竹泉	新文科教师专业发展探索与实践

（2）一流本科专业建设。一流本科专业建设是一流大学建设的重要内容。2019年3月，校长于志刚在学校"双代会"上作报告时强调："必须十分清醒地认识到，一流学科必须率先建成优势突出的一流本科专业。"[1]2019年4月，为做强一流本科、建设一流专业、培养一流人才，全面振兴本科教育，教育部启动一流本科专业建设"双万计划"，即在2019—2021年建设一万个左右国家级一流本科专业点和一万个左右省级一流本科专业点。自2019年初，学校先后多次召开一流本科专业建设推进会和专题研讨会，系统谋划安排一流本科专业建设工作，12月，《中国海洋大学一流本科教育行动计划（2019—2024）》发布。该计划提出专业建设的五年目标是：构建布局合理、特色鲜明、适应国家区域经济发展的本科专业体系，建成3～5个国际一流专业，30个左右国家级一流专业。确定的实现路径是：建立健全本科专业动态调整机制，升级改造传统专业，主动布局新兴专业，合并撤销薄弱专业。具体措施如下：

---

① 于志刚：《"双代会"学校工作报告——暨在2019年学校工作会议上的讲话》，中国海洋大学档案馆藏，档号：HD-2019-DQ11-Y-156。

一是深化专业供给侧改革。结合经济社会发展新需求、学科交叉融合新趋势和科技发展新成果，探索新工科、新文科、新农科建设有效路径，促进传统专业升级改造；培育建设"智能科学与技术""数据科学与大数据技术"等新兴专业，合并、撤销人才培养能力相对薄弱、不能适应未来时代发展需求的专业；建立健全本科专业动态调整机制，构建布局合理、特色鲜明、适应国家和区域经济社会发展的本科专业体系。

二是提高专业建设质量。对标国内外一流大学和一流专业的课程体系、课程内容与培养模式，优化课程结构，深化教学内容、教学方法和培养模式改革；促进科教协同、产教融合和国际合作，突出专业内涵建设；强化专业评估和认证，加强专业建设的针对性；适应高考综合改革，深化招生-培养-就业联动，提升专业吸引力。[①]

2019—2021年，学校共有38个专业入选国家级一流本科专业建设点（表9-12），14个专业入选省级一流本科专业建设点。国家级、省级一流本科专业建设点占全校本科招生专业数量的70%以上。

表9-12　中国海大国家级一流本科专业建设点一览表

序号	院系名称	专业名称	入选年度
1	海洋与大气学院	海洋科学	2019
2		大气科学	2020
3	信息科学与工程学部	海洋技术	2019
4		计算机科学与技术	2019
5		物理学	2021
6	化学化工学院	化学工程与工艺	2020
7		化学	2021
8	海洋地球科学学院	地质学	2021
9		勘查技术与工程	2021
10	海洋生命学院	生物科学	2019
11		生态学	2021
12	水产学院	水产养殖学	2019
13		海洋渔业科学与技术	2019
14		海洋资源与环境	2021

---

① 《中国海洋大学一流本科教育行动计划（2019—2024）》，中国海洋大学档案馆藏，档号：HD-2019-JX1311-1-15。

续表

序号	院系名称	专业名称	入选年度
15	食品科学与工程学院	食品科学与工程	2019
16		海洋资源开发技术	2021
17	医药学院	药学	2019
18	工程学院	港口航道与海岸工程	2019
19		船舶与海洋工程	2019
20		机械设计制造及其自动化	2021
21		自动化	2021
22	环境科学与工程学院	环境科学	2019
23		环境工程	2020
24	管理学院	会计学	2019
25		旅游管理	2020
26		工商管理	2021
27	经济学院	金融学	2019
28		经济学	2021
29	外国语学院	英语	2019
30		朝鲜语	2020
31		日语	2021
32	文学与新闻传播学院	汉语言文学	2021
33		新闻学	2021
34	法学院	法学	2020
35	国际事务与公共管理学院	行政管理	2020
36		政治学与行政学	2021
37	数学科学学院	信息与计算科学	2019
38	材料科学与工程学院	高分子材料与工程	2021

2. 课程建设

（1）精品课程建设。精品课程是学校教学质量和学科发展水平的重要标志之一。中国海大向来注重课程建设，不断加大精品课程建设力度，构建国家、省、校三级精品课程体系。2014年，学校实施"课程提升计划"，以"海大优质课程中心"建设推动三级精品课程体系的完善。配套实施信息化教育教学支持计划，强化学习支持协同管理平台建设，实现信息化教学环境和网络教学平台对教学过程、教学管理的全面支撑。2011年以来，学校获批国家级精品视频公开课5门、国家级精品资源共享课9门、国家精品在线开放课程11门（表9-13）。另外，获山东省精品课程25门，立项校级精品课程18门。

表9-13　中国海大国家级精品课程建设一览表

课程名称	课程负责人	获批年度
国家级精品视频公开课		
大学生人生发展与素养建构	王　萍	2011
海洋学——认识海洋的科学	王秀芹	2012
海洋科学导论	赵进平	2013
水产学导论	温海深	2013
海洋权益与中国	干焱平	2013
国家级精品资源共享课		
贝类增养殖学	王昭萍	2012
海洋学	王秀芹	2012
环境海洋学	高会旺	2013
食品化学	汪东风	2013
食品保藏原理与技术	曾名湧	2013
海洋调查方法	周良明	2013
海洋化学	李　铁	2013
卫星海洋学	刘玉光	2013
物理海洋学	兰　健	2013
国家精品在线开放课程		
创践——大学生创新创业实务	乔宝刚	2017
《道德经》的智慧启示	丁玉柱	2017
世界优秀影片赏析	柴　焰	2017
海洋的前世今生	侍茂崇	2018

续表

课程名称	课程负责人	获批年度
食品保藏探秘	曾名湧	2018
食品化学	汪东风	2018
学问海鲜	林　洪	2018
求职OMG——大学生就业指导与技能开发	辛远征	2018
职熵——大学生职业素养与能力提升	曹　娟	2018
营运资金管理	王竹泉	2018
意象的艺术：汉字符号学	孟　华	2018

（2）一流本科课程建设。2018年6月，新时代全国高等学校本科教育工作会议在成都召开。会议强调，把本科教育放在人才培养的核心地位、教育教学的基础地位、新时代教育发展的前沿地位，明确提出淘汰“水课”、打造“金课”。2019年，教育部在《关于一流本科课程建设的实施意见》中提出，要建设适应新时代要求的一流本科课程，让课程优起来、教师强起来、学生忙起来、管理严起来、效果实起来，形成中国特色、世界水平的一流本科课程体系，构建更高水平人才培养体系。总体目标是经过三年左右时间，建成万门左右国家级和万门左右省级一流本科课程。学校充分发挥课程育人主渠道作用，通过实施“新时代本科知识重构计划”项目，系统组织课程教学内容和教学方法改革，推动信息技术与教育教学融合，不断促进教学创新，多维度提升课程质量。2020年11月，教育部公布首批国家级一流本科课程认定结果，学校有26门课程入选（表9-14）。另外有30门课程入选山东省一流本科课程。

表 9-14　中国海大首批国家级一流本科课程一览表

序号	课程名称	课程负责人	主要建设单位	课程类别	认定年度
1	物理海洋学	兰　健	海洋与大气学院	线下一流课程	2020
2	海洋学I	王秀芹	海洋与大气学院	线下一流课程	2020
3	海洋地质学	翟世奎	海洋地球科学学院	线下一流课程	2020
4	机器人专题实验	宋大雷	工程学院	线下一流课程	2020
5	港口规划与布置	史宏达	工程学院	线下一流课程	2020
6	货币银行学	赵　昕	经济学院	线下一流课程	2020

续表

序号	课程名称	课程负责人	主要建设单位	课程类别	认定年度
7	（英语）语言学	杨连瑞	外国语学院	线下一流课程	2020
8	新闻采访与写作	欧阳霞	文学与新闻传播学院	线下一流课程	2020
9	宇宙大历史	钱致榕	行远书院	线下一流课程	2020
10	日常物理	马　君	行远书院	线下一流课程	2020
11	德语语言学导论	王京平	外国语学院	线上一流课程	2020
12	海洋的前世今生	侍茂崇	海洋与大气学院	线上一流课程	2020
13	食品保藏探秘	曾名湧	食品科学与工程学院	线上一流课程	2020
14	食品化学	汪东风	食品科学与工程学院	线上一流课程	2020
15	学问海鲜	林　洪	食品科学与工程学院	线上一流课程	2020
16	营运资金管理	王竹泉	管理学院	线上一流课程	2020
17	意象的艺术：汉字符号学	孟　华	文学与新闻传播学院	线上一流课程	2020
18	求职OMG——大学生就业指导与技能开发	辛远征	学生就业创业指导与服务中心/管理学院	线上一流课程	2020
19	职熵——大学生职业素养与能力提升	曹　娟	学生就业创业指导与服务中心/管理学院	线上一流课程	2020
20	《道德经》的智慧启示	丁玉柱	文学与新闻传播学院	线上一流课程	2020
21	世界优秀影片赏析	柴　焰	文学与新闻传播学院	线上一流课程	2020
22	创践——大学生创新创业实务	乔宝刚	学生就业创业指导与服务中心/管理学院	线上一流课程	2020
23	食品工厂设计	李振兴	食品科学与工程学院	线上线下混合式一流课程	2020
24	营运资金管理	王竹泉	管理学院	线上线下混合式一流课程	2020
25	大学生职业发展教育	乔宝刚	管理学院	线上线下混合式一流课程	2020
26	鱼糜及其制品工业生产全流程仿真	曾名湧	食品科学与工程学院	虚拟仿真实验教学一流课程	2020

自2017年以来，学校新建智慧型交流空间45处，在线建设课程3000余门，建成海洋的前世今生等高水平慕课53门。食品科学与工程学院汪东风教授主讲的在线课程——食品化学获批在"爱课程"国际平台上线。"爱课程"国际平台是教育部推出的高校在线教学国际平台，旨在为世界各国大学生提供优质在线课程资源，并提供尽可能的学习指导与服务。食品化学课的入选为学校在线课程建设起到了引领示范作用。学校还引进校外优质网络课程，形成实体课堂和在线课堂相补充、校内资源与校外资源相结合的教育模式。

（3）通识教育课程建设。中国海大遵循"通识为体，专业为用"的本科教育理念，经过20余年的探索与实践，构建起包括科学精神与科学技术、社会发展与公民教育、经典阅读与人文修养、艺术与审美、海洋环境与生态文明五大领域、310多门课程的通识教育课程体系。学校"十二五"规划提出，充分发挥海洋、水产特色突出，理、工、农、医等学科协调发展的综合性大学学术生态环境的优势，为学生搭建学科领域比较宽广的通识教育（课程）平台和通用性功能比较强大的实验教学（项目）平台。一方面，着力建设高水平的海洋类专业课程，涵养"海大灵魂"；另一方面，着力建设通识教育核心课程，全面传承人类先进文明成果，培养学生掌握批判性思维方法，形成高度的社会责任感，引导学生成长为现代社会的合格公民，促进学生的全面发展。[①]为此，学校特别加强海洋环境与生态文明领域的课程建设，开设海洋资源导论、认识海洋、海洋权益与中国、海洋环境保护、海洋法律与政策等16门课程。2014年以来，学校实施课程提升计划，重点建设一批通识教育核心课程和海洋类的通识教育课程，突出对海洋环境与生态文明领域特色课程的支持。平均每年开设涉海课程200多门，修读学生达1.4万人次，覆盖所有学院（中心），海洋特色教育为学校本科教学优良传统添了新底色，海大文化的"海味"更加浓郁。

为进一步深化通识教育改革，实现博雅教育与专业教育的有机融合，培养文理兼备、关怀社会的复合型人才，2015年，学校创办行远书院，聘请美籍物理学家钱致榕教授担任院长，探索建立高质量通识核心课程和学生健全人格养成的有效途径。

2017年，学校实施"通识教育再启航计划"。提升通识教育课程质量是"通识教育再启航计划"的核心工作，学校以通识教育中心为平台，重构融知识传授、能力培养、价值塑造于一体的通识课程体系，将课程划分通识教育核心课、通识教育基础课两大类型和

---

① 《中国海洋大学"十二五"事业发展规划》，中国海洋大学档案馆藏，档号：HD-2011-XZ11-Y-11。

文学与艺术、哲学与人生、历史与文明、社会与文化、科学与技术五大模块，将通识教育贯穿到人才培养的全过程。以项目立项形式重点资助大学之道、世界文明史、大学生心理健康教育、探究物理现象等课程。为丰富通识课程资源，引进艺术与审美、食品安全等30门次慕课和网络通识课程，为学生选学优质课程提供更多可能。

2017年6月，根据国家实施"一带一路"倡议及海洋强国战略的人才需求，学校成立涉海国际事务课程中心，聚焦开设国际知识与能力的课程，邀请国际海洋领域的知名专家学者到校开设通识课。涉海国际事务课程主要包括海洋强国战略、全球政治与国际关系、国际组织、跨文化知识四大类，丰富了通识课程资源。

自2017年以来，学校高标准新建通识课程96门。在学校首批入选的26门国家级一流本科课程中，行远书院两门通识核心课程宇宙大历史和日常物理成功入选线下一流课程。学校注重通识教育授课教师的能力和水平，先后聘任多位教授为"名师工程"通识教育讲座教授，由校内外专家组成通识教育教学团队，促使通识教育课程体系不断完善。

（4）课程思政建设。2016年12月，习近平总书记在全国高校思想政治工作会议上讲话指出，"高校思想政治工作关系高校培养什么样的人、如何培养人以及为谁培养人这个根本问题。要坚持把立德树人作为中心环节，把思想政治工作贯穿教育教学全过程，实现全程育人、全方位育人，努力开创我国高等教育事业发展新局面"。"各类课程与思想政治理论课同向同行，形成协同效应。"[1]2017年12月，教育部印发《高校思想政治工作质量提升工程实施纲要》，提出的"十大育人"体系中，课程育人居于核心地位，要求大力推动以"课程思政"为目标的课堂教学改革，优化课程设置，修订专业教材，完善教学设计，加强教学管理，梳理各门课程所蕴含的思想政治教育元素和所承载的思想政治教育功能，融入课堂教学各环节，实现思想政治教育与知识体系教育的有机统一。[2]

学校认真贯彻习近平总书记在全国高校思想政治工作会议上的重要讲话精神，围绕立德树人根本任务，全力推进课程思政工作。2020年，《中国海洋大学课程思政建设实施方案》公布，提出要"完善课程思政教学体系，着力加强专业课课程思政建设，充分发挥公共基础课程、通识教育课程的育人作用，持续强化实践课程的育人作用。将课程思政建设要求融入人才培养方案，将课程思政内容纳入课程教学大纲，建立课程思政评价指

---

[1]《习近平出席全国高校思想政治工作会议并发表重要讲话》，中国军网，http://www.81.cn/dblj/2016-12/08/content_7398878.htm。
[2] 教党〔2017〕62号，https://www.gov.cn，2017年12月5日。

标体系和课程思政示范课程评选机制，逐步将思想政治教育贯穿教育教学全过程"①，开始全面推进课程思政建设。

学校依托海洋科研、海洋教育优势，以培养学生谋海济国情怀为重点，聚焦国家海洋战略和海洋领域政治、经济和科技发展，打造"谋海济国"系列课程和讲座，探索建立具有中国海大特色的课程思政模式。在各通识教育模块中设立海洋教育特色课程，打造科技兴海、海洋历史与文明和海洋治理三大系列涉海通识教育品牌课程，建设富有学科特色的课程思政体系。学校建立了课程思政评价指标体系和课程思政示范课程评选机制，实现了思想政治教育贯穿教育教学全过程。

学校营运资金管理、港口规划与布置两门普通本科教育课程获评教育部首批课程思政示范课程，王竹泉教授及其课程团队、史宏达教授及其课程团队获评教育部课程思政教学名师和团队。课程思政建设项目"树人立新，谋海济国——推动以课程思政为核心的涉海通识教育系列课程建设"入选教育部2021年高校思想政治工作精品项目和山东省高等学校课程思政教学改革研究项目。

3. 教材建设

教材建设是国家事权，高校教材体现党和国家意志。党的十八大以来，党中央、国务院高度重视教材建设，专门对此作出部署。教育部把教材工作纳入高校"双一流"建设考核、学科评估指标体系，将教材建设数据纳入国家高校本科教学基本状态数据库。

2012年9月，为保障学校教材建设的顺利实施，鼓励教师编写出版高水平教材，新修订的《中国海洋大学教材出版补贴办法》和《中国海洋大学教材建设基金项目管理办法》实施。前者规定，学校每年从年度教材建设经费中拨出专款，作为教材出版补贴基金。该基金用于支持教师出版教材，资助额度为3万～5万元/项。后者旨在规范教材建设工作，提高教材编写、出版质量和教材建设基金使用效益，项目额度为2万元/项。2015年，学校以打造国家级"十三五"规划教材为目标，启动特色精品教材建设计划。将教材编写作为人才评价重要指标，与职务评聘、评优评先、岗位晋升等密切结合，对优秀教材成果进行奖励。2022年，将主编出版全国优秀教材奖纳入校长特殊奖励，强化教材编写激励机制。

学校涌现出一批潜心教材编写的先进个人。汪东风在我国新设食品质量与安全、海洋资源开发技术专业时，即担任专业教材编审委员会主任、秘书长，指导出版专业主干课

---

① 《中国海洋大学课程思政建设实施方案》，中国海洋大学档案馆藏，档号：HD-2020-JX1311-1-21。

教材20余部，为该专业建设作出重要贡献。个人主编出版教材12部，其中《食品质量与安全实验技术》是相关专业的首选教材；《食品化学》累计印数近8万册，约40所高校选用。两部教材的第一版、第二版，均分别入选"十一五""十二五"国家级规划教材。两部教材均完成第三版的出版，并完成配套教材《食品化学实验和习题》《高级食品化学》《食品中有害成分化学》、*Food Chemistry*（New York：Nova Publishers，2011）编写出版，分别在中国大学MOOC、智慧树等信息化平台完成教材数字资源建设，并提供免费下载服务。

李志清教授主编、参编教材32套共73册，其中国家级规划教材5套共25册，组织编写团队涉及27所高校近200名教师。作为总主编出版的《新大学法语》系列先后列入"十五""十一五""十二五"国家级规划教材，累计销量60万余册，为国内最具影响力的大学法语教材；对应的《大学法语》课程被评选为国家级精品课程。

2011年以来，学校教材建设成果显著。共有六部教材入选"十二五"普通高等教育国家级规划教材，一部教材被评为普通高等教育精品教材，两部教材被列为农业部"十三五"规划教材，五部教材被列为教育部海洋科学类专业教学指导委员会规划教材，15部教材被评为2020年山东省普通高等教育一流教材。2021年，在首届全国教材建设奖评选中，李志清、汪东风获评全国教材建设先进个人，一部教材获全国优秀教材（基础教育类）一等奖，两部教材分别获全国优秀教材（高等教育类）一等奖和二等奖。

（二）完善提升本科教学质量保障体系

大学本科教育是高等教育的主体和基础，抓好本科教学是提高高等教育质量的重点和关键。学校通过持续不断地开展教学评估、教学督导、教学支持与学习支持等工作，保障了本科教学质量的稳定与提高。

1. 课程教学评估

中国海大的课程教学评估始于1986年，是全国开展该项工作最早的大学。此项工作历经30余年从未间断，在学校本科教学质量保障中发挥了积极作用，形成了前瞻性、学术性、独立性等特点。

学校实施多种举措鼓励教师潜心教学工作。从2011年起，在专业技术职务评聘工作中设置教学型教授岗位，本科课程教学评估优秀是教师申报该类岗位的必要条件。从2012年开始，资助参评教师课程建设费1000元／人；设立"本科课程评估优秀教师教学研究专项"，资助教师开展教学研究和精品课程建设。

为进一步促进课程建设和教师教学能力与水平的提升，2021年，学校对现行的《中国海洋大学课程教学评估工作实施细则》进行修订，升格为《中国海洋大学本科课程教学评估工作办法》，细化了课程教学评估的组织机构与管理、评估专家的工作职责、评估工作的组织、评估等级评定标准及结果等。同时增加了"参评教师的责任"和"学部、学院（中心）相应的工作"等要求，形成学部、学院（中心）推进本科教学工作的长效机制，督促教师积极投入和持续改进教学，提升教学质量和水平。新的评估办法将课程教学评估结果作为教师主要业绩之一，"学校对获优、良等级的教师给予奖励，同时颁发荣誉证书。根据学校有关规定，课程教学评估结果可作为教师考核、评聘、晋升、选优的依据，任何人不得更改"[①]。

2. 教学督导工作

注重教学质量，严格教学管理，是中国海大的历史传统，一以贯之于办学实践之中。实施教学督导制度，就是其中一项重要措施。从2000年建立"教学督察制"，到2005年调整为"教学督导制"至今，坚持不辍20余年。继2000年实施《青岛海洋大学关于实施"教学督察员"制度的暂行规定》、2005年实施《中国海洋大学教学督导实施细则》等制度之后，2020年实施《中国海洋大学本科教学督导工作实施细则》。每一次修订都以问题为导向，体现先进的教育理念。最新版实施细则特别提出，"聘请成立教学督导专家团队，广泛开展督教、督学、督管和导教、导学、导管等各项工作"，"发挥专业专长，积极开展对青年教师教学工作的指导帮扶"[②]。教学督导团专家在督导实践中，逐步推动教学督导从行政管理向学术发展模式转变，从监督和维护教学秩序向引领教学变革和创新转变、从经验辅助向专业化服务方式转型，为提高教育教学质量，丰富"学在海大"内涵作出了重要贡献。

2020年11月，是教学督导制度实施20周年。20年来，八届53位督导专家共计听课16000余门次，涉及学校所有的本科课程门类，涉及从助教到教授各个层面的教师，在教师教学能力培养方面作出了卓越贡献。督导专家们同时还参与课程教学评估、专业和课程建设、教学条件建设、教学秩序规范、教学管理检查等，并在本科教学工作水平评估、审核评估、专业认证等工作中发挥重大作用。学校领导给予教学督导工作高度评价。校长于志刚称督导专家是学校教学质量保障的"定海神针"！分管教学工作的副校长李巍然说："教学督导工作是'学在海大'的根基所依，是学校保障教学质量的操之重器！"[③]

①《中国海洋大学本科课程教学评估工作办法》，中国海洋大学档案馆藏，档号：HD-2021-JX1311-1-9。
②《中国海洋大学本科教学督导工作实施细则》，中国海洋大学档案馆藏，档号：HD-2020-JX1311-3-4。
③段善利主编：《底·器——中国海洋大学教学督导工作建制20周年》，中国海洋大学出版社2020年版，第2页。

3.教学支持与学习支持

学校于2007年成立的教学支持中心，是国内高校最早设置的专门从事教师发展的机构，主要从组织教师专业发展活动、以教学项目的设立和研究带动教师教学学术发展、以评选表彰课程教学卓越奖带动教风建设、提供多种教学服务、组建教师发展共同体、开展教学发展研究六个方面开展工作。十余年共举办教学专家报告会、优秀课程集体教学观摩和研讨会、教师教学发展研讨营、教学促进专家学术讲座和工作坊等教学专业发展活动320余场，吸引1.5万余人次参加；开设教学观摩与研讨课43门；督导指导即时性听课逾1.2万节次。2017年，学校设立教学发展基金，每年举办教师发展培训、教学学术工作坊等活动30余场。

2014年7月，学校成立学习支持中心，主要面向有学习支持需求的本科生开展学习分析与学习支持工作，并与相关部门以及各院系协同开展学生学习指导与支持。通过制定帮助计划和反馈评价机制，建立起具有提前干预特征的帮扶体系。

目前学校已建立起较为完善的教学质量保障体系。该体系的建设始于1986年的课程教学评估，到2000年实施"教学督查制"，后调整为"教学督导制"，2007年在国内率先成立教学支持中心，2014年成立学习支持中心，经过几代人不懈努力，创造性地建成"评估-督导-教学支持"三位一体的质量保障体系。这在国内高校独树一帜，为师资培养、课程建设、教学改革等都作出了重大贡献，为21世纪一流本科人才培养提供了重要支撑。

三、通过教育部本科教学工作审核评估

2011年，为落实《国家中长期教育改革和发展规划纲要（2010—2020年）》，切实推进高等教育质量保障体系建设，全面提高本科教学水平和人才培养质量，教育部下发《关于普通高等学校本科教学评估工作的意见》，要求部属高校在2014—2018年完成审核评估工作。普通高等学校本科教学工作审核评估范围主要由审核项目、审核要素、审核要点三个层次组成。审核项目包括学校的定位与目标、师资队伍、教学资源、培养过程、学生发展、质量保障以及学校自选特色等方面，共24个审核要素64个审核要点。学校坚持以评促建、以评促管、评建结合、重在建设的原则，2015年先后组织18个学院（系、中心）分管院长和相关职能部门负责人参加教育部组织的培训。同年开始采集学校基本状态数据并上报教育部。

对于此次本科教学审核评估，学校决策层高度重视，视其为"双一流"建设的内在要

求，不断开展针对性很强的培训教育和专题研讨，夯实全校做好审核评估的思想基础；加大课程评估、专业评估和专业认证力度，夯实"24要素"为主体的工作基础。2017年10月，为切实了解本科教学工作情况，学校进行校内自评，组成专家组，按照教育部规定的六大项目、主要流程，对19个学院开展现场评估和考察。对发现的问题予以梳理并提出整改意见，交由相关单位进行整改，力求达标。

2018年4月23日至26日，由武汉大学校长窦贤康任组长的教育部本科教学工作审核评估专家组，对学校的本科教学工作进行深入全面的审核评估、现场考察。4天内，审核评估组13位专家深入崂山、鱼山、浮山三个校区听课40节、看课16节次；共调阅审查47门课程的2805份试卷及试卷分析报告；查阅40个专业共920份毕业论文和毕业设计；调阅"双一流"建设方案、本科生培养方案和"十三五"规划等材料；分26人次与8位校领导深度访谈，走访21个院系，访谈24个管理部门、68人次；召开56次座谈会，其中有用人单位座谈会2次，与学生座谈161人次；考察两个校外实习基地、两个校外就业单位，考察了75个校内实验室及"东方红2"科考船；对学生食堂、学生宿舍、游泳馆、体育馆、图书馆、校史馆、大学生活动中心、行远书院、青岛海洋生物医药研究院进行多人次的实地考察，实地走访覆盖了所有教学二级单位和主要职能部门。

专家组充分肯定学校本科教学工作，一致认为：中国海洋大学形成了领导重视教学、经费保障教学、各方面支持和服务教学的良好局面，在人才培养方面取得较为显著成绩。专家组形成了以下具体审核评估意见：

一是学校坚持党的领导和社会主义办学方向，全面贯彻党的教育方针，办学理念先进，办学定位清晰，办学特色显著，扎根中国，面向世界，深耕海洋，人才培养目标能够适应社会经济与行业发展需要，学生专业思想稳定，责任感强。中国海洋大学为我们国家的海洋事业发展培养了一大批专业技术人才和管理专家，成绩斐然。

二是有战略定力，一切为了海洋。长期以来不忘初心集中力量发展海洋科学、水产科学，这两个学科一直处于国内领先、国际先进水平，并牵头组织海洋科学与技术国家实验室，试运行过程中成绩显著。同时，学校针对海洋科学与技术的发展，与时俱进，在海洋科学、水产科学与技术的基础上，发展海洋药物与食品、海洋开发工程与环境保护技术、海洋发展，具有发展意识和战略魄力，一定会为本科生的培养奠定坚实的基础。

三是开展以学生为中心的本科教学改革。学校连续三年派出59名教学院长和教学骨干到UCLA接受相关培训，组建教育技术系、教师发展中心、学习支持中心、教学评估中心、计算机基础部；并把它们组织起来，在全校范围内支持和开展教学改革，已初见成效。

四是学校围绕"以学生为中心"。以"让数据多跑路，师生少跑腿"为核心理念，打造泛在、开放、友好的网络与信息化支撑服务平台和生态。实现公文系统（OA）和网上办事大厅（EHALL）在技术与业务两个维度高效协同；开发建设了凸显"自主、动态、柔性"功能需求的教务综合信息集成服务系统，为实施"有限条件的自主选课制"和"学业与毕业专业识别确认制"提供了良好的平台支持；图书馆的可视化数字服务平台、教学楼的智慧教室建设等，有效推动了"全生命周期"学习支持与服务系统，以及混合式、研讨式教学为代表的教学方法和手段改革；后勤服务、安全保卫智能化建设等；这些都为学生成长成才提供了有效保障。

五是科学研究和教学活动紧密结合。"东方红2"等科考船在满足科学研究的同时向本科生开放，甚至向非涉海专业开放，让学生了解海洋生态、环境、资源、权益、船舶等方面的专业知识，一部分涉海专业的同学有机会参加高水平具有研究性质的实习。

六是学校坚持立德树人为根本，以学生为中心，确立了突出学生发展需求的"通识为体，专业为用"的本科教育理念，构建了以"有限条件的自主选课制"和"学业与毕业专业识别确认制"为核心的教学运行体系，通识教育与专业教育相渗透，分类培养与系统教学相统一，促进了专业建设改革，形成多样化人才培养模式，强化了学科交叉融合培养创新人才，推进了优质课程资源共享以提高教学质量，人才培养质量不断提高，取得了效果。[1]

审核评估专家在肯定学校本科教学工作取得成绩的同时，也提出了存在的不足和建议。如人才队伍与教学方面要加大对年轻人才的引进力度，加强本科生的基础课教学；要让更多的知名教授承担本科生基础课的教学任务；教学和质量保障体系有待加强；要着力解决学科发展不平衡问题。这次审核评估对学校的本科教学工作进行了一次全面体检。各位专家的意见和建议，对促进长期困扰学校问题的解决提供了重要指导，为进一步解放思想、深化教学改革续添了强劲动力。校长于志刚表示，要立即着手开展整改工作，着力做好三个方面的事情：一是组织开展一次本科教育教学的大讨论，为做好整改和长远发展奠定坚实的思想基础；二是要做好系统谋划和顶层设计，制定立足当前、面向未来的整改方案；三是立即行动起来，全校师生投入提升本科教学质量的行动中，抓好整改方案的落地、落实、落细，确保整改到位，切实做到以评促改，以评促建。[2]

---

① 《关于下发普通高等学校本科教学工作审核评估专家组考察报告的通知》，中国海洋大学档案馆藏，档号：HD-2018-JX1311-10-3。
② 纪玉洪、金松：《本科教学工作审核评估专家组意见反馈会召开》，载《中国海洋大学报》2018年5月3日。

2018年6月，学校启动第四届本科教育教学讨论会。目的是基于本科教学审核评估发现的问题，站在一流大学建设的坐标和高度上来查找本科教育教学的现状与一流人才培养目标之间的差距。讨论会启动会上发布了《中国海洋大学新时代本科知识重构计划》。该计划不仅包括知识体系建设，还包括和知识内容相匹配的教育教学方式方法、承载新知识的教材体系、支持新的教育教学的各项条件建设等，从而统合各项本科教学改革工作，支撑一流本科教育建设。

经过一年多的研讨，取得了若干阶段性的成果。2018年11月，学校专题研讨本科教育教学工作，就如何发挥院系的人才培养主体作用，如何激发教师的教学活力，如何落实教授参与本科教学等问题统一思想，达成共识。学校修订职称评定条件，为在教学方面做出突出业绩的教师拓展晋升通道。在职称评审中实行教学评价标准和晋升指标单列，更加重视教学业绩（包括教学工作量、教学研究和成果等）的考量，如长期从事本科教学、取得突出业绩的教师可按照"教学业绩突出"类申报教授和副教授。教师五年内获得国家级教学成果奖一等奖以上，或获得二等奖（前三位）；或获得省级教学成果奖一等奖以上（前三位）、二等奖（前二位），即符合申报专业技术职务评聘的学术成果条件要求。[①]在《中国海洋大学校长特殊奖励实施办法》中，大幅度提高对国家教学成果奖获得者的奖励金额，将特等奖奖励金额提高到100万元；设立本科教学优秀奖等一系列奖励项目，激励教师投入本科教学、产出教学成果。在2019年出台的绩效改革方案中，对于年终业绩津贴，"人才培养、科学研究、综合管理分别占学校年终拨付所有教学科研单位业绩津贴总量的50%、25%、25%"[②]，突出人才培养工作。2019年，《中国海洋大学关于教授、副教授为本科生授课的规定》实施，鼓励教授、副教授把学术积累和优秀科研成果转化为教学资源。到2022年，教授、副教授为本科生授课比例94%以上。

《中国海洋大学一流本科教育行动计划（2019—2024）》是本届本科教育教学讨论会的重要成果，主要包括：把思想政治教育贯穿本科教育全过程；推动专业改革，构建多样化人才培养体系；促进教学创新，持续提升教育教学水平；推动信息化技术与教学改革的深度融合；推动创新创业教育提质升级；优化内部质量保障体系；提高教师教书育人能力七个方面共30条措施。为未来五年一流本科教育明确了方向与任务，中国海大一流本科教育踏上新征程。

---

① 《中国海洋大学教师系列专业技术职务评聘实施细则》，中国海洋大学档案馆藏，档号：HD-2018-XZ12-Y-71。
② 《中国海洋大学绩效工资改革实施方案（试行）》，中国海洋大学档案馆藏，档号：HD-2019-XZ12-Y-5。

第二节 高质量发展研究生教育

一、持续加强学位点建设

学位授权点建设有利于促进高校学科建设发展，有利于提高各学科专业人才培养层次与质量，有利于增强服务国家重大战略和社会发展的能力。由此可见，学位授权点建设是高校核心事务之一，对于高校的教学、科研和社会服务的方向和内容具有引导性作用，对学校的发展意义重大。

（一）优化学位授权点布局

2011年，学校学科建设获得丰收，尤其是工科、人文社会科学学科建设取得历史性跨越。3月，经国务院学位委员会审议批准，学校增列应用经济学、计算机科学与技术、药学、工商管理四个博士学位授权一级学科。工商管理博士学位授权一级学科的获批，实现了人文社会科学博士学位授权一级学科零的突破。增列硕士学位授权一级学科14个，分别为法学、政治学、中国语言文学、历史学、数学、化学、地理学、机械工程、材料科学与工程、控制科学与工程、土木工程、化学工程与技术、地质资源与地质工程、公共管理。8月，国务院学位委员会对学科授权点进行调整，学校增列生态学、软件工程两个博士学位授权一级学科，增列生态学、统计学、软件工程三个硕士学位授权一级学科。原历史学硕士一级学科授权点对应调整为中国史硕士一级学科学位授权点。学校抢抓机遇，推进自主设置学科工作，自主设置博士二级学科5个，硕士二级学科2个，培育了新的学科增长点。学校博士学位授权一级学科由2010年的6个增至12个，硕士学位授权一级学科由17个增至34个。

2012年，经国务院学位委员会审议批准，学校增列法学博士一级学科；自主设置目录外二级学科18个，交叉学科4个。通过自主设置二级学科，数学科学学院、文学与新闻传播学院、基础教学中心学位授权学科层次得到提升。学校博士学位授权二级学科增至80个，硕士学位授权二级学科增至179个，覆盖了理学、工学、农学、医（药）学、经济学、管理学、文学、法学、教育学、历史学10个学科门类，学校的综合化水平得以进一步提升。

2013年，学校在法学博士一级学科下自主设置的公共政策与法律博士二级学科，在海洋科学、环境科学与工程、生态学三个博士一级学科下自主设置的二级交叉学科海洋材料科学与工程博士点通过教育部审核批准。自主设置学科促进了学科的交叉与融合，有力提升了学校学科的整体水平。

首轮"双一流"（2016—2020年）建设期间，学位点建设呈现优势学科、基础学科、文理工整体发展的良好局面。2018年，新增外国语言文学、地质学、水利工程三个一级学科博士学位授权点和马克思主义理论、船舶与海洋工程两个一级学科硕士学位授权点。2019年，中国语言文学和数学获批博士一级学科。至此，学校目录内学科全部具备一级学科授予权，50%的一级学科具备博士学位授予权。2020年，学校自主增设人工智能、海洋可持续发展、物理与光电信息科学三个交叉学科和营销管理、公共政策两个目录外二级学科。

学校专业学位授权点也不断增加。2011年，能源与环保工程博士专业学位授权点获批，同时获批的还有审计硕士专业学位授权点。2012年，学校在环境科学与工程学院、海洋地球科学学院、信息科学与工程学院首批录取工程博士研究生五人。2014年，获批应用统计、翻译、汉语国际教育、教育等四个类别硕士专业学位授权点。2018年，新增体育、药学、新闻与传播三个硕士专业学位授权点。2019年，增设电子信息、机械、材料与化工、资源与环境、能源动力、土木水利、生物与医药、工程管理八个硕士专业学位授权点。2021年，获批新增生物与医药博士专业学位授权点、文物与博物馆硕士专业学位授权点。2022年，获批土木水利博士专业学位授权点；动态调整增设电子信息工程类博士专业学位类别。至此，学校拥有八个工程类专业学位类别中四个博士类别和七个硕士类别，为工程类学科发展提供强有力的学科支撑体系。

至2022年，学校有博士学位授权一级学科18个、硕士学位授权一级学科35个、博士专业学位授权类别3个、硕士专业学位授权类别25个。

授权学科动态调整是引导学位与研究生教育进行内涵式发展的举措之一。2014年，国务院学位委员会发布《关于开展博士、硕士学位授权学科和专业学位授权类别动态调整试点工作的意见》，提出，撤销需求不足、水平不高或不符合学位授予单位办学目标定位要求的授权学科，增列符合经济社会发展需要、优势突出、特色鲜明、符合学位授予单位学科发展规划要求的学位授权点，优化人才培养的学科和类型结构，限制增列当前培养规模偏大、学生就业困难的学科为学位授权点。[1]学校从国家发展需求、学科发展实际状况以及人才培养的角度，主动撤销管理科学与工程、工程热物理、流体力学三个学位授权点，进一步优化学科布局。

自2017年《中国海洋大学学位授权点动态调整办法（试行）》实施以来，学校动态调退或自主撤销目录内学位授权点和目录外自设学科26个。有进有出的调整机制不断实施，学位点退出机制日趋完善，学位授权点布局不断优化，凝练了学科方向。

---

[1]《关于开展博士、硕士学位授权学科和专业学位授权类别动态调整试点工作的意见》，中国海洋大学档案馆藏，档号：HD-2014-JX1211-1。

在加强学位授权点建设的同时,学校注重加强研究生导师队伍建设。为合理配置博士生资源、促进青年教师成长和科研团队健康发展,2018年,实施《中国海洋大学博士研究生指导教师资格评(认)定与招生管理办法》,指出:"博导资格可通过评定或认定两种方式获得,教师除按规定条件申请评定外,获得中国科学院院士、中国工程院院士等11类人才称号和'筑峰/繁荣/绿卡'人才工程特聘教授并处于执行期的申请人可直接认定获得博导资格。""为促进'青年英才工程'计划实施,支持40岁以下青年学者迅速成长,尽早形成学术团队,对其第一层次教师,参加最近一次博导评定并获认定后,经本人申请,学院推荐,可直接取得博士生招生资格。"①政策实施当年,就有139位教师获得博士研究生指导教师资格。这一举措使得成果突出的青年学者脱颖而出,比较典型的是医药学院34岁的青年教师秦冲,受益于这一政策,成为该学院最年轻的博士研究生导师。

（二）开展学位授权点评估

开展学位授权点定期评估,对促进学位点建设具有重要推动作用。为保证国家学位与研究生教育质量,2014年,国务院学位委员会、教育部印发《学位授权点合格评估办法》,并启动首轮学位授权点合格评估。该项评估是我国学位授权审核制度的重要组成部分,每六年进行一轮,获得学位授权满六年的学术学位授权点和专业学位授权点,均须进行合格评估。学位授权点合格评估分为学位授予单位自我评估和教育行政部门随机抽评两个阶段,以学位授予单位自我评估为主。每一轮评估的前五年为自我评估阶段,最后一年为随机抽评阶段。办法还规定,新增学位授权点获得学位授权满三年后,须接受专项合格评估。

2015年,学校开展学位授权点自我评估,邀请专家对12个博士学位授权点、22个硕士学术学位授权点和24个硕士专业学位授权点进行评估。2020年,国务院学位委员会、教育部下发《关于下达学位授权点合格评估结果及处理意见的通知》,学校生物学、水产、工商管理三个博士学位授权学科以及中国语言文学、数学、物理学、材料科学与工程、信息与通信工程五个硕士学位授权学科均通过教育行政部门组织的随机抽评,评估结果均为合格。

2016年,教育部下发《国务院学位委员会关于下达2014年学位授权点专项评估结果及处理意见的通知》,学校应用经济学博士学位授权一级学科以及工程博士（领域:能源与环保）、金融硕士、国际商务硕士、保险硕士、翻译硕士、旅游管理硕士六个专业学位授权点

---

① 《中国海洋大学博士研究生指导教师资格评(认)定与招生管理办法》,中国海洋大学档案馆藏,档号:HD-2018-JX1211-2-3。

的专项评估结果均为合格。应用统计硕士、教育硕士、汉语国际教育硕士三个专业硕士学位授权点通过2018年学位授权点专项评估。自2014年学位授权点专项评估开展以来，学校共有两个博士学位授权点、九个硕士学位授权点参与评估，评估结果均为合格。

2014年，国务院学位委员会、教育部鼓励有条件的单位和学位授权点开展学科专业的国际评估。2016年，为进一步推动世界一流学科建设，从国际视角对学科进行总体评价，提高优势学科的国际知名度和影响力，学校选取海洋科学和水产两个学科开展国际评估工作。2018年9月，学校组织海洋科学和水产学科的国际专家进行现场评估。专家组反馈两学科评估意见："学校地理位置优越，海洋科学发展优势独特，科研经费充足，实验室条件建设良好，建有国内独一无二的科考船队，科研与教学并重，科技论文数量庞大，高被引论文逐年上升，在国际上享有良好的声誉。""水产学科拥有高水平科研力量和国内最优秀的博士研究生教育，教师年龄分配均衡，拥有三个由教育部、农业部支持的重点实验室和工程中心，在生物多样性和进化研究领域具备优秀的跨学科研究队伍，基础研究和应用研究实力雄厚。"[1]

2018年9月，国际专家组在评估现场

通过此次学科国际评估，学校全面掌握了海洋科学和水产学科的发展现状、国际地位，为对标世界一流学科，进一步强化建设提供了有益启示。

二、改革研究生培养机制与模式

（一）优化研究生培养类型和结构

2011年1月，教育部开展全国专业学位研究生教育综合改革试点工作，调整研究生人才培养类型结构，推动硕士研究生教育以培养学术型人才为主向培养应用型人才为主转移。学校致力于服务国家战略和区域经济社会发展需求，以结构调整为契机，着力优化人才培养类型结构，不断加快专业学位研究生教育的发展。"十二五"期间，研究生培养类型和结构不断调整，形成了以完善的奖助体系为保障、以高水平科学研究为支撑、以提升创新能力为重点的学术学位研究生培养体系，基本形成了以提高职业实践能力为重点

---

① 吴慧、孙晓晶、张文兵、马超：《两学科首次国际评估顺利完成》，载《中国海洋大学报》2018年9月27日。

的专业学位研究生培养模式。

　　学校"十三五"规划提出，优化研究生培养类型结构，稳定学术学位研究生规模，适度扩大专业学位硕士研究生规模，努力扩大博士研究生规模，探索建立适应国家需求和推动学科水平提升的研究生招生计划动态调整机制。[①]

　　研究生招生规模稳步扩大。2011年，招收研究生2743人，其中博士研究生355人，硕士研究生2388人，学术学位研究生1974人，专业学位研究生769人，专业学位研究生占招生总数比约28.0%。2018年，研究生招生总数首次超过本科生，专业学位研究生招生数首次超过学术学位研究生。2022年，招收研究生5409人，其中博士研究生781人，硕士研究生4628人，学术学位研究生2403人，专业学位研究生3006人。到2022年，研究生招生总量为2011年的近两倍，博士研究生招生数为2011年的两倍多，学术学位研究生招生数稳中有升，专业学位研究生教育规模持续扩大，招生数是2011年的近四倍（表9-15、表9-16）。学校研究生招生很好地实现了规模适度扩大、结构趋于合理的目标。

表9-15　中国海大本科生、硕士生、博士生招生数（2011—2022年）

年度	招生数（人）		
	本科生	硕士研究生	博士研究生
2011	3810	2388	355
2012	3850	2449	360
2013	3818	2491	371
2014	3774	2504	368
2015	3772	2524	385
2016	3806	2555	384
2017	3811	3339	417
2018	3832	3452	463
2019	3811	3755	546
2020	3957	4461	616
2021	4061	4548	703
2022	4250	4628	781

资料来源：根据中国海洋大学《高等教育基层统计报表》（2011—2022学年）整理。

[①]《中国海洋大学"十三五"事业发展规划》，中国海洋大学档案馆藏，档号：HD-2016-XZ11-Y-6。

表 9-16　中国海大学术学位研究生、专业学位研究生招生数（2011—2022 年）

年度	招生数（人）	
	学术学位研究生	专业学位研究生
2011	1974	769
2012	1904	905
2013	1841	1021
2014	1784	1088
2015	1828	1081
2016	1777	1162
2017	1887	1869
2018	1891	2024
2019	2059	2242
2020	2272	2805
2021	2355	2896
2022	2403	3006

资料来源：根据中国海洋大学《高等教育基层统计报表》（2011—2022学年）整理。

（二）改革研究生培养模式

教育教学改革的重点之一是改革人才培养模式。人才培养模式的创新是人才培养体制改革的核心环节，是提高人才培养质量的重要途径。党委书记于志刚在第九次党代会的报告中提出，未来五年的研究生培养工作的目标是："积极探索人才培养新模式，实施个性化、多样化人才培养，构建"本硕博"一体化培养模式。建设一批优势特色学科专业的核心课程体系，完善研究生培养质量评价体系，深化研究生培养机制改革，营造有利于创新人才成长的环境，着力实施新时期新内涵的精英教育，造就不同领域各种类型的拔尖创新人才和海洋事业的领军人才。"[①]学校针对学术学位和专业学位的不同培养类型、博士和硕士的不同培养层次，探索研究生分类培养模式，提升研究生培养质量。

1. 学术学位研究生培养模式改革

新一轮"985工程"建设期间，学校着力构建"深化学科基础、促进学科交融、强化海

---

① 于志刚：《在中国共产党中国海洋大学第九次代表大会上的报告》，中国海洋大学档案馆藏，档号：HD-2010-DQ13-Y-35。

上实践、搭建国际平台"的海洋拔尖创新人才培养模式。依托海洋学、化学（海洋化学）国家理科人才培养基地和生命科学与技术人才培养基地，制定"3+2+3"本硕博一体化培养方案，从数学、物理、化学、生物等基础学科专业中选拔优秀本科学生进入特色研究生培养体系，在研究生阶段进入海洋、水产等国家重点学科进行硕博连读培养。即前三年学习本科课程，中间两年学习物理海洋、海洋生物、海洋化学、海洋工程等优势学科中的一个学科的研究生课程，后三年选择一个方向攻读博士学位，最终通过前期基础学科人才培养体系与后期优势特色学科人才培养体系的有机融合，实现"本硕博"一体化培养。

2019年，学校成立未来海洋学院。该院选拔对海洋科学研究具有浓厚兴趣的优秀学生，采取到海洋国家实验室、海洋高等研究院等一流科教平台、跟随国际一流学术团队进行科研探索的方式，在海洋科学一级学科下联合培养研究生，探索完善科教协同育人的研究生拔尖创新人才培养模式。首期招收15名学生。该院以海洋领域世界一流前沿学术活动为目标，围绕拔尖研究生培养主线，打造海洋领域世界一流的学术活动"未来海洋讲坛"，开设了10余门高水平、国际化研究生课程，包括国内首门海洋类文理交叉研究生公共选修课经略海洋，国内首门全球海洋公开课、国内首门面向海洋科学研究生的人工智能与大数据分析课程等。国际一流、交叉融合式的海洋科学课程教学体系和交叉融合式的科研指导体系的建立，使该院成为国内海洋领域交叉学科拔尖研究生培养的新高地。

2020年，学校在海洋科学、药学、食品科学与工程专业试点实施"3+1+1+4"本硕博贯通培养模式改革。学生前三年为本科学习阶段，第四年为本科毕业论文撰写阶段和研究生课程学习阶段，硕士研究生一年为研究生课程学习阶段和科研训练阶段，博士研究生四年为科学研究阶段。首批19名本科生进入"本硕博"贯通培养。培养过程采取分流考核的方式，考核未通过的学生退出"本硕博"贯通培养模式，按照普通学术学位研究生培养。考核通过的学生转为博士研究生进行培养。2021年，在物理海洋学、海洋化学、海洋地质等专业招收"本硕博"贯通培养博士研究生12人。2022年，146名本科生选修361门次研究生课程，进入"贯通式"学习。

2. 专业学位研究生培养模式改革

2013年，教育部、国家发展改革委、财政部在《关于深化研究生教育改革的意见》中提出，要发展专业学位研究生教育，建立以提升职业能力为导向的专业学位研究生培养模式。为加强研究生社会实务和实践工作能力的培养，促进研究生教育与社会科研机构、企业单位的协同融合，学校开展研究生联合培养基地建设。"十三五"期间，学校实施"高层次应用型人才质量提升计划"，针对不同专业学位类别，完善以提升职业能力为导向的专业学位研究生培养模式。完善专业学位研究生选拔办法，注重选拔具有实践经验的优秀人才；探索专业学位研究生培养规律，改革教学内容、方式和课程体系，整合案例资源，加强案例教学，促进教学与实践有机融合；选取2～5个应用学科的专业学位类别（领域），发挥校内工程中心、中试平台和校外行业企业的平台优势，建设一批研究生联合培养基地，探索建立行（企）业专家参与招生、培养及评价制度，构建人才培养、科学研究、社会服务三位一体的合作培养模式。[①]至2020年，学校与华为、海尔、海信、中国交建、鲁南制药等行业领军企业合作建设师资共享、技术共有、人才联培、设施联建的示范性实践基地177个，搭建校内工程实训平台13个，其中电子信息产教融合研究生联合培养示范基地和海洋药物研发产教融合联合培养基地获批山东省产教融合研究生联合培养基地立项建设。

学校探索企业参与专业学位研究生培养模式，汇聚社会优质资源，构建互利共赢的应用型人才产学合作培养新机制。设置专项基金，在环境工程、食品工程和会计三个专业对专业学位研究生培养给予经费支持。与企业合作开设产教融合班，实行行业产业导师选聘制度，促进专业学位与职业资格有机衔接。2018年，学校探索以科研经费为主承担培养成本的研究生教育投入新机制，面向企业（行业）工程实际，建立起企业（行业）专家全程参与的博士专业学位研究生培养制度，形成教育-实践-再教育的专业学位培养模式。到2020年，在环境工程、食品工程、会计、水利工程、计算机技术、光学工程、渔业、材料工程、应用统计和翻译10个专业（领域）实施专业学位"一点一策"试点改革，促使以职业需求为导向、产教融合、协同育人的实践创新人才培养模式不断完善。学校聘请校外导师300余人，建立切实可行的双导师制度，与华为、海信、58同城等建立产教融合创新示范班，企业参与招生培养全过程，实现"订单式"精准培养。

案例教学是推进研究生教育创新、推动专业学位研究生培养模式改革的重要手段。2017年，为强化专业学位研究生案例教学，学校设立专业学位研究生教学案例库项目，首批15个案例被确定为计划项目。到2022年，立项建设教学案例库106项，支持建设经费500多万元。其中有47个案例入选国家级案例共享中心、67个项目入选山东省案例库。

学校研究生培养模式综合改革成效显著，2018年，王竹泉教授的研究成果《科教融合，产学协同，理实一体，构筑财会专业研究生教育特色资源共享平台》获第八届高等教育国家级教学成果奖。

①《中国海洋大学"十三五"事业发展规划》，中国海洋大学档案馆藏，档号：HD-2016-XZ11-Y-6。

（三）加强质量保障体系建设

1. 改革研究生选拔制度

学校改革研究生招生选拔机制，选拔优秀生源。2012年，试点在部分学科专业按一级学科招生，其中海洋地球科学学院的地质学（硕士）和经济学院的应用经济学（博士）学科点为试点单位。2013年，工程学院的机械工程、控制科学与工程纳入一级学科招生范围。2017年，实现硕士研究生招生初试自命题科目按一级学科（群）设置，在13个学科实现一级学科宽口径招生。2019年，理、工、农、医等硕士学位授权一级学科实现一级学科宽口径招生。

2015年，为提高博士研究生选拔质量，强化对考生创新能力和学术潜力的考察，学校试点博士研究生招生方式改革，首次在海洋环境学院、信息科学与工程学院、化学化工学院、水产学院的六个专业开展博士研究生招生"申请-考核"制改革试点，共录取考生六人。2017年，为提高博士研究生选拔质量，扩大和规范博士生导师的招生自主权，推出《中国海洋大学博士研究生"申请-考核"制招生工作实施办法（试行）》，五个学院共七个一级学科（专业领域）在普通招考方式中试行博士研究生"申请-考核"制招生选拔。2018年这一制度扩大至八个学院。

2017年，学校出台的《中国海洋大学硕博连读研究生选拔工作实施办法》规定，研究生选拔方式分为"贯通式"硕博连读和"分段式"硕博连读。前者是指，在硕士研究生录取阶段遴选出优秀的学生，入学后直接按照硕博连读研究生培养方案培养，在完成规定的课程学习并通过博士生综合考核后，确定为博士生的方式；后者是指，从完成硕士课程学习且成绩优秀、具有较强的创新精神和科研能力的在学硕士生中择优遴选博士生的方式。学校以弹性学制打通硕士、博士研究生培养阶段，以"贯通式"硕博连读为切入点，加强硕博连读考核力度，构建合理的分流退出机制。"申请-考核"制招生选拔，构建了普通招考考生和硕博连读考生从材料审核到综合考核的共同竞争机制，切实提高了博士研究生的选拔质量。2019年，学校博士研究生普通招考、硕博连读选拔全部实施"申请-考核"制。

另外，学校通过扩大推荐免试硕士研究生比例、实施"研究生优质生源工程""创新人才培养专项计划"等措施，遴选优秀学生，研究生生源质量不断提高。

2. 完善奖助体系

2012年，国家首次面向研究生设立国家奖学金。《中国海洋大学研究生国家奖学金评审实施办法（试行）》开始实施。办法规定，受表彰研究生对象为学习成绩优异、科研能力显著、发展潜力突出的全日制脱产学习的研究生。博士研究生国家奖学金获得者至少满足下列条件之一：① 在读期间，在SCI、EI、SSCI、CSSCI收录期刊上正式发表或有明确创新点并待发表的高水平学术论文；或其他具有较高学术价值或应用价值的科研成果。② 获得具有应用价值的发明专利授权或重要的实用新型专利授权。③ 参加国际性、全国性的学术、科技等竞赛活动，成绩优异。学术型硕士研究生国家奖学金获得者在科技创新、学术活动等方面表现优秀，并在重要学术期刊上发表有明确创新点的论文。专业学位硕士研究生国家奖学金获得者，在专业和职业领域研究或实践中，创新成果优秀，并有经过规范程序认定的相应成果。①国家奖学金评审重视学生的创新思维与潜力、创新成果的水平等，突出强调研究生教育培养的创新导向。为完善研究生教育质量的长效保障机制和内在激励机制，全面提高研究生的培养质量，学校优化研究生奖助体系，实施《中国海洋大学研究生奖助学金评定实施办法（试行）》，包括基本奖学金、学业奖学金、专项奖学金、助研助学金、岗位助学金和国家助学贷款等，切实帮助研究生解决实际问题，为他们顺利完成学业起到保障作用。

从2014年起，国家实行研究生教育全面收费制度，并且完善研究生教育投入机制，包括设置研究生国家助学金制度，加大研究生助教、助研和助管岗位津贴资助力度，建立研究生国家奖学金制度、研究生学业奖学金制度等。据此，学校先后制定并实施《中国海洋大学研究生学业奖学金管理暂行办法》《中国海洋大学研究生国家助学金管理暂行办法》及《中国海洋大学研究生奖助体系改革实施方案（试行）》《中国海洋大学研究生国家奖学金评审实施办法》，对2014级及以后研究生全面实施新的奖助政策。改革后的研究生奖助学金制度从奖助金额和奖助质量上都有较大幅度提高。以新的学业奖学金为例，在确保原有学业奖学金的基础上，重点加强对博士研究生和综合排名前80%的二、三年级硕士研究生的奖励力度，鼓励引导研究生认真学习、积极进取，取得更好成绩。

2018年，学校重构研究生奖助体系，实施《中国海洋大学研究生资助与奖励办法》《中国海洋大学研究生助学金管理办法》《中国海洋大学研究生学业奖学金管理办法》《中国海洋大学研究生荣誉称号管理办法》。新的奖助办法更加注重奖励学习成绩优异、科研成果显著和创新实践能力强的学生。2019年，为进一步激励研究生潜心学术研究，产出原始创新成果，引导研究生从关注产出学术成果数量向提升质量转变，学校设立研究生卓越奖学金，用于奖励取得重大学术成果、为学校争得荣誉的在籍或毕业一年以

---

① 《中国海洋大学研究生国家奖学金评审实施办法（试行）》，中国海洋大学档案馆藏，档号：HD-2012-JX1211-6。

内的研究生个人或团队。该奖项奖励的标准为每个获奖团队8万元、博士研究生个人6万元、硕士研究生个人4万元。设立科技竞赛奖学金，用于奖励在全国性或国际性科技竞赛中获得优异成绩的研究生，奖励金额为一等奖8000元、二等奖4000元、三等奖2000元，奖项的设立激发了研究生参加高水平科技竞赛的积极性。设立硕士预修助学金，用于补助推荐免试研究生在硕士入学前一年选修研究生课程或参与科研工作的支出，进一步助力硕博贯通培养模式改革。

（四）严把学位授予关

学校根据不同学科类别和学位类型特点，及时修订学位授予标准。2011年，制定《中国海洋大学全日制专业学位硕士研究生学位论文及学位授予标准》，对专业学位论文形式、论文评阅、论文答辩、学位授予条件及学位授予学术成果等均作了明确要求，标志着研究生学位授予分类标准建立。2014年，学校根据教育部相关规定，开展学术型硕士学位授予标准试点改革，选取海洋生命学院和管理学院作为试点，他们可根据自身情况制定学术型硕士发表学术论文的标准。2019年，学校按一级学科制定学位授予标准，实施《中国海洋大学学术学位研究生申请学位科研成果基本要求》。新标准以提升人才培养质量为核心，适当提高学术学位研究生申请学位科研成果的基本要求，鼓励高水平成果产出的导向性更加明确，实现了以数量为主到质量与数量并重的转变。学校还制定了《中国海洋大学修（制）定专业学位研究生培养方案和学位授予标准的意见》，强化专业学位研究生培养专业实践过程的质量，实行课程论文、工程实践成果、学位论文相结合的多样综合评价。研究生申请学位的成果类型包括但不限于学术论文、发明专利、科技奖励、行业标准、科研工作报告等。2021年，修订《中国海洋大学研究生学位论文评审工作细则》，运用学位论文总体评价、答辩意见两项指标对论文质量进行综合评价，提高评阅结果的科学性与可靠性。在综合评价硕士学位论文质量的基础上，确定六个试点学院自行组织硕士学位论文评审，实行在评审中聘请行业专家等举措，推动开展分类评价。实行增加学位授予批次，保障学位授予质量。

建立研究生科学道德和学风建设的长效机制。2013年1月，教育部实施《学位论文作假行为处理办法》，学校据此修订《中国海洋大学研究生学术不端行为处理办法》，对于所提交论文弄虚作假情节严重者，一经发现，取消其答辩资格。为保障研究生学位论文质量，研究生学位论文在送审前、答辩前和论文提交三个环节进行查重检测，确保学位论文的重复率控制在合理范围内。查重结果中，学位论文文字复制比小于10%的，视为通过检测；介于10%～30%的，由学校学位办提供检测报告单，研究生须对论文进行进一步修改；文字复制比小于30%的论文方可进行论文送审。2019年，为规范研究生学术道德与科研创新意识，学校对研究生考查课进行作业查重，规范学生日常科研过程与课程考核，建立起集教育、预防、监督、惩治于一体的学术诚信管理体系。全日制研究生学位论文全部施行双盲外审。对硕士学位论文中以往存在问题较多的学院和学位授予类别加大抽查比例，对出现问题较多的导师，给予信函提示，进一步警示和规范导师的行为，做到学院－导师－学生三方预警。

学校建立分流退出机制，实行"超过最长修业年限进行学籍清理、超过基本修业年限进入学籍预警"的办法。以2021年为例，清理已达最长修业年限学生89人，其中32人结业、57人退学。另外，开展常态化学籍预警工作，共预警882人，其中144人因三次预警而终结学籍。学校基本办学指标因此得以优化，研究生培养与管理的质量明显提高。

三、推进研究生教育高质量发展

（一）修（制）定研究生培养方案

2012年，学校在海洋科学学科按一级学科招生，研究制定了海洋科学一级学科培养方案，初步构建起培养海洋多学科交叉、科学与技术融合的复合型人才培养体系，为之后一级学科培养积累了宝贵经验。

2013年，学校大力推进一级学科下研究生培养工作，修（制）定所有学科点的研究生培养方案，相继实施《中国海洋大学关于制定博士研究生培养方案的暂行规定》《中国海洋大学关于制定硕士研究生培养方案的暂行规定》。以博士研究生培养为例，新的培养方案"以一级学科下培养博士研究生为思路，通过学科交叉带动知识创新，探索复合型高端人才培养模式"。"博士研究生的课程要充分体现博、精、深的要求，培养方案要反映学科内涵，有坚实的学科基础。课程体系要有足够的宽广度和纵深度，课程内容要反映本学科的前沿和发展动态。"[1]新的培养方案体现不同类型研究生培养的特点，特别重视研究生获取知识能力、学术鉴别能力、科学研究能力、学术创新能力、学术交流能力和其他能力的培养，提高研究生综合素质。

2018年，学术学位研究生培养方案按照一级学科硕博贯通的原则进行再次修订。新的培养方案以"创新培养模式，突出创新精神和个性化培养，突出研究方法和科学思维养成，突出科教结合和产教结合"为指导思想，博士学位授权一级学科在对硕士—博士不同培养

[1]《中国海洋大学关于制定博士研究生培养方案的暂行规定》，海大研内字〔2013〕16号。

阶段准确定位的基础上,统筹安排、科学衔接课程设置、教学内容与培养环节,体现贯通式培养。[1]新修订的学术学位研究生培养方案由199个优化为48个。学校又于2020年、2021年修订了部分学术学位培养方案,打造"一级学科硕博贯通"培养方案3.0版、4.0版。

2019年,学校修订专业学位研究生培养方案提出,专业学位研究生培养以职业需求为导向,以实践研究和创新创业能力培养为重点,以产学结合为途径,各专业学位类别可大胆吸收、借鉴国内外先进的研究生培养经验和管理模式,科学系统论证。鼓励专业学位类别和学科、学院间师资和实验资源的共享,鼓励多学科(专业学位类别)交叉培养,拓宽研究生学术视野,激发创新思维。[2]

2020年,按照专业学位研究生培养的新要求,探索构建产教融合、订单式培养新模式,从课程体系、实践模块和培养环节入手,修订专业学位研究生培养方案。新开课程127门,停开课程753门,课程体系进一步优化,形成专业学位培养方案2.0版。研究生培养方案实现迭代升级。

(二)完善课程体系

课程是培养方案的主体。2011年以来,学校结合研究生培养方案的实施,注重加强课程思政建设,加大一级学科培养体系下的课程建设以及不同类型研究生课程建设力度。

2018年,为落实全国教育大会和全国高校思想政治工作会议精神,《中国海洋大学博士研究生思想政治理论课教学改革方案》公布实施。博士思政课增加实践环节,学校近500名2018级博士研究生赴实践教学基地开展实践教学活动。为创新课程思政形式,打造具有中国海大特色的思政课程体系,2020年,学校在"东方红3"船上开设海洋科考认知实践公共选修课,课程融入海洋强国与伟大复兴等内容,面向全校研究生开放。为了培养更多的知海、爱海人才,2022年4月,该课程首次面向驻青岛、驻海南高校和科研院所研究生开放,打造流动的"海上思政课堂"。创新做法入选《中国研究生》专刊和人民网《2022年高校思政课改革创新情况分析报告》典型案例。2021年,研究生教育课程环境海洋学获评教育部课程思政示范课程,高会旺及其团队获评教育部课程思政教学名师和团队。

学校加大一级学科培养体系下的课程建设以及不同类型研究生课程建设。2018年,学校在《中国海洋大学修(制)定学术学位研究生培养方案的意见》中提出,各学科需

---

[1]《中国海洋大学修(制)定学术学位研究生培养方案的意见》,中国海洋大学档案馆藏,档号:HD-2018-JX1211-2-10。

[2]《中国海洋大学修(制)定专业学位研究生培养方案和学位授予标准的意见》,中国海洋大学档案馆藏,档号:HD-2019-JX1211-1-21。

建立科学、系统的课程体系，提高选课灵活性，减少课程冗余度，课程总量应合理控制，确保少而精。博士学位授权一级学科应按硕—博贯通制设置课程体系。①与新修订的人才培养方案相协调，建立起按一级学科设置基础课、二级学科设置核心专业课和为满足科研要求、学术兴趣等个性化需求设置专业课的课程体系，实现了一级学科下各二级学科、方向的课程资源的整合。

2019年，《中国海洋大学修（制）定专业学位研究生培养方案和学位授予标准的意见》实施，要求各专业学位点积极开设与职业发展相关及与职业资格认证紧密衔接的课程。强化实验实践类、研究方法类、技术发展前沿类等课程的设置和全英文教学，鼓励建设整建制的全英文专业模块课程体系，构建明显区别于学术学位研究生培养的课程体系。

2021年修订后实施的研究生培养方案中明确提出，研究生课程体系要充分贯彻培养目标和学位标准，依据培养方案的要求进行设置，兼顾不同培养层次课程体系的系统性与整体性。学术学位研究生的课程体系一般按一级学科（专业）设置，自设或交叉学科可自行设置，以科研创新能力培养为核心，注重研究方法类、学术前沿类课程的开设，加强一级学科硕博共享课程和交叉学科的课程建设；专业学位研究生的课程体系按专业学位类别或领域设置，侧重培养研究生职业能力和素养，所设课程应具有一定的理论基础，并突出应用性和实用性。②研究生培养方案的持续修订和课程体系的不断完善，推动学校一流人才的培养不断迈上新台阶。

（三）鼓励创新研究

博士研究生教育是国家高层次拔尖创新型人才的主要来源和科学研究潜力的主要标志。2010年，教育部设立博士研究生学术新人奖。2010—2012年，学校共有15名博士研究生获此殊荣。为鼓励研究生在科学研究、科技竞赛、专业实践中勇于创新，学校相继出台《中国海洋大学"博士研究生学术新人奖"评选实施细则（试行）》《中国海洋大学"博士研究生学术新人奖"资助协议》。学术新人奖每年评选一次，获奖博士研究生可获得3万元/人的经费支持。

为提高博士研究生独立从事科学研究和创新的能力，进一步引导博士研究生进行高水平的科研工作并发表高质量学术论文，学校拨专款设立博士研究生创新研究基金，实施《中国海洋大学博士研究生创新研究基金暂行管理办法（试行）》，博士研究生创新研

①《中国海洋大学修（制）定学术学位研究生培养方案的意见》，中国海洋大学档案馆藏，档号：HD-2018-JX1211-2-10。
②《中国海洋大学研究生课程管理规定》，中国海洋大学档案馆藏，档号：HD-2021-JX11-1-6。

究基金资助额度为3万元/人，分二至三年完成资助。首批有四名博士研究生获得资助。

2014年，为支持和鼓励博士研究生潜心学术研究，取得创新性成果，实施《中国海洋大学博士研究生成果培育资助项目管理办法（试行）》，设立博士研究生成果培育资助项目，对超出基本学制但科研成果优秀的博士研究生进行资助。资助金额有导师资助和学校资助两部分，导师资助金额理工类不低于800元/月，社科类不低于500元/月；学校资助金额为2000元/月。获资助博士生享受学费减免并与基本学制内在读博士研究生享受住宿及医疗同等待遇。

2017年，为加强研究生创新意识和创新能力的培养，形成有效的激励机制，学校设立研究生优秀科技创新成果奖；为强化专业学位研究生实践能力的培养，激励他们深入开展专业实践，设立专业学位优秀实践成果奖。

学校鼓励研究生在读期间参加国际学术会议，支持其追踪国际学术前沿，开阔学术视野，提升研究水平和学术交流能力。2015年，制定《中国海洋大学研究生参加高水平国际学术会议资助办法（暂行）》，按照不同的地区，给予3000～15000元/人/次的最高资助经费。

学校举办全国性研究生学术论坛、研究生百川讲坛，邀请全国知名专家来校举办讲座，形成"一院一论坛、一周一讲座"的学术品牌，拓宽研究生学术视野，促进学科间交流和融合。支持研究生参加全国博士生学术论坛等各类学术活动。设立研究生自主科研项目，支持优秀在校研究生开展自主科研，提升创新能力。以上系列活动的举办拓展了研究生学术、科研交流的平台，进一步浓厚了学校的学术氛围。

第三节　提升继续教育水平

继续教育学院是学校开展继续教育的主要承担单位，以全校学科专业为依托，举办高等学历继续教育，开办非学历教育活动。学历继续教育由继续教育学院统筹，各专业所属二级学院以及校外教学点共同开展教学。结合国家战略需求、经济社会发展需要，与二级学院或其他办学机构合作搭建平台，开展非学历继续教育的项目研发、市场开发和教学实施。2011年学校成为首批教育部高等学校继续教育示范基地；2013年获批设立中国地区剑桥国际教育考试中心；2014年成为人力资源和社会保障部国家级专业技术人员继续教育基地、工业和信息化部国家信息技术游戏动漫人才培养基地；2017年获批设立雅思UKVI考点；2019年获批设立日语和西班牙语考点；2021年获批教育部职业教育教师教学创新团队（食品类）培训基地；2022年获批教育部职业教育"双师型"教师（旅游类）培训基地；2022年获批人社部数字技术工程师培育项目——大数据方向培训机构；2017—2022年连续六年被青岛市人社局评为优秀继续教育基地。

2011年起，继续教育学院始终坚持"精技强能、成就职业英才，来学往教、力行终身教育"的办学理念，搭建终身学习平台，加强内涵建设，坚持继续教育办学规模、质量相协调，持续推进信息化数字化升级，稳定发展高等学历继续教育，大力发展非学历教育，规模质量齐抓并重，品质品牌协同发展。

一、稳步发展学历教育

学校始终坚持办学规模与办学能力相适应的原则，根据社会需求和自身办学能力，合理设置招生专业和人数；根据各省成人高校招生录取工作要求，在符合招生院校招生报名条件、考试成绩达到投档分数线的考生中，按照从高分到低分择优录取的原则，进行新生录取。

2011—2019年，学校开设高中起点专科、高中起点本科、专科起点本科三个办学层次43个专业（含业余、函授，分法学类、理工类、农学类、文史类、经济管理类）。2020年，结合社会需求和学校生师比指标等相关要求，合理控制年度招生规模，停止高中起点专科招生，大幅度缩减学习形式为"业余"的招生计划，开设专科起点本科专业29个（含业余、函授，分法学类、理工类、农学类、文史类、经济管理类）、高中起点本科专业七个（含业余、函授，分理工类和经济管理类）。2021年，根据学校"十四五"发展规划，通过预报名系统严格限制报名人数，招生规模平稳下降，五个高中起点本科专业停招。2022年，招生规模显著下降，两个高中起点本科专业停招。

学校按照教育部及山东省教育厅有关规定，对高等学历继续教育新生入学资格进行严格复查，对持有虚假或非国民教育系列学历证书及证明材料的新生，一律取消入学资格。对专升本学生进行前置学历清查，对不符合要求的学生不予注册学籍。严格按照毕业条件，进行成绩审核、学费清查、学籍学制核对。严格审查报考学位考试学生的报名条件，组织符合条件的学生参加三门专业主干课考试和学位外语考试，为符合条件的毕业生授予成人高等教育学士学位。2011年至今，共录取、注册成人高等教育学生12.2万余人，其中11.6万余人毕业、授予学位9700余人。

学校高度重视校外教学点建设，所有教学点统一要求在省教育厅备案，接受教育厅和所在地市教育局的监督、管理。学校主要面向山东省各地市开展学历继续教育，同时在云南、浙江、宁夏、新疆、安徽、内蒙古、福建、广西等省（自治区）设有函授站。截至2022年底，学校在省外设有六个校外教学点，省内设有30个校外教学点。

学校重视继续教育与全日制教育的协调发展，将继续教育作为人才培养体系的重要组成部分。按照成人学习特点和教学规律，做好专业与课程体系建设，及时完善年度人才培养方案，强化教学管理，加强实践教学各环节落实情况检查，加强教学质量评估督导，为社会培养和输送更多合格人才。结合学校专业特点，以岗位胜任能力提升与职业素养培育为目标，实行"技能+学历"等合作办学模式。学校充分考虑学历继续教育学生的实际，精心设计并认真组织开展实践、实验与实习教学活动。利用青岛及山东半岛地理优势，与企业、社会单位联合建立涵盖制造业、金融业和物流业等多行业的校外实习实践基地，为学生提供较充分的实习实践场所。目前，与20多家大型企业建立起稳定的合作关系，联合建立涵盖多行业的校外实习实践基地290多个，在模块化课程教学、实践教学、专业培训和讲座、毕业论文指导等方面开展密切合作。2019年起，学校设置成人高等教育课题研究专项，鼓励全校教师参与理论研究，截至2022年底共计立项80余项。

学校以特色优势学科为依托，以成人高等学历教育品牌专业和特色课程建设为重点，加强学科、专业、课程三位一体的专业建设，开展混合式教学模式改革，其中会计学和英语专业分别于2011年和2013年被山东省评为省级成人高等教育品牌专业。立德树人，德育为先。2018年，聘请学校知名教授开设马克思主义哲学原理、大学生爱国十讲等课程，实现德育内容与学科专业课的融合渗透。2022年，一门继续教育思政课程被确定为省级示范课程。

二、大力发展非学历培训

2011年以来，继续教育学院依托四个国家级培训基地，立足青岛，辐射全国，充分发挥学校优势，对接各地政府职能部门、地方企事业单位等非学历继续教育需求，不断打造行业人才培养平台，逐步培育政府购买服务（招标）培训、面向海洋领域的涉海专业技术人员培训、推进国家高素质职业教育师资队伍建设的职教师资培训、高层管理干部培训、高端工商管理培训、"技能＋就业＋学历"培训、出国留学培训等特色鲜明的品牌培训项目，构建起多样化继续教育培训体系。利用学校优质教学资源，大力开展人大、政协、统战、宣传、公检法、组织、人事、国土资源、审计、统计等党政管理人员培训，银行、税务、交通运输等政府购买服务（招标）培训，涉海专业技术人员培训，大力培养蓝色经济产业、半岛制造业基地、地区金融中心、贸易和物流基地等急需的高水平、复合型紧缺型人才。学员来自云南、广西、广东、福建、四川、青海、河南、江苏、湖北、贵州、山东等十多个省（自治区）。培训非学历教育学员3.45万余人，为国家社会经济发展和山东蓝色经济建设提供了人才支持。2011年，以打造管理精英、振兴半岛经济为目标，设置高级工商管理培训项目，面向山东半岛地区开展高级工商管理人员培训。开办以来，学校聘用权威优秀师资，开设全新实训课程，得到参训学员的普遍认可，形成了良好口碑。

发挥全国重点建设职教师资培训基地的辐射作用，着力打造专业团队，广泛做好需求调研，积极探索专业骨干教师培训的内容和形式，制定多项既符合政策要求又适合参训学员需求的培训方案，涵盖"双师型"教师专业技能、专业带头人领军能力研修、班主任、教科研能力等多种类型培训，为国家职教师资队伍建设作出了应有贡献。

三、加强网络课程建设

在新的网络教学背景下，继续教育学院高度重视网络课程建设，不断打造具有学校特色的精品课程。2015年起，学校网络课程资源建设走上快车道。2018年，以"互联网+"继续教育网络教学为主的教学模式构建完成，网络课程建设累计400余门。2020年，应对COVID-19疫情挑战，网络课程建设快速升级，建设完成500余门优质网络课程、60余门数字化精品课程，实现了该学年教学计划内课程全覆盖。2022年，学院数字化课程达到620门。

继续教育学院积极推动成人高等教育管理信息系统和网络教学平台建设。2015年，集整合教务管理系统和网络教学于一体的学业情况自助查询、自我学习互动的成人高等教育信息化平台启用，为学生提供24小时在线服务。搭建会计学专业远程网络实验平台，为成人高等教育学员模拟实验方式的变革奠定了硬件基础。

2018年，利用大数据、云平台等技术，开发并启用继续教育教务教学平台以及培训平台、继续教育学院微信公众平台，开发移动端成人高等高考报名系统、成人高考录取查询系统、新生入学信息核验系统、考前辅导等微信应用小程序，建立起全方位的学习支持服务体系，承担起2万余名成人高等教育学生教务、教学工作，实现了教学流程管理和教学实践过程的信息化互动。通过APP在线学习，打破时空限制，真正实现了泛在学习，在国内高校继续教育领域起到了引领和示范作用。2019年，持续优化"一库两端五平台"信息系统（"一库"为底层架构的云端数据库，"两端"为PC端和移动端，"五平台"即"教务管理平台、学生学习平台、远程教学平台、实验实训教学平台、移动APP平台"），服务学生、学员4.8万余人。

2020年，COVID-19疫情暴发之初，基于对继续教育事业快速发展及未来业务挑战的预判，考虑到在线教育用户量激增对网络支持提出的更高要求、在线教育常态化终将成为必然趋势和非学历继续教育快速线上转化的需要，学院快速扩增继续教育平台阿里云服务器容量，同时采用先进的CDN加速技术提升网络质量，实现了全国用户访问无差别快速响应，保障疫情下各项教学、培训任务正常进行。

2020年，建立线上课堂、直播课堂，链接上线课程，师生可通过"海大继续教育学院在线学习平台"与"海大继续教育APP"在线收看、学习，实现线下授课全面转为线上学习，真正做到停课不停教、停课不停学，4.7万余名学生顺利开始春季学期的在线学习。实施以CLASSIN为主、其他方式为辅的直播课堂教学方案，非学历培训直播教学取得良好效果。开发启用疫情防控学历继续教育学生管理网络平台，为保证教学质量提供支撑。组建专业团队，应对线上考试挑战，自主研发网络考试系统，截至2022年底，共计承担考试任务85万人次。积极应对山东省成人高等教育学位外语考试政策调整，自主研发学位外语考试系统，率先启动机考面试，作为山东省内唯一自主完成学位外语考试的高校，圆满完成2019级至2021级山东、浙江、云南、海南等省内外七个考点13000余人的学位外语考试任务。

第六章
科技创新和服务海洋强国建设

自新一轮"985工程"（2010—2013年）建设起，中国海大不断探索和深化科研组织模式与机制，以关键载体和环节为突破点，有序推进科技体制机制综合改革。与青岛海洋科学与技术试点国家实验室（简称海洋国家实验室）耦合发展，科教深度协同融合，为科技体制创新提供了成功案例。探索政产学研用一体化的科研基地运行机制与发展模式，建设青岛海洋生物医药研究院、青岛海洋食品营养与健康创新研究院，科学-技术-工程-产业全链条创新体系建设富有实效。学校坚持基础研究、应用研究和服务区域经济并重，聚焦海洋、水产等领域重大科学问题和"卡脖子"技术问题，在海洋多尺度动力过程与气候变化、海洋动植物遗传育种与新种质创制、深远海养殖、海洋糖类药物研发、海洋工程安全与防灾等领域实现了由重点方向突破向重点领域系统创新的转变、由理论研究为主向理论创新与技术发明并重的转变，初步形成理论创新、技术突破和产业转化一体化新格局，成为我国海洋、水产领域重要思想策源地和技术发源地。加强海洋发展研究院建设，发挥蓝色智库作用，丰富国家软实力。人文社科研究特色显著，成果丰硕。

第一节　深化科技体制改革

2011年4月，中共中央总书记、国家主席胡锦涛在清华大学百年校庆上讲话时，提出推动协同创新的理念和要求。[①]2012年5月，教育部、财政部联合召开工作会议，启动实施《高等学校创新能力提升计划》。学校以此为契机，着力深化校内科技管理体制改革。

一、创新科研组织模式与机制

先进的科研组织模式能够有效整合和利用各种科研资源，激发科研主体的创新活力，提高科学技术研究的整体效益。学校聚焦制约产出的瓶颈问题，探索科研组织模式与机制，加强科研创新资源的统筹和运行管理，实现科研协同创新、成果转化激励等关键环节的突破。

（一）加强与青岛海洋科学与技术试点国家实验室耦合发展

为推动海洋科技自主创新发展，打破长期以来海洋科技力量分散和部门壁垒，整合优势力量解决海洋领域重大关键科学问题和"卡脖子"技术，学校自2000年起牵头筹建海洋国家实验室。2013年，海洋国家实验室成为科技部批复的全国首个试点运行的国家实验室。学校拓展深化与海洋国家实验室的耦合发展机制，深入开展平台、人才和项目的共建共享，主要体现在以下方面：

双方共同汇聚智力资源、发挥叠加优势，以"双聘"机制吸引国际顶尖人才到实验室工作，落户学校；学校推荐20余位校内人才入选实验室"鳌山人才"计划、获支持经费逾亿元，人才引育显现1+1＞2效应。学校420余名科研人员、22名骨干管理人员以"双聘"形式到实验室工作，分别占实验室比例20%、40%。

着力开展协同创新。学校主持"海洋动力过程与气候""海洋药物与生物制品"2个、参与其他6个功能试验室建设，深度参与或主导高性能科学计算与系统仿真平台、海洋创新药物筛选与评价平台等5个公共平台建设。"东方红2""东方红3"船加入实验室深远海科考船队。共同发起和实施"透明海洋""蓝色药库"等大科学计划，协同开展基础性、前瞻性、探索性和应用性的重大攻关。

联合培养海洋未来拔尖人才。学校组建海洋高等研究院和未来海洋学院，与国家实验室高端人才联合指导研究生，实施寓教于研的"本硕博"一体化培养，科研平台成为人才培养的平台，通过科研活动培养学生独创精神和批判性思维。近600名学生在实验室接受科研训练，创新能力显著提升。

---

①胡锦涛：《在庆祝清华大学建校100周年大会上的讲话》，中国日报网，http://www.chinadaily.com.cn/dfpd/hjt71jh/2011-06/30/content_12811853_2.htm。

积极探索治理和运行模式。在耦合互动发展过程中，学校作为牵头理事单位，校长于志刚担任试点国家实验室理事会的常务理事、管华诗院士担任学术委员会主任、吴立新院士担任主任委员会主任，最短时间内形成了科学高效的管理运行体系，为中国特色国家实验室建设进行了卓有成效的探索。[①]

（二）赋予教育部重点实验室更多自主权

学校推进教育部重点实验室等科研平台管理体制与运行机制改革，实行重点实验室独立编制，建立了重点科研平台编制管理与预算管理相结合，固定编制由学校聘任、流动编制由实验室或课题聘用的编制管理和人员聘用机制。灵活机动、快速响应的人才引进决策机制，学校、实验室和课题多渠道分担的薪酬投入和分配机制，给予实验室人才评价、遴选聘任和薪酬激励等方面较大的自主权，调动了学科、平台、科研等创新要素活力，营造有利于人才集聚的环境氛围。学校七个教育部重点实验室相继开展综合改革，逐步进入良性运转阶段。在2015年度和2020年度数理和地学领域教育部重点实验室评估中，物理海洋教育部重点实验室均获评优秀；在2016年度和2021年度生命领域教育部重点实验室评估中，海水养殖、海洋生物遗传学与育种两个教育部重点实验室全部获评优秀。

（三）组建海洋高等研究院

深入理解海洋多尺度动力过程及跨圈层相互作用，是一流海洋研究机构发展地球系统科学理论的必由之路，也是建设海洋强国、构建人类命运共同体的重要科学支撑。2018年，学校对标全球顶尖的美国Scripps海洋研究所，整合海洋学科领域优势力量，聚焦地球系统跨圈层动力过程与能量物质循环重大前沿科学问题，以物理海洋学科为核心，强化与海洋化学、海洋生态、大气科学、地质学的多学科交叉，组建了海洋高等研究院。海洋高等研究院实行与国际一流科教机构接轨的现代科研管理体制和人才培养模式，构建任务驱动的协同创新科研体系，组织开展基础性、前瞻性及应用性的海洋重大科技问题协同攻关研究。

（四）实施政产学研用一体化的科研基地运行机制与发展模式

学校探索政产学研用一体化融合创新模式，建设青岛海洋生物医药研究院、青岛海洋食品营养与健康创新研究院，打造"科学－技术－工程－产业"全链条创新体系。

药物研发是多学科交叉、多技术交汇，融合知识创新、技术创新与产业开发于一体的

---

① 周珊珊：《中国海洋大学"双一流"建设典型案例"案例Ⅴ：大学——国家实验室耦合发展科教深度协同融合"》，中国海洋大学档案馆藏，档号：HD-2020-KY18-1-41。

复杂系统工程。长期以来，国内药学学科的发展大多集中于科学发现和技术发明阶段，工程和产业化阶段则投入不足、重视不够，成为制约药学学科应用性发挥和行业产业发展的瓶颈因素。2013年，学校探索政产学研用一体化的科研基地运行机制与发展模式，依托国家海洋药物工程技术研究中心，建立青岛海洋生物医药研究院（简称研究院）。研究院由政府主导、高校牵头、行业企业和社会力量参与运营，实施事业单位和股份制公司二元化法人治理体系，围绕新药开发过程中的关键难点和节点，进行跨界融合、协同攻关，形成完整的海洋创新药物研发产业布局及梯次产出的态势。研究院以新产品、新技术研发为己任，对海洋药物学科成果转化和创新发展提供有力支撑，在引领海洋生物医药产业创新发展中发挥重要作用，是学校服务社会的前沿阵地。研究院实施以知识和技术要素参与的股权激励方式和以产品开发贡献率主导转让收益的分配制度，形成以年薪制为主、多样化收益分配为辅、研发节点兑现奖励的激励机制，健全新技术、新产品的综合评估或阶段性风险评估机制，实施多样化的技术转移与转让机制，提高成果转化效率和开发效益。

2019年，学校与青岛市城阳区人民政府共同建立青岛海洋食品营养与健康创新研究院。研究院依托学校食品科学与工程、水产等优势学科领域，重点关注"海洋+蓝色粮仓""海洋+大健康""海洋+生物智造""海洋+现代畜牧养殖业""海洋+现代种植业"及"海洋+智能装备"六大板块，打造集前沿技术研发转化、人才聚集培育、地方优势产业育成和科技创新服务为一体的国际一流产业研究机构。研发产品50余款，上市销售20余款；与10余家企业签订战略合作协议，其中包括中国水产、蓝谷药业等大型企业。研究院重点推广的海参、南极磷虾精深加工技术已经在行业内形成较大影响力。

二、加强科技创新平台和科研基地建设

各级各类科研基地是学校组织高水平基础研究和应用研究的重要平台，是聚集和培养优秀科学家及创新团队的人才高地，也是开展国内外学术交流的前沿阵地。学校加强推动国家重点实验室、部门重点实验室建设。

2011年，学校农业部水产动物营养与饲料重点实验室获批建设，这是农业农村部动物营养与饲料学科群中的专业性重点实验室，于2016年通过部级重点实验室评估。

2019年，学校首个国家地方联合工程研究中心——海洋大数据国家地方联合工程研究中心获国家发展和改革委员会认定。该中心依托学校拥有的海洋大数据智能分析、挖掘与处理技术能力，以海洋国家实验室所拥有的超强计算能力与数据汇集和行业服务能

力为支撑，建立覆盖从原始数据实时汇集、海量数据智能处理到精准信息产品服务的海洋大数据全链条。这是学校国家级科技创新平台的又一突破。

2020年，深海圈层与地球系统前沿科学中心获批建设，成为教育部批准的全国14个前沿科学中心之一，也是山东省首个教育部前沿科学中心。该中心聚焦深海能量物质循环及其气候效应、海底圈层耦合与板块俯冲、深海极端环境下的生命过程三大关键科学问题，以深海观测、探测、模拟以及大数据技术为支撑，率先切入深海战略要地，进行跨学科交叉融合研究，着力提升深海多圈层相互作用和地球系统科学研究原始创新能力。

2022年，学校联合申报的海洋食品加工与安全控制全国重点实验室获批立项建设。该实验室围绕国家食物安全、健康中国、海洋强国等国家重大战略需求，创新海洋食品加工的基础理论，突破核心关键技术，在海洋食品理论基础与应用前沿方向上持续形成一批具有重要国际影响的重大成果，提升我国海洋食物资源开发方面的竞争力，形成支撑我国海洋食品高质量发展的战略科技力量。

2022年，学校申报海洋生物多样性与进化教育部重点实验室并获批立项建设。海洋生物多样性与进化研究是生态、环境、资源等相关领域研究的核心和基础，该团队围绕海洋生物多样性与发育-进化领域中的基础科学问题，聚焦重要海洋功能类群的遗传-物种-生态系统多样性，进化节点海洋生物亚细胞、细胞、组织、器官水平上的模式形成、发育规律与机理，海洋生物代谢的多样性与进化的分子机制及其结构基础等问题开展研究。形成一批具有标志性、学术价值突出的原创性成果，显著提升我国在该领域的研究水平和国际影响力。

2022年，学校获批立项建设海洋物理高端科学仪器教育部工程研究中心和海洋智能系统与装备技术领域科技协同创新中心，实现在高端科学仪器领域科研平台的突破。

教育部野外科学观测研究站是教育部重要的科技创新基地之一，与教育部重点实验室、教育部工程研究中心共同组成教育部科技创新基地建设发展体系。2019年，海州湾渔业生态系统教育部野外科学观测研究站获认定，成为首个依托学校建设的观测研究站。

至2022年，学校有1个全国重点实验室，1个国家工程技术研究中心，1个国家地方联合工程研究中心，1个教育部前沿科学中心，14个教育部重点实验室、工程研究中心和农业部重点实验室，1个教育部野外科学观测研究站，15个省级重点实验室、工程技术研究中心、技术创新中心和基础科学研究中心，7个高等学校学科创新引智基地和4个国际科技合作基地（表9-17），实现了国家科技创新基地改革后科学与工程研究、技术创新与成果转化、基础支撑与条件保障三类平台全覆盖。

表 9-17　中国海大重点实验室、工程研究中心、科研基地一览表

基地类别	基地名称	批复部门
国家级	海洋食品加工与安全控制全国重点实验室	科技部
	国家海洋药物工程技术研究中心	科技部
	海洋大数据国家地方联合工程研究中心	国家发展改革委
省部级	深海圈层与地球系统前沿科学中心	教育部
	物理海洋教育部重点实验室	教育部
	海水养殖教育部重点实验室	教育部
	海底科学与探测技术教育部重点实验室	教育部
	海洋环境与生态教育部重点实验室	教育部
	海洋化学理论与工程技术教育部重点实验室	教育部
	海洋生物遗传学与育种教育部重点实验室	教育部
	海洋药物教育部重点实验室	教育部
	海洋生物多样性与进化教育部重点实验室	教育部
	海水养殖教育部工程研究中心	教育部
	海洋材料与防护技术教育部工程研究中心	教育部
	海洋油气开发与安全保障教育部工程研究中心	教育部
	海洋信息技术教育部工程研究中心	教育部
	海州湾渔业生态系统教育部野外科学观测研究站	教育部
	农业部水产动物营养与饲料重点实验室	农业部
	海洋物理高端科学仪器教育部工程研究中心	教育部
	山东省糖科学与糖工程重点实验室	山东省科技厅
	山东省海洋工程重点实验室	山东省科技厅
	山东省海洋多尺度动力过程与气候重点实验室	山东省科技厅
	山东省海水养殖绿色品控重点实验室	山东省科技厅
	山东省海洋环境地质工程重点实验室	山东省科技厅
	山东省海洋药物技术创新中心	山东省科技厅
	山东省海洋智能系统与装备技术创新中心	山东省科技厅

续表

基地类别	基地名称	批复部门
省部级	山东省海洋食品工程技术研究中心	山东省科技厅
	山东省海洋智能大数据工程技术研究中心	山东省科技厅
	山东省海洋智能装备与仪器工程技术研究中心	山东省科技厅
	山东省海洋食品生物制造工程研究中心	山东省发展改革委
	山东省海洋智能装备技术工程研究中心	山东省发展改革委
	山东省海洋装备特种材料工程研究中心	山东省发展改革委
	山东省基础科学研究中心（海洋科学）	山东省科技厅
	山东省基础科学研究中心（生物学）	山东省科技厅
高等学校学科创新引智基地	深海多圈层洋底动力学学科创新引智基地	科技部教育部
	海洋生物基因组学与分子遗传育种创新引智基地	科技部教育部
	海洋工程与海洋再生能源创新引智基地	科技部教育部
	海洋化学创新引智基地	科技部教育部
	绿色水产养殖理论与技术创新引智基地	科技部教育部
	海洋动力过程与气候效应创新引智基地	科技部教育部
	海洋大数据与人工智能创新引智基地	科技部教育部
国际科技合作基地	海洋多学科过程相互作用及其气候环境效应国际科技合作基地	科技部
	海洋藻类国际科技合作基地	科技部
	山东省海水养殖与水产科技国际科技合作示范基地	山东省科技厅
	山东省海洋工程国际科技合作基地	山东省科技厅

三、实施科研激励与保障政策

中国海大拓展和建立多样化的科研经费投入途径和长效机制，通过优化配置资源，鼓励开展基础性、战略性、系统性和前瞻性研究，积极培育承接重大项目，促进标志性成果产出。

学校注重发挥中央高校基本科研业务费的引导和培育作用，探索建立校内科学研究专项经费，形成多样化的经费投入途径和长效机制。继设立青年教师专项后，2011年分别在物理海洋学、海洋化学、海洋地质三个学科发布《中央高校基本科研业务费重大项目指南》，设立引导类和培育类项目。2012年，该项经费更加注重学科发展和目标导向作用，分别设立南海专项、仪器专项、基础性工作调查专项等项目。专项项目与青年基金项目、引导类、培育类项目互为补充，共同构成了基本科研业务费项目的主体。各类校内科研专项经费的支持效果日益凸显，在所资助青年教师中，理工科青年教师中有80%以上在入校三年内获得国家自然科学基金的资助。

学校积极优化科研环境，改变重数量、轻质量，重形式、轻效果的单纯量化考核评价方式，以注重原始创新质量、注重解决国家重大需求的贡献度和贡献率来评价科学研究，逐步建立科学、合理、规范的科研评价体制。为激发学校各类人才的创新创造活力，2017年，《中国海洋大学特殊津贴实施办法》实施，奖励对象包括：

（一）国家科技重大专项（含课题）；国家重点研发计划；国家自然科学基金中的重大项目、重大研究计划项目、国家重大科研仪器研制项目（部门推荐或自由申报类经费不低于800万元）；以及国家重点基础研究发展计划的项目负责人或首席科学家。

（二）国家社会科学基金重大项目和教育部哲学社会科学研究重大课题攻关项目首席专家。

（三）在教学、科研、学科建设、社会服务等方面承担国家、省市和学校重大战略性任务的负责人。

（四）经学校研究，其他应当给予特殊津贴的。[①]

发放标准为在合同期（任务）执行期内，每年发放特殊津贴10万元。

另外，出台《中国海洋大学校长特殊奖励实施办法》，对学校事业发展作出重大贡献的教职工给予5万～500万元不等的奖励。其中与科研相关的奖励包括：

（一）获得国家最高科学技术奖、省市科学技术最高奖；

（二）获得国家自然科学奖、技术发明奖、科学技术进步奖；

（三）获得何梁何利科学与技术成就奖、进步奖和创新奖；

（四）获得教育部高等学校科学研究优秀成果奖（人文社会科学）一、二等奖，山东省社会科学优秀成果奖特等奖、一等奖；

（五）以中国海洋大学为第一单位、以第一作者或通讯作者在*Science*、*Nature*、*Cell*正刊发表论文；

（六）在学科建设、人才队伍建设、教育教学、重大基础设施和重要平台建设、国际

---

① 《中国海洋大学特殊津贴实施办法》，中国海洋大学档案馆藏，档号：HD-2017-XZ12-Y-90。

交流与合作等工作作出重大贡献，应当给予奖励的。[①]

2019年、2021年，学校对该奖励办法进行了两次修订，使之更加完善。如奖励对象第五条不再保留，特别增加了对"在基础理论研究、服务国家重大战略和经济社会发展，特别是在突破前沿技术、解决重大工程技术难题方面作出突出贡献"的教职工予以奖励。另外，获得国家最高科学技术奖的奖励金额由原来的500万元提升至600万元。

这些政策的实施，进一步激发了教师职工主动服务国家重大需求和区域经济发展的积极性。

第二节 自然科学研究与社会服务

一、自然科学研究

在自然科学研究方面，学校一直坚持基础研究、应用研究和服务区域经济并举的方略。2011年，校长吴德星提出："在基础研究方面，以国际前沿大科学'原问题'为牵引；在应用研究方面，以国家和地方重大需求为导向；在区域上，以重点研究海域和重点服务区域为载体；以建设从基础研究到产业化和直接服务社会的科技工作链为重点，最大限度集自然科学、工程技术和人文社会科学相关学科为一体，科学制订学校发展路线图。"[②]2017年，学校第十次党代会提出，"要坚持基础研究、高新技术研发与应用开发协同互动发展、系统提升学校海洋科技创新综合优势和核心竞争力，引领国家海洋科技创新驱动发展"[③]。

（一）国家自然科学基金项目

2014年，学校主持两项国家自然科学基金委——山东省人民政府海洋科学研究中心首次联合资助项目，分别是吴立新院士牵头申报的"海洋与气候"项目、管华诗院士牵头申报的"药物与生物制品"项目。前者围绕建设"透明海洋"这一重大战略任务，针对该领域的重大基础前沿科学问题进行布局，以海洋动力过程及其在全球和区域气候变化中的作用为核心，有效提高对海洋动力过程变异及其气候效应的机理认识和预测能力，服务国家重大需求。后者围绕防治重大疾病海洋创新药物研发中的系列重大科学技术问题，通过优势互补、资源共享、协同创新，创新并逐步健全我国海洋药物研发配套技术体

---

① 《中国海洋大学校长特殊奖励实施办法》，中国海洋大学档案馆藏，档号：HD-2017-XZ12-Y-89。
② 吴德星：《在2011年春季学期全校教师干部大会上的讲话》，中国海洋大学档案馆藏，档号：HD-2011-DQ11-C-4。
③ 鞠传进：《在中国共产党中国海洋大学第十次代表大会上的报告》，中国海洋大学档案馆藏，档号：HD-2017-DQ13-C-40。

系，显著提升我国海洋药物的自主创新能力和国际竞争力。

2014年，学校获批两项国家自然科学基金重大项目，分别是吴立新牵头申报的"黑潮及延伸体海域海–气相互作用机制及其气候效应"项目和李华军教授牵头申报的"大型深海结构水动力学理论与流固耦合分析方法"项目。前者是学校继2004年之后，再次在海洋科学领域获得重大基金项目资助。项目的获批，使学校成为我国涉海科研单位中唯一在海洋科学领域承担两个重大基金项目的单位。后者是国家自然科学基金委员会在海洋工程领域资助的首个重大基金项目。两项重大基金项目的立项，彰显了学校在海洋科学领域的优势地位和在海洋工程领域的高水平发展。

2015年，吴立新牵头申报的"面向全球深海大洋的智能浮标"获得国家重大科研仪器研制项目（部门推荐类）立项资助。这是我国海洋科学领域获批的首个国家重大科研仪器研制项目。

学校聚焦地球系统跨圈层动力过程与能量物质循环重大前沿科学问题，发挥多学科综合优势，服务气候变化预测、环境保护、资源开发及国家安全。2018年，学校牵头建议并立项实施深海大洋领域首个国家自然科学基金重大研究计划"西太平洋地球系统多圈层相互作用"，获得总经费2亿元。该计划初步建立起地球系统多圈层相互作用理论，对地球系统科学基础理论作出原创性贡献，占领地球科学领域制高点，为我国相关海域海洋安全、资源开发提供重要支撑保障，有力推动学校海洋学科大发展，深度促进物理海洋、海洋地质、海洋化学、海洋技术等相关学科的交叉融合。

2020年，李华军作为负责人的国家自然科学基金基础科学中心项目"多场多体多尺度耦合及其对海工装备性能与安全的影响机制"（简称海工装备基础科学中心）获批实施。海工装备基础科学中心是我国海洋工程领域首个、山东省首个基础科学中心项目。海工装备基础科学中心聚焦海洋资源开发与权益维护的国家重大需求，以高端海工装备安全设计及施工运行中的关键科学问题和核心技术为研究对象，深度交叉融合海洋工程、海洋科学、海洋技术等学科，在海工装备环境载荷、结构动力特性与失效模式、安全设计与运行维护等方面产出一批国际领先水平的原创成果，进一步推动海洋工程学科发展，加速海工装备关键科学技术创新，促进高端海工装备技术转化应用。

至2022年，学校获批国家自然科学基金项目1730项，拨入经费逾17.32亿元。2022年，获批各类国家自然科学基金项目共202项，首次突破200项（表9–18）。

表 9-18　中国海大国家自然科学基金项目统计表（2011-2022 年）

年份	项目数	总经费数（亿元）	年份	项目数	总经费数（亿元）
2011	121	0.90	2017	139	1.28
2012	119	0.90	2018	161	1.57
2013	130	1.06	2019	166	1.50
2014	103	1.40	2020	155	2.04
2015	143	2.00	2021	168	1.67
2016	123	1.20	2022	202	1.80

资料来源：中国海大科技处2011—2022年度工作总结。

（二）国家"973计划"项目和重大科学研究计划项目

经过"985工程"建设，学校承担国家重大项目能力得到持续提升。2011年以来，主持国家"973计划"和重大科学研究计划项目六项。2013年，学校获批国家重大基础研究规划项目三项，获资助经费约6500万元，并且首次在农业领域和综合交叉领域取得重大突破。同时，学校科研人员承担的多项基础科学研究获得国家科技奖。学校"973计划"项目首席科学家及其承担的项目分别是：谢尚平教授主持的"太平洋印度洋对全球变暖的响应及其对气候变化的调控作用"，吴立新教授主持的"西北太平洋海洋多尺度变化过程、机理及可预测性"，高会旺教授主持的"大气物质沉降对海洋氮循环与初级生产过程的影响及其气候效应"，田纪伟教授主持的"南海关键岛屿周边多尺度海洋动力过程研究"，麦康森教授主持的"养殖鱼类蛋白质高效利用的调控机制"，赵进平教授主持的"北极海冰减退引起的北极放大机理与全球气候效应"。

由于上述项目在《中国海洋大学史·成果卷》中有详细介绍，故在此从略。

（三）国家"863计划"、国家重点研发计划和国家科技重大专项

2011—2015年，学校牵头或参加国家"863计划"课题项目60项，其中重大项目20项，一般项目1项，主题项目39项。学校在海洋技术领域持续保持优势，承担"863计划"课题数居全国申报单位首位。2012年，学校作为两个"863计划"重大和主题项目的牵头组织单位，共立项课题六项，涉及海洋技术、现代农业技术和先进能源技术三个领域。参加"863计划"课题25项，涉及生物和医药技术、新材料技术、海洋技术、现代农业技术等四个领域，专项经费合计6000余万元。2013年，学校承担海洋技术领域两个主题项目，其中获批"863计划"海洋技术领域首次设立的"海洋传统药源生物（中药）资源开发利用"

主题项目。同时承担了"深远海海洋动力环境观测系统关键技术与集成示范"重大项目中的两个课题，经费合计6600余万元。2014年，科技部首次于海洋领域设立青年科学家专项"新型海洋监测探测传感器研发"项目，学校在生态监测、动力监测和地质地貌三个方向均承担部分课题。

2015年，国家实行科技体制改革，科技部管理的国家"973计划""863计划"、国家科技支撑计划、国际科技合作与交流专项，发展改革委、工信部共同管理的产业技术研究与开发资金，农业部、卫计委等13个部委管理的公益性行业科研专项等整合成为国家重点研发计划。自2016年该计划实施以来，学校共主持国家重点研发计划项目40项，总经费逾7亿元。2018年，学校国家重点研发计划立项取得重大突破，8个项目获批经费超2亿元。获批"政府间国际科技创新合作"项目5项，实现了国际科技合作的重大突破。获批的国家重点研发计划（课题）领域方向涉及30个重点专项，围绕"透明海洋""蓝色粮仓""蓝色药库"等研究计划，在海洋环境观测技术与装备、深海资源探测技术与装备、海洋工程安全防灾关键技术与防护材料开发、现代水产种业、饲料研发与绿色养殖技术开发、现代海洋药物研发与海洋功能食品开发等方面取得重要进展，展示了学校海洋科技创新驱动发展的良好态势，凸显了学校海洋高新技术对国家战略的支撑作用和科技创新综合实力。

2011年以来，学校获批国家科技重大专项22项，经费超6亿元。于广利教授牵头承担的课题"海洋生物来源化合物库建设"获2018年度重大新药创制专项。2016年《"十三五"国家科技创新规划》提出，在已有国家科技重大专项基础上，面向2030年，再选择一批体现国家战略意图的重大科技项目和工程，力争有所突破。该项目称为"科技创新2030-重大项目"。2019年，"新一代人工智能"重大项目启动，学校获批主持课题一项，参与课题两项，实现了重大专项/项目研究领域新拓展。

（四）海洋调查专项

海洋科学是基于观测的科学，海洋调查意义重大。新中国成立后，在历次全国性、区域性海洋调查中，学校都是主力军、排头兵。近年来，国家海洋调查活动不断加强，调查范围从海岸带、近海拓展到三大洋和南北极海域。学校瞄准国家战略需求，积极承担深远海海洋调查及极地调查研究任务，推进涉海科技工作向"提升近浅海、拓展深远海"的战略转移。2011年以来，承担全球变化与海-气相互作用专项、南北极海洋环境综合调查与评价专项、中国地质调查局东海专项和国家自然科学基金共享航次等项目，共获资助30个航次、经费5.5亿余元。

2012年，学校承担的全球变化与海-气相互作用专项、地调专项中两个调查类项目获得滚动支持，促进了由渤、黄海近海调查拓展到东、南海远海调查。2013年，在此基础上，谋划、组织承担南海海洋调查及科学研究任务。全球变化与海-气相互作用专项"中西太平洋海区项目"的实施，为学校立足近海、经略南海、走进大洋的战略部署提供大量海洋数据支持。2016年，学校获批印度洋海区水体调查专项，填补了印度洋调查空白。加之自主设立的马里亚纳海沟、国际合作开展的大西洋调查航次，海洋调查区域实现横向跨度最大、纵向深度最深，显示出学校海洋调查能力的全面提升。2019年，全球变化与海-气相互作用专项"西太地球物理调查航次"成功中标，取得了自专项调查任务实施以来，连续8年均获主持调查项目的优异成绩。

依托国家连续实施的海洋调查专项，学校调查的海区由渤海、黄海、东海、南海拓展到西太平洋、东印度洋，实现了海洋调查区域横向跨度最大拓展；调查学科由综合水体调查、地形地貌与地球物理调查拓展到海洋底质与底栖生物、海洋遥感与声学调查，实现了海洋调查学科全覆盖。

二、科技服务海洋强国和区域经济

2010年，学校第九次党代会指出，海洋强国建设的战略需求，是学校面临的最为重大的历史性机遇。我们要始终坚持崇尚学术、谋海济国的价值取向，将学校发展更加紧密地与国家发展、民族复兴的伟大事业结合起来，不断提升学校的支撑服务能力。要站在海洋强国建设的高度，充分发挥海洋学科的综合优势，将涉及行业面广、学科领域众多的辽阔海洋作为学校凸显价值、开拓发展的战略空间。[1]

国家"十二五"规划纲要将推进海洋经济发展辟为专章。2011年1月，我国第一个以海洋经济为主题的区域发展战略《山东半岛蓝色经济区发展规划》获国务院正式批复。发展海洋经济已成为国家战略的组成部分。中国海大的发展始终紧扣国家战略需求，在服务国家海洋强国建设和地方经济社会发展方面，不遗余力，一以贯之。

（一）谋划实施海洋科技引领性任务

学校在海洋动力过程与气候领域，领衔全球众多知名物理海洋和气候学家，系统提出热带太平洋-印度洋-大西洋海-气系统相互作用的动力学框架，原创全球变暖背景下热带多尺度跨海盆海-气相互作用理论，解决了困扰海洋与气候学界长达几十年的ENSO

① 于志刚：《在中国共产党中国海洋大学第九次代表大会上的报告》，中国海洋大学档案馆藏，档号：HD-2010-DQ13-Y-35。

（厄尔尼诺与南方涛动的合称）对全球变暖响应的难题，引领相关研究领域的国际前沿发展，确立了我国在海洋与气候变化研究领域的国际地位。

学校聚焦关系我国战略核心利益的关键海域，提出并实施两洋一海"透明海洋"计划。该计划围绕我国海洋环境综合感知与认识、资源开发与权益维护等国家重大需求，提升我国在海洋环境观测预测、海洋权益维护等方面的科研能力和水平。

目前，人类对深海的探索尚不足5%，而我国在深海的观测能力更是严重不足，表现为观测力量分散，缺乏综合实时观测能力，难以支撑国家海洋安全保障和权益维护等重大问题。为改变上述现状，中国海大发挥涉海学科综合优势，构建了世界一流的深海实时立体观测体系。

学校构建了国际上规模最大的区域海洋观测系统"南海立体观测网"，在国家重点研发计划、国家"863计划"、全球变化专项等重大项目接力支持下，田纪伟、赵玮教授研究团队历时10余年，自主研发了系列高可靠性深海潜标，在南海组织航次30次，总航时1000余天，开展潜标作业累计13000余人次，成功布放潜标430套次，作业成功率100%，实现潜标、浮标、水下滑翔机、Argo浮标等观测装备协同观测，完成南海立体观测网构建并实现有序运行，有力推进了深海科学与深海技术协同发展进程，切实提升了我国海洋环境长期观测及保障能力，解决了国家对南海海洋环境系统长期观测数据的迫切需求，为南海环境安全保障、资源开发利用、生态环境保护、气候变化应对提供重要的平台和数据支撑。

学校通过主持我国海洋科学领域首个国家重大科研仪器研制项目——面向全球深海大洋的智能浮标，有力解决了大深度、全水深海洋移动观测领域"卡脖子"技术问题，自主研发多普勒激光雷达、漂流式海-气界面浮标、波浪滑翔器、AUV等重要装备实现量产，相关成果得到高度评价和广泛应用。学校科研实现跨越式发展，取得了一系列令人振奋的成就，相关成果得到高度评价和广泛应用，服务国家海洋安全能力显著提升。

学校自主研发冰基海洋剖面浮标，初步构建了我国唯一实际运行的北极海洋环境观测网。自主研发的全海深潜标在马里亚纳海沟成功布放。

学校研制的深海热液化学场多光谱联合原位综合探测系统获国家重点研发计划资助，针对热液喷口及周围近海底区域的基础地球化学环境观测需求，重点突破多光谱联合、精准定位、光学探针、光谱定量分析等关键技术，发展了具有自主知识产权的深海原位激光拉曼-荧光-LIBS多光谱联用技术，研制了针对不同探测目标的系列深海光谱探测系统，并在海洋科考和资源调查中得到了应用。该系统曾在热液区域首次观测到气态水的存在，并成功实现在3200米水深对水体和自带固体样品的LIBS光谱探测，创造了水下

LIBS工作深度的新纪录，为深海极端环境探测和科学研究，提供新的方法和技术支撑。该成果受邀参加国家"十三五"科技创新成就展。

（二）驱动现代水产养殖和海洋渔业发展

中国海大引领、主导或助推了以"五次海水养殖浪潮"为标志的国家海洋养殖业持续发展。学校开展系统研究，丰富海洋生物遗传学理论，完成20多种海洋生物基因组精细图，使我国成为国际贝类、鱼类、大型藻类基因组资源中心；分子遗传育种理论与技术取得重要突破，引领我国蓝色种业发展，成套研发出低成本、高通量全基因组标记分型新技术，实现了水产生物全基因组分子育种；建立贝类全基因组选择技术；解析水产动物的营养代谢分子基础，建立国际上最大的水生生物学营养要素数据库，完成我国首个水产动物营养与饲料领域"973计划"项目并获评优秀，开发系列新型高效绿色人工饲料。面向海洋强国建设和食品安全等重大战略需求，率先发起"21世纪海洋蛋白质计划"等重大倡议。首倡并大力推进实施"蓝色粮仓"大科学计划，策划和主持国家"十三五"水产领域唯一的重大专项——"蓝色粮仓"科技创新的规划，并作为总体专家组组长单位组织项目的实施。牵头规划国家自然科学基金委员会水产学科"十三五"发展规划。主持完成中国工程院重点咨询项目"至2050年中国水产养殖业发展战略研究""现代海水养殖新技术、新方式和新空间发展战略研究"和"我国水产种业2035发展战略研究"，成为我国水产学科发展的战略智库。倡导并发起深远海绿色养殖，体现出我国新形势下水产业发展新概念、新技术、新途径、新模式的思想策源地和技术发源地的使命担当。

种质创制取得突破。2011年以来，学校在海洋生物遗传学与育种领域新培育水产养殖新品种12个。2013年，刘涛团队采用分子辅助选育技术培育出"三海"海带新品种，作为中国海大人精心培育的第11个海带品种，"三海"海带标志着我国海带遗传改良技术已从群体选育、细胞工程育种正式迈入分子育种时代。2014年，张学成教授团队培育的可以耐受28℃高温的龙须菜"2007"新品种诞生。一上市，便成为广受沿海养殖户青睐的"发财菜"。2015年，隋正红教授团队为龙须菜家族又添新成员——"鲁龙1号"。2014年，李琪教授经过八年努力，培育出我国首个牡蛎品种长牡蛎"海大1号"，被农业部认定为水产新品种，填补了我国牡蛎良种培育的空白，对实现海水养殖良种化，推动牡蛎养殖业持续、稳定、健康发展，特别是打造我国高端牡蛎产业发挥了引领示范作用。新品种长牡蛎"海大2号""海大3号""海大4号"于2017年、2019年、2022年相继问世。2013年，包振民教授培育出水产良种栉孔扇贝"蓬莱红2号"，成为国际上首个全基因组选择技术育成的水产品种，推动我国水产分子育种技术跃居国际前沿，成果获2018年国家技术发明奖二等奖。此外，包振民及其团队还培育出了虾夷扇贝"海大金贝"和海湾扇贝"海益丰12"等水产新品种，累计推广911万余亩，创造产值497多亿元，扭转了我国扇贝养殖业长期依赖野生苗种的局面。

一代代中国海大科技工作者在海洋生物遗传学与育种领域已培育水产养殖新品种25个，累计推广养殖面积1100余万亩，产生经济效益近千亿元，引领或主导了我国水产养殖事业健康持续发展和蓝色经济发展，为我国"海洋牧场"建设孕育出生生不息的蓝色希望。

2022年8月30日，新华社"新华全媒头条"刊发《破冰深远海耕牧"新粮仓"——来自海洋经济一线的观察》文章，大篇幅报道董双林教授团队及相关科研单位潜心"深蓝1号"科技攻关，开创世界温暖海域三文鱼养殖新局面，点赞山东破冰深远海，耕牧"新粮仓"。董双林团队突破鱼类养殖和装备工程关键技术瓶颈，构建鲑鳟鱼类陆海接力深远海养殖模式，研发了深远海大型养殖装备设计与建造技术，开发了深远海养殖智能化管控系统，在黄海冷水团海域批量收获商品规格三文鱼，是我国首次在开放海域实现鲑鳟鱼类网箱养殖规模化生产。建成的大型深远海养殖网箱"深蓝1号"，养殖水体5万立方米，三文鱼养殖生产能力1500吨，入选中央电视台"改革开放四十年四十个第一"。该技术的推广应用为提高海洋食物生产能力，实现"藏粮于海"，保障国家粮食安全贡献重要力量。学校黄海冷水团冷水鱼类绿色养殖科技攻关团队入选山东省海洋强省建设突出贡献奖先进集体。

2021年6月21日，黄海冷水团海域青岛国家深远海绿色养殖试验区的"深蓝1号"网箱中的三文鱼正式收鱼

2021年，中国海大海水高效种质创新与蓝色种业中心项目获驻鲁部属高校"十四五"服务山东重点建设专项支持。该中心联合若干优质水产养殖企业，针对设施养殖主导性鱼类优良品种匮乏、种质资源依赖国外等"卡脖子"问题，围绕大西洋鲑、王鲑、东星斑、许氏平鲉、墨瑞鳕和三倍体虹鳟等，开展设施养殖鱼类优异种质收集、创制与规模化苗种培育关键技术开发及应用创新研究。包振民领衔的"虾、贝分子育种技术体系构建与新品种培育"项目，获批经费8240万元。2022年，该中心申报的"重要设施养殖鱼类优良种质创制与规模化苗种培育关键技术开发及应用"获批立项，经费8642万元，中心累计获得支持1.69亿元。项目的实施，巩固了山东省在水产种业领域的主导地位，引领我国水产种业科技进步，推动水产

养殖业高质量发展。

（三）支撑引领海洋生物医药产业发展

学校依托海洋生物医药研究开发、海洋生物资源开发利用的科技优势，以青岛海洋生物医药研究院为载体，通过发挥科技服务优势，将技术输送至行业企业，已辐射带动全国20余个省市和地区生物医药产业的发展。

在中国海大，中国工程院院士管华诗的梦想是打造中国的"蓝色药库"。他发起的中国"蓝色药库"开发计划，是在全球近80年海洋药物研发经验与成果基础上，以海洋生物医药产业崛起为目标，以海洋新药产品创制为导向，汇聚国际一流水平的海洋药物研发队伍，旨在对海洋药用生物资源进行系统、全面、有序的海洋资源深度开发计划。2017年9月，海洋国家实验室鳌山科技创新计划——中国"蓝色药库"开发计划通过由国内药学界、海洋界知名专家共同组成的专家组论证，标志着中国"蓝色药库"开发计划正式启动。2018年6月12日，习近平总书记视察海洋国家实验室，听取管华诗关于海洋药物研发情况汇报后说："打造中国的'蓝色药库'，这是我们共同的梦想！"[1]

学校为贯彻落实习近平总书记重要指示精神，率先启动实施中国海大"612蓝色药库"开发计划，得到各级政府、部委的关心和支持，被列入山东省大科学计划与大科学工程名单和山东省重大科技创新工程专项，获省级人才改革试验区政策支持。2018年，管华诗团队发布全球首个海洋天然产物三维结构数据库。该数据库容纳了30117个海洋天然产物的准确三维结构，可直接用于虚拟筛选与智能药物设计，将海洋药物研发成本和周期缩短了三分之一。2019年，青岛市发布《青岛市人民政府关于支持"蓝色药库"开发计划的实施意见》，在项目、资金、人才、平台等方面大力支持"蓝色药库"开发。青岛海洋生物医药研究院与制药企业合作，成立专注于"蓝色药库"开发利用的新型产学研合作平台。2022年12月，由青岛海洋生物医药研究院、中国海大、正大制药（青岛）有限公司联合开发的抗肿瘤I类新药BG136，通过国家药品监督管理局审查，获得《药物临床试验批准通知书》，成为国际首个进入临床试验的免疫抗肿瘤海洋多糖类药物，标志着"蓝色药库"开发进入新的发展阶段。中国的"蓝色药库"开发，正不断从浩瀚大海中发掘生物医药资源，造福人类。

---

[1] 张晓松、李学仁：《习近平：建设海洋强国，我一直有这样一个信念》，新华网，https://www.xinhuanet.com/politics/leaders/2018-06/12/c_1122975977.htm。

（四）服务海洋装备制造、海洋工程等产业

李华军团队创建了近浅海工程安全防浪、水下自动测控安装、损伤检测与修复加固新技术等一整套具有自主知识产权的近浅海新型构筑物设计、施工与安全保障关键技术体系。以李华军为第一完成人的"近浅海新型构筑物设计、施工与安全保障关键技术"项目，形成了一套近浅海新型构筑物设计、施工与安全保障关键技术体系，被成功应用于以色列阿什多德港工程、巴基斯坦胡布码头工程、胜利油田滩浅海路岛工程等港口、码头、岛礁、近浅海路岛30余项国内外重要工程，产生了重大的社会经济效益和显著的国际影响力，具有很大的推广应用价值。

从近浅海出发，李华军团队把海洋工程向深远海拓展。围绕海洋工程安全与防灾关键科学问题，建立深海浮体/系缆/立管运动的整体耦合动力分析方法，阐明大型深海结构的受力特性、动力响应特性和流固耦合机理，解决了大型海洋平台耦合分析与优化设计、复杂恶劣海况下安全高效施工技术与装备、海底原位长期观测技术与装备、环境友好型海上构筑物及设计分析等关键技术难题，部分研究成果应用于全球最大海洋钻井平台"蓝鲸1号"，平台抗风浪能力达到世界领先水平。

2021年，学校海洋工程技术与装备创新研发平台项目获驻鲁部属高校"十四五"服务山东重点建设专项支持。李华军领衔的"海上施工作业技术与装备研发"项目，获批经费8240万元，为服务海洋强国强省建设积极作为。

学校主持国家自然科学基金委海洋工程领域"十三五"学科发展规划、中国工程院"一带一路"海上交通基础设施发展战略、海工装备发展战略、海洋新兴产业咨询等一批重要战略咨询项目。与中交集团、中集来福士、中海油等行业领军企业建立实质性产学研合作联盟，有力服务于我国近浅海、南海以及"海上丝绸之路"沿线重大工程。

（五）服务信息产业发展和地方信息化建设

学校在面向服务领域的传感网技术、电子商务与现代物流技术、云计算与大数据技术、工业互联网与智能制造等方面，承担百余项国家及省部级科研项目，形成了完善的电子信息领域科技服务体系，积极服务信息产业发展和地方信息化建设。与浪潮、海尔、海信、双星、歌尔声学等名企广泛深入合作，实施产业化项目。仅2015年，就为30家高校、企业开展技术咨询、技术开发、技术转移服务，为8787家企业提供平台托管服务，促成技术交易额过3000万元，认定技术合同超11亿元。学校依托海信网络科技，开创性提出并设计实现GIS/GPS/GPRS融合应用技术，实现智能交通系统国产化，成长为国内智能交通第一品牌，2015年产值达到30亿元。学校拥有国内最早开展电子商务的研发团队之一，主持承担科技部"家电制造业电子商务与现代物流示范城市"（与海尔、海信、澳柯玛共同承担），推动电子商务发展，仅海尔集团2015年电商收入就达500亿元。

学校与海洋国家实验室共建超算中心及海洋智能计算与大数据中心，成功研发拥有自主知识产权的Web-MAGIS海洋大气地理信息系统平台和VV-Ocean虚拟海洋原型系统，填补了我国在这一领域的空白，在海上溢油、帆船仿真、台风和海洋要素可视化等方面成功应用。

三、促进科技成果转移转化

科技是提高综合国力的主要驱动力，科技成果转化是落实"科学技术是第一生产力"的关键，是科技与经济结合的最好形式。促进科技成果转化、加速科技成果产业化，已经成为世界各国科技政策的一种新趋势。学校建立健全校内科技成果转化政策和知识产权管理服务体系，促进科技成果转移转化。2014年，学校入选第五批国家级技术转移示范机构。2019年，入选首批国家级高校知识产权信息服务中心。2020年，入选首批国家知识产权试点高校。2021年，入选山东省专利技术转移转化专项计划试点单位。

2015年，学校提出"按照权责一致、利益共享、激励约束并重的原则，结合国家科技成果转化总体部署及事业单位分类改革的要求，逐步推进成果转化机制改革。逐步完善成果转化收益分配与奖励相结合的激励机制，鼓励科研人员开展成果转化"[1]。2016年，实施《中国海洋大学横向项目经费管理办法》。2017年，推出《中国海洋大学关于加强科技成果转移转化工作的办法（试行）》，对科技成果的类别、职务科技成果、科技成果转化具体活动等均作出明确规定。学校设立科技成果转移转化专项基金并明确奖励规定：以技术转让或者许可方式转移转化科技成果的，在扣除转化过程中产生的各类税费、中介费、评估费等支出后，净收益70%奖励给成果完成团队，30%由学校支配。以科技成果作价投资实施转化的，从作价投资取得的股份或者出资比例中提取不高于70%的比例用于奖励成果完成团队，其余部分由学校依法指定的单位持有。[2]

2017年实施的《中国海洋大学科技成果转让、许可管理细则（试行）》又对奖励办法作了调整，规定"学校从转让或许可费中扣除相关费用（包括转让、许可过程中产生的评估费用、中介费用等）后，提取70%作为对成果完成人的奖励，提取10%作为对二级单位

---

① 《中国海洋大学综合改革方案》，中国海洋大学档案馆藏，档号：HD-2015-DQ11-Y-8。
② 《中国海洋大学关于加强科技成果转移转化工作的办法（试行）》，中国海洋大学档案馆藏，档号：HD-2017-KY11-23-21。

的奖励，其余20%作为学校收益"①。

2019年，学校梳理、收录工业化生产阶段、中试阶段等市场前景广阔的科技成果共计五大领域138项，形成《中国海洋大学科技成果汇编》向社会发布；创新性开展知识产权分级分类管理，会同教育部相关部门筛选建立包含1259件高价值专利的优质专利库，为科技成果转移转化奠定坚实基础。

2011年以来，学校授权发明专利近3500项，包括海洋创新药物制备技术，海洋水产蛋白、糖类及脂质资源高效利用等关键技术，海洋生物遗传育种技术，海水养殖动物营养与饲料系统研发技术，海水淡化膜的制备技术，海洋工程安全与防灾若干关键技术等，分布在海洋生物医药业、海洋渔业、海洋化工业、海洋交通运输业、海洋工程建筑业、海洋油气业、海水利用业等各大海洋产业领域（表9-19）。2019年，刘涛作为第一发明人的《一种海带尿苷二磷酸葡萄糖焦磷酸化酶基因》、史宏达教授作为第一发明人的《组合型振荡浮子波浪能发电装置》，双双获第21届中国专利奖优秀奖。2021年，贾永刚教授作为第一发明人的《海床侧向变形与滑动观测装置及方法》获山东省专利奖一等奖。

表9-19　中国海大发明专利授权一览表（2011—2022年）

年份	专利授权数（件）	年份	专利授权数（件）
2011	114	2017	228
2012	141	2018	323
2013	102	2019	326
2014	152	2020	351
2015	198	2021	532
2016	229	2022	759

资料来源：根据《高等教育基层统计报表》（2011—2022学年）整理。

2011年，山东半岛蓝色经济区建设正式上升为国家战略，成为国家海洋发展战略和区域协调发展战略的重要组成部分。学校发起和参与成立山东半岛蓝色经济区海洋生物、海洋装备、海洋化工、水产品精深加工、海洋食品、海洋动力装备和海洋观测装备七大产业联盟，推动海洋产业联盟暨山东海洋产业公共服务平台建设，服务相关企业超过200家，转化一批涉海科技成果。牵头成立青岛市海洋可再生能源产业技术创新战略联

①《中国海洋大学科技成果转让、许可管理细则（试行）》，中国海洋大学档案馆藏，档号：HD-2017-KY11-23-22。

盟，参与青岛市干细胞与再生医学产业技术创新战略联盟、海水养殖种苗产业技术创新战略联盟、海洋防腐蚀产业技术创新战略联盟等七大战略联盟的工作，为加快实现山东省经济发展新旧动能转化赋予了正能量。

2011年以来，学校服务企事业单位近2500家，承揽横向项目超过16亿元，单项技术服务经费最高1600余万元、单项技术转让经费最高300万元，承担重大服务社会项目的能力显著增强。在海洋生物资源高效利用、海洋观测监测技术服务、深远海三文鱼规模化养殖、工业互联网赋能产业转型升级、环评与海域使用论证等方面，带动和支撑了企业技术革新和行业发展。其中海底电缆在线观测系统在"海洋牧场"领域的应用、相干多普勒激光雷达在航空气象领域的应用等得到党和国家领导人的肯定。

第三节　人文社科研究迈上新台阶

人文社会科学的研究能力和成果，是一个国家综合国力的重要组成部分。人类社会在自然科学领域的重大突破也常常以人文社会科学的进步为先导。作为综合性大学，实现人文社会科学与自然科学的平衡发展，多学科、多专业共存，相互支撑、补充、渗透、融合，是学科本身发展的内在要求。学校的人文社会科学学科分布于管理学院、经济学院、外国语学院、文学与新闻传播学院、马克思主义学院、法学院、国际事务与公共管理学院、基础教学中心八个学院（中心），学科范围涵盖法学、经济学、管理学、文学、历史学五个门类。经过不断凝练，确定"以海洋发展研究院为依托，突出涉海研究的特色优势和综合实力，促进文理交叉，以海洋人文社会科学的发展，带动相关基础学科水平的提升，协调推进以人才培养为核心任务的一级学科建设"的文科发展思路，构建起自主知识体系，增强服务国家重大战略和地方经济社会发展的能力。

一、加强海洋发展研究院建设

学校海洋发展研究院（简称海发院）于2004年11月获批教育部人文社科重点研究基地，是全国唯一的海洋人文社科综合研究基地。2013年，海发院逐步形成了海洋发展和安全战略研究、极地和深远海研究、海岸带开发利用与保护研究、海洋经济研究和海洋文明与海洋人文社会科学学科理论体系研究五个涉海领域的重点研究方向。"十二五"期间，海发院积极因应建设海洋强国战略的重大需求，以建设国家蓝色高端智库为目标开展工作，在海洋战略、海洋经济、海洋文化等领域取得突破，获批国家社科基金重大项目五项、教育部哲学社会科学研究重大课题攻关项目一项。发表和出版系列涉海研究成果，其中四部专著获得第六届、第七届教育部人文社科优秀成果奖。2014年，韩立民教授团队提交的《大力推进"蓝色粮仓"建设，为粮食安全提供持续保障》的成果要报得到党和国家领导人的重要批示，其主要观点被科技部采纳，直接推动了科技部"蓝色粮仓科技创新工程"的实施。2015年5月，海发院被中联部"一带一路"智库联盟接纳为理事单位。

（一）改革管理运行机制

学校发展文科的思路也注重突出海洋特色，而海洋自然科学的优势是文科发展的重要动力。客观上看，不同学科之间互动协同、互相借鉴是学科发展的自身要求，而海发院本身就具备强有力的资源整合、统筹协调作用。因此，谋划好海发院的发展，对促进文理交叉、发挥海洋学科综合优势，推动文科再上新台阶具有不可替代的作用。2018年4月，《中国海洋大学海洋发展研究院综合改革方案》发布，启动了海发院的综合改革。海发院优化管理组织架构，成立院务委员会，组建管理队伍，建立岗位设置管理与聘任委员会、专业技术职务评聘委员会。开展学术研究和学位点建设，确定全球海洋治理、海洋经济发展、海洋生态文明、海洋文化四大研究方向，组建起海洋治理与中国研究团队、区域海洋经济发展规划与管理研究团队、极地和深远海问题研究团队、海洋经济金融支持与海洋灾害管理研究团队、海洋经济管理与决策研究团队、海洋资源经济研究团队、海洋文化研究团队七支国内一流水平的涉海人文社科重点研究团队，海发院成为实体化运行的科研平台。研究队伍成员包括专职科研人员和双聘人员两类。专职科研人员包括"繁荣""青年英才"工程人才和师资博士后，侧重于全球海洋治理方向。以师资博士后引进的专职科研人员，进入相应学科的博士后流动站工作。双聘人员采取双向选择方式确定，校内人员提出申请，经海发院院务委员会审核通过后，聘任为海发院固定双聘人员，聘期两年。聘期内由海发院负责固定双聘人员的职称申报、博导申请、科研业绩核发等工作，聘期结束后，由院务委员会考核确定是否续聘。海发院实现了跨学科凝练方向、跨单位整合队伍，平台作用初步显现。

海发院着力建立对外协同创新机制。与国家海洋信息中心共建"海洋经济发展研究中心"，参与中国海洋发展基金会发起的"海洋空间规划研究院"建设，获批教育部高校国别与区域研究基地"极地研究中心"。加入"一带一路"智库联盟、东黄海研究智库联盟等。经过多年的发展，海发院咨政建言的服务范围和渠道大幅扩展，已由原来比较集中对口的国家海洋局，拓展至中央外办、全国人大环资委、外交部等国家部委，在地方上也同省市两级人大和政府建立了密切的合作关系。

2018年4月，海发院与澳门科技大学共建澳门海洋发展研究中心，双方着重在"一国两制"背景下的澳门海域治理、"一带一路"背景下澳门海洋经济发展、经济适度多元化背景下的澳门海洋经济发展规划、国家海洋外交中澳门的地位与作用等方面开展合作研究。这是教育部人文社科重点研究基地在体制和机制上的又一个创新。

（二）改革成效显著

1. 成功培育"海洋可持续发展"交叉学科

2017年，学校"双一流"建设方案中明确提出，"以服务国家海洋强国战略重大需求为宗旨，培养具有深厚海洋人文社科素养和战略视野、能够承担海洋法治建设和国家海洋经济发展的领导型人才，依托法学、应用经济学一级学科，以海洋发展研究院为创新平台，与国家海洋主管部门及其他涉海机构开展深度合作，带动相关学科的全面提升"[①]，海发院为海洋发展学科群的建设以及相关一级学科建设提供了有力支撑。2020年，学校整合法学、应用经济、工商管理、海洋科学的相关力量，设立"海洋可持续发展"交叉学科，通过海洋可持续发展博士点，培养具有坚实社会科学基础，具有管理学、经济学、法学、政治学、海洋科学等相关学科知识与背景的涉海国际化人才，造就若干活跃在国际学术前沿、满足国家重大战略需求的领军人才，打造文理交叉的"经略海洋"系列学科交叉课程。2021年，海洋可持续发展博士点开始招生，首届录取博士研究生10名。

2. 依托重大项目研究，贡献理论成果

海发院以重大项目为引领，促进与海洋领域各学科的文理交叉，初步构建起海洋经济和海洋文化理论体系，推动了全球海洋治理、海洋命运共同体的系统研究，在海洋经济发展研究、极地深远海问题研究、海洋文化研究等领域形成了特色优势，已成为全国海洋人文社科基础理论创新的学术高地。

初步构建起海洋经济基础理论，为海洋经济高质量发展提供系统、科学的决策参考。韩立民的《海洋经济学概论》是国内第一部系统阐述海洋经济理论体系的著作，对我国海洋经济学学科发展作出理论贡献；论著《我国海洋事业发展中的"蓝色粮仓"战略研究》，首次构建起"蓝色粮仓"基本理论体系，对我国"蓝色粮仓"发展潜力进行科学评估，提出"蓝色基本农田"制度构想，是学术界在"蓝色粮仓"战略领域最系统的研究成果。殷克东教授的《中国海洋经济周期波动监测预警研究》，代表了我国海洋经济监测与预警领域的国内前沿水平。赵昕教授的《海洋灾害基金设计及运行机制研究》设计的

---

①《中国海洋大学一流大学建设方案：海洋发展学科群建设方案》，中国海洋大学档案馆藏，档号：HD–2017–KY18–1–26。

海洋灾害补偿机制,对我国强化灾情监测预警、完备防灾设施建设起到重要推动作用,对于灾后救援具有较强的现实指导意义;主编的《海洋经济蓝皮书:中国海洋经济分析报告(2021—2022)》为更好地把握海洋经济发展形势、研判海洋经济高质量发展中的重大问题提供研究方向。李京梅教授的《围填海造地资源和生态环境价值损失评估与补偿》,是国内最早系统论证围填海造地生态损害成本的研究成果。

围绕构建海洋命运共同体,长期致力于全球海洋治理理念内涵的解读,庞中英教授以国际关系学等社会科学为基础,研究蓝色全球治理,以及区域国别的比较研究,已在中英文核心期刊及报刊发表论文和时评百余篇。孙凯教授撰写的《参与实践、话语互动与身份承认——理解中国参与北极事务的进程》提出,中国应在北极事务中拓展参与实践、增强参与能力,积极塑造和传播中国参与北极事务正面的国际话语。白佳玉教授撰写的《北极航道沿岸国航道管理法律规制变迁研究——从北极航道及所在水域法律地位之争谈起》,被全国哲学社会科学规划办公室主办的《成果要报》采纳。该成果通过研究北极航道沿岸国航道管理法律规制变迁,实现北极航运国内法规制与国际规则的良性互动。郭培清教授撰写的《北极理事会的"努克标准"和中国的北极参与之路》,通过中国参与北极事务进程的个案研究,建构起理解国内外"话语互动"的理论框架。

刘惠荣教授的极地与深远海问题研究,为我国海洋新疆域法律研究构建了基本框架,提供研究方法。《海洋法视角下的北极法律问题研究》针对北极群岛海域、北极航道及北极生态环境保护三大核心问题进行研究,在我国极地发展"十三五"规划中被借鉴采纳,是我国第一部系统研究北极国际法制度和问题的专著。《国际法视角下的中国北极航线战略研究》,从国际法的视阈研究开发利用北极航线的战略价值,在研判中国参与北极航线开发利用战略环境上,提出符合我国利益的政策立场、法律对策和战略规划,为我国拟定和实施北极航线利用战略提供法理支撑。《北极蓝皮书:北极地区发展报告(2014—2021)》迄今已连续出版八卷,成为国内学界北极事务的权威研究报告,2017年卷被美国国会研究报告关注。金永明教授所著的《新中国的海洋政策与法律制度》一书系统地回顾了我国在海洋政策和法律制度上的理论和实践,对于加快建设海洋强国,维护国家主权、安全和发展利益具有启发意义。

学校初步构建起中国特色海洋文化基本理论体系,为构建中国海洋文化学科提供理论支撑。曲金良教授主编的《中国海洋文化史长编(五卷本)》,构建了我国海洋文化发展史的脉络与内涵体系,是国家规划重点图书中的具有学科标志性的大型著作。他主编的《中国海洋文化发展报告》(2013、2014、2015),是教育部哲学社会科学发展报告项目的系列成果。该报告旨在推进中国海洋文化相关领域研究，服务国家海洋强国和文化强国建设，为相关政府部门、企事业单位提供决策支持和实践参考。修斌教授主编的《中国海洋文化发展报告（2016—2020）》是"十三五"中国海洋文化研究和发展的集中展现。

（三）提升社会服务能力，打造一流"蓝色智库"

针对国家海洋经济的发展，海发院实现了从战略规划到标准、国际合作、地方建设以及公众信息服务的全领域覆盖。承担海上丝路科技合作、"一带一路"海上交通基础设施发展、"蓝色粮仓科技创新"规划等重大研究任务。集聚海洋资源调查、海洋功能区划研究优势，承担毛里求斯海洋空间规划项目等重大援外任务。承担30多个区域海洋经济发展规划的编制，完成《山东海洋强省建设行动方案》实施效果第三方评估。深度参与海洋经济国家标准的制定。主持或参与发布《海洋经济蓝皮书：中国海洋经济发展报告》《海洋经济蓝皮书：中国海洋经济分析报告》《澳门海洋蓝皮书》《中国海洋经济发展指数》等系列报告。

为我国海洋新疆域战略、规划、立法提供全方位咨询。海发院是外交部、自然资源部参与国家管辖海域外生物多样性养护与可持续利用协定国际谈判的咨询单位，相关建议被纳入第一次政府间会议主席报告；首倡"冰上丝绸之路"，向中央提出制定北极战略的设想，得到习近平总书记的重要批示；承担我国《南极法》《海洋基本法》《海警法》等涉海立法的核心研拟任务，为《南极法》提供立法咨询，推动其进入全国人大一类立法规划；为我国"雪龙号"穿越西北航线、建立北极观测网提供合法性论证；负责研拟我国极地管理制度应对新局势新挑战的四份规范性文件。

"蓝色智库"建设成效得到广泛认可，"十三五"以来，80余项国家及区域发展战略咨询报告与建议获得省部级以上领导批示或采纳。2017年，海发院被山东省委宣传部授予重点新型智库建设试点单位。继2016年入选中国智库索引（CTTI）首批来源智库后，于2019年再度入选，同年，受聘成为中央外办19家咨询机构之一。2022年，入选中国智库索引（CTTI）高校智库百强榜（A+级）。

二、着力建设重点研究团队

一直以来，人文社科研究由于其自身特点，大多为独立进行科研活动。随着不同学科领域研究出现交叉渗透现象，人文社科领域面临的重大理论和现实问题研究、新兴交叉学科问题研究等，需要科研团队协作才能完成。为此，学校着力加强重点研究团队建设。

2013年，学校人文社科已在海洋发展和安全战略研究、极地和深远海研究、海岸带开发利用与保护研究、海洋经济研究、海洋文明与海洋人文社会科学学科理论体系研究、企业营运资金管理研究、环境法制建设研究等若干重点方向，形成了独具特色的科研团队。

学校"十三五"规划提出，建立以"繁荣工程"人才为核心的人文社会科学团队和"蓝色智库"团队，加强以"学科（学术）带头人+学术骨干+骨干教师"为核心的梯队建设，在国家海洋管理、海洋权益保障、海洋生态文明建设等方面发挥支撑和引导作用。[①]2016年，学校启动人文社科重点研究团队建设。首批确定重点建设团队9支，经过迭代与发展，目前重点建设14支团队，其中涉海团队和非涉海团队各7支（表9-20）。

表 9-20　2022 年中国海大人文社科重点建设团队一览表

类别	团队名称	负责人
涉海研究	区域海洋经济发展规划与管理研究团队	韩立民
	极地与深远海问题研究团队	刘惠荣
	海洋经济金融支持与海洋灾害管理研究团队	赵　昕
	海洋资源经济研究团队	李京梅
	海洋治理与中国研究团队	金永明
	海洋低碳发展与决策优化研究团队	丁黎黎
	海洋文化研究团队（培育）	修　斌
非涉海研究	资本效率与财务风险分析研究团队	王竹泉
	法律经济学研究团队	桑本谦
	儿童文学研究团队	朱自强
	二语习得跨学科研究团队	杨连瑞
	古代文学与传统文化研究团队	刘怀荣
	传记与小说研究团队	熊　明
	会话分析研究团队	于国栋

2019年，《中国海洋大学人文社科重点研究团队管理办法》实施。《办法》明确规定重点团队遴选需要符合两个条件之一：一是团队负责人为二级岗位（"繁荣人才工程"第

[①]《中国海洋大学"十三五"事业发展规划》，中国海洋大学档案馆藏，档号：HD-2016-XZ11-Y-6。

二层次）教授；二是团队负责人为承担国家社科基金重大项目或教育部哲学社会科学研究重大课题攻关项目的三级岗位（"繁荣人才工程"第三层次）教授。

为激励人文社科重点研究团队产出更多更好的成果，《办法》提出：一是重点团队每年需至少举办一次学术研讨会和两次学术沙龙。涉海团队和具有智库功能的非涉海团队每两个月需至少提交一篇有质量保证的咨询报告，字数不少于2500字。二是学校每两年召开一次人文社科重点研究团队建设及发展情况交流会，各团队负责人向以学校领导、相关职能部门负责人、理工科专家为主组成的评审组介绍团队研究方向，团队成员情况，过去两年的建设成效、贡献及影响，对人才培养发挥的作用，未来两年的工作设想，遇到的困难及需要的重点支持等内容。[1]

学校设立人文社科重点团队建设专项经费，每年拨付经费200余万元，支持文科团队建设。2017年5月，学校召开首届"十三五"人文社科重点研究团队建设及发展情况交流会，九支团队的负责人进行汇报，此后每两年举行一次这样的交流会。学校遵循滚动发展、目标考核、动态管理的原则，以目标考核为导向，通过成果展示和经验交流等形式，提高团队研究水平和质量。

人文社科重点研究团队的建设促使文科科研取得较快发展。"十三五"期间，12支重点研究团队获批高层次项目85个，获省部级以上奖励31项，65项智库成果获得省部级以上领导批示并被有关部门采纳，其中2项获得习近平总书记批示。[2]资本效率与财务风险分析研究团队是学校非涉海研究中特色鲜明、建设成效显著的一支重点团队。2009年，团队负责人王竹泉教授牵头与中国会计学会合作成立中国企业营运资金管理研究中心，成功开发中国资金管理智库，填补该领域国内空白，被学界和业界誉为营运资金管理的思想库、文献库、信息库和案例库。[3]2017年牵头组建的中国资金管理智库协同创新中心获山东省高等学校协同创新中心（面向科学前沿类）立项，2020年获评山东省高等学校示范协同创新中心。2018年和2022年中国企业营运资金管理研究中心两次入选中国智库索引（CTTI）高校智库百强榜（A级），成为全国会计与财务类高校科研机构唯一入选单位。该中心持续发布《营运资金管理发展报告》《资本效率发展报告》《财务风险发展报告》，一系列成果和数据全部免费向社会开放，实现资源共享。

① 《中国海洋大学人文社科重点研究团队管理办法》，中国海洋大学档案馆藏，档号：HD-2019-KY13-64-11。
② 相关数据由中国海洋大学文科处提供，中国海洋大学档案馆藏，档号：HD-2022-XZ18-C-58。
③ 王竹泉、孙莹、孙建强等主编：《营运资金管理发展报告2012》，中国财政经济出版社2012年版。

三、建立资助体系和完善评价体系

学校调整"985工程"建设经费使用方式，设立适合文科发展的支持专项，将著作出版、学术讲座、学术会议确定为支持文科科研活动的三种基本方式。2011年，实施《中国海洋大学文科学术出版专项经费管理办法》。2015年，为进一步推动人文社科学术交流，实施《中国海洋大学"世纪先风"学术会议资助专项实施办法（试行）》和《中国海洋大学"海大人文讲坛"资助专项实施办法（试行）》，支持邀请校外高水平专家、学者举办学术讲座。2020年，为支持人文社科优秀著作出版，实施《中国海洋大学人文社会科学著作出版资助专项实施办法》，在"双一流"建设经费中设立人文社科著作出版资助专项。以上政策的实施，有效支持了文科学院举办国际国内高水准学术会议、邀请国内外高层次专家来校做学术讲座、资助教师出版高水平学术著作，学校的文科发展呈现出旺盛活力。

学校在中央高校基本科研业务费中设立文科项目，建立基地自设、重大培育、青年基金、培育专项四类层次分明的校内文科项目资助体系，支持文科自主科研，培育科研新增长点。2014年，为提高相对薄弱学科教师的科研能力，提升人文社科的整体实力和水平，实施《中国海洋大学人文社会科学培育专项实施细则》。2015年，为提高青年教师的科研能力和学术水平，实施《中国海洋大学人文社会科学青年教师科研专项实施细则（试行）》。2018年，为引导教师积极申报国家社科基金中华学术外译项目，实施《中国海洋大学学术外译培育专项实施细则》。

学校致力于人文社科评价体系建设，结合《教育部关于进一步改进高等学校哲学社会科学研究评价的意见》，在文科科研评价机制上，坚持鼓励创新、注重质量的原则，以推进学科体系、学术观点、科研方法创新为重点，建立不同形式、不同标准、不同指向的学术评价制度，规范评价标准与评价方法，构建起分类指导、科学合理的评价体系。评价体系由论文评价、著作评价、语言学成果评价、高层次奖励评价、项目评价、智库成果评价等构成。

发表文章，对文科科研成果而言是主要表现形式之一。文章等级认定是评价体系的核心部分。为进一步引导和激励科研人员发表高水平研究成果，结合人文社科的发展阶段，学校于2013年推出《中国海洋大学人文社会科学核心期刊目录》，又于2017年、2019年进行了两次调整，于2020年施行《关于对〈中国海洋大学人文社会科学核心期刊目录（2019版）〉的补充规定》，教师发表文章按等级进行认定，质量第一的评价导向更加明确。根据最新一期ESI数据显示，中国海大社会科学学科过去10年中被Web of Science收录论文193篇，累计被引次数1886次，篇均被引频次9.77次，7篇论文入选ESI高水平论文，社会科学学科首次进入ESI全球排名前1%。[1]

2019年，学校制定科学研究（人文社科类）绩效考核分配办法，将科研绩效分为论文绩效、科研项目绩效、科研获奖绩效、三级岗位以上教授科研贡献绩效以及省部级以上项目被撤项核减绩效五部分，主要考核发表高水平文章、主持高层次项目、获得高级别奖励以及三级岗位以上教授科研贡献等方面的业绩。政策出台当年，文科各单位共发表高水平文章151篇，获批高层次项目44项，获得高层次奖励2项。2020年，根据国家《深化新时代教育评价改革总体方案》相关要求，学校坚持质量第一的标准，确定文科科研绩效参考各学院（中心）的科研定量指标权重值，结合高层次项目选题论证、申报答辩、中期检查，教师科研贡献率、举办学术活动、科研综合管理与组织等方面进行综合评价，推动文科单位实现内涵式发展、高质量发展。

四、人文社科研究成果丰硕

学校人文社科研究领域海洋特色突出，体现出文理交叉的特点。2011年以来，学校围绕海洋强国和"一带一路"建设的重大需求，发挥涉海研究的学科综合优势，聚焦全球海洋治理、海洋经济发展、海洋文化领域的重大问题，在极地与深远海、海洋治理与中国、区域海洋经济发展规划与管理、海洋经济金融支持与海洋灾害管理、海洋经济监测预警、海洋资源经济、海洋文化、海洋生态文明等方向深入开展研究。韩立民负责的"我国海洋事业发展中的'蓝色粮仓'战略研究"和殷克东负责的"中国沿海典型区域风暴潮灾害损失监测预警研究"，是经济学与海洋科学、管理学与水产学科交叉研究取得的高水平成果，为探索文理学科交叉产出标志性成果提供了新路径、新经验。

至2022年，学校人文社科领域教师获批国家级课题282项，其中国家社科基金重大项目11项、教育部哲学社会科学研究重大课题攻关项目2项（表9-21），国家社科基金重大研究专项8项、国家重点研发计划1项。自2014年起，学校韩国研究中心连续三次获批海外韩国学重大项目，共获批研究资助18.55亿韩元，折合人民币约1044万元，是学校文科海外重大科研项目领域的标志性成果。2015—2019年，王海涛教授承担青岛市教育局委托课题"青岛市教育局教育质量监测项目"研究，累计合同金额达1699.5万元。学校人文社科领域获省部级以上奖励89项，其中教育部高等学校科学研究优秀成果奖（人文社会

① 昝栋：《社会科学进入ESI学科全球排名前1%》，载《中国海洋大学报》2022年11月17日。

科学）5项（表9-22）；山东省社会科学优秀成果奖83项，其中特等奖1项、一等奖6项；山东省社会科学突出贡献奖1项。殷克东的《中国海洋经济周期波动监测预警研究》、刘怀荣教授的《魏晋南北朝歌诗研究》分别入选2015年、2019年国家哲学社会科学成果文库。朱自强教授获第十八届"国际格林奖"，成为获得该奖项的第二位中国人。

表9-21 中国海大获国家社科基金重大项目、教育部哲学社会科学研究重大课题攻关项目一览表
（2011—2022年）

序号	年度	项目名称	负责人	项目类型
1	2012	中国海洋文化理论体系研究	曲金良	国家社科基金重大项目
2	2013	新时期中国海洋战略研究	徐祥民	教育部哲学社会科学研究重大课题攻关项目
3	2014	我国海洋事业发展中的"蓝色粮仓"战略研究	韩立民	国家社科基金重大项目
4	2014	中国沿海典型区域风暴潮灾害损失监测预警研究	殷克东	国家社科基金重大项目
5	2015	突发性海洋灾害恢复力评估及市场化提升路径研究	赵 昕	国家社科基金重大项目
6	2015	海平面上升对我国重点沿海区域发展影响研究	于宜法	国家社科基金重大项目
7	2016	海洋生态损害补偿标准与制度设计	李京梅	国家社科基金重大项目
8	2018	我国海洋牧场生态安全监管机制研究	杜元伟	国家社科基金重大项目
9	2019	中国儿童文学跨学科拓展研究	朱自强	教育部哲学社会科学研究重大课题攻关项目
10	2020	中国古代杂传叙录、整理与研究	熊 明	国家社科基金重大项目
11	2021	后疫情时代"一带一路"沿线国家企业债务问题研究	王竹泉	国家社科基金重大项目
12	2021	加快建设海洋强国背景下我国"深蓝渔业"发展战略研究	韩立民	国家社科基金重大项目
13	2022	新发展格局下拓展我国海洋经济发展空间的动力机制及实现路径研究	赵 昕	国家社科基金重大项目

表 9-22　中国海大获高等学校科学研究优秀成果奖（人文社会科学）一览表（2011—2022 年）

序号	获奖人	成果名称	届次	奖励等级	获奖时间
1	姜旭朝	《中华人民共和国海洋经济史》	第六届	三等	2012
2	韩立民　刘康　常璟　倪国江　都晓岩	《中国海洋产业发展战略研究》	第六届	三等	2012
3	刘惠荣　董跃	《海洋法视角下的北极法律问题研究》	第七届	三等	2015
4	曲金良　朱建君　修斌　赵成国　马树华	《中国海洋文化史长编（五卷本）》	第七届	二等	2015
5	曲金良	《中国海洋文化发展报告（2013年卷）》	第八届	二等	2020

第四节　科研创新能力不断增强

2011年以来，特别是经过"985工程""双一流"建设，学校承担国家重大项目能力持续提升。"十二五"期间，学校主持国家"973计划"和重大科学研究计划项目6项、国家"973计划"（青年）项目1项、主持承担国家重大研发计划项目27项，凸显出学校海洋高新技术对国家战略的支撑作用和科技创新综合实力。主持国家自然科学基金委海洋科学中心项目2项、国家自然科学基金委海洋科学领域重大科研仪器研制项目1项和海洋工程领域重大基金项目1项。"十三五"期间，"蓝色药库"开发计划得到习近平总书记批示；首倡并负责实施"透明海洋"计划，聚焦重点海域构建了立体观测网，高质量服务国家安全和"一带一路"建设。为主建议水产领域唯一国家重点研发计划"蓝色粮仓科技创新"，并负责协调、推进一体化实施；获批建设我国地球科学领域首个教育部前沿科学中心和海洋工程领域首个国家自然科学基金委基础科学中心，为服务海洋强国建设和创新发展增添了高端平台。

2011年以来，学校科研经费连年攀升。截至2022年，到校科研经费总额逾84亿元。2011年，科研拨入经费为4.1亿元；到2022年，科研拨入经费达到9.11亿元（表9-23），增加了一倍多。

表 9-23　中国海大科研经费统计表（2011—2022 年）

年份	当年拨入经费数（亿元）	年份	当年拨入经费数（亿元）
2011	4.10	2017	6.95
2012	5.07	2018	7.34
2013	6.00	2019	8.80
2014	5.75	2020	7.84
2015	6.40	2021	9.20
2016	7.30	2022	9.11

资料来源：中国海大校史馆（2011—2018年）、中国海大科技处年度工作总结（2019—2022年）。

科研论文数量大幅增加，质量明显提升。2011年以来，被SCI、EI、ISTP三大系统收录论文22000余篇。2010年被SCI收录735篇，到2020年达到2524篇。2011年以来，学校教师以第一或通讯作者在Science、Nature主刊发表文章13篇。陈显尧教授在Science杂志上发表《行星中的热量分配导致全球变暖的减缓与加速》，在世界海洋学界引发广泛关注和反响。2018年，吴立新院士和蔡文炬教授作为联合通讯作者，在Nature上发表题为《全球变暖背景下东太平洋厄尔尼诺变率增强》的研究成果，被评述为气候研究领域里程碑式的发现。近年来，学校围绕多尺度海洋动力过程与气候和海底圈层耦合过程等取得系列原创性突破，包揽我国以第一或通讯作者在Science、Nature上发表的物理海洋学科研究论文六篇，彰显出在该领域的国际引领作用。水产学科领域在期刊引用报告（Journal of Citation）中有影响因子的全部50种渔业期刊的总发文数居全球高校第一。以SCI收录论文为统计指标的美国ESI（基本科学指标）数据库显示，学校已在12个学科（领域）跻身全球科研机构前1%行列，在所覆盖的研究领域内国际影响力进一步扩大。

根据资料统计，2011年以来，学校共获国家科技奖励12项，其中主持6项（表9-24）。这些项目在《中国海洋大学史·成果卷》中有详细介绍，故从略。

表 9-24　中国海大获国家科技"三大奖"一览表（2011—2022 年）

序号	年度	获奖名称	获奖等级	项目名称	主持／参与人	备注
1	2011	国家科学技术进步奖	二	海洋仪器海上试验与作业基础平台若干关键技术及应用	吴德星	第一完成单位

序号	年度	获奖名称	获奖等级	项目名称	主持／参与人	备注
2	2011	国家科学技术进步奖	二	坛紫菜新品种选育、推广及深加工技术	茅云翔	第四完成单位
3	2012	国家科学技术进步奖	二	海水池塘高效清洁养殖技术研究与应用	董双林	第一完成单位
4	2014	国家自然科学奖	二	华北克拉通早元古代拼合与Columbia超大陆形成	李三忠	第二完成单位
5	2015	国家科学技术进步奖	二	刺参健康养殖综合技术研究及产业化应用	包振民	第四完成单位
6	2016	国家科学技术进步奖	二	躲不开的食品添加剂——院士、教授告诉你食品添加剂背后的那些事	汪东风	第三完成单位
7	2018	国家自然科学奖	二	大洋能量传递过程、机制及其气候效应	吴立新	第一完成单位
8	2018	国家技术发明奖	二	扇贝分子育种技术创建与新品种培育	包振民	第一完成单位
9	2018	国家科学技术进步奖	二	系列海洋监测浮标研制及在国家海洋环境监测中的应用	赵进平	第四完成单位
10	2019	国家科学技术进步奖	二	近浅海新型构筑物设计、施工与安全保障关键技术	李华军	第一完成单位
11	2019	国家技术发明奖	二	近海赤潮灾害应急处置关键技术与方法	于志刚	第二完成单位
12	2020	国家科学技术进步奖	二	海参功效成分解析与精深加工关键技术及应用	薛长湖	第一完成单位

学校获全国创新争先奖、光华工程科技奖、科学探索奖、李四光地质科学奖等一大批具有重要社会影响力的科技奖项；吴立新获得美国地球物理学会颁发的、具有全球影响力的地球与空间科学领导力最高奖（Ambassador奖）；吴立新、李华军、包振民分别获2018年、2020年、2022年度山东省科学技术最高奖；麦康森、吴立新、李华军、崔洪芝分别获得2013年、2015年、2019年、2021年青岛市科学技术最高奖；主持获得高等学校科学研究优秀成果奖（科学技术）18项。

第七章
国际化办学新实践

随着"985工程"和"双一流"大学建设的推进，中国海大的国际合作不断深化。学校主动服务海洋强国战略和"一带一路"倡议，接续实施《中国海洋大学国际化战略实施意见》《中国海洋大学国际化战略规划（2016—2020）》，积极汇聚海内外海洋科教优质资源，开展一系列高水平国际合作，扩大了学校在国际海洋科教界的影响力，为推动构建海洋命运共同体作出了贡献。

第一节　实施国际化战略

实施国际化战略是高校对外开放的重要体现，是高校根据自身内部条件和外部发展环境，为推进科研国际合作、人才培养国际化和大学发展而作出的全局性的规划。而战略规划的形成与实施，既需要外部环境的支持，也需要高校自身的积淀，是大学发展到一定阶段的产物。

伴随着我国高等教育大众化发展、创建世界一流大学和高水平大学的进程，中国海大的国际合作不断深化，发展到了一个需要整体谋划和长远规划的阶段。战略规划的形成往往是通过程序性的工作来产生根本性的重大决策和行动，以此来塑造和引领大学着眼于未来的发展。中国海大国际化战略的形成同样经历了这样一个酝酿和达成共识的过程。

2010年2月，学校召开党政联席（扩大）会议。校长吴德星在发言中认为，全球化时代大学必须参与人才市场的国际竞争；应该具有全球意识和较高品位、多元文化沟通的能力；维护教育主权是承担国际责任的基础；要以我为主、博采众长，实施国际化战略。[①]5月，党委书记于志刚在学校第九次党代会报告中，就学校国际化战略的目标定位、基本内涵和实践路径等提出初步构想：

> 建设国际知名的高水平研究型大学，必须在国际参照系中准确定位，将师资队伍建设、人才培养和科学研究置于国际视野下，获取新的教育资源和发展动力。必须加快构建国际化发展战略体系，明晰国际化发展的目标、内涵、实施路径和保障措施。要通过体制机制创新，建立国际教学科研合作平台，强化高层次人才国际合作培养，完善人才培养、科研合作与学科建设的互动发展模式，谋划主持重大国际合作项目和科学计划，培养一批具有国际视野、能够参与国际事务和国际竞争的人才，取得一批具有影响力的重大研究成果，提升学校的国际参与度和竞争力，着力从整体上推进学校国际化进程。

> 与国际著名大学和科研机构合作，构建国际教育平台，推行课程体系对接、学分互认和双导师、双学位的联合培养机制，强化人才国际合作培养；构建科技合作平台，在若干特色学科领域与国际一流科教机构合作建立高水平研究中心、联合实验室，筹划主持国际重大合作项目和科学计划；切实发挥"国际涉海大学协会"作用，支持教师进入重要国际学术组织、举办高水平国际学术会议，扩大学校国际影响力。逐步建立以学科为导向、院系为主体、学校统筹的国际合作运行机制，推动人才培养、科学研究与学科建设互动发展，构筑融人才培养、科学研究与信息资源为一体的国际化平台，整体推进学校国际化进程。[②]

第九次党代会之后，学校国际化战略规划的制订便正式启动并稳步推进。

一、形成国际化战略规划

2012年1月，历时两年的酝酿和前期研讨、征求意见，在2011年暑假党政联席会议修改的基础上，经学校党委九届五次全委会审议通过，《中国海洋大学国际化战略实施意见》下发。

中国海大是国内高校中较早开展国际化战略规划的少数院校之一。学校的国际化战略规划分析了未来五年协同创新发展和提高竞争能力，以及培养具有社会责任感、全球视野和创新精神的高素质拔尖人才的重要性，指出了学校国际化发展存在的不足："师资

[①] 根据中国海洋大学党委校长办公室提供《崂山会议记录》（2010年2月）整理。

[②] 于志刚：《在中国共产党中国海洋大学第九次党代会上的报告》，中国海洋大学档案馆藏，档号：HD-2010-DQ13-Y-035。

的国际竞争能力、学科水平及其国际影响力需大幅提升，学生的全球视野有待拓展，留学生结构有待优化，相关国际化课程体系亟待建立，支撑国际化发展的管理和服务保障体系尚待完善。"据此，学校按照发展重点学科及其学科群布局，着力在学科提升、智力引进、国际合作平台、国际课程及留学生事业发展五个方面部署若干重点项目，进行重点建设，并逐步建立学校统筹、学科导向、分类支持、激励引导、院系主体的长效工作机制。确定到2015年要实现的基本目标是：

1. 力争再有1～2个学科（领域）进入基本科学指标数据库（ESI）国际排名。2. 积极引进50名具有海外教育或研究经历的高水平学术领军人才或学术骨干；教师中具有一年以上海外研修经历的比例达到70%以上；进入国际学术组织任职的学者达到30名以上。3. 在重点学科领域建设5个高水平国际（或跨境）联合实验室、联合研究中心或高层次国际教育平台，推进高水平基础研究和高技术研究。4. 建设6个国际先进水平的二级学科研究生国际化课程体系，建成1～2个本科专业国际化课程体系；适应国家经济社会对外开放的需求，培养一批具有国际视野、通晓国际规则、能够参与国际事务与国际竞争的国际型人才。5. 提升留学生教育层次和水平，优化留学生结构，留学生总数达到1500人，其中学历生比例不低于35%。[①]

为达成以上五个方面的目标要求，学校国际化战略还确定了四个方面的主要任务：一是强化优质智力引进，加快师资队伍建设多样化的步伐；二是强力推进国际合作平台建设，提升人才培养和科学研究水平；三是创新人才培养模式，加快国际化课程建设；四是创新留学生教育，推动留学生教育上规模、上层次、上水平。

二、着力实施国际化战略

为了保障学校国际化战略的实施，学校成立由主要领导任组长的国际化战略实施工作领导小组，制定并决定战略实施项目。国际化战略规划还从体制及机制保障、经费与资源保障、环境与宣传保障方面制定了措施和办法。

经过全校上下共同努力，国际化战略的实施在国际化师资队伍、国际化平台、国际课程体系建设、国际联合科研成果和国际影响力等方面取得了良好成效：

汇聚起一批有国际影响力的师资队伍，通过国家、学校人才工程和四个高等学校学科创新引智基地，组建了物理海洋、水产、海洋药物、海洋化学等十余支国际科研、教学

---

①《中国海洋大学国际化战略实施意见》（海大字〔2012〕1号），2012年1月19日。

创新团队，获得了友谊奖等多个国家级奖项。拓展和深化与世界一流涉海院校的战略合作，建成了中德海洋科学中心、中英海洋战略联盟等一批高层次科教合作平台，与美国伍兹霍尔海洋研究所共建国际联合实验室，与德州农工大学联合培养海洋领域博士研究生、联授博士学位，合作支撑平台建设取得丰硕成果。着眼全球海洋研究和海上丝绸之路建设，拓展与东盟及各大洋海洋岛国的合作，建立了中国-东盟海洋教育培训中心，加盟北极大学和国际南极学院，交流领域不断拓展。推动国际课程体系建设，建立了海洋科学、法学本科中外合作办学项目以及四个全英文授课本硕项目，开展了一批联合培养及短期交流项目，学生国际视野大幅拓展。来华留学生结构不断优化，培养质量持续提高。发起和参与了"西北太平洋海洋环流与气候实验"等国际或区域重大科学计划，执行了一批国际或双边合作研究项目，取得了良好的学术成果。德州农工大学孔子学院快速发展，有力促进汉语国际推广和人文交流。"国际涉海大学联盟"秘书处常设学校，联合全球52家主要涉海科教机构及国际学术组织共同签署了《未来海洋青岛共识》，代表国家在全球海洋科教领域发挥了积极作用。[①]

在学校"十二五"建设目标中，关于国际合作列出了八项指标，从建设成效来看，合作国家或地区及合作机构数、每年聘请境外专家讲学合作研究数、每年自筹资金方式派出学生数等都远超预期目标（表9-25）[②]。

表9-25　中国海洋大学"十二五"办学指标（国际合作）完成情况

	国际合作指标	"十二五"目标	完成情况
1	合作国家或地区及合作机构数	25（150）	30（180）
2	每年聘请长期境外文教专家数	50	39
3	每年聘请境外专家讲学合作研究数	120	227
4	每年派出进修、培训教师数	30	39
5	每年国家公派研究生数	85	83
6	每年自筹资金方式派出学生数 （含单位公派及校际交流）	150	191
7	中外合作办学和联合培养项目数	6	7
8	海外汉语言和培训基地数	3	1

①中国海洋大学国际合作与交流处：《中国海洋大学国际化战略规划（2016—2020）》。
②《中国海洋大学"十三五"事业发展规划》，中国海洋大学档案馆藏，档号：HD-2016-XZ11-Y-006。

　　"十二五"期间,学校国际化战略实施过程中,取得了两个方面的基本经验:其一,坚持开放办学,走国际化发展道路。逐步确立了符合学校实际的特色国际化办学理念,把学校的发展融入国际化发展环境中,以服务高素质拔尖创新人才培养和提升学科水平为核心,以体制机制改革为突破口,以创新能力提升为动力,建立了学校统筹、学科导向、分类支持、激励引导、院系主体长效工作机制,助力学校"985工程""211工程"及协同创新等重点工程的实施。其二,紧扣国家战略需求,强化海洋特色。以优势学科为导向,着眼海洋研究全球一体化进行战略布局,把构建全球海洋科教协同创新平台与网络、代表国家在全球海洋教育领域争得地位作为义不容辞的责任,加强统筹,合力突破。[①]

　　"十二五"期间国际合作亮点有:一是中国海大代表国家加盟国际涉海组织"北极大学联盟"和国际南极学院。2013年6月,法政学院郭培清教授代表学校赴美国阿拉斯加参加加盟北极大学的答辩,学校以全票通过当选为北极大学准成员,也是国内首个加盟"北极大学联盟"的高校。该联盟成立于2001年6月,成员包括环北极八国的正式成员及非北极国家或地区的准成员。加入该联盟可以进一步拓展学校北极研究的发展空间,提高在北极事务中的国际话语权。

　　2015年12月,学校与国际南极学院签署合作备忘录,积极拓展极地研究领域的国际交流与合作。国际南极学院是一个由南极教育研究相关大学与机构共同组建的国际教育联盟,发起于2004年。现有成员包括不来梅大学、剑桥大学史考特极地研究中心等来自十几个国家的国际知名大学或极地研究机构,以及国际极地基金会、南极研究科学委员会等国际学术组织。[②]

　　二是与国外高校联合举办国际会议并成为制度化学术活动。学校与俄罗斯圣彼得堡国立大学联合发起中俄北极合作论坛,每年举办一次,由两校轮流主办。2012年9月,首届论坛在青岛召开。[③]截至2022年10月,中俄北极论坛已成功举办11届,规模不断扩大,成果日益丰富,汇聚的中俄两国学者的建议,有些已得到有效落实和执行。

　　学校与美国德州农工大学联合发起中美儿童文学高端论坛,每两年举办一次,中美轮流主办,到2022年已经连续举办五届。2012年6月,首届中美儿童文学高端论坛在中国海大举行,开启了中美双方儿童文学界高层次学术交流之先河。首届论坛由我国著

---

① 中国海洋大学国际合作与交流处:《中国海洋大学国际化战略规划(2016—2020)》。
② 《中国海洋大学与国际南极学院签署合作备忘录》,《海大信息》2015年第93期。
③ 郭培清、李凌志、宋文红:《面向冰上丝路建设,加强中俄科教合作》,中国教育国际交流协会编著:《"一带一路"教育国际交流优秀案例选集》,复旦大学出版社2021年版,第278-287页。

名儿童文学专家、文学与新闻传播学院朱自强教授，孔子学院中方院长罗贻荣教授和美国儿童文学学会会长、德州农工大学克劳狄娅·纳尔逊教授酝酿发起。2014年在美国举办第二届中美儿童文学高端论坛（与美国南卡罗来纳大学合办）。2021年学校线上主办第三届国际儿童文学论坛，来自国内外100多名专家学者参会，一万余人次在线上观看会议直播。

　　三是搭建高层次国际合作平台并拓展联合科研和人才培养。2011年2月成立的中德海洋科学中心是由中国教育部和德国联邦教育与研究部共同支持的海洋科学领域的高层次科教合作平台，其宗旨是协调并促进中德海洋科学领域相关科研和高等教育机构与企业组织间的合作。2012年9月，首届中德海洋科学研讨会以"海洋预测、预报和开发利用"为主题在中国海大召开。中德海洋科学中心中方主任、物理海洋教育部重点实验室主任吴立新致辞，中德海洋科学中心德方主任、不来梅大学环境物理研究所研究生项目主任Justus Notholt教授致辞。来自中德两国海洋科学领域的28位专家学者带来20余场报告，就未来十年全球海洋观测、环境预报及海洋资源的开发利用等问题展开探讨。

　　学校与英国东英吉利大学共建的中英联合研究中心成立于2013年10月，聘任高会旺教授为中心主任，共同开展地球和环境科学等相关专业的本科生联合培养2+2项目。[1]2014年10月，校长于志刚、副校长李华军会见英国东英吉利大学校长David Richardson，共同探讨两校海洋战略联盟发展并签署合作协议。2022年7月，两校共同庆祝合作十周年活动暨第七届联合研讨会、拔尖学生夏令营在中国青岛和英国诺里奇联线举行。[2]

　　中澳海岸带管理研究中心是由中国海大和澳大利亚新南威尔士大学联合发起成立的国际联合研究机构，成立于2010年6月。该中心是学校文科领域的第一个国际联合研究机构，定位为以海洋人文社会科学为主，大力开展文理交叉研究，广泛开展国际比较研究，兼顾基础研究和应用研究的高水平专门研究机构。[3]中澳海岸带管理研究中心顾问委员会会议暨学术研讨会已经连续举办了12届。

---

① 高会旺、迟鑫：《一流大学建设背景下本科生中英联合培养项目的实践与思考》，宋文红主编：《全球化视野下高校创新人才培养探索：中国海洋大学国际化战略推进实践》，中国海洋大学出版社2018年版。

② 万倩、迟鑫：《中国海洋大学与东英吉利大学庆祝合作十周年系列活动成功举办》，观海听涛新闻网，http://news.ouc.edu.cn/2022/0713/c309a109656/page.htm。

③ 王晓华、马英杰：《中澳海岸带管理研究中心的运行与探索》，宋文红主编：《全球化视野下高校创新人才培养探索：中国海洋大学国际化战略推进实践》，中国海洋大学出版社2018年版。

第二节　深化"一带一路"等对外交流合作

2015年11月国务院发布的《统筹推进世界一流大学和一流学科建设总体方案》提出，到21世纪中叶，一流大学和一流学科的数量和实力进入世界前列，基本建成高等教育强国。世界一流大学建设成为学校发展的重要任务和目标，国际化则是其中应有之义，也是必由之路。2016年4月，《关于做好新时期教育对外开放工作的若干意见》发布，这是新中国成立以来第一份全面指导我国教育对外开放事业发展的纲领性文件，标志着我国教育对外开放事业进入了以提质增效为主要特征的发展新阶段。①在此背景下，中国海大按照教育部的要求，制定了国际化战略（2016—2020）新规划，围绕国家"一带一路"倡议和海洋强国战略的实施，不断深化对外交流合作，提升对外交流的质量和水平。

一、制定国际化战略新规划

2016年8月，结合学校"十三五"事业发展规划和"双一流"建设要求，《中国海洋大学国际化战略规划（2016—2020）》（简称《国际化战略规划》）审定，并报送教育部备案。

这是学校国际化战略的2.0版本，旨在深入推进学校国际化战略的实施，务实推动对外合作交流工作提质增效，提升学校办学国际化水平和国际竞争力，推进世界一流学科和国际知名、特色显著的高水平研究型大学建设。新的规划总结了前期国际化战略实施的主要成效、基本经验，分析了存在的问题和不足，并从指导思想、建设思路和目标、重点建设任务和保障措施几个方面进行了全面规划。

《国际化战略规划》的指导思想、建设思路和目标是：全面贯彻党的十八大和习近平总书记重要讲话精神，全面贯彻党的教育方针，加强和改进党对教育对外开放工作的领导，健全学校统筹、学科导向、分类支持、激励引导、院系主体的国际化战略实施长效机制，服务国家海洋强国建设和"一带一路"倡议及外交大局。主要建设任务如下。

第一，全球海洋科教协同创新平台与网络建设。建设全球协同创新支撑平台。拓展国际涉海大学联盟，推动协同创新延伸到"一带一路"及南北两极。协同合作，主导发起一系列国际合作大计划。

第二，高水平国际化师资队伍。把高水平国际化师资作为学校的第一资源，突出"抓

---

①《教育对外开放进入新阶段》，新华网，http://www.xinhuanet.com/politics/2016-04/30/c_128946891.htm。

培养"和"抓引进"，培养和造就一批活跃在国际学术前沿、服务国家重大战略需求的领军人才和教学、科研创新团队。强化国际型创新人才队伍建设。做好海外引智工作，至2020年争取引进100名具有海外教育或研究经历的高水平学术领军人才或学术骨干。

第三，创新人才国际合作培养。创新和丰富基于国际合作的人才培养模式，汇聚和利用国际优质教育资源，着力培养具有历史使命感和社会责任心、富有创新精神和实践能力、具有国际视野与竞争合作能力的创新型、应用型、复合型优秀人才。

第四，打造留学海大品牌。以培养具备中国情怀、海大底蕴和良好学术素养的国际型人才为目标，以培育"知华友华、助华建华"的海洋高层次人才为特殊使命，提升留学生教育层次和水平。2020年留学生总数达到1500人，其中学历生不低于50%，着力打造留学海大品牌。

较之于"十二五"《中国海洋大学国际化战略实施意见》，《国际化战略规划》内容上最大的变化有两个方面：一是重点建设任务更加明确和具体化，二是针对国家"一带一路"倡议和海洋强国战略的实施，对国际合作重点进行了拓展和定向，即"把握世界高等教育发展新形势，着眼国内国际两个大局，拓宽办学思路，汇聚优势资源要素，深化合作共建，以开放发展实现合作共赢，为学校发展注入新动力、增添新活力、拓展新空间，提升自我发展能力和国际影响力"。

二、拓展"一带一路"合作交流

学校"十三五"事业发展规划拟定的发展目标和主要任务之一，是要成为引领国际海洋科教发展的重要力量，成为全球海洋科教合作交流的重要引领者和推动者。学校国际化战略就此进行谋划，着力在落实教育部《推进共建"一带一路"教育行动》中实现新的突破，也为青岛市建设成为"一带一路"综合枢纽城市作出贡献。

（一）开拓与东盟地区高校的合作交流

东盟是建设"21世纪海上丝绸之路"的优先地区。2016年10月，学校依托海洋和水产学科优势，与东盟水产教育网络签署合作备忘录，作为中国唯一的代表机构，成为"东盟水产教育网络+"成员校，搭建起中国与东盟水产教育领域的合作平台。

2017年4月，由中国海大主办、东盟水产教育网络、中国-东盟海水养殖联合研究与推广中心、青岛市人民政府、中国-东盟中心等协办的中国-东盟水产教育网络校长论坛暨海洋与水产科技研讨会在青岛召开。来自印度尼西亚、马来西亚、泰国、菲律宾、越南、柬埔寨、老挝、缅甸等东盟国家20多所科教机构、国际组织和中国高校的120余位专家、学者参加研讨。这是青岛地区首次举办的聚焦"海上丝绸之路"水产科教合作，推进"一带一路"教育行动计划的活动。会议期间，学校与多所东盟高校签署合作协议，深化了双方的合作。①

11月，学校和泰国农业大学共同建立的中泰海洋和水产中心正式成立。校长于志刚在讲话中说，海洋联通五洲四海，是促进人类文明交流互鉴的通道，也是支持人类可持续发展的资源宝库，还是人类科学和技术创新的重要舞台。中国既是东亚的大陆国家，又是太平洋西岸的海洋国家。习近平主席在出访东南亚期间提出，中国希望"同东盟发展好海洋合作伙伴关系，共同建设21世纪海上丝绸之路"。中泰两国地理相近，血缘相亲，文化相通，友好交往源远流长。两国同为海洋和水产大国，海洋和水产领域的合作前景广阔、空间巨大。②

2018年，中泰海洋和水产中心开始面向全球招收硕士研究生。研究生在两校共同注册学籍、共同制定培养方案、双方导师共同指导、共同组成答辩委员会，符合各自授位条件后由两校分别授予学位，成绩优异的学生推荐继续攻读博士学位。中泰海洋和水产中心充分发挥两校的学科优势和水产资源的地域优势，积极与联合国教科文组织政府间海洋学委员会西太分委会、亚太水产养殖中心网联系对接，着力打造东盟渔业领域国际人才培养基地。③

2019年10月，学校和马来西亚登嘉楼大学共同建设的海洋联合研究中心成立。校长于志刚和登嘉楼大学校长Noraieni共同签署合作协议。在随后举办的水产科学研讨会上，中国工程院院士麦康森致辞。他说，举办联合中心学术研讨会，标志着两校合作步入新阶段。研讨的主题契合当前社会发展趋势，有助于两国在海洋领域的研究创新，期待两校的合作研究促进中马乃至世界海洋事业的发展。年轻学者能放眼世界、具有全球视野，才是世界的希望。学校要大力资助学生走出去，鼓励年轻一代共同对海洋进行研究，这也是两校合作的重要领域，未来会结出丰硕的成果。

（二）加强与俄罗斯和北欧地区的合作交流

俄罗斯作为重要的北极国家，在"冰上丝绸之路"建设和北极治理方面发挥着主导性

① 曲静、宋文红：《中国-东盟水产教育网络校长论坛暨海洋与水产科技研讨会召开》，观海听涛新闻网，http://news.ouc.edu.cn/2017/0413/c91a56434/page.htm。

② 刘海波、宋文红：《于志刚校长出席中泰海洋和水产中心揭牌仪式》，观海听涛新闻网，http://news.ouc.edu.cn/2017/1105/c91a55943/page.htm。

③ 李景玉、李琪、汪珉、宋文红：《聚焦海上丝路，构筑海洋命运共同体——中国海洋大学推进东盟科教合作实践》，中国教育国际交流协会编著：《"一带一路"教育国际交流优秀案例选集》，复旦大学出版社2021年版，第47-57页。

作用。中国海大发挥跨学科的极地研究团队优势，持续推进对俄交流合作，开展同俄罗斯的战略研究对话，对推进"冰上丝绸之路"建设发挥了重要作用。为了方便国内学者了解"冰上丝路"建设和北极国家学术动态，学校极地研究团队于2015年创建"极地与海洋"门户网站，已成为国内外学者研究北极形势的权威性网站，成为国内外学术界的共享公共产品。截至2021年10月，网站发布北极动态信息2000余条，在微信公众号上发表原创性文章850篇，累计阅读人次已达百万，在世界北极研究领域具有举足轻重的影响力。[①]

2017年学校"极地研究中心"获教育部批准备案。该中心依托学校的国际法和国际关系两个二级学科，专注于极地问题的研究，培养国际法学专业博士、硕士研究生及国际关系专业硕士研究生。中心定位为国家极地战略核心智库，国家极地立法与决策核心支撑团队，国家海洋与极地管理事业的人才培养高地，国际知名、中国特色的极地跨学科研究中心，极地问题国际学术交流中心。[②]

2019年6月，教育部与挪威教育研究部在会谈中达成一致，支持中国海洋大学和卑尔根大学分别作为中挪牵头高校，推动建立"中国－挪威海洋大学联盟"。联盟聚焦海洋科学、渔业、海洋工程等领域，共同搭建科研和教育的国际化协同创新平台。挪威代表团在青岛访问期间，双方就推动中挪教育和科研合作、建立中国－挪威海洋大学联盟等事宜进行了磋商。[③]之后，中国海大和卑尔根大学分别成立工作团队，推进联盟筹建。卑尔根大学牵头建立了包括特罗姆瑟大学－挪威北极大学等11所挪威高校组成的海洋大学联盟，中国海大则牵头组织上海海洋大学等12所大学进行合作对接。11月，校长于志刚应邀率团访问挪威卑尔根大学，旨在加快方宗熙－萨斯海洋分子生物学中心建设，推动成立中国－挪威海洋大学联盟。代表团访问期间参观多个科研实验室，双方进行密切的交流，并就重点合作事宜进行了深入的会谈。[④]

2021年10月，因COVID-19疫情影响，中国－挪威海洋大学联盟成立大会以线上方式举办，教育部国际合作与交流司、两国使馆领导以及中挪23所高校代表相聚云端。中国海大党委书记田辉致辞时说，海洋是人类应对各类挑战的重要空间，中挪两国均是重要

---

① 郭培清、李凌志、宋文红：《面向冰上丝路建设，加强中俄科教合作》，中国教育国际交流协会编著：《"一带一路"教育国际交流优秀案例选集》，复旦大学出版社2021年版，第278–287页。

② 《中国海洋大学国别和区域研究备案中心评估自评报告》，2020年6月。

③ 姜澜、王汉林：《挪威教育研究部高等教育司司长托瑞尔·约翰逊一行来校访问》，观海听涛新闻网，http://news.ouc.edu.cn/2019/0606/c91a93970/page.htm。

④ 王汉林、徐德荣、董波：《于志刚校长率团访问挪威卑尔根大学持续深化两校务实合作》，观海听涛新闻网，http://news.ouc.edu.cn/2019/1114/c91a98490/page.htm。

的海洋国家,推动海洋领域科教合作是应对挑战的必然途径和有力支撑。学校将全力履行好中方秘书处职责,与各成员高校密切合作,把握联合国确立2021—2030年"海洋科学促进可持续发展国际十年"的机遇,完善合作交流机制,壮大合作力量,深化合作内容,努力把联盟建设成为中挪教育合作的典范,推动各方共护海洋和平、共筑海洋秩序、共促海洋繁荣。副校长李华军院士、挪威海洋大学联盟理事会主席Nils Christian Stenseth教授,代表中挪双方签署《中国−挪威海洋大学联盟合作备忘录》。中国−挪威海洋大学联盟的成立,开启了中挪海洋领域合作交流新篇章。[①]

三、提升留学生教育层次和水平

来华留学生教育是中国教育对外开放的重要阵地,也是世界一流大学建设的重要组成。学校是全国第一批接收来华留学生的院校之一,来华留学教育工作历史悠久。据记载,1924年私立青岛大学成立之初,学校就招收了来自南洋和朝鲜的十几名学生。来华留学生教育以服务国家外交大局、服务海洋强国战略和"一带一路"倡议、服务学校一流大学建设为宗旨,坚持提质增效、趋同管理、质量为先、同质教育,努力培养具有中国情怀、海大底蕴和良好学术素养的"知华友华"国际化人才,打造"留学海大"品牌。"十三五"期间,实施《招收和培养国际学生管理办法》《来华留学生高等教育质量规范(试行)》《中国政府奖学金工作管理办法》,规范来华留学生的资格条件,来华留学生结构不断优化,质量不断提高,办学成效显著。截至2015年12月,学校累计培养各类留学生18177人,其中学历生4293人。2015年,留学生在校总人数达到1277人,其中进修生820人、学历生457人,生源国达到69个,学历生占比上升至35.8%。[②]学校于2016年通过首批全国来华留学高等教育质量认证。

(一)留学生结构优化、层次和质量提升

学校坚持提高层次、优化结构、提高质量、规范管理的原则,不断推动来华留学生教育提质增效。规模和生源国基本稳定,2018—2020年,每年平均约1000名来自韩国、津巴布韦、巴基斯坦、泰国、俄罗斯等80个国家的留学生来校学习。结构不断优化,2016—2020年,学历留学生占比从40.3%增至75.1%,"一带一路"沿线国家的留学生占比从2016年的33%上升到2020年的90%左右;高层次学历生比例增长迅速,硕士生增幅达37.7%,博

---

① 梁泰铭、王珣:《中国−挪威海洋大学联盟成立大会暨签约仪式举行　开启中挪海洋领域合作交流新篇章》,观海听涛新闻网,https://news.ouc.edu.cn/2021/1021/c91a107415/page.htm。
②《中国海洋大学来华留学质量认证自评报告》,2016年5月。

士生增幅达92.5%；海洋和水产等优势学科研究生达227人，占留学研究生总数的76%，逐渐与一流大学建设目标相匹配。国家政府奖学金、企业奖学金学生数量亦大幅增加。"海洋资源与可持续利用"连续获评中国政府奖学金优秀资助项目。来华留学研究生培养在开题报告、课程学习、毕业要求以及论文评审等方面与本土学生同标准要求，从毕业论文来看，培养质量不断提高。

2017年，学校在一流大学建设方案中明确指出，要提高留学生教育层次和水平，形成规模稳定、结构优化、特色鲜明的来华留学教育新格局。优化"硬环境"，加强国际化办学基础设施建设；营造"软环境"，创新管理和服务体系，持续做好国际日、大学周等常态化文化活动及海外名师讲堂等学术活动。

2020年起，虽然受到全球COVID-19疫情对学生流动的阻滞，学校的留学生规模未达预期，但结构和层次的协调发展，保障了质量的不断提升。

（二）留学生教育的"海上丝路"特色鲜明

中国海大来华留学生教育，既覆盖"一带一路"沿线的主要地区，又拓展了具有重要地缘关系的国家与地区。除东亚的韩国和日本，南亚的巴基斯坦、印度、孟加拉国和斯里兰卡，还拓展了东南亚的马来西亚、印度尼西亚、泰国和菲律宾，非洲的津巴布韦、乌干达和赞比亚，欧洲的俄罗斯、德国、法国、英国和挪威，以及太平洋的澳大利亚、斐济、所罗门群岛和基里巴斯，印度洋的塞舌尔和大西洋的佛得角等岛国的来华留学生。学校创设国际涉海大学联盟，牵头中国-挪威海洋大学联盟，汇聚了一批涉海科教机构的伙伴，先后成为"北极大学联盟"、国际南极学院、"东盟水产教育网络+"联盟成员。这些布局既助力"一带一路"建设，又契合各大学涉海学科的优势和特色，同时还为未来进一步加强海上合作打下基础，为"海上丝路"来华留学生培养提供了优质资源和环境。[①]

留学生校友展现出学校优势学科人才培养的成效。海洋生命学院博士毕业生Manish Raj PANDEY因学术上的卓越表现，2015年获尼泊尔最负盛名的Nepal Vidhya Bhusan Padak A类奖，这是尼泊尔总统授予个人的最高荣誉；[②]地球科学学院毕业博士生Olusegun Dada，2018年凭借涉海研究成果，荣获尼日利亚矿业与地球科学协会一等奖，是该国地球科学领域的国家最高奖；[③]斯里兰卡籍学生Yasiru Ranaraja，2019年在环境与资

---

① 山东省教学成果总结报告：《"一带一路"来华留学生质量提升探索与创新实践》，2021年10月。

② 宁爱花：《中国海洋大学博士毕业留学生Manish Raj PANDEY荣获尼泊尔总统荣誉奖》，观海听涛新闻网，http://news.ouc.edu.cn/2015/0924/c91a57726/page.htm。

③ 时振波：《中国海洋大学博士毕业生获尼日利亚地球科学领域国家最高奖》，观海听涛新闻网，http://news.ouc.edu.cn/2018/0323/c91a55726/page.htm。

源保护法学硕士专业毕业后，到中国建筑集团有限公司工作，是斯里兰卡"一带一路"组织创始人之一，致力于中国和斯里兰卡的文化、商业、技术等合作的咨询服务。①

（三）打造"留学海大"品牌

为落实国家主席习近平访问津巴布韦期间达成的中津两国守望相助、精诚合作共识，学校促成由国家留学基金委和青岛恒顺众昇集团共同出资，设立津巴布韦来华留学生委托培养项目。自2016年起，三批共141名受资助的津巴布韦籍留学生入校学习。项目一直受到津巴布韦总统的高度关注和支持，学校在教学、管理等方面不断调整与完善，积累了中非合作的宝贵经验。目前已有96名本科生顺利毕业，7名学生被聘为海外校友联络员，部分毕业生就职于津巴布韦标准银行、中国战神集团、中国中铁津巴布韦子公司、中电集团津巴布韦分公司等单位。该项目的成功举办是政、校、企合作新成果，为增进中津友谊注入了新的力量。②联合国计划署南南合作办公室在《中国对南南合作的贡献：案例与启示》中，特别对该项目给予重点推介，获得国际社会的好评，为中国赢得良好声誉。

2017年12月，学校与泰国农业大学签署《KU－OUC硕士研究生双学位项目实施指南》，从2018年开始面向全球招收硕士留学生，旨在培养适应我国及东盟地区经济和社会发展需要，专业素质、能力和知识协调统一，具有全球视野，能够参与水产行业国际合作与竞争的复合型高级人才。项目的生源地以东盟国家为主，辐射全球。由中泰双方共同录取、分别注册学籍，共同制定培养计划，双方导师联合指导学生，共同组织答辩。2018—2021年已招收四届共32名来自东盟国家的留学生，其中已毕业学生7名，取得中国海大和泰国农业大学双学位的学生4名。

第三节　创新合作办学模式

2019年12月，教育部召开全国教育外事工作会议，对加快和扩大新时代教育对外开放进行部署。经国务院批准，自2020年1月起授予部分"双一流"建设高校一定的出访来访外事审批权，中国海大名列其中。2020年6月，《教育部等八部门关于加快和扩大新时代教育对外开放的意见》正式印发，提出要坚持教育对外开放不动摇，主动加强同世界各国的互鉴、互容、互通，形成更全方位、更宽领域、更多层次、更加主动的教育对外开

---

① 山东省教学成果总结报告：《"一带一路"来华留学生质量提升探索与创新实践》，2021年10月。
②《中国海洋大学来华留学生高等教育质量认证自评报告》，2021年12月。

放局面，吹响教育领域新一轮高水平对外开放的号角，为中国海大创新中外合作办学模式，探索国际化战略实施新路径提供了广阔舞台，注入了强劲动力。

一、中外合作办学新模式

教育部中外合作办学项目和机构需要通过山东省与教育部的专家评审、批准方能开展。其宗旨是扎根中国国土、引进优质资源、融合创新模式、办出中国特色，定位是要探索教育教学改革，培养既具有国际视野、开放胸怀，又立足于中国本土、参与国际事务和国际竞争的国际化创新型人才。据权威机构统计数据显示，教育部中外合作办学机构和项目有2000多个，其中本科以上的占50%。2014—2020年，中国海洋大学共获批3个项目和1个机构，涉及6个本科专业。学校合作办学项目和机构通过高质量建设，正朝着具有示范性的国际化人才培养的创新高地和改革引领者的目标迈进。[1]

（一）旨在拓宽专业面向的中澳海洋科学专业本科教育项目[2]

2014年，教育部批准中国海大与澳大利亚塔斯马尼亚大学（简称塔大）合作开办海洋科学专业本科教育项目。项目协议由时任校长吴德星和塔斯马尼亚大学校长Peter Rathjen共同签署，获批当年即开始招生。经过一个办学周期，于2018年顺利通过教育部合作办学项目合格评估。截至2021年，累计招收623名学生，四届毕业生共223名。项目采用"4+0"（四年均在中国海大培养）和"2+2"模式（两年赴塔大培养），毕业生升学比例为66%，毕业生的中国海大授位率达100%，外方授位率为30%。从学生的毕业去向看，继续深造的学生中除物理海洋学方向外，有选择海洋生物、海洋管理、环境地球、生物学、气候变化等方向的，也有因数学和英语基础扎实，选择到经管、法学、计算机、能源工程、传媒等专业读研的学生。

学校引进了一系列知识体系宽泛的涉海课程，涉及气候、海洋生物、海洋化学、海洋地质、海洋环境和海洋法等领域，全部由外籍教师教授，拓宽了海洋专业课程中的知识面，有利于学生自由切换到感兴趣的学科方向从事高层次研究，有能力解决在海洋预报、观测、灾害评估等方面的问题。塔大也通过澳洲政府的"走进亚洲计划"，资助塔大学生到中国海大进行短期学习交流与文化体验。中外学生同堂上专业课，一同举办澳洲文化

---

[1] 张逸如：《学校中外合作办学质量保障与评价专题研讨会召开》，观海听涛新闻网，http://news.ouc.edu.cn/2021/0629/c309a106208/page.htm。

[2] 盛立芳：《海洋科学人才培养新模式探索：基于中澳合作办学的实践》，宋文红主编：《全球化视野下高校创新人才培养探索：中国海洋大学国际化战略推进实践》，中国海洋大学出版社2018年版，第158—166页。

节和体育比赛，锻炼了学生的跨文化交流能力。

（二）着力培养涉外法治人才的中美法学专业本科教育项目[①]

2015年，教育部批准中国海大与美国亚利桑那大学合作开办法学专业本科教育项目。这是全国首个经教育部批准与美国高校联合举办的法学本科双学位中外合作办学项目。

项目采用"4+0"教育模式，旨在培养通晓国内国际法律规则，具备熟练英语能力的高端涉外法治人才。项目于获批当年开始招生，在经过一个办学周期的建设后，2019年顺利通过教育部合作办学项目合格评估。2020年获批扩招，招生名额由每年100人增加至125人。截至2022年6月，项目累计招收710名学生，其中前四届共385名学生已顺利毕业并取得中美双方学位。项目运行7年间，该专业的本科录取分数线逐年提高，显示出越来越高的社会认可度和对优质生源的吸引力。

该项目以培养立足本土、放眼国际、内外兼修、博学多能的涉外法治人才为目标，从厚植社会主义法治理念、构建国际化的知识体系、提升综合涉外服务能力、创新中外办学管理体制以及打造闭环质量保障机制五个方面着力建设，取得了显著的育人成效。通过引进与吸收并举构建国际化的课程体系，通过"课内+课外、教学+科研"的双融合模式拓宽培养路径，构建"2（中外双方）+3（校、院、项目三级）"协同管理体制和"教诊改"质量保障模式，实现了中外优质教育资源的融汇与创新。基于法学中外合作办学项目的"一核五柱"涉外法治人才培养模式，作为培养高素质涉外法治人才的有益探索，为中美法学教育合作及法学教育国际化提供了优秀范例。

（三）致力于国际化创新人才培养的海德学院[②]

海德学院是中国海大与澳大利亚阿德莱德大学合作共建的中外合作办学机构，于2020年经教育部批准成立。学院设有生物技术、食品科学与工程、数学与应用数学三个本科专业，办学规模为1200人。截至2022年已招收三届学生，在校生共855人。各专业均采用"4+0"的培养模式，同时与合作院校签署"2+2""3+2"的培养协议，2022年，首批9名学生通过"2+2"培养模式赴阿德莱德大学学习。

中外合作办学机构较之合作办学项目，是要进一步推动体制机制的变革以及中外科教的深度合作。中国海大海德学院的建设目标是要打造"三个平台"：国际化创新人才培

[①] 于铭：《立足中外合作办学探索涉外法治人才培养新模式》，桑本谦：《知己知彼　优化涉外法学教育课程设置》，李晟：《从纠纷解决到问题解决　涉外法治人才培养的路径转换》，《法治日报》2022年5月13日；《2021年中美法学专业本科教育自评报告》；《基于法学中外合作办学项目的"一核五柱"涉外法治人才培养模式》成果报告。

[②] 《海德学院2021年度自评报告》，2021年。

养平台、促进管理体制机制改革和教育教学改革的示范平台、国家和区域经济社会发展的服务平台。海德学院坚持中外融合、特色办学原则，结合中国和澳大利亚两国教育优势，通过引进优质教育资源，为学生提供世界一流的师资和课程，提升学生的跨文化交流能力、跨学科融合能力、逻辑思辨和创新实践能力以及卓越的领导力，培养具有国际视野、中国情怀的创新人才；在中国海大"通识为体，专业为用"教育理念基础上，采用具备新时代国际化特色的书院制管理模式。

海德学院的建设得到了青岛市的大力支持。青岛市为进一步提升高等教育水平，推动实施创新驱动战略，加快创新型城市建设，对引进优质高等教育资源给予资金补助。

（四）面向AI交叉融合的中英计算机科学技术专业本科教育项目[①]

2020年，教育部批准中国海大与英国赫瑞-瓦特大学合作开办计算机科学与技术专业本科教育项目。赫瑞-瓦特大学是英国名校，拥有世界一流的机器人相关的教学和研究设备。至2021年已招收两届学生共185人。该项目致力于培养具有国际视野和跨文化交流能力、掌握计算机专业和机器人专业两方面理论和实践能力的复合型人才。项目采用"3+1"或"4+0"培养模式。学生注册中国海洋大学学籍与英国赫瑞-瓦特大学学籍，享有两校全日制学生同等的权益；学生毕业可获双文凭，即符合毕业要求的将获授中国海大计算机科学与技术专业本科毕业证书、计算机科学与技术专业工学学士学位证书，以及英国赫瑞-瓦特大学计算机工程专业机器人方向荣誉工学学士学位。

二、多样化国际合作培养项目

（一）创新型人才国际合作培养项目

创新型人才国际合作培养项目由国家留学基金管理委员会设立，是重点资助一批国内高校和国外科教机构联合培养创新型人才为目标的国际合作项目。

自2016年起，中国海大充分利用全球伙伴资源，发挥涉海学科和优势学科优势，先后与美国、德国、英国、澳大利亚、法国、加拿大、挪威、新西兰、日本的25所国外高水平大学或科研机构，联合开展深海洋科学国际领先人才合作培养项目、海洋生命科学研究及生物资源利用创新人才合作培养项目、水产科学创新型人才国际合作培养项目、深海工程国际卓越人才合作培养项目、海洋环境科学国际高端人才合作培养项目等创新型人

---

① 《中国海洋大学中外合作办学年度检查自评报告》，2022年5月。

才国际合作培养项目。[①]项目实行先立项、后选派的管理模式，执行期为三年，国家留学基金委提供奖学金和部分经费资助。与其他公派项目的最大区别是，依托项目实施单位进行人员选拔和管理，成建制资助派出。

类似的项目是学校国际事务与公共管理学院郭培清教授牵头申报的"政学研舆"四位一体海洋与极地人才培养项目，获批2022年国家留学基金委"俄乌白国际合作培养项目"（2022—2024年）资助。首次包含文科学院的师生，每年可派出10人赴俄罗斯圣彼得堡大学。这是学校"一带一路"国际化人才培养的一个重要成果。

学校借鉴国内外一流大学的人才培养经验，在本科和研究生阶段都开展拔尖创新人才培养的探索。以培养我国未来海洋领军人才为目标，组建了崇本学院，建立起厚基础、广交叉、海洋特色鲜明的"本硕博"贯通、科教融合的拔尖人才培养体系。[②]

（二）亚洲渔业与海洋环境拔尖人才培养——"亚洲校园"计划[③]

"亚洲校园"计划，全称为亚洲大学生集体行动交流计划，由中、日、韩三国政府主导实施，旨在通过高校间多种形式的交流项目，促进高校务实合作及学生交流，为培养亚洲新一代杰出人才作贡献。自2011年11月教育部公布试点项目开始，已经组织了三期。2021年11月，中国海大水产学院牵头申报的"亚洲渔业与海洋环境拔尖人才培养项目"成功入选"亚洲校园"第三期，合作院校为韩国釜庆大学、日本长崎大学和马来西亚登嘉楼大学。

"亚洲校园"计划入选项目每期为五年，由三国教育部联合择优遴选。"亚洲渔业与海洋环境拔尖人才培养项目"主要涵盖四国高校各层次学生的学期学年交换计划、短期交流计划和硕士双学位计划等。未来五年间，四校计划有380余名学生参加，其中150人参与三个月以上交换计划、30人参加硕士双学位计划。此举将进一步拓展中国海大与合作方的校际合作与交流，培养出具备国际视野、精通专业知识、善于跨文化交流、旨在推动区域稳定与可持续发展的亚洲精英人才。

---

① 梅涛：《中国海洋大学首获国家留学基金"创新型人才国际合作培养项目"资助》，观海听涛新闻网，http：//news.ouc.edu.cn/2016/0308/c91a57358/page.htm；刘海波、梅涛：《中国海洋大学4个项目获批2019年"创新型人才国际合作培养项目"》，观海听涛新闻网，http：//www.ouc.edu.cn/2019/0105/c10639a232716/page.htm；梅涛：《中国海洋大学获批5个2022年创新型人才国际合作培养项目》，http：//news.ouc.edu.cn/2022/0117/c309a108352/page.htm。

② 《中国海洋大学2016—2020年"双一流"建设周期总结报告》，中国海洋大学档案馆藏，档号：HD-2020-KY18-01-41。

③ 梁泰铭、刘阳、梅涛：《中国海洋大学入选第三期亚洲校园项目》，观海听涛新闻网，http：//news.ouc.edu.cn/2021/1107/c309a107579/page.htm。

三、多样化校际合作培养项目

（一）中法卓越工程师联合培养项目

为贯彻落实《国家中长期人才发展规划纲要（2010—2020年）》，教育部出台"卓越工程师教育培养计划"重大改革项目。主要目标是面向工业界、面向世界、面向未来，培养造就一大批创新能力强、适应经济社会发展需要的高质量各类型工程技术人才，为建设创新型国家、实现工业化和现代化奠定坚实的人力资源基础。2012年，教育部正式批准中国海大计算机科学与技术、电子信息工程、港口航道与海岸工程、机械设计制造及其自动化和食品科学与工程五个专业入选该项目。2013年信息科学与工程学院牵头与法国南特大学综合理工学院为首的15所综合理工学院联盟，联合成立中法工程教育研究中心，组织实施卓越工程师"4+2"（本科和研究生）联合培养项目。

项目由学校自主组织实施，每年面向全校相关专业一年级本科新生选拔，入选的学生学习计算机科学与技术或电子信息工程专业的课程，同时本科四年期间学习不少于1000学时的法语课程，法语达到B1及以上等级[①]。学生前四年在中国海大学习，期满完成培养计划的可获得海大本科毕业证书和学士学位证书。之后两年，学生前往法国，选择综合理工学院联盟中的一所院校学习。完成法国培养计划的学生，可获得法国工程师文凭。其中完成中国海大本科四年学习，符合中国海大研究生入学推免资格的，可同时获得中国海大硕士研究生学籍，通过学分互认等，学生毕业达到中国海大授位要求的，可申请相关硕士学位证书。

中法卓越工程师联合培养项目自2013年开始实施，截至2022年共有十届200多名学生参加，有六届学生50多人前往法国学习，共有四届学生40多人毕业。毕业生中，有八人继续深造学习，回国参加工作的30多人。

（二）中德研究生联合培养SNP项目

德国SNP（Schneider-Neureither & Partner）集团是欧洲上市公司，是全球最大的数据转型平台及解决方案提供商。创立人安德里亚斯·诺伊莱特博士带领的研发团队一直处于世界领先地位，2019年5月德国SNP集团在青岛设立全资子公司。

2019年3月，中国海大与德国SNP集团签署合作协议，德方五年出资700万元，共同建设商业智能联合实验室，支持信息科学与工程学院的学科建设、人才培养及科学研究等。双方的合作重点是围绕人工智能、大数据、软件服务工程等领域，致力于推动产学研

---

① 法语TCF等级测试由低到高依次为A1、A2、B1、B2、C1、C2。

用一体化发展,打造跨国企业和高校合作的样板。当年即从计算机系新生中选拔12名硕士研究生,进入商业智能联合实验室进行培养。2022年第一届学生全部顺利毕业。

（三）日中韩海洋环境与能源国际化人才培养项目[①]

由东京海洋大学主持的日中韩海洋环境与能源国际化人才培养项目,于2010年9月获日本文部科学省批准,2011年10月启动。该项目旨在培养海洋环境和能源方向的高级专业人才,服务于三国海洋环境保护与能源开发。东京海洋大学与中国的六所涉海大学（中国海洋大学、上海海洋大学、上海海事大学、大连海洋大学、大连海事大学、浙江海洋大学）和韩国的两所涉海大学（釜庆大学、韩国海洋大学）签署合作协议,选拔15名学生到东京海洋大学研究生院攻读硕士学位。2011—2021年,中国海大水产学院选拔出22名优秀本科生出国学习,其中19人已顺利毕业、3人在读。毕业生中有7人在东京大学、加拿大纽芬兰纪念大学和东京海洋大学攻读博士或做博士后研究,成为该学科的海外精英后备力量。

总之,培养具有全球视野、通晓国际规则、能够参与国际事务与国际化竞争的人才是国家提出扩大教育开放的初衷和目标,推进学生国际流动、创新人才培养模式则是实现这一目标的重要途径,也是世界一流大学国际化人才培养的重要举措。面对世界百年未有之大变局,中国海大国际化战略的实施面临新的使命担当。

---

① 段可馨:《水产学院召开2021东京海洋大学JCK项目说明会及校友交流会》,水产学院网,http://scxy.ouc.edu.cn/2020/1030/c20467a306915/page.htm。

第八章
后勤服务与办学保障

这一时期，中国海大更加重视校园和基础设施条件的改善，构建一流大学后勤服务保障体系，增强综合支撑保障能力。拓展完善校区功能布局，统筹各校区协调发展，改善教学科研基础条件。持续深化后勤改革，平安、美丽、和谐校园建设取得成效。师生学习、工作、生活的获得感、归属感、幸福感不断增强。

第一节 "东方红3"船的建造与利用

截至2018年，"东方红2"船共承担各类重大科考项目和学生海上实习实践项目299个，在航6710天，训练各层次学生3万余人次。近10年来，平均年在航近300天，是国际上利用率最高的科考船之一。"东方红2"船始终坚持海洋人才培养和服务于国家战略，成为我国重大海洋科学考察项目的主要承载者。调查区域拓展到"两洋一海"，在海洋强国建设过程中发挥了巨大作用。

在50多年海洋科考实践和积淀中，中国海大人认识到深海大洋是关乎国家未来资源和安全保障的重要领域，是海洋强国战略题中应有之义，但我国承担深海大洋研究与开发的能力还远不能适应这种战略需求。考虑到"东方红2"船已经超负荷运转且其设计无法满足深远海科考需求，学校积极预研，向教育部汇报并申请国家立项，建造一艘具有全球航行、多学科交叉、适应于深远海作业等能力的综合科学考察实习船（拟命名为"东方红3"船）。[①]

2011年，学校在"十二五"事业发展规划中提出，服务海洋强国战略需求，启动5000吨级国家共用海洋科学综合考察与教学实习船——"东方红3"船立项工作。逐步建成全覆盖、自动化和信息化的海上综合流动实验室与创新型海洋科技人才的培养基地，增强承担国家重大涉海科研项目的能力。此后，一系列工作紧锣密鼓地展开。

2013年3月，学校成立以校长吴德星为组长的重大基础设施建设工作领导小组，加快工作进度，并向教育部呈送《中国海洋大学关于报请审批新型深远海综合科学考察实习船项目可行性研究报告的请示》。

4月27日，教育部召集中国科学院海洋研究所、厦门大学、中国极地中心、中国大洋协会、中船集团、北海船舶重工等单位的专家组成评审专家组，在青岛对《新型深远海综合科学考察实习船建设项目可行性研究报告》（简称《可研报告》）进行评审。以中国科学院海洋所胡敦欣院士为首的评审专家组一致认为，《可研报告》提出打造国家深远海海上综合实习实训平台，提升深远海高端创新型人才和团队培养水平，担当国家深远海科学研究、高新技术研发和人才培养融合的重任，对践行海洋强国战略任务至关重要。该项目的建设是十分必要和急迫的，同时，项目建设目标明确，实施方案科学、可行。[②]

2013年9月27日，教育部对该项目作出批复：

一、根据你校事业发展需要，为进一步服务国家深远海能力建设战略需求，满足国家高端海洋人才培养的需要，打造深远海复合型创新人才海上综合实习实训平台，同意你校新建新型深远海综合科学考察实习船（"东方红3"船）项目。

二、该项目为新建一艘5000吨级新型深远海综合科学考察实习单体船，主要由船舶系统和船载探测与实习实训系统构成。

三、该项目总投资68980万元，所需建设资金通过申请国家投资和学校自行筹措解决。

四、请你校严格遵守国家相关法律法规及《教育部直属高校基本建设管理办法》（教发〔2012〕1号），切实加强建设项目管理，实行项目法人责任制、招投标制、工程监理

① 中国海洋大学校长办公会议决议（2011-78），2011年11月29日。
② 于静静、赵磊磊：《海大"东方红3"船建设研究报告通过教育部评审》，载《中国海洋大学报》2013年5月8日。

制、合同管理制，严格控制建设标准和投资概算，落实节能指标。

　　五、请你校进一步完善后续开放运营管理，使该船的技术水平、调查能力和管理水平达到国际先进水平，满足国家对深远海高端复合型创新人才培养、深远海科学研究与高新技术研发的重大需求。[①]

　　"东方红3"船的建设是未来一个时期中国海大在国家海洋高等教育和科技创新领域处于前沿地位的战略性支点工程。学校高度重视，先后成立由海洋科学家和船舶技术专家组成的建设工程部、由海洋科学家和相关领域专家集成的咨询专家库，并聘请国际海洋科研机构专家担任科学与技术顾问，制定了项目管理制度和工作程序，促使该船各项建设工作能够高起点实施。

　　围绕国家战略需求和国际深海大洋科技发展前沿，为更好地编制"东方红3"船建设方案和船舶设计任务书，为下一阶段船舶设计招标打好基础，2014年3月，建设工程部组织校内专家以及国内外专家、设计单位，广泛深入地开展国内外先进科考船和先进技术装备的调研，较好地把握深远海科考领域最新发展动态和深远海科考船的最新设计理念，确保"东方红3"船综合科考功能、技术装备、实验室建设、船舶性能设计能够处于或前瞻于国际先进水平，并形成了初步的建设计划。

　　建设计划征询意见工作，采取国际海洋科学大会上讲解、国外设计单位技术咨询、国内专家专题报告、赴船舶设计院和船厂考察、考察国内新建科考船、深入院系宣讲交流、三岗以上教授重点征询等点面结合、国内外结合的方式，就建设计划中总体技术指标、建设规划、作业空间与实验室布局、操控支撑系统等进行征询。获得来自院士、校领导、校内外专家在内的有效反馈意见和建议共计百余条，内容涵盖总体建设方案、实验室布局、探测技术、船舶技术、船舶网络和数据网络系统、项目组织管理等多方面，进一步完善了"东方红3"船建设方案。

　　2014年4月，学校召开"东方红3"船建设方案研讨会，建设工程部副总工程师、环境科学与工程学院院长江文胜介绍建设方案。该船设计规划三大功能：一是具备在深海大洋开展自高空大气透过海-气界面直到海底的综合科学考察和资源调查，以及与无人机、科考船队和布放的其他观测仪器形成观测阵列、实现区域化快速同步观测的功能；二是具备深海大洋高端海洋仪器设备海试和深海高技术研发创新功能；三是

---

① 《教育部关于中国海洋大学新建新型深远海综合科学考察实习船（"东方红3"船）项目可行性研究报告的批复》（教发函〔2013〕145号），中国海洋大学档案馆藏，档号：HD-2013-XZ11-Y-3。

具备高效实施多学科海上实习实训、培养深海大洋创新型研究人才和海洋科技与管理人才的功能。为了实现上述功能，结合国家在海洋权益、资源和环境方面的需求，以及学校海洋各相关学科未来发展的定位，"东方红3"船将配备先进的水体、海底、大气等探测系统，遥感信息观测印证系统，化学、生物、底质实验分析系统，操控支撑系统，船岸一体的数据与网络系统，船载实习实训系统等，同时建立与此相适应的通用、便捷、宽敞的实验室和甲板作业空间。^①与会专家从科研需求、各系统仪器设备配备、实验室布局，以及船舶设计和建造过程中需要关注的关键问题等方面，提出了大量的修改意见和建议。

4月29日，《新型深远海综合科学考察实习船建设方案（设计任务书）》（简称《建设方案》）专家论证会在青岛举行。论证专家组由来自上海交通大学、上海船舶研究设计院、中国科学院海洋研究所、厦门大学、广州海洋地质调查局、中国科学院声学研究所、国家海洋局第一海洋研究所、国家海洋局北海海洋工程勘察研究院、国家海洋局北海分局、中国船级社、广州广船国际股份有限公司、中国海洋大学等单位的高级专家组成。专家组一致认为，该船建设目标清晰明确，指导思想科学合理。《建设方案》紧紧围绕科技创新与人才培养、探测与实验数据质量控制、科考作业以人为本、船舶运行与科考成本经济适用，以及船舶绿色节能等方面，对船舶设计提出了明确的要求，有望实现船舶的先进性。船舶总体设计符合国家海洋战略和人才培养以及国际科技前沿需求，船载探测与实验系统拟配置的主要技术装备，能够满足该船科考与实习功能的实现；甲板作业空间和实验室布局合理，具有通用性和可扩展性；探测、实验数据处理与网络系统、船载实习实训系统、船岸一体化网络系统建设方案互为支撑，特色显著。该《建设方案》科学可行，符合项目建造程序，按此进行船舶设计和建造能够实现最终建设目标。^②

11月6日，学校与中国船舶工业集团公司第708研究所（简称708所）在上海正式签署"东方红3"船设计委托合同。作为中国海大走向深远海的重要载体，"东方红3"船是与国际顶尖大学、科研机构和科学家交流与合作的平台，也是服务海洋强国建设的国之重器，其各项性能应当而且必须达到国际先进水平（表9-26）。

---

① 于静静、赵奚赟：《专家研讨"东方红3"船建设方案》，载《中国海洋大学报》2014年4月17日。
② 于静静：《"东方红3"船建设方案通过专家论证》，载《中国海洋大学报》2014年5月8日。

表 9-26 "东方红 3"船主要技术指标与配置 [①]

船舶类型	科学考察实习船
IMO编号	9801110
船型 Form	单体船 Mono-hull Ship
船级	★CSA Research Ship；SPS；Ice Class B3 ★CSM AUT-0；Electrical Propulsion System；DP-1；OMBO；Clean
航区	无限航区
水下辐射噪声	获得DNV-GL Silent-R证书
主尺度	（1）总长：103.8米 （2）型宽：18.0米 （3）型深：8.7米 （4）设计吃水：5.7米 （5）满载吃水：6.20米
船舶总吨位	5602吨
船舶净吨位	1680吨
稳性及不沉性	抗风力不低于蒲氏风级12级
机动性	DP-1动力定位 全速回转直径约1.5倍船长
续航力	15000海里
自持力	60昼夜
航速	经济服务航速：12 kn 最大服务航速：15 kn
定员	110人（船员28人，科考人员82人）
直升机悬停	艇甲板
清洁能源发电机组	1×230V/250KVA/50Hz 奥地利
科考人员居住舱室	41间（套间2间、单人间14间、双人间18间、四人间6间、六人间1间）

　　2015年11月10日，"东方红3"船建造合同签约及开工仪式在江南造船（集团）有限公司（简称江南造船）举行，标志着该船正式进入建造阶段。

---

① 据学校船舶中心提供资料整理。

毋庸置疑，设计并建设国际先进的科考实习船——"东方红3"船，是我国海洋科教事业发展的战略举措，关系到国家实施海洋强国战略的人才培养和科技支撑，是我国海洋科教发展史上的一件大事。它的建造标志着我国的科学考察船已经进入世界一流船型行列，同时为建立自近岸、近海至深远海并辐射到极地的海上综合流动实验室系统，提升深远海高端创新型人才的培养质量，搭建我国海洋事业快速发展的战略平台奠定坚实的基础。

2017年6月26日，"东方红3"船船台搭载连续生产仪式在江南造船厂举行，校长于志刚为"东方红3"船船台搭载连续生产仪式点火。该船正式进入船台搭载连续生产阶段。

2018年1月16日，中国海洋大学新型深远海综合科学考察实习船下水暨命名仪式在江南造船举行。该船正式命名为"东方红3"船，是教育部近60年来立项建造"东方红"系列科学考察船中的第三代船型。12月24日，"东方红3"船完成船舶常规性试航。2019年4月6日，完成水下辐射噪声专项试航；4月23日，获得挪威DNV-GL船级社签发的船舶水下辐射噪声最高等级——"静音科考"级（SILENT-R）认证证书，成为全球最大静音科考船。这意味着，该船是未来一个时期，世界上船载科考仪器设备受船舶振动与噪声影响最小、获取科考数据最为真实可靠的海洋综合科考船之一。

早在2013年"东方红3"船立项之初，学校就结合前两代船近50年综合科学考察实践经验，提出船舶水下辐射噪声、船舶振动与噪声、电磁兼容等指标控制方面要达到国际科考船最高标准，以争取我国海洋科考数据成果在国际上的话语权，为我国科考事业高水平、高质量地走向深蓝提供支撑。围绕这一目标，学校与708所、上海交通大学等参建各方紧密协作，打破船舶设计与建造行业惯常流程，把"船东→设计院→船厂→船东"接续的建造模式，转换成"船东+设计院+船厂+船级社+第三方技术支持单位等"分段主导负责、全体全程参与的建造模式，携手攻破一个个工程难题，闯过一道道技术难关，对产生船舶主动噪声源和被动噪声源的源头采取整船一体化的优化设计，对关键技术和装备采取系统化的减振降噪与电磁兼容技术集成，将船舶核心技术性能转化成对船舶设计和生产建造过程中的21项质量控制指标，并将其融入船舶整体建造质量管理体系中。通过监督每一个细节的落实，确保各项具体要求达标。

2019年5月10日，"东方红3"船交船签字仪式在江南造船厂举行。至此，"东方红3"船建造工作完成。交船启航后，结合海洋科考任务，"东方红3"船又通过为期一年半的科考现场验证，对综合科考能力、探测能力、样品现场分析测试能力，以及科考与船舶数据化、信息化、网络化和智能化等性能进行系统验收和进一步提升。科考海试期间，在东沙群岛以东水深2500米海域，使用30米大型重力活塞取样器成功获取长度为23.6米的柱状沉积物样品。长柱状取样器的试验成功，为我国海洋沉积动力学和古环境演化等领域的研究，提供了更深、更可靠的先进设备，可以有效改善目前我国高质量长岩心研究样品匮乏的现状。其间，圆满完成了国家重点研发计划项目"南海深海海洋仪器设备规范化海上试验"公共航次任务。

"东方红3"船是国内首艘、国际上第四艘获得SILENT-R证书的海洋综合科考船，也是世界上获得这一等级证书的排水量最大的海洋综合科考船。自2019年6月试运行以来，该船赴南海完成3个航次、26项重大科考任务。利用优越的船舶性能、良好的船舶环境条件、先进的科考技术装备，获取了一批精准的科考数据，取得了诸多以往在国内科考船上无法得到的突破性成果，初步显示出我国新一代深远海综合科学考察实习船作为国之重器的水平与能力。它与"东方红2"船等组成从近海到大洋的科学考察船队，开展高精度的全海深综合科学考察，有力促进海洋多学科交叉、科学与技术融合和科教协同发展，有力提升学校开展深海大洋科学研究和创新型海洋人才培养的能力，助力学校一流大学建设。

2019年11月30日，中国海洋工程咨询协会在北京召开海洋工程奖励大会，会议公布第二届优秀海洋工程项目名单，中国海洋大学5000吨级新型深远海综合科学考察实习船"东方红3"船从44个备选项目中脱颖而出，成功跻身10个优秀海洋工程行列。12月，央视网发布"2019年中国十大科技成果"，"全球最大静音科考船、中国海洋大学新型深远海综合科学考察实习船'东方红3'船交付，我国'透明海洋'观测体系实现跨越式发展"位列其中。

12月1日，执行完第五个航次西太平洋深远海综合科考任务的"东方红3"船顺利抵达青岛奥帆中心码头。其间，"东方红3"船克服台风、温带气旋带来的系列恶劣海况影响，安全航行6100余海里，成功构建黑潮延伸体实时观测系统，高效完成西北太平洋横跨多重纬向流系的综合性断面考察，标志着中国海大在"两洋一海"关键海区综合科考能力实现了跨越式提升。

2020年8月，"东方红3"船在全球最深海域——马里亚纳海沟，成功对具有万米水深性能的船载科考设备进行长时间、连续性的极限深度测试，最大深度超过10900米。"东方红3"船逐梦深海大洋、承担国家重大科考任务的能力得到了检验。

2021年，"东方红3"船全年海上作业290天，航行33000余海里，共执行五个深海大洋科考航次，随船科考人员270人。这一年圆满完成"中国东部陆架海域生源活性气体的生物地球化学过程及气候效应""西北太平洋综合环境调查""南海东北部–吕宋海峡综合航次""西太平洋复杂地形对能量串级和物质输运的影响及作用机理重大科学考察实验研究"等航次科考任务,取得一系列标志性的科考成果:在西北太平洋海域构建完善黑潮延伸体定点观测系统的同时,在亲潮延伸体成功布放我国首套远洋渔业与渔场环境监测潜标,并在该海域水深6000米处成功获取长度为5.2米的柱状沉积物样品,这是学校在西北太平洋获取的首个柱状沉积物样品;围绕海山这一特殊地形做了大量精细化观测并获取高质量的宝贵调查数据和样品,为开展海山特殊地形下多尺度动力过程相互作用及其生物地球化学效应,提供了多学科综合观测数据;为西太平洋复杂地形对能量串级和物质输运的影响及作用机理这一关键科学问题的研究,提供珍贵的原始资料和有力的数据支撑,还在马里亚纳海沟完成了我国首套超大重量万米水深级AUV的水下布放与回收。[1]

2022年,"东方红3"船全年海上作业294天,航行31000余海里,共执行四个深远海科考航次,随船科考人员258人。圆满完成国家重大研究计划"西太平洋复杂地形对能量串级和物质输运的影响及作用机理重大科学考察实验研究""西北太平洋综合科考2022航次""南海东北部–吕宋海峡综合航次""西太平洋综合海洋环境调查航次"等航次科考任务,为"透明海洋"建设等作出贡献。取得的成果有:首次在"东方红3"船使用"发现"号ROV执行科考任务,为今后开展精细化和精准的前沿科学观测提供技术支撑与保障;首次围绕冷泉、热液两个极端环境点和一条跨越深海到陆架的断面完成水文观测、地质取样、地球物理和ROV深海探测等作业任务,在作业工区及走航过程中进行的多波束、科研鱼探仪、浅地层剖面仪、走航ADCP、自动气象站等船载数据采集,为解决西太平洋计划中的"流固界面跨圈层物质能量循环"这一核心前沿问题,提供有力的海上技术支撑和第一手宝贵资料;在远海科考航次过程中,利用先进的卫星网络系统,首次实现船岸视频连线教学,为学校未来海洋学院、崇本学院和三亚海洋研究院以及崖州湾涉海高校师生,开设海上实践教学课,并在线上进行船岸互动,解答学生现场提问。

第二节 改善教学科研基础条件

进入"十二五",学校在事业规划中提出要统筹资源配置,重点在崂山校区建设文科

---

[1] 据中国海洋大学船舶中心领导班子2021年度总结整理。

2号和3号楼、海洋科技中心、崂山校区运动场、工程训练中心等建设项目，使崂山校区的功能不断完善。

2011年10月，山东省海洋工程重点实验室投入使用。实验室主要面向我国海洋工程与技术的重大需求，瞄准国际学科前沿，围绕重大基础科学问题和关键技术进行研究，是立足山东，面向全国，胜任高水平科研任务和高层次人才培养的海洋工程与技术综合性开放实验平台。2010年建成近6000平方米的海岸及近海工程重点实验室，建设长60米、宽3米、深1.5米的随机波波流耦合水槽和长60米、宽36米、水深1.5～6米的平面随机波波流耦合水池各一座。该实验室依托于港口海岸及近海工程国家重点学科、船舶与海洋工程山东省重点学科，是山东省海洋工程领域唯一的省级重点实验室，也是学校在海洋工程领域的代表力量。①

着眼于特色显著世界一流大学长远发展目标，学校以海洋科学与技术学科发展需求为出发点，在崂山校区规划建设海洋科技中心大楼。它建筑面积3.6万平方米，建筑高度76.5米，主要包含实验室、教研室、科研办公室、会议中心等，是一栋集科研、教学、会议等为一体的综合性、智能化、现代化的绿色建筑。曾获2016—2017年度国家优质工程奖等奖项，2017年8月以青岛市第一名的成绩通过国家优质工程复查。海洋科技中心大楼的投入使用，使学校拥有了集海洋环境、海洋化学、海洋地球和海洋工程为一体的、多样化的海洋科技研发试验平台，为中国海大建设世界一流的海洋科技研发团队提供硬件支撑。②

为培养学生的工程认知、思维、实践和创新能力，学校决定在崂山校区建设工程训练中心（简称工训中心）。这是中国海大第一个本着基本实习普及化、专业训练模块化、综合实践复合化、创新发展个性化、学生竞赛常态化的原则，以《中国制造2025》为指导的实习、训练、创新基地。主要功能包括金工实习、电子电工实习、各类工程训练实习以及为学生的各类课外实践创新活动提供支持。另外，它是学校基础实践教学和大学生开展科技创新活动的重要场所，支撑信息科学与工程学院、工程学院、海洋地球科学学院、水产学院、食品科学与工程学院、环境科学与工程学院、化学化工学院、材料科学与工程学院共18个本科专业、每年1100余人的工程实习教学；支持机械类专业电子电工实习教学；支持大学生研究训练计划及科技竞赛等。2019年工程训练中心竣工并完成首批700余

① 山东省海洋工程重点实验室网，http://coe.ouc.edu.cn/kloe/11805/list.htm。
② 李创业：《中国海洋大学海洋科技中心楼项目喜创"国家优质工程"奖》，观海听涛新闻网，http://news.ouc.edu.cn/2017/1219/c91a55842/page.htm。

万元仪器设备安装调试；2020年工程训练中心通过评估，正式承担实习教学任务。工训中心在智能制造模块建设方面处于国内同类工程训练中心前列，形成了数控加工、教学实训一体化模块和海洋机电装备虚拟仿真模块两个特色实训方向，可以开展金工实习实训、电子电工实习实训、智能制造、增材制造（3D打印）、激光加工、特种加工、金工虚拟仿真、海洋装备与仪器虚拟仿真、基于数字孪生的虚实结合等实习实训内容。2020年试运行期间，工训中心积极推进工程训练与创新实践协同发展，完成5个学院16个工科专业753名学生的工程实训教学任务，同时承担大学生科技竞赛和科学研究项目的实践、试验工作，支撑学生参赛取得优异成绩。工训中心设置教学指导委员会，开展ISO质量管理体系认证、职业健康安全管理体系认证、环境管理体系认证，成为国内首家实施三体系认证保障的工程训练中心，为学校事业发展和提高工科人才培养质量提供有力保障。[①]

在"十三五"事业发展规划中，学校提出拓展完善校区功能布局，统筹各校区协调发展。崂山校区为地球科学、工程技术、人文社会科学等学科的集聚区，建成海洋科技中心、工程训练中心等；鱼山校区为生命科学与技术学科集聚区，新建生命科技中心等；浮山校区为高新技术开发与成果转移孵化和继续教育集聚区，进一步规范和优化资源管理，用好存量、做优增量、盘活总量。[②]在这个背景下，生命科技中心大楼的建设提上日程。

大楼采取研究方向模块化设计的方式，主要包括实验室、公共平台、研讨交流室、会议室及少量办公室，主要用于水产学科、生命学科、医药学科，并充分考虑发展预留空间。建成后将汇聚国内外海洋生命科学与技术领域一流科学家创新团队，打造国家海洋生命和水产学科重大科研、国际合作项目基础平台，成为国家海洋生命科学与技术领域高端人才的聚集之地。该项目是学校"十三五""十四五"基本建设规划重点项目之一，是生命科学与技术学科群冲击世界一流的重要支撑，也是学校提升服务海洋强国建设、山东海洋强省建设、青岛建设全球海洋中心城市能力的载体。大楼规划总建筑面积约4.8万平方米，总投资约4.5亿元。2020年5月开工建设，2024年百年校庆之际交付使用。

为支持青岛市即墨区海洋科技新城建设，经与即墨区政府协商，学校将原在鳌山卫的生命科学与技术教学科研基地置换至田横镇建设。该基地是学校本科生、研究生实习研究基地和国内外相关学科学术交流中心，承载海水养殖教育部工程研究中心相关功

① 李华昌、郑中强：《中国海洋大学工程训练中心揭牌》，观海听涛新闻网，http://news.ouc.edu.cn/2021/0826/c309a106732/page.htm。
②《中国海洋大学"十三五"事业发展规划》，中国海洋大学档案馆藏，档号：HD-2016-XZ11-Y-006。

能，是水产与海洋生命科研成果转化的中试基地与孵化器，为水产和生命学科国家重大研究项目的实施提供保障。基地规划投资约7500万元，一期用地面积约100亩，其中建设用地约50亩、海水蓄水池约50亩，规划总建筑面积约15000平方米，主要建设约10000平方米实验室及其他配套设施。该基地于2020年5月获规划审批，2021年10月开工奠基，计划2024年投入使用。①

到"十二五"末，校园和基础设施条件显著改善。完成鱼山校区水产馆、科学馆、化学馆、图书馆、"六二楼"抗震加固和学生宿舍维修改造工程；完成浮山校区原图书馆维修改造工程；崂山校区海洋工程重点实验室、文科院系楼、体育场等一批重大设施相继建成，新增建筑面积3万余平方米。

2011年，学校投入经费500万元，实施涵盖14个院（系）、16个本科教学实验室建设项目。加大实验室安全改造、仪器设备维护和实验室条件建设力度，该年度全校实验教学人时数比2010年增长4.4%。2012年实施涵盖13个院（系）的21个本科教学实验室建设项目，强化实验室安全改造、仪器设备维护和实验室条件建设，为师生员工创造良好的教学科研和学习生活环境。2013年稳步推进基本条件建设和海上实践教学各项工作，3个国家级实验教学示范中心全部通过教育部验收。2015年新增首个国家级虚拟仿真实验教学中心（海洋地球科学虚拟仿真实验教学中心），并完成大型仪器使用效益考核工作。

为强化实践教学，2017年学校投入1900余万元升级本科实验教学条件。2018年建成28间智慧教室和两间专业型直播互动教室，实现课程录播、教学督导等功能一体化。资产管理持续加强，全年投入实验教学中心经费3175万元，创历史新高。2019年投入实验教学中心经费4200余万元。在崂山校区教学楼第八教学区建成"树下空间"。"树下空间"项目以"学在海大"为主题，发挥环境育人的作用，通过对教学场所的创新设计，为师生创造一种舒适、友好的学习、交流、休闲环境，体现出"双一流大学"应有的校园文化。

在"十四五"事业发展规划中，学校提出要增强综合支撑保障能力，加大公共实验平台建设，进一步完善重大科研基础设施和大型科研仪器设备开放共享机制；探索实验室危废处置成本分担机制，建立健全实验室安全分类分级管理体系；进一步推进"智慧教室""智慧实验室"建设。

---

① 李华昌：《中国海洋大学生命科学与技术教学科研基地奠基开工》，观海听涛新闻网，http://news.ouc.edu.cn/2021/1024/c309a107428/page.htm。

第三节　改善后勤管理与服务

一、改革后勤管理与运行机制

2002年，后勤服务总公司更名为后勤集团，将其属下17个实体进行重组，经营和服务的市场化、专业化程度进一步提升。后勤工作在学校改革发展中的基础性地位愈加巩固。

2014年5月，后勤集团对内部机构进行优化设置。下设"三部一室"（计财部、开发部、运行部、办公室）、11个单位（饮食服务中心、学生社区服务中心、动力服务中心、物业服务中心、商贸服务中心、接待服务中心、体育馆服务中心、修建工程中心、校医院、汽车队、幼儿园），学校新的后勤服务保障体系得以确立并稳定下来。

2015年5月，后勤集团调整内部津贴及企业编制员工薪酬制度，缩小事业编制员工与其他系列员工津贴标准之间的差距；贯彻多劳多得原则，把员工的工作表现与全年津贴发放挂钩。引进绿化、电气、供热、工程及给排水专业技术人员，并组织开展一系列技能培训，提升内部各单位的管理能力与服务水平，提高员工技术素养和服务质量。2016年，按照新的《劳动合同法》，与青岛市人力资源管理有限公司合作，对劳务派遣员工实行合同管理，依法保障他们的各项权益，对稳定后勤队伍起到了重要作用。

2018年9月，《中国海洋大学深化后勤改革方案》实施，学校成立后勤保障领导小组，负责研究解决后勤工作中的重大问题；进一步深化监督管理体系；建立起适应一流大学建设需要的精干高效、保障有力的后勤服务保障体系。2019年3月，经过前期准备，后勤保障处组织实施新一轮全员岗位聘任，虽涉及百余人岗位变动，但无一例因岗位调整而影响工作的情况发生。

二、着力提高服务效能

后勤集团以数字化、信息化为切入点，先后启用网上数字后勤服务大厅和实体后勤服务大厅，开通24小时"一号通"及服务监督电话；2013年10月，推出后勤官方微信公众号；2015年"移动后勤"APP上线运行。实现网上网下联动，并不断完善系统功能，积极回应师生关切。如今，"让师生少跑腿、让数据多跑路"，为师生提供全天候、全空间的事务性"一站式"服务，已经成为常态。

自2014年开始，后勤集团采取多种方式升级改造基本伙食[①]、特色风味、休闲接待和

[①] 中国教育后勤协会2019年3月发布《高等学校引入社会餐饮企业承办学生食堂管理规范》，基本伙食指体现公益性，保障学生基本生活需要，价格明显低于社会餐饮同等水平的饭菜。

教职工食堂，师生就餐环境不断得以优化；多措并举，平抑物价，满足师生多样化就餐需求。截至2022年，食堂就餐面积较五年前增加2800平方米，就餐座位增加4000多个，食品花样增加30%，菜品种类700多种，主食品种近200种。①

三、推进生态校园建设

学校注重绿色生态校园建设，着力推进节能减排。2013年建成校园节能监督一期项目，对学校主要建筑的电、水、暖等用能情况实时进行监测并分类分项予以统计，实现能源的全程管理，能源利用效率大幅提升。2017—2021年，仅用水一项就节约100余万吨。

校园绿化遵循人与自然和谐理念，注重历史传承。鱼山校区已历百廿风雨，经过几代人的努力，已经建设成为堪与地区级专业植物园相媲美的"全国最美校园"之一。内有木本观赏植物共70科269种，其中国家一、二级珍贵树种6种，国家保护植物15属共47种；还有青岛市独株植物1种，最大、最早的刺槐1株；大中型景观乔木万余株，各种绿化乔木十万多株，占绿化总量的90%左右。截至2022年，三校区绿化面积已达82.6万平方米（包括山体绿化面积），总绿地率46.7%，总绿化覆盖率53.7%。

十几年来，中国海大被评为全国绿化模范单位、全国节约型公共机构示范单位、全国文明校园，多次入选全国最美校园，后勤集团被授予高校后勤信息化建设优秀示范单位。

第四节　推进校园信息化

学校十分重视网络与信息建设和发展。进入"十二五"，学校在事业发展规划中明确提出，要构建先进、高效、安全、实用、可控的校园网络平台。校园信息化建设要立足学校实际，科学制定校园信息化规划，逐步建立多样化的信息化建设经费筹措机制；以先进的校园网络平台为基础，推进教学、科研、管理、社区服务等方面的校园信息化应用；加强教育信息资源的统筹规划、协调建设与安全管理，建立和完善优质教育信息资源的开发、遴选和利用体系，打造符合学校实际的教学、科研、管理、文献资源的公共服务平台；根据教育信息化不断发展的需要，建立相应的人员培训机制，逐步提高师生应用信息技

① 据中国海洋大学后勤集团提供资料整理。

术的水平；培养和引进具有较高专业技术水平与政治素养的教育信息化人才，继续推进教育信息化技术标准规范体系建设。

在《中国海洋大学"985工程"建设总体规划（2010—2020年）》中，对校园网络建设提出了更加明确的目标。利用先进的信息化技术和手段，逐步实现教学、科研数据共享，逐步消除"信息孤岛"。按照整体规划、分步实施的原则，继续围绕网络建设、IPv6建设以及数字化校园建设三个方面深入推进。2011年，对鱼山、浮山两校区机房进行升级改造，提高了运行稳定、安全、可靠性；2012年完成校园卡系统升级改造，实现在校园内"身份识别"和"金融支付"功能，做到一卡在手，走遍校园；2014年建成跨校区统一双活数据中心，扩容至22个节点，数据总容量可用300T规模，可提供私有云存储服务；同年启动校园无线网络建设，实现办公区、部分宿舍区无线信号覆盖。升级改造校园核心网络、数据中心机房，网络运行环境更加安全和稳定。

一、校园网建设进入快速发展期

2016年以来，以构建"智慧海大"为发展愿景，遵循"服务赋能、数聚价值、智绘未来"理念，聚焦于服务教学科研事业，学校信息化和智慧校园建设富有成效。

2016年，学校升级网站群系统，提升站群系统的采集功能。建设一个统一的网站管理后台，具备静态页面生成功能，支持动、静态分开部署，逐步将二级单位的网站重新制作发布，迁移至网站群系统。严格网站和信息系统备案工作，不断提升网站建设能力和安全保障能力。践行服务用户"最后一公尺"理念，优化网络保障，实现用户PC端、移动端（微信和APP）各种方式的故障报修，升级崂山校区网络汇聚设备和鱼山校区22个楼宇的50台接入设备，对213处网络弱电间进行安全改造，确保网络安全运行。

2017年学校投资升级更新VPN设备，建立校园网出口带宽保障平台，保障校园网总出口带宽的高效供给。采用智能DNS技术动态调配出口带宽，构建融合多个提供商、高效高速的互联网出口，与CERNET、CERNET2、电信、联通、移动运营商实现高速互联。扩容5G移动出口带宽，IPv4带宽从5.7Gbps扩容至10.7Gbps，IPv6出口带宽2.5Gbps。2021年，IPv4带宽扩容至15.3Gbps，IPv6出口带宽4Gbps。2017年升级建设迎新平台，使新生入校前便可完成校纪校规、安全常识等学前教育，网上缴纳各种费用；学院可以线上审核研究生新生档案，在报到日通过扫描二维码完成现场报到手续。2018年8月为全校2.5万名学生开通@stu.ouc.edu.cn域名工作邮箱，同时提供终身服务，使其成为沟通和联接海大人的纽带。2019年建设校级多模态生物识别平台，已累计存储学生8万余张入学照片、6万余张在校照片、3万余张毕业照片，累计比对次数超过4万人次。2020级、2021级新生通过"人脸识别+身份证"确认身份注册报到，通过人脸识别技术结合"i中国海大"APP，实现校园内自助拍照人脸识别报到以及会议签到功能，让师生体验信息化带来的便捷服务。

2017年3月，学校正式加入eduroam全球教育无线网络漫游联盟，通过该服务认证，为师生外出学习考察、留学深造、科研合作等提供了更为开放、便捷的互联网访问途径。2021年全年有超过14.85万人次的外校来访访客以及超过10.41万人次的出访访客，来访和出访人次同比分别增加96.7%和235.8%。

2018年强化"智慧教室"服务保障，构建教学区全场景网络服务支撑体系，满足信息化教学及管理需求。部署IPS、防病毒网关、WAF、漏洞扫描、网络版杀病毒软件、上网行为审计、防篡改等安全设施，实时监控学校各信息系统的运行，防御外部攻击发生，形成集防护、检测、响应、恢复于一体的安全保障体系。

2019年启动西海岸智能化总体规划，统一设计各种智能化、信息化、通信自动化的智能终端设备的综合布线及布点，建立融合型ICT基础设施全栈智能的物联感知校园环境。推进构建有线网、无线网、5G网、IPv4、IPv6五网融合，覆盖四校区的新一代高速、泛在校园骨干网，推进校园5G网络建设，完善动态平衡、实时备份、异地容灾的云数据平台和计算平台，构建立体化的网络和信息安全主动防御体系。

落实"光进铜退"国家政策，以全光网络覆盖校区。简化网络架构，由传统三层架构变成二层架构，光纤到终端，一纤多业务，已经承载一卡通、校园广播、安防系统、多媒体教学、固话语音、视频会议、财务、智能水电、门禁等；提供100G骨干网互联，室内外Wi-Fi6全覆盖，为全校提供大带宽、高并发的接入，同时部署OTN光传输环网，使得校区间具备40×100G传输能力储备；实现极简运维，全校统一认证，异地相同体验，统一网管标准化纳管设备。截至2022年11月，在网运行的核心设备22台，有线接入ONU设备2978台，无线接入AP设备5521台，日均在线设备和用户终端超过10000个。

二、校园卡生态系统建设进入新阶段

2019年起，新一代校园卡实现统一数据管理，统一财务结算。以自主APP"海大e卡通"、校园APP"i中国海大"、第三方APP"支付宝"、APP微信"中国海大企业号"、APP"中国银行手机银行"、APP"银联云闪付"构筑起校园虚拟卡生态；聚合校园卡、银行卡、支付宝、微信，实现聚合支付，提供更加便捷多样的支付方式。全新改版实体卡，升级为CPU卡，增值城市公交功能，扩展校园卡应用。通过建设安全、稳定、开放的校园卡平台和灵活便捷的移动应用，让广大师生体验到全场景、全自助的校园卡服务，海大人泛在、开放、友好的校园卡服务生态已经形成。

三、数字化校园平台建设

2016年上线新版数字化校园平台，2016年完成信息门户一期建设，实现校内各类信息聚合和公共信息发布。2017—2021年，构建信息门户、统一身份认证、数据清洗与整合、共享数据中心四大基础平台。建立全校统一的数据标准，大部分业务系统实现单点登录数据对接，有效解决了各部门"数据孤岛"问题，并对全校的数据进行统一管理、存储、利用，实现数据的集中管理。2021年在一期项目建设基础上，构建起包含基础主数据与业务数据的全量数据中心与数据质量监控平台。实现了一套口令便捷登录全校57个业务系统，年使用规模700万次，较五年前提升了700倍。

2016年部署完成数字化移动校园平台，上线部署"i中国海大"移动客户端、微信企业号"中国海大"，初步提供移动应用服务超过20项。2020年初COVID-19疫情发生后，网信中心迅速完成学校疫情防控平台上线运行，包含留学生、继续教育学生在内的全校逾3.4万名师生员工，全部通过该平台每日上报个人健康信息，为学校疫情防控提供数据支持。

建成数据开放平台，48个业务系统数据对外开放。教师个人数据中心已实现教师基本信息、教学信息、科研信息、工作信息等在校数据的实时采集，确定各数据项维护的权威来源责任部门，制定一期相关数据的数据标准。共享数据平台完成各业务系统间的数据交换，最终实现一次填报、多场景复用。加强学生数据的质量监测，学生类别数据共治理140张表、6084个字段，监测规则覆盖6.2亿数据项，数据治理工作取得重要进展。

2019年完成崂山校区智能化自助服务大厅建设，2021年完成鱼山校区智能化自助服务大厅建设，并与学校信息门户、统一身份认证平台、电子签章平台等深度融合，通过互联互通、数据共享、业务协同，"变师生跑腿为数据跑路"，切实方便师生办事。

2010年云计算平台初建，规模较小，承载虚拟机30余台。2018年和2019年，云平台完善和重构计算、存储及备份节点功能，节点数增加到54个，数据中心总容量3PB，支撑学校各类业务系统虚拟机800多台，在教学科研、综合管理、信息服务及信息安全等各个领域发挥着基础性作用。

四、教育网青岛核心节点及下一代互联网IPv6建设

2017年中国海大与清华大学签署"互联网+"重大工程"面向教育领域的IPv6示范

网络"项目合同，建设IPv6示范网络主干网中国海洋大学核心节点支撑环境。2021年，CERNET和CNGI-CERNET2青岛核心节点IPv4出口带宽20Gbps，备用带宽10Gbps，IPv6出口带宽100Gbps，接入院校及机构20个。

近年来，学校陆续承担国家发展改革委"下一代互联网业务试商用及设备产业化专项——教育科研基础设施IPv6技术升级和应用示范项目"、教育部"国家科技支撑计划——新一代可信任互联网实验网"、"211工程"三期高等教育公共服务体系中国教育和科研计算机网主干网与重点学科信息服务体系升级扩容工程、国家发展改革委2011年国家信息安全专项等项目建设。

新一轮一流大学建设时期是学校积极服务和融入新发展格局、加快特色显著的世界一流大学建设的关键时期。学校在事业发展规划中提出，要构建覆盖四校区的新一代高速校园骨干网，全面推动信息技术与办学治校深度融合，建设"智慧海大"。按照总体规划、分期实施、基础夯实、按需供给的原则，截至2022年，西海岸校区已完成校园基础网络、数据中心机房、统一门禁系统、一期建筑单体楼综合布线系统、室外管线系统、校园卡系统的建设，网信中心协助相关单位完成智慧图书馆、智慧教室和标准化考场、信息发布广播系统、能源管理、平安校园、校园5G网络等子系统建设方案的设计与实施，为新校区2022年8月按时启用、打造高品质的智慧校园提供了保障。[①]

第五节　加强文献保障和出版、档案工作

一、文献建设与服务取得新进展

在长期的工作实践中，图书馆对自身业务与发展动态的认识不断深化。2010年在广泛征求意见的基础上，图书馆将办馆宗旨确定为"与读者共同进步"，并请王蒙先生题写，服务理念则保留了原有的"一切为了读者"。结合新一轮"985工程"建设，图书馆确立了与学校总体发展战略相适应的发展目标，即经过10～15年的努力，到2024年建校百年时，将图书馆建设成为馆藏资源丰富、特色鲜明、开放文明的现代化图书馆。新理念的确立为图书馆未来发展明确了方向，有利于全体员工共同致力于愿景实现，为学校的发展提供助力，同时也为图书馆人实现个人价值提供广阔空间和最大可能。

---

① 本节据中国海洋大学网络与信息中心提供资料整理。

（一）新一轮综合改革取得实效

强有力的领导班子和一支结构合理、团结进取、综合素质高的专业馆员队伍，是保证图书馆事业长足发展、为师生提供高水平文献信息服务的基础。2010年，学校调整图书馆主要负责人，馆领导班子逐步配齐后，即着手实施以完善内部管理体制与机制、加强馆员队伍建设为主要内容的新一轮综合改革。

第一，发扬民主，分层管理，进一步提升管理水平。2010年9月，图书馆一届一次职工代表大会召开，10月职代会表决通过《图书馆2010年岗位聘任实施办法》。在充分酝酿的基础上，重新梳理调整了图书馆各部门职责范围与岗位设置，全体职工双向选择，竞聘上岗，有效激发了全体职工的工作积极性与主动性。

第二，建章立制，加强科学化、规范化管理。2011年图书馆系统地对全馆的党政管理制度、各部门的业务细则进行修订，制定实施《图书馆网络信息审核发布管理制度》，围绕新制度开发信息发布审核系统，实现信息发布全过程审核管理。这些举措使图书馆信息发布工作更加规范化、制度化。

第三，加强专业馆员队伍建设，不断优化馆员队伍年龄、学历和学科结构。2010—2021年，公开招聘引进图书情报、计算机、外语及涉海类专业毕业生19名。在专业技术职务评聘与岗位晋级时，坚持考核工作业绩为主，兼顾学术研究能力等。至2022年底，馆员105人中，研究馆员6人、副研究馆员18人、馆员51人、助理馆员14人。

图书馆注重馆员职业道德、服务观念和业务能力的培养与提升。对新入馆馆员进行轮岗培训，走好为师生服务的第一步。采取"请进来"和"走出去"的办法，邀请业内专家来馆作报告、开讲座。组织承办业内各层次各类专业学术会议和培训班，鼓励馆员结合工作需要，学习图书情报、计算机和外语等专业知识，开展学术研究，取得丰硕成果。2010—2021年，馆员在正式刊物上发表图书情报相关专业论文114篇、出版专著2部。2017年起，设立图书情报研究基金，馆员和各院系资料员、青年教师踊跃申报研究课题，至2021年有30项课题获批立项，共发表学术论文46篇。2010年10月，学校获山东省高等学校图书馆管理先进单位称号；2021年12月，教育部高等学校图书情报工作指导委员会成立40周年之际，评选表彰全国高校图书馆先进模范人物，图书馆1人获评"高校图书馆榜样馆员"（全省本科高校共8人）。

重视文献信息资源队伍建设，培养作风严谨、业务能力强的编目员队伍。认真履行成员馆义务，积极参加中国高等教育文献保障体系（CALIS）中西日韩文图书联合目录项目建设，在全国1700余家成员馆中名列前茅，获得CALIS管理中心和业内专家好评；选派编目员参加CALIS联合目录中心组织的业务培训与线上考试，多人以优异成绩通过；2013—2021年，连续九年共获得18项CALIS联机合作编目工作集体表彰。

（二）文献资源建设成效突出

中国海洋大学图书馆以《普通高等学校图书馆规程（修订版）》为基本遵循，围绕师生教学与科研所需，提高资源建设的科学性、系统性与针对性，使得文献信息资源纸电比例、语种比例、学科专业比例等更加科学，更符合学校实际需要，在人才培养、学科建设、科学研究、文化建设和服务社会等方面发挥了重要保障作用。

1. 文献资源建设贴近需求

纸质资源建设。图书馆以读者为中心，以需求为主导，2010年实施"专家圈选、读者推荐、馆员建构"三位一体机制，扩大师生对文献资源建设的参与度。在发挥馆员作用的同时，着力加强读者需求调研，发挥各学科专家、学者的顾问与参谋作用，文献信息资源服务于教学科研和师生需求的针对性明显增强。同时积极探索工作新模式，对接院系教学科研文献信息需求，助力学科专业建设与发展。2010年上半学期，馆领导带队到各学院深入听取专家、一线教师对文献资源建设及服务等方面的意见与建议。2018年12月，图书馆推出"书易得"服务，为师生获得图书提供更加便捷的方式。

电子资源建设。在维护和加强传统文献资源建设的同时，得益于2010—2022年学校持续增长的经费支持，图书馆优化文献资源结构，逐步调整纸质文献和电子文献的配置比例，加大电子文献的馆藏力度，构建起内容丰富、特色鲜明、配置合理的电子文献馆藏体系。

电子资源多采用续订的方式以保证馆藏的连续性及完整性。为有效提升资源建设的科学化水平，图书馆在电子资源建设方面逐步形成了需求调研、评估引进、推介服务、统计分析相结合的机制。2014年起按学科方向进行电子资源的试用评估论证，并根据专家论证意见对学科数据库进行调整，如经管类、法律类、生命科学数据库的建设。2019年修订《中国海洋大学文献信息资源采购管理实施细则》，进一步加强和规范文献信息资源的采购管理。

2010—2022年，学校持续加大电子资源经费支持力度，从250多万元增长至1700多万元，电子资源的建设得到快速发展。截至2021年底，学校拥有中外文数据库380余个（按最小订购单元统计），可提供电子期刊约3万种，电子书刊约300万册，学位论文500余万篇，形成了内容丰富、特色鲜明、学科结构相对合理的馆藏电子资源。

自建特色电子馆藏，加强特色学术资源建设。图书馆注重学校原生电子文献的收集和整理。图书馆较早开展本校研究生电子版学位论文的收集，并列入学生毕业管理工作流程。经过近20年的持续建设，累计收集电子版博硕士毕业论文4万余篇。2020年图书馆推出机构知识库，将师生的学术科研成果数据进行全面、客观、系统的收集和整理，既利于长久保存，进行统一的检索发布和开放共享，又利于形成学校科研成果典藏，展示学校科研学术成果的沉淀过程及其成效。

2. 加强电子资源推介和科技查新

学校科技查新站是教育部1995年批准成立的15所科技项目咨询及成果查新中心工作站之一。查新站依托图书馆丰富的文献信息资源，对外提供科技查新与查收查引服务，涉海科技查新服务能力优势明显。2020年自主研发科技查新及查收查引服务系统，实现线上委托、线上受理、线上支付、电子发票、电子签章、电子报告等线上全流程服务。2010—2021年，累计完成科技查新课题6100余份，收录印证报告16000余份，在助力本校教学科研的同时，为青岛及省内外科研院所、企事业单位的科学研究、技术开发、科研管理发挥了积极作用，创造了良好的社会效益和经济效益。

注重学科及情报分析服务。运用文献计量学方法，从学校科研产出、总体学术表现及全球定位、ESI学科评价、机构影响力等多个方面进行文献的挖掘分析。经过十余年的探索和积累，图书馆形成了科研论文统计分析、学科发展与学术影响力、科研创新能力、学科及机构贡献度和文献资源保障利用等多个系列，每年产出20余份高质量的分析报告，为学校的科研决策提供有力的数据支撑。

构建数字图书馆知识发现系统。2013年启动中文资源与外文资源单独揭示的解决方案。2014年先后引进某中文资源发现系统、某外文资源发现系统，辅以馆藏资源"一站式检索"的实现方式，集成整合馆内外、多类型学术资源，建成"行之远"知识发现系统并面向读者提供服务，既满足电子资源采编、检索、获取的一体化管理与揭示的需求，同时依托中央知识库同源平台实现了外文资源发现系统的功能替代。

加强文献保障支撑力度。图书馆积极参加全国高校文献信息共建共享体系各类项目建设及服务推广工作，是中国高等教育文献保障体系（CALIS）、高校图书馆数字资源采购联盟（DRAA）、中国高校人文社会科学文献中心（CASHL）、大学数字图书馆国际合作计划（CADAL）、CALIS全国农学文献信息中心、CALIS山东省中心等组织成员。2010—2022年，通过CALIS馆际互借系统为读者提供原文传递服务2500余人次、8000余篇，为学校重点学科的文献保障和科研提供了支持。2021年，学校与CASHL签订馆际互借协议书，可以借阅35所CASHL服务馆的外文图书，进一步满足图书馆文科图书需求。

多措并举开展数字资源推介，使用量大幅度提升。自2015年开始，图书馆每年定期举办电子资源培训周活动，截至2021年底，累计组织线上线下数据库培训110余场，接待读者5000余人次。图书馆电子资源的使用量由2010年的2000多万次，增加到2022年的3200多万次，增长率超过60%；全文下载量由2010年的417万篇，增加到2021年的999万篇，增长率超过130%。文献资源的有效供给，有效服务于教学科研创新，为学校的"双一流"建设作出了贡献。

（三）数字图书馆建设迈上新台阶

中国海大图书馆紧跟数字图书馆发展前沿，注重完善智能化服务设施，采用统一架构标准，通过自主研发构建起"一站式"资源与服务信息共享平台，使图书馆的服务更加人性化、个性化、智慧化。

构建图书馆可视化服务平台。将新媒体触控和大数据可视化技术引入图书馆馆舍信息化升级中，成功搭建可视化数字服务平台，主要包括图书馆运行数据墙、时间轴、数字墙，为广大师生提供更多优质新颖的信息化服务，增加读者与图书馆的良好互动。在2018年教育部本科教学评估期间，该平台获评估专家和校领导的一致好评。

不断拓展综合业务管理系统功能。2011年综合业务管理系统开始实施，2019年重构开发，2020年系统趋于完善。目前该平台涵盖智能空间管理、图书馆门户网站内容管理、学位论文提交管理、科技查新管理等22个功能业务系统，初步实现了图书馆各项业务和读者服务集约化、一体化管理。

研发图书馆数据挖掘分析系统。为打通各种平台信息壁垒，2020年图书馆自主研发综合数据分析系统，将图书馆藏、借阅和读者空间利用等多种不同业务与设施的数据进行集成及统一分析管理，为图书馆读者服务决策的制定、系统管理与运营、服务资源的整体优化和读者关系管理提供可靠的数据支持。

研发综合信息检索系统。2020年图书馆自主研发一套图书馆综合信息检索系统和综合信息终端，将馆藏资源检索、新闻通知、电子图书下载、新书和热门图书推荐、馆舍导航、视频播放等多种功能整合于一体，打造读者一站式服务终端。

研发智能空间管理系统。图书馆2020年自主研发智能空间管理系统，将各种座位、研讨间、影音空间和封闭空间等纳入统一管理，读者可以通过手机微信、网站、预约终端等多平台预约，现场可以使用刷卡、动态二维码和人脸识别三种身份认证方式签到或验证开锁。

随着学校规范化办学和"双一流"建设不断深化，图书馆依托智慧图书馆海量文献数据，进行多粒度、多维度数据资源的查找与分析，为学校人才评价、数据报送、各类评估及科学决策等提供数据支持。

（四）古籍保护取得突破

图书馆高度重视古籍等历史文献的保护、整理与利用，并取得一定成效。

制定并落实古籍资源及书库管理规范。改善古籍保护环境与设备，单独安装大功率空调，加装安全防护设施，持续监控书库安全与环境温湿度；购置冷冻杀虫设备，加强古籍除虫、除尘。2013年获准加入CALIS"高校古文献资源库"，成为全国第25个成员馆。聘请北京大学图书馆专家来校，指导完成馆藏古籍版本鉴定及整理编目，并列入全国高校古文献资源库著录系统，填补了图书馆一项空白。全校师生不仅可以查阅本校的古籍文献，还可以通过CALIS查阅其余24家国内高校图书馆的古籍文献资源。有35部馆藏古籍入选《山东省珍贵古籍目录》，学校获批山东省古籍重点保护单位，图书馆多次被评为山东省古籍保护先进单位。

（五）西海岸校区图书馆展新姿

2016年12月，西海岸校区项目正式立项，图书馆就着手谋划新校区图书馆建设。2017年3月，馆领导带领业务骨干分组赴清华大学等六所国内一流大学调研、借鉴新馆建设经验，并调研了国家图书馆、普林斯顿大学、加州大学圣迭戈分校等图书馆建设与运行情况。图书馆召开多场师生座谈会，征求对新馆的意见和建议。2018年5月，向学校提交《西海岸校区学习综合体工程项目建议书》，提出六个方面的建设目标、九项总体要求及功能布局等建议，为图书馆设计提供专业性意见、前瞻性建议。

图书馆围绕建设典雅、智慧、绿色、开放，具有中国海大特色的现代化图书馆的目标，根据新馆建筑特色，采用延展、透景的空间处理手法，营造典雅、舒适阅览环境。一期启用2万多平方米，阅览座位2000多个；馆舍空间多样、功能丰富、设备先进。2022年7月，图书馆克服困难，抢抓有限工作时间，顺利完成20多万册图书搬迁上架、3000多件家具布置、400多套设备调试工作。9月3日，西海岸校区图书馆启用。

二、出版工作开创新局面

2010年1月，中国海洋大学出版社主要负责人调整后，党政领导班子在深入调研、学习借鉴兄弟高校出版社经验的基础上，带领全体职工开展为期四个月的改革发展大讨论，对自身发展定位进行重新规划，对企业发展思路进行系统梳理，并确立每三年进行一次企业中期发展规划调整的制度。明确"特色立社，文化引领，学术为本，教材先行"

的企业发展理念。对出版社改革发展密切相关的编辑政策、发行政策、《读者服务部（图书代办站）目标管理考核办法》《管理与服务岗位考核办法》等一系列政策制度进行全面修订和完善，对出版社内部机构与岗位设置进行调整，对全社人员岗位职责进行修订，对员工工资体系和标准进行改革，出版社发展的生机与活力明显增强。

出版社经济效益显著增长。出版业务量、销售码洋、业务收入、净利润等经济指标持续稳定增长：2010—2023年，出版社总共出版图书6036种，其中新书3968种（占66%），重印书2068种（占34%）；海洋类新书出版454种，占新书出版量的11%。年度业务收入从2010年的878万元增长到2023年的3166万元，业务总收入3.30亿元；年度净利润从2010年的微利10.5万元波动增长到2023年的166万元，实现净利润总额2198万元。2010年1月，出版社净资产666.82万元，2023年12月，出版社净资产2523.78万元，增加1658.97万元。

出版社社会效益显著提升。出版社在服务高校学科建设、服务国家海洋事业、服务地方文化建设、图书获奖、图书捐赠、国家出版基金项目立项等方面，均取得显著成绩，赢得社会良好评价。

第一，依托学校海洋学科综合优势，出版社持续推进"海洋学术精品出版工程"，服务高校学科建设与人才培养。陆续出版《中国海洋鱼类》（3卷）、《海藻学》《黄河鱼类志》《拉汉世界鱼类系统名典》《海洋恢复生态学》《中国海洋保护区档案》（3卷）、《中国海洋文化史长编》（5卷）、《寻找油气的物探理论与方法》（4卷）以及《三门湾自然环境特征与资源可持续利用》《〈海错图〉通考》《中国红树林生物多样性调查》（广东、海南、广西3卷）、《南沙群岛珊瑚图鉴》《南沙群岛珊瑚礁鱼类图鉴》等学术专著100余部，为我国海洋科学研究提供了重要学术支持；教育部海洋科学教学指导委员会规划教材稳步推进，已出版高校精品教材《海洋科学概论》《物理海洋学》《海洋调查方法》《海洋地质学》《海洋生物学》《海洋气象学》《海洋资源管理》7部，为涉海高校人才培养发挥了积极作用。

第二，发挥学校以及驻青海洋科研机构的人才优势，持续推进"海洋科学与海洋文化普及出版工程"，普及海洋知识，提升全民海洋意识。2010年以来，出版社先后策划出版海洋科普图书"畅游海洋科普丛书"（10册）、"人文海洋普及丛书"（6册）、"图说海洋科普丛书"（5册）、"魅力中国海系列丛书"（12册）、"神奇的海贝丛书"（5册）、"海洋启智丛书"（5册）、"中国海洋符号丛书"（7册）、"舌尖上的海洋科普丛书"（4册）、"珊瑚礁里的秘密科普丛书"（5册）、"跟着蛟龙去探海"（4册）等100余种，总发行量超过

200万册。海洋科普类图书先后获得国家新闻出版广电总局、科技部、自然资源部等40余个奖项，形成了明显的品牌效应。

出版社策划出版海洋文学类图书《世界海洋科技名人》《中国海洋科学家》《一代宗师：赫崇本》《传奇教授：侯国本》《才华内蕴：赵太侔》《海洋先驱：唐世凤》《郑和传》《哥伦布传》《海上天方夜谭》《追梦远航》《海上酷行记》（3册）、《骑龙鱼的水娃》（3册）等40余种。

策划出版"中小学海洋意识教育系列教材"《我们的海洋》（5册）、《齐鲁海韵》（4册）、《基础教育海洋特色课程汇》（25册）等50余种，为普及海洋文化、提升中小学生海洋意识发挥了重要作用。其中，《我们的海洋·海南版·小学版》（3册）教材获得首届全国教材建设奖（基础教育类）一等奖，年发行量达63万册。

第三，发挥大学出版社文化传承与服务功能，服务地方经济社会与文化发展。出版社先后策划出版服务蓝色经济的图书，如"海洋经济博士文库"（12部）、《中国海洋经济高质量发展之路》《海洋经济蓝皮书：中国海洋经济年度分析报告（2023）》《我国海洋文化产业发展模式研究》《山东海洋经济发展研究》《胶州湾历史文化资源》等30余部，为国家及山东省海洋经济发展决策提供了有力支持。

出版社以服务区域文化建设为己任，先后出版史志类图书《市南年鉴》《崂山年鉴》《李沧年鉴》《崂山区改革开放实录》《青岛李沧区改革开放实录》等60余部，为青岛地方志研究提供了有力支持；在地方历史文化研究领域，策划和组织出版了学术专著《青岛老建筑之旅》《青岛屋檐下》《青岛教育史：1891—1949》《山东（青岛）大学史：1928—1959》《胶济铁路风物史》《青岛美术寻踪》（三卷）等30余部。

第四，发挥出版企业在海洋科普与海洋文化领域的专业优势，持续不断地向社会捐赠高质量的海洋科普与海洋文化类图书，积极服务于国家海洋教育事业的发展，助力提升全民海洋素养与海洋意识。2010年以来，先后为新疆伊犁州王蒙书屋、新疆阿克苏地区温宿一中、云南省绿春县教育局以及西藏拉萨北京实验中学、山南地区职业技术学校、尼木县中学等捐赠海洋科普与海洋文化类图书超过180万元码洋，为远离大海的孩子们送去了解海洋的礼物；在原国家海洋局宣教中心、中国海洋发展基金会的支持下，出版社先后向我国海南、福建、浙江、辽宁、山东、天津等沿海省市的中小学和四川、甘肃、重庆、陕西、内蒙古等内陆地区的中小学捐赠《我们的海洋》2万余册，价值30万元码洋。

第五，主动融入国家出版事业发展大局，在承担国家和地方重大出版项目方面取得显著成绩。2010—2023年，出版社先后获得国家文化产业发展专项资金支持项目1项、国家出版基金项目9项、科技部科学技术学术出版基金项目1项、国家海洋局宣传教育中心"中小学海洋意识教育系列教材"开发项目1项、青岛市社会科学基金项目1项、中国科普研究所委托项目2项，共获得项目支持经费581.4万元，为国家海洋文化事业和出版事业发展作出了贡献。

第六，企业管理制度体系健全、激励约束有效。出版社以三年一次的内部运行机制改革为契机，不断健全和优化企业管理的制度体系。根据企业发展的实际情况，不断调整和优化编辑、发行、教材服务、储运管理等内部运行的管理制度，合理设定企业三年考核目标、岗位及工作职责，形成了一整套运行有效、激励与约束并行的企业内部管理制度体系。

三、档案工作迈上新台阶

档案工作立足档案资源建设，以档案信息化建设和校史研究为重点，发挥档案存史、资政、育人的作用。

档案资源建设与利用。2012年起，先后开展人物档案与口述档案建设、重点科研项目专题档案建设（含"973计划""863计划""703专项""908专项"等）、重大活动实物和照片档案的收集，2015年重点推进电子文件归档工作，2018年始开展红色基因资料的梳理，丰富历史档案资源库。年均提供档案利用服务约4000人次，利用纸质档案1万余卷件。

提升档案管理水平。2017年完成V4.0档案管理系统升级，在全校立卷单位推广；2020年完成与学校OA办公系统对接，实现增量档案及其电子文件的在线接收、审批、管理；2022年采用档案远程利用服务系统，实现档案利用统一申请、集中办理、统一反馈和全流程监督，实现服务对象"零跑腿"的服务目标。

发挥校史馆的育人作用。2014年，对校史馆进行装修、调整及展览内容的修订、完善，展出图片2000余张和实物资料；2019年更新图片569幅，重点充实学校办学的最新成就。档案馆大力支持并参与校史编撰工作，积极为学校官方修史作贡献。2022年，着眼学校百年校庆，启动建设新的校史馆。

第六节　校友工作与附属学校建设

一、校友工作进入新阶段

近百年来，学校累计为祖国培养了36万余名优秀人才。近十年来，焦念志、张偲、蒋兴伟、笪良龙当选中国科学院、中国工程院院士,以院士、著名学者和管理精英等为代表的校友们谋海不辍,在国家海洋科教和管理领域建功立业;以"感动中国2012年度人物"、守卫祖国南海岛礁的李文波等为代表的校友们扎根基层,为边疆和贫困地区的安宁与发展艰苦奋斗;以"影响中国2017年度经济人物"、58同城首席执行官姚劲波等为代表的校友们勇于创新,成为企业界的翘楚;神舟飞天、蛟龙探海、嫦娥奔月、极地科考、辽宁舰远航、亚丁湾护航、港珠澳架桥、智联网同城,在世界各地、各行各业,到处都有中国海大校友们踔厉奋发、耕耘奉献的身影。校友们遍布神州,远及海外,在服务社会发展、祖国建设以及推动海洋事业进步中发挥着举足轻重的作用,取得骄人的业绩,为母校赢得了赞誉。[①]同时,广大校友关心、回报母校,"今天你以海大为荣,明天海大以你为荣"的意识在一届届校友中得到传承。校友成为促进学校全面、持续、科学发展的重要力量。

(一)成立校友会

为加强国内外校友之间、校友与母校之间的联系,团结服务广大校友,2004年10月,在学校80周年校庆之际成立中国海洋大学校友联谊总会(简称校友联谊会)。各学院和有关部门协力推进,海内外校友积极参与,筹建起分会组织18个,为校友工作的顺利开展奠定了组织基础,汇聚了一批骨干力量。2010年11月,国家民政部批准中国海大校友会筹备成立。2011年4月,经教育部和民政部批准,中国海大校友会成立暨第一次校友代表大会召开,来自海内外的200多名校友参加。大会通过《中国海洋大学校友会章程》,选举原党委书记冯瑞龙教授担任会长。2017年5月,校友会第二届会员代表大会召开,选举产生校友会第二届理事会,选举原校长吴德星为会长。2022年5月,中国海大校友会第三次会员代表大会召开,选举产生校友会第三届理事会,选举校长于志刚为会长。

《中国海洋大学校友会章程》规定,校友会是由中国海大校友及各地的校友组织自愿结成的全国性、联合性、非营利性社会组织。校友会的宗旨是,继承和发扬中国海大的优良传统,加强海内外校友之间的联系,共同繁荣中国海大,发展祖国的海洋科学与教育事业,为振兴中华贡献力量。校友会的业务范围包括:促进校友与母校之间的教学、科研、文化方面的合作与交流;协助母校开拓办学资源、筹集办学资金;组织与受理校友及社会各界对母校的捐赠;开展教育、科技培训与开发。

---

① 《凝聚校友力量 共谱蓝色华章——庆祝中国海洋大学校友会注册成立10周年》,载《中国海洋大学报》2021年4月22日。

校友会成立之初，便以联络校友感情、了解校友需求，宣传校友成就、展示校友风采，拓展校友资源、健全校友组织，凝聚校友力量、推动学校发展为工作思路，在制度建设、海内外及各院（系）校友分会建设、校友资源培育、信息库和交流服务平台建设以及资金筹措等方面取得进展。校友会逐渐成为校友之间、校友与母校之间情感的纽带、合作的平台和沟通的桥梁。

（二）组建校友会分会

中国海洋大学校友会统筹协同校内力量，积极联络海内外校友，基于校友在地域、专业、行业、经历、兴趣以及届别等情况，着力组建不同类别的校友组织。校友会分会从10余个发展到76个，涵盖地方、学院、行业经历类和兴趣爱好类等。[1]从地域上看，校友组织基本覆盖国内大部分省份和山东省各地市，以及美国、加拿大、澳大利亚、日本、德国等校友人数较多的国家。从校友工作情况看，行业、经历、兴趣乃至届别等分会的建立，不仅增强了校友与分会的"黏性"，而且提升了校友的归属感和集体荣誉感，成为促进校友间以及校友与母校间深化交流合作的重要平台。[2]

校友会重视利用网络信息技术特别是移动网络技术，提升校友会网站和移动客户端的覆盖面，基本形成"一网、一库、一号、一刊、多群"的交流联系网络。组建校友微信群、QQ群百余个。"中国海洋大学校友会"微信公众号已经成为组织校友活动、增进校友情谊、宣传校友和母校成就的重要平台。

（三）机制化的校友工作

校友会积极响应和服务校友诉求，探索新的工作形式，以打造品牌活动或项目为载体，形成了一些机制化的校友工作，在持续互动中升华爱校荣校的校友情、母校情，在交流合作中熔铸校友与母校同进步、共发展的"海大力量"。

选聘校友联络员。学校决定，2012年起在每个应届毕业班级中选聘一名毕业生担任班级校友联络员，负责离校后班级同学与母校的联络。截至2022年，校友班级联络员聘任已连续开展11年，共选聘校友联络员2093人。[3]学校还于2013年成立校友工作志愿者协会，招募在校生参与校友会工作，提高在校生的校友意识。

举办校友论坛。为更好地发挥校友行业专业特色，学校举办校友论坛，分享研究成果，助力人才培养、科学研究和社会服务。2012年7月举办海外校友学术论坛，也是首届

---

[1] 据中国海洋大学校友工作办公室、教育基金会办公室中层领导班子2022年度总结整理。
[2]《凝聚校友力量 共谱蓝色华章——庆祝中国海洋大学校友会注册成立10周年》，载《中国海洋大学报》2021年4月22日。
[3] 唐蜜苪：《中国海洋大学2022届"校友联络员"聘任仪式举行》，观海听涛新闻网，http://news.ouc.edu.cn/2022/0602/c91a109377/page.htm。

校友论坛。从2015年7月到2021年6月，已先后成功举办五届不同主题的校友论坛。

捐种"樱花海"校友林。为建设好崂山校区樱花大道，自2015年后，学校面向当年毕业生启动"樱花海"校友林捐种项目，累计捐种樱花树500棵，樱花大道因此而更加靓丽。2019年8月，在西海岸校区即将开工之际，校友们认捐95棵樱花树，新校区樱花大道迎来了首批"落户者"。

"百川同归海，共叙母校情"校友值年返校活动。2017年，学校决定将校庆日前的周末作为校友集体返校日，邀请和组织校友返校，共襄校庆，交流感情。活动启动以来，校友集体返校规模逐年增长，校友情、母校情更加浓郁绵长。

举办"爱如海大"校友集体婚礼。2019年4月，学校在樱花大道举办首届"爱如海大"校友集体婚礼。66对校友新人携手漫步樱花大道，执手共忆美好岁月，同台接受三任校长颁发的特制纪念婚书。2023年是建校99周年。4月，举办第二届"爱如海大"校友集体婚礼，99对校友新人走上樱花大道，接受母校领导和师生的美好祝福。校友集体婚礼得到师生、校友和社会各界好评。

举办"向海洋"校友子女夏令营。2019年7月，25位"海二代"（校友子女）来到爸爸妈妈学习生活过的校园，参加"向海洋"夏令营。丰富的活动给孩子们留下美好、深刻的记忆，得到校友高度认可。有校友寄语自己的孩子："希望几年以后，可以以学长的身份送你来海大读书。"2022年，学校再度举办夏令营活动，孩子们走进校史馆，游览鱼山校区，领略青岛历史文化的魅力；参观"东方红3"科考船，增强海洋意识、科学观念。

创办"海大诚盟"校企交流合作平台。2020年，校友会、教育基金会设立校企交流合作平台——"海大诚盟"，旨在进一步加强和改进与校友、校友企业、社会友好企业的常态化联系机制，统筹融合学校与企业的特色优势，助力产、学、研、用协同发展，发挥校友力量服务学校事业发展。当年有11家校友企业和社会友好企业入驻，丰富和拓展了校友工作和基金会工作的路径。

发行校友卡。面向师生、校友发行中国海洋大学校友卡，有3万余人次的师生和校友在校庆日、元旦通过校友卡为母校捐款。校友卡成为校友表达对母校感情、支持母校发展的载体。

设立"海之子·汇"基金。校友会、教育基金会联合设立"海之子·汇"基金项目，成为接受校友捐赠、助力母校建设的方式之一。启动"校友年度捐赠"活动，设置不同捐赠主题，倡议校友以小额捐赠形式参与母院、母校的事业发展，得到众多校友的认同和参与。

成立校友企业家1%俱乐部。由校友企业家联谊会发起成立，已有10家校友企业承诺捐赠1%股权收益，首笔股权收益已经落实。

在各地校友的热情参与下，各校友分会结合校友和自身工作实际，不断探索完善开展富有特色的分会品牌活动，如杭州分会发起成立"在浙山东高校校友会联盟"，深圳分会召开粤港澳校友年会，天津分会举办读书会，烟台分会举行植树活动等，成为凝聚校友的有效形式。

通过校友牵线搭桥并积极推动，学校与海南省、深圳市、唐山市、拉萨市、烟台市、临沂市等地政府和政府部门签订战略合作协议、共建研究院或人才培养基地，与58同城、华为、海程邦达、鲁信集团、德才集团、荣华集团、航天宏图等校友企业开展产学研和人才培养深度合作。100多名校友受邀来校担任职业导师和创业导师，开设论坛、举办讲座。在母校95年校庆之际，校友们发起成立校友创投基金，以不低于10%的收益捐赠母校。为积极应对就业压力，350余家校友用人单位参加学校举办的2020届毕业生"双选会"，提供就业岗位18000余个。

面对突如其来的COVID-19疫情，校友们心系母校，送来一批批防控物资，其中捐赠口罩近18万只；校友企业家联谊会发起向湖北捐赠倡议，校友捐赠总计54万余元，致敬"最美逆行者"。为支持母校扶贫攻坚工作，校友们捐款捐物、帮助销售扶贫农产品，助力云南省绿春县和临沂市莒南县脱贫振兴。

二、基金会助力学校事业发展

2010年4月，山东省中国海洋大学教育基金会（简称基金会）注册成立，并召开一届一次理事会。讨论通过《山东省中国海洋大学教育基金会章程（草案）》，选举原党委书记冯瑞龙担任基金会理事长。

《山东省中国海洋大学教育基金会章程》规定，基金会为非公募基金会。基金会公益活动的业务范围有：支持学校教学与科学研究环境设施的改善；资助学校教学与科学研究项目的开展及专著出版；支持学校人才引进，资助聘请世界知名学者来校讲学；资助与学校有关的国际合作项目的开展和国际学术会议；设立奖学金、助学金及奖教金；资助有益于学生综合素质拓展的各项活动；支持、投入与学校教育事业有关的其他公益项目；按照捐赠者意愿进行的有利于发展教育事业的项目。

基金会自注册成立以来，规范管理，积极作为，得到师生、广大校友和社会各界的大力支持。2017年被山东省教育厅认定为慈善组织，2018年获评"山东省星级社会组织（五星级）"。

设立助学基金、关爱基金。通过引进社会捐赠，基金会共设立助学、关爱类项目近50个，累计受益师生近9300人次。设立"獐子岛励志"助学金、"同心·光彩"助学金、"海之子·同舟济"基金、"山东移动希望工程"助学基金。校友王东升捐资设立"东升离退休教职工健康"关爱基金，校友郭程捐资设立"锦绣前程"励志奖学金，校友姚方明捐资设立"广西新港湾"奖助学金，校友匿名捐赠设立"海之子·启航"助学金；退休教师朱而勤教授出资设立"涵海励志"助学金等。

设立奖学金、奖教金。基金会聚焦于助力学校事业发展，共设立奖学金、奖教金项目约90个，累计获奖师生近7200人次。其中有代表性的是：文圣常先生捐资设立文苑奖学金，校友王东升捐资设立东升本科生发展奖学金、东升研究生奖学金和东升课程教学卓越奖，校友李小勇设立李小勇奖学（教）金，校友匿名捐赠设立"海之子·行远"优秀毕业生奖学金，天泰集团及天泰公益基金会捐资设立天泰优秀人才奖，校友姜兆宁捐资设立信息科学与工程学部"易来智能"奖励基金，青岛瑞明医疗器械有限公司捐资设立瑞明发展建设基金，青州市巨龙环保科技有限公司捐资设立巨龙奖教金，香港维斯国际贸易有限公司捐资设立维斯国际奖教金，何满潮院士捐资设立"海潮"英才奖。

设立创新创业类基金。在热心校友和知名企业的大力支持下，基金会设立创新创业类项目近20个。其中有代表性的有：校友孙焱捐资设立"春华"奖学金（曾用名"包容·创新"奖），奖励勇于创新探索的优秀学生和团队，与学校共建O-Lab学生创新创业实验室，支持学生开展各类创新创业及创意文化活动；校友姚劲波偕58集团捐资设立58创新创业基金，共建"58卓越人才班"，建设"58创新创业工坊"，鼓励师生创新创业，助力学校培育卓越创新人才。

设立学校事业发展类基金。基金会积极引进国内外知名企业，捐资助力学校科研水平提升。引进青岛海川建设集团有限公司、荣华建设集团有限公司、荣泰建设集团等多家社会友好企业。校企共建海大-浪潮集团智慧计算联合实验室、海大-华高墨烯新型碳材料联合实验室、海大-SNP商业智能联合实验室、海大-华为智能高性能计算技术联合实验室、海大-北京航天宏图遥感大数据应用服务联合实验室、海大-罗克韦尔自动化实验室等，聚焦行业发展领域前沿，探索基础科研与实践应用的深度融合，实现校企资源共享、优势互补、互惠共赢。

香港董氏慈善基金会捐赠支持学校建设董氏国际海洋可持续发展研究中心。广东佰斯特生物科技有限公司捐资，与学校共建湛江华南贝类研究中心，用于支持水产学院贝类遗传育种研究室的建设发展。山东则正医药技术有限公司捐资共建研究生联合培养基地，用于支持学校医药学院的人才培养和学科建设。

截至2022年12月，基金会累计接受社会捐赠、获得国家配比奖励资金共计2.33亿元，设立各类项目300余个，为助力学校一流大学建设、服务师生需要，为国家的教育事业和社会公益事业作出了积极贡献。

三、再次布局附属学校

附属中学于1959年冠名为山东海洋学院附属中学，1963年更名为山东省青岛第39中学，不再隶属于学校。2003年12月，学校与青岛市教育局联合共建青岛第39中学并加挂中国海大附属中学校牌。双方商定，青岛第39中学加挂中国海大附中校牌后，仍为青岛市教育局局属中学，由青岛市教育局继续提供师资、教学设备和教育经费。在招生时，该校对海大教工子女入学有一定的政策倾斜；中国海大则向该校有计划地开放图书馆、实验室等教育资源，同时不定期派出兼职教授为附中学生上课；附中的年轻教师可以到中国海大接受培训和深造。中国海大附属中学的恢复设立，对于加强高等教育和文化的辐射作用，促进教育资源的整合利用，推动青岛科教事业的发展具有十分重要的意义。[1]

2020年1月，青岛市崂山区人民政府与中国海大合作共建中国海大附属实验学校。2021年1月，双方签订合作协议。协议约定：中国海洋大学附属实验学校由青岛市崂山区人民政府投资兴办，由中国海洋大学管理运行并派出不少于三人的优秀管理队伍，委托北京师范大学基础教育发展管理部管理。附属学校招生范围包含中国海洋大学并保持相对稳定。中国海洋大学选派国内外知名教授和教育专家担任附属学校顾问；组建各学科国内一流基础教育专家团队，定期驻校指导课程教学，开发校本课程；组织师生开展海洋文化、海洋科技知识学习和创新实践活动，打造海洋特色实验学校。中国海洋大学向附属学校师生开放部分实验室、体育文化场馆等优质教育教学资源，搭建学习交流平台，做到优质资源共享。[2]

2021年9月，中国海大附属实验学校奠基。项目总建筑面积66623平方米，其中初中部建筑面积36584平方米、小学部建筑面积30039平方米，附属学校规模为72个教学班，小学和初中各36个教学班。2023年9月，中国海大附属实验学校举行揭牌仪式暨开学典礼。首届共招收7个班279名学生。其中小学部5个班216名学生，初中部2个班63名学生。

---

① 金松、蒋秋飚：《阔别海大40余载 39中重回"娘家" 中国海洋大学附属中学挂牌》，载《中国海洋大学报》2004年5月20日。

② 《崂山区人民政府中国海洋大学合作共建中国海洋大学附属实验学校协议书》，2021年1月21日。

中国海大再次布局附属学校，对优化崂山区基础教育资源配置、提升区域教育均等化具有促进作用，有利于中国海大教职工子女接受优质义务教育。

中国海洋大学附属实验学校举行揭牌暨开学典礼

第九章
党建与文化传承创新

　　中国海大以习近平新时代中国特色社会主义思想为指导，以党的政治建设为统领，加强党对学校的全面领导，加快形成与一流大学建设相适配的治理体系，整体提升学校治理效能。着力实施深化党的政治建设行动、强化基层党组织组织力行动、提升干部素质能力行动、创新学生思政工作行动、完善监督体系行动、从严管党治党行动，以高质量党建引领保障学校事业高质量发展。

第一节　党建和干部队伍建设

一、加强干部队伍建设

　　中国海大党委紧紧围绕习近平总书记提出的好干部五条标准，全面贯彻落实新时代党的组织路线，建设信念坚定、为民服务、勤政务实、敢于担当、清正廉洁的干部队伍。认真做好新时代选人用人工作，积极推进高素质专业化干部队伍建设，激励各级干部新担当新作为，努力为学校改革发展提供坚强的组织和人才保障。

　　学校党委坚持以政治建设为统领，提升干部政治素质。深入开展党的群众路线教育实践活动、"三严三实"专题教育、"两学一做"学习教育、"不忘初心、牢记使命"主题教育、党史学习教育，进一步强化党员干部的政治意识，激发广大干部自觉担当立德树人根本任务，为党育人、为国育才的积极性和主动性，捍卫"两个确立"，增强"四个意识"，坚定"四个自信"，做到"两个维护"。举办中层正职干部赴中央党校、延安干部学院、上海浦东干部学院、井冈山干部学院学习培训班，着力提升干部的政治敏锐性和政治鉴别力，提高干部把握方向、把握大势、把握全局的能力，提高辨别是非、保持定力、防范风险的能力，引导干部从政治上分析问题、解决问题。

学校党委严格贯彻落实新时代党的组织路线。坚持党管干部原则，始终把配强班子、选好干部作为推进一流大学建设的关键要素，认真组织学习习近平总书记关于干部工作的系列重要讲话精神，学习《党政领导干部选拔任用工作条例》等文件精神。成立学校干部工作领导小组，加强系统谋划，强化分析研判，把加强党对干部工作的领导贯穿干部选拔任用全过程，充分发挥党委在干部选拔任用中的领导、把关和监督作用。

学校党委十分注重选人用人。研究制定《关于进一步加强和改进干部队伍建设的若干意见》《中国海洋大学干部队伍建设规划》《中国海洋大学优秀年轻干部队伍建设规划及实施办法》，抓好干部工作总体布局，明确工作总目标、路线图和时间表。实施《中国海洋大学中层干部选拔任用工作实施办法》《中国海洋大学院级、系级行政领导班子换届调整实施办法》《中国海洋大学聘任制干部聘任管理规定》等系列规章制度并狠抓贯彻落实，逐步健全干部选拔任用长效机制。学校党委严格干部选拔任用程序，重点把好动议审查关、民主推荐关、组织考察关、集体讨论决定关、任前公示和集体谈话关等干部任前"五关"。

学校党委加大干部交流轮岗力度，注重校部机关与学院干部双向交流，注重选拔教学科研一线干部和具有一定管理工作经验的教师到管理岗位任职。着力发现培养、选拔使用优秀年轻干部，安排优秀年轻干部到工作基础比较薄弱、情况比较复杂、任务艰巨的单位或岗位任职，让年轻干部砥砺品质、锤炼作风、增长才干。

突出专业培养，改善干部知识结构。把集中学习和个人自学、在职教育和党校培训、网上培训和线下教育、综合培训和技能提升有机结合，实施《中国海洋大学干部教育培训规划》《干部年度培训班次计划》，建设高素质专业化干部队伍。通过举办纪检干部、办公室主任、辅导员、机关年轻干部等十余个不同岗位干部的专题培训班，实施干部海外培训计划，鼓励干部在职攻读博士学位等，构建分层次、分类别、多渠道、重实效的干部教育培训体系，着力改善干部的知识结构，引导干部强弱项、补短板，推动解决干部"本领恐慌"、能力不适等问题，提升干部适应新形势新任务的能力和水平。

突出实践历练，提升干部能力素质。坚持把实践历练作为提升干部能力素质的重要课堂，通过外派挂职、校内交流任职等，为干部提供多层次多渠道的实践锻炼平台。选派多名干部到国家部委、省直机关借调，赴新疆、云南、海南、贵州等地开展援建、扶贫工作，到青岛市党政机关挂职等，进一步为干部搭建成长历练的舞台，让干部在政治担当中进一步坚定理想信念、开阔视野格局、提升综合能力，在生动的一线实践中贡献力量。

推动严管厚爱成为新常态。党委严格执行干部选拔任用工作纪律，不断加强和改进对干部选拔任用廉政风险点的防控。在干部选拔任用工作中，认真落实"十不准"要求，抓好重点人群和重点岗位管控，通过公布举报电话和邮箱等方式，防止说情打招呼、跑官要官、拉票等行为，进一步提高选人用人工作的透明度和公信力，确保选人用人的公平公正，大力营造风清气正、干事创业的选人用人环境和良好政治生态。

完善干部考核评价机制，实施《中国海洋大学中层领导班子和领导干部年度考核实施办法（试行）》。研究制定《关于进一步激励广大干部新时代新担当新作为的实施意见》，健全干部评优表彰、绩效奖励等激励保障机制，改进完善干部职级晋升、职称评聘制度，引导干部争当高等教育事业改革发展稳定的担当者、实干家，旗帜鲜明地为敢于担当的干部撑腰鼓劲。关怀爱护干部，关心干部成长和身心健康，帮助解决工作生活中的实际困难，努力营造和谐奋进的良好氛围。

贯彻落实干部监督工作联席会议制度，严格执行领导干部报告个人事项制度、因私出国（境）审批制度、经济责任审计制度、诫勉谈话制度、问责制度、任职回避制度、干部兼职管理规定，加大提醒、函询、诫勉工作力度，助推从严管理监督干部常态化。

2010年5月，党委书记于志刚在第九次党代会报告中提出，要以改革创新精神全面加强学校党的建设，坚持党管干部原则，坚持民主、公开、竞争、择优，提高选人用人公信度，促进优秀人才脱颖而出。坚持德才兼备、以德为先用人标准，完善干部选拔任用机制和考核评价办法。要加大干部特别是青年干部的培养培训力度，重视干部队伍的结构优化，健全干部管理机制，努力建设一支结构合理、务实创新、勤政廉洁、精干高效的高素质干部队伍。

2011年，党委认真贯彻《党政领导干部选拔任用工作条例》，坚持德才兼备、以德为先的标准和民主、公开、竞争、择优的原则，严格命题、笔试、答辩等环节，选拔处级干部12人、科级干部61人。严格组织程序，通过民主推荐、考察谈话，顺利完成部分学院和单位领导班子换届及个别干部调整，中层领导班子进一步加强。加强干部教育培养，推荐两名校级领导、选派四名处级干部参加培训班；选派三名共青团干部到地方挂职锻炼。实施《中国海洋大学2011年度中层领导班子及领导干部考核办法》，完善考核指标体系，规范考核程序，加大考核结果的运用力度。同时加强干部作风建设，结合学校新一轮党政管理干部选拔调整工作，学校党委与各级新任和调任管理干部进行集体廉政谈话，要求广大党政管理干部加强党性修养，弘扬优良作风，做廉洁自律的表率。完善制度，规范管理，增强党员干部的党性修养，着力解决一些党员干部在思想作风、学风、工作作风、领导作风和生活作风等方面存在的突出问题，以优良的党风促政风带校风，推动学校事业的健康稳定发展。

2012年以来，学校党委认真学习贯彻党的十八大精神和习近平总书记系列重要讲话精神、全国高校党建工作会议精神，不断加强领导班子和干部队伍建设。2012年坚持"凡晋必竞""凡晋必考"，公开选拔多名处级干部，对新任副处级领导干部考察时增加民主测评环节，实施《中国海洋大学干部离任交接暂行规定》。做好院系行政班子换届、个别调整等干部工作。《中国海洋大学探索构建多维考核测评体系》入选中组部研究室编写的《中央企业、中管金融企业、高等学校人事制度改革100例》，是高等教育领域31所入选高校之一，也是山东省唯一的入选高校。

"凡晋必竞、凡晋必考"在完善学校干部选拔任用机制、提高选人用人公信度、加强干部队伍建设等方面发挥了积极作用。同时，以考试促进学习，把学习作为选拔任用干部的重要依据，形成了注重学习的用人导向，激发了干部学习的内在动力，广大干部深刻认识到学习的重要性，实现了从"要我学"向"我要学"的转变，逐步形成了自觉、主动学习的良好风气，有力地促进了学习型党组织建设和干部队伍素质的提升。[①]

2014年，学校党委完成100名干部的选拔和调整工作，完成部分学院和系级行政班子成员的换届调整。制定相关制度，规范对聘任制干部、"双肩挑"干部及从事创业与经营工作干部的管理。校级领导班子专题民主生活会规范认真，带动中层领导班子民主生活会严肃进行并形成惯例。做好党政领导干部在企业兼职（任职）问题的排查清理、个人事项报告、"裸官"清查、因私出国（境）证件管理等工作。2015年实施《中国海洋大学干部监督工作联席会议制度》《中国海洋大学中层及以上干部因私出国（境）管理暂行办法》，加大对中层以上领导干部的监督管理力度。

2016年，党委进一步规范干部选拔任用和换届轮岗工作，实施《中国海洋大学中层领导干部选拔任用工作纪实办法（试行）》，选拔处级领导干部16人，对50名处级干部、

---

① 中国海洋大学党委组织部：《不断完善选人用人科学机制 努力建设高素质干部队伍——中国海洋大学2011年、2012年干部选拔任用工作报告》，2013年1月21日。

64名中初级职员进行岗位调整，有序推进8个院（系）行政班子换届或届中调整，新聘8名教师为院（系）中层业务干部。认真做好领导干部个人有关事项报告汇总综合、抽查核实，严格规范中层以上干部企业兼职和因私出国（境）审批，依规依据提出对离任的负有经济责任中层正职领导干部进行离任审计，全面加强对干部的管理和监督。

2018年，学校党委改进中层干部选任方式，实施处级领导干部按岗招聘办法、处级领导干部调整工作方案，完成16名处级干部的按岗招聘、47名处级干部的岗位调整、5名处级干部的试用期考核、3名驻外干部的提职晋升工作。深化院级、系级行政领导班子梯队建设，有序推进16个单位院、系两级行政领导班子换届及届中调整工作。2019年实施《中层干部选拔任用工作实施办法》《中层领导班子和领导干部年度考核办法》《三级、四级职员岗位聘任实施办法》《优秀年轻干部队伍建设规划及实施办法》等。选拔任用处级干部13名，对10名试用期满处级干部进行转正考核，完成78名科级及以下管理干部招聘、岗位安排调整和试用期考核。

2019年党委实施书写一流大学建设"奋进之笔"行动。通过面向学校职能部门负责人开展"行远风采论坛"，面向二级党组织书记开展"对标争先"交流，面对各学院院长举办"院长访谈录"活动，搭建起干部工作交流的讲台、风采展示的舞台、学习提升的平台和砥砺奋进的擂台，增强干部推动高质量发展本领、服务师生本领、防范化解风险本领，激励干部真抓实干、埋头苦干、攻坚克难、奋发有为。组织两期职能部门负责人"行远风采"论坛、三期二级党组织书记"对标争先"交流会、三期"院长访谈录"。2020年、2021年两年扎实开展书写一流大学建设"奋进之笔"行动，举办职能部门负责人"行远风采"论坛六期、二级党组织书记"对标争先"交流会四期，发布"院长访谈录"九期。

2020年学校严格执行中层干部选拔任用工作实施办法，三级、四级职员岗位聘任实施办法等，坚持"凡提四必"，坚决防止"带病提拔"。加大干部交流轮岗力度，注重机关职能部门与学院干部双向交流，积极发现培养、选拔使用优秀年轻干部。选拔任用处级干部13名，其中12名具有学院一线工作经历，9名来自一线，9名提拔时年龄在45岁以下，占比69.2%。

2021年干部队伍建设更加优化。党委制定修订10项干部工作规章，完善干部选拔任用机制。完成16个院、系行政班子换届及届中调整。加强干部交流轮岗和优秀年轻干部选拔使用，选拔任用中层干部24名，其中16名在40岁以下，13名为一线业务干部；完成30名中层干部岗位调整和转正考核，以及98名科级以下干部招聘、调整和试用期考核；选派13名优秀干部赴校外挂职交流，推荐16名党外代表人士到有关民主党派青岛市委会任职。

2022年，坚持新时代好干部标准，树立重实干重实绩鲜明导向，选优配强各级领导班子。完成学校行政领导班子换届，优化班子成员分工。完成12个院、系行政班子换届及届中调整。新提拔中层干部38名，完成30名中层干部试用期满转正考核、45名中层干部岗位调整，以及128名科级以下干部招聘、调整、试用期考核和预聘期考核。选派12名优秀干部人才赴校外挂职交流，加强干部实践历练。

二、加强基层党组织建设

党的基层组织是党的全部工作和战斗力的基础，是党执政的组织保证。学校党委紧紧围绕立德树人根本任务和一流大学建设主线，全面落实党委主体责任，努力推动全面从严治党向基层延伸，提升基层党组织的战斗力、凝聚力、创造力。

一是健全组织体系，建强骨干队伍。完善党组织设置形式，将教工党支部建在系所、实验室、部门，学生党支部建在专业、年级、班级；选好配强党支部书记，每年定期举办党支部书记培训班、党员骨干训练营，提升党支部书记的党性修养和党务工作能力；加强组织员队伍建设，聘任各分党委、党总支（直属党支部）书记、副书记和党群部门负责人担任党委兼职组织员，选聘经验丰富的退休党员干部担任特邀党建组织员，严把发展党员"入口关"。

二是创新工作方式，丰富活动形式。建设党建网站和微信平台，加强党组织与外出交流学习、实习的入党积极分子、发展对象和党员的联系沟通，探索系统性开展入党积极分子和新党员网上学习培训，推动参训学员将网上自主学习与线下交流研讨相结合；拓展校外党性教育培训基地，组织党支部书记、党员赴延安、井冈山等地开展党性教育；组织学生党员、入党积极分子参加党支部"学党章、强党性"微课设计大赛、先锋故事分享会、社会志愿服务等活动；制定并实施《中国海洋大学基层党建创新项目管理办法》，2011—2015年共确定立项项目229项，全校28个分党委、党总支均获批立项，参与率达到100%。

三是完善制度机制，加大经费保障。从严从实开展"三会一课"等党内生活，实现制度化、常态化，发扬群众路线教育实践活动和"三严三实"专题教育民主生活会经验，进一步严肃民主生活会和党支部组织生活会；每年"七一"前评选表彰校级先进党支部、优秀共产党员和优秀党务工作者，营造"比学赶超"的浓厚氛围；设立党建创新活动专项经费，列入学校年度预算，并逐步加大投入力度，为学校基层党组织建设提供保障。[①]

2018年，学校一个教工党支部书记工作室入选首批全国高校"双带头人"教师党支部书记工作室建设名单，两个党支部入选"全国党建工作样板支部"。2019年，海洋与大气学院海洋气象学系教工党支部入选第二批"全国党建工作样板支部"培育创建单位，医药学院教工党支部书记工作案例入选全国基层党组织书记培训教材。2020年，政治学系教工党支部书记工作室入选第二批全国"双带头人"工作室，两项成果入选山东省高校基层党组织书记抓基层党建突破项目优秀成果。2021年，推进实施"对标争先"建设计划和教师党支部书记"双带头人"培育工程，全面推行党支部评星定级管理。"双带头人"教师党支部书记达100%，管理学院"红旗智援博士团"党支部入选全国高校百个研究生样板支部创建单位。2022年，学校党委入选全省党建工作示范高校培育创建单位，水产学院党委等6个基层党组织入选全国、全省党建工作标杆院系、样板支部培育创建单位。

三、加强党员发展工作

学校党委历来高度重视发展党员工作，严格按照《中国共产党章程》和《中国共产党发展党员工作细则》等党内法规，保证了发展党员工作的高质量。

学校党委以加强在优秀大学生中发展党员工作为重点，严格标准、严格培养、严格程序，不断提高发展党员工作规范化水平。2011—2022年共发展党员16077人，其中学生党员占比为99.3%，培训入党积极分子29917人。[②]

资料显示，发展党员人数与培训入党积极分子人数正向相关，后者是前者的两倍还多。这表明学校在青年学生中发展党员有着深厚基础和较大选择余地，做到了优中选优。建党百年之前，培训入党积极分子人数和入党人数逐渐增长，党员发展的工作力度更大。客观地说，在高等学校中尤其是国家重点大学中发展优秀青年学生入党，是我们党发展壮大、保持旺盛生命力的基本保障，攸关党的执政基础和前途命运。历届海大党委和二级党组织深谙其理，始终视其为学校党建工作的重中之重，一以贯之于高质量高标准发展，为党源源不断输送新鲜血液作出了应有贡献。

在这一时期的党员发展实践中，学校形成了一些有效做法和成功经验。

一是完善工作制度，提升工作规范性。及时修订发展党员工作实施细则，完善发展

---

① 《中国海洋大学党委着力加强学校基层党组织建设》，教育部网，http://www.moe.gov.cn/jyb_xwfb/s6192/s133/s195/201604/t20160418_238764.html.

② 据中国海洋大学党委组织部提供材料整理。

党员工作制度，明确学生入党的基本条件和负面清单，启用发展党员公示系统，严格落实"三谈话四投票四公示"要求，规范工作流程。制定《入党材料填写规范》，设计完善36个发展党员工作表格，建立入党材料五级审核机制，严把入党材料质量关。每学期初发布《发展党员工作提醒》，明确时间节点，定期调度工作进展，确保发展党员各环节按时完成。每年年底对全校入党积极分子队伍情况进行全面摸底，综合考虑各学院学生和入党积极分子数量，精准制定发展党员工作计划，并对教师等高知识群体、少数民族和退役大学生单列指标。

二是注重入党启蒙，激发入党积极性。各学院党委坚持早引导、早教育、早发现、早培养，党委组织部统一制作入党启蒙教育课件，各学院党委负责人、专职组织员结合学院实际，在新生入校后利用"开学第一课"、军训等载体开展入党启蒙教育。通过党支部书记介绍先进事迹，优秀学生党员代表分享入党故事，设置迎新党员先锋岗，组建学生党员先锋队开展志愿服务，选拔优秀党员作为新生"朋辈导师"等方式，切实发挥示范引领作用，不断提升党组织的吸引力和号召力。重视在优秀青年教师中发展党员，学校党委常委、学院党员领导干部、党员学科带头人各自联系一位优秀青年教师，成熟一个发展一个。分党委书记、教师党支部书记，在非党员教师入职后进行"一对一"谈话，引导他们积极向党组织靠拢。

三是强化教育培训，提高培训针对性。严把培养考察关，实现对入党积极分子动态管理。按照统一计划、统一教材、统一考试、统一发证的原则，由学校党校牵头统筹组织开展入党积极分子培训和党员发展对象培训。积极推进网上党校建设，建成并启用入党教育培训系统，面向入党申请人、入党积极分子和党员发展对象三个群体，在课堂授课、专题讲座等传统教育培训方式的基础上，组织在线学习与考试。面向发展对象连续多年开展"信仰的力量"主题演讲比赛，组织参加志愿服务、社会实践等，理论与实践相结合，不断提升培训实效。在高知群体发展党员计划单列的基础上，结合教职工的特点，优化入党积极分子和发展对象培训课程，开设培训班，增强培育针对性。

四是加强队伍建设，增强工作有效性。聘任离退休党务干部担任特邀党建组织员，聘任二级党组织负责人和机关从事党务工作的处级干部担任兼职组织员，在每个学院配备专职组织员，建立专兼职相结合的组织员队伍。定期举办组织员培训班和工作交流会，全面加强组织员队伍建设。规范设置党支部委员会，推荐党务强、业务精、有威信、肯奉献的同志担任党支部书记，每年举办党支部书记、委员培训班，强化发展党员工作业务知识培训。落实发展党员工作责任制，将发展党员工作作为二级党组织书记述职评议考核的重要内容，切实强化各级党组织书记、组织员抓发展党员工作的责任意识。[①]

四、加强党风廉政建设

加强党风廉政建设是保持和发展党的先进性、推进中国式现代化建设的必然要求。2011年以来，学校党委贯彻中央关于党风廉政建设和反腐败工作的部署与要求，严格落实党委主体责任，积极支持校纪委履行监督职责，从严监督执纪问责，持之以恒正风肃纪，扎实推进党风廉政建设和反腐败工作，为学校改革发展稳定提供有力保证。

学校第九次党代会以来，党委不断加强党风廉政建设，着力营造风清气正的干事创业环境。坚持标本兼治、综合治理、惩防并举、注重预防的方针，不断完善党委统一领导、党政齐抓共管、纪委组织协调、部门各负其责、依靠群众支持和参与的反腐倡廉领导体制和工作机制，以完善惩治和预防腐败体系为重点，切实加强反腐倡廉建设。倡导和践行密切联系群众之风、求真务实之风、艰苦奋斗之风、批评和自我批评之风，加强党员干部的作风建设，提高党性修养，改进工作作风，增强服务意识，提高工作效率。认真落实党风廉政建设责任制，建立健全监督制约机制，大力推进校务、院务公开，严格执行领导干部廉洁自律准则和各项规定。

2011年，学校认真贯彻落实党中央、国务院和中纪委关于党风廉政建设和反腐败工作的部署要求，坚持党委统一领导、党政齐抓共管，把反腐倡廉建设列入党政重要议事日程，与教学、科研和其他行政管理工作一起部署、一起检查、一起考核，加强对行政权力运行的制约和监督。修订《中国海洋大学关于落实"三重一大"制度的规定》，保证决策的民主化、规范化和科学化。完成《中国海洋大学规章制度汇编（第二卷）》的编纂工作，收录全校各类规章制度200余条，从源头上预防和制止腐败。制定并下发《中国海洋大学关于实行党风廉政建设责任制的规定》，进一步推进党风廉政建设责任制的全面落实。认真做好基建、招生、招标等工作的监察工作，加强财务管理监督，妥善处理纪检来信来访。2012年顺利通过教育部"三重一大"专项检查，获得充分肯定。

党的十八大以来，以习近平同志为核心的党中央以雷霆万钧之势推进反腐败斗争，激荡清风正气，凝聚党心民心，为党和国家各项事业发展提供了坚强保障。2012年12月，习近平总书记主持中央政治局会议，审议通过中央政治局关于改进工作作风、密切联系

[①] 据中国海洋大学党委组织部2010—2020发展党员工作总结整理。

群众的八项规定。①八项规定为中国海大党风廉政建设提供了锐利武器。学校深入贯彻落实中央八项规定精神，持之以恒地反对"四风"，结合工作实际，多措并举，着力推进党风廉政建设。

第一，进一步完善规章制度。出台《中国海洋大学关于专职党政管理干部到全资、控股或参股公司从事创业与经营工作的管理规定（试行）》《中国海洋大学教职工出国（境）管理办法》，修订《中国海洋大学机关工作人员积极作为与否定报备制度》《中国海洋大学工作人员首接负责制度》《中国海洋大学行政工作事务限时办理制度》等七项机关作风系列制度。制定《机关作风考评实施方案》，从工作纪律、办事效率、服务质量、会风文风、廉洁自律等方面对机关各单位进行考评，考评情况作为学校对部门和班子年度考核的重要依据。

第二，加强预警防控。下发《中国海洋大学纪委关于以纪检监察网站通报内容为警示进一步加强作风建设的通知》，采取多种形式及时组织广大党员干部，学习各级纪检监察机关网站公布的违反中央八项规定典型案例，以通报的典型案例为戒，加强警示教育，认真开展自查自纠，狠抓整改落实。对发现的问题，立查立改、坚决纠正；对存在的苗头性、倾向性问题，早提醒、早教育、早预防，防止小毛病演变成大问题。同时，学校紧盯春节、清明、"五一"、端午等重要时间节点，发布通知、廉政短信或邮件，提醒各单位及党员领导干部严格遵守中央八项规定精神，做到节日期间廉洁自律。

第三，加强警示教育。学校为党员干部发放《十八大以来廉政新规定》学习读本，用《廉政新规定》为党员干部拉牢"警戒线"。同时，订购《"蚁贪"之祸》《蜕变——领导干部违纪违法案件剖析》《反腐前线》等专题教育片，组织财务、国资、招投标、科技等相关部门工作人员学习观看，提高有关岗位人员的廉洁意识。学校定期组织党政管理干部参观青岛市反腐倡廉教育基地，观看在全国和青岛市有重大影响的典型案例图片展览及警示教育片《失德之害——领导干部从政道德警示录》。学校纪委积极汇总党风廉政建设相关材料及各级纪检监察机关通报的违反八项规定精神的典型案例，不定期编发《纪检监察信息》。

第四，做好廉政谈话。学校党委结合处级领导干部选拔调整工作，分别组织召开正、副处级干部调整座谈会，由党委书记和纪委书记对新任与调任的处级干部进行任前廉政集体谈话。根据《中国海洋大学关于实行党风廉政建设责任制的规定》的要求，党委书

---

① 八项规定：2012年12月4日，中共中央政治局审议通过的《关于改进工作作风、密切联系群众的八项规定》的简称。

记代表党委与新任和调任的正处级领导干部签订《中国海洋大学党风廉政责任书》和《中国海洋大学领导干部廉洁自律承诺书》，进一步明确责任、目标和要求。

第五，强化责任追究。学校纪委畅通信访举报渠道，公布举报电话、举报邮箱，加大监督、执纪、问责力度，严查"四风"和"庸懒散""门难进脸难看事难办"以及公款吃喝、公款旅游、公车私用、违规发放钱物等违纪现象。对贯彻不力、在职责范围内发生严重问题，造成恶劣影响的，严肃追究相关负责人的责任。

2016年，制定关于践行监督执纪"四种形态"的实施意见以及关于对领导干部提醒、函询和诫勉的实施办法等，努力践行监督执纪"四种形态"。加强纪律审查，强化责任追究，严肃查处了六名违纪党员。加大处分问责通报曝光力度，以身边人和事开展警示教育。

2017年深化落实中央八项规定精神，加大对隐形变异"四风"问题查办力度，持之以恒正风肃纪。设立"机关作风评议系统"，改进和完善机关作风考评办法，加大日常考评力度。制定和修订"党风廉政建设工作检查办法"等六项规章制度。推进校领导班子成员落实"一岗双责"，开展自查自纠与随机抽查，促进二级单位领导班子和领导干部履行党风廉政建设责任。对基建、招生、采购等重点领域和关键环节，推进职能监督，强化风险防控。在全校范围内组织开展"小金库"问题再清理工作。给予3人党纪处分，通报查处违纪违规问题4人次。2018年全面从严治党和反腐败工作深入推进。受理信访举报19件次，处置问题线索9件次，函询5人次，提醒谈话5人次，给予诫勉3人次，推动"第一种形态"[1]落实落细，促进党员干部廉洁自律、规范履职。

2020年出台《关于推进全面从严治党主体责任落实的若干措施》，制定《中共中国海洋大学委员会、党委书记、党委领导班子其他成员落实全面从严治党责任清单》，切实落实全面从严治党主体责任。制定《整治形式主义官僚主义问题若干措施》，强化力戒形式主义官僚主义的政治自觉、思想自觉和行动自觉。制定实施《领导干部插手干预重大事项记录暂行办法》，紧盯重点领域和"关键少数"，强化对权力运行的制约和监督。

五、注重巡视巡察工作

2011年10月13日，教育部巡视组进驻中国海大开展为期21天的巡视工作。巡视组驻校期间，通过听取专题汇报、列席有关会议、个别谈话、召开座谈会、调阅资料、对学校党政领导班子进行民主测评、问卷调查、接待来信来访听取意见和建议等方式，对学校坚持

---

[1] "第一种形态"：纪律监察专用名词，指"让咬耳扯袖、红脸出汗成为常态"。

党的教育方针、贯彻执行党的路线方针政策和部党组的决议与决定的情况、推进改革发展稳定重大问题的情况、落实新修订的《中国共产党普通高等学校基层组织工作条例》与执行民主集中制和党委领导下的校长负责制的情况，选拔任用干部的情况、执行党风廉政建设责任制和自身廉政勤政的情况，以及开展作风建设的情况等方面进行巡视。教育部巡视组对学校工作和学校领导班子、党政一把手给予肯定，同时也指出学校办学中存在的问题和不足，并对解决问题提出了指导性的意见和建议，对于促进学校事业的健康、科学发展起到了积极作用。

2016年，根据教育部党组部署，第三巡视组和选人用人工作专项检查组，分别对学校进行了为期5周的巡视和7天的专项检查。学校党委高标准、严要求、守纪律，以高度的政治责任感配合巡视组和检查组完成相关工作。2017年根据教育部巡视组反馈的巡视意见和整改要求，学校党委坚持问题导向与目标导向，系统谋划、突出重点、整体推动，明确责任、协同联动、加强监督，针对48个具体问题制定出71项整改措施，形成整改台账，规定完成时限，以坚决的态度、积极的举措、务实的作风，较好地全面完成整改任务，有力推动学校全面从严治党不断深化、党的领导不断加强。

2020年根据教育部党组部署，第七巡视组和师德师风专项检查组、选人用人工作专项检查组分别对学校党委进行新一轮的政治巡视和专项检查。学校党委严格按照要求，提供翔实材料、提供谈话走访条件，以高度的政治责任感全力配合巡视组和检查组开展工作，全面落实反馈问题整改，促进学校事业持续高质量发展。

开展校内巡察，是高校党委落实全面从严治党主体责任，推动基层党组织党建工作的重要抓手，是学校"双一流"建设的坚强保障，也是学校各级党组织加强政治建设、推进工作落实的迫切需要。2019年5月，学校党委成立巡察工作领导小组，强化对巡察工作的统筹和领导。制定《中共中国海洋大学委员会巡察工作规划（2019—2022年）》《中共中国海洋大学委员会2019年巡察工作计划》，为巡察工作扎实开展提供坚强组织保证。

6月17日，召开全面从严治党工作推进会暨巡察工作动员部署会，全面启动校内巡察工作。党委书记田辉要求各级党组织和党员领导干部要提高政治站位，准确把握高校巡察工作的本质，以高度的政治自觉全力支持配合做好校内巡察工作。要强化整改落实和成果运用，扎实做好巡察"后半篇文章"，以高质量党建引领学校事业高质量发展，不断开创学校世界一流大学建设新局面。校长于志刚强调，各级党组织特别是主要负责同志要进一步强化政治担当，把全面从严治党的要求贯穿于党的建设各个方面，落实到办学治校、立德树人全过程。各级党组织要把接受巡察监督作为纠正偏差、改进工作、促进发展的契机和动力，并在全校范围内形成自觉接受巡察、全员配合巡察、全面保障巡察、全力整改落实的良好氛围。[①]

6月20日至9月19日，首轮巡察在管理学院党委、材料科学与工程学院党委和后勤党委同时进行。巡察组站在政治巡察的高度，围绕党的政治建设、思想建设、组织建设、作风建设、纪律建设和夺取反腐败斗争压倒性胜利等六个方面深入监督检查，全面进行政治体检，指出问题和不足，提出有针对性的意见建议。被巡察二级党组织主要负责人表示，认真按照巡察反馈要求，聚焦问题，立行立改，扎实抓好巡察整改工作，真正把巡察工作成果运用到推动事业发展上来。

2020年9月，印发《中共中国海洋大学委员会巡察工作办法》，对机构和职责、巡察范围和内容、工作方式和权限、工作程序、纪律要求等作出明确规定。完成第四轮、四个二级党组织的巡察，同步开展意识形态工作专项巡察。对前三轮巡察整改落实工作进行监督检查，督促整改落实，以巡察整改实际成效推动工作、促进发展。

2021年，组织开展四轮巡察，累计完成8轮、29个二级党组织的常规巡察，实现了学校党委一届任期内巡察全覆盖的目标。

实践证明，开展校内巡察，对于落实党要管党、全面从严治党要求，对于及时发现基层组织在政治建设中的不足与问题，及早提醒及预防，对于推动学校建设与发展重大措施的落实落地，起到了积极促进作用。

第二节　理论教育和宣传思想工作

一、不断加强政治理论教育

学校第九次党代会报告中提出，要加强思想理论建设，着力提高党员、干部思想政治素质。要坚持把思想理论建设放在首位，大力推进学习型党组织建设，健全学习制度，拓展学习内容，创新学习方法，保证学习效果。

2011年，学校积极推进学习型党组织建设。实施《中国海洋大学党委中心组学习计划》。以创先争优活动为契机，组织全校党员在理论学习上下功夫，用科学发展观武装头脑。创新党委中心组学习内容与形式，紧密联系学校实际，邀请知名专家学者来校讲座，围绕党建、教育管理、马克思主义理论、人才战略、文化建设等开展专题学习，参加范

[①] 林鑫：《全面从严治党工作推进会暨巡察工作动员部署会召开》，载《中国海洋大学报》2019年6月20日。

围由党委中心组成员扩大至中层干部乃至全校管理干部，着力提高干部的理论水平和依法治校、科学管理的能力。学校及时更新"干部在线学习中心"课件，完善创先争优活动专栏，设专题29个、视频课件836个、文字资料4500份。通过集中学习、专家辅导、推荐资料、个人自学、校内媒体主题宣传等方式，引导党员、干部和教职工深刻把握中国特色社会主义理论体系和党的路线方针政策，积极践行社会主义核心价值体系。

2013年学校深入开展中国特色社会主义和"中国梦"宣传教育活动，引导师生在学习的基础上强化对"中国梦"的理解和践行，增强道路自信、理论自信、制度自信。继续加强党委中心组（扩大）专题学习，邀请中央党校、国家海洋局等单位的专家来校讲座7次。拓展教育培训渠道，积极推荐干部参加校内外学习培训。开展中层以上领导干部深入学习贯彻党的十八大精神集中轮训工作，安排7个专题研讨班，组织了25次专题研讨。

2014年至2016年，学校认真学习宣传贯彻党的十八届四中、五中、六中全会精神，立足学校实际，将学习活动与贯彻落实习近平总书记系列重要讲话精神相结合，与深入开展"三严三实"专题教育、"两学一做"学习教育相结合，与巡视整改工作相结合，与迎接学校第十次党代会的召开相结合，通过专题辅导、研讨会、座谈会等方式，浓郁学习氛围，切实增强师生员工拥护党的路线方针政策的自觉性、坚定性。

党的十九大召开后，学校党委理论学习中心组（扩大）集体学习党的十九大精神，重点学习党的十九大对党章作的重要修改，党的十九大报告中关于教育、科技和海洋等方面的重要论述。组织全校师生认真学习宣传贯彻习近平新时代中国特色社会主义思想，增强"四个意识"，坚定"四个自信"，引导师生在思想上、政治上、行动上同以习近平同志为核心的党中央保持高度一致，以习近平新时代中国特色社会主义思想指导学校事业发展。

2018年，学校继续认真学习宣传贯彻党的十九大精神，不断巩固全校师生团结奋斗的思想理论基础。同时，深入学习领会习近平总书记视察山东重要讲话、纪念马克思诞辰200周年大会上的重要讲话和庆祝改革开放40周年重要讲话精神，通过党委理论学习中心组（扩大）学习、网上专题班、专题培训班、竞赛答题、演讲比赛等方式，组织党员干部读原著、学原文、悟原理，学深悟透，做合格党员。

2020年，学校认真组织学习贯彻党的十九届五中全会精神，深刻领会准确把握全会精神，做好全会精神学习宣传和研究阐释，引导广大师生将贯彻落实全会精神同推进学校改革发展、推动一流大学建设、科学编制"十四五"规划相结合。2020年6月，经中共中央宣传部宣传舆情研究中心批准，"中国海洋大学学习强国号"正式开通，学校成为全国第22所、山东省第一所开通"强国号"的高校。截至2022年8月，学校建立"学习强国"学习组织32个，学员总数10712人。

2022年5月，学校印发《中共中国海洋大学委员会关于推动党史学习教育常态化长效化的工作方案》，进一步巩固党史学习教育成果。在学校开展党史学习教育期间，教育部党史学习教育高校第八巡回指导组六次到校，深入一线调研，对学校的党史学习教育工作给予高度评价。

2022年10月16日，中国共产党第二十次全国代表大会在北京人民大会堂隆重开幕，习近平代表第十九届中央委员会向大会作报告。这次大会是在全党全国各族人民迈上全面建设社会主义现代化国家新征程、向第二个百年奋斗目标进军的关键时刻召开的一次十分重要的大会。当日上午，学校党委理论学习中心组成员、师生员工收听收看开幕会实况。大家一致认为，习近平总书记的报告全面总结过去五年的工作和新时代十年的伟大变革，科学谋划未来五年乃至更长时期党和国家事业发展的目标任务与大政方针，提出了一系列新思路、新战略、新举措，令人鼓舞，催人奋进。大家纷纷表示，要深入学习、贯彻落实党的二十大精神，深刻领会"两个确立"的决定性意义，增强"四个意识"、坚定"四个自信"、做到"两个维护"，全面贯彻习近平新时代中国特色社会主义思想，把学习成效转化为推动学校一流大学建设的实际行动，坚持立德树人根本任务，坚守为党育人、为国育才的初心使命，全面提高人才培养质量，着力造就拔尖创新人才，加快实现海洋科技高水平自立自强，为建设海洋强国、实现中华民族伟大复兴的中国梦作出应有的贡献。[①]

学校迅速掀起学习贯彻党的二十大精神的热潮，党委下发《关于深入学习宣传贯彻党的二十大精神的通知》，要求把学习宣传贯彻党的二十大精神与深入贯彻习近平总书记考察中国海大三亚海洋研究院重要讲话精神紧密结合起来，与学校新一轮"双一流"建设和"十四五"规划落实紧密结合起来，与筹备召开学校第十一次党代会紧密结合起来，认真对照党的二十大明确的任务要求，结合实际进一步细化、实化、具体化，加快推进学校各项事业发展。11月24日，党委书记田辉以《深入学习贯彻党的二十大精神 加快建设特色显著的世界一流大学》为题，向学校干部师生宣讲党的二十大精神，全校260余名干部师生代表参加报告会。

2021年对《中国海洋大学党委理论学习中心组学习制度实施细则》进行修订，进一

---

① 王红梅：《中国海洋大学师生收听收看党的二十大开幕会实况 反响热烈》，观海听涛新闻网，http://news.ouc.edu.cn/2022/1016/c91a110484/page.htm。

步推进党委理论学习中心组学习制度化、规范化。经过多年探索，学校党委理论学习中心组学习形成了"常规学"与"重点学"相结合、"一人读"与"大家谈"相结合、"走出去"与"请进来"相结合、"集中学"与"个人学"相结合、"系统学"与"调研学"相结合的学习模式，为提高领导干部的理论水平和工作能力，加强领导班子思想政治建设发挥了重要作用。

二、积极开展党内集中教育

党内集中教育活动是党进行思想与作风建设的重要途径和方式。自2010年以来，先后开展了创先争优活动、党的群众路线教育实践活动、"三严三实"专题教育、"两学一做"学习教育、"不忘初心、牢记使命"主题教育、党史学习教育等党内集中教育，筑牢全面从严治党的思想根基，汇聚起推动学校改革发展稳定各项工作的正能量。

按照党中央的统一部署，学校从2010年5月到党的十八大召开前，分两个阶段，在全校基层组织和广大党员中深入开展创建先进基层党组织、争当优秀共产党员活动（简称创先争优活动）。学校各级党组织和广大共产党员，以"创先争优建功立业，科学发展谋海济国"为主题，积极投身到活动中。2011年9月，学校召开创先争优活动推进会，总结交流前一阶段创先争优活动开展情况，研究部署下一步创先争优活动，认真开展第二轮"承诺、践诺、评诺"工作，逐步形成争创一流、推动发展的良好局面，涌现出一批先进基层组织和优秀模范人物。到2012年全校427个基层党组织、6347名党员全部接受群众评议，满意率达99%。深入实施基层党建创新工程，坚持党内典型培育和评优表彰机制，选树和表彰校内先进党支部、优秀共产党员、优秀党务工作者，多个基层党组织、多名共产党员受到省市表彰。

2013年7月至2014年3月，根据教育部党组的统一安排，学校作为第一批参加单位，以学校和中层领导班子、领导干部为重点，在全校党员中深入开展党的群众路线教育实践活动。聚焦"四风"问题和师生反映强烈的突出问题，切实抓好学习教育、听取意见，查摆问题、开展批评，整改落实、建章立制三个环节的活动，指导和督促校内各二级单位扎实推进各项任务。[①]教育实践活动使党员、干部得到了党性锻炼，增强了践行党的群众路线的自觉性；进一步加强了校院两级领导班子建设；党员、干部的作风进一步转变，促进了学校事业发展；着力解决了一批关系师生切身利益的问题。之后，学校有计划、有步

----

① 关于印发《中国海洋大学2013年党政工作总结》的通知，2014年1月27日。

骤、有重点地稳步推进教育实践活动整改工作。①2014年底，学校"两方案一计划"整改基本完成，78项整改任务完成76项，其中全校党政机关已清理腾退办公用房3000余平方米，逐步调配为教学科研用房，学校领导班子成员个人整改落实方案中的60项整改任务基本完成。师生反映强烈的突出问题得以较好的解决，领导班子和领导干部作风改进成效明显，长效化的制度机制体系逐步健全完善，基本形成了作风改进有新面貌、服务师生有新气象、推动发展有新成效的良好格局。②

2015年，扎实推进"三严三实"专题教育。各分党委、党总支（直属党支部）书记认真履行第一责任人职责，精心制定领导班子和个人的整改方案，开好专题民主生活会和组织生活会。通过专题教育，巩固和拓展了党的群众路线教育实践活动成果，改进和加强了作风建设，积极向上、干事创业、风清气正的氛围更加浓厚。

2019年扎实深入开展"不忘初心、牢记使命"主题教育。各级党组织和广大党员、干部深入学习践行习近平新时代中国特色社会主义思想，增强了守初心、担使命的思想自觉和行动自觉，强化了宗旨意识和为民情怀，解决回应了师生关切的问题，党组织的凝聚力、战斗力进一步增强。实施党组织"对标争先"建设计划和教师党支部书记"双带头人"培育工程，"双带头人"教师党支部书记实现全覆盖。落实党员院长担任学院党委（党总支）副书记制度，实行党员部处负责人担任党支部书记。各党支部深入开展"对标自查，争先创优"大讨论活动和"一支部一品牌"建设。

2021年是中国共产党成立100周年，是全面建成小康社会、向第二个百年奋斗目标迈进的一年，具有里程碑意义。学校结合实施"十四五"规划，扎实开展党史学习教育，按照"学史明理、学史增信、学史崇德、学史力行"总体要求，以学党史、悟思想、办实事、开新局为目标，把党史与校史中的红色基因相结合"学党史"，把学懂弄通党的创新理论与树人立新、谋海济国使命担当相结合"悟思想"，把坚持人民立场与回应师生关切相结合"办实事"，把新发展理念与学校一流大学建设相结合"开新局"，"四个结合"有力推进党史学习教育走深走实。通过党史学习教育，广大师生员工对习近平新时代中国特色社会主义思想的认识显著提升，实现伟大梦想的精神动力显著提升，立德树人和服务人民的使命感显著提升，抗击风险和推进事业发展的担当精神显著提升，"四个提升"充分彰显了党史学习教育成效。各级党组织完成办实事650项，办结率95%。《光明日报》分

---

① 李华昌：《中国海洋大学党的群众路线教育实践活动总结大会召开》，观海听涛新闻网，http://news.ouc.edu.cn/2014/0306/c91a59609/page.htm。

② 关于印发《中国海洋大学2014年党政工作总结》的通知，2015年2月9日。

别以《将谋海济国的信念书写在蔚蓝大海上》《青春向党　逐梦深蓝》《汲取精神滋养向海图强》为题,报道中国海大党史学习教育成效。6月6日至17日,中央电视台举办"全国大学生党史知识竞答大会",来自全国100所高校的100名青年学子参与。海洋与大气学院2020级物理海洋学博士生李卓然通过选拔代表学校参加竞答大会。经过五星抢位赛、五星挑战赛、五星直通赛等环节,李卓然以厚实的党史知识、稳定的临场发挥,最终获得第三名[①],展现了中国海大学子的青春风采,为学校赢得了荣誉。

三、加强和改进宣传思想工作

这一时期,学校宣传思想工作自觉担负举旗帜、聚民心、育新人、兴文化、展形象的使命任务,始终高举马克思主义、中国特色社会主义的旗帜,坚持不懈地用习近平新时代中国特色社会主义思想教育师生、推动工作;始终牢牢把握正确的舆论导向,唱响主旋律,传播正能量,鼓舞提振师生精神气;始终坚持立德树人、以文化人,不断提高师生思想觉悟、道德水准、文明素养,培养能够担当民族复兴大任的时代新人;始终坚持中国特色社会主义文化发展道路,构建"四位一体"文化传承创新新格局,激发师生文化创新创造活力;始终坚持推进国际传播能力建设,积极引领海洋文化创新发展和传播,真实、立体、全面展现海洋科教事业发展,为学校建设特色显著的世界一流大学、为全面建设社会主义现代化国家贡献力量。

（一）加强马克思主义学院建设

推进马克思主义学院建设,是新形势下汇集力量深化拓展马克思主义理论研究和教育、加强党的思想理论工作的重要抓手。[②]2015年9月,中央宣传部、教育部印发《关于加强马克思主义学院建设的意见》,2017年3月,学校在社会科学部的基础上组建马克思主义学院。2018年,获批马克思主义理论一级学科硕士授权点,入选山东省示范马克思主义学院。

2019年6月,学校成立以党委书记、校长为组长的马克思主义学院建设领导小组,由党委常务副书记张静兼任马克思主义学院院长（2023年6月,由蔡勤禹教授接任）。7月,围绕马克思主义学院建设的组织领导、思政课教学、师资队伍建设、马克思主义理论学科建设等问题进行专题研究,进一步明确了马克思主义学院建设的定位、目标和重点任

① 宋乐、左伟:《海大学子获全国大学生党史知识竞答大会第三名》,载《中国海洋大学报》2021年6月25日。
②《中国共产党宣传工作简史》,人民出版社出版2022年版,第577页。

务。党委书记田辉强调，学校要把马克思主义学院作为重点学院建设，把马克思主义理论学科作为重点学科建设，把思政理论课作为重点课程建设，通过改革创新，不断增强思想政治课的思想性、理论性和亲和力、针对性；做好战略发展规划，明确发展目标，凝练学科方向，加强队伍建设；建立有效机制，统筹协调，推动马克思主义学院建设方案落实落地。校长于志刚要求，马克思主义学院要把上好思政课，做好思政教育作为开展科学研究、学科建设的首要目标；要遵循"重特色、求质量，先做强、再做大"的学科发展策略，不断提升学科建设的质量和水平；要加强与校外马克思主义理论研究机构的联系，积极拓展思政课师资引进的渠道；思政课教师要坚定理想信念，提升境界情怀，努力提升思政课教学水平和实效。[①]

2019年9月，《中国海洋大学关于进一步加强马克思主义学院建设的实施方案》公布实施。该方案包含组织领导与管理、思想政治理论课教学管理、师资队伍建设、马克思主义理论学科建设、社会服务与社会影响、党的建设与思想政治工作等六个方面，全面推进马克思主义学院建设。资料显示，三年多来，该院教师增至63人，增长一倍多。新进教师全部具有博士学位，学历结构明显改善。教师中获评教育部思政课教学能手1人、山东省教学名师1人、驻鲁高校优秀思政课教师2人，入选山东省"理论人才百人工程"2人，青岛市优秀教师2人、驻青高校十佳思政名师3人。课程建设和教学成果进步明显，获教育部思政课展示二等奖，2门课程入选山东省思政课"金课"和本科一流课程，2022年获山东省教学成果特等奖、一等奖、二等奖各1项。[②]

（二）不断提高新闻传播水平

2021年实施《中国海洋大学新闻宣传工作管理办法》，为学校事业发展提供舆论支持和精神动力。包含总则、新闻宣传工作的组织与领导、新闻发布、新闻报道、公共舆论危机类事件报道、校外媒体采访、责任追究等内容，该办法的实施，促使学校的新闻舆论传播力、影响力不断提升。

树立精品和名报意识，办好《中国海洋大学报》。至2010年，校报六届12年蝉联山东省报刊行业出版质量综合评估优秀，荣获全国好新闻奖5项，其中一等奖4项。2015年，新闻中心对新媒体建设进行系统调研，针对新媒体呈现出的以小博大、多向互动和精准传播的规律，提出创意为先、定向定制和精工细作的工作原则，通过做强微博号、做精短

---

① 杨晓斌：《中国海洋大学召开马克思主义学院建设领导小组会议》，观海听涛新闻网，http://news.ouc.edu.cn/2019/0708/c91a94811/page.htm。
② 据中国海洋大学马克思主义学院领导班子2022年度工作总结整理。

视频、做专微信号，打造"海味"传播引擎。2019年，学校对"观海听涛"站群改版升级，吸收最新技术，实现传统媒体和新媒体的深度融合。引入区块链技术，为原创作品赋予不可篡改的数字身份，这在高校新闻网知识产权保护方面走在了全国前列。2021年，学校官方微信公众号入选由中宣部、中央网信办、团中央、教育部重点建设的高校思政类公众号，是山东省唯一入选的高校官方微信公众号，入选2021—2022年度"中国大学官微50强"。

外宣工作始终以挖掘学校办学亮点为主线，积极策划、主动出击，瞄准主流媒体，培育高质量报道，扩大学校影响力、辐射力。据不完全统计，2011—2022年，在《新闻联播》《焦点访谈》《新闻直播间》以及央视新闻客户端、央广网、新华社客户端、新华网和《瞭望》杂志，以及《人民日报》《光明日报》《科技日报》《中国日报》《中国科学报》《中国自然资源报》《中国教育报》等各级各类媒体上年均发稿400篇。[①]

2017年7月，中国海大与国家海洋局宣传教育中心合作共建"海洋中国"（微信公众号）运营中心，以"套餐打包和特色单点"的模式，建立起联动运营机制。同年，由中国海大、国家海洋局宣传教育中心牵头，联合上海海洋大学、广东海洋大学、大连海洋大学、浙江海洋大学、海南热带海洋学院，共同发起建立中国海洋文化新媒体联盟，制定《中国海洋文化新媒体联盟章程》，形成国内各涉海大学新媒体间的工作联动，助力推介海洋文化、增强全民海洋意识和国家软实力建设。

第三节　实施文化引领战略

中国海大在近百年办学历程中，积淀形成了底蕴深厚、特色鲜明的大学文化，彰显出学校的独特价值和鲜明的个性特征，对事业发展产生了重大影响。

2010年5月，学校第九次党代会工作报告中提出，要大力实施文化引领战略，展现出学校的文化自觉，使得学校文化建设更加主动、系统和规范。

文化引领战略作为推进学校事业发展的三大战略之一，确定以社会主义核心价值体系为指导，全面推进大学文化建设。通过进一步总结提炼和宣传阐释，使富有海大特色的大学精神更加深入人心；通过学习型党组织建设，提升个体和团队学习能力，努力建设学习型大学；通过更加扎实的校风学风建设，对师生员工给予更加积极的引导；通过制度

---

① 据中国海洋大学新闻中心提供资料整理。

文化建设，探索形成集体智慧、落实共同行动的体制机制，从根本上提高执行力；通过丰富多彩的校园文化活动、校园文化景观建设，发挥校园文化环境潜移默化的育人功能。不断增强广大师生员工对学校文化的认同感和归属感，赢得师生员工的奉献精神。

学校在全校范围内分层次、分阶段地开展实施文化引领战略的研讨。一是适时组织讨论会，集合全校智慧，群策群力，制定《中国海洋大学实施文化引领战略的意见（讨论稿）》，为党委决策提供参考；二是组织撰写文章，在校报上刊发，相互交流、相互碰撞，在大学精神、海大文化精髓、实施文化引领战略总体目标及主要任务等方面不断形成共识。2011年10月，学校召开实施文化引领战略专题讨论会，就文化引领战略所涉及的诸多层面进行深入研讨，教育部赴中国海大巡视组组长、上海交通大学原党委书记、《上海交通大学史》主编王宗光教授列席会议并对讨论的问题和内容给予高度评价。[①]2012年12月，学校党委九届六次全委会审议并原则通过《中国海洋大学关于实施文化引领战略的意见》。《意见》提出，大学文化引领战略是学校立足战略高度和长远目标，运用战略思维对大学文化建设进行系统谋划，旨在明确目标、任务、途径，发挥大学文化的导向、激励、规范功能，通过师生传承创新，内化于心，外化于行，固化于制，引领学校内涵发展、和谐发展和科学发展。

《意见》明确了文化引领战略的主要任务：加强宣传教育，创新传播载体，使社会主义核心价值体系和海大精神更加深入人心；加强制度文化建设，探索形成集体智慧、落实共同行动的体制机制，从根本上提高执行力；崇尚行胜于言，知行合一，建设大学人的行为文化；建设优雅校园环境和人文景观，营造文化育人氛围；开展丰富多彩的校园文化活动，使师生的理想信念、道德情操、科学人文素养等得以全面提高，促进师生的全面发展；鼓励各单位深入总结、提炼、传播院系文化、学科文化，形成生机勃发、丰富多样的大学文化生态。《意见》围绕精神文化、制度文化、行为文化和环境文化谋篇布局，注重继承与创新相结合、科学与人文相结合、共性与个性相结合，提出了26项具体任务，整体推进大学文化建设。[②]

《意见》的出台历时两年多，六易其稿，凝聚了全校师生的智慧，就实施文化引领战略作出全面部署。学校要求以《意见》的实施为契机，把立意高远的文化引领战略具体

---

① 《中国海洋大学贯彻六中全会精神扎实推进学校文化引领战略实施》，教育部网，http://www.moe.gov.cn/jyb_xwfb/s6192/s133/s195/201111/t20111130_127345.html。

② 刘海波：《校党委九届六次全委会审议通过实施文化引领战略的意见》，观海听涛新闻网，http://news.ouc.edu.cn/2012/1227/c91a61078/page.htm。

落实到人才培养、科学研究、社会服务和文化传承创新的各个方面,不断增强学校核心竞争力和持续发展的动力,加快国际知名、特色显著的高水平研究型大学建设,为建设海洋强国、实现民族复兴作出应有的贡献。[①]

在《意见》的指引下,学校继承创新,在大学文化建设方面的工作富有成效。

一是融合海洋文化因子,加强精神文化建设。深入推进社会主义核心价值体系教育,巩固全校师生团结奋斗的思想道德基础;大力弘扬学校文化和精神,充分发挥海大文化的引领作用;深入开展校风、学风、教风教育,坚持教育与管理相结合,立德树人,持之以恒;坚持科学精神与人文精神融会贯通,充分发挥"通识教育类课程""名家课程体系""驻校作家制度"的功能;紧扣海洋强国战略需求,不断增强中国海大人的使命感和担当意识;围绕人才培养这个根本任务,积极培育和发展富有学科特色的文化;大力开展海洋文化的研究、创新和传播,积极引导广大师生及公众关注海洋、认识海洋。

二是完善大学治理结构,加强制度文化建设。健全完善党委领导下的校长负责制,落实"三重一大"决策制度;完善教代会、工代会民主管理制度,建立健全二级教代会制度;依法完善和执行信息公开制度,健全完善情况通报制度、重大决策征求意见制度;建立健全学习型党组织建设长效机制,着力将学校的办学理念和目标价值融入师生的成长和发展;弘扬法治精神,制定《中国海洋大学章程》;实施《中国海洋大学学术委员会章程》,充分发挥学术委员会在学科建设、学术评价、学术发展、学风维护中的重要作用。

三是坚持自律他律相结合,加强行为文化建设。修订中国海大领导干部行为规范、学生行为规范、教师行为规范、管理服务人员行为规范;加强教师职业理想和职业道德教育,增强广大教师教书育人的荣誉感和责任感;通过教育引导、制度规范、监督约束,深入推进廉政文化建设;规范校庆、开学和毕业典礼、教师节等庆典和仪式,培育师生的庄重感、归属感。

四是科学规划、精心布局,加强环境文化建设。树立生态文明理念,建设美丽校园;加强自然景观的保护和利用,实施"八关山""五子顶"文化建设方案;科学保护鱼山校区"一多楼"等历史优秀建筑;加强图书馆、校史馆、展览场所建设,充分发挥综合体育馆及大学生文化活动中心的功能;充分发挥校园媒体在大学文化建设中的重要作用,积极

---

① 刘海波:《校党委九届六次全委会审议通过实施文化引领战略的意见》,观海听涛新闻网:http://news.ouc.edu.cn/2012/1227/c91a61078/page.htm。

为师生提供文化产品服务。①

2017年学校入选国家一流大学建设高校（A类），在建设方案中，提出以社会主义先进文化为引领，以优秀传统文化为根基，以大学文化为根本，以海洋文化为特色，持续深入实施文化引领战略，逐步构建起与特色显著的世界一流大学相匹配的"四位一体"文化传承创新格局。

首先，社会主义先进文化教育不断加强。学校深入学习贯彻习近平新时代中国特色社会主义思想，重点建设马克思主义学科，加快建设马克思主义学院。忠实履行理想信念教育和社会主义核心价值观教育的神圣职责，推动课程思政与思政课程同向同行，将大学生思想政治教育落到实处。2020年，学校以"形势与政策"课教学改革为契机，挖掘校史资源中的红色基因和"海大故事"，创设"海大文化"特色思政课，两年内共开发海大风物、人民英雄永垂不朽、海大红色基因、海大园的科学家精神、行远东方红五门课程，进一步推进学校文化价值的挖掘和传承，提高师生对学校百年光辉历程、重大成就及重要贡献的了解与理解，使校训、海大精神、校风和光荣传统深入人心，发扬光大。

其次，成立中国传统文化研究中心，建成一批优秀传统文化课程。突出海洋与地域特色，主办《中国传统文化研究》集刊，出版学术著作28部。建成中国文化传统、论语导读等30余门课程，每学年选课人数超3000人。慕课漫话春秋战国被遴选为"智慧树"20门精品传统文化课，三年来共有595所高校选用、近6万名学生学习。

最后，建阵地育品牌，浓郁校园文化氛围。拓展并形成以"科学·人文·未来"论坛为代表的校园文化品牌集群。一批校园原创歌曲引起师生、校友共鸣，《海大颂》《爱如海大》《子曰》先后获中国教育电视台全国"十佳校歌奖""十优毕业歌""最佳作品奖"。抢占网络文化阵地，官方微信作为山东省唯一入选首批全国高校思政类公众号重点建设名单；创新指尖上的思政教育，打造校园文化品牌栏目《海大文化小客厅》，截至2022年已制作播出24期。②

第四节　学生思想政治工作

党的十八大以来，以习近平同志为核心的党中央审时度势、高瞻远瞩，从推进伟大事

①《中国海洋大学实施文化引领战略着力加强大学文化建设》，教育部网，http://www.moe.gov.cn/jyb_xwfb/s6192/s133/s195/201305/t20130507_151611.html。
②《中国海洋大学2016—2020年"双一流"建设周期总结报告》，中国海洋大学档案馆藏，档号：HD-2020-KY18-01-41。

业、建设伟大工程、进行伟大斗争、实现伟大梦想的高度，从培养中国特色社会主义合格建设者和可靠接班人的高度，以立德树人为根本，以理想信念教育为核心，以社会主义核心价值观为引领，以全面提高人才培养为关键，聚焦提升高校思想政治工作质量，对新形势下加强和改进高校思想政治工作作出一系列重大部署①，为高校加强和改进大学生思想政治工作提供了根本遵循。中国海大党委不断改善大学生思想政治工作体系，坚持立德树人，把学生思想政治工作贯穿教育教学全过程，坚持开展学生德育工作评估。大学生思想政治教育的针对性、有效性不断增强，学生教育管理水平明显提升，学风校风建设取得明显成效。

一、完善学生工作体系

2015年9月，毕业生就业指导中心更名为学生就业创业指导与服务中心。2018年3月，成立中国海大学生工作委员会（简称学工委），由学校分管学生工作的领导担任主任。学工委成立后，建立年度工作会议制度、专题研讨会议制度、督促检查制度、建议咨询制度等运行机制，形成全员、全过程、全方位育人的"大思政"工作格局。2018年入选教育部首批"三全育人"综合改革试点单位。2020年10月，学校整合党委学生工作部、党委研究生工作部职责，成立新的党委学生工作部；整合学生工作处、学生资助工作办公室、心理健康教育与咨询中心职责，成立新的学生工作处。

改进共青团工作。2016年11月高校共青团改革工作启动后，学校按照紧扣共青团"凝聚青年、服务大局、当好桥梁、从严治团"的方针，持续推进学校共青团改革走深走实。2017年10月，出台《中共中国海洋大学委员会关于进一步加强和改进学校共青团工作的实施意见》，部署改革任务，各级团组织聚焦主责主业，有序推进改革工作。例如，改进政治教育机制，把推优入党作为学校共青团履行团的政治功能的主要抓手，经过团组织规范程序推优入党的团员比例达100%；持续开展青年马克思主义者培养工程，覆盖团支部成员、学生会组织和学生社团骨干等，学生团干部参加比例在60%以上。改进团组织运行机制，规范和加强团支部工作；加强规范化管理，学生社团活力有效提升。创新组织动员方式，规范开展"三会两制一课"；建设"第二课堂成绩单"系统，完善社会实践体系建设。

推进学生会组织改革。2018年6月，学校从明确职能定位、改革运行机制、坚持精简

---

① 冯刚：《改革开放以来高校思想政治教育发展史》，人民出版社2018年版，第11页。

原则、明确遴选条件、严格遴选程序、规范召开代表大会、坚持从严治会、建立述职评议制度、落实党委的全面领导和加强团委的具体指导十个方面，进一步推进学生会、研究生会改革，支持和引导学生会组织更好地服务青年学生成长成才。2020年，学生会（研究生会）通过改革验收评估；2021年，通过改革验收复评。

完善学生思想政治工作考核。自1995年起，学校以院（系）为单位持续开展学生德育工作考核评估，以增强院（系）德育工作实效性。2018年，《中国海洋大学学院学生思想政治工作考核评估办法（试行）》及《中国海洋大学学院学生思想政治工作考核评估指标体系》实施，进一步强化对学院学生思政工作目标、成效、质量的考核。为解决长期建设与短期评比的矛盾，学校在评估实施的过程中，形成了"一年一评估，两年一评比"的模式。现行的指标体系包含5个一级指标、22个二级指标、28个观测点，内容包括组织机制与队伍建设、思想教育与价值引领、素质能力培养与提升、事务管理与服务保障、特色工作等方面。根据考核评估结果，在评比年选出学院学生思想政治工作优秀奖和特色奖，并开展现场观摩、交流研讨，总结表彰。学校还将考核评比结果作为学院学生工作经费分配、辅导员考核评优等的重要参考，形成考核联动机制，加强结果运用。

深化学生评价改革。2020年，学校制定《中国海洋大学落实〈深化新时代教育评价改革总体方案〉改革任务清单》，使得立德树人落实机制更加完善、教师潜心育人评价制度更加健全、促进学生全面发展的评价办法更加多样，形成科学完备的富有时代特征、彰显学校特色的高水平教育评价体系。

这一时期，学校坚持对本科学生开展素质测评，测评结果作为学生评奖评优的重要依据。2019年，为落实全国教育大会精神，学校修订《中国海洋大学本科学生素质综合测评办法（试行）》，并于2020年起施行。新办法将原先的四项学生素质测评修改为学生素质综合测评一项，更加强调对学生的综合评价。研究生按年级开展综合考评，引导学生学习、科研同步发展。同时设计研发"百川"第二课堂系统，建立学生全面发展记录档案，并将其作为学生综合测评的重要参考。

二、加强学生党建与思想政治教育

中国海大党委一向高度重视学生党建工作。"学生党支部建在班上"已经机制化，"一年级有党员、高年级有党支部"已经成为常态。这一时期共发展学生党员13695人，其中研究生5183人，本科生8512人。[1]

---

[1] 此项工作在本章前节中已有介绍，故此不再赘述。

学校加强党对思政课建设的全面领导，依托马克思主义学院，将学习贯彻习近平新时代中国特色社会主义思想作为立德树人、加强思想政治教育的首要任务，扎实推进习近平新时代中国特色社会主义思想进教材、进课堂、进头脑。

学校推动课程思政与思政课程同向同行，推行"问题导向+学理剖析"思政课专题教学模式；开展课程思政报告会、课程思政示范课评选、课程思政建设立项等工作，建立思政课、专业课、通识课有机结合的课程育人体系。邀请学科带头人、知名教授为学生讲授学科前沿课程，将专业知识传授、科学精神养成、学术理想培养有机融合，将理论知识教育和思政教育有机结合。深化博士生思政课教学改革，系统设计专题授课和实践教学内容，单独设立实践学分，提供多样化的思政课实践教学资源供学生自主选择。建立校、院两级思政课教学评估和督导制度，切实加强思政课质量保障体系建设。[1]有多门课程入选国家精品视频公开课、山东省精品课程、本科一流课程和思政课"金课"。思政课与课程思政同向发力，学生思想政治教育实效性大为增强。

建立健全学校领导、中层干部深入一线联系学生制度，党委书记、校长带头走进思政课堂听课，并坚持每学期至少为学生上一堂思政课。建立校、院两级思政课教学评估和督导制度，推进思政课质量保障体系建设，对思政课程建设所需的条件支撑优先保障。

学校坚持以社会主义核心价值观为引领，广泛开展爱党爱国爱社会主义教育，引领广大学生树立正确的世界观、人生观、价值观，坚定学生对中国特色社会主义的自信与认同。自2011年起，学生思想政治教育按年度确立主题，如围绕建党100周年、迎接党的十八大、"我的中国梦"、社会主义核心价值观培育践行和90周年校庆、中国人民抗日战争暨世界反法西斯战争胜利70周年、建党95周年和红军长征胜利80周年、纪念马克思诞辰200周年、庆祝中华人民共和国成立70周年、党史学习教育等主题，通过形势政策宣讲、主题班会（团日）、知识竞赛、演讲比赛、实践参观等多种形式，使学生增强"四个意识"，坚定"四个自信"，做到"两个维护"。

学校常态化抓好新生入学教育、就业指导和毕业生教育三大环节。2011年首次开设新生团体辅导内容。2020年在做好COVID-19疫情防控基础上，组织制作10余个主题的线上课程视频，组织本科新生线上入学教育，形成线上线下教育相结合的工作体系。2021年9月，党委书记田辉以《勇立潮头担使命　奋斗青春谱华章》为题，以党史、校史

---

①《中国海洋大学"五抓牢、五着力"推进"三全育人"综合改革》，教育部网，http://www.moe.gov.cn/jyb_xwfb/s6192/s133/s195/202006/t20200604_462558.html。

为主要内容，为2021级4000余名本科学生讲授"开学第一课"。学校加强职业发展与就业指导课程建设，2013年7月，大学生职业发展教育课程入选全国高校职业发展与就业示范课程，成为全国45门示范课程之一。学校做好毕业生教育管理与服务，2013年起，每年春季学期举办"行远思恩·梦想启航"毕业生教育系列活动，加强对毕业生的爱校荣校、社会责任感和职场适应教育，引导毕业生把选择职业与国家需要紧密结合，到祖国和人民最需要的地方建功立业。

学校注重加强国防生教育培养。2004年学校开始探索国防生担任新生军训教官，2007年起在全国高校中率先推出由国防生担任军训教官的军训模式，为提高国防生的指挥管理能力提供了平台，形成了从报名选拔、实践培训到施训考核的国防生承训机制，受到教育部肯定、央视新闻联播报道。2014年学校建校90周年之际，收到海军贺信："海大长期心系国防，情注海军，为军队培养输送了大批高素质专业人才，他们在军队现代化建设中发挥了积极作用。"[1]2020年8月，随着88名国防生顺利毕业，学校国防生培养工作圆满收官。18年间，学校累计向部队输送了1452名优秀军事人才，担负起守望蔚蓝、谋海济国的重任。从辽宁舰入列到亚丁湾护航，从南沙群岛守礁到青藏高原戍边，从内陆部队到海上军事斗争前沿，都有中国海大国防生的身影。毕业国防生100%服从组织分配，100%志愿到艰苦地区工作，先后涌现出南海守礁英雄群体和亚丁湾护航先进群体。据不完全统计，毕业生中3人荣立二等功，100余人荣立三等功，13人在新中国成立70周年时在天安门光荣接受党和人民检阅，60%以上成长为部队技术骨干，在部队海洋水文气象、航海保障、装备维修、科研试验、作战训练等领域发挥着重要作用。

三、加强思政工作队伍建设

中共中央《关于加强和改进大学生思想政治教育的意见》（简称中央16号文件）明确指出：高校思想政治教育工作队伍主体是学校党政干部和共青团干部，思想政治理论课和哲学社会科学课教师，辅导员和班主任。学校认真学习贯彻落实中央16号文件，出台《中国海洋大学关于辅导员队伍建设的有关规定》《中国海洋大学辅导员工作考核办法》《中国海洋大学关于进一步加强和改进班主任工作的意见》等文件，明确辅导员工作的要求与职责、配备与选聘、培养与发展、管理与考核等政策措施，施行辅导员队伍"双重身份、双线晋升、双线管理"，增强了这支队伍的吸引力和稳定性。

---

[1] 据中国海洋大学学生工作部提供资料整理。

　　经过多年努力，学校在思想政治教育工作队伍的专业化培养、多样化发展、规范化管理工作中不断取得进展，以党政干部和共青团干部、辅导员和班主任、思想政治理论课教师和哲学社会科学课教师为主体的思想政治教育工作队伍基本形成，为加强学生思想政治教育提供了有力组织保证和人才支撑。

　　学校自2011年起面向全校辅导员设立专项研究课题，并对获得国家和山东省立项的课题予以配套资助。2013年，结合群众路线教育实践活动的开展，学校将兼职辅导员津贴由每月500元提高至每月800元，将班主任津贴由每月100元提高至每月200元；将优秀班主任评选比例由10%提高至15%，优秀班主任奖励金从1000元/年/人提高至2000元/年/人；辅导员年度考核按照15%的比例评选中国海洋大学优秀辅导员，参照学校先进工作者待遇，每人发放1000元奖励金。2015年6月，学校实施辅导员带班制度，为每个新生班级配备专职辅导员，并选聘高年级本科学生担任辅导员助理，新生入学教育和日常思想教育得以进一步加强。

　　学校注重思政课教师队伍的素质培养和能力提升，定期组织开展理论学习、培训研修，夯实"理论关"。坚持教学与研究并重，推动教师将科研成果转化为教学资源。鼓励教师开展校史、院史研究，挖掘学校红色文化资源，传承红色基因。选聘教学经验丰富的优秀教师"一对一"指导青年教师，开办"思远讲堂"青年教师成长工作坊，邀请全国思政课教学标兵讲授示范课，着力解决青年教师在教学中遇到的重点难点问题，提高教学水平。组建党课授课和理论宣讲师资库，推荐青年教师参加省市校理论宣讲团，积极参与理论宣讲、社会调研和智库建设。进一步加强青年教师聘期岗位考核，2020年修订思政课教师职称评聘申报条件，将思政课教师的政治标准、学术标准和教学标准有机结合，单列指标、单独评审。完善评价奖励体系，健全青年教师激励机制，加大思政课建设支持力度，设立思政课教师岗位津贴，实施业绩津贴分配改革，切实增强思政课教师职业的吸引力和竞争力。①

　　2018年1月，制定《中国海洋大学辅导员队伍建设实施细则》，进一步理顺辅导员队伍管理体制机制；修订辅导员职称评定文件，为辅导员职务职级"双线晋升"提供政策保障，2019年辅导员职称评聘单列计划单独进行，2人晋升为思想政治与教育管理系列副教授，截至2022年有8人获评该系列副教授。2020年1月，实施《中国海洋大学系统加强辅

---

① 《中国海洋大学"三个抓实"加强思想政治理论课青年教师培养》，教育部网，http://www.moe.gov.cn/jyb_xwfb/s6192/s133/s195/202101/t20210129_511654.html。

导员队伍建设工作方案》，方案系统分析辅导员队伍建设存在的突出问题，明确改进措施和方向，统筹加强辅导员队伍建设，提升学生日常思想政治教育和管理服务工作质量。

早在2005年党员先进性教育活动征求意见座谈会上，有学生代表建议，希望学校能经常倾听同学们的意见和建议，及时推动问题的解决，促进学校的发展。学校对此高度重视，在党委书记和校长共同参与下，组织举行第一届"真情·责任·发展"学生座谈会。座谈会既着眼于解决学生反映的学习、生活中遇到的实际问题，又注重听取学生对人才培养、科学研究、服务社会等方面的建议。仅2011年学校共受理通过座谈会提交的议题110余项，为学生解决实际困难40余个，采纳学生建议30多条，在有效服务学生的同时，也为学校领导决策提供参考。截至2021年，"真情·责任·发展"学生座谈会已举办14届。

2015年12月，在第十届"真情·责任·发展"座谈会上，根据学生代表的建议，校长于志刚提议开展"校长下午茶"活动，希望加强与学生们面对面的交流，倾听广大青年学生心声，了解青年人的思想动态。2016年11月，首期"校长下午茶"活动举办，师生围绕"个人发展规划"和"研究生学术态度与综合素质培养"两个主题展开交流。"校长下午茶"作为生动的思想政治课，每期围绕一个主题，截至2022年，活动已持续14期。

为进一步拓展学校领导与广大青年学生的联系交流，2019年11月，第一期"书记有约"活动在崂山校区举办，党委书记田辉与青年师生面对面，共同围绕"不忘初心、牢记使命，争做新时代青年先锋模范"进行交流。2022年1月，在第二期"书记有约"座谈会上，党委书记田辉邀约学生会、研究生会主席团成员和团干部、辅导员代表，围绕"深入学习贯彻党的十九届六中全会精神，坚定跟党走，奋进新征程"主题进行交流。实践证明，学校党政主要领导以青年师生喜闻乐见的形式，与他们面对面坦诚对话，既了解他们的所思所想所求，帮助他们解决成长中的思想困惑和工作生活中的实际困难，增强了思想政治教育的实效性，又为学校建设发展中一些重要问题决策提供参考。师生发展和学校事业发展在这样的互动中不断有所收获，实现了互惠共赢。

班主任是教师队伍的重要组成部分，是从事德育工作和开展大学生思想政治教育的骨干力量，工作在学生教育管理第一线，负有在思想、学习和生活等方面指导学生的职责，是大学生健康成长的指导者和引路人。加强班主任队伍建设是学校大学生思想政治教育的长效机制之一。2020年秋季学期开始，中国工程院院士、海洋生命学院院长包振民担任2020级生物科学强基计划班班主任。入学报到第二天，班主任包院士就给学生开了第一次班会。包院士希望通过担任班主任与学生保持交流沟通，指导学生做好学业计划和人生规划，同时能对学生科学精神的培养、家国情怀的塑造等方面产生激励。

第五节　统战和群团工作

一、统战工作与民主党派建设

　　高校统一战线工作是高校党的工作的重要内容。新中国成立后，学校历届党委一贯重视统战工作，形成了优良传统与和谐氛围，先后涌现出数辈党外贤达志士。如赵太侔、童第周、闻一多、王统照、赫崇本、方宗熙、文圣常先生等老一辈党外知识分子，对国家的教育、科学及民族复兴事业付出了心血；冯士筰、麦康森、吴立新院士等新一代党外知识分子，立足岗位，服务国家战略和社会需求，作出了突出的贡献。广大统战成员围绕学校的人才培养、科学研究和社会服务，发挥专业所长，在各级人大、政协、民主党派活动中认真参政议政、建言献策，时时发出好声音，处处传播正能量，充分展示了海大人的智慧和风采，赢得了声誉。①

　　2010年5月，党委书记于志刚在学校第九次党代会报告中提出，要进一步加强对统战工作的领导，支持民主党派基层组织、无党派知识分子联谊会抓好自身建设，充分发挥各级人大代表、政协委员、民主党派成员、无党派知识分子参与学校民主管理和民主监督的作用。资料记载，学校建立起较为完善的统战工作系统，统战工作长期由党委书记主抓、一名党委副书记具体协管，形成了党委统一领导、统战部具体协调，各职能部门、二级党组织和各民主党派基层组织、统战团体积极配合的领导体制和工作机制，初步形成大统战工作格局。多措并举，推动学校统战工作制度化、规范化和科学化建设。2015年12月成立由党委书记任组长，党委校长办公室、组织部、统战部等10个单位主要负责人组成的统战工作领导小组，党外代表人士较为集中的18个教学科研院（系）分党委书记兼任所在单位统战委员，持续强化党对统战工作的领导。2017年初，召开全校统战工作会议，进一步强调"统战工作是全党的工作"，党委领导下齐抓共管、协同推进的"大统战"格局更加明晰。

　　2012年4月，学校党委制定《中共中国海洋大学委员会关于进一步加强统战工作的十项制度》，明确党员领导干部与党外代表人士联谊交友制度、支持党外代表人士履行职责和开展活动制度、协助各民主党派基层组织发展成员制度等，统战工作开展更加有序。

---

① 鞠传进：《在全校统战工作会议上的讲话（摘要）》，载《中国海洋大学报》2017年1月6日。

2016年12月，制定《关于加强新形势下统一战线工作的实施意见》，成为一段时期内学校开展统战工作的主要遵循。

学校党委注重民主党派基层组织和统战团体发展。2011年到2017年1月，在原有四个民主党派基层组织的基础上，健全了民革、民盟、民建、民进、农工党、致公党和九三学社七个民主党派基层组织，另设党外知识分子联谊会和侨联两个统战团体。2016年1月，中国海大无党派知识分子联谊会更名为中国海大党外知识分子联谊会，修订了联谊会章程，成立由23位无党派人士组成的理事会。2014年1月，中国海洋大学侨联正式成立。2016年1月，组建了由36位侨界人士或归国留学人员组成的第一届委员会。2017年，经努力创建，国务院侨办"侨之家"正式落户中国海大，设立以工程学院为试点单位的二级学院"侨之家"基地。2010至2020年，共发展民主党派成员133名，认定无党派人士52人，学校各民主党派基层组织具备了一定时期可持续发展的人员基础。这一时期，民盟中国海大基层委员会获民盟中央"盟务工作先进基层组织""高校基层组织盟务工作先进集体"，民建中国海大支部、民进中国海大支部、致公党中国海大支部等也多次荣获民主党派省委先进基层组织等称号。

2018年，为进一步活跃统战基层组织氛围，推动基层组织自我定位、自我发展和自我管理，统战部推出统战基层组织"1+X"建设模式，即以"一个组织牵头设计安排，其他组织派出代表共同参与"，经多年实践发展，有效促进了各基层组织间的互融互促、共同提高。2020年，"1+X"基层组织建设模式被青岛市委统战部评为统战工作实践创新成果。2018年6月和2019年4月，统战部又先后创新提出"统战午餐会"和"统战下午茶"，进一步丰富组织活动方式，活跃统战工作氛围。

注重为党外干部搭建校内校外实践平台，积极选荐党外代表人士到民主党派上级组织或统战团体兼职。2013年，无党派人士李广雪任山东省党外知识分子联谊会副会长；2014年推荐民盟盟员吴立新、李春虎担任中央统战部信息员（全国仅15位）；2015年，无党派人士魏志强任青岛市知识分子联谊会副会长；2016年底，各民主党派青岛市委会陆续完成班子换届工作，学校16位党外代表人士分别在7个民主党派市委会兼任委员以上职务，其中民革党员薛长湖任民革青岛市委主委、民盟盟员吴立新任民盟青岛市委主委、民进会员宫庆礼任民进青岛市委副主委，历史性地实现学校党外人士在民主党派市委会班子的全覆盖。2017年5月，薛长湖当选民革省委副主委、吴立新当选民盟省委副主委。2018年初，全国、山东省、青岛市及各区人大、政协换届后，学校共有各级人大代表、政协委员36人，其中民盟盟员吴立新当选青岛市政协副主席，在高校代表委员数量整体减少的情况下，学校人大代表、政协委员总数仍实现逆势增长。

2012年，创建学校统一战线"同心携行"思想引领品牌，并以此为依托开展统战成员政治教育。围绕庆祝"五一口号"发布65周年、中国人民抗日战争暨世界反法西斯战争胜利70周年、红军长征胜利80周年、香港回归20周年、新中国成立70周年等重大历史纪念日，组织统战成员赴重庆民主党派纪念馆参观学习、赴延安开展"风雨同舟70载"主题教育、赴深圳和贵州进行"新中国70周年"路程寻访等，引领党外知识分子重温多党合作光辉历程，加强对习近平新时代中国特色社会主义思想的深化认同，为中华民族伟大复兴振奋力量。

党外人士围绕国家及地方经济社会发展中心工作，立足自身专业所长积极建言献策。"进一步加大对侵犯自主知识产权行为的打击力度""加快海洋精细生物化工产业链建设""关于加强对常用低价药、急救药和儿童用药可持续供应""加强透明海洋建设""加强深海废旧渔网管理"等建议，被中央统战部《零讯》刊用；"关于对廉租房建设中几个问题的建议""食品安全存在误读，建议实施食品安全公众科普"和"加快我国海洋生物产业走出去"等建议，被中国侨联《侨情专报》刊用。部分建议还得到党和国家领导人或省市主要领导批示，展示出学校党外人士较强的建言能力和水平。

统战理论研究工作主要依托2008年市委统战部在学校设立的青岛市统一战线理论研究基地进行。2012年5月，学校设立统战理论调研课题，专项拨款3万元用于支持学校统战理论研究。2017年，调整青岛市统一战线理论研究基地的组织架构，梳理基地的主要职能；2019年4月，再次调整该基地的人员组成，成员涉及党委有关部门、统战基层组织、马克思主义学院、法学院、国际事务与公共管理学院专家学者43人。2020年，学校获批为山东省教育工委"山东高校统战工作理论研究基地"。2012年以来，基地共开展120余项校级统战理论课题的研究工作，其中择优百余项作为青岛市统战理论课题、20余项作为山东省统战理论研究课题、9项作为青岛统战智库课题。有近10项调研成果获省委统战部表彰，20余项成果获市委统战部表彰。

服务社会形式多样。2014年，学校获省委统战部"同心·光彩助学行动"捐助，每年资助50名家庭经济困难学生，2018年获得二期捐助。2016年学校组织各民主党派基层组织、统战团体教授代表团，赴云南省大理州巍山县调研当地义务教育与高原特色农业发展情况，现场自发为白池小学捐款33200元，用于购建热水炉、更新餐桌椅和课桌椅等，设立中国海洋大学统一战线"同心携行·科教助学"服务基地。代表团返校后发动广大统战成员，实施"同心携行·助梦行动"。2017年3月，将首期筹集的9万元资金，用于资助云南巍山两所中学的50名家庭经济困难的优秀少数民族高中女生完成学业。

至2022年12月，学校有7个民主党派基层组织，成员290人（表9-27）。

表9-27　中国海洋大学民主党派基层组织简表

党派	成立时间	首届负责人	2022年在任负责人	成员数量
民革海大支部	2013.01	薛长湖	桑本谦	25
民盟海大基层委员会	1953	童第周	李春虎	115
民建海大总支	1999.07	田纪伟	罗　轶	34
民进海大支部	2011.04	宫庆礼	邢　婧	16
农工党海大支部	2013.12	王元月	张　玥	10
致公党海大支部	2004.11	马　琳	柴寿升	28
九三学社海大委员会	1956.09	陈　机	方奇志	62

资料来源：党委统战部提供。

二、工会工作

校工会根据全国总工会和山东省工会的要求，在学校党委领导下，发挥党联系群众的桥梁和纽带作用，围绕中心，服务大局，切实履行工会组织的职责。在推进学校民主管理、民主监督，大力开展各项文化体育活动，促进教职工身心健康，为教职工多办实事、好事等方面不断努力，为促进学校一流大学建设起到了重要作用。

切实履行民主管理与监督职能。教职工代表大会（简称教代会）是学校治理体系中的重要组成部分，是教职工依法参与学校民主管理、民主监督和民主决策的基本制度。凡涉及学校发展规划、教职工切身利益等重要事项，都需要教代会讨论通过。最近五年来，教代会先后审议《中国海洋大学绩效工资改革方案》、"十四五"事业发展规划编制报告及专项（行动方案）草案、《中国海洋大学章程》修订案等十余项重要事项。每年按照程序召开教代会，听取并审议学校年度工作报告、财务工作报告、教代会工作报告、提案工作报告等。教代会保障了教职工依法参与学校民主管理、监督和决策的权利，维护了教职工的利益。

学校高度重视教代会提案工作。设立教代会提案工作委员会，负责征集、整理和转办教代会提案，督促检查提案的处理，形成征集、审议、办理、反馈、评价、报告、表彰一套完整工作机制。建立问责机制，明确提案承办单位的主要负责人为提案办理的第一责任人，分级负责，归口管理、协调落实；完善沟通机制，加强提案承办单位、提案工作委员会与提案人之间的交流，推进问题解决；落实激励机制，评选优秀提案和提案办理先进单位，在教代会上予以表彰，激发代表提案的主动性和积极性，促进责任单位提案办理的规范性和实效性。

校工会组织开展服务性文娱体育活动，举办教职工趣味运动会、游泳、健步走、球类比赛、摄影展等，丰富了教职工的业余生活。主动作为，精准服务，积极协助教职工办理子女入学、转学等手续；组织多场单身教职工联谊活动，为他（她）们牵线搭桥；举办中秋节、教师节"惠师大集"，以实际行动、于细微之处，让教职工感受到学校大家庭的温暖与关爱。

校工会认真做好困难教职工帮扶救助工作。积极帮助教职工加入青岛市医疗互助保障计划，参保人数逐年增加。2017年以来共有1100多人受益，获给付金额近70万元。修订和完善学校"爱心基金"、困难补助金、慰问金等管理办法，加大帮扶救助力度。2017年"爱心基金"成立以来，累计救助117名患有重大疾病教职工，救助金额180余万元。教职工结婚、生育、住院、亲属去世等日常慰问金，年均20余万元。基本上做到特困职工重点帮、突发事件及时帮、逢年过节普遍帮，体现了党和集体对困难职工的关心。积极组织"爱心一日捐"活动，共有14000余人次捐款，金额300多万元，在山东省高校中位居首位。[①]

学校教代会代表按二级党组织为选举单位，由教职工直接选举产生。教代会代表一般占全体教职工的6%~10%，其中教师代表不低于代表总数的60%，青年教师、女教师、工勤人员代表也占一定比例。截至2022年底，学校第六届教职工代表大会的代表共249人。

三、共青团工作

共青团是党的助手和后备军，是党的青年工作的重要力量。中国海洋大学共青团工作是学校党的建设和思想政治工作的重要组成部分，事关落实教育立德树人根本任务，事关共青团履行为党育人政治职责，在学校学生思想政治工作中发挥着主力军作用。

（一）第十二次、十三次团代会的召开

2012年12月，学校第十二次团代会召开。大会的主题是：高举中国特色社会主义伟大旗帜，以邓小平理论、"三个代表"重要思想、科学发展观为指导，学习贯彻党的十八大精

①《坚守初心跟党走　维权服务建新功》，观海听涛新闻网，http://news.ouc.edu.cn/ddh11/2022/1129/c501a110922/page.htm.

神以及学校第九次党代会精神，落实学校党委、团省委提出的工作任务，总结第十一次团代会以来的工作经验，明确今后一段时期共青团工作的任务和奋斗目标，凝聚青年力量，服务青年发展，团结带领全校团员青年在建设高水平研究型大学征程中再谱青春华章。

党委书记于志刚在讲话中指出，学校第十一次团员代表大会以来，学校团组织在校党委和上级团组织的领导下，紧紧围绕育人工作这个中心，立足海大青年的实际，以昂扬向上的精神状态，真抓实干、开拓创新，在思想引领、实践育人、文化育人、创新创业活动、团组织自身建设等各个方面都取得了很好的成绩，为青年学生成长成才营造了良好氛围，在推进学校事业科学发展中发挥了积极作用。希望全校广大团员青年进一步坚定理想信念，加强学习实践，注重学以致用，勇于创新发展，不断提高自身综合素质，主动适应建设创新型国家的需要，做中国特色社会主义事业的合格建设者和可靠接班人。希望学校各级团组织充分发挥自身优势，加强团的自身建设，主动适应教育改革和发展的要求，密切联系广大团员青年，不断探索新形势下开展共青团工作的有效途径，为青年成长成才服务。广大团干部是做好共青团工作的骨干力量，要进一步增强政治意识、改进工作作风、提高业务水平，努力做好各项工作，不断提高共青团的凝聚力、创造力和战斗力。

团委书记林旭升作题为《凝聚青年力量，服务青年发展，在建设高水平研究型大学征程中再谱青春华章》的工作报告。回顾过去十年学校共青团工作取得的主要成绩和基本经验，分析面临的机遇和挑战，提出今后五年共青团工作要围绕中心，服务大局，立足海大实际，坚持传承创新，实现科学发展，深入做好思想引领，全面服务青年，进一步加强团组织自身建设，凝聚力量，开拓创新，团结带领全校团员青年为建设国际知名、特色显著的高水平研究型大学贡献青春力量。

2015年7月，中央党的群团工作会议召开。会议强调，共青团等群团组织一定要切实保持和增强党的群团工作和群团组织的政治性、先进性、群众性，组织动员广大人民群众更加紧密地团结在党的周围，共同谱写实现"两个一百年"奋斗目标、实现中华民族伟大复兴中国梦的新篇章。2017年10月，党的十九大胜利召开，这是在全面建成小康社会决胜阶段、中国特色社会主义发展关键时期召开的一次十分重要的大会，深入学习贯彻党的十九大精神成为学校共青团的一项重大政治任务，也为学校共青团工作指明了前进方向、提供了根本遵循。12月，学校第十三次团代会召开。大会的主题是：高举中国特色社会主义伟大旗帜，以邓小平理论、"三个代表"重要思想、科学发展观、习近平新时代中国特色社会主义思想为指导，认真学习贯彻党的十九大和学校第十次党代会精神，扎实推进学校共青团工作改革创新，全面服务青年学生成长成才，团结带领全校团员青年为学校建设特色显著的世界一流大学，为建设海洋强国和实现中华民族伟大复兴的中国梦贡献青春力量。

团委书记王雪鹏作题为《高举旗帜跟党走，蓝梦潮头勇担当，为特色显著的世界一流大学建设贡献青春力量》的工作报告，回顾过去五年学校共青团工作取得的主要成绩和基本经验，分析新形势下的机遇和挑战，提出今后五年要扎实推进共青团工作改革创新。

党委书记鞠传进在讲话中指出，学校第十二次团代会以来，各级团组织在校党委和上级团组织的领导下，围绕中心、服务大局，全面服务团员青年成长成才，不断提高工作质量，积极推动改革创新，团结带领广大团员青年锐意进取、奋发有为，在思想引领、实践育人、校园文化、创新创业、组织建设等各个方面都取得了优异成绩，在学校事业发展中发挥了生力军作用。希望全校广大团员青年进一步坚定理想信念，做新时代伟大梦想的信仰者和逐梦人；牢记使命担当，做新时代伟大事业的建设者和接班人；坚持勤学笃行，做新时代科学技术的传承人和创新者；塑造高尚品质，做新时代高校青年的代言人和佼佼者。他强调，学校各级团组织要深入学习贯彻党的十九大精神，用习近平新时代中国特色社会主义思想武装青年；要全面贯彻落实中央党的群团工作会议精神，主动适应共青团改革新形势、学校事业发展新要求和青年学生新特点；要坚持从严治团，全面加强自身建设，努力建设更加坚强有力、充满活力的共青团组织。广大团干部要进一步坚定理想信念，自觉锤炼优良作风，深入联系青年，竭诚服务青年，努力提高工作能力和水平，不断提高共青团的凝聚力、创造力和战斗力。全校各级党组织都要关心和爱护青年，切实加强对共青团工作的领导，及时研究解决共青团工作面临的问题，全力支持共青团工作在改革中创新、在创新中发展。

（二）共青团事业取得的新发展

坚持政治引领。学校共青团坚持用新理念新思想武装青年学生，以重大时间节点和重要纪念日为契机，举办庆祝建党100周年、新中国成立70周年、建团100周年、校庆95周年和纪念五四运动100周年等主题教育，开展"与信仰对话""四进四信""学党史、强信念、跟党走""砥砺奋进守初心 青春献礼二十大""学习二十大、永远跟党走、奋进新征程"等主题教育实践活动。邀请王蒙先生为学校共青团员题字"扬帆奋楫正青春"，广泛实施"青年大学习"行动。扎实开展青马工程培训，共举办17期校级培训班，培训2400余人，院级培训班累计培训1.5万余人。持续推进"网上共青团"建设，成立青年媒体中心，打造以"中国海大青年"微信公众号和官方微博为主的团学新媒体矩阵。截至2022年，全校近百个团学新媒体平台吸纳粉丝50万，每年发布新媒体推送8000余条，浏览量160余万次。

注重社会实践。社会实践活动规范化、项目化、基地化建设不断增强。制定完善《社会实践专项资金使用管理办法》《社会实践评优细则》《社会实践基地建设管理办法》等多项制度，精心设计"青春心向党　建功新时代""永远跟党走　奋进新征程"等社会实践主题，高质量实施"三下乡""返家乡""扬帆计划""青鸟计划"等优质项目，策划推出红色精神寻访、海洋行动、服务黄河战略等一批特色专项。2010年以来，学校寒暑期社会实践立项团队和参与人数逐年递增，累计2900余支队伍、22000余名青年师生参与，20余支团队获评全国重点实践服务队、全国百强暑期实践团队、全国社会实践活动优秀团队等奖项，6篇调研报告入选全国百篇优秀调研报告。

打造志愿服务品牌。学校共青团坚持弘扬志愿精神，积极组织青年学生投身乡村振兴、基层治理等志愿服务工作。出色完成在青岛举办的APEC第二次峰会、青岛世界园艺博览会、上海合作组织成员国元首理事会第十八次会议、海军成立70周年多国海军活动、第十四届全国学生运动会等重大赛会的志愿服务。打造研究生支教团育人品牌，向贵州、西藏、云南3省区7所学校派出218名志愿者，累计服务学生超28000余人次，研究生支教团先后荣获第三届和第六届中国青年志愿服务项目大赛金奖、"感动青岛"道德模范群体奖等奖项。学校入选"中国青年志愿者海外服务计划"，成为全国15所服务联合国机构项目合作高校之一。

开展创新创业。学校共青团着力推进一二课堂融合衔接，积极打造创新创业教育工作体系。着力打造一二课堂协同一体化的双创教育模式，开设KAB创业指导通识限选课，指导国家级、省级创业训练计划立项80余项，支持资金近80万元。创新创业教育内容和形式不断丰富，邀请知名专家学者开展专题讲座，举办创客马拉松、智营销大赛等创新创业活动。推进科创类学生社团实践平台建设，9个创新创业类社团多次获评山东省优秀科技社团，iGEM团队连续六年荣获国际遗传工程机器大赛国际金奖。推进"挑战杯"等赛事竞技平台建设，以赛促创，2010年以来，"挑战杯"系列赛事获国家级奖项40项、省级奖项240余项。完善创新创业表彰激励机制，建成近300平方米的"O-Lab学生创新创业实验室"，通过设立"金春华"奖学金，先后表彰161个团队和个人，发放奖学金共计130余万元。每年评选表彰大学生科技成果奖，2010年以来表彰846个项目，发放奖金70余万元。[1]

---

[1] 据中国海洋大学团委提供资料整理。

第六节　发展文艺活动与体育运动

一、发展文艺活动

中国海洋大学重视艺术教育和文艺活动，每年精心组织各种活动，丰富校园文化生活。

学校于1997年成立艺术教研室，后更名为艺术教育中心，对全校学生开展通识艺术教育并指导校园艺术社团开展活动。2004年成立艺术系，2005年首次招收音乐表演专业本科生，开始专业艺术教育。学校现有音乐表演本科专业、音乐文学硕士学位点与音乐教育硕士学位点，为中国音乐事业输送了大批专业人才，为青岛市和山东省的社会艺术普及工作添砖加瓦。

指导院系开展文化艺术活动。设立艺术教育中心，辅导艺术社团，将艺术指导教师开展的工作计入教学工作量，在综合测评中对艺术活动表现突出的学生给予奖励。加大资金投入，为大学生艺术团配备各类中西乐器，建设多媒体音乐视听教室。开设40多门艺术类课程，不断满足青年学生日益增长的精神文化需求。

丰富校园艺术生活。聘请数十位文化名人担任艺术教育顾问或客座教授，开设名家专题讲座，推动高雅艺术进校园。组建大学生艺术团、京剧实习班、书法协会、摄影协会、动漫社、微电影协会等艺术社团，开展融思想性、艺术性、知识性、竞技性、趣味性为一体的特色活动。围绕海洋主题举办大型文艺演出，开展海洋摄影比赛、海洋文化周活动。

搭建艺术实践平台。艺术系交响乐团被教育部确定为"高雅艺术进校园"系列活动演出团队，先后到多所院校开展专场演出。民族管弦乐团赴法国、韩国与国外学生乐团开展文化交流活动。每年寒暑假组织艺术下乡活动，赴井冈山、延安、遵义、招远、海阳、临沂、菏泽、济宁等革命老区开展慰问演出百余场。

学校广泛开展文化活动、文化赛事和系列教育活动，经过几十年的精心培育，形成了科技文化艺术节、"飞翔的海鸥"话剧周、新年音乐会、迎新音乐会、高雅艺术进校园、毕业晚会、海洋文化创意设计大赛等文化活动品牌。至2022年，大学生科技文化艺术节已举办35届。学校还多次参加"五月的鲜花"全国大中学生文艺会演，以及山东省青岛市的艺术节演出，极大丰富了学生的课余生活，为学生展示扎实的专业教育成果和积极健康向上的精神风貌提供了舞台。

学校着力打造两支学生乐团——交响乐团和民族管弦乐团。2004年组建中国海洋大学交响乐团，由音乐表演专业管弦器乐方向学生组成，拥有三管编制。经过近20年的历

中国海洋大学交响乐团、民族管弦乐团举办"胶东行"专场音乐会

练，已成为驻鲁高校中最优秀的全编制学生交响乐团之一，成为活跃在中国海大校园与青岛文化艺术领域的一支青年文艺队伍。乐团注重专业建设和对外交流，多次邀请国内外知名专家来校指导，并在青岛音乐厅、青岛大剧院、奥帆剧场等专业场所举行高水平音乐会，多次赴韩国、日本等地交流演出，将经典中国交响乐作品带出国门。交响乐团2022年获评首批山东省高水平大学生艺术团。

中国海洋大学民族管弦乐团由民族器乐专业学生为主组成，是拥有全编制的大型民族管弦乐团。2006年起，乐团在青岛市、山东省各种大型文艺会演活动中崭露头角，其高水平的演奏水准逐渐被社会及业内专家所认可。乐团走出国门，演出足迹遍及法国、韩国、德国、美国、日本等国家。2021年乐团参加第十四届全国大学生运动会开幕式演出。2017年、2020年，乐团两次获得山东省大学生艺术展演一等奖。2022年，在山东省大学生校园艺术节器乐专项展示活动中，获得优秀乐团奖（一等奖）。民族管弦乐团已成为山东省大学生民族管弦乐团领域公认的高水平乐团。[①]

二、发展体育运动

校园文化活动百花齐放的同时，学校的体育教育和体育活动也开展得有声有色。

自1924年创立后，学校就十分重视体育运动，除特殊情况外，每年都要举办运动会。2001年学校将运动会的名称由原来的田径运动会改为体育运动会。同时，在项目设置、参赛报名、竞赛方式和计分方法等方面更加贴近师生，进一步吸引和调动师生参加体育锻炼、参与运动会的积极性。此外，还将"体育与健康"征文大赛作为竞赛项目，列入团体总分，使得运动会更具有群众性、广泛性和趣味性。

学校高度重视体育课程教育和体育活动，响应国家对提升国民健康素质的号召，大力开展教学改革，以"健康第一"为指导，培养学生终身体育的思想和健康的体魄，努力开创

---

① 据中国海洋大学基础教学中心艺术系提供材料整理。

体育工作新局面。

学校重视体育教学，师资队伍的学缘结构、年龄结构不断改善。2022年，体育系有体育教师近40人，设置五个教研室。学校以整合海洋学科和青岛海上运动资源为优势，以北京奥运帆船比赛为契机，成功申办以帆船为特色的运动训练专业，已经培养400多名毕业生，为国家竞技体育尤其是水上运动项目输送了大批人才。

学校优化体育课程，不断提高公共体育教学水平。2010年起面向研究生开设体育选修课。2014年体育课已经全程覆盖在校生的修业年限。2014年秋季学期，学校开设30余门不同运动项目的公共体育课，学生可根据兴趣及身体条件选项学习，满足了学生个性化体育培养的需求。在体育教学中，教师注重发挥体育课的思政功能，将养成学生平时锻炼习惯与诚信教育结合起来，让学生自觉登记每周参加课外体育锻炼次数，增强学生的健康意识和诚信意识，促进了学生的身心健康水平。为了让更多学生参与体育锻炼，学校为学生搭建起较为完善的运动平台和大课程结构体系。一是每年定期举办足球、篮球、游泳、乒乓球、羽毛球、网球、定向运动等项目赛事，建有田径队、击剑队、啦啦操队、健美操队、柔道队以及帆船队等，体育赛事长流水、不断线。二是对原有的体育课程体系进行升级，按照学生的不同学习愿望、体育技能水平以及学习时间，实行完全自主的选课模式。三是调动教师积极性，利用现代信息技术建立线上与线下相结合的师生互动机制，方便学生在运动学习中即时获得专业指导。

突出特色，抓好体育专业人才培养。2013年，学校重新制定体育教育训练学硕士点和运动训练本科专业人才培养方案，注重体现体育人才培养的通识性和发展性，课程设置科学合理，办学特色鲜明。其中游泳、潜水、海上救生、帆船等涉海课程，经过多年建设已趋于成熟，特色体育人才培养质量稳步提高。同时，根据学生兴趣和就业意向的不同，建立起涵盖国家、省、市级在内的专业队伍、体育俱乐部、校内基地等不同性质的实习基地、校外竞赛、交流平台，通过多种实践途径锻炼学生的实操能力，培养学生的社会责任感。

第一批帆船专业课程学习的学生

加强激励，提高训练与竞赛水平。学校组建有田径队、篮球队、排球队、拳击队（女子）、游泳队、乒乓球队、帆船队等专业队伍。针对这些学生实施奖学金、学费减免政策、学分认定等系列管理办法，促进运动员训练水平和竞技成绩提高。[①]学校通过联合山东省青岛体育训练中心，打造高校与体育专业队伍深度结合的新模式。2018级运动训练专业的安凯获得第29届世界大学生冬季运动会短道速滑男子1500米金牌，为国家和学校争得了荣誉。除此之外，学校的女子拳击项目发展迅猛，窦丹、李倩、汪丽娜和杨晓丽同学多次夺得世界女子拳击锦标赛冠军。

学校注重资源共享，推进校内外体育合作交流。与青岛市体育局签署协议，就体育科学研究、体育人才培养、体育课程开发、体育项目训练、师资资源共享、学生实习实训等方面进行全面、深入的合作。积极探索体育国际化人才培养模式，与韩国、法国等相关高校在研究生、本科生培养方面开展交换培养，拓宽了学生的国际视野，有效提升了体育人才培养水平。重视体育国际学术交流，邀请外国学者和专家来校进行合作研究，澳大利亚著名力量训练研究专家Edith Cowan、奥运会运动医学顾问Alois Teuder博士被聘为学校的兼职教授，与韩国、德国、奥地利等国签署多项合作研究项目。这些合作交流与研究，对学校的体育教学、专业建设和地方体育事业发展多有助益。

学校注重体育项目及体育意识的普及，通过节庆活动、社会实践、公益服务等契机，推动群众性体育活动的持续开展。学生自发组织的体育类校园运动协会多达23个，包含击剑、帆船、啦啦操、轮滑、柔道等，并且取得不俗成绩。2018年第24届全国大学生击剑锦标赛上，学校的女子重剑队获得亚军，棒垒球队获得山东省棒球比赛冠军；健美操社团代表学校参加山东省第九届全民健身运动会健身操舞大赛，三个项目全部取得好成绩；柔道社团参加第三届中国青岛国际学生柔道公开赛和第六届青岛沙滩柔道赛，获5金5银的好成绩。啦啦操队在2018年中国校园啦啦操锦标赛中，斩获普通院校组自选技巧（3～4级）冠军，并被授予体育道德风尚奖。[②]学校大力倡导阳光体育运动，除每年定期举行的全校性体育运动会、足球比赛、篮球比赛、健美操比赛等传统赛事外，还支持和鼓励各院系开展趣味运动会和乒乓球、羽毛球、网球、毽球比赛等小型赛事，形成全员参与的群众性体育锻炼良好风气。

加强体育教学，发展体育运动，是大学教育的应有之义，也是中国海洋大学的优良传统之一。学校将一如既往，坚持实施包含体育在内的素质教育，育人育体，增强学生的体质，为学生健康工作50年打下良好基础。

---

① 《中国海洋大学努力开创体育工作新局面》，教育部网：http://www.moe.gov.cn/jyb_xwfb/s6192/s133/s195/201409/t20140909_174676.html。
② 《中国海洋大学：创新体育教学 提升学生身体素质》，载《中国教育报》2020年10月8日。

结束语

1924年8月，诞生于黄海之畔的这所大学，"既可承载礼仪之邦荣誉之历史，又可为国土重光之纪念"。更有意义的是，在青岛这座沿海重镇开创了国人自主兴办高等教育的先河。近百年来，中国海洋大学在中华民族谋求复兴之路上，与祖国共命运，与时代同奋进，矢志于图存图兴图强，致力于谋海济国惠民，已经成为一所国家确定的世界一流大学重点建设高校，为国家的经济建设、文化繁荣、科技进步和海洋事业兴盛，作出了奠基性、开创性的贡献。

一、创建了独具中国特色的综合性涉海学科体系

学科是高等学校发展的基础，学科建设是高校最重要的工作之一，学科建设水平是高校办学实力的主要标志。中国海大创校之初，就将系科设立置于国家和地方经济社会发展需要及青岛地利优势的基点之上，使学科发展走在了正确的道路上。历经一个世纪，一代代海大人薪火相传，开拓创新，构建起一个独一无二的海洋高等教育学科体系，即由海洋科学学科、水产学科为主体的综合性学科体系。

海洋科学学科。该学科属于地球科学门类下的一级学科，下设物理海洋学、海洋化学、海洋生物与生物海洋学、海洋地质学和海洋技术五个二级学科。该学科有三个分支，一是基础性科学分支，包括物理海洋学、化学海洋学、生物海洋学、海洋地质学、环境海洋学、海-气相互作用以及区域海洋学等；二是应用与技术分支，包括海洋地球物理学、卫星海洋学、渔场海洋学、军事海洋学、航海海洋学、海洋声学、海洋光学、海洋遥感探测技术、海洋生物技术、海洋环境预报和工程海洋学等；三是海洋资源管理与开发和海洋环境保护分支，包括海洋资源、海洋环境功能区划、海洋法学、海洋监测与环境评价、海洋污染防护、海域管理和军事海洋环境保障等。

海洋科学学科各分支之间相互结合、相互渗透，派生出一系列新的交叉学科和学科方向，不断揭示新现象、发现新理论和新方法，这些方面中国海大贡献卓著。迄今，中国海洋大学的海洋科学一级学科下，有120余个学科方向（研究方向），形成了一个庞大的综合性现代海洋科学的学科体系。

水产学科。该学科属于农学门类下的一级学科，是一个农学、理学、工学和社会科学交叉形成的综合性学科，其下包含水产养殖学、捕捞学、渔业资源学、水产遗传育种与繁殖、水产动物营养与饲料学、水产医学、水产设施与工程、水产品加工与质量安全、渔业经济与管理。在科学研究与高层次人才培养过程中，这些学科之间，以及它们与生物学、海洋科学、生态学、食品科学、经济学、管理学、工程学等不断交叉渗透，在中国海洋大学派生出了独具特色的药学、食品科学与工程两个一级学科，以及70多个学科方向（研究方向），形成了以水产学科为核心，基础生物学、渔业资源、捕捞和食品加工浑然一体的学科有机体。

与上述两大学科体系发展相偕相行，海大人贯彻党的教育方针，遵循高等教育规律，以培养社会主义事业建设者和接班人为根本任务，把造就国家海洋事业骨干力量及领军人才作为特殊使命，已培养出36万多名各类人才。他们中有中国科学院院士、中国工程院院士16人，有4人先后任国家海洋局局长。在"神舟"飞天、"嫦娥"奔月、"蛟龙"探海、极地科考、亚丁湾巡航、辽宁舰远训、海浪预报、南海守礁、"南繁"育种、乡村振兴等各条战线都活跃着海大学子的身影。

与两大学科体系建设相辅相成，海大人致力于问海谋海，经略海洋，在海洋基础理论研究与应用、海洋技术研发、海水养殖浪潮兴起、海洋药物与功能食品研发、海洋工程重大装备研发、海洋立法与海洋治理、海洋环保与权益维护，以及"透明海洋""蓝色粮仓""蓝色药库""蓝色智库"等领域，创造了巨大的社会效益和经济效益，为海洋强国建设和改善人民生活作出了卓越贡献。

二、形成了独特的大学精神文化

中国海洋大学百年的办学实践，内蕴着独特而卓越的大学精神文化。它是一辈辈海大人在探索、回答培养什么人、怎样培养人、为谁培养人等高等教育根本问题的过程中，经过概括、归纳而形成的理念、方略、政策、思路、经验等，具有独创性和鲜明的校本化特征。

私立青岛大学时期，"教授高深学术，养成硕学宏材，应国家需要"的创校宗旨，虽系学校创办者引用，但其中"国家、学术、人才"的精髓，却被后来掌校者或决策层奉为圭臬，尤其是爱国兴教、崇尚学术的价值观，与校训"海纳百川，取则行远"一起，成为中国海洋大学精神文化谱系的灵魂，也是海大人治校理学、为教为研的初衷与旨归。

国立青大、国立山大时期，杨振声、赵太侔两任校长倡设并创办海边生物学、海洋学、气象学、水产学等学科。20世纪50年代，华岗校长实行文史见长、加强理科、发展生物、开拓海洋的办学方针，引领学校发展重点学科，着力办出特色。这与21世纪之初，管华诗校长和同事们实行的"强化发展特色、协调发展综合，以特色带动综合、以综合强化特色"的学科发展思路，异曲同工，科学地认识和处理"特色"与"综合"的辩证关系，海洋科学、水产两大学科进入世界一流行列，其他学科也得益于特色学科的赋能带动，实现了跨越式发展。学校承袭并光大崇尚学术、延聘名师的传统，持续实施人才强校战略，汇聚起一批领军人才，建设了一批重大科技创新和实验平台，奠定了一流学科建设与发展的坚实基础。

学校自开创之初即严格校风、学风。国立青大、国立山大时期，按照"三不得"（课程要有次第的组织，不能凌乱；学则要严格地执行，不得通融；一切行政皆严守规程，不能任便）实施从严治校和民主管理，终使学校成为一所"庄严学府"，成就了校史上的第一个兴盛期。20世纪80年代，学校从整饬考风入手，严格管理，又历经年实践，形成了"三严"（治学严谨、执教严明、要求严格）教风。20世纪90年代，学校持续深化教育教学改革，加强基础，拓宽专业，注重实践，突出特色，加快转型发展，办学质量、学生素质受到社会认可，"学在海大"声名远播。进入21世纪，学校提出了"通识为体，专业为用"的本科教育理念，以此为理论基础建立起本科教学运行新体系，强调古今贯通、中西荟萃、文理兼具，致力于本科教育阶段实现人的全面发展，同时培养有专业特长的优秀人才。辅以一届届学子践行求是、求博、求精、求新的"四求"学风，为"学在海大"注入更丰富、更新颖的时代内涵。近百年间，治学严谨、要求严格，一脉相承，是学校保障教育教学质量的重要法宝。

三、成就了卓越"大先生"

近百年来，在中国经略海洋的征途上，中国海洋大学奋楫领先，丰碑矗立。

生物学家童第周先生深耕实验胚胎学、细胞遗传学，硕果累累，世称"中国克隆之父"。著名海洋学家、中国物理海洋学奠基人赫崇本先生，为推动我国海洋事业发展、海洋科学学科建设殚精竭虑；他淡泊名利，甘为人梯，教书育人，海洋人誉之为"一代宗师"。海浪研究的奠基人、开拓者文圣常先生，一生致力于海浪研究，"文氏风浪谱"理论影响世界；海洋数值预报及其应用，其社会效益及经济效益显著；他淡泊名利，奖掖后学，是海大人的精神灯塔。中国海洋生物遗传和育种学奠基人方宗熙先生，一生崇尚学术，科学研究、教书育人成果丰硕，创作了多部科普著作、几十篇科普文章，向民众尤其是青少年普及海洋知识及科学精神。海洋物理化学学科奠基人张正斌先生，科学研究、教书育人素主严谨严格，他为学兢兢业业、一丝不苟，激励着学子们探索不已，追求卓越。海洋工程学家侯国本先生毕生怀抱工程报国信念，致力于国家重大工程建设；经过反复考察、科学论证，力主在山东日照、东营建设海港的建议被国务院采纳；他治学严谨，为人正直，被称为"传奇教授"。中国海洋药物奠基人管华诗先生，研发的我国第一个海洋药物藻酸双酯钠（PSS），造福成千上万心脑血管病患者；他胸怀"海济苍生"信念，致力于构建"蓝色药库"，耄耋之年依旧孜孜不倦，耕耘不已。他们崇德守朴，求真务实，潜心学术，勇于创新，是学校百年历史上极具代表性的"大先生"。他们让世纪海大的蓝色星空熠熠生辉，也必将照亮海大人逐梦深蓝、追求一流之路！

百年恰是风华正茂，百年仍需风雨兼程。从创校时期的筚路蓝缕，到20世纪50年代的特色初成、八九十年代的转型发展，再到21世纪建设高水平特色大学和迈向特色显著的世界一流大学，海大人不惧风霜雪雨，沐浴阳光雨露，走出了一条因海而兴、由海而盛、树人立新、谋海济国之路，形成了厚基础、严要求，尚学术、重特色的办学传统，取得了彪炳千秋的光辉业绩。

站在新的起点上，海大人将坚持以习近平新时代中国特色社会主义思想为指导，坚持为党育人、为国育才初心使命，坚持崇尚学术、谋海济国一贯追求，深化改革，踔厉奋发，实施新时代海大工程、打造新时代海大范式，不断开辟建设特色显著的世界一流大学新境界。在新的征程上创造更大成就、赢得更大荣光，为建设海洋强国、为实现中华民族伟大复兴作出无愧于时代、无愧于历史的新贡献！

附录
学院概况

海洋与大气学院

一、学院沿革

海洋与大气学院的前身是国立山东大学海洋研究所，成立于1946年。

1932年春国立青岛大学（中国海洋大学前身）开设海洋学课程，1934年发起组建青岛海产生物研究所。1946年国立山东大学设置海洋研究所。1951年华东大学并入山东大学，成立海洋物理研究所，赫崇本任所长。1952年全国高校院系调整，厦门大学海洋学系理化组21名师生在唐世凤教授带领下北上青岛，与山东大学海洋物理研究所合并，成立山东大学海洋学系，赫崇本任系主任。1953年设置物理海洋学专业。大气学科源于1935年国立山东大学物理系设立的天文气象组，1957年扩展为海洋气象学专业。1958年10月，山东大学大部迁往济南。1959年，山东海洋学院成立，海洋学系更名为海洋水文气象学系，设海洋水文学专业、海洋气象学专业。1960年这两个专业开始招收研究生。

1980年，海洋水文学专业复名物理海洋学，系名变更为物理海洋学与海洋气象学系。1981年，物理海洋学专业成为我国首批博士点，海洋气象学为首批硕士点。1983年，成立物理海洋研究所、河口海岸带研究所。1984年，海洋气象学专业成为我国第二批博士点，增设海岸工程专业。1985年，海岸工程专业划归海洋工程系。1988年，物理海洋学专业成为首批国家级重点学科，设海洋科学博士后流动站。1989年，物理海洋实验室成为国家教委开放研究实验室。1990年，设环境海洋学博士点。1991年，物理海洋学（本科）专业更名为海洋学专业，并入选首批国家理科基础科学研究和教学人才培养基地；海洋气象学（本科）专业更名为天气动力学专业。

1993年，海洋环境学院成立，设海洋学系、海洋气象学系、物理海洋研究所、海洋环境科学研究所、物理海洋实验室，文圣常院士任名誉院长，冯士笮任院长。1994年，环境海洋学、海洋气象学成为山东省重点学科。1997年，环境海洋学、海洋气象学博士点分别调整为环境科学、气象学博士点。1998年，海洋学、天气动力学专业分别更名为海洋科学、大气科学专业，海洋科学为博士学位授予权一级学科点，环境科学与工程、大气科学设博士后流动站。同年，学校成立环境科学与工程研究院，挂靠海洋环境学院。1999年，物理海洋实验室被首批确认为教育部重点实验室。2000年，环境科学与工程为博士学位授予权一级学科点。2001年，环境科学与工程研究院脱离挂靠，环境科学与工程一级学科点划归基于该研究院成立的环境科学与工程学院。2001年，设海洋管理、军事海洋学本科专业。2003年，设应用气象学本科专业，增设海洋资源与权益综合管理、应用海洋学博士点，大气科学为博士学位授予权一级学科点，增设大气物理学与大气环境博士点。2007年，海洋科学为首批一级学科国家重点学科。2008年，设立海洋学国家级实验教学示范中心。2009年，成为国家级实验教学示范中心。2011年，为推进物理海洋教育部重点实验室创新试点工作，学校把物理海洋教育部重点实验室作为独立的二级单位，隶属学院党委。2014年，增设海洋科学（中外合作办学）专业，该专业是国内第一个海洋科学高等教育国际合作项目。

2015年，海洋环境学院更名为海洋与大气学院。海洋学虚拟仿真实验教学中心成为国家级虚拟仿真实验教学中心。海洋科学在全国历次学科评估中皆位列第一，2017年，海洋科学入选一流学科建设名单。2019年，海洋科学专业成为国家级一流本科专业建设点。2020年，大气科学专业成为国家级一流本科专业建设点。2022年，海洋科学入选第二轮"双一流"建设高校及建设学科。

曾任院长（系主任）的有文圣常、王景明、俞光耀、侍茂崇、冯士笮、孙孚、田纪伟、徐天真、魏皓、管长龙、林霄沛；曾任党委（党总支）书记的有张克、吕增尧、喻祖祥、魏传周、林建华、方胜民、张永良、王正林、傅刚、林旭升、王曙光。

二、学院现状

截至2023年，海洋与大气学院下设海洋学系和海洋气象学系；拥有1个国家重点学科、2个一级学科授权博士点、4个博士点、4个硕士点、2个博士后流动站；7门国家级一流课程。有全职教职工157人，包括专任教师87人，其中教授29人、副教授37人、讲师21人。与物理海洋教育部重点实验室共有中国科学院院士2人、教育部"长江学者"奖励计划1人、国家杰出青年科学基金获得者7人、山东省泰山学者16人（其中，"攀登计划"特聘教授1人，特聘专家5人，青年专家10人）、教育部"新世纪优秀人才"支持计划10人、学校"筑峰"人才9人，山东省海外优青3人。

学院有在校全日制本科生1090名、硕士生359名、博士生323名、留学生18名。

现任院长为林霄沛，党委书记为王曙光。

信息科学与工程学部

一、学部沿革

信息科学与工程学部的前身是国立青岛大学理学院物理系，成立于1930年6月。1959年3月成立海洋物理系。1993年4月成立技术科学院，下设物理系、电子工程系、计算机科学系和海洋遥感研究所。1999年4月更名为信息科学与工程学院，三系一所未变。2021年3月成立信息科学与工程学部，下设物理与光电工程学院、电子工程学院、计算机科学与技术学院、海洋技术学院、工业互联网研究院、人工智能研究院，国家保密学院和软件学院依托计算机科学与技术学院建设运行。

1978年起，先后任系主任、院长的有杨有楑、戚贻让、于良、路德明、林俊轩、郑国星、刘智深（代理）、王宁、陈戈，魏志强任学部部长；先后任党总支书记、党委书记的有鲁希平、张秀林、吕增尧、张长业、董淑慧、刘贵聚、吴成斌、彭凯平、吕铭、秦尚海，于波任学部党委书记。

1. 物理与光电工程学院。学院的历史源于1930年6月成立的国立青岛大学物理系。1959年3月，山东海洋学院成立并设置海洋物理系和海洋物理专业，杨有楑、戚贻让先后担任系主任。1982年7月，海洋物理专业改为物理学专业。1985年6月，戚贻让任物理系主任。1992年12月，物理学系调整为物理学系、电子系。1993年4月，成立技术科学学院，下设三系一所，物理学系是其中之一。同年12月，海洋物理学为新增博士学位授权点。1999年4月，海洋物理学获批山东省重点学科。2004年1月，山东省物理实验教学示范中心获准立项。2020年获准设立物理与光电信息科学交叉博士点。2021年3月，物理与光电工程学院成立，物理学专业入选国家级"一流本科专业"建设点。2022年，获批海洋物理高端仪器装备教育部工程研究中心。

2. 电子工程学院。电子工程学院源于1965年成立的海洋物理系无线电教研室，是国内最早开始使用声光电磁技术进行海洋探测的高等教研团队。1984年11月，在电子学与信息系统专业基础上，增设应用电子学专业。1992年12月，物理系一分为二，分为物理学系、电子系。1993年4月，成立技术科学学院，下设三系一所，电子工程系是其中之一。1997年1月，光学光电子学实验室被确定为山东省重点实验室。1999年4月，电子信息系统实验室被评为山东省高等学校重点实验室。2002年5月，光学光电子学省级重点实验室被评为优秀实验室，同年12月电子信息系统实验室批准为省级重点实验室。2004年3月，成立信息科学与工程学院电子信息技术研究所。2012年1月，电子信息工程专业入围国家"卓越工程师教育培养计划"，并获批教育部本科教学工程－专业综合改革项目，同年与海信集团联合成立国家级工程实践教育中心。2018年8月，成立中国海洋大学海洋通信研究所。2021年，在电子工程系基础上成立电子工程学院。现设有电子信息科学与技术、电子信息工程、通信工程、微电子科学与工程等四个本科专业，信息与通信工程一级学科硕士点、电子信息专业学位硕士点，以及智能信息与通信系统自主设置二级学科博士点、资源与环境工程博士点。

3. 计算机科学与技术学院。计算机科学与技术学院前身为计算机科学与技术系，成立于1986年。1985年4月，学校数学系设计算机应用专业。1986年9月，原应用数学系改为应用数学与管理学部，计算机科学与技术系是其中的三个系之一。1992年12月，计算机科学系独立建制。1993年4月，成立技术科学学院，下设三系一所，计算机科学系是其中之一。1995年，新增计算机应用技术硕士点。2006年1月，新增计算机应用技术博士学位点。2008年7月，计算机科学系更名为计算机科学与技术系。2011年3月，计算机科学与技术获准增列为博士学位授权一级学科；同年5月，国家保密学院依托计算机科学与技术专业建设；同年7月，软件工程获准增列为博士学位授权一级学科。2014年与2019年先后设立计算机科学与技术、软件工程两个博士后流动站。学院现有计算机科学与技术、智能科学与技术、数据科学与大数据技术、软件工程、网络空间安全、保密技术6个本科专业和计算机科学与技术1个中外合作办学专业。

4. 海洋技术学院。海洋技术学院源于1959年成立的山东海洋学院海洋物理系，海洋技术本科专业的前身即为海洋物理系水声物理专业。1959年，水声物理专业首次招生，其后海洋光学专业招生。1993年4月，成立技术科学学院，下设三系一所，海洋遥感研究所是其中之一。1998年，设立海洋技术专业并招生。2008年，整合物理系海洋声学教研室、海洋遥感研究所，成立海洋技术系，设置海洋技术本科专业，成为第一批第一类国家特色专业建设点。2019年，海洋技术专业入选首批国家级"一流专业"建设点。2021年，成立海洋技术学院。

5. 国家保密学院。国家保密学院成立于2011年5月，是我国保密学院体系中唯一的以涉海保密人才培养为特色的国家保密学院。学院立足总体国家安全观，以国家保密战略需求为核心，依托计算机科学与技术一级学科，于2012年设立国内唯一的网络空间安全与保密博士点和硕士点，2013年申请获批保密管理本科专业，2014年在计算机技术专业硕士学位点下设置网络空间安全与保密方向，2019年增设网络空间安全本科专业，2020年增设保密技术本科专业，形成"本硕博"层次完备的人才培养体系。山东省海洋网络空间安全与保密工程技术协同创新中心依托学院建设。

6. 软件学院。软件学院成立于2019年11月。学院面向国家海洋强国战略，以海洋科学计算、工程模拟、技术服务软件等海洋行业应用软件领域领军人才培养为特色，在学校知名校友、北京五八信息技术有限公司创办人姚劲波先生和五八公司的捐资支持下，开展软件工程特色化卓越人才培养。学院设有电子信息类−软件工程领域的专业学位硕士点，2021年设置软件工程本科专业，2023年经学校批准设置"五八"卓越人才班，面向全校选拔和培养软件工程卓越人才。

7. 工业互联网研究院。工业互联网研究院前身为计算机辅助设计与多媒体研究中心，成立于1995年7月。1998年5月，成立信息工程中心。2006年，信息工程中心并入信息科学与工程学院。2007年12月，获批建设青岛现代服务业数字工程技术研究中心。2021年3月，成立工业互联网研究院。

8. 人工智能研究院。人工智能研究院成立于2019年，重点针对人工智能领域的重要科学及技术难题，面向海洋大数据分析的应用需求，依托高性能计算平台以及海洋和水下实验基地，通过构建中国海洋大学多学院合作网，开展跨学科人工智能理论与技术研究。人工智能研究院与多所国际相关领域高校及科研机构开展长期性合作交流，把握人工智能与大数据领域国际前沿动态，开展前瞻性理论研究。通过硬件设施建设与软件设施建设相结合的方式，建立人工智能科学研究体系，并强调理论联系实际，为我国海洋信息领域奠定新的理论基础与应用技术储备，同时服务地方经济建设，实现特色领域应用，包括智能海洋、智能家居、个人陪护机器人等。

二、学部现状

信息科学与工程学部以声、光、电、磁、量子等物理前沿为基础，以微电子与信息通信、人工智能与大数据、网络空间安全与保密、新型超级计算等为重点，以海洋智能传感器、海洋智能信息和海洋智能装备研发等为特色，以智慧城市、智慧海洋、智慧生活等为应用领域，实施产教融合、科教协同的研究教学型学部。

截至2023年，学部有教职工343人，其中博士生导师49人、正高级专业技术职务人员70人、副高级专业技术职务人员102人，拥有博士学位的教师占专任教师的94%。学部获批海洋大数据与人工智能111引智基地，1个科研团队入选科技部创新人才推进计划重点领域创新团队，教师中有8人次获"长江学者"、国家杰青、"国家人才计划"、国家优青等国家级荣誉称号，有15人次获山东省泰山学者、泰山产业领军人才等省部级荣誉称号。依托学校"筑峰人才工程""青年英才工程"，学部通过并实施工科高层次人才计划（海川人才计划）和柔性人才引进细则，打造了包括筑峰、海川、英才及青年教师的高层次多元化人才队伍。

学部现有计算机科学与技术一级学科博士点，电子信息博士专业学位点以及计算机科学与技术、软件工程2个博士后流动站，海洋技术、物理与光电信息科学、人工智能3个交叉学科博士点，有物理学、光学工程、信息与通信工程、计算机科学与技术和地理学5个一级学科硕士点，电子信息专业学位大数据、人工智能2个方向获批山东省产教融合联合培养试点基地。计算机科学与技术学科进入全球ESI学科排名前1%。学部获批建设海洋大数据国家地方联合工程研究中心、海洋信息技术教育部工程研究中心、海洋物理高端仪器装备教育部工程研究中心、山东省海洋智能系统与装备技术创新中心等国家级及省部级学科平台10个。

学部本科教育专业布局完整，设有物理学、光电信息科学与工程、电子信息科学与技术、电子信息工程、通信工程、微电子科学与工程、计算机科学与技术、保密管理、智能科学与技术、数据科学与大数据技术、海洋技术、网络空间安全、保密技术、软件工程14个本科专业和计算机科学与技术1个中外合作办学专业。计算机科学与技术、海洋技术、物理学入选首批国家一流专业建设行列，光电信息科学与工程、电子信息工程、通信工程、电子信息科学与技术入选山东省一流专业建设行列。

现任部长为董军宇，党委书记为于波。

化学化工学院

一、学院沿革

化学化工学院前身是国立青岛大学理学院化学系，始建于1930年6月。1959年3月，创建海洋化学系。1996年7月，更名为化学化工学院。2002年，成立化学工程系。2005年，批准立项建设海洋化学理论与工程技术教育部重点实验室。2009年5月，通过验收正式成立。

自改革开放后，曾任院长（系主任）的有孙玉善、杨靖先、张正斌、谢式南、李静、张经、王修林、杨桂朋、王旭晨、李先国；曾任党委（党总支）书记的有杨慎英、何庆丰、谈家诚、王庆仁、刘孔庆、丁灿雄、董淑慧、高忠文、陈忠红、王卫栋、王玉江。

二、学院现状

截至2023年，化学化工学院下设海洋化学系、化学系、化学工程系、海洋材料与防护技术教育部工程研究中心、海洋物理化学山东省高等学校重点实验室、海洋精细化工青岛市重点实验室、海洋化学研究所、海水综合利用技术工程中心。

学院拥有化学、化学工程与工艺两个国家一流本科专业。拥有海洋化学、海洋化学工程与技术2个博士点，化学与功能分子科学交叉学科博士点，海洋化学、海洋化学工程与技术、无机化学、分析化学、有机化学、物理化学、高分子化学与物理、化学工程、化学工艺、生物化工、应用化学、工业催化等12个学术型硕士点和化学工程、材料工程2个专业型工程硕士点。

化学化工学院及海洋化学理论与工程技术教育部重点实验室共有教职员工187人，其中正高级专业技术人员57人、副高级专业技术人员48人，博士生导师（含兼职博导）50人；工程和实验技术系列人员37人，其中教授级高工和正高级实验师8人，高级工程师和高级实验师9人。有中国工程院院士1人，教育部"长江学者"特聘教授2人，国家杰出青年基金获得者2人，"国家人才计划"2人，山东省泰山学者12人（其中，"攀登计划"特聘教授1人，特聘专家2人，青年专家9人），享受政府特殊津贴专家6人，中国青年科技奖获得者1人，教育部"新（跨）世纪优秀人才支持计划"获得者10人，中国海洋大学"筑峰人才工程"特聘教授6人。

学院现有本科生、硕士和博士研究生共1480余人。

现任院长为李先国，党委书记为王玉江。

海洋地球科学学院

一、学院沿革

海洋地球科学学院的前身是国立山东大学地质矿物学系，创办于1946年8月。1959年3月，学校筹建海洋地质地貌系。1960年5月，设置海洋地质地貌专业。1961年4月，撤销海洋地质地貌专业，分设海洋地质专业、海洋地貌专业。1963年5月，海洋地质地貌系更名为海洋地质系。1995年更名为海洋地球科学学院。

历任院长（系主任）有丘捷、郝颐寿、牟力、张保民、徐世浙、李昭荣、且钟禹、杨作升、王修田、翟世奎、曹志敏、李广雪、王厚杰；历任党委（党总支）书记有邵平、鲁希平、魏传周、涂仁亮、刘建坤、魏世江、赵庆礼、张庆德、范洪涛、王磊、吴军。

二、学院现状

截至2023年，学院设有地质学（海洋地质方向）、勘查技术与工程（海洋地球物理方向）、地球信息科学与技术三个本科专业，均为省部级特色专业。其中，勘查技术与工程专业入选教育部"卓越工程师教育培养计划"；海洋地质学为国家重点学科和省级重点学科；地球探测与信息技术为省级重点学科。拥有地质学（海洋特色）一级学科博士学位和硕士学位授予权、地质资源与地质工程一级学科硕士学位授予权，资源与环境领域工程博士学位授予权，同时在海洋科学一级学科下设置有海洋地质学和海洋地球物理学两个二级学科博士和硕士授权点，拥有地质学博士后流动站和海洋科学博士后流动站（海洋地质学方向），现有在站博士后20人。

学院现有海洋地球科学系、地球探测与信息技术系和河口海岸带研究所，拥有海底科学与探测技术教育部重点实验室、海洋油气开发与安全保障教育部工程研究中心以及海洋地球科学国家级虚拟仿真实验教学中心和海洋地球科学（省级）实验教学示范中心等教学科研平台，设置了地质地球物理研究所、海洋地球化学研究所、洋底动力学研究所等研究机构。

学院现有教职工182人，其中专任教师103人，工程与实验系列14人。教师中有教授38人（博士生导师33人）、教授级高级工程师2人，副教授52人，高级工程师1人，正高级实验师1人，高级实验师4人。有中国科学院院士1人（兼职）、国家杰出青年基金项目获得者3人、入选"国家人才计划"1人、国务院政府特殊津贴获得者3人、国家优秀青年科学基金项目获得者4人、泰山学者特聘专家4人、山东省教学名师1人、青岛高校教学名师1

人、中国海洋大学"筑峰人才工程"教授7人、"青年英才工程"教师38人。

学院现有全日制本科生643人、硕士生314人、博士生169人。

现任院长为王厚杰,党委书记为吴军。

海洋生命学院

一、学院沿革

海洋生命学院的前身是国立青岛大学理学院生物系,创立于1930年6月。时任校长杨振声倡设海边生物学,学院成为我国最早从事海洋生物学教学与科研的单位之一。

1932年夏,国立青岛大学更名为国立山东大学,生物系成为国立山东大学生物系。1946年春,山东大学在青岛原校址复校,组建了动物系、植物系等系。1952年下半年,动物系、植物系合并为生物系。1958年8月,山东大学成立海洋生物专业;10月,山东大学大部迁往济南,生物系部分师生留在青岛成立海洋生物系,成为山东海洋学院五个系之一。1980年,海洋生物系确定设动物专业和植物专业。1981年11月,经国务院学位评定委员会批准,海洋生物系为全国首批授予硕士学位的单位。1984年,海洋生物学获批博士点;11月,将海洋动物学和海洋植物学两个专业合并为海洋生物学专业。1985年,增设环境生态学专业。1988年,设立海洋生物学博士后流动站。至1993年,曾省、刘咸、林绍文、童第周、曾呈奎、陈机、方宗熙、李嘉泳、童裳亮、张志南先后任系主任;董胜、何庆丰、张鼎周、牟力、于文柏、刘文浩、孙秀林、林乐夫先后任党总支书记。

1994年7月,成立海洋生命学院。1999年,以海洋生命学院原有的9个教学实验室为基础组建基础生物学实验教学中心。2002年,海洋生物学科被批准为国家重点学科。2003年,海洋生命科学实验教学中心被批准为省级生物基础实验教学示范中心建设单位,生物学科被批准为生物学博士学位授权一级学科,增设生物学博士后流动站。2002年10月,学校将海洋生命学院和水产学院合并成立生命科学与技术学部。2006年,获批山东省海洋生命科学实验教学示范中心,山东省重点学科遗传学、海洋生物工程和海洋生物遗传学与种质工程两个山东省高校重点实验室,获准设立海洋生物遗传学与种质工程山东省泰山学者特聘教授岗位。2007年,获准立项建设国家海洋生命科学实验教学示范中心,获准设立海洋生物学山东省泰山学者特聘教授岗位。2008年,获批海洋生物遗传学与育种教育部重点实验室。2011年,生态学升为一级学科,被批准为生态学博士学位和硕士学位授权一级学科。2016年,获批建立国家海洋藻类国际科技合作基地。2018

年，获准立项建设海洋生物基因组学与分子遗传育种学科创新引智基地。2020年，生物科学专业入选国家级一流本科专业建设点、生态学专业入选省级一流本科专业建设点。2021年，生物科学专业入选教育部基础学科拔尖计划2.0。2022年，生态学专业入选国家级一流本科专业建设点，入选国家"中学生英才计划"。2023年，获批海洋生物多样性与进化教育部重点实验室。

1994—2021年，李永祺、张学成、张士璀、张全启、包振民先后任学院院长，1994年曾呈奎任学院名誉院长，2022年包振民任学院名誉院长；金德寅、刘贵聚、王磊、吴力群、陈兰花、赵庆礼（学部）、王筱利先后任党总支书记，陈国华、初建松先后任党委书记。

二、学院现状

截至2023年，学院下设海洋生物系、生物工程系和环境生态系。拥有国家海洋生命科学与技术人才培养基地和教育部海洋生命科学实验教学示范中心。设有海洋藻类国际科技合作基地、海洋生物遗传学与育种教育部重点实验室、海洋生物多样性与进化教育部重点实验室，建有海洋生物基因组学与分子遗传育种学科创新引智基地，山东省基础科学研究中心（生物学）等省部级重点实验室平台。设有联合国教科文组织（UNESCO）中国海洋生物工程中心、联合国大学可持续发展教育专业区域中心（RCE Qingdao）、山东省海洋生物科普教育基地、方宗熙海洋生物进化与发育研究中心。

学院拥有海洋生物学国家重点学科、海洋生物学和遗传学山东省重点学科。有生物科学、生物技术、生态学三个本科专业。拥有生物学、生态学和海洋科学（海洋生物学）三个一级学科博士学位和硕士学位授予权及三个博士后流动站，形成了本科生、硕士生、博士生完整的人才培养体系。

学院现有教职工195人，包括专任教师158人，其中教授64人（博导52人），副教授74人，讲师20人。有中国工程院院士1人、全国五一劳动奖章获得者1人、全国模范教师1人、全国优秀科技工作者1人、"长江学者"1人、"国家人才计划"11人、国家杰出青年科学基金获得者3人、青年"长江学者"2人、国家优秀青年科学基金获得者5人、泰山学者"攀登计划"1人、泰山学者特聘专家8人、泰山学者青年专家11人。

学院现有全日制在校本科生700人，硕士研究生736人，博士研究生346人，在站博士后55人，外国留学生39人。

现任院长为张玉忠，党委书记为初建松。

水产学院

一、学院沿革

水产学院前身是国立山东大学农学院水产系，创办于1946年8月，下设渔捞、加工、养殖三个组。

1947年9月，水产系改属理学院。1953年，原来的三个组分别改为工业捕鱼专业、水产加工专业和水产养殖专业。1958年，山东大学大部迁去济南，水产系留在青岛。1959年3月，山东海洋学院成立，水产系是其中三个系之一。1971年，水产系被迫并入烟台水产学校。1978年，水产系归建，水产养殖专业恢复招生；1979年，捕捞学专业恢复招生；1980年，水产品贮藏与加工专业恢复招生。1984年，捕捞学、水产养殖和水产品储藏与加工三个专业获得硕士学位授予权。1947—1984年，曾呈奎、朱树屏、沈汉祥、薛廷耀、尹左芬、李爱杰任系主任或代理系主任；1957—1984年，糜白辰、李涛、周惠之、张克、牟力、李涛、李继舜先后任党总支书记。

1986年，水产养殖、水产品储藏与加工专业获得博士学位授予权，山东海洋学院成为当时我国唯一拥有水产养殖、水产品储藏与加工专业博士学位授予权的高校。1986年9月，水产系更名为水产学部，下设水产养殖、海洋渔业、食品工程三个系以及海水养殖、淡水渔业、渔业资源、捕捞学、食品工程五个本科专业。1988年3月，水产学部更名为水产学院。1994年，海水养殖教育部重点实验室获批建设。1985—1997年，高清廉先后任水产系主任、水产学部主任、水产学院院长；张长业、吕增尧、于慎文、刘建坤、朱福勤先后任党总支书记。

1999年获批水产学一级学科博士后流动站。2000年12月，被国务院学位办批准为博士学位授权一级学科。2002年10月，水产学院和海洋生命学院合并成立为生命科学与技术学部（学部内仍旧保留水产学院和生命学院）。2006年，海水养殖教育部工程研究中心获批建设。2007年4月，学部撤销，水产学院恢复独立建制。同年，水产学科被评为一级学科国家重点学科，"水产健康养殖理论与技术（学科）"创新引智基地入选国家"高等学校学科创新引智计划"（"111计划"）。在2004年和2007年两轮全国水产学科评估中均获得第一名。1997—2010年，麦康森、董双林、战文斌、麦康森先后任院长；张永良、赵庆礼先后任党总支书记。

2011年，水产动物营养与饲料农业部重点实验室获批建设。2012年，水产学科在全国水产学科评估中再次获得第一名。2017年和2023年学科评估中均获评A+，2017年和

2022年两次入选教育部"双一流"建设学科名单。2020年4月，海洋生物多样性与进化研究所成为校内独立二级单位。同年，成立中国新农科水产联盟。2011年至2023年，麦康森、李琪先后任院长，王曙光、张猛先后担任党委书记。

二、学院现状

截至2023年，学院下设水产养殖和海洋渔业两个系，拥有水产科学国家级实验教学示范中心、海水养殖教育部重点实验室、海水养殖教育部工程研究中心、海州湾渔业生态系统教育部野外科学观测研究站、农业农村部水产动物营养与饲料重点实验室等省部级以上教学科研平台；涵盖水产养殖学、渔业资源学和捕捞学三个国家重点学科，拥有水产养殖学、海洋渔业科学与技术、海洋资源与环境三个国家一流本科专业，设有水产养殖、捕捞学、渔业资源、动物学、水生生物学等硕士点和博士点，渔业发展专业学位硕士授权领域，资源与环境、生物与医药专业学位授权类别，以及水产学博士后流动站，构建起"本科－硕士－博士－博士后"完整的人才培养体系。

学院现有教职工149人，其中专任教师83人，工程、实验系列教师14人，教授56人，高级职称占教师总数的88.7%。现有中国工程院院士1人、中国科学院院士1人、长江学者特聘教授3人，国家杰出青年基金获得者5人。

学院目前有在校生1508人，其中本科生631人、硕士生550人、博士生327人。

现任院长为李琪，党委书记为张猛。

食品科学与工程学院

一、学院沿革

食品科学与工程学院成立于2005年4月，前身是国立山东大学水产学系加工组，创立于1946年8月，于1953年更名为水产加工专业，为日后我国水产品贮藏与加工学科的诞生和发展奠定了基础。1959年8月，水产系水产加工专业面向全国招生。1984年，水产品贮藏与加工专业改为食品工程专业。1986年9月，在食品工程专业基础上设置食品工程系。1987年9月，水产品贮藏与加工专业博士点开始招生。

二、学院现状

截至2023年，学院下设食品安全、食品科学与人类健康、食品化学与营养、海洋生物活性物质、海藻化学及应用、水产品高值化利用、海洋食品生物技术、应用微生物、核酸化学与生物技术、农产品保鲜加工与包装、功能性乳品与益生菌、特色农产品高值利用等12个科研团队和分析测试中心、实验教学中心。依托学院建有海洋食品加工与安全控制全国重点实验室（与大连工业大学、青岛明月海藻集团联合共建）、山东省海洋食品工程技术研究中心、山东省海洋食品生物制造工程研究中心、山东省实验教学示范中心等。

学院拥有食品科学与工程、海洋资源开发技术、食品营养与健康三个本科专业，拥有食品科学与工程一级学科博士学位和硕士学位授予权、生物与医药博士和硕士专业学位授予权、食品加工与安全硕士专业学位授予权，以及食品科学与工程一级学科博士后流动站。

学院现有教职工115人，其中教授37人，教授级高工2人，副教授23人，高级实验师4人，讲师、工程师、实验师15人。专任教师具有博士学位的占98%以上，有国外一年以上留学经历的占80%以上。学院有中国工程院院士1人，"国家人才计划"3人，国家杰青1人，国家优青1人，"国家人才计划"青年拔尖人才1人，泰山学者"攀登计划"特聘教授1人，泰山学者特聘专家3人，泰山学者青年专家4人，泰山学者产业领军人才2人，享受政府特殊津贴专家3人，国家现代农业产业技术体系岗位科学家3人，教育部"新世纪优秀人才支持计划"7人，山东省教学名师3人。学院有1个教育部科技创新团队；食品科学与工程教师团队在2017年被评为全国首批黄大年式教师团队。

学院现有全日制本科生597名、硕士生749名、博士生190名。其中来华留学生28名。

学院曾任院长为林洪，曾任党委书记的为李八方、林洪、辛华龙。

现任院长为薛长湖，党委书记为于德华。

工程学院

一、学院沿革

1980年9月，经教育部批准，学校设立海洋机械工程专业，随后海洋工程系建立。1983年，海洋机械工程专业首次招生。1984年11月，增设海岸工程专业。1988年，海洋机械工程专业更名为机械设计及制造，海岸工程专业更名为港口及航道工程。1991年，海洋工程系下设机械设计及制造、港口及航道工程、工业自动化本科专业和工业与民用建筑专科专业。1984—1993年，先后任海洋工程系系主任的为陈向荣、山广恕；任总支书记的为陈一鹤、付聿甫、于慎文、周旋。

1993年3月，成立工程学院，下设机电工程系、土木工程系、海洋工程动力教研室、实验室和海岸工程研究所。1993年11月，工程学院土木工程系港口及航道工程专业更名为港口航道及治河工程。1995年，港口海岸及近海工程硕士点获批。1998年，机电工程系工业自动化专业更名为自动化，港口海岸及近海工程博士点获批。2000年，防灾减灾工程及防护工程、工程热物理硕士点获批。2003年，水利工程博士后流动站获批，新增控制理论与控制工程、水力学与河流动力学和管理科学与工程三个硕士点，增设船舶与海洋工程、工程管理和工业设计三个本科专业。2005年，水利工程一级学科硕士点获批。

2006年，设立海洋工程系，下设港口航道与海岸工程和船舶与海洋工程两个本科专业；设立土木工程系，下设土木工程和工程管理两个本科专业；设立机电工程系，下设机械设计及其自动化和工业设计两个专业；成立自动化系，下设自动化本科专业。至此，工程学院形成了四个系、七个专业的办学格局。2008年，自动化系更名为自动化及测控系。2006年，机械电子工程硕士点获批。2009年，控制工程专业学位硕士点获批。2011年，机械工程、控制科学与工程、土木工程一级学科硕士点获批。2012年，自主设置交叉二级学科海洋机电装备与仪器、海洋可再生能源利用技术。2015年，轮机工程专业开始招生。2018年，水利工程一级学科博士点获批，船舶与海洋工程一级学科硕士点获批。2019年，机械、能源动力、土木水利专业学位硕士点获批。2022年，土木水利专业学位博士点获批。

2008年11月，学院获批筹建山东省科技厅重点实验室——山东省海洋工程重点实验室，并于2011年10月挂牌。翌年学院建立市级重点实验室——青岛市海洋机电装备与仪器工程研究中心。2020年，获批建设山东省首个也是我国海洋领域首个国家自然科学基金委基础科学中心。2021年8月，中国海洋大学工程训练中心揭牌。

1993—2023年，先后任学院院长的有张就兹、刘德辅、李华军、史宏达、刘勇、梁丙臣；任党委书记（党总支书记）的有周旋、朱胜凯、徐葆良、鲁中均、于振江、辛华龙、吕铭、范其伟、范洪涛、刘日霞。

二、学院现状

截至2023年，工程学院下设海洋工程系、土木工程系、机电工程系和自动化及测控系4个系，山东省海洋工程重点实验室、海工装备基础科学研究中心和海洋工程与技术创新研究院3个科研平台，中国海洋大学工程训练中心1个挂靠单位；拥有港口航道与海岸工程、船舶与海洋工程、轮机工程、机械设计制造及其自动化、土木工程、自动化、工业设计、工程管理8个本科专业，其中港口航道与海岸工程（首批）、船舶与海洋工程（首批）、机械设计制造及其自动化、自动化4个专业入选国家级一流本科专业，土木工程（首批）、工程管理、轮机工程3个专业入选山东省一流本科专业；拥有水利工程一级学科博士学位授权点和博士后流动工作站，土木水利专业学位博士学位授权点，水利工程、船舶与海洋工程、土木工程、机械工程、控制科学与工程5个一级学科学术硕士学位授权点以及土木水利、机械、控制、能源动力、工程管理等专业硕士学位授权点；全院有教职工267人，其中中国工程院院士1人、国家杰出青年科学基金获得者5人、"长江学者"特聘教授2人、国家级教学名师1人、国家优青和国家海外优青5人、青年长江学者2人、泰山学者9人、全国高校黄大年式教师团队2个；有在校全日制学生2853人，其中本科生1662人、硕士生1005人、博士生186人。

现任院长为梁丙臣，党委书记为刘日霞。

环境科学与工程学院

一、学院沿革

2001年9月，环境科学与工程学院成立，由环境科学与工程研究院的海洋环境科学研究所、海洋地球科学学院的环境建设系和化学化工学院的环境科学专业三部分组建而成。同时，学校的环境保护研究中心和测试中心挂靠于学院。

1984年12月，成立海洋环境保护研究中心。1992年12月，海洋环境科学研究所成立。1993年3月，海洋环境学院成立，海洋环境科学研究所划入。1987年10月，学校在海洋地质系增设水文地质与工程地质专业。1995年5月，学校成立海洋地球科学学院，下设环境建设系。1998年，水文地质与工程地质专业调整为环境工程专业。1999年9月，招收首届环境工程本科生。1996年7月，学校成立化学化工学院。1999年，该院开设环境科学本科专业；2000年9月，招收首届环境科学本科生。

1990年11月，获批我国首个环境海洋学博士点和硕士点。1993年12月，获批环境地质和环境化学两个硕士点。1996年1月，获批环境科学硕士点。1998年1月，国家学科专业目录中增加环境科学与工程一级学科，环境海洋学博士点和硕士点调整为环境科学博士点和硕士点，环境化学硕士点并入环境科学硕士点，环境地质硕士点调整为环境工程硕士点。

1998年12月，环境科学与工程研究院成立，下设海洋环境科学研究所、工业水回用技术研究所（由化学化工学院划入）、资源与环境工程勘察设计检验中心、海洋生态动力学实验室，暂挂靠于海洋环境学院，李凤岐任院长。1999年2月，获批设立环境科学与工程博士后流动站，同年获准设置长江学者特聘教授岗位。2000年12月，环境科学与工程获批博士学位授权一级学科。2002年1月，教育部立项建设海洋环境与生态教育部重点实验室；2007年1月，通过验收。

环境科学于2007年8月被评为国家重点学科，环境工程自2001年开始招收博士研究生，环境规划与管理则自2004年至2018年招收博士研究生，2011年自主设立环境地质工程博士点，并于2012年开始招生。2011年3月，获批全国首批工程博士专业学位授权点（能源与环保），2019年5月调整为资源与环境领域工程博士授权点。此外，自2012年至2022年还招收岩土工程硕士研究生。

2011年1月，环境工程本科专业被评为国家级特色专业；2012年8月获批环境科学与工程国家级实验教学示范中心；2019年12月、2021年2月，环境科学和环境工程本科专业先后入选国家级一流本科专业建设点。

学院成立以来，高会旺、江文胜先后担任院长，陈永兴、秦尚海、张庆德、陈文收、范占伟先后担任党委（党总支）书记。

二、学院现状

截至2023年，环境科学与工程学院下设环境科学系和环境工程系，有海洋环境与生态教育部重点实验室、山东省海洋环境地质工程重点实验室和青岛市海洋岩土装备工程研究中心，以及环境科学与工程国家级实验教学示范中心。另外，学校环境保护研究中心挂靠于学院。

拥有环境科学与工程博士学位授权一级学科，下设环境科学、环境工程和环境地质工程三个二级学科；拥有资源与环境博士专业学位授权类别，其中博士按照专业学位类别招生，硕士按照环境工程、地质工程两个专业领域招生；开设环境科学和环境工程两个本科专业。

现有教职工134人，包括专任教师80人，博士后15人。专任教师及教辅人员中有教授40人、副教授33人、讲师7人、高级实验（工程）师7人、实验（工程）师3人。目前学院有国家杰出青年基金获得者1人，国家优秀青年基金获得者3人，海外优秀青年基金获得者1人，青年拔尖人才1人，教育部跨世纪（新世纪）优秀人才11人，山东省杰青、优青、青年泰山学者等省部级人才项目获得者8人。

学院现有全日制在校生1141人，其中本科生380人，硕士研究生531人，博士研究生230人。

现任院长为江文胜，党委书记为范占伟。

医药学院

一、学院沿革

医药学院前身为我国著名海洋药物学家、中国现代海洋药物研究的开拓者与奠基人、中国工程院院士管华诗于1980年组建的山东海洋学院水产系海洋药物研究室。1987年，开始招收海洋药物研究方向研究生。1988年3月，经学校批准，以海洋药物研究室为基础，成立海洋药物与食品研究所。1994年，创办了我国第一个以海洋药物研究为特色的药学本科专业。2003年6月，成立药学系，实行系所合一的管理体制。2005年4月，医药学院正式成立。

历任院长为管华诗、于广利、吕志华；历任党委书记为李八方、吴强明、魏军、王震。

二、学院现状

学院以海洋生物资源为基础，以危害人类生命与健康的重大疾病防治药物的研究为目标，深入开展海洋药物的基础及应用基础研究，推进成果的转化和产业化。拥有多层次的科研创新平台，包括国家海洋药物工程技术研究中心、海洋药物教育部重点实验室、山东省糖科学与糖工程重点实验室、青岛海洋科技中心——海洋药物与生物制品功能实验室、山东省海洋药物研究开发协同创新中心、山东省海洋药物技术创新中心，以及旨在加速科技成果转化的青岛海洋生物医药研究院，形成了"科学→技术→工程→产业"各环节紧密衔接的科技链条，构建了完整的海洋药物研发创新平台。

学院药学本科专业是国家一流专业建设点，教育部高等学校特色专业和山东省品牌专业。拥有药学博士学位授权一级学科、生物与医药工程博士学位授权点、药学硕士专业学位授权点、制药工程硕士专业学位授权点和药学博士后流动站，形成了从学士、硕士、博士到博士后完整的药学人才培养体系。药学学科是学校国家"211工程""985工程""双一流"重点建设学科之一。

现有教职工130人，其中专任教师70人，教授46人、副教授20人，包括中国工程院院士

1名、教育部特聘教授1名、国家级科技创新领军人才1名、国家自然科学基金优秀青年基金获得者等国家级青年人才6名、山东省"泰山学者"16名（含青年）、教育部"新世纪优秀人才"8名。专任教师中98.6%具有博士学位，74.3%具有海外留学或工作经历，是教育部、山东省优秀创新团队。

学院现有全日制学生1405人，其中本科生421人、硕士生666人、博士生288人、留学生26人。

现任院长为吕志华，党委书记为王震。

管理学院

一、学院沿革

管理学院成立于2001年12月，其源头为1983年数学系招收的学制两年、全日制企业管理干部专修科。

1985年，教育部批准设置计算机应用专业和经济管理专业，依托数学系办理，并于当年招收专科生。1987年，开始招收本科生。1986年9月，应用数学与管理学部成立，下设应用数学系、管理科学系和计算机科学与技术系，设有应用数学、经济管理、计算机应用三个本科专业。1988年3月，应用数学与管理学部更名为管理学院，下设应用数学系、管理科学系、计算机科学技术系，三个本科专业未变。1991年6月，经济管理专业改为国民经济管理专业，后又改名国际企业管理专业、企业管理专业，1998年定名为工商管理专业。1992年，设置国际经济贸易专业。

1992年12月，学校撤销管理学院，成立经济贸易学院，下设应用数学系、经济管理系、国际经济贸易系和法律研究所。1995年1月，成立会计学系。1996年9月，学校与海尔集团签署合作办学协议，经济贸易学院更名为海尔经贸学院。2001年12月，海尔经贸学院撤销，成立管理学院，下设工商管理系、会计学系、营销与电子商务系、旅游学系。

截至2023年，历任院长为汪人俊、李淑霞、王安民（代理）、刘子玉、徐国君、曹洪军、权锡鉴、王竹泉；历任党委（党总支）书记为刘存义、付聿甫、朱福勤、李建筑、刘孔庆、周旋、于利、吴成斌、王继贵、王正林、金天宇。

二、学院现状

截至2023年，管理学院下设工商管理系、会计学系、营销与电子商务系、旅游学系、农业经济管理研究所、MBA教育中心、MPAcc教育中心、MTA教育中心等教学机构。

学院现有工商管理博士后科研流动站、工商管理一级学科博士学位授权点，有工商管理、农林经济管理两个一级学科硕士学位授权点，有工商管理硕士（MBA）、会计硕士（MPAcc）、旅游管理硕士（MTA）、农业管理硕士（MAM）等专业学位授权点。会计学、旅游管理、工商管理三个本科专业入选国家级一流本科专业建设点，财务管理专业入选山东省一流本科专业建设点。会计学专业是山东省首个获得博士学位授予权的专业、会计硕士是山东省首个会计专业学位授权点，也是山东省首个通过全国会计专业学位教育质量A级认证的单位。会计学专业（ACCA方向）是山东省首个成建制的ACCA方向班，获得"ACCA白金级认可教育机构"资质认证。在2022软科中国最好学科排名中工商管理一级学科位居前10%左右。

学院拥有山东省高等学校示范协同创新中心——中国资金管理智库协同创新中心、中国智库索引（CTTI）高校智库百强——中国企业营运资金管理研究中心、山东省高等学校文科实验室——智能资本配置与产业互联网运营实验室、山东省文化和旅游重点实验室——海洋文化旅游元宇宙实验室以及中国混合所有制与资本管理研究院等重要科研平台。

现有教职工140余人，专职教师100余人，其中教授30余人、副教授50余人、博士生导师30余人，享受国务院政府特殊津贴专家3人，国家高层次人才特殊支持计划哲学社会科学领军人才1人、文化名家暨"四个一批"人才1人，全国模范教师1人，全国会计名家1人，全国会计领军人才特殊支持计划入选者1人，教育部高校旅游管理类专业教学指导委员会委员1人，教育部新世纪优秀人才2人，全国会计领军或高端人才3人，国家旅游局旅游业青年专家1人，山东省泰山学者青年专家3人，山东省教学名师1人，山东省优秀研究生导师3人，山东省教书育人楷模1人，山东省会计高端人才4人，青岛高校教学名师1人。

学院现有在校本科生1200余人、全日制研究生800余人，非全日制1600余人。

现任院长为王竹泉，党委书记为金天宇。

经济学院

一、学院沿革

学院成立于2001年12月，其源头为1983年数学系招收的学制两年、全日制企业管理干部专修科。

1985年，教育部批准设置计算机应用专业和经济管理专业，依托数学系办理，并于当年招收专科生；1987年，开始招收本科生。1986年9月，应用数学与管理学部成立，下设应用数学系、管理科学系和计算机科学与技术系，设有应用数学、经济管理、计算机应用三个本科专业。1988年3月，应用数学与管理学部更名为管理学院，下设应用数学系、管理科学系、计算机科学技术系，三个本科专业未变。1991年6月，经济管理专业改为国民经济管理专业，后又改名国际企业管理专业、企业管理专业，1998年定名为工商管理专业。1992年，设置国际经济贸易专业。

1992年12月，学校撤销管理学院，成立经济贸易学院，下设应用数学系，经济管理系、会计学系、经济贸易系和法律研究所。1996年9月，学校与海尔集团签署合作办学协议，经济贸易学院更名为海尔经贸学院。2001年12月，海尔经贸学院撤销，成立经济学院，下设国际经济贸易系、金融系。

截至2023年，历任院长是汪人俊、李淑霞、王安民（代理）、张瑞敏（名誉）、刘子玉、孙健、于志刚（兼）、姜旭朝、赵昕；历任党委（党总支）书记是刘存义、付聿甫、朱福勤、李建筑、丁灿雄、刘孔庆、方胜民、崔晓雁、于淑华、王继贵、牛德强。

二、学院现状

截至2023年，学院拥有完整的人才培养体系，现设有应用经济学博士后流动站，应用经济学一级学科博士学位、硕士学位授予权。在应用经济学一级学科博士点招收培养博士研究生；在金融学、国民经济学、国际经济与贸易、区域经济学、产业经济学、数量经济学等6个二级学科招收学术型研究生，金融、国际商务、保险、物流工程与管理等4个专业硕士点招收专业学位研究生，同时招收培养工商管理硕士MBA（金融方向）研究生。学院设有金融学（包含金融学专业CFA方向）、国际经济与贸易、物流管理、经济学（海洋经济方向）等4个本科专业，招收培养本科生。其中，金融学和经济学两个专业获批国家级一流本科专业建设点，国际经济与贸易和物流管理两个专业获批山东省一流本科专业建设点，货币银行学入选国家一流本科课程，金融工程（双语）、博弈论导论、金融风险管理（双语）获批山东省一流本科课程，博弈论导论、金融风险管理（双语）获批山东省普通本科教育课程思政示范课程，博弈论获批教育部在线教育研究中心"拓金计划"。

学院现有教职工83人，其中专任教师66人，行政人员17人。有教授23人、副教授24人、讲师19人，其中博士生导师26人、硕士生导师52人。有教育部"新世纪优秀人才支持计划"专家2人，山东省泰山学者特聘教授2人，山东省泰山学者青年专家2人次，山东社会科学名家1人，山东省金融高端人才1人，中国海洋大学"繁荣哲学社会科学人才工程"教授1人，中国海洋大学"青年英才工程"3人。

学院现有学生1765人，其中本科生882人、硕士研究生769人、博士研究生96人、留学生18人。

现任院长为赵昕，党委书记为牛德强。

外国语学院

一、学院沿革

外国语学院前身是国立青岛大学文学院外文系，创办于1930年6月，梁实秋担任系主任。1983年4月，教育部批复学校增设英语专业。同年9月，山东省教育厅发文设立外语系。1993年12月，外国语学院成立，下设英语系、东方语言系、大学外语部、对外汉语教学中心。1995年5月，成立中国语言文学系；10月，成立语言文化研究所，新增日语专业。1999年，新增法语和朝鲜语专业。2001年，成立外国语学院日语系、法语系、朝鲜语系。2003年2月，增设德语专业。2012年成立德语系。

历任院长有杨自俭、张德禄、杨连瑞；历任党委（党总支）书记有刘文浩、陈一鹤、陈兰花、赵新民、于振江、于波、刘健、鞠红梅、许玲玲。

二、学院现状

截至2023年，学院设有英语系、日语系、朝鲜语系、法语系、德语系和大学外语教学部，拥有外国语言文学一级学科博士学位授权点、外国语言文学一级学科硕士学位授权点、全国翻译硕士（MTI）专业学位授权点，已形成"本硕博"完整学科和人才培养体系。

现有教职工159人，其中专任教师138人（含常驻学院语言类外籍教师12人），教授23人，副教授34人，博士生导师18人。引进国际名师9人，其中6人为全球前2%的语言科学家。教师队伍中有全国优秀教师、全国教材建设先进个人、全国"三育人"先进个人、教育部新世纪优秀人才、国务院政府特殊津贴专家、山东省教书育人楷模、省市教学名师、山东省高校黄大年式教师团队等获得者。近五年引进的人才有"繁荣人才工程"3位、教授2位、"青年英才工程"教师和师资博士后27位。

学院拥有先进的数字化语言研究实验中心，建有大型虚拟现实实验室、同声传译实训室、模拟联合国实验室和山东省高等学校文科实验室（A类）——二语习得跨学科研究文科实验室、语言大数据实验室等。设有专业图书资料室，藏有各语种图书7万余册及大量声像资料，每年订阅各类中外学术期刊近百种。教育部教育考试院下设的外语考试中心设在学院，承办各类国际和国内的考试项目（包括IELTS、TOEFL、GRE、GMAT、BEC、日本语能力考试、J-TEST、韩国语能力考试等），为国际化人才培养提供高水平服务。

学院现有本科生999人、硕士生395人、博士生74人。

现任院长为于国栋，党委书记为许玲玲。

文学与新闻传播学院

一、学院沿革

文学与新闻传播学院始于1930年6月设立的国立青岛大学文学院，闻一多任院长兼中文系主任。1995年，学校复建中国语言文学系，开办汉语言文学本科专业；1997年1月，成立国际语言文化交流学院，杨自俭、李扬先后任院长；1997年，成立海洋文化研究所；1998年5月，设立汉语言本科专业（留学生教育）；1999年7月，更名为中国语言文化学院；2002年4月，成立文学院，下设中文系、汉学系、海洋文化研究所，聘请著名作家、人民艺术家王蒙担任院长。2002年、2003年、2004年，先后开办编辑出版学（网络传播方向）、新闻学、文化产业管理三个本科专业。2003年3月，新闻与传播学院独立建制。2007年1月，文学院、新闻与传播学院合并成立文学与新闻传播学院，王蒙先生任名誉院长。学院下设中文系、新闻与传播学系、文化产业系（原城市文化系，现更名为历史文化系）、汉学系（现更名为汉语国际教育系）。

学院成立以来，曾任院长（常务副院长）的有王蒙、杨自俭、朱自强、薛永武、修斌，2007—2022年，王蒙任名誉院长；曾任党委（党总支）书记的有徐葆良、刘孔庆、于波、陈鹭、蒋秋飚、刘健、周妮妮。

二、学院现状

学院现有中文系、新闻与传播学系、历史文化系、汉语国际教育系四个系；拥有国家文旅部命名的文化和旅游研究基地（原国家文化产业研究中心），国家语委命名的国家语言文字推广基地；成立或依托学院设立的校级研究机构有海洋文化研究所、王蒙文学研究所、青岛现当代作家研究中心、国际儿童文学研究中心（原儿童文学研究所）、城市文化研究所、中国海洋大学日本研究中心、中国传统文化研究中心、海洋文学与艺术研究所、比较文学与文化研究中心、一多诗歌中心、民俗文化研究中心、山东省文化产业品牌研究基地、山东省高校干部与人才研究基地、山东省语言文字推广基地等。拥有山东省高等学校"儒家文化与文学研究""古代图像与文学研究"两个青年创新团队，以及"儿童文学""海洋文化""古代文学与传统文化""传记与小说研究"四个校级重点研究团队。设有实验教学中心，建有8个教学实验室和图书资料室。另外，学校依托学院建设行远书院，作为全校通识教育改革示范区。

学院现有中国语言文学一级学科博士点、硕士点，下设文艺学、中国古代文学、中国现当代文学、汉语言文字学、语言学及应用语言学、比较文学与世界文学、海洋文化与文学等学科方向；拥有中国史一级学科硕士点，下设中国古代史、中国近现代史、专门史（中外文化交流史、中外关系史）、历史地理学等学科方向。拥有3个专业硕士学位点，即汉语国际教育硕士、新闻与传播硕士、文物硕士（原文物与博物馆硕士）；另有面向留学生的中国学硕士专业等。

学院现有汉语言文学、新闻学、网络与新媒体、文化产业管理、汉语言（留学生教育）等5个本科专业和1个"海洋历史文化"微专业。其中，汉语言文学、新闻学专业为国家一流本科专业，汉语言文学专业是山东省高校特色专业。

学院现有教职工118人，其中专职教师88人。教师中教授26人，副教授30人，博士生导师17人，硕士生导师69人，大部分教师具有国外任教和访学的经历。现任教师中有教育部"新世纪优秀人才"2人，山东省有突出贡献的中青年专家2人，"泰山学者"青年专家1人，山东省教学名师1人，青岛市教学名师1人。学院聘请国内外著名作家、学者担任"驻校作家"和"特聘教授"等。

学院现有博士研究生、硕士研究生465人，本科生820人，留学生20人。

现任院长为修斌，党委书记为周妮妮。

法学院

一、学院沿革

中国海洋大学法学院成立于2018年9月，由原法政学院法律系组建。

1978年8月，山东海洋学院海洋研究所成立，赫崇本任所长。其下设机构之一是海洋法学研究室，此为学校法学学科的源头。1981年，张克任海洋研究所副所长兼海洋法学研究室主任。

1993年3月，海洋环境学院成立，海洋法学研究室与海洋环境保护研究中心划归其隶属。1995年10月，成立经济贸易学院法律系，下设国际经济法研究所、海洋法学研究所。郑元章任经济贸易学院副院长兼法律系主任。

1996年11月，成立海洋经济与海洋法学研究院，下暂设海洋经济与发展研究所、海洋法学研究所（由海尔经贸学院划归）、海事研究所、海洋灾害防治研究所，秦启仁兼任院长。1998年5月，成立法学院，下设法律系、政治学与行政学系、办公室；海洋经济与海洋法学研究所挂靠法学院；李耀臻兼任院长。

2006年6月，法学院与公共管理学院合并成立法政学院，下设法律系、政治学系、公共管理学系、社会学研究所，徐祥民任院长。2007年10月，海洋法学研究所划归法政学院。2018年9月，复名法学院，桑本谦任院长、刘惠荣任党委书记。

自1998年，历任院长有李耀臻（兼）、徐祥民、刘惠荣、桑本谦；历任党委（党总支）书记有王明泉、陈晓明、庄岩、崔凤、刘惠荣、刘健。

二、学院现状

学院现有法学本科专业，2020年入选国家级一流本科专业。拥有法学一级学科博士学位授予权、硕士学位授予权以及法律硕士学位授予权，并设有博士后流动站。学院学科建制齐全，包括法学理论、国际法学、环境与资源保护法学在内的多个二级学科学术研究特色突出、成果卓著，在全国范围内享有较高知名度和学术声誉。

学院有教职工74人，专任教师中教授11人、副教授19人，1名国务院学位委员会法学学科评议组成员、1名"国家人才计划"哲学社会科学领军人才、1名"山东省十大法治人物"、3名"山东省十大优秀中青年法学家"、2名泰山学者青年专家。

学院在校全日制学生本科生992人、硕士研究生435人、博士研究生73人。

现任院长为桑本谦，党委书记为刘健。

国际事务与公共管理学院

一、学院沿革

中国海洋大学国际事务与公共管理学院成立于2018年9月。

1992年，学校社科部成立。1998年，社科部组建政治学与行政学系。1999年，政治学与行政学系脱离社科部,与法律系合并,组建法学院。2001年,学校与青岛市委党校联合成立公共管理学院。2006年,法学院与公共管理学院合并,成立法政学院。2018年9月,法政学院建制调整,成立以法学为基础的法学院,以政治学和公共管理为基础的国际事务与公共管理学院。

截至2023年,曾任学院党委书记的有庄岩、李颖。

二、学院现状

学院下设政治学、行政管理、公共事业管理3个系。拥有政治学与公共管理2个一级硕士授予点,政治学与行政学、行政管理、公共事业管理3个本科专业,以及公共管理专业硕士(MPA)学位点,在法学一级博士点下设置公共政策与法律二级博士点。

学院现有教职工81人,专职教师63人,其中教授17人、副教授26人,具有海外经历教师35人,教育部新世纪人才2人,泰山学者特聘教授1人,泰山学者青年专家1人,繁荣工程教授1人,青年英才15人。国内知名公共管理专家娄成武担任名誉院长。

学院拥有在读全日制本科生568人,全日制硕士研究生180人,MPA在职攻读专业学位研究生800余人。拥有经略海洋研究基地、山东省与美国交流合作研究中心2个省级研究机构。

现任院长为王琪,党委书记为李颖。

数学科学学院

一、学院沿革

数学科学学院成立于2007年11月,其前身为国立青岛大学理学院数学系,创立于1930年6月。1932年9月,文学院和理学院合并为文理学院,更名为国立山东大学文理学院数学系,黄际遇任理学院院长兼数学系主任。1946年8月,复校后的国立山东大学设立理学院,下设数学系。

1958年山东大学大部迁至济南后,数学系留青8位教师于1959年组建了山东海洋学院数学教研组,后改为数学教研室,刘智白任主任。

1977年12月,学校扩招的四年制数学班39名学生入学。1979年5月,经教育部批准设立应用数学专业;11月,在数学教研室的基础上建立数学系。1985年4月,增设计算机应用、经济管理专业。至此,数学系设有应用数学专业、经济管理专业、计算机应用专业。

1986年1月，数学系改名应用数学系；7月，应用数学专业获批硕士学位授权点。1979年5月—1986年6月，先后任数学系主任的有冉祥熙、梁中超，任党总支书记的有谈家诚、刘存义。

1986年9月，应用数学系更名为应用数学与管理学部，下设应用数学系、管理科学系、计算机科学与技术系。汪人俊任学部主任。

1988年3月，在应用数学与管理学部的基础上成立管理学院，下设应用数学系、管理科学系、计算机科学与技术系3个系，应用数学、经济管理、会计学、计算机应用4个专业，以及应用数学专业硕士点。同年9月，增设市场营销专业（专科）。1988年3月—1992年12月，汪人俊任管理学院院长，崔玉亭、路季平先后任应用数学系主任，刘存义、付聿浦、朱福勤先后任管理学院党总支书记。

1992年12月，管理学院撤销，成立经济贸易学院，李淑霞任经贸学院院长。下设国际经贸系、经济管理系和应用数学系，应用数学系设应用数学专业、市场营销专业（专科）。1994年，增设市场营销专业。1995年，刘孔庆任经济贸易学院党总支书记；同年5月，汪人俊为经贸学院副院长兼应用数学系主任。后因海尔集团公司出资200万元支持经贸学院大楼建设。1996年9月，更名为海尔经贸学院；10月，刘新国任应用数学系主任；11月，汪人俊任海尔经贸学院院长。

2000年4月，应用数学系独立建制；5月，应用数学系更名为数学系。2000—2007年，白锦东、朴大雄先后任数学系主任，姚云玲任党总支书记。

数学系于2007年11月正式更名为数学科学学院。2007—2020年，朴大雄、方奇志、谢树森先后任数学科学学院院长，姚云玲、武心尧、庄岩、张丽先后任党委书记。

二、学院现状

数学科学学院下设数学系、信息与计算科学系、大学数学教研中心、数学研究所、应用数学研究中心等机构，设立中国海洋大学大学生数学创新实践活动基地，签约研究生联合培养基地2个、大学生实习实训基地6个。与国家数学与交叉科学中心合作建设"海洋数学技术联合实验室"，作为联合建设单位参加首批国家应用数学中心"山东国家应用数学中心"建设。

数学科学学院现有数学与应用数学、信息与计算科学两个本科专业，均为山东省特色专业，信息与计算科学专业为国家级一流本科专业。学院拥有数学一级学科硕士、博士学位授予权和应用统计硕士专业学位授予权，设有数学博士后流动站。应用数学和计算数学为山东省重点学科。

学院现有教职工97人，其中教授19人、副教授33人，90%具有博士学位，约50%具有一年以上海外留学、工作经历。获教育部新世纪优秀人才2人、泰山学者青年专家1人、山东省优秀教师1人、青岛市优秀教师1人。

学院现在校生708人，其中本科生448人、硕士生229人、博士生31人。

现任院长为谢树森，党委书记为张丽。

材料科学与工程学院

一、学院沿革

2002年10月，学校成立材料科学与工程研究院、材料科学与工程系。2017年6月，材料科学与工程系更名为材料科学与工程学院，下设无机材料系和高分子材料系。

学院历任院长（系主任）有尹衍升、王昕、崔洪芝；学院历任党委（党总支）书记有董淑慧、高忠文、陈忠红（与化工学院同一党总支时期）、王昕、刘召芳、张庆德、杜军华。

二、学院现状

学院拥有高分子材料与工程、材料科学与工程2个本科专业，拟增设的新能源材料与器件专业获批青岛市产教融合示范专业；设有实验中心，拥有材料科学与工程一级学科硕士学位授权点和材料与化工专业硕士学位授权点；在工程管理硕士学位授权点招收非全日制专业学位硕士研究生；拥有海洋材料科学与工程交叉学科博士学位授权点，是全国首个海洋与材料交叉学科的博士学位授权点；在资源与环境博士授权点招收专业学位博士研究生，形成了"本科—硕士—博士""全日制—非全日制"完整的人才培养体系。

学院现有教职工71人，其中专任教师51人，教授21人，博士生导师20人，包括欧洲科学院院士、德国国家工程院院士、国家杰出青年科学基金获得者1人，"新世纪百千万人才工程"国家级人选2人，中国科学院百人计划2人，教育部新世纪优秀人才入选者4人，山东省泰山学者攀登计划专家1人，山东省泰山学者青年专家12人，山东省优秀青年基金获得者8人，中国科协青年人才托举工程入选者1人，校"筑峰人才工程"2人，校"青年英才工程"19人。

学院现有在校生861人，其中本科生450人、研究生411人、博士生94人、硕士生317人。

现任院长为崔洪芝，党委书记为杜军华。

基础教学中心

一、基础教学中心沿革

基础教学中心成立于2000年4月，下设社会科学部、计算机基础部、体育部。

2003年3月，学校重新开办教育系；2004年12月，艺术系成立，由基础教学中心负责管理。

2011年3月，社会科学部独立建制为学校二级教学单位，2017年3月，成立马克思主义学院。

中心现由体育系、教育系、艺术系和计算机基础部4个教学科研单位组成，有教育硕士教育中心和学习支持中心、海洋文化教育研究中心2个挂靠单位。

体育系　1929年7月，国立青岛大学筹委会议定设体育部，之后经历体育室、体育教研组（室）、直属体育教研室等阶段，1990年4月更名为体育部，2000年4月成为基础教学中心下设的三个教学单位之一，2004年12月更名为体育系，主要承担全校公共体育课的教学任务和运动训练本科专业、高水平运动队及体育硕士的人才培养任务。

1987年，学校成为教育部首批试办全国高水平运动队高校之一，2002年，设立以海上运动为特色的运动训练本科专业。2006年，获批体育教育训练学硕士点，截至2017年学位点调整，共招收11届硕士研究生60人，2018年获批体育硕士专业学位授权点。

教育系　1930年6月，国立青岛大学筹备成立之时，在文学院设立教育系，1931年2月，经校务会议决议，将教育系扩充为教育学院，设教育行政系和乡村教育系。2003年3月，学校重新开办教育系，下设教育技术学本科专业。2014年，教育硕士专业学位授权点获批，学校成为国务院学位办确定的首批教育硕士（职业技术教育）专业学位研究生教育试点单位，2016年，中国海洋大学教育硕士教育中心成立。

2018年，根据教育部统一要求，学校开始承担少数民族预科教育培养工作，由基础教学中心具体承办。现有少数民族预科生78人，已有5届学生结业。

艺术系　1951年3月，学校成立直属艺术系，1997年，学校重新成立艺术教研室，后更名为艺术教育中心，负责面向全校学生开展通识艺术教育并指导开展校园艺术活动。2004年12月，艺术系成立。2005年招收第一批音乐表演专业本科学生，开启专业艺术人才培养。2013年，开始招收音乐文学硕士。2016年，开始招收职业技术教育（艺术）硕士。

计算基础部　1975年，学校成立计算中心，先后运行管理过DJ140、MV/6000、IBM4381等大型机，为全校广大师生提供基于中小型计算机的程序开发及科研数据服务。1997年,学校以计算中心教师为主体成立计算机基础部,承担全校非计算机专业的计算机公共基础课教学任务,2000年4月并入基础教学中心。

挂靠单位 2014年4月,学校成立学习支持中心,挂靠基础教学中心;2019年3月,学校成立海洋文化教育研究中心,依托基础教学中心教育系运行。

2000年4月至今,先后任基础教学中心党委(党总支)书记、主任的有王磊、吴成斌、庄岩、王筱利、董士军,任党委(党总支)书记的有陈国华、唐捷,任主任的有刘贺。

二、基础教学中心现状

现设有运动训练本科专业,每年招生60人,涵盖篮球、排球、沙滩排球、田径、游泳、帆船、跆拳道、柔道等多个项目,设有音乐表演本科专业;每年面向声乐、键盘、管弦、民乐等方向招收学生60人左右。

设有体育硕士、教育硕士专业学位授权点,招收体育教学、运动训练方向的体育硕士和教育管理、现代教育技术、学科教学(英语)、学科教学(数学)、学科教学(语文)、科学与技术教育、学前教育、职业技术教育方向的教育硕士,同时承担音乐文学硕士的人才培养工作。

现有教职工124人,其中专任教师94人,实验室技术人员8人;教授11人,副教授46人,25人具有博士研究生学位。

现在校学生831人,其中本科生396人,硕士研究生357人,少数民族预科学生78人。

现任主任为刘贺,党委书记为唐捷。

马克思主义学院

一、学院沿革

中国海洋大学马克思主义学院成立于2017年3月,由社会科学部更名而来。

马克思主义学院前身可以追溯到1953年9月成立的山东大学马列主义教研室,崔戎任教研室主任。马列主义教研室下分中国现代革命史、马列主义基础、辩证唯物主义、政治经济学四个教学小组,由朱作云、蒋捷夫、赵俪生、吴大琨分任组长。1958年山东大学大部迁往济南后,马列主义教研室留下部分人员,于1959年8月成立山东海洋学院直属教研室,内设马列主义教研组,洪波任教研组主任。1962年4月,周清和任山东海洋学院党委宣传部部长兼马列主义教研室主任。1972年2月,成立基础课教研室,下设政治、数学、外语、体育教研组，其中政治教研组（马列教研室）归政治部领导；10月，四个教研组又改为院直属教研室。

1978年12月，学校撤销直属教研室，成立基础部，下设马列主义教研室等四个基础课教研室，刘鹏任基础部党总支书记，邵平任基础部主任，孙凤山任马列主义教研室主任。1980年11月，马列主义教研室由基础部划归学校党委直接领导，孙凤山兼任教研室主任，何立德、郑可圃任副主任；教研室建立直属党支部，尹居诚任党支部书记。

1985年，招收政治思想教育专业专科班，学制三年。1986年2月，国家教委批复同意设马克思主义基础专业，学制四年；10月，在马列主义教研室基础上成立社会科学系，郑可圃任社会科学系主任。1987年8月，马克思主义基础专业首次招收30名本科生。

1992年12月5日，撤销社会科学系，成立社会科学部，德育教研室并入社会科学部，负责全校马列主义基础课和德育课，王安东任社会科学部主任。学校党委宣传部部长袁宗久兼任党支部书记。2000年4月，基础教学中心成立，由社会科学部、计算机基础部和体育部组成。李元峰任基础教学中心副主任兼社会科学部主任。

2006年，社会科学部获批马克思主义中国化研究和思想政治教育两个硕士学位授予权。2007年，社科部首次招收硕士研究生13人。

2011年3月，社会科学部独立建制，李元峰为主任。2017年3月，社会科学部更名为马克思主义学院。荆友奎为院长，王萍为党总支书记。内设马克思主义基本原理教研部、中国化马克思主义教研部、思想政治教育教研部、中国近现代史教研部、军事教学部、形势与政策课教学办公室、研究生思政课教学办公室七个基层教学组织。2018年1月，校党委常务副书记张静兼任学院院长，11月任玮娜任学院党总支书记。同年3月，获批马克思主义理论一级学科硕士学位授予权。

二、学院现状

学院内设马克思主义基本原理教研部、中国化马克思主义教研部、思想政治教育教研部、中国近现代史教研部、军事教学部、形势与政策课教学办公室、研究生思政课教学办公室七个基层教学组织。学院设有思政课虚拟仿真教学实验中心，建有全国海洋观教育基地（中国海权教育馆）、山东省青少年文化研究中心、山东高校统战工作理论研究基地、青岛红十字文化与公益事业研究中心、青岛市统一战线理论研究基地、中国社会史研究所、中国传统文化研究所等12个研究机构。

学院有马克思主义理论一级学科硕士学位授予权，下设马克思主义基本原理、马克思主义中国化研究、思想政治教育、中国近现代史基本问题研究四个专业。

学院现有专任教师62人，其中教授10人、副教授16人、讲师36人。现有硕士研究生48人。

现任院长为蔡勤禹，党委书记为任玮娜。

崇本学院

一、学院沿革

崇本学院成立于2019年7月，是学校结合海洋特色和办学优势，汇集优质资源，为培养海洋科学拔尖创新人才而设立的荣誉学院。同年秋，从大一学生中遴选第一批48名学生入院学习。2020年，学院获批教育部海洋科学拔尖学生培养基地。学院专注于基础学科拔尖学生的培养，是学校本科教育教学改革的示范区。

学院冠名"崇本"，一是纪念我国海洋事业的开拓者和主要奠基人、海洋教育家赫崇本先生，继承先贤使命；二是取"崇本"寓意，山高且大为"崇"，木下为"本"，希望崇本人志向高远而又脚踏实地。

二、学院现状

崇本学院设置海洋科学本科专业，2019年设置物理海洋、海洋地质与地球物理、海洋化学与环境、海洋生物4个培养方向，2020年取消海洋生物方向。崇本学院突破了我国传统海洋科学专业培养模式，创设地球系统科学视角下的"大海洋"人才培养体系，以大海洋特色的系列专业课、通识课、实践训练等，实现学生知识重构和实践能力提升。

学院每年秋季学期从大一学生中遴选30～50人入院学习，并在学生进入学院的第一年进行两次动态调整。截至2023年9月30日，学院在籍本科生共3个年级103人。

学院现有教职工8人。

现任院长为高会旺。党群工作依托海洋与大气学院管理，党委书记为王曙光。

海德学院

一、学院沿革

2020年4月22日，教育部函复山东省人民政府，同意设立中国海洋大学海德学院，学院隶属中国海洋大学，为不具有法人资格的中外合作办学机构，其中外合作办学者分别为中国海洋大学和澳大利亚阿德莱德大学，英文译名为Haide College, Ocean University of China。海德学院开展本科学历教育，开设生物技术、食品科学与工程、数学与应用数学三个专业，学制为4年，采用"4+0"的基本培养模式。学院招生纳入国家普通高等学校招生计划，每年招收300人，办学总规模1200人。

2019年10月，中国海洋大学与阿德莱德大学共同制定《中国海洋大学–阿德莱德大学海德学院章程》，明确了双方的责任和义务；2020年3月，双方签署协议，对机构名称、学位授予、入学和教学管理、联合管理委员会组织构成、财务管理及学费等作出规定。

根据教育部要求，两校共同成立联合管理委员会，中国海洋大学校长任联合管理委员会主任，阿德莱德大学副校长任副主任。同时，两校共同成立联合学术指导委员会，作为学院学术质量监督机构。

2020年5月，实施《中国海洋大学海德学院建设方案》。2020年6月，学校设立海德学院党总支（2021年12月，调整为海德学院党委），任命秦尚海为海德学院党总支书记，后为海德学院党委书记；成立海德学院行政领导班子，任命董军宇为海德学院院长。

2021年5月，学校设立中澳智慧海洋科技联合研究中心，依托海德学院建设，在海洋、南极、工科应用等科研领域和詹姆斯·库克大学、塔斯马尼亚大学、阿德莱德大学等国外高水平大学开展多领域的国际科研合作。2023年，学院获批山东省高校中外合作办学示范工程立项建设机构。

二、学院现状

学院现设生物技术、食品科学与工程、数学与应用数学3个本科专业。

学院现有教职员工23人，包括"海德助理教授"3人、党政与业务管理人员8人等。

学院现有在校生1156人，有43名学生通过"2+2""3+2"培养模式在阿德莱德大学学习。

现任院长为汪岷，党委书记为马宇虹。

后　记

在学校领导和各单位的大力支持下，校史编写团队历时六载，数易其稿，精心打磨，《中国海洋大学史》六卷本在百年校庆到来之际面世了。这是中国海洋大学第一次官方修史，是编著者竭尽所能，敬呈于国家、社会、校友和师生的一份答卷。诚然，期望它能对中国海大继往开来有所裨益，更是组织者、编著者的初衷和旨归。

修史之义，不外有二，一曰求真，一曰求用。所谓求真，即指记录历史真实事迹，厘清沿革脉络；所谓求用，除存史之外，重要的是指认识社会或事物盛衰存亡之源，揭示其发展规律，以便走好未来的路。大学修史亦不例外。

2018年1月，学校正式启动校史编纂工作。组织参编者赴北京大学、天津大学、上海交通大学、四川大学等兄弟高校学习、取经。校史编委会审定《中国海洋大学校史编纂工作方案》，明确了"一年准备，四年编撰，一年出版"的总体安排，确定文稿"三上三下"审修及专家审修机制，为校史编撰及质量保障奠定了制度基础。确定校史是教育史、人才培养史和学科发展史的基本定位，明确以"尊重史实，实事求是；全面记录，详略得当；既重器物，又重人文；述论相宜，科学规范"为指导思想，奠定了校史编撰的思想基础。参照《中华人民共和国史》《中国共产党历史》的分期和学校沿革的转折点或重大事件，根据不同历史阶段的性质（私立、国立）、类型（多科、综合）和层次（重点大学、一流大学），结合学科（专业）设置状况，把学校历史划分为九个时期，每个时期设立为一篇，确定了《历史卷》的框架基础。编著者根据任务分工查阅档案，多次到山东省档案馆、山东大学档案馆和青岛市档案馆等单位收集史料；走访、采访离退休老领导、老教授，形成系列口述史资料；以《中国共产党历史》《中华人民共和国重要文献选编》《中华人民共和国教育史大事记（1949—1982）》《中国高等教育年鉴》《中国高等教育史》《山东高等教育发展史》以及《上海交通大学史》等十几所高校的校史或史稿，共数十种文献作为参考，为文稿撰写奠定了史料与文献基础。

《历史卷》采用编年、纪事本末相结合的体例，以年代为经，以叙事为纬，全卷分为九篇，其中民国时期三篇、新中国成立以来六篇，每篇篇目下设概述作为开端，提要钩玄，简介本篇重点内容。各篇均采用章节式布局，先纵后横。先介绍治校理政、综合改革、创新举措等重要事项及其发展变化，再根据各时期特点分述学科、教学、科研、师生、设施、党的建设和校园文化等，其中学科建设、师资队伍建设、人才培养和科学研究是重中之重，以切实体现中国海大校史的基本定位。

本卷大纲的确定颇费周折。第一版大纲因文稿撰写急需，虽经校史编委会审议通过，但认识并不完全一致。编著者一直未间断对大纲的思考与审视，在吸收学校领导意见的基础上，数次讨论、辨析，共识不断积累，并征求了校外专家的意见，四易其稿，大纲才得以确定。《历史卷》大纲的完善是集体智慧的结晶。

本卷编著者及分工如下：

第一、二篇由王淑芳执笔，第三、四、五篇由杨洪勋执笔，第六篇由纪玉洪执笔，第七篇由王宣民执笔，第八篇由冯文波（第四、五章）、曾洁（第一章）、庄严（第二章）、孙婧（第三章）、王红梅（第六章）、周文燕（第七章）、刘少鹏（第八章）执笔，第九篇由魏世江（第一、二、三章）、张影（第四、五、六章）、宋文红（第七章）、呼双双（第八、九章）执笔。另外，魏世江执笔撰写了第三篇第三章第六节，第四篇第三章第三节、第四章第四节，第五篇第一章第一二节，第七篇第二章第三节，第八篇第一章第六节；王淑芳撰写了第三篇第三章第七节；魏世江与杨洪勋合写了第四篇第四章第一三节、第五篇第三章第一节；纪玉洪、王宣民合写了第七篇第八章第一节。各篇概述由魏世江撰写。

本卷编著者大都不是科班出身，史学研究及史稿写作少有经验，但大家刻苦钻研，边学边写，孜孜以求。从初学考订史料，初拟一份提纲，到动笔写下第一节内容，第一次完成一个事件的完整记叙与评述，都倍觉不易。又加绝大多数编撰者在校内有自己的本职，平日工作较忙，写作中困顿与疑难时见，辛苦与付出可想而知。随着史料的逐渐丰富、修史知识和能力的积累，写作水平亦随之提高，对文稿内容质量标准也有了更高追求。

《历史卷》的编撰始终是在学校党委和校史编委会领导下进行，不论是组建队伍、建立机制，还是方案制定、校史分期，学校党政领导都给予切实支持和悉心指导，这是《历史卷》如期高质量完成的基本保障。文稿初成后，编委会主任、副主任和其他校领导带头实施"三上三下"审修机制，提出了若干极具价值的见解和建议，文稿因此而增色颇多。管华诗院士、宋微波院士、范其伟副校长、时任校长助理于利，蔡勤禹、江文胜、马树华等教授，均拨冗审修，纠正了文稿中许多错讹之处。已退休的老领导、老教授施正铿、王滋然、冯瑞龙、王庆仁、杨作升等审读部分文稿，提出了不少宝贵意见，对改善文稿帮助很大。图书馆馆员窦晓蕾，档案馆馆员赵瑞红、韩宇亮三位老师，兼职担负校史编写办办公室工作，全校各单位有关负责人积极提供素材或资料，均为《历史卷》编撰提供了助力。

　　《历史卷》的审修得到了天津大学王杰教授、兰州大学张克非教授、山东大学王学典教授、上海交通大学欧七斤教授，青岛市教育科学研究院翟广顺研究员、青岛市档案馆编研处周兆利处长的大力支持和帮助，我们获益良多。中央档案馆，海军档案馆，山东省档案馆，山东大学档案馆，青岛市档案馆，复旦大学档案馆，中国海洋大学档案馆、图书馆、出版社给予鼎力支持，在此一并表示诚挚谢忱。

　　由于历史的原因，民国时期的史料散藏于南京、济南、北京、上海等地，收集难度较大；新中国成立尤其是改革开放后，资料卷帙浩繁，甄别取舍亦非易事。再加上COVID-19疫情影响，致使时间愈加紧张，更主要的是编著者水平所限，书中疏漏、失当乃至错误之处在所难免，恳请读者、校友批评指正，方家不吝赐教，殊为欣幸。

本卷编写组
2024年6月